**热烈庆祝中国政治学会成立四十周年**
**热烈祝贺新时期中国政治学恢复重建 40 周年**

国家社会科学基金重大研究专项项目"新时代中国特色政治学基本理论问题研究——加快构建中国特色哲学社会科学学科体系学术体系话语体系研究"（项目编号：18VXK003）研究成果

# 新时代
## 中国政治学学术发展

ACADEMIC DEVELOPMENT OF
CHINESE POLITICAL SCIENCE IN THE NEW ERA

王浦劬 主编

中国社会科学出版社

# 图书在版编目（CIP）数据

新时代中国政治学学术发展 / 王浦劬主编 . —北京：中国社会科学出版社，2020.11

ISBN 978-7-5203-7094-3

Ⅰ.①新… Ⅱ.①王… Ⅲ.①政治学—学术研究—研究报告—中国 Ⅳ.①D0

中国版本图书馆 CIP 数据核字（2020）第 164083 号

| | |
|---|---|
| 出 版 人 | 赵剑英 |
| 责任编辑 | 许 琳 |
| 责任校对 | 鲁 明 |
| 责任印制 | 李寡寡 |

| | |
|---|---|
| 出　　版 | 中国社会科学出版社 |
| 社　　址 | 北京鼓楼西大街甲 158 号 |
| 邮　　编 | 100720 |
| 网　　址 | http://www.csspw.cn |
| 发 行 部 | 010-84083685 |
| 门 市 部 | 010-84029450 |
| 经　　销 | 新华书店及其他书店 |

| | |
|---|---|
| 印刷装订 | 北京君升印刷有限公司 |
| 版　　次 | 2020 年 11 月第 1 版 |
| 印　　次 | 2020 年 11 月第 1 次印刷 |

| | |
|---|---|
| 开　　本 | 710×1000 1/16 |
| 印　　张 | 33 |
| 字　　数 | 550 千字 |
| 定　　价 | 138.00 元 |

凡购买中国社会科学出版社图书，如有质量问题请与本社营销中心联系调换
电话：010-84083683

**版权所有　侵权必究**

# 研究和写作分工

## 第一编 新时代的中国政治学学术发展
### 总　论（第一至五章）

**总主持人**

王浦劬　国家社科基金政治学科评议组召集人、北京大学国家治理研究院、北京大学政府管理学院、北京大学习近平新时代中国特色社会主义思想研究院

**参与调研和编写人员**

汤彬　北京大学国家治理研究院、北京大学政府管理学院

## 第二编 新时代的中国政治学学术发展
### 分　论

第六章　政治学理论与方法学术研究的发展

**主持人**

周光辉　吉林大学行政学院

**参与调研和编写人员**

殷冬水、林奇富、赫泉玲、彭斌　吉林大学行政学院

第七章　党的建设研究的发展

**主持人**

祝灵君　中共中央党校（国家行政学院）党建教研部

**参与调研和编写人员**
郑寰、张博、郑琦　中共中央党校（国家行政学院）党建教研部
张蔚　中共四川省委省直机关党校党建部
王玉柳　新疆生产建设兵团党委党校（行政学院）党建部
吕品、张弛、马丽、陶元浩　中共中央党校（国家行政学院）党建教研部
李丹青、王可卿、熊阿俊、任敏　中共中央党校（国家行政学院）党建部教研部博士研究生


### 第八章　中国政治思想史研究的发展
**主持人**
葛荃　山东大学政治学与公共管理学院
**参与调研和编写人员**
贾景峰、贾乾初　山东大学（威海）法学院、艺术学院


### 第九章　西方政治思想史研究的发展
**主持人**
高建　天津师范大学政治与行政学院
**参与调研和编写人员**
佟德志、刘训练、高景柱　天津师范大学政治与行政学院


### 第十章　中国政治与治理研究的发展
**主持人**
徐勇　华中师范大学政治科学高等研究院
**参与调研和编写人员**
陈军亚、张大维　华中师范大学政治科学高等研究院


### 第十一章　中国政治制度研究的发展
**主持人**
朱光磊　南开大学周恩来政府管理学院

**参与调研和编写人员**

贾义猛、郭道久、季乃礼、徐明强；陈璐、候绪杰、黄雅卓、刘亚强、路旖帆、裴新伟、申程仁、伊文静、吴涵博、诸冰璐　南开大学周恩来政府管理学院

## 第十二章　西方政治制度研究的发展
**主持人**

张桂林　中国政法大学政治与公共管理学院

**参与调研和编写人员**

庞金友、何涛、付语嫣、崔欣怡　中国政法大学政治与公共管理学院

## 第十三章　比较政治学研究的发展
**主持人**

杨光斌　中国人民大学国际关系学院

**参与调研和编写人员**

韩冬临　中国人民大学国际关系学院

## 第十四章　中国共产党和当代中国政治研究的发展
**主持人**

陈明明　复旦大学国际关系与公共事务学院

## 第十五章　公共行政学研究的发展
**主持人**

高小平　中国行政管理学会

**参与调研和编写人员**

臧雷振、刘超、张冰倩　中国农业大学人文与发展学院

## 第十六章　政策科学研究的发展
**主持人**

陈振明　厦门大学公共事务学院

**参与调研和编写人员**
林荣全、陈昭、魏景容　厦门大学公共事务学院

第十七章　政治学新兴和交叉学科的发展
**主持人**
周平　云南大学民族政治研究院
**参与调研和编写人员**
白利友、韩定祥　云南大学民族政治研究院
孙保全　云南大学政府管理学院

第十八章　公共管理与公共治理研究的发展
**主持人**
马骏　中山大学中国公共管理研究中心
**参与调研和编写人员**
刘军强、王秋石、岳经纶、朱亚鹏、叶林、郑跃平　中山大学中国公共管理研究中心

## 总体联络人

许艳、王京京　北京大学国家治理研究院

# 前　言

　　2020年是值得纪念的一年，40年前，以中国政治学会成立为标志，我国政治学恢复重建，开启了新时期的发展征程；2020年是跌宕起伏的一年，当前世界正经历百年未有之大变局，我国发展环境面临着深刻复杂变化，充满了风险与不确定因素；2020年也是开拓进取的一年，新时代中国特色社会主义建设正处于"两个一百年"奋斗目标的历史交汇期，中国国民经济与社会发展处于全面建成小康社会向全面建设社会主义现代化国家的过渡期，中国特色社会主义事业在取得历史性伟大成就的同时，也面临着空前的多重机遇和挑战。2020年，中国和世界提供的波澜壮阔的社会和历史背景，为我国政治学提供了学术回顾、经验总结和未来展望的难得契机。

　　40年来，几代政治学人筚路蓝缕、开拓创新、接续奋斗，跨越世纪前行，使得政治学科理论基石由以构成，学科框架基本形成，学科结构逐步优化，学科领域持续拓展，学科前沿日益凸显，学科功能长足发展，使得我国政治学跻身中国和世界哲学社会科学之林，成为中国特色哲学社会科学的柱石和支撑学科，成为传承文明、资政育人、服务社会的重要学科。

　　新时代以来，我国政治学在马克思主义、毛泽东思想、邓小平理论和"三个代表"重要思想、科学发展观和习近平新时代中国特色社会主义思想指导下，深入贯彻习近平总书记在哲学社会科学工作座谈会上的讲话精神，积极推进中国特色学科体系、学术体系和话语体系建设，以优化学科布局、落实人才培养、强化队伍建设为主攻方向，形成了基础研究与特色研究相结合、强基固本与突出优势相统一的专业结构，完备的学士、硕士、博士教育培养体系以及种类齐全、梯队衔接的教学和科研队伍体系。另一方面不断充实政治学的师资队伍和研究力量，着力加强支撑条件和软硬件基础建设，为进一步发展中国特色学科体系、学术体系和话语体系提供了科研阵地和资源保障。

总体来看，在新时代，我国政治学学科建设取得显著发展和优异成果，呈现出学科专业建设日趋完善，人才培养规模和质量持续提升，科研队伍不断增长，研究力量、学科基础和支撑条件全面改善的蓬勃发展势头。在学科体系的支撑下，我国政治学学术研究立足于马克思主义理论成果、中国优秀传统文化和世界优秀文明成果的丰富滋养，立足于党领导人民治国理政的伟大实践，立足于与国际政治学界的深度交流与对话，不断取得理论创新与学术研究的重要进展，持续开辟出新的探索领域和学术增长点，有力服务和支持了党和国家各项事业发展的知识需求。同时，我国政治学在迈向世界一流的过程中，在建设有中国特色的学科体系、学术体系和话语体系方面还存在一定的优化空间，这为我国政治学提出了未来发展的使命任务。

正是在这样的背景下，我们集国内政治学同仁之广泛合力，组织编写了《新时代的中国政治学学术发展》一书，旨在以习近平新时代中国特色社会主义思想为指导，围绕政治学理论与方法、党的建设、中国政治思想史、西方政治思想史、中国政治与治理、中国政治制度、西方政治制度、比较政治学、中国共产党和当代中国政治发展、公共行政学、政策科学、新兴和交叉学科、公共管理与公共治理等我国政治学主要分支领域，就思想理论、实践发展、现实对策、研究方法、学术交流等政治学研究专题，系统梳理和总结党的十八大以来，尤其是"十三五"期间我国政治学学科建设和学术研究的重要成果、基本状况，研判我国政治学进一步发展的优化空间，期望在此基础上，切实遵循党的十九大、十九届二中、三中、四中、五中全会精神，展现新时代新时期我国政治学学术发展的主要趋势和研究内容，以促进我国政治学向着中国特色世界一流的哲学社会科学学科进一步发展。

需要说明的是，国际政治、国际关系和外交学以及相关学科，内容宏阔，需要另行研究，因此，没有列入本项研究的范围。此外，本项研究所阐述的新时代的中国政治学学术发展，仅限于我国大陆地区政治学的学术发展，香港澳门和台湾地区政治学的学术发展具有自己的过程和特点，需要另行专门研究和阐述，也没有列入本项研究的范围。

本书各章的写作分工如下：

第1—5章：王浦劬、汤彬

第6章：周光辉、殷冬水、林奇富、赫泉玲、彭斌

第7章：祝灵君、郑寰、张博、郑琦、张蔚、王玉柳、吕品、张弛、马丽、陶元浩、李丹青、王可卿、熊阿俊、任敏

第8章：葛荃、贾景峰、贾乾初

第9章：高建、佟德志、刘训练、高景柱

第10章：徐勇、陈军亚、张大维

第11章：朱光磊、贾义猛、郭道久、季乃礼、徐明强、陈璐、候绪杰、黄雅卓、刘亚强、路旖帆、裴新伟、申程仁、伊文静、吴涵博、诸冰璐

第12章：张桂林、庞金友、何涛、付语嫣、崔欣怡

第13章：杨光斌、韩冬临

第14章：陈明明

第15章：高小平、臧雷振、刘超、张冰倩

第16章：陈振明、林荣全、陈昭、魏景容

第17章：周平、白利友、韩定祥、孙保全

第18章：马骏、刘军强、王秋石、岳经纶、朱亚鹏、叶林、郑跃平

全书由王浦劬统稿和校对。

本书的编写，是在全国社会科学工作办公室领导及同仁的指导和支持下完成的。

本书的出版，得到中国政治学会会长李慎明先生、常务副会长张树华先生、秘书长张永先生的热情支持和帮助。

在本书撰写过程中，编写组的各位成员付出了辛勤努力，祝灵君、臧雷振、李锋、汤彬等更是为全书的技术处理付出了巨大努力；

北京大学国家治理研究院的许艳、王京京作为编写组的总体联络人，为本书的撰写和出版提供了重要的协调和行政助理工作；

中国社会科学出版社的领导对于本书的出版给予了有力的支持，责任编辑许琳为本书的编辑出版倾注了巨大心血，在确保本书质量的前提下，加班加点，尽其可能促成本书的迅速出版，以成其总结与规划之效。

对此所有，谨此致以最诚挚的感谢！

新时代的中国政治学学术发展呈现鲜明的中国特色、中国风格和中国气派，显示空前的广度、深度、高度和力度，面对伟大的中国特色社会主义政治建设事业和广阔的政治学研究，本书的梳理、分析、阐述和展现，难免疏漏不当之处。凡此种种，诚挚期望广大读者指正！

王浦劬
2020年11月于北京大学国家治理研究院

# 目 录

## 第一编 新时代的中国政治学学术发展
## 总 论

**第一章 新时代的政治学学科发展的基本状况** …………………… (7)
 一 学科专业结构日趋完善 …………………………………… (8)
 二 人才培养工作持续优化 …………………………………… (10)
 三 学术研究基础不断拓展 …………………………………… (11)
 四 新兴交叉学科逐步发展 …………………………………… (15)

**第二章 新时代的政治学学术发展的主要成就** ………………… (16)
 一 思想理论研究得以深入推进 ……………………………… (17)
 二 重大实践研究取得积极成就 ……………………………… (36)
 三 现实对策研究得到显著加强 ……………………………… (46)
 四 基础学术研究趋向纵深发展 ……………………………… (52)
 五 新兴交叉研究受到普遍重视 ……………………………… (62)
 六 方法研究和应用进一步发展 ……………………………… (68)
 七 对外学术交流更加深入展开 ……………………………… (72)

**第三章 新时代的政治学学术发展的显著特点** ………………… (78)
 一 马克思主义指导地位进一步巩固 ………………………… (78)
 二 政治学学术发展的根本方向明确 ………………………… (80)
 三 政治学学术研究的重要使命清晰 ………………………… (81)
 四 治国理政研究成为重要学术领域 ………………………… (82)

五　学术研究方法逐步趋向科学规范……………………………(85)
　　六　研究领域呈现分化与融合的统一……………………………(87)
　　七　研究逐渐形成各具特色的生长点……………………………(89)
　　八　开展学术交流成为重要发展途径……………………………(90)

**第四章　新时代的政治学学术研究进一步发展的着力点**……(93)
　　一　深化马克思主义政治学理论研究……………………………(93)
　　二　进一步优化提升政治学学科建设……………………………(95)
　　三　积极培育政治学研究的中国学派……………………………(97)
　　四　加强政治学科基础性研究和建设……………………………(99)
　　五　提高对策研究的科学性和可行性……………………………(101)
　　六　推进研究方法的综合性和规范性……………………………(102)
　　七　积极推进前沿、新兴和交叉研究……………………………(104)
　　八　强化和扩展政治学对外学术交流……………………………(106)

**第五章　新时代的政治学的发展趋势**…………………………(107)
　　一　马克思主义政治学理论研究将得到进一步深化……………(108)
　　二　政治学学术研究发展要求将推动学科结构优化……………(110)
　　三　理论创新使命将促成主体性原创性研究大发展……………(111)
　　四　政治学的长效发展需求将进一步拉动基础研究……………(113)
　　五　治国安邦的现实关怀将驱动对策研究不断强化……………(114)
　　六　研究方法改进需求将不断规范方法研究和运用……………(116)
　　七　不断增长的研究需求将推进政治学的系统研究……………(118)
　　八　世界一流建设目标将有效激励对外交流与合作……………(120)

# 第二编　新时代的中国政治学学术发展
## 分　论

**第六章　政治学理论与方法学术研究的发展**…………………(125)
　　一　政治学理论研究的进展………………………………………(125)

二　政治科学研究方法 …………………………………………（146）

## 第七章　党的建设研究的发展 …………………………………（153）
一　党的建设学科发展状况 ……………………………………（153）
二　党的建设学术研究进展 ……………………………………（157）
三　党的建设研究的特点 ………………………………………（199）
四　党的建设研究的发展 ………………………………………（202）
五　党的建设学科的重点研究领域、方向 ……………………（204）

## 第八章　中国政治思想史研究的发展 …………………………（207）
一　十八大以来学术发展的主要成就 …………………………（207）
二　中国政治思想史学术研究的薄弱环节 ……………………（219）
三　中国政治思想史研究的主要领域 …………………………（224）

## 第九章　西方政治思想史研究的发展 …………………………（230）
一　学科发展状况 ………………………………………………（230）
二　学术研究前沿与进展 ………………………………………（234）
三　学术研究的特点与问题 ……………………………………（244）
四　西方政治思想史学术发展的深化拓展 ……………………（248）

## 第十章　中国政治与治理研究的发展 …………………………（251）
一　中国政治与治理学术研究成就 ……………………………（251）
二　中国政治与治理研究的薄弱环节 …………………………（270）
三　中国政治与治理研究发展的议题 …………………………（273）

## 第十一章　中国政治制度研究的发展 …………………………（277）
一　中国政治制度研究的主要进展与特点 ……………………（277）
二　中国政治制度研究发展的着力点 …………………………（333）
三　中国政治制度研究发展的重点领域 ………………………（337）

## 第十二章　西方政治制度研究的发展 (346)
　　一　西方政治制度学术研究的基本进展 (346)
　　二　当前西方政治制度研究发展的着力点 (374)
　　三　西方政治制度学术研究发展趋势 (376)

## 第十三章　比较政治学研究的发展 (380)
　　一　总体状况 (380)
　　二　主要成果和观点 (386)
　　三　比较政治学学术研究发展的着力点 (395)
　　四　比较政治学学术发展趋势与重点领域 (396)
　　五　结论 (399)

## 第十四章　中国共产党和当代中国政治发展研究 (401)
　　一　中国政治研究范式的变迁 (401)
　　二　当代中国党政体制的历史逻辑和现实路径 (404)
　　三　新时代党政体制研究的主要议题 (407)
　　四　未来中国共产党与中国政治研究仍须关注的议题 (411)

## 第十五章　公共行政学研究的发展 (417)
　　一　公共行政学科发展的基本状况 (417)
　　二　公共行政学研究的进展 (422)
　　三　公共行政学研究进一步发展的着力点 (457)
　　四　公共行政学研究深化和拓展的领域 (459)

## 第十六章　政策科学研究的发展 (463)
　　一　文献计量分析 (463)
　　二　政策科学研究进展 (466)
　　三　政策科学研究发展的方向 (472)

## 第十七章　政治学新兴和交叉学科的发展 (476)
　　一　政治学新兴和交叉学科研究的进展 (476)

二　政治学交叉学科研究的基本状况 …………………………（489）
　三　政治学交叉学科研究的发展趋势 …………………………（492）

**第十八章　公共管理与公共治理研究的发展** ……………………（494）
　一　公共管理与公共治理研究基本状况 ………………………（494）
　二　公共管理和公共治理主要进展和重要成果 ………………（501）
　三　公共管理学术发展的着力点 ………………………………（510）
　四　公共管理学术研究发展的主要领域 ………………………（512）

# 第一编
# 新时代的中国政治学学术发展

## 总 论

政治学是研究政治现象及其发展规律的社会科学，政治学的学科建设、学术研究和思想成就，不仅从思想理论和学术文化方面体现着特定社会政治的发展状况，而且对于现实政治发展具有重要影响，因此，政治学是现代社会科学的重要支柱性学科。

在我国，政治学作为现代社会科学的独立学科地位，是在高等学校首先获得确立的。据考证，近代中国政治学科孕育于京师大学堂"仕学院"的政治学科课程，问世于1899年京师大学堂的政治专门讲堂，发展于1909年的独立专业本科教育，完成于1913年的第一届政治学专业本科毕业，确立于1919年北京大学政治学系的正式成立，前后历时长达20载。[①]此后，政治学科在我国的高校逐步设置，相关学术研究也得以开展。

20世纪50年代初，由于新中国的大学教育模式和学科设置很大程度上参照苏联的做法，加上其他多方面因素的影响，在1952年的高等教育学科调整中，作为独立学科专业的政治学被撤销，政治学的学科建设、学术研究和人才培养由此中断。

20世纪70年代末，历时十年的"文化大革命"结束，1978年召开的党的十一届三中全会，冲破了长期"左"倾错误的严重束缚，彻底否定了"以阶级斗争为纲"的错误理论和实践，重新确立了马克思主义的思想路线、政治路线和组织路线，并且做出了把党和国家的工作重点转移到社会主义现代化建设上来和实行改革开放的战略决策，由此，我国社会开始了从"以阶级斗争为纲"到以经济建设为中心、从封闭半封闭到改革开放、从计划经济到市场经济的深刻历史转变。

十一届三中全会的召开和全会确立的思想路线和政治路线，既为我国社会科学的发展提供了重要机遇，也对其提出了新的要求。在这其中，深刻总结"文化大革命"的教训，解放思想、拨乱反正，澄清思想认识和政治理论是非；适应党的中心工作转向经济建设的历史发展，重新定位政治研究的重心，坚持实事求是，对于社会主义政治实践进行理论研究和探讨；按照社会主义现代化建设和改革开放的战略决策，探索中国特色社会主义政治发展道路，建设高度的社会主义民主政治，都呼唤着政治学的恢

---

① 参见金安平、李硕《中国现代政治学的发端与拓展——北京大学政治学（1899—1929）》，北京大学出版社2019年版，第90页。

复重建。正是在这样的历史背景和时代要求下，1979年3月30日，邓小平同志在理论务虚会上明确指出，"政治学、法学、社会学以及世界政治的研究，我们过去多年忽视了，现在也需要赶快补课"。① 这一指示，直接推动了政治学的恢复重建。1980年12月，中国政治学会成立，标志着新时期的中国政治学得以重新恢复。

2020年，适逢新时期中国政治学恢复重建40周年。40年来，我国政治学在马克思列宁主义、毛泽东思想、邓小平理论、"三个代表"重要思想、科学发展观和习近平新时代中国特色社会主义思想指导下，在中国特色社会主义现代化建设、改革和发展伟大实践推动下，在政治学人共同努力和积极奋进下，学科建设和学术发展取得了巨大成就，中国特色学科体系、学术体系和话语体系初步得到确立，学术研究领域和水平不断扩展和深化，研究方法趋于专业化、科学化和规范化，学术队伍逐步扩大和加强，人才培养工作不断得到优化，国际学术交流持续得到拓展和深化，为坚持和完善中国特色社会主义制度，推进国家治理体系和治理能力现代化，为实现中国特色社会主义民主政治，为实现中华民族的伟大复兴和人的全面发展，在认识世界、传承文明、创新理论、资政育人和服务社会等方面，做出了重要贡献。时至今日，中国政治学成长发展为中国特色哲学社会科学的支柱性学科。

在我国政治学的学科发展、学术发展、教育发展、队伍发展中，学术发展通常是指学术研究和思想理论的发展，它既体现为政治学学术研究重心、领域、课题和方法的发展，更体现为政治学思想认识和理论内容的进展。因此，我国政治学的学术发展，从学术研究和思想理论方面标示着政治学的实际进程和发展成就。党的十八大以来，我国政治学界在马克思列宁主义、毛泽东思想、邓小平理论、"三个代表"重要思想、科学发展观和习近平新时代中国特色社会主义思想指导下，高举中国特色社会主义伟大旗帜，深入贯彻党的十八大和十九大的历届全会精神，积极落实习近平总书记在哲学社会科学工作座谈会上的讲话精神，按照统筹推进"五位一体"总体布局和"四个全面"战略布局的发展要求，坚定"四个自信"，

---

① 《坚持四项基本原则》（一九七九年三月三十日），《邓小平文选》第2卷，人民出版社1994年版，第180—181页。

立足于党领导人民治理国家的伟大实践，秉持为中国人民谋幸福，为中华民族伟大复兴谋发展，为人的全面发展谋路径的使命宗旨，深入研究和回答我国发展和我们党执政面临的重大理论和实践问题，开展了卓有成效的教学与科研工作，在推进中国特色政治学学科体系、学术体系和话语体系建设，在加强主体性、原创性理论研究，形成中国特色、中国风格和中国气派的研究成果方面，取得了显著成效和积极进展。从学术史的角度来看，新时代的政治学学术发展，既是我国政治学人对于恢复重建以来我国政治学学术研究的传承发展，更是在习近平新时代中国特色社会主义思想指导下，基于新时代的中国特色社会主义政治实践，遵循中国特色政治学学科发展和学术发展内在逻辑的开拓创新。

本书即是基于这些传承发展和开拓创新，对于新时代的中国政治学学术发展内容和趋向的分析和论述。当此中国政治学恢复重建40周年之际，本书既是对于新时期我国政治学学科发展的学术纪念，更是对于在全面建成小康社会，迈向中华民族伟大复兴的历史进程中建成世界一流政治学科的挚忱期待。[①]

调研显示，进入新时代，我国政治学在学科体系建设方面，经过数代政治学人的长期努力和辛勤耕耘，学科专业建设和结构调整日趋完善，人才培养工作持续提升，学术研究基础不断拓展，新兴和交叉学科正在形成，为培养创新型、复合型、应用型高质量人才，实现世界一流的发展目标奠定了坚实基础。

在学术研究方面，进入新时代，我国政治学学术发展和科学研究的总主题是：在新时代，"坚持和发展什么样的中国特色社会主义政治、怎样坚持和发展中国特色社会主义政治"，由此深入探索新时代的中国特色社会主义政治及其发展规律，深刻认识新时代的中国特色社会主义政治发展道路，深彻阐发新时代的中国特色社会主义政治制度优势，深切阐明新时

---

[①] 本项研究记录、描述、分析和阐述的新时代的中国政治学学术发展，是按照十三个学术研究领域进行的，其包括政治学理论与方法、党的建设、中国政治思想史、西方政治思想史、中国政治制度、外国政治制度、比较政治研究、中国共产党与中国政治发展、公共行政、政策科学、公共管理与公共治理。国际政治、国际关系和外交学以及相关学科，内容宏阔，需要另行研究，因此，没有列入本项研究的范围。此外，本项研究所述述的新时代中国政治学学术发展，仅限于我国大陆地区政治学的学术发展，香港、澳门和台湾地区政治学的学术发展具有自己的过程和特点，需要另行专门研究和阐述，也没有列入本项研究的范围。

代的中国特色社会主义政治发展的使命任务。

政治学学术发展的成果主要体现为：政治学理论研究得以深入推进、现实对策研究得到显著加强、基础学术研究趋向纵深发展、新兴交叉研究日益受到重视、方法研究和应用进一步发展、对外学术交流更加广泛多样。

当前，我国政治学学术研究的基本状况表现为：马克思主义指导地位得到进一步巩固，政治学学术发展根本方向明确，政治学学术研究的重要使命清晰，治国理政理论和现实问题研究成为重要领域，学术研究方法逐步趋向科学规范，研究领域呈现分化与融合的统一，研究逐步形成各具特色的生长点，开展学术交流成为重要发展途径。

研究显示，当前我国政治学学科建设和学术发展还存在一些薄弱环节，其改进的着力点在于：深化马克思主义政治学理论研究，亟待构建原创性本土化政治学理论，进一步优化提升政治学学科建设，加快构建政治学研究的中国学派，加强政治学科基础性研究和建设，提高对策研究的科学性和可行性，推进研究方法的综合性和规范性，积极推进前沿、新兴和交叉研究，强化和扩展政治学对外学术交流。

根据我国政治学学科建设与学术研究的基本态势，遵循新时代中国特色社会主义现代化事业和政治学学科的发展规律，本项研究认为，我国政治学的未来发展趋势、学术前沿和重点课题将呈现为：马克思主义政治学理论研究将得到进一步深化，在这其中，对习近平新时代中国特色社会主义思想和关于政治现象及其发展规律的重要论述的研究将得到进一步丰富深化，政治学学术研究发展要求将推动学科结构优化，理论创新使命将促成主体性原创性研究大发展，中国特色社会主义政治发展道路和国家治理模式的研究得到进一步加强，政治学的长效发展需求将进一步拉动基础研究，治国安邦的现实关怀将驱动对策研究不断强化，研究方法改进需求将不断规范方法研究和运用，不断增长的研究需求将推进政治学的系统研究，世界一流建设目标将有效激励对外交流与合作。

# 第一章　新时代的政治学学科发展的基本状况

在知识分类意义上，所谓"学科"，一般是指具有共同研究对象、认知属性和学术功能的知识体系，它通常是人们针对特定对象及其发展，通过认识、实践、再认识和再实践而获取、加工和验证而形成的，是具有共同属性和特征的知识的系统集成。学科中的研究领域，是人们认识自然、社会和思维的主要场所，是学术形成、显现、提出、研究和解决自然、社会和思维及其发展问题的基本场域，因此，学科是学术发展的类属定位，更是学术发展的认知和验证平台。而所谓"学术"，则是人们依托特定学科，针对特定对象及其发展规律展开认识和验证，试图发现事物之间的因果关系，并且予以提炼上升形成理论的活动。由此可见，学术通常是在特定学科范围和领域中、依托学科平台进行的认识活动，当然，随着学科和知识的发展，今天的学术研究，亦常常呈现跨学科和交叉学科研究的现象。

1980年，我国政治学学科恢复重建以后，几代政治学人筚路蓝缕、开拓创新、接续奋斗，跨越世纪前行，使得政治学科理论基石得以奠定，学科框架基本形成，学科结构逐步优化，学科领域持续拓展，学科前沿日益凸显，学科功能长足发展，为政治学学术发展确立了坚实的学科基础。

新时代以来，我国政治学学科在马克思主义、毛泽东思想、邓小平理论、"三个代表"重要思想、科学发展观和习近平新时代中国特色社会主义思想指导下，深入贯彻习近平总书记在哲学社会科学工作座谈会上的讲话精神，积极推进学科体系建设，以优化学科布局、落实人才培养、强化队伍建设为主攻方向，形成了基础研究与特色研究相结合、强基固本与突出优势相统一的专业结构，完备的学士、硕士、博士教育培养体系以及种类齐全、梯队衔接的教学和科研队伍体系；不断充实政治学的师资队伍和研究力量，着力加强支撑条件和软硬件基础建设，为进一步发展中国特色的学术体系和话语体系提供了科研阵地和资源保障。

总体来看，在新时代，我国政治学学科建设取得显著发展和优异成果，呈现出学科专业建设日趋完善，人才培养规模和质量持续提升，科研队伍不断增长，研究力量、学科基础和支撑条件全面改善的蓬勃发展势头。

## 一 学科专业结构日趋完善

据统计，在学科点建设方面，截至2020年，我国大陆地区累计有30所高校院所获批政治学一级学科博士学位授权点，5个单位设有政治学二级学科博士学位授权点；32个单位设有政治学一级学科硕士学位授权点，12个单位设有政治学二级学科硕士学位授权点，150多个单位拥有本科学位授予权，29家单位获批政治学博士后流动站，1300多所教学与科研单位设有政治学相关专业和课程，基本形成了高等院校、科研机构、党校系统协同共建的学科体系和研究集群。

在学科设置方面，根据国务院学位委员会办公室颁布的学科专业目录，政治学属于法学类的一级学科。

政治学的本科教育，根据教育部颁布的目录，目前包括政治学与行政学、国际政治、外交学等基本专业方向，以及国际事务与国际关系，哲学、政治学与经济学（PPE）等特设专业方向。

在研究生教育方面，目前包括政治学理论、中外政治制度、科学社会主义与国际共产主义运动、中共党史（含：党的学说与党的建设）、国际政治、国际关系、外交学等7个二级学科。同时，一级学科硕士或者博士学位授予单位可遵循相关程序与要求，在一级学科学位授权权限内自主设置交叉学科与目录外二级学科。

当前，政治学培养单位普遍以目录内二级学科为主体平台，结合自身研究特色和所在区位优势等因素自主设置研究生学科专业方向。比如，北京大学在政治学一级学科下，设置了十一个二级学科，分别为政治学理论、中国政治、比较政治、中共党史、科学社会主义与国际共产主义运动、国际政治、国际关系、外交学、国际政治经济学、国际组织与政策、国家安全战略与管理；复旦大学在政治学一级学科下，设置了九个二级学科，包括政治学理论、中外政治制度、中共党史、科学社会主义与国际共产主义运动、国际关系、国际政治、外交学、政治哲学、公共政策；中国人民大学在政治学一级学科下，设置了九个二级学科专业，即政治学理论、中外政治制度、中共党史、科学社会主义与国际共产主义运动、国际政治、国际关系、外交学、中国政治、国际政治经济学等；比如，中国政法大学根据国家体制的调整，增加设置了"国家监察学"学科专业；上海外国语大学发挥域外语言与文化研究优势，增加设置了"中东研究""区域国别研究"和"国际公共管理"等学科方向；云南大学发挥边疆治理、民族政治学和周边外交关系等领域的研究专长，增加设置了"民族政治与公共行政"等学科专业和方向。

进入新时代，比较政治学学科的发展成就引人注目，比较政治的教学和研究机构先后成立。例如北京大学和上海交通大学专门成立比较政治学系，开展本科和研究生的教学工作；有的高校还设有以"比较政治"命名的研究机构，其数量已超过十个，包括复旦大学陈树渠比较政治发展研究中心、中国人民大学比较政治研究所、上海师范大学比较政治研究中心等一系列研究机构。此外，随着"一带一路"倡议的实施，中国各高校和研究机构新成立了大量区域和国别研究中心，属于广义的比较政治研究范围。教育部还曾多次专门下文，要求加强区域和国别研究工作。据不完全统计，目前全国已有的区域研究机构和国别研究机构已达上百个之多，其中获批为教育部区域和国别研究培育基地的有 37 个，分别来自北京大学、四川大学、厦门大学、武汉大学等全国多所高校。

在研究领域方面，依托结构不断优化、门类逐步健全、规模日趋增长的学科体系，我国政治学呈现出继续强化基础研究、探索特色研究、持续开辟新的研究生长点的复合性学术成长态势。具体而言，我国政治学根据发展着的中国特色社会主义实践，结合政治学理论创新的内在规律，在深化、细化马克思主义政治学、中国特色社会主义政治学理论、习近平新时代中国特色社会主义思想和重要政治论述、政治学基础理论、政治思想、中国政治、政治制度、比较政治、公共行政等传统优势研究的同时，进一步围绕党领导人民有效治理国家的政治发展主线，形成了党的建设、国家治理体系与治理能力现代化、党和国家机构改革、社会治理、民族边疆地区治理、城乡基层治理、贫困治理、公共卫生和应急管理、人类命运共同体和全球治理等重点、热点议题。对于各研究单位而言，特色研究是与基础研究、热门研究并重的主攻方向，它不仅是自身科研实力的集中体现，也是学术研究的比较优势和核心竞争力所在，蕴含着研究发展的后劲和潜能。因此，在新时代，各单位普遍加强了对特色研究的投入力度，也产出了丰富的学术成果，表现出"百花齐放"的多样化研究格局。

## 二　人才培养工作持续优化

在新时代，围绕"培养什么人，怎样培养人，为谁培养人"的根本问题，我国政治学通过不断调整、优化学科方向设置，强化教材体系建设，形成了完备的本科、硕士、博士教育培养体系，培养了一批面向国家与社会需要，服务于中国特色社会主义现代化建设事业的高素质人才。

在人才培养目标方面，当前，我国政治学学科遵循高等教育的发展规律，已从单纯追求数量的扩张式增长过渡到稳定存量、提升质量，以追求效益为核心的内涵式发展模式。一方面通过构建更高水平的人才培养体系，深化教育模式改革创新，全面提升学生的综合素质，致力于培养一代又一代拥护中国共产党领导和我国社会主义制度、立志为中国特色社会主义努力奋斗，德智体美劳全面发展的理论工作者和优秀管理人才；另一方面则加强校地合作和成果转化，努力将教学科研成果转化为助力国家治理体系和治理能力现代化，建设社会主义政治文明的智识资源。

在人才培养方式方面，在新时代，我国政治学已形成了分级分类的培养模式。根据就业需求和发展方向的具体差异，学科实施了本科教育与研究生教育、学术型人才与应用型人才，学历教育与继续教育相分殊的多元化培养方案。对于本科教育，各培养单位贯彻厚基础、宽口径、重专业的培养原则，通识教育与专业教育并重，为学生提供更为多样化的发展选项。对于研究生教育，各培养单位明确区分了学术型人才与应用型人才的发展路径，对学术型硕士生和博士生制定了以科研为中心的训练体系、培养标准和流程，对在读期间的必修学分、学术发表、专业阅读等环节提出了明确要求，以全面提升学生的理论基础、创新能力和科研能力；对应用型硕士生则坚持面向市场、服务发展、促进就业的培养原则,加强专业技能训练,强化实践能力,为学生提供更为丰富多样的实习机会和实践岗位,不断提升人才供给与社会经济发展需求的适配度。

在人才培养成效上,我国政治学依托涵盖本科、硕士、博士的分级教育体系,学术型与应用型研究生培养、学历教育与继续教育的分类管理体系,为政府部门、高校院所、企事业单位等输送了大批熟练掌握政治学理论知识和实践技能的优秀人才。调研显示,全国公共管理专业硕士教育(MPA)的学位授权点每年的毕业生规模达到万余人,各类公共行政在职培训班每年培训的公务员和事业单位干部达1200万人次。这表明,我国政治学学科不仅通过学术研究为国家建设建言献策,提供智力支持,还通过多层次、多类型的教育体系为国家公共行政事业的发展,为社会主义现代化事业的各个环节、领域直接提供了人力资源保障。

在境外学生的招生和培养方面,在新时代,我国政治学围绕世界一流建设目标,不断扩大对外交流和合作办学的规模和力度,加强境外学生培养的质量管理,在提高教育国际化水平方面取得了重要进展和显著成效。

## 三 学术研究基础不断拓展

在支撑条件方面,我国政治学在总体部署和统筹协调的基础上,发挥各学科点的教学和科研专长,形成各具特色、有机互补的整体性联动格局。各科研单位通过选择多样化、差异化的研究方向、研究重点和特色领域,建立起自身的学术优势。基于各具特色的发展思路,各单位结合研究兴趣、研究专长和发展规划,不断在人才队伍建设和支撑条件建设方面持续发力,打造出一支具有良好教育背景、突出科研能力和国际化视野的师资队伍,一批国家重点建设项目、教学科研团队、研究基地、专业智库、学术期刊等高质量学术平台,为教学、科研和社会服务的长效发展提供了重要载体和坚实依托。

在队伍建设方面,调研显示,经过40年的建设与发展,我国政治学教学与科研队伍的规模不断扩大,质量持续优化。据不完全统计,目前从事政治学相关领域教学与科研工作的教师、研究人员已达万余人。在教育背景上,拥有博士学位的专业人员占比达到80%以上;具备境外教育经历的人数也在逐年提升，在部分科研实力较为雄厚的高校院所，这一比例已超过50%。在队伍结构上，年龄、资历构成较为合理，不仅拥有具备深厚理论素养和强大学术引领力、影响力的学术大师，也成长起一批理论功底扎实、勇于开拓创新的学科带头人，还涌现出一批年富力强、锐意进取的中青年学术骨干，老中青有机搭配、梯队衔接、后劲充沛的政治学人才体系已然成型。

在平台建设方面，目前，我国政治学学科依托国家、地方与社会支持，筹集各类办学与科研资源，搭建起种类丰富的研究平台，不仅实现了平台之间的资源共享、有机协同，发挥了学术研究的资源有机汇聚、课题系统集成和成果信息沟通效应，也为发展着的中国特色社会主义实践述学立论、建言献策，并通过对外交流与合作传递出学术研究的中国声音。

第一，国家重点学科和"双一流"建设学科等政策支持平台。目前，北京大学政治学一级学科，中共中央党校、复旦大学、中国人民大学、南开大学、吉林大学、山东大学、华中师范大学、天津师范大学等8个单位的12个二级学科已经被评审和批准为国家重点学科，北京大学、复旦大学、中国人民大学、清华大学、华中师范大学、外交学院（自设）等6所高校的政治学学科入选"双一流"建设学科。在国家战略和政策指引与支持下，我国政治学进一步明确了发展方向、使命宗旨和重点领域，坚定了理论自信和学术自觉，进入了构建中国风格、中国特色、中国气派的政治学中国学派的发展之路。2017年，中共中央印发了《关于加快构建中国特色哲学社会科学的意见》，对加快构建中国特色哲学社会科学进行了全面部署，是中国政治学发展的纲领性文件。

2017年，北京大学、清华大学、中国人民大学、复旦大学、华中师范大学和外交学院的政治学学科，入选"一流学科"建设名单，为政治学科的发展提供了强大的新动力。

第二，重点与特色研究基地和平台。例如教育部人文社科重点研究基地，包括北京大学国家治理研究院、华中师范大学中国农村研究院、中国人民大学欧洲问题研究中心、吉林大学东北亚研究中心、华东师范大学俄罗斯研究中心、上海外国语大学中东研究所、暨南大学华人华侨研究院、浙江师范大学非洲研究院等。国家治理新型智库平台，党的十八大以来，全国高校先后建立设置了五家国家治理研究院，包括北京大学国家治理研究院、中山大学国家治理研究院、清华大学国家治理研究院、华中科技大学国家治理研究院、山东大学国家治理研究院等；国家高端智库建设试点平台，包括国务院发展研究中心、中国社会科学院、中央党校、国家行政学院、中央编译局等党中央、国务院、中央军委直属的综合性研究机构；中国社会科学院国家全球战略智库、中国现代国际关系研究院、北京大学国家发展研究院、北京大学国际战略研究院、清华大学国情研究院、中国人民大学国家发展与战略研究院、复旦大学中国研究院、中山大学粤港澳发展研究院、上海社会科学院等依托大学和科研机构形成的专业性新型智库。① 部分高校和研究单位也依托优势领域建立特色型研究基地，例如吉林大学"社会公平正义研究中心"；中国政法大学"国家监察研究院"；深圳大学"当代中国政治研究所"；天津师范大学"政治文化研究中心"；华东政法大学的"比较政治研究院"；山西大学的省人文社科重点研究基地"城乡治理研究中心"；河南师范大学的教育部人文社科培育基地"中原文化生态研究中心"、省重点社科研究基地"河南省中国特色社会主义理论体系研究中心"、"河南省文化产业发展研究基地"等。

第三，中外文学术刊物。在中文刊物方面，中国社会科学院主办的《政治学研究》《美国研究》《欧洲研究》《当代亚太》，北京大学主办的《国际政治研究》，吉林大学主办的《东北亚论坛》、华中师范大学主办的《社会主义研究》，外交学院主办的《外交评论》，中国现代国际关系研究院主办的《现代国际关系》等9本期刊获得了国家社科基金资助。《行政论坛》（黑龙江行政学院）、《公共管理学报》（哈尔滨工业大学）、《公共行政评论》（中山大学）、《公共管理与政策评论》（中国人民大学）、《公共管理评论》（清华大学）、《中共中央党校学报》（中共中央党校）、《北京行政学院学报》（北京行政学院）、《甘肃行政学院学报》（甘肃行政学院）、《政治思想史》（天津师范大学）、《比较政治学研究》（天津师范大学）等，都是在政治学界享有广泛影响力的刊物。此外，部分高校政治学研究机构主办和出版的政治学专业期刊和丛书等，也发挥了重要的知识传播和学术交流责任，例如北京大学政府管理学院主办的《北大政治学评

---

① 《25家机构入选首批国家高端智库建设试点单位》，中国社会科学网，http://www.cssn.cn/zk/zk_jsxx/zk_zx/201512/t20151204_2741912.shtml? COLLCC=1719422076&。

论》，北京大学国家治理研究院主办的《国家治理现代化研究》，复旦大学国际关系与公共事务学院主办的《复旦政治学评论》，复旦大学思想史研究中心主办的《思想史》，复旦大学社会科学高等研究院主办的《复旦政治哲学评论》，中国人民大学国际关系学院主办的《比较政治评论》（2018年更名为《世界政治研究》），南开大学周恩来政府管理学院主办的《南开政治学评论》，中山大学政治与公共事务管理学院主办的《中大政治学评论》，武汉大学政治与公共管理学院主办的《珞珈政治学评论》，深圳大学当代中国政治研究所主办的《当代中国政治研究报告》等。在外文期刊方面，清华大学主办的 Chinese Journal of International Politics 是目前我国唯一一份国际政治类 SSCI 期刊，复旦大学主办的《中国政治学评论》（Chinese Political Science Review）被 SSCI 扩展版收录。2016年，浙江大学公共管理学院创办了全英文刊物 Journal of Chinese Governance（JCG），由国际著名出版社 Routledge 正式出版发行，并于2017年底被 Emerging Sources Citation Index（ESCI）收录。清华大学非政府管理（NGO）研究所与 Brill 出版社合作出版的英文期刊 The China Nonprofit Review 已经连续出版了16期。中国人民大学公共管理学院参与主编了公共管理学 SSCI 期刊 Public Performance & Management Review，其学术影响力和影响因子也得到了长足的进步。

第四，经常性学术共同体交流与合作平台。比如，由北京大学国家治理研究院牵头，吉林大学、复旦大学、中山大学和中国财政科学研究院协同运行的国家治理协同创新中心，为相关单位围绕国家治理现代化的研究主题，整合科研资源，强化协同攻关，推进学科发展，提供资政支持，展开人才培养提供了重要平台。

为了加强师资培养质量和力度，2013年以来，在教育部政治学类专业教学指导委员会指导下，北京大学、复旦大学、中国人民大学、清华大学、吉林大学、南开大学、南京大学、厦门大学、中山大学、山东大学、天津师范大学和中国政法大学先后举办了政治学核心课程师资"全国高级研讨班"，对于培养学科后备力量、推动学术共同体的建设与交流起到了重要作用。

## 四 新兴交叉学科逐步发展

在新时代,我国政治学的新兴学科、交叉学科逐步得到发展。

首先,在政治哲学、政治社会学、政治经济学基础上,政治心理学、政治人类学、民族政治学、法律政治学、政治传播学、网络政治学、环境资源政治学、边疆政治学等学科得到成长和发展,成为人才培养、学术研究、社会服务的重要学术研究领域甚至学科专业。

其次,新兴学科和交叉学科的学术研究取得丰富成果。进入新时代,遵循习近平总书记在哲学社会科学工作座谈会上的讲话精神,深入研究和回答我国发展和我们党执政面临的重大理论和实践问题,积极回应建设、改革和发展中呈现的突出问题,努力取得创新性成果,在构建中国特色哲学社会科学的进程中,我国政治学的新兴学科和交叉学科呈现出稳定、持续和有活力发展的态势,既促进了政治学学科自身的发展,又服务于国家治理的实践,充分彰显了自身的特色和价值。新兴学科和交叉学科的学术研究取得丰硕成果和突出成就,出版了一大批著作,发表了丰富的学术论文,产生了广泛的学术影响。

第三,新兴学科和交叉学科的学术发展呈现优势。基于这些学科培养的高素质、复合型人才,得到用人单位的广泛好评。基于这些学科形成的研究成果,比如民族政治学、政治传播学、网络政治学的研究成果,不仅受到学术界的积极评价,而且特别受到重要决策部门的广泛欢迎和大量采用。

第四,新兴学科和交叉学科有力地扩展和调整了我国政治学科的范围和范式。比如,国际政治经济学的研究,对于我国国际政治和国际关系战略和对策的研究,发挥了重要的学科和学理基础作用;比如,比较政治经济学的研究,对于我国经济社会政治发展以及中国发展模式优势的研究,发挥了深入学理、道理和哲理研究和阐述的重要功能。

# 第二章　新时代的政治学学术发展的主要成就

十八大以来，中国特色社会主义事业进入了新时代，这种前无古人的伟大实践不仅为政治学的理论创新和学术繁荣提供了强大动力和广阔空间，也为政治学的学术发展和理论回应提出了明确要求。面对新的时代背景和社会主义政治发展的新局面，我国政治学学科坚持以马克思主义为指导，通过思想创新、观点创新、命题创新和概念创新，全面总结中国发展经验，深刻揭示中国特色社会主义政治发展道路的历史逻辑、理论逻辑和实践逻辑，并通过学科体系、学术体系和话语体系的一体建设，为助推社会主义经济社会的长效发展提供学理支撑和智力支持。

进入新时代，根据中央"五位一体"的总体布局和"四个全面"的战略布局，基于新时代中国特色社会主义建设、改革和发展的实践，我国政治学学术发展的总命题是，新时代建设什么样的中国特色社会主义政治？怎样建设新时代的中国特色社会主义政治？我国政治学界正是围绕这一主题，展开了多方面研究。

进入新时代，尤其在"十三五"期间，我国政治学学术研究取得了丰硕成果，有力发挥了知识生产和理论创新的使命和功能，据不完全统计，从2013年至2019年，政治学发表CSSCI学术论文达10万余篇，在国外政治学和公共管理学领域排名前50的期刊上共计发文245篇，政治学范畴内的各类社科基金项目立项4042项。

政治学学术研究状况调研显示，进入新时代，我国政治学学术研究的成效集中体现为思想理论研究得以稳步推进、原创理论研究取得积极进展、现实对策研究得到显著加强、基础学术研究趋向纵深发展、学科交叉研究受到普遍重视、研究方法应用取得明显进展、对外学术交流更加深入开展。

# 一 思想理论研究得以深入推进

## （一）马克思主义政治学理论研究更趋深化

马克思主义是随着时代和实践发展而不断发展的开放理论体系。进入新时代，我国马克思主义政治学理论研究也在探索和把握共产党执政规律、社会主义建设规律和人类社会发展规律的基础上，基于新的实践问题、研究情境和研究材料，取得新的成果和进展：

一是深化对马克思主义经典作家思想理论的认知和诠释，推进对国际共产主义运动的脉络梳理和事件分析，进而加强马克思主义政治学基本理论研究，这方面的成果包括对马克思、恩格斯有关东方问题的政治论断进行的研究；对巴黎公社政治体制的意义考察；从土地制度的角度，对马克思国家起源学说的再认识；对马克思国家理论的进一步研究；对马克思主义的"阶级"概念在近代中国传播过程的考证；对马克思的社会共和国思想进行的深入解读；关于马克思主义政治发展理论的系统研究等。[1]

二是将马克思主义政治学理论与中国特色社会主义政治实践相结合，不断推动马克思主义中国化政治学理论研究与时俱进，这方面的主要成果有：在学科建设上，从马克思主义中国化的视角建构我国的政治学学术体系和话语体系。[2] 在问题导向上，着重加强对中国特色的执政党建设主题的研究，包括对新中国成立70年来马克思主义政党学说中国化的历史进

---

[1] 参见徐勇《从中国事实看"东方专制论"的限度——兼对马克思恩格斯有关东方政治论断的辨析与补充》，《政治学研究》2017年第4期；彭才栋《以消灭阶级为基础的政治形式——正确理解巴黎公社政治体制的意义》，《政治学研究》2016年第6期；陈明《土地制度与早期国家的创制——基于马克思恩格斯国家起源论说的分析》，《中国农史》2018年第1期；张潇爽《重述波兰尼的当代意义——马克思的国家理论何以重要》，《国外理论动态》2019年第12期；曹龙虎《身份观念的转换与现代国家建构——对马克思主义"阶级"概念在近代中国传播的理论解读》，《南京大学学报》2020年第1期；陈刚《马克思主义的国家起源观及其重大意义》，《经济社会体制比较》2019年第1期；汪世凯《从现代国家到社会共和国：卡尔·马克思的国家理论》，《经济社会体制比较》2018年第5期；吴晓林《走向共同体：马克思主义政治发展观的"条件论"》，《政治学研究》2019年第4期。

[2] 张师伟：《马克思主义中国化与中国政治学话语体系的现代建构》，《江淮论坛》2019年第1期。

程和具体经验进行理论呈现；构建中国化马克思主义党建理论体系的方法论基础，明确新时期巩固党的领导地位，加强党的建设的重要任务、核心使命、制度依托、法治保障和实现路径等。① 在专项主题上，结合新的文献资料、时代背景、实践经验，对毛泽东思想、邓小平理论、"三个代表"重要思想、科学发展观进行了新的理论发掘和学理阐释，② 进一步明确了习近平新时代中国特色社会主义思想与之的继承和发展关系，彰显了其对新时代中国特色社会主义实践的指导意义，尤其重点紧密结合新时代伟大斗争、伟大事业、伟大工程和伟大梦想，强化了关于习近平新时代中国特色社会主义思想和重要政治论述的研究。

三是注重引介、甄别、批判和扬弃性吸收西方马克思主义的最新成果，并结合全球化时代资本主义政治发展的总体特征予以反思性探讨，以强化对国外马克思主义政治学理论的研究。这方面的主要研究成果包括：对西方马克思主义民主理论及其在实践困境的剖析；西方马克思主义社会革命理论在新形势下的适用性分析；西方马克思主义关于种族和族群理论的研究。③

进入新时代，在深化马克思主义政治学基本理论体系研究的同时，我国政治学界高度重视马克思主义教材体系建设。2018年开始至今，我国政

---

① 参见张荣臣《新中国成立70年来马克思主义党的学说中国化的历史进程与经验》，《湖湘论坛》2019年第5期；王长江《构建中国化马克思主义党建理论体系的方法论思考》，《科学社会主义》2017年第6期；欧阳淞《党的领导是改革开放取得成功的关键和根本》，《中共党史研究》2019年第1期；王浦劬、汤彬《当代中国治理的党政结构与功能机制分析》，《中国社会科学》2019年第9期；宋功德《坚持依规治党》，《中国法学》2018年第4期；张荣臣《全面从严治党：党的建设新主线》，《人民论坛》2017年第1期；张晓燕《论党组工作条例对新时代党的领导理论的制度创新》，《理论与改革》2019年第5期；陈明明《新时代的政党建设：战略目标与行动逻辑》，《治理研究》2018年第1期。

② 参见丁晓强《毛泽东思想的形成与发展脉络——中国社会主义基本制度的确立》，《人民论坛》2019年第27期；兰俏枝《毛泽东民主集中制思想的内涵及运用》，《湖南科技大学学报》（社会科学版）2018年第2期；严世雄、喻芒清、胡雪黎《邓小平理论对新时代中国特色社会主义建设的当下价值》，《学校党建与思想教育》2018年第24期；田克勤《邓小平社会主义改革思想的形成及其当代价值》，《思想政治教育研究》2018年第5期；周锟《邓小平共同富裕思想的发展轨迹和现实意义》，《党的文献》2017年第5期。童贤东《改革开放四十年中国化马克思主义群众观的发展》，《重庆社会科学》2018年第12期；郑大华《继承、发展与超越——毛泽东、邓小平、习近平民族复兴思想之比较》，《湖南师范大学社会科学学报》2018年第3期。

③ 参见于欣《西方马克思主义民主理论与实践的困境》，《学术交流》2018年第11期；阮华容、陈曙光《乌托邦的革命——西方马克思主义社会革命理论评析》，《理论视野》2019年第8期；左宏愿《种族、族群与阶级：西方马克思主义种族和族群研究的路径及其启示》，《民族研究》2017年第3期。

治学学科在中央马克思主义理论研究与建设工程总体部署下,启动、实施并且完成了以《政治学概论》《中国政治思想史》《西方政治思想史》《地方政府与政治》等"马工程"政治学重点教材的修订和再版工作,为坚持和发展马克思主义研究事业,进一步提升和优化育人质量,打造梯次结合的马克思主义政治学理论研究和教学队伍,推动习近平新时代中国特色社会主义政治思想"进教材、进课堂、进头脑",提供了重要载体。

与此同时,政治学界以党的初心使命为指引,对中国共产党的红色基因、革命文化、革命精神进行了系统深入的考察与分析,在学理上展现了党领导人民不断取得革命胜利的宏伟征程与鲜明品格。这方面的研究成果主要包括:第一,对习近平总书记相关论述进行了深入研究。有学者认为习近平总书记关于革命文化重要论述的深刻内涵集中体现为坚持以人民为中心、坚定共产主义理想信念、推进兴军强军、全面从严治党,它不仅有利于增强中国特色社会主义文化自信,还有利于提升全民族的文化素质,抵御不良文化的侵蚀,为实现中华民族伟大复兴凝聚力量。第二,对党的红色基因、革命文化的内涵和意义进行了系统发掘。有学者认为,红色基因是中国共产党区别于其他一切阶级政党的鲜明标识和政治优势,体现于党的性质宗旨、精神面貌、思想方法和工作方法。有学者认为革命文化形成于中国共产党和中国人民的长期革命斗争实践,包括革命思想,革命理论、路线、方针政策,革命业绩,革命精神,革命文物等。第三,对"两个伟大革命"的辩证关系进行了深入讨论。有学者认为,革命性是马克思主义政党最基本的属性和最重要的政治品格,近百年党的建设和 70 多年新中国建设历程,就是中国共产党以自我革命推动社会革命的实践过程。有学者认为"两个伟大革命"统一于党为中国人民谋幸福,为中华民族谋复兴的初心使命。第四,对中国共产党属性的理解更为深入。有学者认为中国共产党作为革命党、领导党、执政党的三重身份并不是割裂的,而是在领导政治革命和广义社会革命的连续历史进程中,实现了三者的有机统一。①

---

① 参见崔利萍《习近平关于革命文化重要论述的深刻内涵与时代价值》,《学术交流》2017 年第 12 期;刘志兵《中国共产党人的红色基因》,《前线》2018 年第 7 期;李东朗《革命文化是党和人民宝贵的精神财富》,《人民论坛》2017 年第 17 期;蔡志强《革命逻辑与中国共产党的历史使命》,《思想理论教育》2019 年第 6 期;宋维强《从党的初心使命把握"两个伟大革命"的辩证统一》,《红旗文稿》2019 年第 12 期;陈锡喜《论中国共产党作为革命党、领导党、执政党的统一及其与社会革命的关系》,《思想理论教育》2018 年第 12 期。

新时代以来，习近平总书记围绕实现中华民族伟大复兴的中国梦的重大理论与时代命题，形成了一系列重要论述，"中国梦"也因此成为我国政治学学术研究的重点领域和重要主题。这方面的研究成果主要包括：第一，对"中国梦"内涵、本质和特征的深入研究。有学者认为"中国梦"有着深刻的历史背景和历史逻辑，其在本质上是民族复兴的近代寻梦、现代筑梦、当代圆梦的接力进程。它由共产党人提出，具有造福国家、民族、人民的崇高追求，是国家梦、民族梦、政党梦和人民梦的有机统一。有学者在中国梦与美国梦的比较中，凸显了中国梦的国家之维，有学者则认为保持"个体"与"整体"的价值平衡是中国梦超越美国梦的关键所在。第二，对实现"中国梦"现实基础和基本前提的考察与探析。有学者通过回顾党领导人民开展革命斗争和社会主义建设实践的历程，明确了基本国情是实现中国梦的现实依据。有学者指出国族一体化，提升中华民族各族群的凝聚力和积极性是推进中国梦的基石和前提。有学者认为促进"三农"发展，建设社会主义新农村不仅是实现中国梦的现实基础，也是对其加以评价和衡量的重要标准。有学者认为构建强大的国家能力是实现中国梦的根本保障。第三，对"中国梦"实现路径和具体机制的全面研究。有学者认为"四个全面"战略布局是实现中国梦的理论指导和实践指南，有学者认为经济建设、政治建设、文化建设、社会建设、生态文明建设和党的建设是实现中国梦的基本路径。第四，对中国梦与中国特色社会主义的辩证关系进行了深入探究。有学者认为中国梦是建设中国特色社会主义的精神动力，习近平新时代中国特色社会主义思想则为实现中国梦提供了新动力。[①]

---

[①] 参见汪青松《论中国梦的历史逻辑——兼论"四个自信"与中国梦的实现》，《社会主义研究》2017年第3期；李君如《中国梦的意义、内涵及辩证逻辑》，《毛泽东邓小平理论研究》2013年第7期；张明《"中国梦"的特征、价值导向与实现路径》，《新疆师范大学学报》（哲学社会科学版）2013年第4期；江畅《中国梦与美国梦之比较》，《江汉论坛》2014年第7期；傅艳蕾《个体与整体之辩："中国梦"的当代哲学意蕴》，《社会主义研究》2013年第4期；朱宗友、武良刚《基本国情：实现中国梦的现实依据》，《科学社会主义》2016年第2期；胡鞍钢、胡联合《中国梦的基石是中华民族的国族一体化》，《清华大学学报》（哲学社会科学版）2013年第4期；李明《实现中国梦，基础在"三农"》，《华中农业大学学报》（社会科学版）2015年第1期；王仲伟、胡伟《中国梦：大国崛起呼唤国家能力》，《管理世界》2014年第1期；颜晓峰《"四个全面"战略布局是实现中国梦的理论指导和实践指南》，《中国高校社会科学》2015年第4期；张富文《中国梦的实现路径探析》，《河南社会科学》2013年第9期；郭莉、骆郁廷《中国梦：建设中国特色社会主义的精神动力》，《江西社会科学》2013年第8期；张厚军《习近平新时代中国特色社会主义思想：实现中国梦的新动力》，《思想政治教育研究》2019年第2期。

（二）习近平新时代中国特色社会主义思想研究成果斐然

党的十八大以来，以习近平同志为核心的党中央，在继承和发展马克思列宁主义、毛泽东思想、邓小平理论、"三个代表"重要思想和科学发展观的基础上，立足中国特色社会主义现代化建设的伟大实践，通过系统性回顾和总结党领导人民治理国家的光辉历程和先进经验，深刻把握共产党执政规律、社会主义建设规律和人类社会发展规律，准确判断新时代我国社会主要矛盾的转化，形成了习近平新时代中国特色社会主义思想。这一思想不仅为我国政治学提供了创新发展的科学指引和行动指南，也构成了我国政治学者深入学习和研究的重大理论课题。新时代以来，围绕学习和贯彻习近平新时代中国特色社会主义思想、习近平总书记关于中国特色社会主义政治发展道路的一系列重要论述，我国政治学界展开了系统持续的学术研究和理论阐释，搭建了一批高端研究平台，产出了丰富的研究成果，产生了广泛的学术影响。

1. 关于习近平新时代中国特色社会主义思想的总体研究

有学者系统考察了习近平新时代中国特色社会主义思想形成的依据和过程，阐述了其所包含的思想理论、方针战略和方略政策，并在中国特色社会主义理论体系的发展脉络中，明确其历史方位。有学者着重阐述了习近平新时代中国特色社会主义思想核心内容，彰显其丰富的内涵。有学者紧扣习近平新时代中国特色社会主义思想形成的时代背景和发挥的重要功能，认为这一思想主题在于新时代"坚持和发展什么样的中国特色社会主义、怎样坚持和发展中国特色社会主义"，由此紧扣新时代坚持和发展中国特色社会主义的总目标、总任务、总体布局、战略布局和发展方向、发展方式、发展动力、战略步骤、外部条件、政治保证等基本问题，展开了研究和论述。有学者从"四个伟大"的顶层设计和习近平新时代中国特色社会主义思想的紧密关联出发，揭示了中国特色社会主义进入新时代的重大实践使命。有学者认为，坚定而远大的奋斗目标、深切的忧患意识、直面问题的政治勇气、以身许国的责任担当和爱国奋斗的家国情怀所集中体现的使命自觉，是习近平新时代中国特色社会主义思想的鲜明特质。有学者则认为，人民立场是习近平新时代中国特色社会主义思想最鲜明、最生动、最深刻的本质特征，它集中体现为坚持以人民为中心、代表人民根本利益、实现人民美好愿望、激发人民创造活力等。①

2. 关于习近平新时代中国特色社会主义思想学理基础的研究

有学者系统考察了习近平新时代中国特色社会主义思想的理论渊源,追溯了社会主义思想在欧洲的起源、演变及其在中国的发展历程,呈现了习近平新时代中国特色社会主义思想的宏大而深厚的知识背景。有学者分析了习近平新时代中国特色社会主义思想的学理基础,认为其包括马克思主义哲学的方法论来源,马克思主义中国化系列理论成果的主要来源,中国优秀传统文化的丰富滋养和世界优秀文明成果的学理借鉴。有学者认为,辩证唯物的世界观、实事求是的认识论、唯物辩证的方法论、人民至上的价值论、知行合一的实践论、唯物主义的历史观构成了其核心要素。有学者认为,习近平新时代中国特色社会主义思想的哲学基础,可以概括为人与自然生命共同体的有机自然论,战略思维、辩证思维等六大思维构成的实践方法论,绿水青山就是金山银山的绿色生产力论,以人民为中心的历史主体论,实现国家治理体系和治理能力现代化的现代国家论,坚持中国特色社会主义文化自信的先进文化论,构建人类命运共同体的人类发展论的有机统一。②

3. 关于习近平对于新时代中国特色社会主义政治重要论述的研究

我国政治学者从社会主要矛盾的变化与党治国理政的战略部署的辩证关系出发,对习近平新时代中国特色社会主义思想中关于政治的重要论述,进行了系统而多维的深入研究。

有学者把习近平新时代对于马克思主义政治学的发展归纳为关于社会主义初级阶段、关于社会主义社会主要矛盾、关于中国特色社会主义政治

---

① 参见邱乘光《论习近平新时代中国特色社会主义思想》,《新疆师范大学学报》(哲学社会科学版) 2018 年第 2 期;梁仲明《论习近平新时代中国特色社会主义思想——中华民族伟大复兴的行动指南》,《党政研究》2017 年第 6 期;辛向阳《深刻把握习近平新时代中国特色社会主义思想的精髓要义与鲜明特征》,《中共杭州市委党校学报》2017 年第 6 期;齐卫平《"四个伟大"与习近平新时代中国特色社会主义思想》,《思想理论教育》2017 年第 5 期;龚少情、齐卫平《使命自觉:习近平新时代中国特色社会主义思想的鲜明特征》,《学术探索》2017 年第 11 期;姜建成《人民立场:习近平新时代中国特色社会主义思想的价值根基》,《苏州大学学报》(哲学社会科学版) 2017 年第 6 期。

② 参见张瑞才《习近平新时代中国特色社会主义思想的理论渊源、时代背景、科学内涵》,《学术探索》2017 年第 12 期;韩庆祥、杨建坡《习近平新时代中国特色社会主义思想的哲学基础》,《山东社会科学》2019 年第 7 期;董振华《习近平新时代中国特色社会主义思想的哲学基础》,《机关党建研究》2020 年第 6 期;孙要良《习近平新时代中国特色社会主义思想的哲学基础》,《理论视野》2020 年第 1 期。

发展道路、关于中国共产党领导核心地位、关于社会主义民主政治、关于社会主义法治、关于尊重和保障人权、关于坚持和完善统筹城乡的民生保障制度、关于坚持和完善共建共治共享的社会治理制度、关于巩固和发展爱国统一战线、关于中国特色社会主义政治文化建设、关于"一个国家、两种制度"、关于国际政治和外交战略、关于执政党建设等十五个方面内容，并且阐述了这些内容的本质涵义和精神实质。①

有学者论述了习近平政治哲学的丰富内涵，阐述了其理论渊源、核心要义、主要特征、基本脉络和主要架构，揭示了内含的政治价值观、政治制度论和政治主体论。② 有学者围绕习近平利益观、政治观、权力观展开学理的研究。③ 有学者分析了习近平重要论述中历史观、价值观、政治观、方法论及其有机统一。④

有学者对习近平关于中国特色社会主义发展道路的重要论述展开研究，认为习近平新时代中国特色社会主义思想以中国特色社会主义政治发展道路作为根本坚持，阐明了新时代中国特色社会主义政治发展的时代坐标、经济基础、社会主体、总体主题、宏伟目标、系统动力、本质规定、推进路径和评价标准，形成了系统的政治发展理论体系，其特质在于实现了坚持中国特色社会主义与全面深化改革，坚持强化党的全面领导与调动各方积极性，坚持国家有效治理与人民民主，坚持问题导向、目标导向与发展战略，坚持强化顶层设计与重点推进，坚持制度建设与人的全面发展，坚持核心价值与扬弃吸收其他价值等多重关系的辩证统一。⑤

---

① 中央马克思主义理论研究与建设工程重点教材：《政治学概论》，高等教育出版社 2020 年版，第 38—50 页；杨光斌：《习近平的政治思想体系初探》，《学海》2017 年第 4 期。
② 邹吉忠、邵士庆：《习近平政治哲学思想论纲》，《江海学刊》2017 年第 6 期。
③ 参见范文《新时代治国理政政治观的内在逻辑》，《中国党政干部论坛》2019 年第 1 期；陈世润、周超《习近平利益思想探析》，《学习论坛》2015 年第 12 期；温立武《论习近平人民利益观思想及其当代价值》，《山东理工大学学报》2019 年第 6 期；肖大伟、李梦《从生成逻辑中认识习近平人民利益思想》，《绥化学院学报》2019 年第 11 期；李景平、张晋宏《习近平新时代的政治观》，《长白学刊》2019 年第 1 期；张红艳、欧阳晓波《论习近平权力观的四个维度》，《南华大学学报》（社会科学版）2018 年第 4 期。
④ 于桂荣：《历史观、价值观、政治观、方法论的高度统一——习近平关于劳动和劳模精神重要论述中的哲学思想》，《沈阳干部学刊》2019 年第 5 期。
⑤ 参见王浦劬《习近平新时代中国特色社会主义政治发展思想析论》，《政治学研究》2018 年第 3 期；李斌《习近平政治发展观探析》，《观察与思考》2016 年第 6 期；胡荣涛《习近平关于中国特色社会主义政治发展的重要论述探析》，《厦门特区党校学报》2019 年第 2 期。

有学者对习近平关于推进国家治理现代化重要论述进行了系统研究，阐述了习近平的国家治理现代化思想，认为习近平的治国理政思想，是从中华文明基体论出发、以改革为方法、以公正价值为导向、努力将制度体系与治理能力相适应、以使以民主集中制为内核的中国模式更有竞争力的政治思想体系。① 有学者认为，党的十八大以来，习近平总书记深刻总结我国国家治理的经验，立足新时代国际国内的新挑战，把马克思主义的国家治理思想和中国新时代实际紧密结合起来，提出了许多国家治理的新理念新战略新要求，开拓了中国特色社会主义国家治理的新境界。② 有学者系统梳理和阐述了习近平治国理政的政治思想，分析了习近平治国理政思想的主线、基础、内容，构成了习近平现代中国特色社会主义思想的重要内容。③ 有学者研究了习近平国家治理体系和治理能力现代化重要论述的理论创新意蕴，指出，习近平总书记关于推进国家治理体系和治理能力现代化的一系列重要论述，科学地回答了中国发展起来以后如何实现党领导人民有效治理国家的重大历史课题。这一重大理论创新成果，全面展示了新时代中国共产党治国理政的新视野，极大地丰富发展了马克思主义的国家治理理论，充分彰显了国家治理的中国方案和中国智慧，为构建中国特色社会主义国家治理话语体系提供了重要的思想遵循。④

有学者对于习近平关于党的建设的重要论述进行研究，认为习近平围绕新时代党"为什么要强化政治建设""强化什么样的政治建设"和"怎么样强化政治建设"等基本命题，阐明了新时代党的政治建设的动因、内容、目标及其方法论。有学者对习近平关于维护党中央权威重要论述的思想逻辑进行了分析和阐发。还有学者从习近平关于党性修养的重要论述入手，阐明了党性修养的核心在于坚定人民立场，其关键在于努力修德守纪，坚持党章标准构成了党性修养的衡量标尺，严格的党内政治生活则是

---

① 参见杨光斌《习近平的国家治理现代化思想》，中国社会科学出版社2015年版。
② 陈志刚：《马克思主义国家治理思想及其发展——从马克思到习近平》，《人民论坛》2019年第12期。
③ 贺东航：《试论习近平治国理政的政治思想》，《当代世界与社会主义》（双月刊）2016年第5期。
④ 何显明：《习近平国家治理体系和治理能力现代化重要论述的理论创新意蕴》，《观察与思考》2019年第1期。

增强党性修养的实施路径。有学者阐述了习近平关于全面从严治党与政治生态建设的关系的重要论述。①

有学者研究了习近平关于培育和践行社会主义核心价值观的重要论述。有学者对习近平社会主义核心价值观思想进行了系统研究，认为这一思想蕴涵着社会主义核心价值观的理论渊源、本真精义、培育路径等，具有深远的战略性、浓郁的民族性、广泛的实践性和丰富的国际性；有学者将美好生活作为审视和理解社会主义核心价值观的关键角度，认为不仅是社会主义核心价值观的本质属性，也是中国共产党人带领人民培育和践行社会主义核心价值观的现实基石。② 有学者认为，社会主义核心价值观，从本质上说是中国特色社会主义的核心价值观，十二个价值准则集中体现了中国特色社会主义在国家、社会和个体层面的本质规定和基本规范。

有学者着力研究了习近平关于贫困治理方面的重要论述，总结了习近平新时代中国特色社会主义精准扶贫思想的理论基础和思想渊源，认为其根源于发展生产力、实现共同富裕的社会主义本质要求；其主要体制机制在于，党建引领下的责任体系、工作体系、政策体系、投入体系、帮扶体系、社会动员体系、监督考核体系的有机联动和相互支撑。有学者认为，习近平精准扶贫思想所包含的"六个精准"和"五个一批"核心要素，集中展示了真情扶贫、组织扶贫、发展扶贫和自立扶贫四种扶贫理念。有学者认为，精准扶贫阐明了走向共同富裕的路径与方式，提升了党委政府治国理政能力和农村社会治理现代化的水平。通过精准扶贫实现建成全面小康社会与共同富裕，是解决新时代我国社会主要矛盾的重要途径，开启了中国特色社会主义现代化建设的新征程新境界，为国际减贫事业的发展提

---

① 参见胡洪彬《习近平新时代党的政治建设思想论析》，《探索》2017 年第 6 期；齐卫平《习近平关于维护党中央权威重要论述的思想逻辑》，《党政研究》2020 年第 4 期；丁彬《论新时代共产党员的党性修养——学习习近平总书记关于党性修养的重要论述》，《长白学刊》2020 年第 3 期；孙雪、解红晖《全面从严治党与习近平政治生态思想的关系研究》，《法制与社会》2017 年第 10 期。

② 参见包心鉴《习近平新时代中国特色社会主义思想的鲜明特质和社会主义核心价值观的本质规定》，《学校党建与思想教育》2018 年第 1 期；黄蓉生《习近平社会主义核心价值观思想论析》，《西南大学学报》（社会科学版）2018 年第 4 期；何海兵《习近平新时代社会主义核心价值观思想的现实品格——基于美好生活视角》，《经济社会体制比较》2019 年第 2 期。

供了中国方案与中国智慧。①

也有学者研究了习近平关于外交与全球治理方面的重要论述。例如有学者认为，习近平新时代中国特色社会主义大国外交思想的内涵在于围绕中华民族伟大复兴的历史使命，以走和平发展道路为宗旨，通过综合分析国内国际形势，实现构建新型国际关系的核心目标。有学者细致分析了这一思想体系的丰富内容，认为其基本理论涵盖大国理念及其基本外交取向、大国的国家利益观、大国与世界的关系（包括国际秩序观、国际责任观及正确义利观）等层面；方针方略涉及构建人类命运共同体、新型国家关系、伙伴关系等层面；具体政策则包括全方位多领域外交、周边外交、"一带一路"倡议、国家形象塑造等议题。有学者指出，习近平新时代中国特色社会主义大国外交思想，创造性地提出"一带一路"、人类命运共同体等国际合作和全球治理倡议，为世界提供了人类发展的中国方案和中国智慧。②

此外，对习近平新时代中国特色社会主义思想的研究，还广泛涉及生态文明、公共安全、民族工作、法治建设、人民健康、政治与经济关系、网络意识形态、文化自信等众多的领域，③显示习近平新时代中国特色社会主义思想研究已成为我国政治学学术研究的主题和重点。

---

① 参见潘慧、滕明兰、赵嵘《习近平新时代中国特色社会主义精准扶贫思想研究》，《上海经济研究》2018 年第 4 期；蒋英州《使命担当与理论开创：习近平精准扶贫思想的新时代意义》，《四川师范大学学报》（社会科学版）2018 年第 1 期；杨宜勇、杨泽坤《习近平精准扶贫思想探究》，《武汉科技大学学报》（社会科学版）2018 年第 1 期。

② 参见闫兴《习近平新时代中国特色社会主义合作共赢大国外交思想探析》，《中共福建省委党校学报》2018 年第 1 期；宋效峰《习近平新时代中国特色社会主义外交思想探析》，《社会主义研究》2018 年第 5 期；徐坡岭《世界和平的中国价值与中国方案：构建人类命运共同体——学习领会习近平新时代中国特色社会主义思想》，《学习与实践》2017 年第 11 期。

③ 参见钟开斌《习近平关于公共安全的重要论述：一个总体框架》，《上海行政学院学报》2020 年第 2 期；郝时远《习近平新时代中国特色社会主义思想与民族工作》，《民族研究》2017 年第 6 期；张文显《新思想引领法治新征程——习近平新时代中国特色社会主义思想对依法治国和法治建设的指导意义》，《法学研究》2017 年第 6 期；燕连福、王芸《习近平总书记关于人民健康重要论述的思想内涵与实践价值研究》，《北京工业大学学报》（社会科学版）2020 年第 5 期；向红《论习近平新时代中国特色社会主义经济思想的创新——从社会主义经济和政治关系的视角看》，《中共福建省委党校（福建行政学院）学报》2020 年第 3 期；孙炳炎《新时代网络意识形态工作的意义、主要内容和基本策略——学习习近平关于网络意识形态工作的重要论述》，《社会主义研究》2019 年第 2 期；刘波《习近平新时代文化自信思想的时代意涵与价值意蕴》，《当代世界与社会主义》2018 年第 1 期。

需要特别指出的是，为了进一步深化习近平新时代中国特色社会主义思想的研究阐释，构建坚实的理论研究和思想宣传阵地，2017年，经党中央批准，10家习近平新时代中国特色社会主义思想研究中心（院）在中央党校、教育部、中国社会科学院、国防大学、北京市、上海市、广东省、北京大学、清华大学和中国人民大学成立，通过广泛集中马克思主义理论、政治学、社会学等多学科研究力量，这些各具特色的研究单位已经发挥了理论研究与思想宣传的强大效应。

**（三）政治学基本理论研究得到创新发展**

新时代以来，我国政治学在顺应学术发展的一般趋势、回应现实政治发展的最新动态的复合背景下，一方面对国家理论、政党理论、治理理论、民主理论等学科基本理论范畴进行了深入、精细的学术推进和议题拓展；另一方面也结合中国实践经验对相关理论进行了本土化创新。这不仅集中反映了我国政治学理论研究的核心主题和基本领域，呈现出政治学学科的学术旨趣和学理内核，而且在一定程度上折射出当前我国政治学理论关切的现实指向，凸显这一时期我国国家建设和政治发展的重大实践问题。

国家理论一直是我国政治学理论研究的核心领域，进入新时代，我国政治学的国家理论研究取得了积极进展。在研究主题方面，既有对新中国成立70多年来我国政治学国家理论发展历程的系统综述，也有关于国家起源、国家建设、国家形象、国家治理、国家能力、国家失败等理论的专题研究。在研究内容方面，既有学者展开国家理论的一般性研究，例如从国家自主性的视角切入，探寻一种非零和博弈的国家与社会关系理论，也有学者在中国本土的政治思想传统中提炼国家理论的具体形态，比如，有学者发掘和梳理了先秦诸子关于国家起源及其存在的必要性、国家权力的横向与纵向配置、国家的职能与国家存在的目的等问题的专门论述，形成了我国古代的国家理论。在研究方式上，这一时期的政治学者更倾向于将国家理论研究与中国政治实践相结合，一方面在本土经验中抽象理论命题，另一方面积极探索以国家理论的分析框架解释和解决中国政治建设和发展问题。在研究方法上，规范研究与经验研究相结合，定性方法与定量方法相结合，成为新时代以来国家理论研究的重要特征，学者在对传统国家理论命题的概念化、操作化方面取得积极进展，例如对人民获得感、国家认同的测量指标体系设计和建构等。这一时期，吉林大学的学术团队以吉林大学行政学院、国家治理协同创新中心等为依托，基于中国独特的政治实践，提出并创新了国家认同理论和国家自主性理论。①

与国家理论紧密相关的是制度理论研究。新时代以来，我国政治学界对于国家制度和制度建设理论予以积极关注和研究，取得了丰富的成果。诸多学者提出，必须时刻理解和把握中国特色社会主义制度的显著优势，尤其需要从道理、哲理、学理、法理和机理上阐明这些显著优势；② 有学者研究了马克思主义中国化视域下的制度理论；③ 有学者着力研究了制度建设与国家治理现代化的关系；④ 有学者提出，全面把握制度与治理的辩证关系，在准确理解国家治理及其现代化的内涵的基础上，科学把握制度与治理及治理体系的关系，在制度与治理的辩证运动中推进现代化进程；⑤ 有学者分析了国家治理现代化中的制度创新逻辑，指出，在当代中国，深入推进国家治理体系和治理能力现代化，全面实现社会主义现代化，从根本意义上说就是要深刻凸显制度之"重"、扎实推进制度之"治"：中国特色社会主义制度体系是国家治理体系的核心内容，是推进国家治理现代化的根本支撑；中国特色社会主义制度执行力是国家治理能力的集中体现，是推进国家治理现代化的根本动力；党的领导制度是中国特色社会主

---

① 参见郭忠华《新中国国家理论研究70年：回顾与展望》，《政治学研究》2019年第6期；杨阳《中国传统国家理论的奠基——先秦诸子的国家学说》，《政治学研究》2018年第1期；郭忠华《观念·结构·制度——关于民族国家起源的三种解释》，《湖北社会科学》2016年第5期；周平《民族国家认同建构的逻辑》，《政治学研究》2017年第2期；王海洲《国家形象战略的理论框架与中国方案——基于象征政治学的探索》，《上海行政学院学报》2018年第4期；庞金友、汤彬《当代西方"回归国家"学派国家能力理论的逻辑与影响》，《天津社会科学》2018年第2期；王欧、刘洋戈《面向市场的国家能力与态度：经济繁荣的国家比较研究》，《经济社会体制比较》2019年第6期；庞金友《当代西方国家失败理论的路径与逻辑》，《政治学研究》2017年第5期；王浦劬、季程远《新时代国家治理的良政基准与善治标尺——人民获得感的意蕴和量度》，《中国行政管理》2018年第1期；李艳霞、曹娅《国家认同的内涵、测量与来源：一个文献综述》，《教学与研究》2016年第12期；周光辉、李虎《领土认同：国家认同的基础——构建一种更完备的国家认同理论》，《中国社会科学》2016年第7期；周光辉、彭斌《国家自主性：破解中国现代化道路"双重难题"的关键因素——以权力、制度与机制为分析框架》，《社会科学研究》2019年第5期。

② 查建国：《深刻理解我国制度和治理体系优势》，《中国社会科学报》2020年3月21日。

③ 刘瑜：《马克思主义中国化视域下的制度理论》，《中共中央党校学报》2019年第6期。

④ 于志刚、于泽慧：《论国家制度化治理与国家治理现代化》，《新疆师范大学学报》（哲学社会科学版）2020年第7期。

⑤ 李忠杰：《全面把握制度与治理的辩证关系》，《经济日报》2019年11月20日。

义制度体系的重中之重，是推进国家治理现代化的关键与根本；强化制度意识、维护制度权威是实现中国制度之治的关键，是推进国家治理现代化的重要保障；① 有学者构建了国家治理的制度逻辑和分析框架；② 有学者研究了建立不忘初心牢记使命制度与制度治党治国的关系；③ 有学者分析了我国制度优势转化为国家治理效能的理论逻辑与有效路径，指出国家治理效能的高低与三个因素密切相关：一是国家治理的制度化水平，二是国家治理面临的风险挑战状况，三是国家制度和治理体系对于风险挑战的适应状况。根据这种理论框架，在保持制度内核长期稳定的基础上，优化国家治理体系的结构与功能、创新国家治理体系的运行机制、提高国家治理能力特别是制度执行能力，是把我国制度优势更好转化为国家治理效能的有效路径。④ 有学者积极开展新制度主义的研究，对于理性制度主义、历史制度主义和社会学制度主义进行分析，讨论其理论价值及其对于中国现实政治的解释力。⑤

在新时代，政党理论研究得到政治学界的广泛重视，无论是成果数量还是研究质量都得到显著提升，无论是基础研究，还是研究范围都得到拓展和深化。具体而言，这一时期的政党理论涉及中国与西方两个场景，⑥

---

① 包心鉴：《国家治理现代化中的制度创新逻辑》，《中国浦东干部学院学报》2020 年第 5 期。
② 杨开峰：《国家治理的制度逻辑：一个概念性框架》，《公共管理与政策评论》2020 年第 3 期。
③ 靳诺：《建立不忘初心、牢记使命的制度　推进政党治理制度化、国家治理现代化》，《人民论坛》2020 年 6 月 5 日。
④ 吕普生：《我国制度优势转化为国家治理效能的理论逻辑与有效路径》，《新疆师范大学学报》（哲学社会科学版）2020 年第 1 期。
⑤ 马雪松：《国外新制度主义政治学研究述评》，《上海行政学院学报》2012 年第 2 期；《新制度主义政治学的流派演进与发展反思》，《理论探索》2017 年第 3 期；《超越新与旧：新制度主义政治学的传统渊源与演进脉络》，《理论探索》2019 年第 2 期；《制度文明概念的政治学释义》，《福建省委党校学报》2018 年第 3 期。
⑥ 参见刘红凛《政党政治发展与政党制度变迁：以英国为例》，《探索》2017 年第 4 期；彭姝祎《法国总统及立法大选与法国政党格局的演变》，《国际论坛》2018 年第 6 期；周淑真《从美国现状看西方国家政党政治的新变化、新特点》，《当代世界与社会主义》2017 年第 2 期；周延胜《借鉴与超越：世界政党制度的类型与特征》，世界知识出版社 2016 年版；张鑫《混合选举制度对政党体系之影响》，天津人民出版社 2018 年版；李少文《西方政党初选机制比较研究》，上海三联书店 2018 年版；张耀军《二战后西欧左翼政党联盟研究》，社会科学文献出版社 2018 年版；谭鹏《西欧社会民主党执政管理经验与启示》，九州出版社 2018 年版；祁玲玲《欧洲激进右翼政党选举格局论析》，《世界经济与政治》2019 年第 2 期；钟准《不同政党制度下民粹主义政党的影响与局限——以意大利、德国、法国和英国为例》，《当代世界与社会主义》2020 年第 1 期；林德山《欧洲政党党内纪律监督制度探析》，《国外理论动态》2017 年第 3 期；戴辉礼《政党体制与国家能力的关联性研究》，湖南人民出版社 2018 年版；张君《西方政党遴选的政治学》，中国社会科学出版社 2019 年版；王聪聪《债务危机之后南欧激进左翼政党的政治革新和发展》，《欧洲研究》2019 年第 6 期。

对中国特色社会主义政党政治的研究，是新时代我国政治学理论研究的重点和热点议题。对作为执政党的中国共产党的研究，构成了我国政党理论研究的核心内容，学者认真学习习近平总书记关于我国新型政党制度的重要论述，审视和考察党与国家、党与社会、党与其他党派之间关系，致力于为理解当代中国政治发展提供精准、切合的分析框架。这方面的研究主题包括：在中国政治分析范式转型的背景下，不断强化和深化对中国特色的"党政体制"的制度形态和运行机制的研究；在党的建设范畴中，对党的执政能力建设、制度建设、反腐倡廉、党内法规体系建设、监察制度改革等进行了全面研究；在党与国家政权体系的关系范畴中，集中研究了执政党对各级人大、政府、法院、检察院之间的领导方式；在党和社会的关系视域中，研究了党对国企、民企、社会组织、社会团体的领导方式，以及对基层的具体引领机制；对中国共产党领导下的新型政党制度的深化研究；中国特色政党制度研究的话语体系建构；我国政党政治中的"类政党"和"准政党"现象研究。同时，技术进步对党建形式和政党组织形态的影响也受到了学界的关注。[①] 在研究西方政党政治的专著和论文中，主

---

[①] 参见程兰、胡凯《试论习近平对马克思主义政党学说的坚持和发展》，《科学社会主义》（双月刊）2019年第2期；张峰林、唐琼：《习近平新型政党制度思想的五种思维方式解析》，《湖南省社会主义学院学报》2019年第1期；柴宝勇《新中国70年政党理论的回顾与总结》，《政治学研究》2019年第6期；景跃进、陈明明、肖滨《当代中国政府与政治》，中国人民大学出版社2016年版；景跃进《将政党带进来——国家与社会关系范畴的反思与重构》，《探索与争鸣》2019年第8期；肖滨、卜熙《一核统领下的差异化格局——以地方党委书记任职人大常委会主任的三种模式为例》，《开放时代》2020年第3期；于龙刚《基层党领导司法的组织生成——"结构—机制"的视角》，《华中科技大学学报》（社会科学版）2019年第5期；汪仕凯《先锋队政党的治理逻辑：全面从严治党的理论透视》，《政治学研究》2017年第1期；周光辉、赵学兵《政党会期制度化：推进国家治理体系现代化的有效路径》，《政治学研究》2019年第2期；邹东升、姚靖《改革开放以来党内反腐倡廉法规的建设与经验》，《甘肃社会科学》2019年第2期；秦前红、苏绍龙《论党内法规与国家法律的协调衔接》，《人民论坛》2016年第10期；强舸《"国有企业党委（党组）发挥领导作用"如何改变国有企业公司治理结构？——从"个人嵌入"到"组织嵌入"》，《经济社会体制比较》2019年第6期；李朔严《政党统合的力量：党、政治资本与草根NGO的发展——基于Z省H市的多案例比较研究》；田先红《政党如何引领社会？——后单位时代的基层党组织与社会之间关系分析》，《开放时代》2020年第2期；黄天柱《统一战线与政党关系》，《统一战线理论与实践前沿》，复旦大学出版社2017年版；陈家喜《中国情境下政党研究的话语建构》，《国外社会科学》2019年第5期；金安平《简论政党政治中的"类政党"与"准政党"现象》，《北京行政学院学报》2016年第2期；赵宬斐、万艺《新时代政党的"云"治理及其体系建构》，《苏州大学学报》（哲学社会科学版）2019年第6期；王浦劬、汤彬《当代中国治理的党政结构与功能机制分析》，《中国社会科学》2019年第9期。

要包括对西方政党政治发展的国别分析；对选举制度与西方政党体系变迁的关联性分析；对"脱欧"、全球化及其逆反背景下的西方政党政治变化逻辑与困境的分析；对西方民粹主义政党崛起的机理分析；对政党体制与国家能力的关联性分析；对西方政党制度中的具体制度安排，如党内纪律监督、遴选机制的比较分析；对西方传统左翼、右翼政党和社会民主党等具体党派的研究。

在新时代，我国政治学关于民主理论的研究进一步深化。习近平新时代中国特色社会主义思想中的民主理论得到系统研究，学者们着力阐述社会主义民主政治的重要地位："人民民主是中国共产党始终高举的旗帜"[①]，是社会主义的生命，人民当家作主是社会主义民主政治的本质和核心。没有民主就没有社会主义。社会主义愈发展，民主也愈发展。在此基础上，学者阐述了坚持和发展中国特色社会主义的原则和路径，包括坚持和发展社会主义民主，要清楚认识当前我国政治的根本属性。我国是工人阶级领导的、以工农联盟为基础的人民民主专政的国家。人民民主专政体现了工人阶级领导下、工农联盟基础上的最广泛的民主和对敌视和破坏我国社会主义制度的敌对分子的专政的辩证统一。坚持和发展社会主义民主，必须清醒认识我国的政治属性，坚持人民政治立场，"人民立场是中国共产党的根本政治立场，是马克思主义政党区别于其他政党的显著标志"[②]。坚持和发展社会主义民主，本质上就是不断实现人民共和国的本质属性。坚持和发展社会主义民主，要贯彻落实以人民为中心的发展观。必须始终把人民对美好生活的向往作为我们的奋斗目标，践行党的根本宗旨，贯彻党的群众路线，尊重人民主体地位，尊重人民群众在实践活动中所表达的意愿、所创造的经验、所拥有的权利、所发挥的作用，充分激发蕴藏在人民群众中的创造伟力。要健全民主制度、拓宽民主渠道、丰富民主形式、完善法治保障，确保人民依法享有广泛充分、真实具体、有效管用的民主权利。要着力增强改革系统性、整体性、协同性，着力抓好重大制度创新，着力提升人民群众获得感、幸福感、安全感。坚持和发展社会主义民主，要坚持党的领导、人民当家作主和依法治国的有机统一。党的领导是人民

---

[①] 《十八大以来重要文献选编》中，中央文献出版社2016年版，第59页。
[②] 《习近平谈治国理政》（第二卷），外文出版社2017年版，第40页。

当家作主和依法治国的根本保证，人民当家作主是社会主义民主政治的本质特征，依法治国是党领导人民治理国家的基本方式，三者统一于我国社会主义民主政治伟大实践。坚持和发展社会主义民主，要坚持和发展适合我国国情的社会主义政治制度。在民主政治发展中，必须坚持从中国国情出发，从中国社会发展的实际出发。与此同时，必须充分认识中国特色社会主义民主的独特属性和显著优势。人民代表大会制度、中国共产党领导的多党合作和政治协商制度、民族区域自治制度和基层群众自治制度等，集中体现了我国社会主义民主政治的特点和优势，具有鲜明的中国特色和显著优势。在推进社会主义民主政治建设中，必须不断增强社会主义民主的道路自信、理论自信、制度自信、文化自信，明确认识到，我国的人民民主是维护人民根本利益的最广泛、最真实、最管用的民主。坚持和发展社会主义民主，要坚持政治发展和民主政治的科学评价标准，坚持人民主体地位，体现人民意志、保障人民权益、激发人民创造活力，依靠人民力量，用制度体系保证人民当家作主。确保人民依法通过各种途径和形式管理国家事务，管理经济文化事业，管理社会事务。要坚持和完善人民代表大会制度这一根本政治制度，坚持和完善中国共产党领导的多党合作和政治协商制度，巩固和发展最广泛的爱国统一战线，坚持和完善民族区域自治制度，健全充满活力的基层群众自治制度。同时，从政治过程的起点开始到结束，始终贯彻以人民为中心的原则和人民当家作主的根本宗旨，切实实现全过程的人民民主政治。①

　　与此同时，关于民主的理论探讨不断细化和深化。一方面是传统的民主理论研究主题，如马克思主义民主理论、共和主义民主、多元民主、精英民主、参与式民主、选举民主、协商民主、共识民主、激进民主等民主形式，继续成为学者们关注的学术焦点，相关研究更为细化，例如对协商民主理论范畴的系统构建、质量评估方法的研究等。另一方面，随着社会

---

① 参见中央马克思主义理论研究与建设工程重点教材《政治学概论》，高等教育出版社2020年版，第43—45页；胡伟《民心是最大的政治——习近平关于民主重要论述的理论基础》，《毛泽东邓小平理论研究》2019年第8期；厉有国《当代中国马克思主义民主理论的新发展——学习习近平关于社会主义协商民主的重要论述》，《世界社会主义研究》2019年第6期；梁涛、杨小冬《论习近平对社会主义民主政治理论发展的新贡献》，《湖北省社会主义学院学报》2019年第4期；缪莉《论习近平同志对中国特色社会主义民主政治理论的丰富与发展》，《毛泽东思想研究》2016年第4期。

环境的变化和现代技术的进步，一些由之衍生的民主类型，如网络民主、数据民主、生态民主等逐渐成为民主理论研究的新的增长点。比较政治学研究，是新时代以来民主理论研究和成果产出的重要学科方向和学术研究主题，学者对民主化和民主转型过程展开了深入的研究，相较于传统民主化和民主转型范式的线性历史观预设，这一时期的相关研究更重视对民主的条件、基础以及限度的研究，对第一波民主化和第三波民主化的比较分析，引起了对民主质量的评估与反思。部分学者对中国特色社会主义民主制度和民主政治的研究，在一定程度上立足地方性的知识与经验，实现了对西方普世性民主模式及其理论的解构与超越。例如，天津师范大学政治学研究团队对"中国式民主理论"的要素、结构、战略和模式进行了创新性研究；中央编译局、中国人民大学、清华大学、北京大学的学者着力进行了中国特色社会主义协商民主的拓展研究。①

治理理论和实践是新时代的我国政治学学术研究的热点领域，党的十八届三中全会以来，中央围绕"完善和发展中国特色社会主义制度，推进国家治理体系和治理能力现代化"的全面深化改革总目标，做出了一系列战略部署。这一重大现实政治需求成为我国政治学治理理论研究持续发展和深化的重要契机。学者围绕"治理"概念、内涵、本体论基础、适用语

---

① 参见殷冬水《改革开放40年中国政治学理论研究的重要主题及本土化探索》，《天津社会科学》2019年第2期；夏远永、张国清《佩迪特的新共和主义民主理论及其评价》，《国外社会科学》2019年第3期；景跃进《"选举"何以成为"威权"的修饰词——选举概念的重构及新政体分类》，《探索与争鸣》2017年第5期；马德普、黄徐强《论协商民主对代议民主的超越》，《政治学研究》2016年第1期；李鹏《当代自由主义民主理论的新进展：共识民主理论的兴起及其局限性》，《理论月刊》2016年第8期；佟德志、程香丽《当代西方协商系统理论的兴起与主题》，《国外社会科学》2019年第1期；陈旭、李靖《西方民主式协商质量评估方法概述》，《社会科学战线》2019年第5期；佟德志、郭瑞雁《当代西方生态民主的主体扩展及其逻辑》，《社会科学研究》2019年第1期；徐圣龙《从载体更新到议程再造：网络民主与"大数据民主"的比较研究》，《社会科学》2019年第7期；陈尧《西方民主化研究的认识论反思》，《天津社会科学》2016年第5期；包刚升《第三波民主化国家的政体转型与治理绩效（1974—2013）》，《开放时代》2017年第1期；张飞岸《民主与社会主义的相关性：比较的视野——以第一波民主化进程为例》，《学海》2017年第3期；杨光斌《以中国为方法的政治学》，《中国社会科学》2019年第10期；佟德志《法治民主：民主与法治的复合结构及其内在逻辑》，北京大学出版社2016年版；陈家刚《基层协商民主的实践路径与前景》，《河南社会科学》2017年第8期；金安平《协商民主中"大会发言"的机制与效率——基于全国政协全体会议的观察》，《北京行政学院学报》2018年第1期；谈火生、于晓虹《中国协商民主的制度化：议题与挑战》，《华中师范大学学报》（人文社会科学版）2017年第6期。

境和条件等进行了广泛、热烈的讨论,进一步澄清和反思了中国情境中的"治理"的特殊意涵。治理理论的学理资源与中国本土经验的有机结合,即治理理论的本土化发展,是新时代我国治理理论研究的重要路径,它一方面以中国实践经验和生动素材丰富了治理理论,另一方面以治理理论框架有效分析和解读了现实政治现象。在具体的研究中,我国政治学者围绕"治理"的多重维度,对全球治理、国家治理、政府治理、社会治理、基层治理、城市治理、乡村治理、技术治理等各个方面进行了深入研究,跟踪和引介了国际学界关于整体性治理、多中心治理的新进展,结合中国实践经验提出了运动式治理、第三方治理、社会综合治理、协同治理等本土性治理形态和理念,并试图在治理理论视域下阐明中国政治运行及其发展成就的逻辑与奥秘,由此产出了丰富的学术成果,多领域、跨学科视角、方法的引入也使得研究主题更加多样,质量不断提升。①

中国特色学科体系、学术体系和话语体系的研究得到积极推进。在这

---

① 参见王浦劬《全面准确深入把握全面深化改革的总目标》,《高校社会科学》2014 年第 1 期;《科学把握"国家治理"的含义》,《光明日报》2013 年 12 月 29 日;《国家治理、政府治理和社会治理的含义及其相互关系》,《国家行政学院学报》2014 年第 6 期;燕继荣《国家建设与国家治理》,《北京行政学院学报》2015 年第 1 期;《现代化与国家治理》,《学海》2015 年第 3 期;《现代国家及其治理》,《中国行政管理》2015 年第 5 期;《社会变迁与社会治理——社会治理的理论解释》,《北京大学学报》(哲学社会科学版)2017 年第 9 期;杨光斌《发现真实的"社会"——反思西方治理理论的本体论假设》,《中国社会科学评价》2019 年第 3 期;尚虎平《"治理"的中国诉求及当前国内治理研究的困境》,《学术月刊》2019 年第 5 期;熊光清《治理理论在中国的发展与创新》,《江苏行政学院学报》2018 年第 3 期;刘贞晔《全球治理与国家治理的互动:思想渊源与现实反思》,《中国社会科学》2016 年第 6 期;唐亚林《新中国 70 年:政府治理的突出成就与成功之道》,《开放时代》2019 年第 5 期;王浦劬、雷雨若《我国城市治理现代化的范式选择与路径构想》,《深圳大学学报》(人文社会科学版)2018 年第 2 期;韩志明《国家治理技术的演进逻辑——以流动人口管控实践为例》,《武汉大学学报》(哲学社会科学版)2017 第 5 期;韩兆柱、张丹丹《整体性治理理论研究——历程、现状及发展趋势》,《燕山大学学报》(哲学社会科学版)2017 年第 1 期;吕志奎《通向包容性公共管理:西方合作治理研究述评》,《公共行政评论》2017 年第 2 期;王绍光《新技术革命与国家理论》,《中央社会主义学院学报》2019 年第 5 期;王丛虎、王晓鹏《"社会综合治理":中国治理的话语体系与经验理论——兼与"多中心治理"理论比较》,《南京社会科学》2018 年第 6 期;原超《"领导小组机制":科层治理运动化的实践渠道》,《甘肃行政学院学报》2017 年第 5 期;陈潭《第三方治理:理论范式与实践逻辑》,《政治学研究》2017 年第 1 期;周雪光《中国国家治理的制度逻辑:一个组织学研究》,生活·读书·新知三联书店 2017 年版;陈科霖《纵向府际关系视域下的中国国家治理研究:进路与比较》,《甘肃行政学院学报》2018 年第 5 期;姜晓萍《社会治理创新发展报告》,中国人民大学出版社出版;姜晓萍、董家鸣《城市社会治理的三维理论认知:底色、特色与亮色》,《中国行政管理》2019 年第 5 期。

其中，尤其是中国特色政治学话语体系的研究，得到积极开展。2018 年 12 月 14—16 日，中国政治学会 2018 年年会暨"以习近平新时代中国特色社会主义思想为指导，加强马克思主义政治学话语体系建设"学术研讨会在广州中山大学成功举办，为推动政治学概念和话语创新，构建我国马克思主义政治学话语体系发挥了重要作用。①

与此同时，学者围绕"政治学学术话语重构与我国政治学研究的转型"，对于政治学学术话语问题的内涵、当前我国政治学术话语的缺陷以及基于话语重构推进我国政治学研究等重要问题展开热烈讨论，取得了积极成果。②

新时代以来，我国政治学者还推进了政治权力理论、公民身份理论、代表制理论的研究，分别就权力、权威的涵义与辩证关系；国家基础性权力的来源与塑造；话语权、权力结构、权力转移等权力理论的命题，③ 公民身份的基本要素、历史源流、获得方式、思想变迁、研究方法以及不同政治思潮关于公民身份的多元论述等公民身份理论的议题，④ 以及代表制理论的新动向进行了学术考察。⑤ 此外，我国政治学基本理论研究的视域也有所扩大，沿着理论引介和自主创新的双重路径，大量新的研究主题和

---

① 参见王清《加强马克思主义政治学话语体系建设——中国政治学会 2018 年年会综述》，《政治学研究》2019 年第 4 期；王炳权等《"中国特色社会主义民主政治话语体系与基层民主政治建设"学术研讨会综述》，《政治学研究》2012 年第 4 期；孙宏伟、张颖《打造具有中国特色、中国风格、中国气派的政治学理论体系话语体系学术研讨会综述》，《政治学研究》2012 年第 5 期。

② 参见杨海蛟《构建中国特色社会主义政治学学科体系、学术体系和话语体系》，《探索》2017 年第 4 期；张师伟《马克思主义中国化与中国政治学话语体系的现代建构》，《江淮论坛》2019 年第 1 期；万化炜《基于政治发展的中国特色社会主义政治学话语体系的构建》，《社会主义研究》2015 年第 1 期；商红日《中国政治的话语生产：知识逻辑与智慧逻辑会通的思想实验》，《江苏社会科学》2016 年第 6 期；佟德志《现代西方在话语体系的形成及其内在逻辑》，《国家行政学院学报》2016 年第 6 期；刘伟《学术话语重构与我国政治学研究的转型》，载沈壮海《学术话语体系建设的理与路：一项分科的研究》，人民出版社 2019 年版。

③ 参见聂智强、谈火生编《代表理论：问题与挑战》，广东人民出版社 2018 年版；段德敏《权威作为自由的前提？——从规范角度思考政治权威》，《复旦学报》（社会科学版）2017 年第 4 期；殷冬水、赵德昊《基础性权力：现代化国家的标识——国家基础性权力的政治理论透视与解释》，《学习与探索》2019 年第 9 期；陈雪莲《全球治理评估制度性话语权研究——以世界银行"全球公共部门指数"项目为例》，《新视野》2020 年第 1 期。

④ 郭忠华：《公民身份的核心问题》，中央编译出版社 2016 年版。

⑤ 参见张令伟《西方代表理论的建构主义转向：缘起、内容和前景》，《国外理论动态》2019 年第 2 期；黄小钫《弱势群体的集体权利及其代表：当代西方群体代表制理论评析》，《国外理论动态》2019 年第 3 期。

研究热点得以形成,为我国政治学基本理论研究的长效发展提供了动力和滋养。这方面的研究成果主要包括:追踪国际政治学界的最新进展,对政府质量研究成果进行系统性的翻译、介绍和研究,为我国相关领域的研究者提供了重要智识启发;在问题意识驱动下,推动传统研究领域的互动与融通,例如综合国家理论和治理理论的学理资源,不断推进对国家治理能力问题的研究。[①] 总体而言,这些研究重塑了对相关主题的理解和认知,拓展了传统理论的视域边界和研究范围,成为我国政治学基本理论研究新发展的重要学术增长点。

需要指出的是,新时代以来,我国政治学学术研究以马克思列宁主义、毛泽东思想、邓小平理论、"三个代表"重要思想、科学发展观和习近平新时代中国特色社会主义思想为指导,基于中国特色社会主义实践,在构建适应中国政治实践发展和时代需要,具有中国特色、中国风格、中国气派的政治学基础理论方面做出了积极的学术尝试。北京大学的政治学研究团队,协同北京大学国家治理研究院、政府管理学院、中共中央党校政治学部等单位的学者,从规范与实证两个角度出发,积极构建中国特色的利益政治学理论;复旦大学和中国人民大学的学术团队提出并且论证执政党为中心的国家治理分析范式;华中师范大学的政治学研究团队,积极尝试基于中国本土的乡村治理理论构建;云南大学的政治学研究团队基于多年的民族政治学研究,积极展开中国特色民族政治学理论的构建,如此等等。

## 二 重大实践研究取得积极成就

党的十八大以来,我国政治学进一步强化了对我国改革开放和社会主义现代化政治建设经验的研究和总结,着力围绕国家建设和政治发展过程中所形成的显著制度优势及其转化为国家治理效能的机制和原理,努力尝试阐明新中国成立 70 多年来我国经济快速发展和社会长期稳定的两大奇迹和中华民族实现从站起来、富起来到强起来的三大飞跃,由此形成了一

---

① 参见［瑞典］索伦·霍姆伯格、博·罗斯坦《好政府——政治科学的诠释》,包雅钧等译,北京大学出版社 2020 年版;聂平平、万苏春《国外政府质量研究:话语阐释、测评指标与研究困境》,《国外社会科学》2018 年第 5 期;梁波《结构分化视域下的国家治理能力建设》,《教学与研究》2019 年第 2 期。

系列扎根中国大地的主体性、原创性理论研究成果，系统呈现了国家治理的中国模式、中国道路和中国方案，为讲好中国奇迹背后的道理学理哲理做出了重要的学术贡献。

### （一）党的领导与中国政治发展的理论研究

党的十九大报告明确指出："中国特色社会主义最本质的特征是中国共产党领导，中国特色社会主义制度的最大优势是中国共产党领导，党是最高政治领导力量。"[①] 党的十九届四中全会报告进一步突出党的领导核心地位，将党的领导制度体系放在中国特色社会主义制度的首要位置。习近平总书记精辟论述了为什么要强调、如何理解、怎样做到"党对一切工作的领导"，科学回答了理论和实践中的一系列重大问题。[②] 在新时代，我国政治学界围绕党的领导制度的内涵、定位、党的自身建设、发展路径等方面展开了深入、全面的研究。

首先，从内涵与定位来看，政治学者认为，推进国家制度和国家治理现代化的根本和关键是党的全面领导；党的领导制度体系是由党和国家权威机构制定通过的，明确和实现了党的全面领导的规则体系，是由不忘初心、牢记使命的制度，坚定维护党中央权威和集中统一领导的各项制度，党的全面领导制度，为人民执政、靠人民执政各项制度，提高党的执政能力和领导水平制度，全面从严治党制度等所组成的复合体系。作为中国特色社会主义制度的最大优势，党的领导制度体系能够为中国特色社会主义现代化事业指引明确的政治方向、确定正确的思想路线、统领先进的组织建设、凝聚强大的社会力量。同时，党的领导还具有深刻的民主价值，对我国的民主制度构造产生了重要影响。[③]

其次，从建设和发展路径来看，有学者认为党的领导制度是由思想建设、政治建设、组织建设、作风建设、能力建设和工作制度等多个方面构

---

① 习近平：《决胜全面建成小康社会，夺取新时代中国特色社会主义伟大胜利》，《党的十九大报告辅导读本》，人民出版社2017年版，第19—20页。

② 习近平：《坚持党对一切工作的领导》，中央文献出版社2019年版。

③ 参见严书翰《推进国家制度和国家治理现代化的根本和关键》，《中国纪检监察报》2019年12月5日；周建伟《党的领导制度体系：内涵、定位、意义与内在逻辑》，《华南师范大学学报》（社会科学版）2020年第2期；徐斌《党的领导是中国特色社会主义制度的最大优势》，《人民论坛》2018年第9期；陈家刚《党的领导与协商民主》，《江汉论坛》2018年第11期。

成的系统完备的制度体系，只有多措并举才能够发挥其综合性效应。有学者认为，党的领导制度的优化路径在于坚持和加强党的全面领导，不断增强全党全社会坚持和完善党的领导制度体系的政治定力；增强制度创新的针对性和有效性，提升不同次级制度体系和制度单元之间的协调性和系统性，以及增强党的领导制度体系的规范力和执行力，尽快完善党的领导体制。有学者认为只有处理好党的领导核心地位、党的全面领导以及党的领导与依法治国的关系，才能够不断推进党的领导制度的发展。也有学者认为，只有清晰认识到"党的领导原则是当代中国的最高政治原则"等五大原则，正确理解和贯彻落实"认识和把握党的领导重大原则与党的领导根本制度的关系"等四种关系，才能够不断完善党的领导制度。还有学者提出要充分发挥党章在坚持和完善党的领导制度中的重要作用。①

同时，我国政治学者还以中国共产党的领导制度及党政体制的形成与发展为主线，理解和阐明中国政治发展的内在逻辑。这方面的研究主题包括：通过考察中国政治研究范式的变迁轨迹，突出了"政党中心主义"的分析视角在中国政治研究中的学理意义和理论价值；梳理了中国特色的党政体制产生和形成的历史逻辑、功能逻辑和制度逻辑；回顾了党政体制发展演变的三大历史阶段，尤其是对党的十八大以来党政体制的结构性调整以及执政党与多元主体之间的互动关系进行了研究，刻画了党的集中统一领导地位的强化趋势；对党政体制的理想形态及其制度变革与关系调适进行了阐述，明确了党政体制发展的价值取向、功能指向和建设重点。②

新时代以来，关于党的领导的研究的突出成果还包括：中共中央党校的研究团队，对党的领导理论的研究和对政党制度的原创性比较研究；③

---

① 参见张峰《党的领导制度是系统完备的制度体系》，《人民论坛》2019 年第 31 期；唐皇凤、梁新芳《党的领导制度体系：构成要素、逻辑结构和优化路径》，《新疆师范大学学报》2020 年第 4 期；李亚男、王久高《坚持和完善党的领导制度需要厘清三个基本问题》，《理论导刊》2020 年第 5 期；丁俊萍《坚持和完善党的领导制度体系应深刻把握的若干关系》，《理论探索》2020 年第 2 期；王维国、陈雯雯《坚持和完善党的领导制度要充分发挥党章的作用》，《红旗文稿》2019 年第 24 期。

② 参见郭定平《政党中心的国家治理：中国的经验》，《政治学研究》2019 年第 3 期；景跃进《将政党带进来——国家与社会关系范畴的反思与重构》，《探索与争鸣》2018 年第 8 期；林尚立《当代中国政治：基础与发展》，中国大百科全书出版社 2017 年版，第 108 页；陈明明《发展逻辑与政治学的再阐释：当代中国政府原理》，《政治学研究》2019 年第 2 期；陈明明《双重逻辑交互作用中的党治与法治》，《学术月刊》2019 年第 1 期。

③ 祝灵君：《坚持和加强党的全面领导》，《学习时报》2017 年 12 月 20 日。

中国人民大学的学术团队，围绕构建中国共产党研究话语体系所进行的学术探索；复旦大学的学术团队，对"政党与国家"的关系模式进行的研究等。

### （二）国家治理体系和治理能力现代化研究

党的十八届三中全会以来，作为国家重大战略构成的国家治理体系与治理能力现代化，一直是我国政治学理论研究的重点和热门课题。党的十九届四中全会通过的《中共中央关于坚持和完善中国特色社会主义制度、推进国家治理体系和治理能力现代化若干重大问题的决定》，进一步凸显了国家治理体系和治理能力现代化的重大理论意义、现实意义和学术研究价值。

在新时代，我国学者围绕国家治理的多重维度和具体构成，进行了深入研究和探索，这方面的研究主题集中于：对国家治理体系的内涵阐述、内容解读、体系构建、路径探索、实现机制、面临的挑战等进行了全方位的分析与讨论；围绕构建社会主义市场经济体制，论述了政府与市场、政府与企业的关系；围绕构建共建共治共享的基层社会治理共同体的目标，论述了城乡治理的理念、结构和治理能力的维度，并针对出现的新问题和新情况，提出了技术治理、精细化治理、无缝隙治理、协商式治理、嵌入式治理等方式和路径；在乡村振兴的战略背景下，考察了乡村权力结构的调整与变迁，明确了乡村治理现代化的实施进路。[①] 其中研究的内容及其

---

① 参见吴传毅《国家治理体系治理能力现代化：目标指向、使命担当、战略举措》，《行政管理改革》2019 年第 11 期；李震、傅慧芳《新时代国家治理现代化研究综述与前瞻》，《东南学术》2020 年第 1 期；宋世明《推进国家治理体系和治理能力现代化的理论框架》，《中共中央党校（国家行政学院）学报》2019 年第 6 期；庞明礼《国家治理效能的实现机制：一个政策过程的分析视角》，《探索》2020 年第 1 期；亢光、徐金梅《新时代中国国家治理现代化的整体性探析——基于"关系性论题"的视角》，《探索》2019 年第 2 期；刘金海《中国农村治理 70 年：两大目标与逻辑演进》，《华中师范大学学报》（人文社会科学版）2019 年第 6 期；邓大才《走向善治之路：自治、法治与德治的选择与组合——以乡村治理体系为研究对象》，《社会科学研究》2018 年第 4 期；夏志强、谭毅《城市治理体系和治理能力建设的基本逻辑》，《上海行政学院学报》2017 年第 5 期；韩志明、雷行飞《技术治理的"变"与"常"——以南京市栖霞区"掌上云社区"为例》，《广西师范大学学报》2020 年第 2 期；张丙宣、狄涛、董继、倪玮苗《精细化治理：城市治理现代化的路径——以杭州市富阳区为例》，《上海城市管理》2019 年第 6 期；胡伟、张润峰《无缝隙治理：我国城市社区治理的一种新模式》，《中共天津市委党校学报》2018 年第 6 期；顾杰、胡伟《协商式治理：基层社区治理的可行模式——基于上海浦东华夏社区的经验》，《学术界》2016 年第 8 期；屈群苹《嵌入式治理：城市基层社会治理压力的组织化解逻辑——基于浙江省 H 市 S 社区的理性审视》，《浙江学刊》2019 年第 6 期。

成果主要涉及：

第一，中国国家治理现代化研究。北京大学的学术团队从国家治理理论、战略方略、体制机制、治理评估等方面开展理论和经验研究，致力于构建中国国家治理现代化的基础理论，展开国家治理现代化制度建设路径和对策研究。近年来，该团队的重点研究领域有：一是对国家治理现代化的理论内涵和逻辑的解读，研究指出新时代国家治理的中国内涵是指在中国共产党全面领导下，遵循人民民主专政的国体规定性，基于党和人民根本利益一致性，在社会主义市场经济发展和社会变化的新的历史条件下，按照科学、民主、依法和有效性来优化和创新领导方式和执政方式，优化和创新执政体制机制和国家管理体制机制，优化和提升执政能力，实现民主与法治的共融、国家与社会的共通、政府与公民的共治，由此达成国家与社会的和谐发展和长治久安。二是对中国国家治理现代化的战略和体制机制的研究，分别就党的领导、人民当家作主和依法治国的有机统一；政府与市场、政府产业政策与经济发展模式的关系；政府监管市场的体制机制和政策的改革进行了深入分析。三是对中国社会治理与公共服务的研究，主要阐述了中国政府购买公共服务的机理、民众公共服务主体选择偏好分析、基层社区党的建设、中国社会治理实践模式等内容。四是对中国国家治理体系和治理能力现代化经验评估研究，致力于构建中国国家治理经验的评估指标体系。①

第二，中国基层治理现代化研究。华中师范大学的学术团队基于对中国基层治理的历史经验和当代实践的理解和观察，形成了一批具有"中国性"的学术概念和话语，并将"中国性"置于与西方学术概念和理论的比较之中去理解，凸显了与西方学术概念和理论的"对话性"。近年来，该团队的重点研究领域有：一是基层治理基础理论的深度研究，注重从中国事实出发，提炼原创性概念，提出了系列新概念，并且努力运用这些概念解释中国传统农业文明所取得的成就，而且以此阐述中国特色国家治理现代化的转型指向。二是村民自治的拓展研究，关注村民自治有效实现的条件、形式、单元和机制等。关于村民自治理论的创新，源于中国村治实践

---

① 参见王浦劬《国家治理现代化：理论与策论》，人民出版社2016年版；俞可平《论国家治理的现代化》（修订版），社会科学文献出版社2020年版；燕继荣《中国治理：东方大国的复兴之道》，中国人民大学出版社2018年版。

的独特性，在对村治实践持续性、长期性的跟踪观察的基础上，解读实践特性，构建村治理论。此外，相关研究还从产权单元与治理单元、行政单元与自治单元的相关性中讨论村民自治的有效单元。

第三，中国边疆安全和治理现代化研究。云南大学学术团队、中央民族大学学术团队在这方面做出了创新性贡献。他们或是以国族为分析视角，分析了现代国家基础性的社会政治机制，阐述了中华民族共同体的理念，[①] 论述了我国的民族关系;[②] 或是从民族与国家、民族地区行政管理与行政改革、民族地区经济发展中的政府职能、民族地区社会组织与社会治理等方面研究阐述了民族关系和公共治理。[③]

### （三）国家治理的中国模式及其原理阐释

如前所述，新中国成立 70 多年来，我国取得了经济快速发展和社会长期稳定的两大奇迹，学者们试图在揭示这一伟大成就背后的原理的基础上，呈现国家治理的中国模式、国家建设的中国方案和政治发展的中国道路，这些理论尝试和学术努力主要包括：

第一，中国政治形态与国家治理。相关研究从国家政治宏观形态的确认入手，用"政治形态"的概念来把握当代中国政治形态的现实基础、内在结构和运行方式，并从学理上分析当代中国政治形态从中华人民共和国成立至今的演变过程及其历史逻辑，展现当代中国政治形态生成、危机、复原、转型和发展的不同阶段，讨论当代中国政治形态从何而来、走向何方的中国政治发展问题。复旦大学的学者在这方面做出了积极探索和创新性学术建树。[④]

第二，中国共产党与国家治理效能的辩证关系研究。研究者立足中国

---

① 周平：《多民族国家的族际政治整合》，中央编译出版社 2012 年版；《族际政治：中国该如何选择?》，《政治学研究》2018 年第 2 期；《现代国家基础性的社会政治机制——基于国族的分析视角》，《中国社会科学》2020 年第 3 期；《民族政治学知识体系的构建、特点及取向》，《政治学研究》2019 年第 1 期；《民族政治学知识体系的构建、特点及取向》，《政治学研究》2019 年第 1 期；《政治学中的民族议题》，《政治学研究》2020 年第 1 期。

② 参见青觉、徐欣顺《中华民族共同体意识：概念内涵、要素分析与实践逻辑》，《民族研究》2018 年第 6 期；高永久《民族关系综论》，民族出版社 2015 年版。

③ 李俊清：《族群和谐与公共治理》，生活·读书·新知三联书店 2019 年版。

④ 林尚立：《当代中国政治形态研究》，天津人民出版社 2017 年版。

特色社会主义的制度优势，着力分析党对多元主体和各项事业的集中统一领导所产生的国家治理效能，从而回答中国之治的根源问题。例如，北京大学的学术团队分析了中国特色党政治理结构的构成要素与主要特征，并进一步揭示了党政结构运行中所实现的运动式治理与科层治理、"行动主义"与"制度主义"、实质正义与程序正义辩证统一的复合效能。也有学者分析了党在国家治理体系中的"统领"和"圆心"地位所具有的驱动治理体系有效运转、增进政治信任、促进国家稳定发展等重要功能，确保了党科学执政、民主执政、依法执政的有机统一。还有学者在与总体性治理进行历时性比较，与多中心治理进行共时性比较分析的基础上，明确了当代中国基层治理中的"政党整合治理"这一特殊形态及其治理效能。①

第三，中国国家自主性与国家发展道路的关系研究。吉林大学的学术团队认为，新中国的国家建设面临着实现规模治理与推进发展相互交织的"双重难题"。在中国共产党的领导下，通过构建以领导权为核心的国家权力结构、分工合作的制度体系和高效的国家权力运行机制，支撑、保障、发挥国家自主性，逐步破解了现代化进程中的"双重难题"，并形成了具有中国特色的现代化发展道路。②

第四，中国国家体制与中国治理奇迹的关联性研究。中山大学的学术团队依托中山大学粤港澳发展研究院和中山大学地方治理与公共政策研究中心等智库平台，以率先进行经济和治理体制机制改革地区的经验为据，积极提炼和概括中国奇迹背后的学理。该研究认为，中国的国家体制是一种"整合性体制"，由三个层面的分层组合所形成。整合型体制是理解中国奇迹的政治密码。整合性体制的独特性在于：中国的国家体制实现了国家、市场与政党三个元素的有机整合。国家与市场在结构分离中形成组合，将市场带入国家，形成有中国特色的市场经济；国家通过治理结构与机制的转型，形成权力集中的中央政府与分权竞争的地方政府的组合，塑

---

① 参见王浦劬、汤彬《当代中国治理的党政结构与功能机制分析》，《中国社会科学》2019年第9期；周建伟《党的领导制度体系：内涵、定位、意义与内在逻辑》，《华南师范大学学报》（社会科学版）2020年第2期；唐文玉《政党整合治理：当代中国基层治理的模式诠释——兼论与总体性治理和多中心治理的比较》，《浙江社会科学》2020年第3期。

② 周光辉、彭斌：《国家自主性：破解中国现代化道路"双重难题"的关键因素——以权力、制度与机制为分析框架》，《社会科学研究》2019年第5期。

造了中国独特的发展型国家，促进了经济的腾飞；执政党的执政体制与调适机制的组合，有力地保持了政权的稳定性。

学者还围绕中国国家建设中的关键问题以及由此赋予政治学研究的定位和任务展开了讨论。有学者基于中国案例相对于西方主流理论的"例外"状态，直指中国政治学研究的逻辑起点在于"政治共同体"，认为大一统逻辑支配下的政治发展存在集权体制与西式民权之间的结构性张力，并据此提出"国体、政体和政治共同体"的"三位一体"分析框架，从而明确了我国政治学研究的独特使命和发展方向。但有学者认为，这一框架也许仅仅专注于这种张力的本土性色彩，在基于中国政治经验事实分析的基础上，认为立足于政治共同体的"一体逻辑"与立足于"民权"的共和逻辑辩证统一于我国政治发展过程，"国权"则构成了实现这两大价值目标的工具手段，因此这种"一体双权"的分析框架更适切于我国政治学的发展定位。① 由此体现出新时代我国政治学围绕基础理论展开学术争鸣的新气象。

同时，学者着力研究了我国政府治理和行政管理体制改革的问题，在政府行政管理"放管服"的改革背景下，深入发掘其改革价值，认为中国行政体制改革进程基本与市场化进程吻合，并在不同阶段先后呈现出适应市场（高效政府）、稳定社会（服务型政府）与人民满意（人民满意的服务型政府）的基本逻辑和价值取向，而其共同之处则在于回应主要由市场化所塑造的社会差异性。"以人民为中心"的提出，在理论层面是行政体制改革双向回应的价值表达，在实践层面是行政体制改革双向回应的中国方案。未来行政体制改革的要义在于：应对多元性，转变政策制定方式；利用多元性，确认并重新理解社会分歧；建构多元性，以此拓展解决公共问题的路径。②

第五，中国特色社会主义民主政治与公民政治参与研究。新时代以来，我国政治学者对于实践中的中国特色社会主义民主政治状况进行了广泛深入的研究，形成了丰富的成果。有学者研究列宁的民主思想；③ 有学

---

① 相关学术争论参见景跃进《中国政治学的转型：分化与定位》，《政治学研究》2019年第2期；肖滨《"一体双权"：中国政治学的一个分析框架——与景跃进教授商榷与对话》，《政治学研究》2020年第1期。
② 何艳玲：《中国行政体制改革的价值显现》，《中国社会科学》2020年第2期。
③ 刘维春：《论列宁民主思想及当代价值》，《中共成都市委党校学报》2019年第5期。

者分析了中国特色社会主义民主观对于马克思主义民主观的继承和发展;① 有学者分析了人民民主的优势、面临的挑战和对策;② 有学者分析论述了中国特色社会主义的特点和优势。③

我国公民的政治参与,也是新时代中国特色民主政治的重要研究内容,目前,这方面研究的关注重点在于:扩展公民政治参与的路径;④ 公民参与与政府决策之间的关系,有学者从政府回应性的视角分析公民的利益表达与政府回应效果之间的关系;⑤ 从政治吸纳分析公民参与对于政治稳定的作用;⑥ 影响我国公民政治参与的因素分析等。⑦ 目前这些研究主要从参与主体的代表性、地位和权力对比,以及平等协商的程序和规则设计等因素来分析如何保证公民参与在民主决策中发挥应有的作用。

公民对于政府的信任,是国家和政府政治合法性的重要心理基础,也是中国特色社会主义民主政治的重要内容。新时代以来,有学者对社会转型时期我国政府信任生成的内在逻辑进行了考察;⑧ 有学者对电子政务使用如何影响公民信任的问题进行了探讨;⑨ 有学者对政府回应、公共服务与差序政府信任的相关性进行了分析;⑩ 有学者就公众对政府的满意向公

---

① 崔承涛:《中国特色社会主义民主观对马克思主义民主观的继承和发展》,《观察与思考》2016 年第 1 期。

② 杨光斌、乔哲青:《人民民主:优势、挑战与对策》,《西华大学学报》(哲学社会科学版)2019 年第 1 期。

③ 秦宣:《中国特色社会主义民主的特点和优势》,《世界社会主义研究》2019 年第 6 期。

④ 肖滨、方木欢:《扩大公民有序政治参与的双轨路径——基于中国改革开放以来实践经验的理论分析》,《政治学研究》2017 年第 4 期;肖滨、费久浩:《专家—决策者非协同行动:一个新的解释框架——以 A 市政府决策咨询专家的政策参与为例》,《公共管理学报》2020 年第 6 期。

⑤ 李锋、孟天广:《策略性政治互动:网民政治话语运用与政府回应模式》,《武汉大学学报》(人文科学版)2016 年第 5 期。

⑥ 肖存良:《政治吸纳、政治参与、政治稳定——对中国政治稳定的一种解释》,《江苏社会科学》2014 年第 4 期。

⑦ 易申波、肖唐镖:《影响我国公民政治参与的因素分析——以 2002 与 2011 年两波全国抽样调查数据为依据》,《华中师范大学学报》(人文社会科学版)2017 年第 3 期。

⑧ 汪家焰、赵晖:《社会转型时期我国政府信任生成的内在逻辑——基于公民主体视角的考察》,《淮海工学院学报》(人文社会科学版)2014 年第 4 期。

⑨ 马亮:《电子政务使用如何影响公民信任:政府透明与回应的中介效应》,《公共行政评论》2016 年第 6 期。

⑩ 王浦劬、郑姗姗:《政府回应、公共服务与差序政府信任的相关性分析——基于江苏某县的实证研究》,《中国行政管理》2019 年第 3 期。

众对于政府的信任的转化展开了研究。①

第六，科技创新的中国路径与国家发展的逻辑分析。北京大学的研究团队对中国科技创新从跟跑，到后来的并跑以及部分领域的领跑的创新路径进行经验总结和学理解释。研究认为，自主创新和技术积累是中国奇迹背后的力量来源，科技创新很难通过引进技术的方式实现，关键原因在于缄默知识和研发平台的重要性。知识转化为产业需要经历无数个环节，大量环节无法从纸面获得，而是需要大量的试验、试错和研发整合。这背后需要具备技术积累、技术消化和开发能力的研发团队与平台。②

第六，中国政策创新和国家治理效能的关联性分析。中国人民大学的学术团队认为，中国的政策创新是一种独特的双轨制政策创新模式。中央政府通过区分试点地区和一般地区，批准试点地区开展政策试验并给予政策优惠，有效激发了地方政府的改革热情，降低了政策试验可能遇到的阻力，加速了典型经验的扩散速度，提升了国家政策创新能力。在政策执行方面，中国制度环境下的政策执行具有四种模式：部门主导模式、高位驱动模式、政策试验模式和观望等待模式。政策执行不存在普适的最佳模式，需要根据不同的行动情境，确定有效执行的恰当模式，建立相应的体制和机制安排。③

第七，人民获得感与社会发展奇迹的逻辑关联分析。除了以执政党、国家自主性视角探究中国之治根源的宏观性研究成果，有学者试图为澄清中国发展奇迹提供更为微观的解释框架。例如北京大学国家治理研究院学术团队运用社会学方法，通过设计科学严谨的人民获得感的调查问卷，对基层群众进行获得感调查，获取了兼具数量与质量的调查数据，并经由严密的分析论证，认为中国公众的社会稳定感知实际上并不取决于传统理论

---

① 王浦劬、孙响：《公众的政府满意度向政府信任度的转化分析》，《政治学研究》2020年第3期。

② 参见路风《冲破迷雾——揭开中国高铁技术进步之源》，《管理世界》2019年第9期；路风《光变——一个企业及其工业史》，当代中国出版社2016年版；路风《走向自主创新2：新火》，中国人民大学出版社2020年版。

③ 参见石晋昕、杨宏山《政策创新的"试验—认可"分析框架——基于央地关系视角的多案例研究》，《中国行政管理》2019年第5期；杨宏山、李娉《政策创新争先模式的府际学习机制》，《公共管理学报》2019年第2期；杨宏山《情境与模式：中国政策执行的行动逻辑》，《学海》2016年第3期。

所谓的社会比较维度产生的剥夺感,而更多地取决于时间比较维度上产生的"纵向获得感"。这种"纵向获得感"的提高,总体上可以促进社会比较维度上人民的"横向获得感"和社会稳定感知的相应提高,从而在主观感知层面解释了中国社会发展的"两个奇迹"的心理逻辑。①

第八,当代中国的信仰体系与政治发展的关系研究。有学者认为,中国的理想与现实合一的一元社会结构,决定了需要世俗的信仰。中国传统文化的"实用理性"和"平民化"的特征,加上传统信仰的心理结构,决定了需要有一种反映大多数人意志的世俗的政治信仰。中国以马克思主义为指导,确立社会的信仰,这个信仰以体系的方式存在,包括奋斗目标、核心价值观和民生政策三个层次,是对社会发展规律的正确反映。未来应根据中国的历史经验,通过弘扬奋斗目标的科学性、核心价值观的凝聚性、民生政策的实用性,使这个信仰体系更加完善,在当代中国的政治发展中发挥更大的作用。②

## 三 现实对策研究得到显著加强

现实对策研究是我国政治学作为经世致用之学的集中体现,也是我国政治学学术成果的重要来源。新时代以来,我国政治学依托不断发展的学科体系、学术体系和智库平台等研究基础,围绕国家治理体系和治理能力现代化的建设目标和满足人民日益增长的美好生活需求的发展目标,通过开展校地合作、撰写研究报告等形式,着力推动对策研究的应用转化和资政辅政效能的提升,产出了丰富研究成果,取得了良好的社会效应。

### (一) 现实对策研究的基础不断强化

我国政治学的对策研究主要分布于公共行政、公共管理和公共政策等领域,在新时代,我国政治学者和公共管理学者加大了对相关领域学术和话语体系的研究力度,为提升实务对策研究的专业化和科学化提供了坚实的学理基础。比如,厦门大学的学术团队,长期致力于构建具有中国特

---

① 王浦劬、季程远:《我国经济发展不平衡与社会稳定之间矛盾的化解机制分析——基于人民纵向获得感的诠释》,《政治学研究》2019年第1期。

② 关海庭:《当代中国的信仰体系与政治发展》,北京大学出版社2020年版。

色、中国风格和中国气派的政策科学话语体系，产出了一大批原创性研究成果。① 在学科体系建设成效的基础上，根据学术发展的一般规律，学者致力于在治国理政和政策运行的实践中提炼策论研究的基本概念和基本命题，构造理解和解释政策现象的分析框架，并通过引入行为研究、实验研究、预测研究、模拟仿真、数据挖掘等方法和技术，全面提升制定和检验政策方案，评估政策执行效果的对策研究能力，有力推动了学术体系的进步。在学科体系和学术体系的驱动和支持下，我国政治学的现实对策研究的专业性、科学性以及对策方案的可操作性都得到明显改善。

多元化、多层次的学术团队和专业智库是开展现实对策研究的专门载体，也是确保现实对策研究长效推进的重要学术阵地。新时代以来，我国政治学在研究团队和智库建设方面的主要成就包括：一是统筹各类资源，加快了建设高水平研究团队和中国特色新型智库的实践步伐。例如以政策创新为核心主题的清华大学公共政策研究团队，清华大学"一带一路"战略研究院，以"粤港澳大湾区"战略为研究特色的华南理工大学公共政策研究院（IPP），以政策分析见长的厦门大学公共政策与政府创新研究中心，南京大学的公共政策研究院、华智全球治理研究院、社会风险与公共危机管理研究中心等，中国特色的新型智库体系初具规模。二是加强了对智库本身的研究，包括探索以智库为载体，促进公共政策相关研究的增长与积累，推动知识开发与应用的具体路径；强化对智库组织和管理方式的研究，为智库的健康发展和良性运作提供理论指导。具体而言，学者们着重从智库的定位与功能，智库平台与政策研究的依存关系，智库发展的评估标准，建设中国特色新型智库的重点、难点和具体方式等角度切入，为智库建设提供建议和思路。②

---

① 这方面的成果主要是厦门大学陈振明教授等撰写的《中国政策科学的话语指向》《党中央治国理政政策思想与中国特色政策科学理论构建》《中国政策科学的学科建构——改革开放 40 年公共政策学科发展的回顾与展望》《中国公共政策的话语指向及其演化——基于改革开放以来历次党代会报告的文本与话语分析》《加强政策科学话语体系建设，推进决策的科学化民主化》《公共政策的行为途径：通向一个"心理国家"》《国内政策工具研究新进展：1998—2016》等系列论文，以及《政策科学：公共政策分析导论》《政策科学教程》等教材。

② 参见陈振明、黄元灿《智库专业化建设与公共决策科学化——当代公共政策发展的新趋势及其启示》，《公共行政评论》2019 年第 3 期；陈振明、黄元灿《推进地方新型智库建设的思考》，《中国行政管理》2017 年第 11 期；王卓君、余敏江《政府决策与新型智库知识生产的良性互动——基于社会建构主义视角的研究》，《政治学研究》2016 年第 6 期；钱再见《新型智库参与公共政策制定的制度化路径研究——以公共权力为视角》，《智库理论与实践》2016 年第 1 期。

### （二）现实对策研究聚焦治国理政的重要问题

现实对策研究的根本使命是及时、准确地回应现实需求，为国家发展和政治建设中面临的重大现实问题提供应对方案和解决思路。在新时代，我国政治学现实对策研究紧扣实务应用的研究定位，对关乎国计民生的治国理政重大问题进行了细致分析，并据此有针对性地提出科学、合理、可行的对策建议。

第一，关于优化中国特色社会主义政治建设的现实对策研究。这方面的主题包括：围绕深化政治体制改革的发展目标，明确政治体制改革的内在逻辑、主要特征、价值取向、基本经验、重点和难点，从而在总结经验、解析难题的基础上提出优化提升的方向和路径；[1] 根据十九届三中全会、四中全会精神，围绕实现党的全面领导而进行的党的全面领导体制机制的研究；[2] 围绕深化党和国家机构改革，构建系统完备、科学规范、运行高效的党和国家机构职能体系的研究，阐述了构建这一机构职能体系的重要意义、总体要求和思路举措；[3] 围绕巩固和强化党的领导核心地位的政治建设目标，探索全面从严治党和新时代加强党的执政能力建设的路径和方式；[4] 围绕完善中国特色社会主义制度体系的建设目标，针对我国现行选举制度存在的问题与不足，对各级人大履行职权所面临的挑战进行分析，从而提出相应的改进思路；[5] 围绕推进国家治理体系现代化的改革目标，对构建科学高效的权力规制和监督体系进行研究，提出了合理配置国家权力、加强国家治理的法治建设、推进党和国家监督体系创新发展的着

---

[1] 参见何艳玲《理顺关系与国家治理结构的塑造》，《中国社会科学》2018年第2期；何艳玲、汪广龙：《中国转型秩序及其制度逻辑》，《中国社会科学》2016年第6期。周前程《改革开放以来政治体制改革的理论历史与逻辑》，《党史研究与教学》2018年第4期；周少来《全面现代化亟需大力推进政治体制改革》，《人民论坛》2018年第28期；何玉芳《40年政治体制改革的发展脉络》，《人民论坛》2018年第28期。

[2] 祝灵君：《党领导国家的体制机制刍议》，《中国领导科学》2018年第2期。

[3] 杨晓渡：《构建系统完备、科学规范、运行高效的党和国家机构职能体系》，《人民日报》2018年3月14日。

[4] 参见方正《新时代坚持和加强党的全面领导研究述评》，《中州学刊》2019年第5期；梅荣政《论新时代党的政治建设》，《政治学研究》2019年第6期；高振岗《新时代党的基层组织提升组织力的理论探源与实践指向》，《探索》2018年第2期；林清新、陈家喜《提升组织力：城市社区党建的战略着力点——基于深圳市宝安区的个案研究》，《理论视野》2019年第2期。

[5] 参见袁达毅《推进我国选举制度建设的几点思考》，《北京行政学院学报》2016年第3期；左才、张林川、潘丽婷《地方人大中的地域代表现象探析——基于五省市人大代表建议的内容分析》，《开放时代》2020年第2期；李梅《新时代县乡人大制度的探索创新》，《东吴学术》2019年第3期。

力点和实施路径。①

第二，关于深化政府机构职能改革，提升行政效能的现实对策研究。这方面的主题包括：围绕行政体制改革的重要目标，明确新时期行政体制改革的主要任务是深化体制机制变革、加强公共政策创新，并根据现行行政管理体制中存在的一系列问题，提出制约政府权力与开拓公民权利空间、政府治理能力与治理制度建设、法治政府和服务型政府建设有机结合的对策建议；②围绕破解行政执行梗阻的主要任务，对行政审批制度改革亟待突破的重点问题，例如多头多层审批、重审批轻监管、固守信息孤岛等，提出了以横向部门、纵向层级和政府与外部主体关系为着力点的改革突破口；③围绕政府流程再造的发展主题，加强了对"放管服"改革的研究，例如对浙江"最多跑一次"改革案例的深度研究，为缓解政府职能碎片化，打造"互联网+政务服务"的整体性政府提供了重要典范；④围绕提升政府效率的建设任务，强化对政府绩效管理，尤其是对政府预算绩效、绩效管理与公共问责、公共服务绩效与公民信任、绩效评估与公民参与、电子政务与绩效管理、公共部门绩效管理赋能等主题的研究，并设计出相应的绩效评价指标体系和绩效管理的框架和战略等。⑤此外，还就基层行政的内卷化、府际关系协同障碍、行政信访的弊端等问题进行了分析，并提出了相应的解决对策。⑥

---

① 参见唐勤《论党内权力的科学配置》，《中州学刊》2016年第5期；张梁《授权与监督：国家权力配置的中国逻辑与当下拓展》，《理论月刊》2019年第10期；李景平、曹阳《改革开放以来党和国家监督体系发展之省思》，《广西社会科学》2019年第4期；宋伟、过勇《新时代党和国家监督体系：建构逻辑、运行机理与创新进路》，《东南学术》2020年第1期；张梁《健全党和国家监督体系论纲》，《求实》2019年第3期。

② 参见朱光磊《政府职能转变研究论纲》，中国社会科学出版社2018年版；谌卉珺、叶美霞《地方推行大部制行政体制改革的进路》，《重庆社会科学》2018年第2期。

③ 参见孙彩红《地方行政审批制度改革的困境与推进路径》，《政治学研究》2017年第6期；陈朋《行政审批制度改革亟待突破的重点问题》，《行政管理改革》2018年第7期。

④ 郁建兴：《"最多跑一次"改革：浙江经验 中国方案》，中国人民大学出版社2019年版。

⑤ 参见王泽彩《预算绩效管理：新时代全面实施绩效管理的实现路径》，《中国行政管理》2018年第4期；郑方辉、费睿《财政收入绩效评价：兑现减税降费政策目标的价值工具》，《中国社会科学》2019年第6期；周志忍《为政府绩效评估中的"结果导向"原则正名》，《学海》2017年第2期。

⑥ 参见夏瑛《信访制度的双重逻辑与"非行政信访"——以A市重复集体访为例（2010—2014年）》，《政治学研究》2019年第4期；孙崇明、叶继红《转型进程中开发区管理体制何以"内卷化"？——基于行政生态学的分析》，《行政论坛》2020年第1期；周楠、于志勇《天津自贸试验区管理体制：现状、问题与优化路径》，《经济体制改革》2019年第2期。

第三，关于保障和改善民生的现实对策研究。为了践行以人民为中心的发展理念，落实发展成果由人民共享的庄严承诺，党和政府大力实施各类民生保障工程，以提升人民的获得感、幸福感，满足其对美好生活的追求。在这种背景下，我国政治学的现实对策研究主题包括：围绕减贫脱贫的帮扶目标，对贫困治理的政策体系、治理结构、运作流程、技术运用、绩效评估等进行综合研究，在识别和发现其中不足和缺陷的基础上，明确优化改进的现实方案；围绕乡村振兴的长效发展目标，探索推动贫困治理与乡村振兴有机衔接的可持续发展模式；围绕完善和优化社会保障的建设目标，对社会保障与经济发展、国家治理的辩证关系进行了研究，为促进三者协同发展提供有益的政策建议；围绕解决社会保险现金给付刚性上涨所带来的福利病等问题，提出了新型"服务+保险"的社会保障模式，以超越社会保险国家的传统方案，建构中国特色的社会保障理论。此外，研究者们还就健康中国建设、医疗卫生政策和制度改革、完善中国社会保障制度体系等议题提出了对策建议。[①]

第四，关于国家与社会治理中的机遇、风险与挑战的对策研究。这方面的研究主题主要包括：立足互联网、大数据、人工智能等迅速发展的技术背景，一方面探索将现代信息技术引入国家与社会治理各领域，以发挥其治理优势的可行路径和方式方法，推进数字治理和数字政府发展，另一方面也关注数据公开、数据共享所带来的隐私与安全风险，并提出相应的预防和解决对策；[②] 基于国家总体安全的视角，加大了对边疆这一传统的治理薄弱区域的研究，在准确把握边疆治理与国家安全、经济发展之间的密切关系的基础上，提出自觉构建中国的利益边疆、战略边疆乃至太空边

---

① 参见陈升、潘虹、陆静《精准扶贫绩效及其影响因素：基于东中西部的案例研究》，《中国行政管理》2016年第9期；汪三贵、冯紫曦《脱贫攻坚与乡村振兴有机衔接：逻辑关系、内涵与重点内容》，《南京农业大学学报》（社会科学版）2019年第5期；何文炯《社会保障与国家治理》，《中国社会保障》2018年第2期。

② 参见常保国、戚姝《"人工智能+国家治理"：智能治理模式的内涵建构、生发环境与基本布局》，《行政论坛》2020年第2期；庄国波、时新《大数据时代政府绩效评估的新领域与新方法》，《理论探讨》2019年第3期；陈晓运《技术治理：中国城市基层社会治理的新路向》，《国家行政学院学报》2018年第6期；庞明礼、王晓曼、于珂《大数据背景下科层运作失效了吗？》，《电子政务》2020年第1期；何晓斌、李政毅、卢春天《大数据技术下的基层社会治理：路径、问题和思考》，《西安交通大学学报》（社会科学版）2020年第1期。

疆的重要任务和具体策略;① 在新冠肺炎疫情的背景下,加强了对突发公共安全事件和应急管理的深入研究,致力于在风险管控、危机处置的全过程中检视国家治理体系的效能,并针对暴露出来的问题与短板,提出相应的调适与改进方案。②

**(三) 对策研究的现实应用和资政辅政效能日趋显著**

对策研究成果的现实应用不仅是激励研究本身进一步发展的强劲动力,也是释放研究效益,发挥智力成果优势,实现研究目标的关键机制。在实践中,实务部门根据自身需要,定向委托研究团队或专业智库从事的专题研究,是研究成果实践转化的主要途径。进入新时代以来,我国政治学界通过加强与实务部门的联系,构建常规化、制度化的合作平台,并以横向课题的形式为实务部门的专项需求提供对策方案,有效服务了国家和地方经济社会等各类事业的发展。学术研究与实务应用之间的良性循环模式取得明显成效。

此外,通过新型智库机构,向实务部门提交资政报告,也是政治学现实对策研究的重要形式,报告的采纳及其获得领导批示等,是对策研究获得现实应用的基本标志和重要条件。以此为标准,可以发现,我国政治学的实务对策研究表现优异。例如华南理工大学公共政策研究院,首提"环珠江口湾区"的设想被中央采纳,为"粤港澳大湾区"战略的提出提供了决策依据。③ 2019 年 7 月,中国社会保障学会组织的国情调研组赴四川省调研凉山州脱贫攻坚情况,并撰写了"关于巩固扩大四川凉山彝区脱贫攻坚成果的建议"的专题调研报告,该调研报告中央最高决策机构批示。中国农业大学的学术团队,在扶贫脱贫政策的经验提炼、政策实践等方面开

---

① 参见周平《中国边疆观的挑战与创新》,《云南师范大学学报》(哲学社会科学版)2014年第 2 期;李咏宾《新时代国家治理视阈下的边疆治理》,《青海社会科学》2019 年第 3 期;高永久、郑泽玮《"人类命运共同体"视域下西部边疆牧区地缘政治治理测量指标构建》,《广西民族研究》2018 年第 5 期。

② 参见唐燕《新冠肺炎疫情防控中的社区治理挑战应对:基于城乡规划与公共卫生视角》,《南京社会科学》2020 年第 3 期;汪伟全、陶东《新冠疫情防控情境下区域应急协同机制与效能优化》,《深圳大学学报》(人文社会科学版)2020 年第 2 期。

③ 2018 年以来,该机构共报送政策报告百余篇,被相关机构等采纳 20 余篇;获得中央领导同志批示 5 篇。

展了大量研究，团队有关 2020 后扶贫工作思考和政策建议，获得获得中央最高决策机构批示。据不完全统计，中共中央党校、北京大学、复旦大学、中山大学、华中师范大学、厦门大学、外交学院等政治学研究单位的报告被采纳和受到批示的次数相对较多，集中展示了我国政治学资政辅政、经世致用的职责使命。

## 四 基础学术研究趋向纵深发展

基础学术研究是我国政治学学术研究的重要构成，其基本使命和关键作用是推进学科的知识积累，主要方式是在古今中外的思想流变和制度谱系中提取政治学的学理资源，明确政治学的研究对象，并以成果汇编和学术回顾的形式呈现我国政治学发展的历史沿革、学术脉络和成果体系，从而夯实和强化我国政治学作为独立学科的学术基础。在新时代，我国政治学的基础学术研究在向纵深发展的过程中，取得了丰硕的研究成果。

### （一）基础性分支领域的研究工作进一步深化

在政治学理论研究基础上，我国政治学研究的基础性分支领域主要包括中外政治思想、中外政治制度和比较政治学研究。进入新时代，这些领域的研究工作充分梳理和发掘了中华优秀传统政治文化的资源和西方政治文化的有益资源，不仅起到了重要的知识生产和传播作用，也为当前的中国国家建设和政治发展提供了重要镜鉴。

在新时代，中国政治思想研究的主要成就和最新进展体现在：第一，出版了刘泽华教授总主编的《中国政治思想通史》，该作品作为我国政治思想领域的第一部专门性通史著作，填补了学术建设空白，通过以历时性的线索将先秦、秦汉、魏晋南北朝、隋唐、宋元、明清、近代和现代等时期的诸子百家和重要思想家的学说有机贯穿起来，集中展现了中国政治思想的蔚为大观以及学术研究的深厚积淀；第二，强化了中国政治思想研究的主体意识，致力于在马克思主义指导下，实现西方社会科学本土化和中国政治思想科学化的有机统一，从而以高度的学术自觉，构建基于中国经验的政治思想史研究范式和原创性的话语体系;① 第三,以中国政治思想的视角和方法,研究相邻或相近学科的学术主题,不仅实现了政治思想研究领域的进一步扩展,也促进了不同学科之间的学术滋养。这一时期在中国政治伦理思想和古代行政管理思想研究方面取得新的进展,极大提升了中国政治思想专题研究的深度和专度;② 第四,加强了对传统研究薄弱环节的科研投入,关于政治思想与政治制度的综合研究,亚文化层面的政治观念与意识的研究初见成效;③ 第五,研究队伍建设取得显著成效,形成了一些优秀研究团队和学科带头人,产出了大量各具特色的优势研究成果,例如南开大学研究团队的中国古代政治思想和政治哲学研究,中国政法大学的研究团队对中国传统政治思想与政治文化及其现代化的研究,东北大学的研究团队对中国近现代政治思想的研究等。④

新时代的西方政治思想研究的主要成就和最新进展体现在:第一,强化和深化了对西方政治史方法论的研究,概念史研究方法的引入,历史政治学、政治现象学等跨学科研究方法的探索以及围绕施特劳斯学派与剑桥学派的方法论之争所展开的学术讨论等,都使得西方政治思想的研究方法

---

① 参见任剑涛《重思中国社会科学的本土化理想》,《广州大学学报》2020 年第 3 期;张星久《论学术规范与人文社会科学研究的"中国话语"构建》,《武汉大学学报》2018 年第 4 期;王学典《中国话语形成之路:西方社会科学的本土化和儒家思想的社会科学化》,《济南大学学报》2019 年第 6 期;张师伟《中国政治思想史研究的百年回眸与学术省思——本土政治理论的概念检视与话语梳理》,《人文杂志》2019 年第 2 期;张星久《论学术规范与人文社会科学研究的"中国话语"构建》,《武汉大学学报》2018 年第 4 期。

② 参见孙晓春《中国政治伦理思想史研究初论》,《思想战线》2018 年第 1 期;葛荃《中国古代行政管理思想史》,天津人民出版社 2016 年版;葛荃《构建公共管理知识体系的中国话语——从中国传统行政管理思想说起》,《行政论坛》2018 年第 6 期。

③ 参见季乃礼《政治制度、政治思想与政治制度思想——一种理论建构的努力》,《武汉大学学报》2016 年第 4 期;季乃礼《儒家思想研究的文本、制度、行为三维度分析——以汉代"三纲"中"父为子纲"为例》,《新疆师范大学学报》2016 年第 5 期;张星久、陈青霞《从族谱看传统政治思想的民间表达与实践》,《江苏社会科学》2019 年第 6 期。

④ 参见孙晓春《中国传统政治哲学史论》,江苏人民出版社 2020 年版;季乃礼《亦法亦儒:赵普的"半部论语治天下"新解》,《贵州社会科学》2019 年第 1 期;杨阳《中国传统国家理论的奠基——先秦诸子的国家学说》,《政治学研究》2018 年第 1 期;张春林《解构与建构:近代天下观向国家观转变历程解析》,《福建论坛》2018 年第 1 期;颜德如《中国近代政治思想论集》,吉林大学出版社 2019 年版;颜德如《中国近代政治思想史整体性研究的回顾与前瞻——基于四十年来中国近(现)代政治思想通史性著作的考察》,《政治思想史》2019 年第 1 期;王光《中国传统政治思想近代转型研究》,天津人民出版社 2018 年版。

更为适切、科学，也为进一步优化理论研究质量提供了指引；① 第二，结合新的时代背景和技术潮流，加大了对西方现当代国家学说、政体学说和现代民主理论的深化研究和综合审视，包括对西方政治思想家经典理论的再认识，对西方政体实践本质的重新考察，对西方民主理论及其限度的批判与反思，对西方政体设计和民主制度未来发展的构想等；② 第三，对民粹主义的研究构成了这一时期西方政治思想研究的热点和重点，随着西方民粹主义运动和政治现象的大规模返潮，学者们不仅重构了传统民粹主义的分析框架以适应变化了的政治现实，也对西方民粹主义势力崛起的根源和理路进行了探究，还对民粹主义的负面效应进行了深度批判，取得了丰硕的研究成果；③ 第四，进一步深化对平等、正义与公共理性等经典研究议题的学术探索，在新的时代背景下重新思考分配正义、代际正义、全球正义和公共理性的实现路径；④ 第五，加强了对西方政治思想中的核心概

---

① 参见方维规《概念的历史分量——近代中国思想的概念史研究》，北京大学出版社2019年版；孙江、张凤阳等主编《亚洲概念史研究》系列，生活·读书·新知三联书店2013—2019年版；郭台辉《语言的政治化与政治的语言化：政治学方法论的"语言学转向"问题》，《政治学研究》2019年第4期；郭忠华《日常知识与专业知识的互构：社会科学概念的双重建构模式》，《天津社会科学》2020年第1期；胡传胜《剑桥学派政治思想史：西方传统的阐释与颠覆》，《江苏行政学院学报》2019年第6期；郑维伟《政治思想研究的经与纬：萨拜因与施特劳斯的争论辨析》，《南京社会科学》2018年第7期；姚中秋《学科视野中的历史政治学：以历史社会学、政治史、比较政治学为参照》，《政治学研究》2020年第1期；王海洲《政治学视域中的政治现象学进路》，《南京大学学报》（哲学·人文科学·社会科学）2019年第1期。

② 参见黄涛《孟德斯鸠的优良政体论——〈论法的精神〉第一编中的一对不为人知的政体》，《兰州大学学报》（社会科学版）2017年第3期；张辰龙《君主不专制》，《读书》2019年第4期；汤晓燕《十八世纪法国思想界关于法兰克时期政体的论战》，《中国社会科学》2018年第4期；韩伟华《从混合政治到代议制政府：近代法国对最佳政制之探索》，《学海》2019年第3期；包刚升《西方政治的新现实——族群宗教多元主义与西方自由民主政体的挑战》，《政治学研究》2018年第3期；刘瑜《当代自由式民主的危机与韧性：从民主浪漫主义到民主现实主义》，《探索与争鸣》2018年第7期；佟德志《法治民主——民主与法治的复合结构及其内在逻辑》，北京大学出版社2016年版；吴冠军《竞速统治与后民主政治——人工智能时代的政治哲学反思》，《当代世界与社会主义》2019年第6期。

③ 参见刘擎《2016年西方思想年度述评》，《学海》2017年第2期；段德敏《民粹主义的"政治"之维》，《学海》2018年第4期；高春芽《政党代表性危机与西方国家民粹主义的兴起》，《政治学研究》2020年第1期；郭中军《民粹主义与现代民主的纠缠——与丛日云教授商榷》，《探索与争鸣》2017年第12期；刘瑜《民粹与民主：论美国政治中的民粹主义》，《探索与争鸣》2016年第10期；林红《西方民粹主义的话语政治及其面临的批判》，《政治学研究》2018年第4期；丛日云《民粹主义还是保守主义——论西方知识界解释特朗普现象的误区》，《探索与争鸣》2020年第1期。

④ 参见葛四友《分配正义新论：人道与公平》，中国人民大学出版社2019年版；李石《平等理论的谱系：西方现代平等理论探析》，中国社会科学出版社2018年版；高景柱《代际正义视野中气候变化的应对》，《当代世界与社会主义》2020年第2期；高景柱《论代际正义视域中人类命运共同体的构建》，《国外理论动态》2018年第11期；谭安奎《公共理性与民主理想》，生活·读书·新知三联书店2016年版；陈肖生《公共理性的构建与慎议政治的塑造——评谭安奎教授的〈公共理性与民主理想〉》，《政治思想史》2017年第2期。

念的辨析，以概念史的视角考察了西方现代政治话语体系的生成过程，并在借鉴、反思和扬弃的基础上，消弭本土化和西方化之间的张力，为加快构建起中国特色的政治学话语体系，向国际学界传递中国声音创造了条件。①

进入新时代，中国政治制度研究的主要成就和最新进展集中体现在：第一，中国古代政治制度的总体研究取得了重要进展，不仅围绕皇帝制度与其他政治制度的关系、中央与地方的制度关系等关键逻辑线索，系统梳理和介绍了中国古代政治制度的整体结构、运行机理和演变趋势，还陆续使用一些开创性的视角研究政治制度，例如从政治思想与政治制度的互动关系切入，获得了全新的智识成果；② 第二，加强了对古代断代性和专题性的政治制度研究，对历朝历代的监督、职官、言谏、司法、礼法、兵役等各种制度进行了细致的考察；③ 第三，近代和民国时期的中国政治制度研究产出了丰硕的成果，学者们对清末、北洋政府和南京国民政府时期的政治制度进行全面研究，着重探究从传统到近代的剧烈历史变迁所推动的制度变化以及传统制度要素的存续逻辑；④ 第四，当代中国政治制度研究构成了我国政治学学术研究的重要领域，学者们不仅对当代中国制度体系

---

① 参见杨光斌《合法性概念的滥用与重述》，《政治学研究》2016 年第 2 期；段德敏《名词、概念和理论——西方政治思想中的"国家"》，《北大政治评论》2019 年第 6 辑；张凤阳、罗宇维、于京东《民族主义之前的"民族"：一项基于西方情境的概念史考察》，《中国社会科学》2017 年第 7 期；佟德志、樊浩《美国"政治正确"的语义流变及其三重向度》，《探索与争鸣》2020 年第 3 期；佟德志《现代西方政治话语体系的形成及其内在逻辑》，《国家行政学院学报》2016 年第 4 期；张桂林《逻辑要义、历史努力与认知前提：建构中国特色政治学话语体系》，《政治学研究》2017 年第 5 期。

② 参见刘文瑞《中国古代政治制度（修订本）》，中国书籍出版社 2018 年版；杨熙时《中国政治制度史》，河南人民出版社 2016 年版；杨阳《中国政治制度史纲要》（第 3 版），中国政法大学出版社 2016 年版；白钢《中国政治制度史》（第 3 版），天津人民出版社 2018 年版。

③ 参见吴克昌、王郅强《中国古代监督史览》，人民出版社 2018 年版；王晓卫《中国兵役制度史》，贵州大学出版社 2018 年版；张晋藩《中国古代司法文明史》（全 8 卷），人民出版社 2019 年版；阎步克《从爵本位到官本位（增补本）》，生活·读书·新知三联书店 2017 年版；李宜春《团队与统筹古代内辅体制研究》，浙江大学出版社 2016 年版；史伟《唐代言谏与政治生态变迁》，科学出版社 2017 年版；徐栋梁《汉魏六朝礼法调适与公共秩序的建构》，吉林大学出版社 2018 年版。

④ 参见房列曙《中国近现代文官制度》，商务印书馆 2016 年版；李志茗《晚清幕府——变动社会中的非正式制度》，上海社会科学院出版社 2018 年版；肖传林《民初内阁制度研究》，中国社会科学出版社 2018 年版；李云霖《枢机转捩：近代中国代议制度研究》，中国政法大学出版社 2016 年版；孙宗一《国民政府监察院分区监察制度的历史考察与当代启示》，科学出版社 2018 年版；李细珠《新政、立宪与革命——清末民初政治转型研究》，北京师范大学出版社 2018 年版；杨天宏《革故鼎新》，生活·读书·新知三联书店 2018 年版。

进行了总括性的阐述，还运用更加多样的研究方法，对党的领导制度、人民代表大会制度、新型政党制度、民族区域自治制度、基层群众自治制度、国家和地方行政制度、司法制度、军事与国防制度、党和国家监督体系、干部人事制度与公务员制度、国家安全制度等支撑中国特色社会主义制度的根本制度、基本制度、重要制度都进行了精细化和深入化的专题研究。①

进入新时代，西方政治制度研究的主要成就和最新进展体现在：第一，强化了对西方政治制度的总体研究，全面梳理了西方政治制度体系中的议会制度、选举制度、政党制度、行政制度、司法制度的具体形式，并在对西方各主要国家政治制度的形成背景、基本内容、主要特色、运行原理、发展趋势进行纵向和横向比较的基础上，展示各国政治制度的多样性和差异性，解构政治制度普适化想象的迷思；② 第二，以历史变迁为主线，强化了对西方政治制度发展的历史研究，主要包括古希腊、古罗马和中世纪三个阶段；③ 第三，进一步加大了国别研究力度，产出了一批关于美国、

---

① 参见李寿初《当代中国政治制度》，中国社会科学出版社2019年版；唐皇凤、梁新芳《党的领导制度体系：构成要素、逻辑结构和优化路径》，《新疆师范大学学报》2020年第4期；浦兴祖《人大制度优势与国家治理效能》，《探索与争鸣》2019年第12期；王天海、王彩玲《中国新型政党制度的内涵、发展逻辑与文明价值》，《当代世界社会主义问题》2020年第1期；周平《民族区域自治制度的内在逻辑》，《学术界》2019年第6期；邓大才《中国农村村民自治基本单元的选择：历史经验与理论建构》，《学习与探索》2016年第4期；吴晓林《"社会治理社会化"论纲——超越技术逻辑的政治发展战略》，《行政论坛》2018年第6期；陈瑞莲、张紧跟《地方政府管理》，中国人民大学出版社2016年版；张志红《中国政府职责体系建设路径探析》，《南开学报》（哲学社会科学版）2020年第3期；张文显《论司法责任制》，《中州学刊》2017年第1期；杨高明、王玲《新中国国防制度建设的若干基本经验》，《中国军事科学》2016年第2期；王英津《比较视野中的港澳政治体制：特色与评价》，《学海》2016年第1期；马怀德《国家监察体制改革的重要意义和主要任务》，《国家行政学院学报》2016年第6期；余绪鹏、聂平平《干部制度改革：历史回顾、主要成就与基本经验》，《中州学刊》2018年第11期；傅丽、梁丽萍《国家安全治理体系现代化的观念与制度分析——以国家意识形态安全治理为视角》，《甘肃政法学院学报》2018年第6期。

② 参见郑克岭等编著《西方政治制度比较概论》，黑龙江人民出版社2016年版；于玉宏等《当代外国政治制度》，北京时代华文书局2016年版。

③ 参见易宁、祝宏俊、王大庆等《古代希腊文明》，北京师范大学出版社2016年版；晏绍祥《古希腊民主政治》，商务印书馆2019年版；孙晶晶《古希腊的社会文化与城邦同盟》，上海三联书店2016年版；张岩、晏绍祥《"沉默的"将军：古典时期雅典将军参政情况研究》，《首都师范大学学报》2020年第2期；曹义孙、娄曲《柏拉图〈法义〉中的监察官制度探究》，《山东社会科学》2017年第12期；何立波《罗马帝国元首制研究：以弗拉维王朝为中心》，首都经济贸易大学出版社2016年版；黄美玲《律师职业化如何可能——基于古希腊、古罗马历史文本的分析》，《法学家》2017年第3期；侯建新《中古政治制度》，昌明文化有限公司2016年版；马华峰《中世纪西欧议会代表制的双重功能——基于三个罗马法原则的分析》，《浙江学刊》2017年第4期；侯树栋《对中古德意志政治道路"问题"的思考》，《北京师范大学学报》（社会科学版）2016年第1期；王银宏《从"政治共识"到"共识政治"：神圣罗马帝国〈选举让步协议〉的制度意涵及其宪法意义》，《学术月刊》2019年第5期。

英国、法国、德国、日本以及加拿大、奥地利、意大利、瑞典、希腊等国政治制度的优秀研究成果;① 第四, 西方政治制度的专题研究取得明显进展, 围绕西方政党制度与议会制度、选举制度和民主制度等三大领域, 学者们重点关注了选举制度、社会结构、政党体制、政治发展之间的逻辑关联, 民粹主义政党的兴起以及各国政治制度的微观机制, 各国议会制度构成和斗争模式、中西民主制度的比较等议题。②

在新时代, 比较政治学研究的主要成就和最新进展体现在: 第一, 明确了比较政治学的发展方向, 致力于通过对西方政治学的特点与不足的反思, 强化中国比较政治学研究的主体性和本土性, 尤其是要聚焦国家建设这一根本议题的研究, 从而更好地突出"中国视野", 建构自己的学术体系;③ 第

---

① 参见游腾飞《美国联邦制纵向权力关系研究》, 上海人民出版社2016年版; 杨成良《美国横向联邦制的演进》, 人民出版社2017年版; 赵可金《现代总统制中的后现代总统——美国总统权力的扩张及其制度制约》,《美国研究》2016年第6期; 施蕾《美国最高法院大法官提名制度研究》, 中国政法大学出版社2017年版; 林宏宇《美国总统选举政治研究》, 天津人民出版社2017年版; 祁玲玲《理解美国大选的"非比例代表性"》,《政治学研究》2019年第2期; 彭成义、张宇燕《美国的官员财产申报与公示制度》,《美国研究》2017年第6期; 孟广林《英国"宪政王权"论稿: 从〈大宪章〉到"玫瑰战争"》, 人民出版社2017年版; 杨利敏《英国议会作为一元化机构在国家建构中的功能及其起源》,《学习与探索》2020年第3期; 孔新峰、何婧祎《从2019年大选看英国政治的制度韧性》,《当代世界社会主义问题》2020年第1期; 韩伟华《从混合政制到代议制政府: 近代法国对最佳政制之探索》,《学海》2019年第3期; 庞冠群《高等法院是否导致了法国旧制度的崩溃——一个学术史的分析》,《浙江学刊》2019年第2期; 程迈《政党与德国联邦宪法法院: 创建、博弈与双赢》,《政治学研究》2016年第3期; 罗湘衡《德国联邦制下府际财政关系研究》, 人民出版社2018年版; 林尚立《日本政党政治》, 上海人民出版社2016年版; 朱晓琦《日本政治文化与选举制度——以政治家后援会为中心的研究》, 社会科学文献出版社2018年版; 任海燕《加拿大政党及政治发展变迁: 体制、选举与组织化建设》,《比较政治学前沿》2017年第1期; 田野、李存娜《全球化冲击、互联网民主与混合民粹主义的生成——解释意大利五星运动的兴起》,《欧洲研究》2019年第1期; 唐虹、王卓群《社会团结与竞争力的制度安排——二战后奥地利"合作式"联邦决策机制初探》,《欧洲研究》2016年第5期; 潘若喆《瑞典议会监察专员制度运行机制及其借鉴》,《广东开放大学学报》2018年第5期; 徐松岩、王三义《近现代希腊政治制度的嬗变及其特征》,《清华大学学报》(哲学社会科学版) 2020年第1期。

② 参见周建勇《欧洲主要国家的政党与政党体制》, 江西人民出版社2017年版; 张鑫《混合选举制度对政党体系之影响》, 天津人民出版社2018年版; 葛丽《当代欧洲社会民主党的组织变革》, 山东大学出版社2016年版; 王书君《论西方议会监督制度》, 中国社会科学出版社2017年版; 周叶中《代议制度比较研究》, 商务印书馆2018年版; 屠振宁《选举制度》, 江苏人民出版社2019年版; 包刚升《选举制度的复合化: 基于第三波民主化国家的实证研究》,《政治学研究》2019年第4期。

③ 参见徐湘林《中国认识世界: 把迷失的国家找回来》,《探索与争鸣》2016年第8期; 杨谧、林尚立《以中国情怀研究中国政治》,《光明日报》2016年1月14日第16版; 杨光斌《论政治学理论的学科资源——中国政治学汲取了什么、贡献了什么?》,《政治学研究》2019年第1期; 杨光斌《政治学研究范式的转型: 从"求变"到"求治"——政治学学科史的视角》,《中国政治学》2018年第1期; 李路曲《比较政治学的基本特质与学科划分标准》,《当代世界与社会主义》2019年第1期。

二,比较政治学的研究方法取得重要进展,不仅推进和创新了既有的研究范式,还促成了新范式的生成;第三,加强了对国家治理的比较研究,例如,有学者对中央与地方的事权划分及其运行这一国家治理的重大命题进行了理论和策论研究;有学者对中国和俄罗斯央地事权划分进行了比较分析,并就优化中国中央与地方事权关系提出了政策建议并获得了相关部门采纳;有学者致力于为国家治理现代化提供中国方案,指出"每个国家的政治进步,既离不开自己的历史文化传统,也离不开学习借鉴其他国家政治文明的合理成分。每个国家的民主政治进步,既要遵循人类社会普遍的政治价值和政治规律,也要尊重本国的历史文化传统";有学者通过将抽象的国家治理能力概念分解为可量化的分析性概念,实现了对各国治理能力的比较研究;[①] 第四,对族群冲突进行了深入研究,其主题广泛涉及族群冲突的原因、族群冲突的控制和管理、族群冲突与选举政治的关系等;[②] 第五,加强了对民粹主义的比较研究,21世纪以来,欧洲民粹主义政党的选举胜利,2016年英国脱欧公投中留欧派的失败,以及美国总统大选特朗普的胜出,都体现了现实政治中民粹主义势力的增长,这使得民粹主义研究重新成为比较政治领域的热点问题,这方面的研究成果涵盖了对民粹主义的概念界定和测量,对民粹主义的历史发展趋势进行归纳,对各种民粹主义现象的区域或国别研究等。[③] 此外,比较政治学对政党政治和民主转型等议题的比较研究,也进一步丰富了我国政治学政党理论和民主理论的研究视野。[④]

---

[①] 参见王浦劬《中央与地方事权划分的国别经验及其启示——基于六个国家经验的分析》,《政治学研究》2016年第5期;俞可平《走向善治》,中国文史出版社2016年版;俞可平《俄罗斯民主:中国学者的视角》,《国际政治研究》2016年第32期;杨光斌《关于国家治理能力的一般理论——探索世界政治(比较政治)研究的新范式》,《教学与研究》2017年第1期。

[②] 参见 Tang, Shiping, Yihan Xiong, and Hui Li, "Does Oil Cause Ethnic War? Comparing Evidence from Process-tracing with Quantitative Results", *Security Studies* 26.3, 2017, pp. 359-390;唐世平、王凯《族群冲突研究:历程、现状与趋势》,《欧洲研究》2018年第1期;张春、蔺陆洲《输家政治:非洲选举与族群冲突研究》,《国际安全研究》2016年第1期。

[③] 参见韩冬临、张渝西《欧洲民粹主义的发展与变化(2000—2019年)——基于民粹主义政党的测量》,《欧洲研究》2020年第1期;林红《当代民粹主义的两极化趋势及其制度根源》,《国际政治研究》2017年第1期;房宁、涂锋《当前西方民粹主义辨析:兴起、影响与实质》,《探索》2018年第6期;董经胜《拉丁美洲的民粹主义:理论与实证探讨》,《拉丁美洲研究》2017年第4期;林红《东南亚民粹主义的形态分析:躁动的民主》,《南洋问题研究》2017年第4期。

[④] 参见潘维《中外执政党比较》,《中央社会主义学院学报》2019年第1期;张飞岸《民主与社会主义的相关性:比较的视野——以第一波民主化进程为例》,《学海》2017年第3期。

### （二）系统性重点问题研究取得显著成绩

进入新时代，我国政治学开展的系统性知识整理工作成绩显著，先后组织编撰和出版了一批专业系列丛书，学术团队研究成果的专题合集以及政治学年鉴、年度总结等，对我国政治学学术研究的知识积累发挥了重要作用，产生了广泛而积极的社会影响力。

首先，系列丛书的出版工作不断推进，例如北京大学国家治理研究院推出的《国家治理研究丛书》，是我国政治学国家治理研究领域的学术品牌，截至2019年，该系列已由北京大学出版社、中国社会科学出版社等机构出版了涵盖社会民主、社会资本与国家治理、纯公共物品供给模式、户籍制度改革、政府跨部门协同治理、政府购买公共服务、欧债危机的政治经济分析、新时代中国特色地方治理现代化、城市社区治理现代化等主题的专著，有力推进了对国家治理和深化改革专门问题的学术研究，对实现优秀成果的转化与应用具有重要意义。南开大学政府学研究团队主办的《中国政府与政治研究系列丛书》集中体现了我国政府学研究的特色和进展，2002—2018年，该系列共推出17本相关著作。此外，我国政治学与行政学领域的知名系列丛书还包括复旦大学的《复旦公共行政评论》、中国人民大学的《治国理政新理念新思想新战略系列丛书》、华东师范大学的《知识分子论丛》、南开大学的《政治思想通史》系列等。

其次，在研究成果的系统汇编方面，我国政治学界还出版了一批有影响力的年度评论和年鉴系列，例如中国政治学会会长李慎明教授担任主编、集全国政治学、行政管理学、国际政治学等学科力量和数年心血编撰的《中国大百科全书》（第三版）和网络版已经成型；中山大学政治学研究所组织编撰的《中国政治学年度评论》，根据不同的年度主题，全面展示我国政治学领域各年度最新的研究趋向与进展，批判性地总结、评估国际国内政治学界的研究动向，为研究者提供了掌握相关资讯的重要文献。在年鉴方面，"十三五"时期仍在连续推出的学术年鉴主要包括中央社会主义学院中国政党制度研究中心主编的《中国政党制度年鉴》，全国政府绩效管理研究会、兰州大学中国地方政府绩效评价中心主编的《中国政府绩效管理年鉴》，电子政务理事会主编的《中国电子政务年鉴》等。此外，北京大学中国政治学研究中心编撰的《政治通鉴》项目已于2017年启动，该课题作为北京大学"双一流"基础研究工程，致力于在古今中外的政治学经典、基本政治制度、重大政治事件、重要政治人物、主要政治理论五大领域开展深入研究，并以连续出版物的形式呈现。

**（三）学术发展回顾和学科建设思考更加深入**

2018年是党的十一届三中全会召开和我国改革开放40周年，2019年是中华人民共和国成立70周年，我国政治学者以此为契机，对改革开放以来国家发展和政治建设的实践经验和伟大成就进行了系统总结和理论阐述，也对我国政治学恢复重建以来的研究进程和学术脉络进行了回顾、反思和展望，由此形成了一批关于学术研究和学科建设思考的有力成果。

我国政治学者关于学术研究和学科发展的研究成果主要包括：

第一，学科史研究取得重要进展。学科史作为学科学术传承和发展脉络的重要呈现形式，是明确学科定位、强化学科认同的基础性要素，然而长期以来限于研究材料和研究投入的不足，政治学学科史的研究工作进展缓慢。2018年，北京大学政治学者以发端和创立于京师大学堂和北京大学的近代中国政治学科为研究对象，阐明了近代中国政治学科的思想启蒙价值和历史地位，及其对近现代中国政治发展所具有的推动意义，标志着我国政治学科史研究的新突破。[①] 2020年，中山大学学者积多年研究，出版《公共行政学史》，以公共行政实践为导向梳理和阐述公共行政理论，以思想脉络为主轴，把公共行政学理论的演进分为起源、基石、初创、危机、分异、深化、反思、重组、解构等相互承继又层层递进的不同阶段，分析公共行政不同学派的前后继承关系，以议题论辩交锋为焦点，阐明不同学派、学说之间的互动。为人们把握公共行政学科和学术发展逻辑与规律提供了基础。[②]

第二，我国政治学者完成了一系列学术回顾、学科建设展望的研究成果，全景呈现了我国政治学发展的学术脉络和学术成就，为学科和学术的

---

[①] 金安平、李硕：《中国现代政治学的发端与拓展：北京大学政治学（1899—1929）》，北京大学出版社2019年版。

[②] 何艳玲：《公共行政学史》，中国人民大学出版社2020年版。

定位和进一步发展提供了建设性参照。① 同时，举办了一系列学科和学术发展回顾和思考的活动。

2018 年，我国政治学界举办了多场重要的回顾和发展专题研讨会，包括中国政治学会与中国社会科学院大学（研究生院）管理学院联合召开的"改革开放 40 年中国政治学与政治建设学术研讨会"，吸引了来自全国各高校院所的近百名专家学者参与座谈。会议全面回顾总结了改革开放以来中国特色社会主义政治建设的光辉历程、伟大成就和丰富经验，为进一步推动中国特色政治学学科体系、学术体系、话语体系建构和发展进行了广泛、深入的讨论。此外，教育部社会科学委员会政治学部与北京大学国家治理研究院联合举办的"改革开放与中国政治学的发展"学术研讨会，北京大学中国政治学研究中心与西华师范大学政治与行政学院联合举办的"中国政治学发展 40 年"全国学术研讨会，中国社会科学院政治学研究所举办的"改革开放 40 年来中国的政治发展"学术研讨会，中央党校（国家行政学院）科学社会主义教研部举办的"改革开放四十年与中国政治发展"研讨会等，都产生了广泛的学术影响。

第三，国务院学位委员会组织编写了《政治学一级学科发展报告》，对我国政治学科最新建设成果进行了系统梳理和分析，为加快构建中国特色政治学科学科体系学术体系话语体系，优化我国政治学学科体系和结构，提供了基础。

这些成果系统回顾了我国政治学学术研究和学科建设的发展历程，总结了成就和经验，检视了短板与不足，分析了新时代背景下我国政治学的使命、功能与建设重点，研判了未来发展的总体趋势和前景展望，在全面把握学科建设和发展规律的基础上，提出了推动政治学长效发展和科学发展的有益思路和重要建议。可见，通过不断深化与细化的回顾与反思，我国政治学者不仅增强学术自觉和学术共同体意识，也推进了政治学的知识

---

① 这方面的代表性成果如王浦劬《近代中国政治学科的发轫初创及其启示》；俞可平《中国政治学四十年》；桑玉成等《中国政治学 40 年议题设置与政治发展》；周光辉《新时代应以原创性研究推动中国政治学发展》；张桂琳《中国政治学走向世界一流的若干思考》《新时代条件下政治学的价值定位》；张贤明《成就、经验与展望——新中国政治学 70 年》；王炳权《改革开放后的中国政治学演进轨迹与内在逻辑》；王中原、郭苏建《中国政治学学科发展 40 年：历程、挑战与前景》《当代中国政治学 70 年发展：学科建设与学术研究》；郭苏建主编《政治学与中国政治研究》等。

积累工作，还明确了进一步努力的方向和着力点，从而有力夯实了我国政治学学术研究和学科建设的基础。

## 五　新兴交叉研究受到普遍重视

随着研究主题的复杂化和学术研究的专业化，学科分化和学科交叉成为哲学社会科学领域的突出现象，学科交叉研究和新兴研究的领域也持续扩大，新的研究主题和研究视角不断形成，为我国哲学社会科学研究提供了重要的学术增长点和探索空间。进入新时代，我国政治学交叉与新兴研究在进一步深化既有研究方向的基础上，通过搜寻新的研究主题、借鉴其他学科的研究方法和分析方式而开辟出更多的学科交叉、新兴和跨学科研究方向，产出了大量开拓性、创新性研究成果，有力推进了政治学学术研究的整体发展。

### （一）政治学内部的专业细分进一步深入发展

长期以来，政治学学科内部的专业化趋势显著增强，研究主题、研究领域更加深化、细化，形成了众多政治学自身的新兴研究议题和学科方向，为政治学学科建设和学术研究的发展创新提供了关键动力。在新时代，我国政治学新兴研究的主要成果包括：

第一，农村政治学取得新的进展。农村/乡村政治研究一直是我国政治学研究的重点领域，学者们从国家与农民关系的结构视角、农村与城市相对的空间范畴，以农村变革为主线，围绕集体化、基层政权、村民自治和乡村治理等主要议题，通过田野调查或实证分析的方法，对农村农业农民问题进行了广泛的研究，取得了丰富成果。有学者首次对农村政治学给出了明确的定义，并对新中国成立 70 年来的农村政治学的研究历程、主要议题和研究等进行了全面总结，使得农村政治学作为学科范畴的边界更为清晰。[①]

第二，民族政治学取得积极进展。新时代，学者围绕历史演进中的民族国家制度体系及其机制等相关问题，对这一领域进行了深入探索，不仅

---

[①] 参见张大维《农村政治学研究》，载房宁主编《新中国政治学研究 70 年》，中国社会科学出版社 2019 年版；贺东航《困境与挑战：农村政治学的研究方法演化与范式转换》，《政治学研究》2019 年第 4 期。

加强了对民族政治学基本理论,如国族研究和国民研究的辩证结合研究、多民族国家族际政治整合、国家认同等重大问题的研究,也对西方族群政治理论、多元文化主义做了深刻反思,并以此为参照,对中国本土的民族政治学问题,例如中华现代国家的内涵、本质和"铸牢中华民族共同体意识""坚持和完善民族区域自治制度"等社会政治问题进行了新的分析和解读。① 这方面的代表性原创研究来自于云南大学学术团队,近年来,该团队在民族政治学和边疆治理研究方面取得了丰硕成果。

第三,互联网政治学研究不断深化。随着互联网和信息技术的日新月异,网络空间逐渐成为与现实世界并重的人类活动界面,也成为我国政治学关注的重要领域。进入新时代,我国政治学以网络安全、网络的公共性、互联网国际政治为切入点,明确了互联网政治学的学科范畴和基本内涵,形成了特定的学科意识和学术自觉,并在回应不断突显的网络空间重要性的背景下,加大了对中国的网络社会治理、网络主权、网络安全、网络反腐、网络政治参与、网络国际政治学等理论和现实问题的研究力度,对网络空间的结构特点及其对国家权力、政府治理与网民政治行为与政治心理产生的影响进行了系统分析,并提出了"网络空间国家主权""网络地缘政治"等新概念。②

第四,历史政治学研究开始起步。历史政治学的兴起是近年来我国政治学研究的新颖学术现象,从一个角度反映了我国政治学主体性和本土性的提升。它表明,我国政治学者试图在源远流长的中国历史文明进程中把握中国政治发展脉络的学术努力,通过将中国的政治问题置于中华文化传统的背景下予以审视,准确理解中国政治自身的演化逻辑和结构性特征。

---

① 参见周平《民族政治学知识体系的构建、特点及取向》,《政治学研究》2019年第1期;周平《政治学中的民族议题》,《政治学研究》2020年第1期;青觉《回顾与展望:中国民族政治学研究述评》,《中央民族大学学报》(哲学社会科学版) 2016年第1期;青觉、徐欣顺《中华民族共同体意识:概念内涵、要素分析与实践逻辑》,《民族研究》2018年第6期;高永久、左宏愿《论现代国家构建中的民族政治整合》,《南开学报》(哲学社会科学版) 2018年第1期。

② 参见余丽《互联网国际政治学》,中国社会科学出版社2017年版;孙萍、赵海艳《我国网络政治生态研究:基于社会网络分析视角》,《深圳大学学报》(人文社会科学版) 2017年第4期;杨嵘均《政治体系的网络化与网络政治学的发展》,《南京大学学报》(哲学·人文科学·社会科学) 2017年第1期;杨嵘均《论网络空间国家主权存在的正当性、影响因素与治理策略》,《政治学研究》2016年第3期;刘远亮《网络政治安全内涵探析》,《中南大学学报》(社会科学版) 2016年第6期;蔡翠红《网络地缘政治:中美关系分析的新视角》,《国际政治研究》2018年第1期;张爱军《社会主要矛盾转化与网络治理转型》,《求实》2018年第2期。

同时，相关研究者还以学术自觉，提出了进一步推进和完善历史政治学发展的建设思路和对策建议。①

**（二）政治学跨学科的交叉研究取得重要进展**

政治学的跨学科交叉研究，例如政治社会学、政治心理学等一直是我国政治学重要的分支学科，也是我国政治学从其他学科借鉴理论与方法的主要途径。进入新时代，我国政治学与其他学科的交流与融合趋势进一步增强，不仅传统的交叉研究方向得到进一步深化，同时也在政治传播学、政治人类学、计算政治学等领域取得了新的进展。

第一，政治社会学获得深入发展。在新时代，经过我国政治学者和社会学者的共同努力，政治社会学研究成果持续产生。这方面的主要进展包括：在国家—社会关系研究方面，超越了传统的二元分析范式，形成了多维度、多层次的观察视角和阐释路径；在现代化转型研究方面，对古今之变和社会变迁所造成的社会政治新问题和新形势进行了全面、深入的考察，并对中国现代化过程中的增长和稳定奇迹给出了政治社会学的解答思路；在中国特色社会主义现代化发展模式的定性方面，围绕中国道路提出了众多新概念和新观点，例如明确中国发展道路的本质是政府主导性与市场基础性的有机结合；在研究范围的拓展方面，政治社会学一方面强化了对宏观主题，如国家崛起、国际政治的社会文明分析等，另一方面，强化了对微观主题的研究，如基层社会治理、地方政府行为、"控制权"视角下的政府治理模式等。②

第二，政治心理学获得长足发展。现代化是双刃剑，在带来经济增长

---

① 参见徐勇、杨海龙《历史政治学视角下的血缘道德王国——以周王朝的政治理想与悖论为例》，《云南社会科学》2019年第4期；杨光斌、释启鹏《历史政治学的功能分析》，《政治学研究》2020年第1期；杨光斌《政治学新走向：历史政治学》，《社会科学文摘》2020年第1期；姚中秋《学科视野中的历史政治学：以历史社会学、政治史、比较政治学为参照》，《政治学研究》2020年第1期；任锋《中国政治传统研究与历史政治学的可能性》，《学术月刊》2020年第5期；朱云汉《历史政治学的社会科学哲学基础》，《中国社会科学报》2020年2月26日第2版；赵鼎新《历史社会学对历史政治学的借鉴意义》，《中国社会科学报》2020年4月1日第6版。

② 参见周飞舟《政府行为与中国社会发展——社会学的研究发现及范式演变》，《中国社会科学》2019年第3期；张静《社会变革与政治社会学——中国经验为转型理论提供了什么》，《浙江社会科学》2018年第9期；周雪光、邓小南、罗祎楠《历史视野中的中国国家治理》，《中国社会科学》2019年第1期；周雪光《中国政府的治理模式：一个"控制权"理论》，《社会学研究》2012年第5期；李强《从社会学角度看现代化的中国道路》，《社会学研究》2017年第6期。

和社会发展的同时,也造成了一系列社会负面问题,层出不穷的犯罪案件、个体失范和群体性事件,对研究社会政治变迁的心理维度提出了迫切要求。在新时代,我国政治心理学在问题意识的驱动下,取得了显著的研究成效,主要包括:在研究主题和研究方法上,将田野调查、抽样问卷和实证分析等研究方法的最新成果运用于政治认同、政治信任、政治态度和政治参与等传统议题,加大了对农民维权和公民网络政治参与的政治心理分析;加强了政治心理学中国化的研究,在研究范围上侧重于对政治人格与政治行为的关系、现代犬儒主义、民族认同与国家认同、政治信任的本土机制等研究议题的探索;为中国政治实践、政治发展提供了政治心理学的观察视角和解释路径;对政治心理学的学科定位与发展思路进行了学术讨论。[1]

第三,政治传播学研究不断繁荣。新时代的政治传播学产生了丰硕的研究成果,包括:围绕构建中国特色的政治传播理论体系的发展目标,明确了政治传播范畴、政治传播框架、政治传播机制、政治宣传、政治沟通、政治营销等学科的概念体系和理论框架,充实了政治传播学的基础理论;在研究主题上,侧重于对当代中国政治传播实践的研究,体现出以理论回应现实的学术自觉;突出了在新媒体时代的特定背景之下,我国政治传播的功能、模式、效果、规制和调适路径。[2]

第四,政治人类学取得丰富成果。在新时代,政治人类学积极吸收和借鉴人类学的有益学理资源,对相关政治现象展开了深入、细致的深描与剖析,这些成果主要集中在:推进了政治人类学的范式发展,提出了以政治学科学化、人类学政治化、民族志写文化为建设目标,权力要素、田野要素、民族志要素和扎根理论要素相结合的研究内容的"新政治人类学"

---

[1] 参见刘伟、王柏秀《政治心理学的学科发展与前沿议题——"政治心理与行为"研讨会(2019)会议综述》,《政治学研究》2019年第5期;李蓉蓉、段萌琦《政治心理学的中国研究:价值、基础与议题》,《山西大学学报》(哲学社会科学版)2019年第1期;季乃礼《西方政治心理学史》,天津人民出版社2016年版;李俊《转型期农民维权的行为逻辑——基于政治心态的检审》,《政治学研究》2016年第3期;肖唐镖、赵宏月《政治信任的品质对象究竟是什么?——我国民众政治信任的内在结构分析》,《政治学研究》2019年第2期。

[2] 参见马得勇《政治传播中的框架效应——国外研究现状及其对中国的启示》,《政治学研究》2016年第4期;谢进川《新媒体语境中政治传播的实践形态与效力提升途径分析》,《现代传播》2019年第8期。

分析框架；明确了立足中国经验，构建中国特色社会主义政治人类学的学术自觉；将政治人类学的理论视角引入乡村治理领域，对宗族、差序格局等研究主题和经典命题进行了再阐释；强化了政治人类学的个案研究，获取了生动的研究素材。①

第五，计算政治学研究方兴未艾。计算政治学的发展，集中体现了当前信息技术进展对政治学学术研究的深刻影响和塑造。新时代的计算政治学的研究成果主要包括：在研究内容方面，涉及在线政治博客的发掘，人与人、组与组之间的社网分析，考察互联网与现实世界的双向影响，通过互联网改进政治实践方式的基本思路等；引入人工智能和计算科学的先进技术，构建精密、高效、科学的分析模型，对现实政治现象进行深度解释，并不断改进和提升对政治行为和政治趋势的预测能力；以计算政治学的迅速发展为契机，探索社会科学范式转化的可行性与操作思路。② 这方面的代表性学术团队是清华大学"中国政治与大数据政治学"研究团队，团队成员囊括了来自政治学、传播学和数据科学的跨学科研究人员，围绕政治吸纳、协商民主、群众路线以及大数据政治学等议题产出了大量优秀成果。

### （三）政治学跨学科的交叉研究获得丰硕成果

政治学的交叉研究还包括以政治学的理论方法研究原属于其他学科的政治现象所形成的新兴研究方向，例如法律政治学、教育政治学和环境政治学等，这些跨学科的研究方向不仅反映了现代社会政治现象弥散化的基本事实，也折射出我国政治学学术研究的增长势头。

第一，法律政治学研究不断推进。法律政治学是近年来逐步明确学科定位的交叉研究方向，在新时代，这方面的研究成果主要包括：构建起基于法律与政治有机关联的学科体系、学术体系和话语体系；着力考察社会

---

① 参见陶庆、陈津京《新政治人类学：一种跨学科的理解范式》，《学术月刊》2017年第2期；管前程、熊坤新《政治人类学视角下的乡村治理研究路径回顾》，《黑龙江民族丛刊》2016年第5期；孙旭《谁来填平沟壑？——黔东南南江河流域侗族"款组织"的"再组织"》，《中央民族大学学报》（哲学社会科学版）2017年第5期；张小军、李茜《哈尼族阿卡人的"措卡"治理制度——普洱市孟连县芒旧新寨个案研究》，《民族研究》2016年第2期。

② 参见杨阳、林鸿飞、杨亮、任巨伟《大数据时代的计算政治学研究》，《中文信息学报》2017年第3期；郦全民《当人工智能"遇见"计算社会科学》，《人民论坛·学术前沿》2019年第20期；张小劲、孟天广《论计算社会科学的缘起、发展与创新范式》，《理论探索》2017年第6期。

政治与法律机制，尤其是法治政党与依法治国之间的逻辑关联与辩证关系，探索党内法规与国家法律的有机衔接与协调的实现路径；以文献梳理的形式发掘了支持当代中国法治建设的历史文化资源；以法律政治学的视角和方法具体研究了相关案例。[1] 相关的代表性研究来自吉林大学、西南政法大学相关法政治学研究学术团队。

第二，教育政治学研究受到关注。教育政治学的主题是阐明政治与教育的相互关系，明确教育的政治功能和政治对教育的重要影响。在新时代，我国教育政治学研究围绕这一主题所取得的主要成果包括：强化了对教育与国家、教育与民主、教育与公正、教育与权利、教育与权力、教育与国际关系等学科主要议题的研究；将教育政治学分析框架运用于具体的案例中，例如对高校学生自治程度的研究等。[2]

第三，生态环境政治学研究逐步展开。随着生态问题的日益凸显，无论是国际层面还是国内层面，都出现了相应的政策反应，这为我国政治学提供了重要的研究素材。结合国际政治学界的相关成果，并依托本土经验，中国的环境政治学逐渐发展起来。进入新时代，政治学研究紧密结合生态文明建设，形成了环境政治学，这方面研究的主要进展包括：着力对环境政治理论、环境政党与运动、政府环境政策、国际环境治理与合作进行全面、细致的研究；不断尝试使用新的范式和方法，研究新的案例和样本；明确了环境政治学研究的本土意识，加强了中国特色的学术体系和话语体系建设；提出了"绿色治理"的原创性概念，并据此展开了进一步的研究。[3] 其中的代表性原创研究来自于北京大学的学术团队，该团队以北京大学马克思主义学院为依托，在相关领域产出了一批高质量的研究

---

[1] 参见曾明《法治政党建设路径探析》，《湖南师范大学社会科学学报》2018 年第 2 期；王立峰《法政治学视域下党内法规和国家法律的衔接与协调》，《吉林大学社会科学学报》2019 年第 3 期。

[2] 参见胡洪彬《改革开放 40 年来我国教育政治学研究的历程、主题与新时代展望》，《湖北社会科学》2019 年第 1 期；黄坤琦、姚小玲《"高度政治"还是"低度政治"：我国高校学生自治的教育政治学审视》，《高教探索》2017 年第 10 期。

[3] 参见郇庆治《2010 年以来的中国环境政治学研究论评》，《南京工业大学学报》（社会科学版）2018 年第 1 期；叶娟丽、韩瑞波、王亚茹《我国环境治理政策的研究路径与演变规律分析——基于 CNKI 论文的文献计量分析》，《吉首大学学报》（社会科学版）2018 年第 5 期；张楠、卢洪友《官员垂直交流与环境治理——来自中国 109 个城市市委书记（市长）的经验证据》，《公共管理学报》2016 年第 1 期；史云贵《绿色治理：概念内涵、研究现状与未来展望》，《兰州大学学报》（社会科学版）2019 年第 3 期。

论文。

## 六 方法研究和应用进一步发展

作为20世纪80年代恢复重建的哲学社会科学学科，我国政治学在研究方法的研究和运用方面长期存在短板和不足，限制了学术研究规范化、科学化水平。进入新时代，在我国政治学者的积极努力下，这一问题有了明显改善，不仅更多种类的研究方法被运用于我国政治学者的具体研究中，关于研究方法的研究和方法论反思也不断深化，显示了我国政治学追赶国际先进水平的学术努力和日益彰显的方法自觉和规范意识。

### （一）关于研究方法的研究与反思逐步深入

在新时代，对政治学研究方法的研究和反思构成了我国政治学学术成果的重要来源，在对国际学术发展的跟踪研究中，在国内外学者的交流、对话与讨论中，我国政治学者对研究方法的认知、理解和掌握程度有了明显进步。在此期间，国外社会科学研究方法的优质成果不断被翻译出版，例如在学界享有广泛影响力的重庆大学出版社"万卷方法"系列仍在持续更新，据统计，"十三五"期间共计推出14部新译著，目前该系列已累计出版141部作品，极大充实了我国政治学方法研究的知识积累。此外，格致出版社的社会科学研究方法译丛也推出了多部精品译著，其中加里·金（Gary King）、罗伯特·基欧汉（Robert O. Keohane）、悉尼·维巴（Sidney Verba）的《社会科学中的研究设计》在学界引起了关于定性研究科学化的广泛热议，有力推进了我国政治学方法论的研究与反思。同时，我国社会学、行政管理和公共管理学领域的学者也出版和修订再版了一批关于研究方法的专著与教材，为我国政治学的方法借鉴和人才培养提供了重要的发展条件。在政治学领域，一批有海外教育背景的青年学者，也在日常研究和教学活动中阐述了一些国际前沿的方法论思考。[①]

新时代我国政治学研究方法的队伍建设和人才培养机制也逐步健全和

---

① 这方面的研究成果例如复旦大学左才副教授在2017年出版了《政治学研究方法的权衡与发展》，中国农业大学的臧雷振教授先后出版了《政治学研究方法：议题前沿与发展前瞻》（2016）、《政治科学分析的艺术：方法论的分野、实验及融合》（2018）等一系列方法研究作品。

完善，为研究方法的深化和方法论进步提供了重要的发展动力。首先，众多的政治学研究单位举办了一系列的研究方法研讨班和培训班并逐步制度化，取得了良好的学术效应。例如美国杜克大学与中国人民大学、复旦大学、吉林大学、上海财经大学等多所大学合作举办的"中国公共管理与政治学研究方法暑期研讨班"，自2006年以来共举办了10届，培养的师资和研究生近3000人。中国人民大学的"全国公共管理与政策研究方法暑期研讨班"，清华大学的"大数据社会科学讲习班"，上海交通大学的"暑期社会科学方法班"等，都围绕特色主题，培养了大批专业人才。

此外，近十年来，国内各重点高校普遍加大了对海外人才的引进力度，目前我国政治学各教学与研究单位的海外博士比例均有了明显提升，北京大学、复旦大学、清华大学等超过了40%。这批青年教师的加入，带来了政治研究的新视角，提升了我国政治学的科学研究能力。在人才培养方面，我国主要的政治学教学单位普遍将政治学研究方法课程纳入各层次学生的必修环节，也根据自身的师资力量情况为学生提供了更为多样的研究方法课程选择，学生受到的方法论训练更为系统。

进入新时代，围绕政治学研究方法而展开的学术交流活动也更加活跃，各研究机构举办了一系列关于研究方法的专题研讨会，例如截至2019年清华大学已举办六届"政治科学前沿理论与方法研讨会"。

随着我国政治学者不断推进对研究方法和方法论的研究，关于研究方法的反思也同步展开。这一时期，我国政治学者对研究方法的研究主要表现为：第一，更为系统全面，对规范方法与实证方法，定性方法与定量方法以及各种具体的研究方法都进行了一定的介绍和讨论。[1] 第二，在介绍各种方法的基础上，也就具体的技术操作及其优化改进提出了发展思路。[2] 第三，更加注重以研究主题和研究对象为中心进行方法选择，从而提高方

---

[1] 参见韩冬临、释启鹏《改革开放40年中国政治学研究方法的多元发展及问题》，《天津社会科学》2019年第2期；韩冬临《田野实验：概念、方法与政治学研究》，《国外社会科学》2018年第1期；臧雷振《争论中的政治学实验方法及其发展前景》，《社会科学》2016年第11期；左才《政治学案例分析方法中的争论与共识》，《复旦政治学评论》2016年第2期。

[2] 参见沈明明、李磊《流动人口、覆盖偏差和GPS辅助的区域抽样方法》，《理论月刊》2017年第6期；严洁《政治学研究中的抽样调查：难点、问题与方法创新》，《政治学研究》2018年第3期；孟天广《从因果效应到因果机制：实验政治学的中国路径》，《探索》2017年第5期；渠敬东《迈向社会全体的个案研究》，《社会》2019年第1期。

法的适配性和研究的准确性。第四，基于中国情境对西方的方法论进行了广泛、深刻的反思，方法运用的主体意识有明显提升，不断立足中国的历史传统和经验现实发展适合自身的研究方法，① 质疑了简单的拿来主义研究倾向。

### （二）研究方法的应用趋于多样和规范

我国政治学研究方法经过长期的知识储备，近年来在方法应用方面呈现出蓬勃的发展态势。一方面，随着大量的引介、研究和反思，我国政治学研究方法种类不断增多，论证更为严密，方法本身也日益精致、成熟和科学，这为具体研究中的方法应用提供了坚实的技术保障。具体而言，目前我国政治学研究方法的具体应用，其成果主要包括四个方面：

第一，学术研究所采用的分析路径和操作性方法种类更为丰富。有学者统计，在新时代，我国政治学领域的部分重要期刊的发文中，涉及传统的规范研究方法以外的各种研究方法的论文占比不断提升，这些方法主要包括定性研究、定量研究以及混合方法三大类型，以及个案研究、比较分析法、历史分析法、OLS 类回归、二值或多值回归、小样本研究、描述性统计、面板回归分析、综合评价相关方法、实验模拟法、网络分析法、田野实验或调查、大数据分析法、文献计量法、统计检验、文本分析法、内容分析法、多层回归分析、生存分析法、非参数前沿法、过程追踪法、类型学与聚类分析、叙事分析法、话语分析法、单变量时间序列、空间计量法、均衡分析法等、Logistic 回归、结构方程模型等具体研究方法。②

第二，实证研究方法的优化促进了研究质量的提升。在学术研究中，研究主题、研究对象与研究方法存在着高度的相关性，实现三者的适配性是提升研究准确性与科学性的重要条件。长期以来，我国政治学研究过于偏重规范研究方法，实证研究方法相对滞后，定性方法不仅种类单一，使用过程还存在不规范现象，定量方法则存在掌握程度较低的问题。这种情

---

① 景跃进：《中国政治学的方法论反思——问题意识与本土关怀》，《浙江社会科学》2017 年第 7 期。

② 王炳权：《政治学研究方法的演进逻辑与趋势——基于中外政治学期刊的文献计量分析》，《华中师范大学学报》（人文社会科学版）2020 年第 3 期。

况限制了政治学者对特定研究主题,如现实政治实践,特别是对策研究的能力。在新时代,我国政治学实证研究方法的进步,极大推进了相关议题的研究,使得研究主题更为深化细化,研究过程和研究结论更为精致。例如学者们依托发展了的研究方法,对经济发展与社会稳定、廉政建设、政治参与政治民主化、国家治理、网络舆情、政治信任、央地间的政府信任、社会阶层的流动与变迁、国际秩序变迁与评估、国家认同、居民幸福感、社会政策创新与政府间扩散机制乃至学科建设等传统研究主题进行了新的研究,[1] 其中,无论是对宏大主题的驾驭,对长时段材料和大规模数据的掌控,还是对微观主题的把握,都因方法和技术进步而更为顺畅和适切。

第三,更加注重在学术研究中检验和调适研究方法的适用性,探索研究方法改进的方向。一方面研究方法的优化能够提升研究质量,另一方面也只有在具体研究的实施过程中才能检视研究方法的信度和效度,并为进一步优化和改进研究方法指明探索空间。目前,我国政治学者在这方面的学术努力主要体现为以具体案例或研究情境为背景,演示研究方法的具体

---

[1] 参见王浦劬、李锋《试析公务员对于公民政治参与的态度——基于六个地级市问卷结果的结构方程模型研究》,《政治学研究》2016年第1期;王延中、宁亚芳《民族地区的廉政建设与社会稳定——基于云南、西藏、新疆干部问卷数据的分析》,《政治学研究》2017年第3期;周健宇《村官职务犯罪的演变与治理探析——基于1993—2017年案例的研究报告》,《政治学研究》2018年第6期;郑建君《个体与区域变量对公民选举参与的影响——基于8506份中国公民有效数据的分析》,《政治学研究》2016年第5期;肖唐镖、易申波《当代我国大陆公民政治参与的变迁与类型学特点——基于2002与2011年两波全国抽样调查的分析》,《政治学研究》2016年第5期;肖唐镖、王艳军《地方干部的民主价值观:类型与结构特征——对1456个地方干部的问卷分析》,《政治学研究》2017年第2期;吴进进、何包钢《中国城市协商民主制度化的决定因素:基于36个城市的定量分析》,《政治学研究》2017年第4期;夏瑛《信访制度的双重逻辑与"非行政信访"——以A市重复集体访为例(2010—2014年)》,《政治学研究》2019年第4期。文宏《网络群体性事件中舆情导向与政府回应的逻辑互动——基于"雪乡"事件大数据的情感分析》,《政治学研究》2019年第1期;郑振清、苏毓淞、张佑宗《公众政治支持的社会来源及其变化——基于2015年"中国城乡社会治理调查"(CSGS)的实证研究》,《政治学研究》2018年第3期;罗家德、帅满、杨鲲昊《"央强地弱"政府信任格局的社会学分析——基于汶川震后三期追踪数据》,《中国社会科学》2017年第2期;李路路、王鹏《转型中国的社会态度变迁(2005—2015)》,《中国社会科学》2017年第3期;李路路、朱斌、王煜《市场转型、劳动力市场分割与工作组织流动》,《中国社会科学》2016年第9期;唐世平《国际秩序变迁与中国的选项》,《中国社会科学》2019年第3期;朱旭峰、赵慧《政府间关系视角下的社会政策扩散——以城市低保制度为例(1993—1999)》,《中国社会科学》2016年第8期;钟杨、韩舒立《当代中国政治学学科发展状况评估——基于〈政治学研究〉的文本分析》,《政治学研究》2017年第2期。

使用过程和注意事项，明确其优势和效果，查验其缺陷与不足。[①]

第四，比较政治学领域的方法创新，集中展示了我国政治学研究方法的研究进展。例如在方法论反思方面，有学者认为，比较政治中研究现代化主题的结构功能主义范式和研究民主化主题的转型研究范式值得反思。鉴于转型范式的失灵，西方提出的种种作为补救的治理理论却始终没有脱离原有范式的窠臼，它们依然是西方国家自己的内在需要而非发展中国家的实际需要，因此，比较政治学迫切需要替代性的新主题和新范式。有学者提出了将时空规制加入研究设计的具体操作方法。这样的研究不仅有助于保证研究概念与背景条件的一致性，避免由于时空情境所导致的概念同质性问题以及纷繁复杂的时空差异而导致的遗漏变量问题，也有利于减少在过大的样本中选取案例的困扰，通过动态比较增强理论的内部和外部有效性。同时，围绕如何进行"比较"的深层问题，中国学者正在形成以中国为中心的方法论，例如，有学者依据新中国前30年的发展经验对新古典经济学的经典理论提出了质疑；有学者通过对世界各类文明的比较，基于先进基础设施的密集程度和国防的强大程度两个前提，以维护公共财产及其使用秩序的程度、精算公权使用成本与收益的程度、劳动者再生产的社会化/均等化程度等三大标尺，去解释和衡量社会形态的先进与落后。[②]

## 七　对外学术交流更加深入展开

进入新时代，围绕世界一流的学科建设目标，我国政治学的对外交流呈现出积极主动向外交流、规模不断增长、范围持续扩大、效益显著提升的发展态势，学者在积极探索学术研究外向交流和推广学术成果的同时，引介和翻译出版了高质量、宽领域的政治学科的学术作品，进一步拓宽了交流渠道，发展了更为多层次、多样化的对外交流形式，有效促进了我国

---

[①] 参见王浦劬、季程远《论列举实验在敏感问题调查中的应用——以非制度化政治参与为验证》，《中国软科学》2016年第9期；王金水、胡华杰《现场实验研究在中国政治语境下的应用分析》，《国外社会科学》2017年第4期。

[②] 参见杨光斌《什么是历史政治学》，《中国政治学》2019年第2期；叶成城、黄振乾、唐世平《社会科学中的时空与案例选择》，《经济社会体制比较》2018年第3期；李怀印《历史地认识新中国前30年的经济发展战略——与"比较优势"论者商榷》，《开放时代》2019年第5期；潘维《论社会进步的标准》，《开放时代》2020年第1期。

政治学界与国际学界的接轨，更为知识传播、学术合作、信息共享、相互理解创造了有利条件。

**（一）我国政治学者的外向交流取得重要进展**

长期以来，我国政治学者致力于转变成果引介的单向度对外交流形式，不断探索外向交流的多元化渠道，扩大成果输出的规模和质量。"十三五"时期，我国政治学的外向交流取得了重要进展，政治学者、公共行政和公共管理学者在国外重要期刊发表的论文，出版的专著数量有显著增长，被引次数逐步提高，国际影响力日益扩大。

首先，在论文发表方面，以 Journal Citation Reports（JCR）的 2018 年度期刊影响因子排名为参考标准选择国外政治学（Political Science）及公共管理学（Public Administration）领域排名前 50 的期刊，通过检索 Web of Science 数据库中的相关文献信息，我们发现中国学者在 2013—2020 年间发表在这些期刊上的论文共计 245 篇。其中，2014 年至 2015 年、2016 年至 2019 年两个时期，中国学者的发文数量呈现出快速增长的趋势（见图 2-1）。

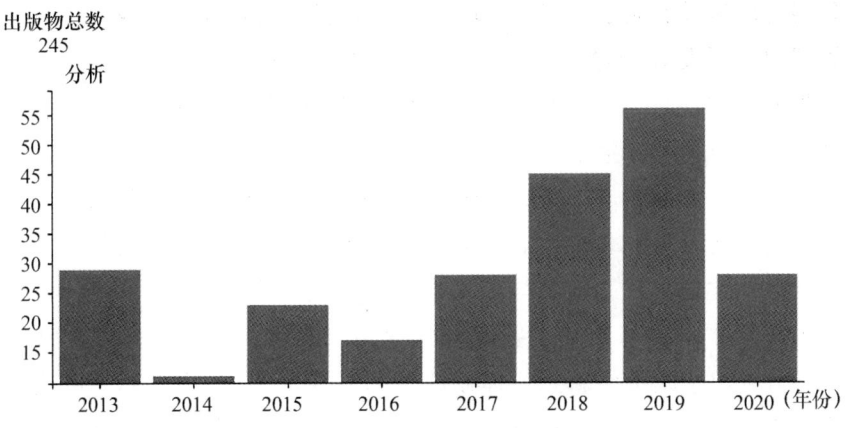

图 2-1　学者在 2013—2020 年间发表于国外政治学及公共管理学领域排名前 50 的期刊的文章数量趋势变化情况统计

同时，对文章的被引频次的统计情况表明，自 2013 年起至 2019 年末，我国学者于国外期刊发文的被引频次从 16 次增加到了 741 次，而在 2020 年初至年中，我国学者发文被引频次已达到了 452 次，总体上实现了 50

余倍的增长,且每年都实现了成倍或是近倍的增长比率,充分说明了我国学者在国际上的学术生产力和影响力有较为可观的提升,也反映出我国学者在政治学和公共管理领域的强劲发展势头(见图2-2)。

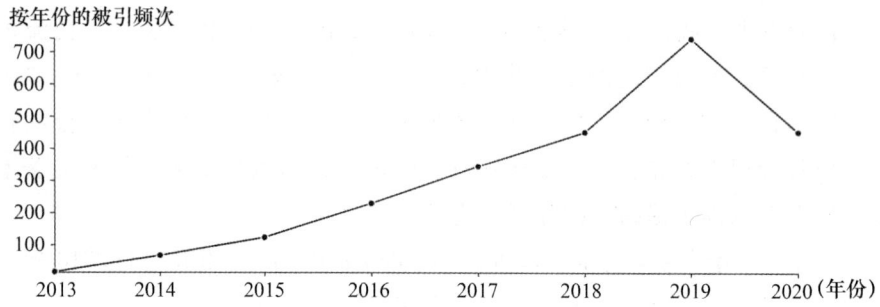

图2-2 我国学者在2013—2020年间发表于国外政治学及公共管理学领域排名前50的期刊的文章被引频次趋势变化情况统计

随着习近平总书记有关"绿水青山,就是金山银山"的生态文明思想研究的不断深化,以及相应政策筹划的不断推进与贯彻落实,我国政治学和公共管理学者加大了对相关领域的研究力度。调研表明,我国学者在公共管理领域所发表的论文中,有45篇集中于"Climate Policy"(环境政策)期刊。这种与中国实践紧密结合的研究取向有力地向世界传递出国家治理的中国声音,产生了积极的国际传播效应。

尤其令人关注的是,在新时代,我国政治学、行政管理和公共管理学者出版的外文专著。北京大学国家治理研究院、北京大学政府管理学院学者出版了《中国的社会转型与国家治理:理论、路径和政策过程》,讨论了中国政治体制改革及其主要问题的深层次逻辑,分析了改革的政策实践,并且提出了政策创新达成体制改革的路径。[①] 复旦大学高等社会科学研究院学者出版了《转型中国的治理研究》,并且发布了《全球正义指数报告》。[②] 中国人民大学出版社组织出版的"认识中国·了解中国"书系,

---

① 徐湘林:《中国的社会转型与国家治理:理论、路径和政策过程》(*Social Transformation and State Governance in China: Theory, Path, and Policy Process*, Springer Press, 2020)。

② 郭苏建:《中国大转型的政治经济学》[*The Political Economy of China's Great Transformation* (Routledge, 2016)]、《全球正义指数报告》(*Global Justice Index Report*, Springer Press, 2019/2020)。

出版了多部英文著作，向世界展示了中国成就。[①] 浙江大学学者与复旦大学学者出版了《当代中国地方治理帕尔格雷夫手册》。[②]

### （二）翻译和出版了国外政治学重要作品

为了保持对国际研究前沿和热点领域的学术跟踪，拓宽我国政治学研究的国际视野，政治学、行政学和公共管理学界筛选、翻译和再版了一批高质量的国外学术作品，部分成果还以系列译丛的形式继续予以出版。其中，比较有代表性和影响力的包括《牛津政治行为研究手册》《牛津比较政治学手册》等专著，中国人民大学出版社的《公共行政与公共管理经典译丛》，北京大学出版社的《现代政治学名著译丛》，江苏人民出版社的《汉译精品·思想人文》系列，上海三联书店、华东师范大学出版社、华夏出版社联合出版的《西方传统：经典与解释》系列，重庆大学出版社的《万卷方法》系列等。这些译著广泛涉及政治学基础理论、公共行政与公共管理、政治思想史、比较政治学、政治学研究方法等众多领域，是对西方学界最新研究进展的集中展示，对于推动知识传播，加快我国政治学研究的知识积累和学术发展起到了重要的促进作用。

### （三）对外学术交流的形式、载体更为丰富多样

在新时代，我国政治学围绕世界一流的建设目标，在不断扩大对外交流规模的同时，也进一步开辟了更为多元化的对外交流渠道。当前，我国政治学各科研单位与国际学界的常规化交流形式主要包括学者和学生出国访学、学习和参加会议；邀请国外学者来华举办讲座；与国外学术机构联合举办国际学术会议；我国政治学者在国际机构兼任职务；以编辑海外人文社会科学发展年度报告的形式追踪国际学术前沿等。

人员交流是我国政治学对外交流的主要形式，我国政治学各教学与科

---

[①] 如复旦大学张维为的《中国震撼》，先后由韩国景仁文化社（Kyungin Moonhwasa）和埃及 Sama 出版社翻译出版；武汉大学张晓通的 *China' Economic Diplomacy*：*The PRC's Growing International Influence in the 21st Century* 由英国查思出版（亚洲）有限公司（ACA Publishing Ltd.）出版；北京大学封凯栋的 *Innovation and Industrial Development in China*：*A Schumpeterian Perspective on China's Economic Transformation* 由 Routledge 出版社出版。

[②] 郁建新、郭苏建：《当代中国地方治理帕尔格雷夫手册》（*The Palgrave Handbook of Local Governance in Contemporary China*，Palgrave-Macmillan，2019）。

研单位高度重视和支持师生通过出国访问、学习和参加国际学术会议的形式，近距离接触和感知国际学术动态，以拓展学术视野，吸收和借鉴相关知识成果，从而为开展自己的学术研究提供参考和启发。据不完全统计，我国 30 所政治学一级学科学位授权单位年均资助教师出国交流约 10 人次，年均资助学生出国交流约 21 人次。同时，我国政治学的科研单位与美国哈佛大学、哥伦比亚大学、英国牛津大学、伦敦政治经济学院，法国巴黎政治大学、俄罗斯莫斯科国立大学，新加坡国立大学等国外著名高校院所建立的学术交流与合作、学生交换与联合培养等项目平台的数量也有了大幅度增长，为加强对外交流提供了重要的载体和通道。

邀请海外专家讲座报告是开展对外交流的重要方式，也为师生提供了了解国际学术热点和前沿议题的直接窗口。据不完全统计，近年来，我国高校政治学院和研究机构分别邀请到米格代尔（Joel Migdal）、弗朗西斯·福山（Francis Fukuyama）、魏昂德（Andrew Walder）、米尔斯海默（John J. Mearsheimer）、菲利普·施密特（Philippe Schmitter）等多位国际一流政治学者举办学术讲座，引发了热烈反响，有力发挥了知识传播和学术品牌推广的社会功能。

举办国际会议是我国政治学开展对外交流的重要载体，在新时代，我国政治学界通过主办和合办的方式组织了一系列高端国际会议，对于促进中外学术交流，强化学术对话，加深学术理解，传播中国声音起到了关键作用。例如，北京大学国家治理协同创新中心（Co-innovation Center for State Governance）、北京大学国家治理研究院与牛津大学、哥伦比亚大学、东京大学、成均馆大学联合主办的国家治理论坛，已经形成了制度化、系列化的发展模式，成为我国政治学的国际知名品牌论坛，为建设国际一流的政治学科提供了基础平台，扩大了中国发展和治理的经验的国际学术影响。

同时，随着我国政治学整体学术研究水平和学者个体国际影响力的提升，我国政治学者更多地担任了国际机构、学术期刊的职务。这些职务主要包括亚洲协会政策研究所、开罗美国大学全球事务与公共政策学院、国际预防危机组织、亚太安全理事会（CSPAC）的理事，《美国利益》杂志、《全球亚洲》杂志、德国外交政策月刊 *WeltTrends*（世界趋势研究）、*Academic Reviewer for African East-Asian Affairs*（南非）、*The Journal of Modern Af-*

rican Studies board，*Korean Journal of Policy Science* 的编委会和学术顾问委员会成员，新加坡东南亚研究院、美国亚洲协会美中关系研究中心、澳大利亚悉尼 China Matters 智库、德国全球公共政策研究所的客座研究员，国际行政科学学会专家委员会成员，剑桥大学海外研究中心年会中方召集人，世界华人研究学会（ISSCO）常务理事等。

# 第三章　新时代的政治学学术发展的显著特点

新时代以来，我国政治学研究坚持问题导向，认真分析中国特色社会主义发展和党治国理政所面临的重大理论和实践问题，致力于认识问题、解释问题和解决问题。这种强烈的政治意识、现实关怀和理论自觉，深刻形塑了当前学术研究的整体态势和显著特点。

总体而言，我国政治学高举中国特色社会主义伟大旗帜，以习近平新时代中国特色社会主义思想为指导，坚定了为人民服务、为社会主义服务的研究取向；坚持运用马克思主义立场、观点和方法分析重大问题，研究政治现象，不断推进马克思主义政治学理论的深入发展；进一步贯彻习近平总书记在哲学社会科学工作座谈会上的讲话精神，加快构建立足中国、借鉴国外，挖掘历史、把握当代，关怀人类、面向未来的政治学理论体系，不断彰显中国特色、中国风格和中国气派，取得了积极进展和阶段性成果；贯彻落实党的十八大和十九大及其历次全会文件精神，围绕社会主义现代化和中华民族伟大复兴的奋斗目标，在"五位一体"总体布局和"四个全面"战略布局中，加强对党领导人民治理国家的理论和策论研究，不断推进社会主义民主法治建设和政治文明建设。

随着中国特色社会主义进入新时代，我国政治学学术研究也获得了历史性发展机遇，目前，我国政治学研究基于回应实践需求和强化理论创新两大使命，呈现出如下特征。

## 一　马克思主义指导地位进一步巩固

在新时代，我国政治学学术研究坚持马克思主义指导地位，将中国特色社会主义理论体系贯穿于研究和教学的全过程，在建设中国特色、中国风格和中国气派的学科体系、学术体系和话语体系方面取得了丰富的成果，不仅培养了一批具备马克思主义政治学理论素养的优秀人才，也结合新的实践，不断推动马克思主义政治学的理论创新和学理运用。

在新时代，我国政治学学术研究中的马克思主义指导地位得到进一步巩固，其最为强烈和鲜明的体现是，习近平新时代中国特色社会主义思想作为我国政治学学术研究的指导思想，使得我国政治学学术研究在坚持马克思主义指导地位的过程中，在继承和深化马克思主义政治学理论研究的同时，把马克思主义基本立场、观点和方法与新时代中国特色社会主义政治实践紧密结合起来，从而在学术研究中巩固和发展了新时代中国化的马克思主义。

第一，我国政治学界深入学习贯彻习近平总书记在哲学社会科学工作座谈会上的讲话精神，以实施马克思主义理论研究与建设工程为契机，大力加强马克思主义教材体系建设，通过学者、高校和出版社的协同合作，编写、推广和使用的有效连接，为我国政治学教育工作提供了立场鲜明、理论深厚、视角前沿、门类齐全的教材体系，有力保障了世界一流学科的建设和发展需求，良好服务了社会主义教育现代化、建设教育强国的重大部署。

第二，我国政治学高度重视对马克思主义政治学基础理论的深入研究，在准确阐释马克思主义政治学基本原理及其立场、观点和方法的基础上，一方面灵活运用历史分析法、经济分析法和阶级分析法研究国家建设与发展中的政治现象和实践命题，形成了各具特色的研究专题；另一方面系统梳理马克思主义政治学理论的发展脉络，重点对经典马克思主义政治学理论、马克思主义中国化政治学理论和西方马克思主义政治学理论进行全面研究，并在历时比较和中西对勘中深化对马克思主义政治学理论内涵的认识。这一系列的研究进路丰富和充实了马克思主义政治学的理论体系。

第三，马克思主义政治学不仅是一套科学的理论体系，也是指导我国政治学总体发展的根本方法论。我国政治学者自觉运用发展着的马克思主义政治学基本立场、观点和方法，研究政治思想、政治制度、公共行政、国家治理等政治学各分支领域中的重要议题和前沿问题，深刻理解了知识现象和实践现象的内在机理和辩证关系，推动这些领域取得了重要研究进展和丰硕成果，从而进一步巩固了马克思主义政治学在我国政治学研究中的指导地位。

第四，新时代的中国正经历着最为广泛而深刻的社会变革，进行着人类历史上最为宏大而独特的实践创新，习近平新时代中国特色社会主义思想作为马克思主义中国化最新成果，有力回答了新时代坚持和发展什么样的中国特色社会主义、怎样坚持和发展中国特色社会主义的重大时代课题。这一重大理论创新，成为我国马克思主义政治学理论研究的新议题和增长点，由此产出的学术成果深刻体现和促进了我国政治学研究的民族性、原创性和时代性。

## 二 政治学学术发展的根本方向明确

坚持马克思主义的指导地位，是我国政治学区别于其他政治学的根本标志，是近代以来的政治发展历程、人民民主的国家属性和当代中国政治实践共同赋予的规定性和必然性。在新时代，我国政治学高举中国特色社会主义伟大旗帜，明确了为人民服务、为社会主义服务的根本方向和正确取向，为推进马克思主义政治学研究的中国化、时代化和大众化做出了重要贡献。

随着中国特色社会主义事业进入新时代，我国政治学者深入贯彻党的十八大和十九大及其历次中央全会精神，不断加强对中国特色社会主义理论体系，尤其是习近平新时代中国特色社会主义思想的学习和研究，并结合中国特色社会主义政治建设和发展实践，为推进马克思主义政治学学术研究奠定了政治基础。明确政治学学术发展的根本方向，其关键在于进行科学的理论选择，坚持正确的价值立场，构造优良的制度依托，我国政治学者坚持运用马克思主义的基本方法，在深刻理解中国特色社会主义政治发展历程、运行机理、现实基础、价值底蕴的基础上，辨明了中国特色社会主义政治学的本质规定；在深入研究中国特色社会主义政治的重要现象和焦点问题的基础上，阐明了中国特色社会主义政治学的学术使命和核心宗旨；在对不同政治学说、制度安排的历史渊源、民情基础和功能指向的比较分析中，呈现出中国特色社会主义政治的必要性和必然性，以及由此确定的政治学根本属性和内涵,从而明确了我国政治学将在中国特色社会主义理论体系的指引下,以构建21世纪的马克思主义政治学为学理目标,以推进中国特色社会主义政治文明和制度发展为现实关怀的根本任务和发展方向。

明确政治学学术发展的根本方向,决定了我国政治学学术发展的根本路径在于坚持马克思主义的根本立场,回答好"为谁著书、为谁立说,是为少数人服务还是为绝大多数人服务"的问题。在人民民主的社会主义中国,一切工作的出发点和落脚点都在于实现好、维护好、发展好最广大人民根本利益。我国政治学作为中国特色哲学社会科学的重要部分,始终坚持以人民为中心的研究导向,树立为人民做学问的理想,自觉将学术研究与党执政兴国的政治需求结合起来,与人民群众对美好生活的追求结合起来,不断为发展中国特色社会主义政治提供智识成果和理论支持。同时,在学术发展过程中,我国政治学高度重视保持和维护自身的马克思主义政治学的本质和品格,明确划清与各类反马克思主义和非马克思主义政治学说的界线,进一步突出了我国政治学研究的政治站位和坚定立场。

同时,坚持政治学研究的根本方向,还要注意正确区分学术问题和政治问题,我国政治学坚决反对把一般的学术问题当成政治问题的极端主义倾向,也反对把政治问题当作一般的学术问题的虚无主义倾向,在学术研究中始终以学术伦理、宪法法律为准绳,保持严谨的治学态度和严格的学术自律,产出高质量的理论和策论作品,以服务新时代中国特色社会主义事业和中华民族的伟大复兴为己任。

## 三 政治学学术研究的重要使命清晰

从党的十一届三中全会到党的十九大,中国特色社会主义理论体系先后回答了什么是社会主义,怎样建设社会主义;建设什么样的党,怎样建设党;实现什么样的发展,怎样实现这样的发展;新时代坚持和发展什么样的中国特色社会主义、怎样坚持和发展中国特色社会主义的系列命题。在新时代,我国政治学结合中国特色社会主义政治发展的新形势和新实践,明确了政治学学术研究的核心使命是准确阐述新时代中国特色社会主义政治建设的重要内容和具体内涵,是有效解答中国特色社会主义政治建设中的重大现实问题,是以发展着的政治学理论助推中国特色社会主义政治发展。

新时代的我国政治学立足使命承载,深化和拓展研究议题,细化研究任务,致力于通过学理辨析、理论交锋和思想政治教育,应对新形势下多元思想观念和价值取向对主流价值体系的冲击和挑战,以巩固和强化马克思主义在意识形态领域的指导地位,为铸造人民的政治信仰,发展社会主义先进政治文化提供学术和话语支持;致力于通过创新理论、创新理念和创新思维,应对新常态下的复杂国内国际局势,为优化发展结构,提升发展效益,坚持社会主义共同富裕的根本原则和价值取向提供学理指导;致力于通过理论联系实际,加强校地合作和成果转化,在改革进入攻坚期和深水区、各种深层次矛盾和问题不断呈现、各类风险和挑战不断增多的复杂背景下,为推进国家治理体系和治理能力现代化,提高决策水平,完善决策程序,强化执行能力,实现治理效能建言献策,提供方案;致力于在全面从严治党的新阶段,加强党建理论研究和实践经验总结,为提升党拒腐防变、抵御风险能力,维护和巩固党在中国特色社会主义事业中的领导核心地位提供策论思路;致力于在坚持和扩大对外开放的背景下,通过加强国际学术交流、合作与对话,传递中国声音,强化中国话语,并结合建设人类命运共同体,推进"一带一路"建设等重大理论构想,提炼中国特色的政治学概念体系和命题体系,为构建政治学的中国学派奠定学理基础。

我国政治学学术研究使命的进一步清晰,不仅为学科发展提供了发展思路、研究指南、重要任务和价值依归,也在微观层面上为政治学选择和确定重点和热点领域、重点和热点议题以及具体研究内容提供了基本依据和参照。

## 四 治国理政研究成为重要学术领域

在新时代,中央统筹推进"五位一体"总体布局和协调推进"四个全面"战略布局,党和国家的各项事业取得了显著成就,开创了新的局面。这一实践进程在本质上是党领导人民对国家的有效治理,它集中体现了党治国理政的制度优势和治理效能。我国政治学作为治国安邦之学,始终以经世致用为理论关怀和学术理想,因此,对中国政治实践和国家治理经验展开了系统、深入、细致的剖析和考察,从而一方面总结和归纳国家治理的中国模式、中国道路和中国方案并形成相关的原创理论,为构建中国特色的政治学理论体系提供知识基础和学理养分,另一方面则试图在张扬有益经验,诊断发展梗阻的基础上,为党执政所面临的重大而紧迫的问题建言献策,为全面深化改革,推进国家治理体系和治理能力现代化,推进社会主义民主法治建设做出了重要理论贡献。

在这种强烈的问题意识和时代感知力的驱动下,新时代的我国政治学呈现出学术研究的实践取向,即在继续深化基础理论研究的同时,更多地从实践经验中探寻新的学术增长点,在研究目的上,从纯粹的知识生产开始转向实践应用;在研究对象上,从较多的对理论本身的思辨研究转为更多的对现实议题的策论研究;在研究旨趣上,从主要发挥理论研究的学术批判功能转为主要服务于国家和社会发展的建设性功能;在成果形式上,从主要是学术论文、学术专著转向学术成果与资政报告的有机结合。

理论和策论的双重研究任务使得治国理政的现实问题构成了我国新时代政治学研究的热门议题。本书使用 Cite Space 软件,对国内外政治学学科范畴内的代表性学术期刊进行的计量分析结果,生动呈现了这一研究现状。

在国内期刊方面,对 CSSCI 数据库政治学学科中 2013—2019 年的关键词聚类和研究热点的关联性分析表明,出现频次最高的前 10 个关键词分别为:中国特色社会主义(956 次)、中国共产党(860 次)、习近平(632 次)、新时代(510 次)、马克思主义(449 次)、改革开放(422 次)、党的建设(358 次)、社会主义(351 次)、中美关系(337 次)、中国梦(333 次),并形成了以这些关键词为中心的众多研究主题(见图 3-1)。

在国际期刊方面,对我国学者在 2013—2020 年间发表于国外政治学及公共管理学领域的论文研究主题进行的检索和统计表明,热度最高的研究关键词包括中国(China)、绩效(Performance)、治理(Governance)、管理(Management)、制度(Institution)、改革(Reform)、经济(Economy)、威权主义(Authoritarianism),以及市场(Market)、地缘政治(Geopolitics)和公共服务(Public Service)等(见图 3-2)。在进一步将核心词语限定为"中国"（China）的情况下，与之相关的高频关键词包括政治经济学（Political Economy）、治理、管理、政策、国家、绩效、合作、融合、贸易、环境等（见图3-3）。

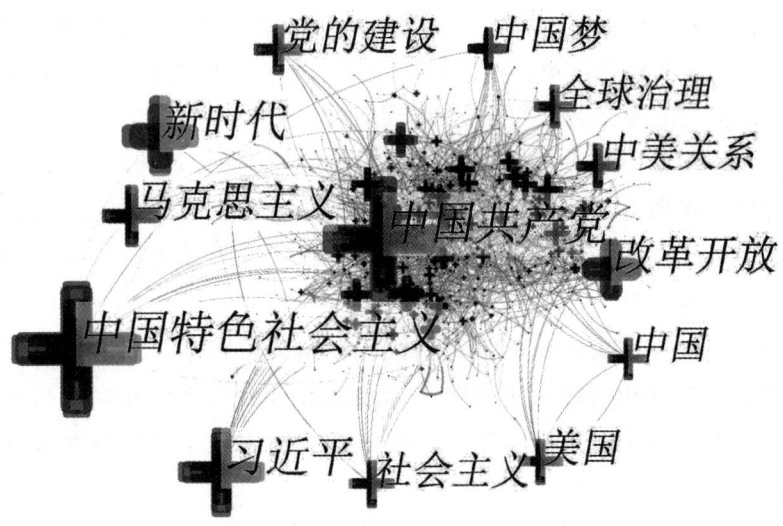

图3-1　CSSCI数据库2013—2019年政治学学科的关键词聚类图谱

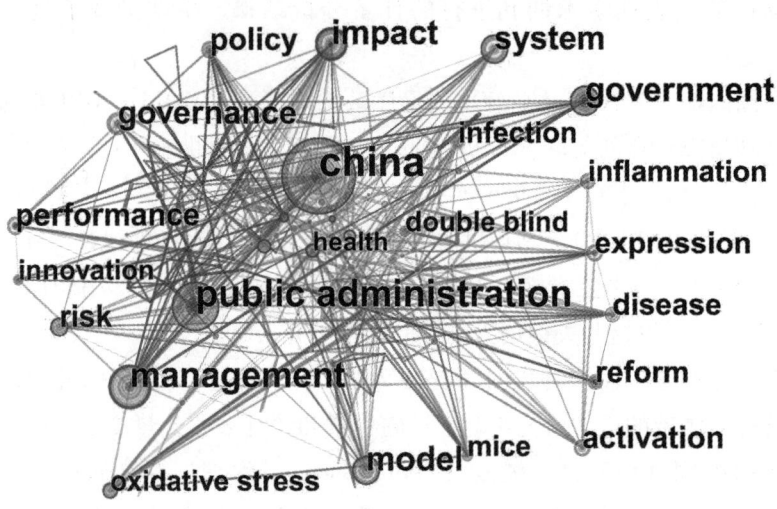

图3-2　2013—2020年间中国学者在国外政治学领域排名前50的期刊上所发文章的关键词热点共现图

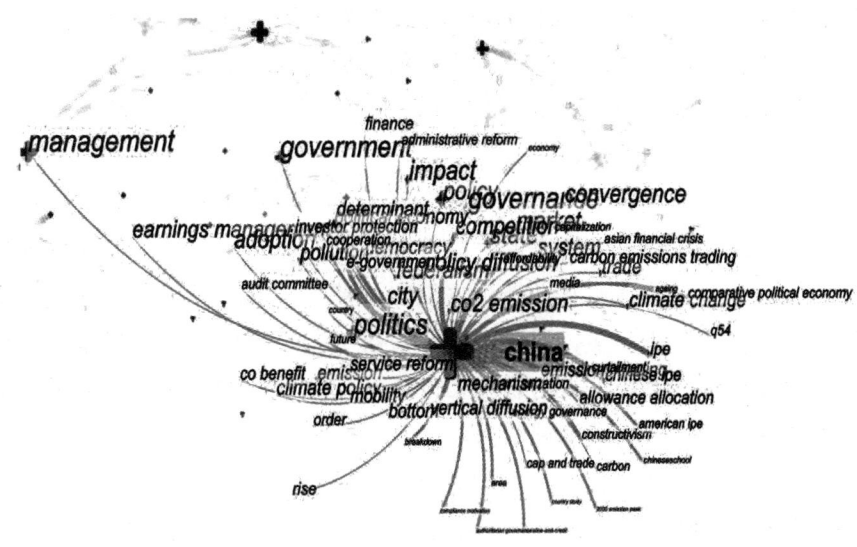

图 3-3　2013—2020 年中国学者于国外排名前 50 期刊发表的
关于"China"的关键词相关性图

可见，在新时代，我国政治学者的学术研究具有高度的问题敏感性和实践指向性，多样化的成果既是学者个体对政治实践的系统性思考，彼此之间也构成了围绕当代中国治理的重大问题而展开的理论对话。在内容上则以党领导人民治理国家为逻辑主线，涵盖了社会主义政权体系建设和治理体系建设两大关键维度，涉及指导思想、领导核心、制度体系、实现路径、方式方法、政策体系等各个环节，系统呈现了新时代中国特色社会主义政治实践的生动场景和宏伟蓝图。

## 五　学术研究方法逐步趋向科学规范

研究方法是政治学学术研究内容的重要构成，良好适配的方法运用也是学术研究得以科学推进，学术成果精确有效的前提和保证。我国政治学学科恢复重建 40 年来，不断通过知识累积、理论创新、成果引介等方式，以立足中国、借鉴国外为发展原则，实现了各分支领域、研究方向的整体性进步。长期以来，研究方法一直是我国政治学研究的薄弱环节，在一定程度上制约了学术研究的发展步伐，因此，研究方法始终受到学界的普遍关注和重视。"十三五"时期，我国政治学关于研究方法的研究和运用取得了显著成就，不仅推动了学科方法论的发展，获得了更为完备、系统的分析工具，也形成了清晰的方法论自觉，提高了方法运用的科学性和规范性。

第一，我国政治学研究坚持以马克思主义为根本指导，不断运用历史唯物主义、辩证唯物主义研究方法分析发展着的政治实践，不仅为准确理解、阐明政治现象，把握共产党执政规律、社会主义建设规律、人类社会发展规律提供了分析框架，加强了战略思维、创新思维、辩证思维、法治思维、底线思维和系统思维的研究，也使马克思主义方法在不断的灵活运用中经受实践检验，获得发展活力。

第二，我国政治学通过长期的知识积累、学术探索和方法引介，逐渐掌握和熟悉了实证研究和规范研究，定量分析和定性分析等政治学主要研究方法，不仅根据具体研究情境和对象属性，综合使用多种研究方法，同时，围绕研究方法本身的学术研究也日益增多。具体而言，随着学科融合的深化，政治学广泛吸收和借鉴人类学、社会学、经济学等学科的研究方法，在定性研究层面广泛使用档案文献、参与观察、精英访谈和口述史方法；在定量研究层面借鉴计算机、统计学领域的研究进展，尝试利用新技术优化统计方法、实验设计、调查方法、数学建模及博弈论，并在其最新发展的基础上推进政治学的量化研究水平。混合方法论的兴起更是标志着传统方法界限与区隔的消失，为我国政治学方法研究开辟了新的空间和发展思路。

第三，我国政治学对研究方法的运用本身也趋于科学规范，方法论自觉逐步形成。这表现在：对研究方法的使用从依靠经验直觉，转变为依托详细的研究设计；从笼统的方法表达，转变为对研究方法的具体说明；从研究方法与研究内容的浅层贴合，转化为二者的深度融合。在新时代，政治学研究方法普遍被纳入教学的核心环节，这不仅表明了我国政治学对研究方法的高度重视，也表明我国政治学学科的科学化水平将经由系统的方法论训练而得到进一步提升。

第四，我国政治学研究方法的快速发展，也引发了学者的方法论反思，它不仅体现为学者们围绕特定研究方法及其适用性的对话与辩论，也体现为学者们基于中国本土经验对西方研究方法的批判性反思。面对中国政治建设与发展问题，我国政治学者逐渐意识到在唯物辩证法指导下，基于中国政治历史和政治实践发展独创性方法论的重要意义,这不仅是提升研究方法与中国场景适配性的必然要求,也是构建政治学的中国学派的重要内容。

## 六 研究领域呈现分化与融合的统一

随着社会的发展,无论是自然科学领域还是社会科学领域,其研究对象都呈现出高度的复杂性、交叉性特征,为了有效应对学术研究的新挑战,保证研究的信度与效度,各学科普遍出现了分化与融合这两种发展趋势,从而深刻重塑了领域边界、研究方法和研究思路。在新时代,我国政治学的学术演化正是这两种趋势的深化和强化,它一方面带来了学术研究的专业化和专门化,另一方面也推动了政治学研究视域的不断扩展,研究方法的相互借鉴,促生了更多的学科生长点。

政治学研究领域的分化事实上是当代中国的结构分化现象在学术层面的投射。作为转型社会的当代中国,具有流变性、复杂性、碎片化等复合特征,这使得传统的较为宏观的学科分类形式,如政治学理论、政治哲学、政治制度、行政管理、国际政治等学科领域需要进一步适应现实政治和学术研究的发展。为了准确把握分化着的研究对象,提高理论的覆盖面,我国政治学结合国情现实和学科发展规律,不断在原有分类的基础上分化出新的研究方向,例如国家治理、社会治理、政府治理和政府创新、智能化与技术伦理、乡村治理、城市治理、网络治理、贫困治理、社会治安综合治理、反腐败和纪检监察、全球治理以及大数据治理和量化分析技术等。这些细化研究领域的开辟,不仅满足了我国政治学追踪发展着的中国特色社会主义政治实践的研究需求,也使得政治学学术研究的视角、理论和方法更加专业、精细,还使得研究成果在内容和形式上更为丰富、齐全,实现了发展着的学术与发展着的实践的双向强化。

政治学研究领域的融合同样是对变化着的研究对象的学理回应。社会的流动性和复杂性模糊了传统学科领域之间的界线,也超出了单一学科、单一方向的研究范畴和研究能力。在这种学术发展背景下,我国政治学不断探索从"以学科为中心"到"以问题为中心"的研究转向,围绕中国特色社会主义政治建设的重大理论和实践问题而拟定研究课题、组织研究力量、整合研究资源、综合研究方法，实际上消解了传统学科方向之间的专业壁垒，实现了学科方向之间的深度交叉与融合。

首先，现代社会的典型特征是各领域之间的渗透与混合，作为政治学主要研究对象的国家权力更是具有跨领域的弥散性，从而决定了政治学研究的"问题"存在于社会生活的方方面面。对于我国政治学而言，这种不同领域之间的融合实际上与政治学的领域拓展是一体两面，它表现为政治学研究对象的范围扩张，对其他学科理论资源和研究方法的吸收与借鉴等，所形成的相对于传统研究方向之外的新兴领域，例如近年来，我国政治学者逐步重视城市与农村之外的第三区域，即我国开发区、新城、新区、功能区的治理问题；① 非公企业党建、"两新"组织党建政策的深入推进则使得党建研究与企业治理和社会组织管理等问题发生了学术关联；政治学对数字政府、电子政务和技术治理的研究则涉及信息技术、人工智能、区块链以及伦理困境等问题，从而勾连起政治学、信息技术、社会学和伦理学等学术领域；随着生态环境问题在国家社会经济发展中的影响日益突出，围绕这一问题而展开的政治分析构成了生态政治学的主要内容。

其次，政治学与其他学科也通过理论资源、研究方法的交流与借鉴而形成了众多交叉学科，这些交叉研究本身就是政治学与其他领域、学科高度融合的直接产物。例如政治学通过引入经济学相关范式而形成了理性政治研究、政府经济学研究等；政治学与社会学、经济学、心理学、民族学、军事学的融合分别形成了政治社会学、政治经济学、政治心理学、民族政治学和军事政治学等。近年来，部分政治学者通过强调中国政治发展的历史维度，借鉴历史制度主义等学理资源而尝试开拓历史政治学研究领域，为政治学发展提供了知识增长点。

对 CSSCI 数据库政治学学科中 2013—2019 年的被引作者的聚类分析验证了这一现状判断。研究结果表明，被引频次居于前列的作者和机构主要为：习近平（95 次）、中共中央文献研究室（83 次）、亨廷顿（83 次）、费孝通（78 次）、马克思（78 次）、胡锦涛（77 次）、安东尼·吉登斯（75 次）、亚里士多德（73 次）、卢梭（71 次）等。（见图 3-4）。

---

① 参见陈国权、毛益民《第三区域政企统合治理与集权化现象研究》，《政治学研究》2015 年第 2 期；吴金群《网络抑或统合：开发区管委会体制下的府际关系研究》，《政治学研究》2019 年第 5 期。

第三章 新时代的政治学学术发展的显著特点　　89

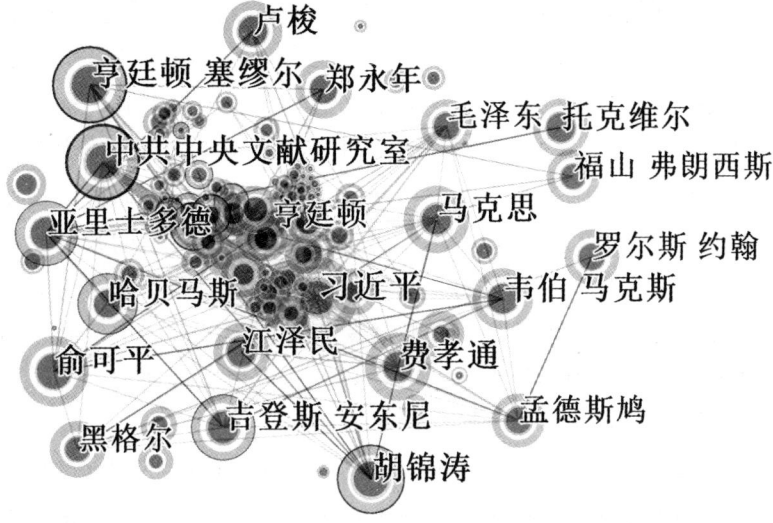

图3-4　CSSCI数据库2013—2019年政治学学科的被引作者聚类图谱

## 七　研究逐渐形成各具特色的生长点

经过40年的不懈发展，我国政治学已经形成了富有创造力、凝聚力和发展活力的学术共同体。在几代政治学人的共同努力下，政治学研究不仅通过持续性的知识生产和知识积累而取得了"量"的进展，也经由各教学和科研单位的团队合作而形成了多元化、特色性的研究集群和多中心的政治学研究格局，从而获得了"质"的优化。这种学术研究的结构性特点使我国政治学实现了各美其美、有机联动的辩证优势，一方面各研究团体、研究单位经过长期沉淀，形成了自身的研究专长和特色领域，共同组成了政治学研究的完整谱系；另一方面，各单位有机协调，加强沟通交流的平台建设，拓宽联系渠道，共同开展重大复合型、交叉型项目的联合学术攻坚，不仅促进了各自的学术进步，也发挥了学术研究的联动优势。

在研究特色方面，政治学各研究单位的主攻方向和优势研究包括：中共中央编译局的马克思主义政治学研究，中国社会科学院政治学研究所的中国政治制度研究，北京大学的政治学理论、国家治理研究、比较政治分析、政府绩效管理研究、地方政府创新研究、中国政治发展的实证研究等，中山大学的行政管理学理论、公共预算研究和区域公共管理研究，吉林大学的国家理论和法政治学研究，复旦大学的政治学理论、中国政治、中国共产党和中国政党政治研究，中国人民大学的制度理论和方法、比较政治、历史政治与政治历史研究，清华大学的政治学方法论（量化分析）、大数据与计算政治学、中国政府与政治研究、比较政治研究，南开大学的政府理论研究，华中师范大学的农村政治、中国基层民主研究，南京大学的当代中国政治制度、政治学方法论研究，天津师范大学的政治文化和政治哲学研究，中国政法大学的西方政治思想史、中国政治思想史和全球治理研究，厦门大学的国家学说、公共政策研究、我国台湾地区政治研究和东南亚政治研究，华中科技大学的电子政务和模拟决策研究，云南大学的民族政治学研究，郑州大学的国际网络政治研究，浙江师范大学的非洲研究，深圳大学当代中国政治研究所的中国政治体制改革与乡镇民主研究，兰州大学地方政府绩效评估中心的绩效评估研究，暨南大学的侨务政治和政策研究等。

在新时代，我国政治学基本形成了基础研究、特色研究和热门研究合理布局的学术研究结构，其中基础研究是学科总体科研实力的底蕴所在，也是学术研究长效发展的根本保证；特色研究是各研究单位科研优势和竞争力的集中体现，是学术研究进一步发展的直接动力和成果产出的主要来源；热门研究则不仅反映着政治学者个人、研究团体在对时代变化和政治实践的感知中形成的问题意识，也是政治学经世致用，以学术创作和成果转化为路径服务国家发展、人民需要的重要方式。在这三种研究取向的综合作用下，我国政治学目前形成了百花齐放、百家争鸣的学术研究整体态势，丰富多样的知识供给结构更好地满足了人民群众对思想和文化生活的需求。

## 八 开展学术交流成为重要发展途径

学术研究作为一种特定的知识生产工作，只有在广泛的思想交流和深度的理论对话中才能获得充沛的发展活力。在新时代，我国政治学一方面大力开展学界内部的交流与合作，推动学术共同体建设；另一方面坚持"开门搞研究"的基本原则，积极与国际学界开展多层次、多渠道、多形式的学术交流活动，不仅大量吸收了其他国家，尤其是发达国家政治学的前沿理论、经典理论和先进方法,也以此为平台,向国际学界传播中国特色的政治学研究成果,有效提升了中国政治学学术研究的国际影响力。目前,我国政治学学术交流的主要特征包括:

第一,内部的交流和合作机制更为健全,学术共同体建设初见成效。我国政治学通过举办学术研讨会、学科建设会,搭建科研协同平台等以加强各研究单位和学者之间的交流与合作,为提升共同体凝聚力,形成学术发展合力奠定了基础。长期以来,我国政治学各单位依托优势研究,确立了各具特色的发展方向,彼此之间形成有机互补格局,丰富了我国政治学研究的谱系,但是这种研究特点和力量分布也使得各单位之间缺少紧密的联系,一定程度上存在各自为战的缺陷。随着学科共同体意识的不断强化,我国政治学者和研究单位日益重视学术交流与合作,一方面在学术讨论和对话中激发灵感、修正视角、优化思路,另一方面也根据研究领域融合,交叉研究兴起的科研需求,在交流中不断整合学术资源、研究力量,实现协同攻坚。

第二,对外交流的形式和渠道更为多元、扩展。在新时代,在国家政策支持下,我国政治学加大了对外交流的范围和力度,人员交流、国际会议、科研合作、成果引介等学术交流活动的规模和频次都有了显著提升。在人员交流层面,近年来我国政治学科大力资助教师、科研工作者和学生参加国际学术会议,进行国际访学、求学等,对于提升我国政治学人的国际视野、强化多元学术训练发挥了重要作用。同时,也邀请了大批国际知名政治学者来华讲学和访学,发挥了重要的知识引介作用。各科研单位举办国际学术会议的频次、规格也不断提升,国际影响力日益提升。

第三,对外交流的目标和宗旨更为全面、均衡。长期以来,我国政治学研究相比于国际学界存在明显差距,这也使得我国政治学在一定阶段内扮演着追赶者和学习者的角色,对外交流的主要目标是追踪学术前沿,翻译和引介西方学人的最新研究成果,借鉴和吸收先进的研究方法,以提升我国政治学学术研究的整体水平。近年来,我国政治学研究已经取得了重要进展,不仅有效弥合了基础理论研究的不足和短板,也立足独特的中国政治实践,构建起具有中国特色、中国风格和中国气派的政治学理论,中国治理的成就和奇迹令世人瞩目,由此而衍生的当代中国治理研究成为国内国际普遍关注的"显学",从而使我国政治学在这一特定研究领域内获得了相对西方的比较优势。因此，高度的理论自信和学术自觉推动我国政治学的对外交流逐渐从单向度的引入转为吸收与推广并重的均衡发展态势。在此过程中，我国政治学探索创新，初步构建起标识性的概念体系和话语体系，并通过相应的话语转述，使其为国际社会所理解和接受，从而为传播政治学研究的中国声音破除话语隔阂和沟通障碍。

# 第四章　新时代的政治学学术研究进一步发展的着力点

整体来看，进入新时代，我国政治学围绕中国特色、世界一流的建设和发展目标，取得了丰硕的学术研究和理论创新成果，有力践行了回应时代呼唤，为党和人民述学立论、建言献策的核心使命。但是，我国政治学在总体向好的同时，也存在一些理论基础、研究议题、研究视野和研究方法上的短板与不足，这不仅制约了政治学迈向世界一流的学科发展步伐，也制约了政治学服务现实的功能履行。据此而言，我国政治学要进一步实现跨越式发展，构建中国特色、中国风格、中国气派的世界一流学科，回答和解决当代中国特色社会主义政治建设的重大理论和实践问题，其主要的着力点在于以下几点。

## 一　深化马克思主义政治学理论研究

马克思主义是我国政治学学术研究的根本指导思想。习近平新时代中国特色社会主义思想是"对马克思列宁主义、毛泽东思想、邓小平理论、'三个代表'重要思想、科学发展观的继承和发展，是马克思主义中国化最新成果，是中国特色社会主义理论体系的重要组成部分"。[1]

在新时代，坚持和贯彻习近平新时代中国特色社会主义思想，就是坚持和巩固新的历史条件下的中国化的马克思主义。这就要求我国政治学要着力强化和深化马克思列宁主义、毛泽东思想、邓小平理论、"三个代表"

---

[1] 习近平：《决胜全面建成小康社会　夺取新时代中国特色社会主义伟大胜利——在中国共产党第十九次全国代表大会上的报告》，《人民日报》2017年10月28日第1版。

重要思想、科学发展观和习近平新时代中国特色社会主义思想在我国政治学研究中的核心地位和引领作用,要将指导思想的基本原理、立场和方法贯穿于学术研究的各领域、各方面、各环节、各课题。

在新时代,我国马克思主义政治学的学术研究保持了强劲的发展势头,取得了显著的发展成就,为我国政治学其他分支领域的学术研究提供了科学的方向指引和坚实的理论基础。同时,也要看到,随着经济社会的发展,我国政治学面对的研究对象、研究背景都出现了大量的新变化和新情况,需要深入学习和贯彻习近平中国特色社会主义思想,需要推动马克思主义政治学与时俱进,加快马克思主义政治学的中国化、时代化、大众化,以更好地发挥理论引领作用。这方面的着力点主要有:

第一,深入学习和贯彻习近平新时代中国特色社会主义思想,并且以此为指导,展开习近平关于社会政治现象及其发展规律、中国特色社会主义政治发展道路、政治制度、政治文化、政治价值、治国理政、国际政治与外交战略等方面的重要论述,并且将其精神实质贯彻到政治学学术研究和创新发展中去。在习近平新时代中国特色社会主义思想指导下,加快构建中国特色政治学学科体系、学术体系和话语体系。同时,把学习和贯彻习近平新时代中国特色社会主义思想"同学习马克思主义基本原理贯通起来,同学习党史、新中国史、改革开放史、社会主义发展史结合起来,同新时代我们进行伟大斗争、建设伟大工程、推进伟大事业、实现伟大梦想的丰富实践联系起来,在学懂弄通做实上下苦功夫,在解放思想中统一思想,在深化认识中提高认识,切实增强贯彻落实的思想自觉和行动自觉"。[①]

第二,坚持辩证唯物主义和历史唯物主义,深入把握共产党执政规律、社会主义社会建设规律和人类社会发展规律,在马克思列宁主义、毛泽东思想、邓小平理论、"三个代表"重要思想、科学发展观和习近平新时代中国特色社会主义思想指导下,坚持中国特色社会主义现代化发展的立场和方向,在推进历史进步和文明发展的意义上,不忘本来、吸收外来、面向未来,积极展开政治学学术的科学研究,推进政治学理论发展。

---

① 习近平:《在"不忘初心、牢记使命"主题教育总结大会上的讲话》,《求是》2020年第6期。

第三，坚持原理导向，推动马克思主义政治学经典理论研究的深化与拓展。马克思主义政治学理论是马克思主义基本原理和方法运用于政治分析所形成的丰富理论体系，阶级分析、国家学说、政党理论、政治发展理论等，是马克思主义政治学理论的核心构成，也是以马克思主义政治学分析现实政治实践和政治问题的直接理论资源。因此，推动马克思主义的发展创新，首先需要深化马克思主义政治学经典理论研究，要牢牢把握马克思主义的原理和精髓，切实掌握马克思主义基本立场、观点和方法，在深入研究和掌握经典作品的基础上，围绕发展着的实践进行理论创新。

第四，立足中国实践，以人民为中心，推进马克思主义政治学的发展研究。马克思主义具有与时俱进的理论品质，是随着时代、实践、科学和人民需求发展而不断发展的开放的理论体系。[①] 中国特色社会主义实践是世界社会主义运动的成功典范，是中国共产党领导下亿万人民从事现代化建设、改革和发展的伟大实践。我国政治学的理论研究，必然以推进我国政治实践的发展为根本关怀，这使得立足中国实际，以人民为中心，推进马克思主义政治学研究，是我国政治学者的核心取向和价值依归。因此，必须从新时代中国特色社会主义政治理论与实践紧密结合上，加强我国马克思主义政治学研究的深入和发展，尤其加强中国化的马克思主义政治学理论和方法的科学创新研究，加强原创性理论的构建。

## 二 进一步优化提升政治学学科建设

我国政治学学科恢复重建以来的40年发展经验表明，良好的学科基础是学术研究有效开展的前提和保障。在新时代，我国政治学学科建设取得了积极成效，学科点数量持续增长，学科结构逐步优化，支撑条件不断改善，研究力量显著提升，为政治学学术研究的深入推进和蓬勃发展提供了载体和动力。另一方面，当前我国政治学学科建设还存在一些内在梗阻因素，制约了学术研究的进一步发展，如何加以优化和提升构成了我国政治学未来推进的着力点。

---

① 《习近平：在哲学社会科学工作座谈会上的讲话》，http://www.xinhuanet.com/politics/2016-05/18/c_1118891128_3.htm。

首先，我国政治学学科体系建设任重道远，学科划分和方向设置还存在调整空间。目前的政治学一级学科包括政治学理论、中外政治制度、科学社会主义与国际共产主义运动、中共党史（含：党的学说与党的建设）、国际政治、国际关系、外交学等7个二级学科，这种范围设定和分类方式事实上存在如下缺陷：一是学科之间存在研究交叉现象，例如党的建设不仅是政治学一级学科下的二级学科研究内容，同时根据2017年2月27日中共中央、国务院印发的《关于加强和改进新形势下高校思想政治工作的意见》，部分高校也在马克思主义理论一级学科下设置了党建学科。这两大学科的党建研究并未形成明显区分，彼此间存在研究趋同现象，迫切需要通过学科调整进行规范统一；例如公共行政，一方面是政治学研究中的重要内容构成，但是在学科设置上却被纳入管理学一级学科。这种交叉现象不仅导致了相关研究方向的定位模糊，也因此造成了重复建设和资源浪费、力量分散和协同障碍等问题。二是部分研究方向尚未取得正式的学科地位，例如比较政治的学科属性仍不明确，在现有的学科目录中没有被列为独立的二级学科，其研究被置于"中外政治制度"的国别研究或"政治学理论"的范畴，这种模糊的定位制约了比较政治学教学和研究的深入发展。三是部分学科名称不统一，例如与公共行政研究相关的名称用法有十多种，包括公共行政学、行政学、行政管理学、公共行政管理学、行政科学、国家行政管理等，学者们大多根据个人偏好而混用，在具体定名上没有形成共识。[①] 四是新兴和交叉学科还没有及时列入学科体系和学科目录，学科结构优化迟滞于政治实践和学术研究的需要。

其次，学科支撑条件的建设还需要进一步加强。一是教材体系还不够完备，我国政治学育人功能的有效发挥离不开良好的教材支持，目前政治学学科依托马克思主义理论研究和建设工程而组织编写了覆盖主要课程的专门教材，例如政治学概论、地方政府与政治、中国政治思想史、西方政治思想史等，但仍有部分专业方向的教材尚未出版，例如党的建设、比较政治学等，这应是未来教材体系建设的着力点。二是有影响力的专业期刊仍然不足，作为坚持和完善中国特色社会主义制度，推进国家治理体系和

---

[①] 参见余兴安、苗月霞、刘晔《中国行政学的外延式扩张与"学术正脉"回归》，《公共管理与政策评论》2018年第3期；高小平《论中国行政管理学研究的拓展性与聚合性——兼谈行政管理学科定位》，《学海》2020年第1期。

治理能力现代化的主学科的政治学，学术刊物大大少于其他学科。目前政治学相关的学术成果发表主要分布于高校学报、综合类期刊的政治学栏目、板块以及本学科领域内的专业刊物。相比与其他学科，政治学一级学科和二级学科领域的专业刊物相对较少，且部分研究方向由于缺乏正式的学科定位而更加缺乏专门的研究刊物，尤其是国内外有影响力的核心期刊。这使得政治学学者不得不竞争有限的发表机会和版面资源，从而影响了学者研究的兴趣和热情，以及科研成果的产出，严重制约了政治学研究的长效发展。三是科研基地、研究平台之间的协同合作仍需推进，如前文所言，我国政治学依托各具特色的优势研究构建起众多的平台、基地，形成了各美其美的多元发展态势，然而这种格局也在一定程度上弱化了联系纽带，造成了各自为战的不利局面，不仅导致了研究力量和学术资源的分散化，不利于针对重大学术议题的联合攻坚；也在彼此间形成了隔阂，不利于在交流、沟通、讨论中相互学习、启发，就各自的原创性概念和命题达成学术共识，实现知识累积。第四，目前我国政治学领域的网络、数据库等基础设施和信息化建设还存在短板，必须依托互联网和大数据技术，构建方便快捷、资源共享的政治学研究信息化平台。

## 三 积极培育政治学研究的中国学派

新时代中国特色社会主义建设的伟大实践对我国哲学社会科学提出构建主体性、原创性理论的重要发展任务，我国政治学作为哲学社会科学领域的支撑性学科，必须通过加快构建中国特色的学科体系、学术体系和话语体系，积极培育政治学研究的中国学派，以回应时代需求、解决现实问题，彰显理论研究的中国特色、中国风格和中国气派。目前，我国政治学研究的整体水平还有待提升，原创性理论供给能力相对不足，这要求我国政治学必须以继承性、民族性、时代性为指向，在充分汲取马克思主义、中国优秀传统文化和国外政治学学理资源的基础上，实现主体性的知识创新、理论创新、方法创新。

目前，推进我国政治学原创理论进步的关键在于有效落实"立足本土、借鉴国外"的发展思路，实现特殊性与一般性、本土性与国际性的辩证统一。总体而言，我国政治学研究的现状与这一建设目标还存在差距，它具体体现在"破"与"立"两个关联性方面：

一是尚未完全跳出西方既有的政治话语与理论体系，原创性不足、适用性有限。我国政治学学术研究在相当长的一段时期内以引进西方研究成果作为"补课"的重要方式，研究内容停留在对既有研究议题的解读和阐释上，如对西方民主危机的反思大多停留在对自由主义民主的批判与剖析上，较少有超越性的反思性成果，未能进一步提炼出民主理论的创新性成果。同时，学术研究的本土性也尚未得到充分挖掘，一方面部分学者倾向于套用西方的理论框架分析中国问题，从而出现了情景错置、水土不服问题，弱化了学术研究的准确性和科学性；另一方面，基于中国经验而抽象出的独创性、有效性概念比较匮乏，例如除了"差序政府信任""依法抗争"等少数几个概念在国际政治学界得到认可，其他的概念和理论提炼还处于探索之中，这种学术话语供给能力的短板使得我国政治学研究面临着解释力不足、影响力有限的困境，呈现出一种"整体性的知识短缺"。[①] 可见，在通过建立中国特色的政治学概念体系和理论体系，以破除西方政治学"迷思"的工作上，我国政治学还有大量的提升空间。

二是对立足本国经验提炼的新概念、新范畴和新表述尚未形成学界共识，制约了学术交流与学术对话的有效性。近年来，我国政治学者的学术自觉逐步明晰，有意识地在研究中国政治现象和政治议题的过程中提炼本土性概念和命题，但是部分学者过于强调了学术研究的地方性和特殊性，忽视了与国内外政治学理论体系的整体对接和学术对话，如在治理理论研究中，众多的学术成果虽然形成了百家争鸣的态势，但彼此间对中国情境下的治理概念，以及治理研究与民主、权力、制度等传统政治学研究领域的边界和关联性等问题讨论不足，也缺乏理论共识。同时，部分学者还存在片面求新的问题，不仅造出了大量缺乏学术价值的"新"概念，也给不同研究之间的学术交流带来了话语隔阂。

因此，为了积极培育政治学研究的中国学派，首先，我国政治学必须确立马克思列宁主义、毛泽东思想、邓小平理论、"三个代表"重要思想、科学发展观和习近平新时代中国特色社会主义思想的指导地位，运用辩证唯物主义和历史唯物主义，科学对待古今中外的政治思想和知识资源，展

---

[①] 周平：《政治学构建须以知识供给为取向》，《政治学研究》2017年第5期。

开中国学派的建设；其次，确立一切真知都是发源于实践的信念，紧密结合中国人民、中华民族和人类社会的政治实践和历史命运，强化对中国经验的总结，基于中国政治实践提炼出原创性概念和理论体系，以精准呈现、深刻解释和直面回应党领导人民治理国家的重大理论和实践问题，从而赋予我国政治学学术研究以深刻的"中国"意义；其次，我国政治学研究必须着力加强学术共同体内部和外部的交流与对话，在学术辩论中检视相关原创性概念和理论的科学性、规范性和有效性，以达成理论共识，并使其为国际社会所理解和接受，从而赋予我国政治学学术研究以"学理"意义；再次，我国政治学研究必须着力归纳、总结现代化发展和国家治理的中国模式、中国道路，秉持"关怀人类、面向未来"的价值取向，积极探索关系人类前途命运的重大问题，为解决世界性问题提供中国智慧和中国方案，从而赋予我国政治学学术研究以"世界"意义。

## 四 加强政治学科基础性研究和建设

基础理论是我国政治学作为独立学科的核心要素，它不仅集中体现了政治学的学术深度和知识储备，也是政治学各分支方向开展学术研究的学理来源和智识依凭。因此，基础理论的研究水平不仅关乎我国政治学整体发展质量，也决定着各分支领域，尤其是现实对策研究学术推进的程度和效度。进入新时代以来，我国政治学在承继既有研究成果的基础上，不断推动基础性研究的深化和细化发展，产生了一批优质的研究成果，为学科及其分支方向提供了更为丰富和深厚的理论支持。但是，我国政治学基础性研究在开展过程中还存在着一些不足和问题，它们不仅制约了基础性研究的长效发展，也侵蚀了我国政治学的学科基础。因此，在未来的学术研究中，必须有针对性地加强政治学的基础性研究。

首先，政治学基础性研究水平还有待提升。我国政治学恢复重建的时间较短、起点较低，学科的理论体系和学理基础尚显薄弱，长期通过引介、学习的方式进行知识积累。在新时代，我国政治学基础性研究有了显著进步，但是无论是政治学的基础理论研究，还是部分应用型分支学科的理论研究，都存在着范式陈旧、理论更新迟滞等问题，尤其缺乏基于中国共产党领导人民建设中国特色社会主义政治伟大实践的原创性基础理论，由此导致相关研究的总体水平不高，学科的基础不牢，尤其是其中的应用型分支学科和交叉分支学科，普遍因缺乏成熟的研究范式和主体理论而难以获得明确的学科定位。同时，我国政治学基础性研究的本土化进程刚刚启动，具备时代特色和中国特色的学术、话语体系还不健全。因此，我国政治学者必须在坚持中国特色社会主义政治发展道路，贯彻中国特色社会主义政治理论，坚持中国特色社会主义制度，尤其是深入学习和贯彻习近平新时代中国特色社会主义思想的前提下，从"五位一体"的总体布局和"四个全面"的战略布局出发，立足中国共产党领导人民的伟大政治实践，从坚持和完善中国特色社会主义制度，推进国家治理体系和治理能力现代化的重大问题中聚焦重大理论和前沿理论问题研究。同时，继承和弘扬中国优秀传统政治文化，在不断发展着的中国特色社会主义政治实践中，按照中华民族伟大复兴和中国特色社会主义现代化建设的取向，进行创造性转换和创新性发展，构建原创性的政治学理论。同时，运用中国和世界的政治实践，检视国外政治学理论的效力与限度，并从中国情境中提炼理论知识，使之逐步成长为国际经典理论。此外，积极借鉴国外的有益的要素，加强对国外经典政治学学说的分析、评价、研究、甄别、扬弃和吸收，在二者的有机互动中，推进中国特色政治学的基础性研究。

其次，我国政治学基础性研究某种程度上呈现弱化倾向。政治学是一门经世致用之学，以回应现实、引领实践为使命宗旨，同时，政治学也是一门理论思辨的学问，在寻求现实政治问题的应对途径和可行方法之外，更注重对政治活动的本质、规律和价值的深入探索，[1] 并且遵循着学术发展和知识生产的特定规律。这双重角色之间的张力通常经由政治学内部的现实对策研究与基础性研究的合理分工而化解。然而在当前的政治学研究中，这种平衡却因部分学者对学科定位的认知偏差而被打破，从而出现了两种极端倾向，一是以政策思维取代学理思维，咨询服务取代学术研究，这种"阐释学""操作学"的研究取向，既转移了学者研究的注意力，又挤压了基础理论研究的发展空间，[2] 这种偏向现实政策的研究，导致了政治学研究的功利化和短视化，而缺乏学理依据的现实对策研究，其科学

---

[1] 张贤明：《成就、经验与展望：新中国政治学 70 年》，《社会科学战线》2019 年第 7 期。
[2] 王炳权：《政治学话语体系建构的路径分析——基于"反思"的视角》，《社会科学研究》2019 年第 4 期。

性、合理性本身也打了折扣。另一种倾向是追求纯粹思辨的理论研究效果，忽视理论研究与经验现实之间的有机联系，由此缺乏中国和世界人民生动政治实践的滋养，也欠缺从中国政治的具体情境出发进行创新性理论建构的学术抱负和能力。在未来的研究中，我国政治学必须避免这两种偏向，不仅立足于实践经验推进理论创新和发展，也以不断强化的理论研究充实现实对策研究的理论基础，从而在理论与实践的有机结合上，增强中国特色政治学的基础性研究。

## 五　提高对策研究的科学性和可行性

经世致用是我国政治学研究的重要价值遵循，其鲜明的现实性、实践性和应用性品格则在对策研究中得到了集中体现。进入新时代，我国政治学进一步强化了策论研究，积极建设中国特色新型智库，通过提供资政报告、开展校地合作等方式实现学术成果的实践转化和实务应用，为推进国家和社会发展提供了重要的理论指导和智力支持。但是，目前我国政治学的对策研究还存在科学性不足、操作性有限等问题，在一定程度上阻碍了其应用效能，因此，在未来的对策研究中，我国政治学研究必须着力于以下几点：

第一，我国政治学者应根据国家发展与党治国理政的现实需求，直面中国共产党领导人民有效治理国家的重大理论和现实问题，着力从道理、学理、哲理、法理和机理上予以深刻阐释，在此基础上，不断提供优质、可行的对策建议。目前部分对策研究存在着问题意识不强，研究方法不够严谨，对策方案抽象空泛，前瞻性、针对性、储备性政策研究相对匮乏等问题。究其原因，在于理论与实际相脱节，研究过程不规范不科学。因此，在未来的对策研究中，我国政治学者必须坚持实事求是的原则，在实证调研中，深入实际、深入基层、深入群众，在活生生的经验现实中诊断和识别问题，提炼研究主题，并遵循科学、规范的研究方法和研究程序，开展对策研究，提出政策建议，以保证研究的针对性、科学性和可行性。

第二，进一步加强中国特色新型智库建设，建立健全决策咨询制度，为我国政治学对策研究的现实应用和实践转化提供平台和路径。目前，我国政治学已经初步建立起多层次、多样化的智库平台，但是部分智库在运行中还存在重数量、轻质量，重研究、轻应用，重传播，轻创新等问题；另一方面，智库与实务部门之间还缺少制度化、机制化、规范化和宽口径的联系渠道。这些因素都限制了对策研究成果的应用效益。因此，在未来的发展中，一方面智库要不断优化结构，加快内涵式发展；同时，实务部门也要以经济社会发展的现实需要为着眼点，积极探索与智库、专家的合作模式，采纳科学、有效的对策建议，提升智库成果的应用转化率，为政治学智库建设和对策研究创造体制机制保障和发展条件。

第三，在不断发展着的中国特色社会主义政策实践中，检验和优化我国政治学对策研究的科学性和可行性。政策实施是一个有机联动的过程体系，我国政治学对策研究的科学性不仅要在决策环节予以贯彻，还要在政策执行、政策评估等阶段加以检验。因此，在未来的对策研究中，我国政治学必须坚持全过程、全体系思维，持续追踪对被采纳对策建议的实施和运行情况，以治理绩效和民意反馈为根本标准，对研究成果进行调整、修正和优化，进一步提高其科学性和可行性，从而使其更好地服务于国家与社会发展需求，发挥资政功能。

## 六 推进研究方法的综合性和规范性

科学规范的研究方法是学术研究质量的重要保证，也是研究得以展开和深入的基本指南。我国政治学研究方法经过长期的理论引介和知识累积，已经取得了明显进展，进入新时代，研究方法的研究与运用更趋规范，优秀成果不断产出。同时，我国政治学方法研究由于底子薄、起步晚，在运用唯物辩证法深入分析政治学研究方法，并且在其指导下，正确规范运用政治分析的途径方面，还相当薄弱。同时，部分研究者缺乏系统的方法论训练，研究方法对统计学、计量经济学、数据科学等吸收有限，存在单一性和不规范性等缺陷和不足，[1] 如何针对既有问题予以改进，构成了我国政治学推进研究方法发展的主要着力点。

首先，应坚持和强化对马克思主义基本原理及其方法的研究和运用。

---

[1] 王炳权：《政治学研究方法的演进逻辑与趋势——基于中外政治学期刊的文献计量分析》，《华中师范大学学报》（人文社会科学版）2020年第3期。

马克思主义不仅是科学和发展着的理论体系,也为社会主义现代化建设实践和理论研究提供了根本的方法论指引,因此,为了保证学术研究的社会主义方向,深入贯彻为人民做学问的立场,深化对中国政治发展逻辑和规律的认知和把握,必须不断加强对马克思主义政治学研究方法,包括历史唯物主义和辩证唯物主义的研究和运用。同时,更加深入地掌握和运用唯物辩证法,分析和甄别政治学研究的其他方法,使得马克思主义思想方法论在我国的政治学研究中始终占据主导地位,从而使得我国的政治学研究始终保持在科学的认识论和方法论轨道上。

其次,进一步发展多样化的政治分析途径和研究方法,丰富研究工具库。目前我国政治学研究方法依然保持着规范研究和定性研究占据主导地位的基本特征,经验研究和实证研究相对不足,如基于大数据分析的实证研究、计量方法、数学模型和自然科学的方法等在政治学研究中的运用比较有限。而且,由于数据来源、资料收集、社会调查和民意分析等方面存在的实际困难,[①] 研究方法选择的多样性受到限制。此外,政治现象,尤其是新时代中国特色社会主义政治建设和发展事业的全局性、全过程性和全要素性,也对研究方法的全面性、丰富性提出了迫切要求,因此在未来的研究中,必须有意识推进政治学研究方法"量"的累积和"面"的扩展,一方面在既有方法的基础上,不断追踪方法论和具体研究分析技术的学术前沿,发展新的研究方法;另一方面深化和细化对原有方法的发掘,在范围和纵深两个维度提升研究方法的多样性。

第三,进一步推进研究方法的综合性,提升研究方法与研究需要的适配度。研究方法的多样性为实现研究方法的综合性奠定了基础。如前文所言,随着现代社会的发展,社会结构的复杂性、社会领域的混杂性不断增长,这使得单一的研究方法难以有效应对不断增长的研究需求,研究方法的综合性运用逐渐成为关注重点。在未来的研究中,我国政治学研究方法必须一方面加大对新型混合方法的研究和投入力度,另一方面加强政治学研究方法对其他学科研究方法有效成分的吸收和借鉴,从而实现我国政治学学术研究根据研究对象和研究情境,筛选、调适和综合使用相关研究方

---

① 陈文:《改革开放 40 年当代中国政治研究的演进逻辑与特点表征》,《天津社会科学》2019 年第 1 期。

法的灵活性和熟练性。

第四，在持续的方法论反思和政治实践的验证中，推进研究方法运用的科学性和规范性。检视研究方法质量和水平的根本标准在于研究的准确性和有效性，目前我国政治学研究的主要薄弱点在于难以以精准科学的研究方法、分析范式和研究框架阐明中国现象，解决中国问题。究其原因，在于部分国际主流的研究方法是以西方社会为本体论基础而设计的，它与中国的本土经验存在一定距离。为了避免和化解这种问题，必须在未来的研究中，一方面以中国的经验素材为案例和样本，对众多的研究方法的适用性进行检验，促成研究方法的本土化；另一方面也在研究中国经验的基础上，推动研究方法朝着全球化与本土化相结合的方向发展，从而发挥二者的互补优势。同时，还要对研究方法相对于情境变化的适用限度保持清晰认识，以形成明确的方法论自觉，并以此为指导，在运用研究方法开展学术工作时按照规范的流程、步骤有序推进，确保研究过程的严谨、科学、有效。

## 七　积极推进前沿、新兴和交叉研究

我国政治学科恢复重建 40 年来，政治学人高度重视对基础理论、基础领域、基础命题的研究，经过几代学人的共同努力，基本建立起支撑学科发展的学术体系、学科体系和话语体系，有力夯实了学科建设和成长的学理基础。随着政治学传统研究领域趋于饱和，学者们不断发掘和探索新的研究空间，总体而言，政治学学术前沿和交叉研究构成了主要的学术增长点。在新时代，我国政治学一方面通过多层次、多维度、多渠道的对外交流，保持了对国际学术前沿的密切关注和持续追踪，成为国际前沿研究的重要参与者和推动者；另一方面积极与其他学科进行交流和对话，将其他学科的最新成果和方法引入政治学研究中来，不仅形成了众多的交叉领域，也据此打造出不少新兴交叉学科，取得了丰硕的研究成果。与此同时，我国政治学目前在前沿研究和交叉研究方面也依然存在一些薄弱环节和提升空间，需要在今后的研究中予以优化和推进。

第一，提升理论原创性能力，推动我国政治学由学术前沿的追踪者向引领者转变。如前文所言，我国政治学由于起步较晚，长期通过学习和引介国际主流的政治学理论、范式和方法进行自我发展,这也使得我国政治学在一定程度上扮演着前沿理论和议题的追踪者、模仿者而非引领者、创议者的角色,这极大限制了我国政治学在国际层面的话语权和影响力。因此,在未来的研究中,我国政治学学术研究的着力点在于一方面不断加强基础理论研究,通过长期的知识沉淀而厚积薄发,致力于在经典研究层面实现新的理论突破,形成理论原创性能力和原创性理论;另一方面则基于中国特色社会主义政治发展、中国共产党领导人民有效治理国家的实践经验和丰富素材,提炼特色研究议题,努力为国际学界提供政治学研究的中国案例,解析中国经验、中国发展、中国治理的学理、法理和机理。

第二,大力学习其他学科的理论知识,提升我国政治学交叉研究的专业化水平。在新时代,我国政治学的交叉研究呈现出蓬勃的发展态势,除了传统的政治社会学、政治心理学、政治传播学、民族政治学、边疆政治学、法政治学、性别政治学、生态政治学等,也涌现出了政治现象学、历史政治学等新兴研究领域。这种繁荣局面体现了我国政治学者强烈的学术感知力和创新力。但是这些研究涉及大量跨学科的专业知识,在学者个体知识储备不足和跨专业协同滞后的情况下,跨学科研究普遍停留于宏观层面,局限于对一般原理和原则的阐释,专业性、技术性研究不足。因此,在未来的研究中,我国政治学者必须着力加强跨学科专业知识学习和跨专业合作,例如对预算政治学的研究必须掌握必备的财政学、预算学相关知识;对数字政府转型的研究,则需要积极展开电子政务、大数据技术、人工智能、计算机、网络通信和计算政治学的研究。

第三,不断推进政治学各分支学科和微观领域的交叉研究。如前文所言,随着研究对象的日趋复杂和研究技术的逐渐进步,政治学学术研究的结构分化和领域分离现象进一步突显,然而,学科分化在生成一个个全新领域的同时,也会形成一个个议题孤岛,从而导致学术研究呈现出多学科但碎片化的弊端。同时,各分支学科和领域中的学者们也过于专注自己的研究领域,影响了学科知识的积累和体系化。为了解决这一分散研究问题,必须着力加强分支学科和研究领域之间的议题共享、人员对话和成果交流,大力推进政治学学术研究由学科导向向问题导向的转变。

## 八 强化和扩展政治学对外学术交流

我国政治学学术发展高度重视对外学术交流，致力于通过学术对话、成果引介、人员交流等方式保持与国际学界的沟通与联系，一方面吸收和借鉴其他国家和地区有益的理论观点和学术成果，为我国政治学的学术发展提供外域学理滋养；另一方面则经由学术成果的展示，向世界介绍中国特色社会主义建设的重大成就和治理效能。在新时代，我国政治学的国际化不断提升，交流形式也从主要是单向输入转为双向互动，有效促进了我国政治学的发展。然而也要认识到，目前政治学的对外学术交流还存在一些不足和短板，必须要在今后的学术发展中予以克服和提升。

总体而言，我国政治学学术研究的主体性、原创性还相对较低，对外交流中的话语竞争力比较欠缺，国际影响力还相当有限。经历40年的建设与发展，我国政治学有了长足进步，但西方政治学学术体系、话语体系在国际上的主体性、主导性地位没有被根本动摇，我国政治学的对外学术交流，相当程度上受制于西方的话语霸权，而我们的研究成果尚未产生巨大的国际影响，自身的主体性和原创性还没有得到充分彰显。同时，由于我国政治学部分原创性概念和话语未得到国际学界的普遍认可和接受，因此在学术交流过程中也出现了"话语"隔阂问题。西方学者对于我国政治学学术研究缺乏充分的了解和深刻的理解，阻碍了我国政治学学术交流和成果输出的深入发展。

因此，在我国政治学未来的对外交流中，不仅要加强学术研究的原创性，坚持理论自信和话语自觉，构建中国特色的概念体系、命题范畴和话语体系，还要培育学术交流的主体性，即通过积极参与和设立国际性学术组织，支持和鼓励建立海外中国政治学学术研究中心，支持国外学会、基金会研究中国问题，加强国内外智库交流、优秀外文学术网站和学术期刊建设，扶持面向国外的推介高水平研究成果，推出并牵头组织政治学国际研究项目，推动海外中国学研究等，推动国际学界关注和研究中国议题，了解和认可中国话语，为提高我国政治学的国际对话能力创造条件。

# 第五章　新时代的政治学的发展趋势

"用发展着的理论指导发展着的实践"是坚持和发展中国特色社会主义的理论要义，这也明确了我国政治学建设的学术使命和努力方向。我国政治学恢复重建40周年之际，中国与世界面临百年未有之大变局，中国特色社会主义建设处于"两个百年"奋斗目标的历史交汇期，中国国民经济与社会发展处于全面建成小康向全面建设社会主义现代化国家过渡期，这种时代背景和历史发展时期，决定了我国政治学必将高举中国特色社会主义伟大旗帜，深入贯彻党的十九大和十九届二中、三中、四中、五中全会精神，坚持以马克思列宁主义、毛泽东思想、邓小平理论、"三个代表"重要思想、科学发展观、习近平新时代中国特色社会主义思想为指导，全面贯彻党的基本理论、基本路线、基本方略，统筹推进经济建设、政治建设、文化建设、社会建设、生态文明建设的总体布局，协调推进全面建设社会主义现代化国家、全面深化改革、全面依法治国、全面从严治党的战略布局，决定了我国政治学必须坚持党的全面领导，坚持以人民为中心，坚持新发展理念，坚持深化改革开放，坚持系统观念，坚持创新驱动发展，全面塑造发展新优势，也决定了我国政治学必将以40年的学术发展成果为基础，以新文科的思维、理论、知识和方法，聚焦坚持和完善中国特色社会主义制度，推进国家治理体系和治理能力现代化的新实践、新举措、新形势和新问题，逐步形成新时代新时期我国政治学进一步发展的学术前沿、学术重点和发展趋势。

作为治国安邦之学，我国政治学研究始终紧扣中国特色社会主义政治建设和发展的逻辑主线，以党领导人民治理国家的伟大实践为研究主题，在中国特色社会主义新时代的历史方位中，这一主题集中体现为有机统一的三个维度，一是深入关注"新时代坚持和发展什么样的中国特色社会主义政治、怎样坚持和发展中国特色社会主义政治"的重大理论和实践课题，它关乎政治学研究的思想定向任务；二是学理性分析中国道路、中国方案和中国特色社会主义制度显著优势，尤其是党的领导、人民当家作主和依法治国有机统一的核心命题，它关乎政治学研究的理论原创使命；三是深刻研究"国家治理体系和国家治理能力现代化"问题，它关乎政治学研究的现实政治责任。

党的十九届五中全会的召开，奏响了决胜全面建成小康社会，走向全面建设社会主义现代化国家新征程的时代号角。会议及其文件不仅明确了"十四五"时期经济社会发展的近期目标，也为二〇三五年基本实现社会主义现代化的远景目标做出了科学设计和总体部署，从而为我国政治学在新时代的中长期发展提供了基本思路和行动指南。因此，加强对核心主题的研究以及与适配的议题拓展、方法创新、学科优化等将构成政治学未来五年的主攻方向。因此，紧扣十九届五中全会赋予的重大命题，加强对中国特色社会主义伟大政治实践进程的系统研究，并据此进行相应的议题拓展、方法创新、学科优化等，将构成新时代新时期中国政治学发展的主攻方向。这意味着，在研究主题上，新时代新时期中国政治学将对中国特色社会主义事业和治国理政的巨大成就予以理论抽象和学理提炼，深刻阐发中国特色社会主义建设历史进程中党的领导优势和制度优势，深入研究国家治理与全球治理的重大命题；将以日趋成熟的理论、科学的方法、有效的策论回应我国发展环境面临的深刻复杂变化，准确识变、科学应变、主动求变，从而在中华民族伟大复兴战略全局和世界百年未有之大变局中更好地抓住机遇、应对挑战；将进一步加强前瞻性和储备性研究，助推国民经济与社会发展"十四五"规划乃至远景目标的实现，并基于亿万人民从事的中国特色社会主义事业建设、发展和改革的伟大实践，以改革创新为根本动力和重要手段，创新政治学的理论框架、分析范式、研究方法、话语体系、交流方式，实现学科建设和学术研究的高质量发展。

## 一　马克思主义政治学理论研究将得到进一步深化

作为中国特色哲学社会科学的支撑性学科，坚持马克思列宁主义、毛泽东思想、邓小平理论、"三个代表"重要思想、科学发展观、习近平新时代中国特色社会主义思想的指导地位，保持学术研究的社会主义方向，以发展着的理论服务于中国特色社会主义建设事业，服务于人民群众的根本利益，是我国政治学学术研究的根本遵循、价值底色和研究取向，也是我国政治学作为治国安邦之学所肩负的重大思想定向责任。在我国政治学的学术研究中，这种思想责任的承载与践行，集中体现为马克思主义政治学学术研究的推进及其成果产出。因此，为了更好的履行这一重大使命责任，我国政治学势将以马克思主义政治学理论研究为引领，将马克思主义基本原理、立场和方法贯穿于各分支学科和专业领域的学术研究之中，构建起系统性的中国特色马克思主义政治学学术体系。

第一，我国马克思主义政治学的基础理论研究将得到进一步深化。在未来的学术发展中，我国政治学将围绕马克思主义经典作家所开辟的研究领域，提出的理论命题展开深入研究，不断依据发现的新材料，掌握的新方法，构建的新视角，对经典的马克思主义政治学说进行更为深入、精准的认知和解读；也将根据国际国内的学术进展和实践经验，对马克思主义政治学的基础理论，如国家理论、政治经济学理论、阶级理论等进行新的发展，从而保持马克思主义政治学的与时俱进。

第二，我国政治学的各分支学科和研究领域将在马克思主义的指导下获得新的发展。马克思主义的精髓在于基本原理及其立场、观点和方法，这是一种普适性的方法论指引。在未来的研究中，我国政治学者势必将马克思主义的基本原理和方法运用于对政治学理论与方法、中国和西方的政治思想、中国政治与治理、中外政治制度、比较政治的理论与方法、中国共产党与中国政党政治、交叉研究、公共行政、公共管理和公共政策等各分支学科及其具体研究领域之中，以明确研究方向、确定研究价值、形成思想观点，不仅将引领这些学科、方向的深入发展，也为构建马克思主义的相关学科体系创造条件。

第三，我国政治学必将强化对马克思主义中国化理论成果，尤其是对习近平新时代中国特色社会主义思想这一中国特色社会主义理论体系最新成果的深入研究和系统阐释。中国特色社会主义道路是实现社会主义现代化、创造人民美好生活的必由之路，中国特色社会主义理论体系是指导党和人民实现中华民族伟大复兴的正确理论。[①] 因此，在发展着的实践中不断深化对中国特色社会主义理论体系的研究必将构成我国马克思主义政治学研究的重要内容。一方面是在既有研究的基础上，推进对邓小平理论、"三个代表"重要思想、科学发展观的深刻内涵的发掘和阐发，另一方面则紧扣中国特色社会主义进入了新时代、我国社会主要矛盾发生转化的重大历史背景，不断强化对中国特色社会主义理论体系的最新成果——习近平新时代中国特色社会主义思想的深入研究，从理论与实践的结合上系统深入理解和把握这一思想所蕴含的深刻内涵和学理逻辑。

## 二 政治学学术研究发展要求将推动学科结构优化

随着经济社会的发展，政治现象日趋复杂，这使得以之为研究对象的政治学必须通过调整与创新而适应不断增长的研究需求。学科作为学术研究的基本承载，其内在结构和领域划分情况不仅限定了各分支的具体研究内容，也影响了学科整体的覆盖范围和研究能力。因此，面对不断流变、演化的政治现象，我国政治学学科也必将在今后的发展中进行持续的调适和改革。总体来看，未来我国政治学将按照中国特色、世界一流的标准展开中国特色政治学科体系的深入研究，而学科结构的优化将体现为学科方向的重组与整合。

首先，我国政治学研究领域的完善要求将促成学科专业的调整，其中主要涉及党的建设、公共行政和比较政治学三个领域。如前文所言，目前关于党的建设研究同时存在于政治学一级学科和马克思主义理论一级学科之中，未来的发展必将根据具体的研究需要和学科属性明确二者的研究定位，以科学研判这一研究领域的整合或分化发展模式；公共行政学是研究国家治权体系结构和运行的专业方向，因此是政治学研究的有机组成部分，但在目前的学科分类中，行政管理则被划入公共管理一级学科，这不仅造成了这一学科方向与政治学其他专业的割裂，也造成了政治学与公共管理分散研究的缺陷，因此在未来的发展中，公共行政的研究领域和行政

---

[①] 习近平：《决胜全面建成小康社会 夺取新时代中国特色社会主义伟大胜利——在中国共产党第十九次全国代表大会上的报告》，人民出版社2017年版。

管理的专业方向，必然将回归政治学的专业范畴。比较政治是我国政治学研究的重要领域，但在当前的学科目录中还未获得单独的二级学科地位，不利于组织和整合专业研究力量，推进比较政治研究的深入发展。在未来的发展中，势将有更多的政治学学科点进行相应的发展探索，乃至进一步促成学科专业结构的优化。

其次，我国政治学研究由学科导向向问题导向的转变，使得交叉研究不断兴起，进一步对政治学学科结构提出了调整和优化的要求。随着社会流动性的增强，不同领域之间的边界逐渐模糊，政治现象呈现出一种跨领域、弥散性的特征，这不仅为政治学研究提出了整合多方向研究力量的要求，也将打破相对刚性的传统分类形式，为各种交叉研究方向和新兴研究领域的自主发展提供生长空间。当前，我国政治学学科点普遍结合自身研究优势，自主设置了二级学科，例如"公共政策""地方政府""区域国别研究""政治哲学""社会管理""政府经济学""国际公共管理""民族政治与公共行政"等，有效拓展了研究增长点，也提升了学科设置的灵活性。在未来的发展中，我国政治学学科点势将进一步运用自主权限，打造新兴的专业方向，为学术研究提供更为广阔的探索空间。

## 三　理论创新使命将促成主体性原创性研究大发展

政治学学科作为哲学社会科学的重要门类，始终以为人类提供观察政治现象、理解政治原理、衡量政治价值、把握政治发展的认知框架和评价尺度为己任，理论创新则是实现这一目标的研究取向、主要路径和重要方式。恢复重建40年来，我国政治学坚持以马克思主义为根本指导，通过充分吸收马克思主义的资源、中华优秀传统文化的资源以及国外政治学的有益资源，基本建立起中国特色的政治学学科体系、学术体系和话语体系，为我国政治学的大发展和大繁荣奠定了坚实基础。未来，我国政治学学术研究必将进一步增强创新意识和创新能力，进一步深入展开中国特色的政治学学科体系、学术体系和话语体系研究，在构建主体性、原创性理论方面取得新的进展和突破。

首先，在改革发展的实践中发现新问题、提出新观点、构建和检验新理论势将成为我国政治学理论创新的主要方式。理论是对实践的抽象和反映，我国政治学的理论研究是对发展着的中国特色社会主义政治实践及其成就的学术呈现和学理阐述。这种政治实践是一种前无古人的伟大探索，它既不是我国历史文化的简单延续，也不是对马克思主义经典作家理论构想的重复，不是对其他国家社会主义实践的模仿，更不是对国外政治现代化经验的复制。这为我国政治学学术研究提供了理论创新的重要经验基础和极为难得的案例素材。在未来的研究中，我国政治学必将基于党领导亿万人民治理国家的伟大实践，基于我国政治建设的社会、经济、文化背景和特定时空场景，基于中国特色社会主义政治发展的深层逻辑，不断提出新的概念、理念和命题，构建出具有中国特色、中国风格和中国气派的理论创新成果，并在发展着的实践中进行检验、修正和证明。

其次，推动我国优秀传统文化、政治思想、政治哲学的创造性转换、创新性发展，并依据国家治理现代化的实践取向予以继承、扬弃和发展，势将成为我国政治学理论创新的重要路径。作为薪火相传、绵延不绝的古老文明，中华文化广博深邃的政治思想底蕴和智识成就集中体现于传统政治思想、政治哲学的学术体系，并成为当代中国政治实践和理论研究所依托的宝贵历史资源。在未来的理论研究中，我国政治学一方面将会结合当代社会的具体情势，探索促成优秀传统文化创造性转换的路径和机制，实现传统与现代的有机融通，积极履行文化传承的学术使命，另一方面将围绕推进国家治理现代化的现实关怀，在系统梳理和提炼优秀传统文化中的治道和政道思想学说的基础上，发掘有利于古为今用、指导当下的传统实践智慧，从而实现优秀传统文化的创新性发展与构建中国特色政治学理论研究的双向强化与有机统一。

复次，对中国特色社会主义政治建设实践和发展道路的提炼、概括和阐释将成为我国政治学理论创新的重要内容和基本形式。新中国成立70年来，依托于中国特色社会主义制度显著优势，党领导中国人民创造了经济快速发展奇迹和社会长期稳定奇迹，对这种制度体系和实践历程进行深入的政治学分析，对制度优势转化为治理效能的机理原理进行深刻的学理、哲理和法理的深刻阐释，势将成为我国政治学未来理论创新的重要内容。目前，围绕我国的政治实践已经形成了诸如中国道路、中国模式、国家治理体系和治理能力现代化、社会主义民主政治、社会主义协商民主、中国特色社会主义法治体系、社会主义核心价值观、社会主义和谐社会、生态文明建设、社会治理共同体、国家治理效能、总体国家安全观、人类命运共同体、"一带一路"倡议等主体性和原创性概念和理论，在未来的发展中，对这些概念和理论的深化和细化，以及在其基础上的进一步增加标识性概念和理论内涵供给，将继续成为我国政治学学术研究的重点、热点和研究趋势。

再次，立足中国、走向世界势将成为我国政治学理论创新的评价标准和价值取向。我国政治学理论研究的创新性，必须要在本土性与世界性的辩证统一视角下予以审视，在未来的发展中，我国政治学必将立足本国经验，提出具有中国特色、中国风格、中国气派的原创理论，并确保其在学理上既具有针对中国问题、中国现象的特殊解释力，又具有对世界政治发展的一般性启示；在价值上既坚持人民至上，以促进人民的根本利益为价值依归，又突出本土理论的世界意义，在全面总结和提炼中国实践经验的基础上为解决世界性问题提供思路和办法，为推进全人类的发展和福祉贡献中国方案、中国智慧和中国价值。在未来的研究中，我国政治学必将以博大的视野和关怀，打造原创性的理论体系，不断走向世界，形成世界一流的学术成果，并以强有力的解释力和说服力，打破西方学术体系的话语霸权，使中国学术声音得到更为广泛的传播，使中国学术的国际影响力进一步提升。

## 四 政治学的长效发展需求将进一步拉动基础研究

如前文所言，基础性研究是政治学长效发展的核心动力，因此，在未来的发展中，我国政治学基础性研究必将得到进一步充实和优化提升，其发展轨迹和基本态势主要会表现为：

第一，基础理论研究将会更为深化、细化。无论是传统理论研究，如国家理论、民主理论、政党理论和权力理论等，还是基础理论研究，包括中西政治思想和中外政治制度的研究，亦或是新兴研究领域，如比较政治学等，都会以其特有的理论特性和问题意识回应中国和世界发展的"百年未有之大变局"和中国特色社会主义政治和治国理政的实践历程，不断在接收新的时代讯息，观察新的实践素材的基础上聚焦更为多元、细致的主题和命题，构建更为专业、深入的研究范式、分析框架和理论体系，从而在理论研究向纵深推进的过程中实现知识的再生产和积累。

第二，现实对策研究的理论基础将会强化。我国政治学的对策研究主要依托于公共行政、公共政策和公共管理学科，长期以来这些研究方向因缺乏成熟的中国政治学研究范式、学术体系和话语体系，而依赖于政治学其他分支学科的理论供给和知识生产，自身的学科定位并不明晰，学科基础并不牢固，学科范畴内的许多基本理论问题尚未得到充分的探讨，理论化、科学化程度都有待提升，现实对策研究也难免浮于表面。随着这些学科学术自主性的不断增长，理论引介、方法引入和知识整合工作的持续推进，其学科专属的理论体系也将逐步成型，并形成理论与实践的有机联动机制，在现实对策研究的深入展开中为其理论发展提供强劲动力。

第三，学科发展的基础建设将会不断推进。政治学学术基础建设将集中于：首先，系统性的知识整理和回顾工作将会深入展开，比如，中国政治学会会长李慎明教授领衔，王一程研究员等担任副主编，集全国政治学、行政管理学、国际政治学等学科力量和数年心血编撰的《中国大百科全书》（第三版）和网络版，将问世于中外学界，产生广泛深远的学术影响；北京大学的《政治通鉴》工程预计将每年出版2辑，每辑10个条目，50万字左右，北京大学政治学系开展的学科史研究也将在研究中国现代政治学的发端与拓展的基础上，进一步延伸视野，加快对我国政治学完整发展历程的考察和梳理。其次，基础学术设施建设将取得显著进展，例如随着大数据和信息技术的发展，我国政治学学术文献的电子化工程将会实施，各类案例库、数据库和文献库等的存储量将大为增长，也会在数据共享、数据开放层面不断推进，从而为学术研究提供实用化的技术支撑，在我国政治学学术研究中发挥真正的基础性作用。

## 五　治国安邦的现实关怀将驱动对策研究不断强化

随着中国特色社会主义进入新时代，我国现代化建设事业面临着前所未有的机遇和挑战，政治学作为治国安邦之学，不仅要在理论上回应时代召唤，以党和国家正在做的事情为中心，认真研究和解答国家发展和政治建设中的重大现实问题，也要担负起指导实践、引领实践的现实政治责任，大力开展前瞻性、针对性、储备性对策研究。

我国政治学学术研究的现实关怀，集中体现为以不断强化和拓展着的对策研究，为有效化解发展难题、应对治理困境、增强前进动力提供学术支撑和智力支持。目前，我国正处于现代化转型的关键时期，改革进入攻坚期和深水区、各种深层次矛盾和问题不断呈现、各类风险和挑战不断增多，这要求，我国政治学学术研究必须依托宽领域、多层次的思想理论体系，全面总结和归纳重大紧迫问题的形式与类型，深刻分析和把握问题产生的根源和逻辑，通过科学的设计、严谨的论证，制定出有的放矢、精准可行的应急性和预防性对策方案。

　　总体来说，在当前和未来相当长的一段历史时期内，在实现"两个一百年"奋斗目标、实现中华民族伟大复兴的中国梦的历史征程中，我国社会面临着主要矛盾与次要矛盾、现实风险与潜在风险、短期挑战与长期困难相并立的复杂形势，它具体体现为：在思想价值领域，社会思想观念和价值取向日趋活跃和多元化，主流和非主流同时并存，迫切需要就巩固马克思主义在意识形态领域的指导地位，培育和践行社会主义核心价值观，强化全党全国各族人民团结奋斗的共同思想基础进行对策研究；在经济发展领域，随着经济发展进入新常态、国际发展环境深刻变化的新形势，迫切需要就贯彻落实新发展理念，加快实现政府职能转变，建设服务型政府等进行对策研究；在社会发展领域，还存在不平衡不充分的发展问题，阶层差距进一步拉大，迫切需要就满足人民日益增长的美好生活需要，保障和改善民生、促进社会公平正义，提升人民获得感和幸福感进行对策研究；在政治发展和国家治理领域，面对新时代、新时期、新形势和新情况，迫切需要就坚持和完善中国特色社会主义制度，推进国家治理体系和治理能力现代化展开深入学理研究，围绕国家治理效能、社会主义民主法治、社会公平正义、国家行政体系，政府与市场、社会关系中的职能、行政效率和公信力、社会治理特别是基层治理现代化、防范化解重大风险体制机制、突发公共事件应急能力、自然灾害防御水平、发展安全保障等等进行理论、战略和对策研究；在党的建设领域，面对全面从严治党进入重要阶段、党面临的风险和考验集中显现的新形势，迫切需要就不断提高党的领导水平和执政水平、增强拒腐防变和抵御风险能力进行对策研究；在对外交往领域，面对世界范围内各种思想文化交流交融交锋的新形势，迫切需要就加快建设社会主义文化强国、增强文化软实力、提高我国在国际上的话语权进行对策研究。凡此种种，都是我国社会主义现代化建设过程中的重大迫切问题，都需要我国政治学承担政治使命，予以对策回应，这构成了我国政治学对策研究的重点方向和发展趋势。

同时，为了有效开展对策研究，我国政治学还将积极建设相应的学科体系和支撑平台，为对策研究的深入发展和优质生产提供坚实载体。因此，在未来的现实对策研究中，我国政治学必将发挥研究单位和学科整体的联动效应，一方面大力加强和完善公共政策的专业方向，进一步推进公共政策研究在数量和质量上的发展势头，使得公共政策研究成为我国政治学研究的关键学科领域，使其研究成果成为政治学学术产出的主要来源。另一方面不断推进中国特色新型智库建设，决策部门同智库的信息共享和互动交流将更加密切，公共部门与智库的合作将更加制度化、常态化，我国政治学的成果应用和转化机制和渠道将进一步健全。

## 六　研究方法改进需求将不断规范方法研究和运用

根据我国政治学方法研究的长期态势，结合新时代政治学学术研究的积极进展，笔者认为，在未来的发展中，我国政治学研究方法将呈现出马克思主义政治学方法研究的进一步强化，方法论探讨和反思更为深化，研究方法的具体使用更为综合、规范，新技术应用更为普遍等发展走向和总体趋势。

首先，马克思主义作为我国政治学学术研究的指导思想，决定了我国政治学学术发展的正确方向和核心使命，马克思主义政治学研究方法则是确保研究准确性、科学性的方法论基础和有效分析工具。只有充分掌握和熟练使用马克思主义历史唯物主义方法，才能在"百年未有之大变局"中准确判明历史大势和时代潮流，阐明人类社会的发展规律；只有充分运用马克思主义唯物辩证法，才能在变动不居的社会结构中，在纷繁复杂的社会事实中，在政治现象的普遍联系中，在政治关系的对立统一中，科学的认识世界，积极的改变世界。才能更好的制定行动战略、政策方案和实施策略，维护好、发展好人民利益，实现人的自由而全面的发展，为推进全人类的共同福祉而贡献力量。因此，在未来的发展中，我国政治学将深入开展对马克思主义研究方法的研究，以提升使用相关方法解释和解决问题的能力。

其次,我国政治学将在国内交流和国际对话的基础上,对方法论问题展开更为丰富的讨论和反思,认知也将更趋深入和全面。这种多重维度的方法论反思将会体现为:一是以马克思主义政治学研究方法为主体,观照西方政治学方法的效用和限度,尤其是以马克思主义的人的本质学说检视西方方法论的人性预设以及西方研究方法的机械唯物论、形而上学本质。二是以中国特色的实践经验为参照,反思西方研究范式方法在中国情境中的不足与短板,探索外域研究方法本土转化,以及立足本土经验构建中国特色的研究方法的可行性和可能性。三是在本土性与世界性的辩证关系层面,反思本土概念体系和话语体系的国际化问题,尤其是要围绕相关概念形成学术共识,确保其得到国际学界的理解和认可。

再次,我国政治学学术研究将会坚持问题导向和科学取向,根据研究需要,选择和综合使用与研究对象相适配的分析工具,不断推动研究方法运用的规范性、严谨性。目前我国政治学研究方法在经验研究、规范研究、实证研究、定性研究以及更为微观的研究技术的运用上均有了显著进步,尤其是定量分析,已经成为了热门领域。但是目前量化分析也还存在数据"规范研究不规范""实证研究不实证"的问题,例如论证和解读不规范、不合理,甚至有的研究会通过数据倒推出"故事",裁剪数据、漠视或忽视事件背景,让数据服务于故事,以手段替代方法;还有的研究通过各种数据或方法,提炼伪命题,得出各种似是而非的结论。① 在未来的发展中,我国政治学研究中的规范研究会继续保持强势地位,经验研究和实证研究比例会进一步上升,定性研究的科学化水平会不断发展,② 混合研究方法将更受重视。

复次,我国政治学学术研究也将紧跟技术前沿,将各学科、各领域的最新研究成果纳入不断发展、更新着的研究方法工具库。例如随着大数

---

① 蔡永顺:《政治学与中国研究》,《学海》2018年第1期。
② 参见陈周旺《中国政治学的知识交锋及其出路》,《政治学研究》2017年第5期;智明《超越定量与定性研究法之争——KKV对定性研究设计的启发》,《公共行政评论》2015年第8期;陈玮、耿曙、钟灵娜《白话〈社会科学中的研究设计〉:日常思考的语言与研究设计的逻辑》,《公共行政评论》2015年第8期;朱天飚:《〈社会科学中的研究设计〉与定性研究》,《公共行政评论》2015年第8期。

据、云计算和人工智能技术的兴起，不断为政治学研究方法提供新的分析工具，大数据、云计算和人工智能方法在社会科学研究领域的应用使社会科学研究正在经历从定性研究、定量研究、仿真研究向大数据研究的第四研究范式转型，突破了传统社会科学研究目标弱化、学科学派对立、有限数据质量和统计偏误等的局限性，重建了社会科学预测的可能性。[①] 同时，统计方法和调查方法等也在不断更新，例如列举实验等新技术的应用，有效提高了问卷调查的信度和效度。

## 七 不断增长的研究需求将推进政治学的系统研究

如前所言，现代社会具有高度的复杂性和高速的流动性，一方面，随着社会分工和专业分化的持续发展，各领域进一步精细化，新的子领域不断涌现；另一方面，不同领域之间的边界逐渐模糊，相互之间具有更高的渗透性和交叉性。在转型中国的特殊情境中，这种各领域彼此分离又高度交织的复合现象，构成了包括政治学在内的哲学社会科学的共同研究背景和研究对象。针对这种新情况和新形势，各学科的学术研究和资源布局普遍出现了由传统的以学科、专业为中心向以问题为中心的转化，这种新文科研究取向的出现，有利于打破学科、专业壁垒，实现超领域、跨学科的研究力量整合。因此，在我国政治学的未来研究中，系统性将成为不断深化、拓展的发展趋势和研究取向，它意味着视角的全面性、过程的统一性、主体的联动性、思维的综合性、层次的复合性以及领域的交融性，必将推动建立起全方位、全领域、全要素的理论体系。

首先，我国政治学学术研究将在唯物辩证思维的指导下，推进政治结构、政治过程的一体化分析。政治学学术研究的专业化趋势一方面提升了研究的精细化和深入化水平，也在事实上造成了政治结构、政治过程的等各个维度和环节的分解与割裂。在未来的研究中，我国政治学将遵循马克思主义的辩证统一思维，重视不同政治主体、要素、成分、现象之间的普遍联系，在辩证关系中探寻政治现象的因果机制、互动规律和发展思路，

---

[①] 米加宁、李大宇、林涛：《第四研究范式：大数据驱动的社会科学研究转型》，《学海》2018年第2期。

例如在发展社会主义民主政治的视域中，深刻认识党的领导、人民当家作主和依法治国有机统一及其本质要求，设计推进人民民主的行动路线。在未来的研究中，我国政治学也会重视过程层面的有机连贯，例如对中国特色社会主义制度优势及其治理效能的研究，只有在过程分析的基础上，全面考察制度设计、政策制定、决策执行、评估与反馈等各个环节，才能理解制度运行的内在机理，体悟中国国家治理的优越性所在。[1]

其次，我国政治学学术研究将在复合性思维的指导下，强化对不同分析层面的综合把握。政治学分析层次的划分，不仅体现为宏观、中观和微观的视野分殊，也表现为理论与实践、制度与价值、历史与现实、本土与国际、战略与政策、结构与行为的分野。在未来的研究中，我国政治学将进一步推进不同分析层面的贴合与贯通，不仅研究宏观的制度体系、制度变迁，也会分析中观的制度运行、政策过程、组织机理，还会考察微观的政治心理、政治行为，并着重研究三者的辩证互动所产生的政治效应。同时，也只有比较基础上的综合分析，才能更好的理解相互依存的概念体系，例如制度的价值基础，现实的历史渊源，行为的结构背景等。

再次，我国政治学学术研究将在交融性思维的引导下，加快不同学科、领域之间的交叉研究。以问题为中心的研究取向对理论资源、分析路径、研究方法、研究视角等提出更高的要求，我国政治学的学科交叉以及跨学科研究趋势将会随之不断推进，其不仅体现为政治心理学、政治社会学、民族政治学等交叉领域的研究成果更为丰富，也体现为大数据、云计算和人工智能背景下的计算政治学、计算政策学、计算治理学等新兴领域的大量涌现，还体现为政治学对社会学、经济学、哲学以及统计学、计算科学、信息技术、机器学习等专业领域新技术的引介和借鉴。

复次，我国政治学学术研究将在联动性思维的指导下，推动学术共同体内部的交流与合作。我国政治学学术共同体建设已经取得了显著成效，尤其体现在不同研究单位、学术团队之间的交流与合作。在未来的研究中，我国政治学势必将在问题导向的驱动下，积极开展联合科研、集体攻坚，并形成稳定的资源共享、智慧共享和成果共享机制，必将使我国政治学学术共同体和科研平台的联动优势得以充分释放。

---

[1] 庞明礼：《国家治理效能的实现机制：一个政策过程的分析视角》，《探索》2020 年第 1 期。

## 八　世界一流建设目标将有效激励对外交流与合作

党的十八大以来，中共中央、国务院对新时期我国高等教育重点建设作出战略部署，明确了建设"世界一流大学和一流学科"的发展目标和总体方案，为包括政治学在内的各学科体系建设指明了前进方向，为进一步推进国际化发展注入了强劲动力。在新时代，我国政治学学术研究将坚持中国特色、世界一流为核心，不断强化和深化对外交流与合作，以向世界传递中国声音，展示中国特色社会主义建设成就为己任，致力于让世界了解和理解政治学中的中国和中国的政治学。

随着国家政策支持的持续提升，投入力度的不断加大，我国政治学将进一步开展多层次、多渠道、多样式的对外交流。其中在对外交流方式上，我国政治学将在继续深化和优化传统的学术会议、访问进修、邀请海外专家举办讲座等形式的基础上，开展更为多元的交流与合作项目，为进一步推进学科、学术建设，提升我国政治学的国际影响力提供助力。具体而言，这种发展趋势主要体现在：更多由学者个体间的交流发展为国内外高校、研究机构和公共部门之间的大规模、组织化交流；更多的由短期内的交流形式，如学术会议、专家讲座等发展为长期化、制度性的交流形式，如联合开展科研项目、成立研究机构、组织学术团队合作攻坚等。同时，在对外交流的格局上，当前还存在着分散化、不均衡的特点，例如高校、研究机构的平台层次、学术资源、所处地域等因素高度影响政治学学科点对外交流的能力、水平和范围，从而使我国政治学对外交流呈现出传统的"985"、"211"建设平台领先于普通高校平台，"双一流"建设学科领先于非双一流建设学科，东部高校领先于中西部高校的总体态势。在未来的发展中，随着国家政策扶持力度的不断提升，各研究单位科研条件的不断优化，我国政治学学术研究的对外交流格局将更为扩展与均衡，与各国、国际政治学学术机构和组织的合作也将不断紧密，从而为进一步提高我国政治学学术发展水平和国际影响力奠定坚实基础。

在对外交流的内容和目标上，我国政治学将从更为注重成果引介发展为成果输出，从单向引入发展为双向互动，从主要研究和关注西方议题发展为构建中国本土研究议题。尤其是随着社会主义市场经济、民主政治、先进文化、和谐社会、生态文明以及党的执政能力建设取得重要成就，国家治理的中国智慧和中国理论逐渐为世界所瞩目，在这种背景下，我国政治建设和发展的理论形态，如中国优秀传统治理思想要素、中国治理法理、中国治理机理、中国制度体系、中国特色社会主义民主样式、意识形态等，不仅成为我国政治学学术研究对外交流的主要议题和内容，也将成为国际学界主动关注和研究的研究热点。这种主体性地位、原创性理论的发展，将成为我国政治学对外交流演化的总体趋势，也将加快我国政治学建设世界一流的步伐。

# 第二编
# 新时代的中国政治学学术发展

## 分　论

# 第六章　政治学理论与方法学术研究的发展

## 一　政治学理论研究的进展

**（一）政治学理论研究的主要成就和特点**[①]

1. 主要成就

（1）马克思主义政治学理论研究成就斐然

第一，马克思主义政治学基本理论研究取得重要进展。政治学界高度重视马克思主义政治学话语体系建设；[②] 有的学者对马克思、恩格斯有关东方问题的政治论断进行了深入研究；有学者对巴黎公社政治体制的意义进行了深入的挖掘；有学者基于马克思恩格斯国家起源的学说，从土地制度的角度研究了国家的起源问题；有的学者重新阐发了马克思的国家理论的重要性；有学者研究了马克思主义的"阶级"概念在近代中国的传播过程；有学者对马克思的社会共和国思想进行了深入解读；有学者对马克思

---

[①] 报告内容主要是基于如下材料分析提炼。从统计成果形式角度看，主要包括国家社会科学基金项目、论文、著作、译著、重要学术会议、重要研究机构等能反映政治理论研究进展方面的信息。从统计成果范围角度看，主要包括高校、党校、社科院三个系统专家的研究成果。从统计成果选择的标准角度看，一是根据参与教育部第四轮学科评估的政治学学科建立专家库，按照专家库名单统计"十三五"期间政治理论研究成果；二是单独建立党校系统、社科院系统专家库，按照专家库名单统计"十三五"期间政治理论研究成果；三是按照政治学理论相关研究领域和议题统计政治学理论研究成果，尤其注重统计非"双一流"院校专家完成的政治学理论相关研究成果。在此基础上，按照重要学者、重要刊物、重要研究机构、成果转载等为标准对政治学理论研究成果清单进行精简，在精简的基础上进行分析，力争保证报告分析的客观性、准确性、权威性。

[②] 2018年12月14—16日，中国政治学会2018年年会暨"以习近平新时代中国特色社会主义思想为指导，加强马克思主义政治学话语体系建设"学术研讨会在广州召开。

主义政治发展理论进行了系统研究,① 等等。

第二,中国化的马克思主义政治学理论研究与时俱进。有学者对构建中国化马克思主义党建理论体系的方法论进行了深入思考;有学者尝试从马克思主义中国化的视角建构中国的政治学话语体系;有学者对马克思主义中国化的最新成果——习近平新时代中国特色社会主义思想进行了深入研究,成果斐然,内容涉及习近平新时代中国特色社会主义思想的总体研究、习近平新时代中国特色社会主义思想学理基础的研究、习近平对于新时代中国特色社会主义政治重要论述的研究;有学者梳理总结了中华人民共和国成立70年来马克思主义政党学说中国化的历史进程和具体经验,②等等。

第三,国外马克思主义政治学理论研究更加深入。有学者研究了西方马克思主义民主理论及其在实践中的困境;有学者结合时代的变化对西方马克思主义社会革命理论重新进行了评析;有学者从西方马克思主义种族和族群理论研究两个路径揭示其对当代中国的启示,③ 等等。

(2) 政治学理论研究从注重引介转向注重原创性

第一,注重国外政治学理论与中国政治发展经验的深度融合。有学者运用国家理论、政党理论和治理理论研究当代中国治理的党政机构及功能

---

① 参见徐勇《从中国事实看"东方专制论"的限度——兼对马克思恩格斯有关东方政治论断的辨析与补充》,《政治学研究》2017年第4期;彭才栋《以消灭阶级为基础的政治形式——正确理解巴黎公社政治体制的意义》,《政治学研究》2016年第6期;陈明《土地制度与早期国家的创制——基于马克思恩格斯国家起源论说的分析》,《中国农史》2018年第1期;张潇爽《重述波兰尼的当代意义——马克思的国家理论何以重要》,《国外理论动态》2019年第12期;曹龙虎《身份观念的转换与现代国家建构——对马克思主义"阶级"概念在近代中国传播的理论解读》,《南京大学学报》2020年第1期;汪世凯《从现代国家到社会共和国:卡尔·马克思的国家理论》,《经济社会体制比较》2018年第5期;吴晓林《走向共同体:马克思主义政治发展观的"条件论"》,《政治学研究》2019年第4期。

② 参见王长江《构建中国化马克思主义党建理论体系的方法论思考》,《科学社会主义》2017年第6期;张师伟《马克思主义中国化与中国政治学话语体系的现代建构》,《江淮论坛》2019年第1期;曾祥云《论70年中国化马克思主义的理论特质——以习近平新时代中国特色社会主义思想为例》,《湖南大学学报》(社会科学版)2019年第5期;张荣臣《新中国成立70年来马克思主义党的学说中国化的历史进程与经验》,《湖湘论坛》2019年第5期。

③ 参见于欣《西方马克思主义民主理论与实践的困境》,《学术交流》2018年第11期;阮华容、陈曙光《乌托邦的革命——西方马克思主义社会革命理论评析》,《理论视野》2019年第8期;左宏愿《种族、族群与阶级:西方马克思主义种族和族群研究的路径及其启示》,《民族研究》2017年第3期。

机制；有学者从国族建设的视角出发，研究了现代国家建构理论，分析了国族建构理论对当代中国国家建构的意义和价值；有学者用东方主义的公民观念，分析了东方社会公民建构的潜力；有学者运用"结构—风险—行为"分析框架解释基层避责的内在逻辑，①等等。

第二，注重研究国外政治学理论的适用性。有学者研究了历史制度主义的渐进性制度变迁理论的适用性；有学者反思了西方民主测量理论的局限；有的学者呼吁应跳出西方"民族国家"的话语窠臼②，等等。

第三，注重从中国政治发展经验建构原创性政治学理论成为政治学界的普遍共识。有学者指出，中国政治学研究的当务之急是转变研究范式和创新研究方法，建构中国理论；有学者指出，新时代中国政治学理论供给不足；有学者呼吁，新时代应以原创性研究推动中国政治学发展；有学者指出，新时代条件下政治学应该确定新的价值定位；有学者提出，我国的政治学面临着前所未有的发展机遇，中国学者不仅要学习，更要强化学科的主体性地位，进行原创性研究，在设置议题、强化问题、解答难题、拉长时段、通约概念、兼容方法等方面做出进一步努力；有学者倡导中国政治学构建应以知识供给为取向，以概念构建为突破点，提升概念供给能力；有学者呼吁当代中国政治学要扎根于中国改革开放的现实经验，从"老三解"走向"新三解"；有学者提出中国政治学的研究应生产普遍化知识③，等等。

---

① 参见王浦劬、汤彬《当代中国治理的党政结构与功能机制分析》，《中国社会科学》2019年第9期；周平《现代国家基础性的社会政治机制——基于国族的分析视角》，《中国社会科学》2020年第3期；郭忠华《现代公民观念建构中的"东方社会"》，《中国社会科学》2018年第3期；倪星、王锐《权责分立与基层避责：一种理论解释》，《中国社会科学》2018年第5期。

② 参见马德勇《历史制度主义的渐进性制度变迁理论——兼论其在中国的适用性》，《经济社会体制比较》2018年第5期；赵卫涛、张树华《西方民主测量的理论局限与政治反思》，《政治学研究》2016年第4期；马德普《跳出西方"民族国家"的话语窠臼》，《政治学研究》2019年第2期。

③ 参见房宁《谈谈当代中国政治学方法论问题》，《政治学研究》2016年第1期；张桂琳《新时代条件下政治学的价值定位》，《政治学研究》2013年第5期；周光辉《新时代应以原创性研究推动中国政治学发展》，《政治学研究》2018年第2期；徐勇《中国政治学20年的跨越与走向——以优秀博士学位论文评选为例》，《吉林大学社会科学学报》2020年第3期；周平《政治学构建须以知识供给为取向》，《政治学研究》2017年第5期；王炳权《从务实主义到理论供给：中国政治学转向的关键》，《探索》2020年第2期；肖滨《面对改革开放：当代中国政治学的三种新选择》，《浙江社会科学》2017年第7期；陈明明《发展逻辑与政治学的再阐释：当代中国政府原理》，《政治学研究》2018年第2期。

在新时代，我国政治学学术研究以马克思列宁主义、毛泽东思想、邓小平理论、"三个代表"重要思想、科学发展观和习近平新时代中国特色社会主义思想为指导，基于中国特色社会主义实践，在构建适应中国政治实践发展和时代需要、具有中国特色、中国风格、中国气派的政治学基础理论做出了积极的学术尝试。北京大学的政治学研究团队，协同北京大学国家治理研究院、北京大学政府管理学院、中共中央党校政治学部等单位的学者，从规范与实证两个角度出发，积极构建中国特色的利益政治学理论；[①] 复旦大学和中国人民大学的学术团队提出并且论证执政党为中心的国家治理分析范式；吉林大学的学术团队基于中国独特的政治实践，提出并且论证了原创性的国家认同理论和国家自主性理论；[②] 华中师范大学的政治学研究团队，积极尝试基于中国本土的乡村治理理论构建；[③] 云南大学的政治学研究团队基于多年的民族政治学研究，积极展开中国特色民族政治学理论的构建；[④] 天津师范大学政治学研究团队对"中国式民主理论"的要素、结构、战略和模式所进行的原创性研究；[⑤] 中央编译局、清华大学、中国人民大学、北京大学的部分政治学者进行的中国特色社会主义协商民主研究。[⑥]

---

[①] 王浦劬等著：《政治学基础》，北京大学出版社2018年版；王浦劬、赵滕：《两宋功利思想研究》，中国社会科学出版社2020年版；王浦劬、赵滕：《先秦功利思想研究》，中国社会科学出版社2020年版；王浦劬、刘舒杨：《当代功利主义平等观论析》，《政治学研究》2017年第6期；王浦劬、杨晓曦：《当前党政干部公共服务动机状况调查——基于中部某市党政干部的实证研究》，《人民论坛》2017年第4期；李锋、王浦劬：《基层公务员公共服务动机的结构与前因分析》，《华中师范大学学报》（人文社会科学版）2016年第1期。

[②] 周光辉、李虎：《领土认同：国家认同的基础——构建一种更完备的国家认同理论》，《中国社会科学》2016年第7期；周光辉、彭斌：《国家自主性：破解中国现代化道路"双重难题"的关键因素——以权力、制度与机制为分析框架》，《社会科学研究》2019年第5期。

[③] 徐勇：《"分"与"合"：质性研究视角下农村区域性村庄分类》，《山东社会科学》2016年第7期。调查书系包括：徐勇、邓大才《中国农村调查·村庄类》，中国社会科学出版社2016—2020年版。《中国农村调查·口述类·农村变迁卷》、《中国农村调查·口述类·农村妇女卷》、《中国农村调查·家户调查》。翻译成果包括：《满铁农村调查·惯行类》第1—4卷，中国社会科学出版社2016—2017年版。组稿论文刊发在《政治学研究》2018年第4期。邓大才：《通向权利的阶梯：产权过程与国家治理——中西方比较视角下的中国经验》，《中国社会科学》2018年第4期。陈军亚《韧性小农：历史延续与现代转换——中国小农户的生命力及自主责任机制》，《中国社会科学》2019年第12期。

[④] 佟德志：《法治民主——民主与法治的复合结构及其内在逻辑》，北京大学出版社2016年版。

[⑤] 佟德志：《法治民主——民主与法治的复合结构及其内在逻辑》，北京大学出版社2016年版。

[⑥] 陈家刚：《协商民主观念与认知》，社会科学文献出版社2019年版；谈火生、霍伟岸、何包钢：《协商民主的技术》，社会科学文献出版社2014年版。

（3）政治学理论研究领域有所扩大，出现一些新的学术研究增长点

第一，前沿性政治学理论被引介。治理理论的国外前沿研究被译介；协商系统理论被引进；民主协商质量评估方法被译介；代表理论的建构主义转向开始被关注；群体代表制理论得到系统介绍和评价；政府质量研究进展被跟踪；政治理论的前沿性研究成果被系统化研究，① 等等。

第二，一些新的研究议题开始受到关注。"国家性"问题受到政治学界的关注；"云"治理进入了一些学者的研究视野；"类政党"和"准政党"现象被深度研究；"新结构政治理论"受到一些学者关注；政治共同体的研究开始兴起；作为一个新概念，国家治理能力被一些学者做深度解析，② 等等。

第三，新时代、新技术对传统政治学理论的挑战受到关注。新技术革命对国家理论的挑战被一些学者做深度分析；还有部分学者研究了网络民主与"大数据民主"之间的不同，③ 等等。

第四，对政治学理论的长时段学术史研究开始受到重视。有的研究梳理了改革开放40年来中国政治学研究中的重要分析概念、研究方法，政治学理论等领域的发展变迁，总结了成就，反思了存在的问题，廓清了未

---

① 参见王浦劬、臧雷振编译《治理理论与实践：经典研究议题新解》，中央编译出版社2017年版；佟德志、程香丽《当代西方协商系统理论的兴起与主题》，《国外社会科学》2019年第1期；陈旭、李靖《西方民主式协商质量评估方法概述》，《社会科学战线》2019年第5期；张令伟《西方代表理论的建构主义转向：缘起、内容和前景》，《国外理论动态》2019年第2期；黄小钫《弱势群体的集体权利及其代表：当代西方群体代表制理论评析》，《国外理论动态》2019年第3期；聂平平、万苏春《国外政府质量研究：话语阐释、测评指标与研究困境》，《国外社会科学》2018年第5期；胡荣荣《一党独大制及其适应性：西方研究述评》，《中共宁波市委党校学报》2016年第1期；庞金友《政治学理论前沿十八讲》，中国社会科学出版社2019年版。

② 参见雷勇《"国家性"问题：民主化研究不可忽视的重要领域》，《社会科学战线》2017年第11期；赵成斐、万艺《新时代政党的"云"治理及其体系建构》，《苏州大学学报》（哲学社会科学版）2019年第6期；金安平《简论政党政治中的"类政党"与"准政党"现象》，《北京行政学院学报》2016年第2期；李威利《从制度化到结构化：现代国家转型的新结构政治理论》，《甘肃行政学院学报》2019年第4期；林奇富《命运共同体意识与现代国家认同——多民族国家如何塑造、巩固和强化现代国家认同》，《学习与探索》2016年第8期；杨光斌《关于国家治理能力的一般理论——探索世界政治（比较政治）研究的新范式》，《教学与研究》2017年第1期；梁波《结构分化视域下的国家治理能力建设》，《教学与研究》2019年第2期。

③ 参见王绍光《新技术革命与国家理论》，《中央社会主义学院学报》2019年第5期；徐圣龙《从载体更新到议程再造：网络民主与"大数据民主"的比较研究》，《社会科学》2019年第7期。

来发展方向;有的研究系统回顾了中华人民共和国成立以来中国政治学界国家理论、民主理论、政党理论、治理理论等研究取得的成绩;有的研究系统梳理了政治学学科在中国的发展现状、面临的问题和挑战[1],等等。

(4) 政治学理论研究跨学科特征更加明显

政治学理论研究注重与哲学、法学、社会学、民族学、心理学、人类学等学科相结合趋势更加明显,形成了一批高质量的研究成果。政治学理论跨学科研究呈现出一些新趋势。

第一,政治学与哲学中的现象学结合,开拓政治现象学的研究方向。学界召开"政治现象学——理论与方法"学术研讨会,译介政治现象学领域内的重要成果,推出政治现象学研究成果[2]。

第二,政治学与历史学的结合,尝试开拓历史政治学,为政治学的发展和政治学理论的创新寻求新的分析路径和研究内容。为此,学界成立历史政治学研究中心,召开历史政治学系列学术会议,发表历史政治学研究成果[3]。

第三,政治学与语言学的结合,研究话语、权力、意识形态之间的关系,探究政治话语分析的方法[4]。

(5) 政治学传统理论研究与反思更加深入,研究的细化和深化特色明显

一是民主理论。

有学者回顾了改革开放以来,马克思主义民主、多元民主、精英民

---

[1] 参见俞可平主编《中国政治学四十年》,商务印书馆2019年版;房宁主编《新中国政治学研究70年》,中国社会科学出版社2019年版。郭苏建主编《政治学与中国政治研究——学科发展现状评析》,上海人民出版社2016年版。

[2] 参见张凤阳《政治现象学研究》,《南京大学学报》(哲学·人文科学·社会科学版) 2019年第1期;王海洲《政治学视域中的政治现象学进路》,《南京大学学报》(哲学·人文科学·社会科学版) 2019年第1期;彭斌《政治现象学何以可能》,《南京大学学报》(哲学·人文科学·社会科学版) 2019年第1期;刘训练《政治思想史研究的方法论反思与政治现象学的尝试》,《南京大学学报》(哲学·人文科学·社会科学版) 2019年第1期。

[3] 参见杨光斌、释启鹏《历史政治学的功能分析》,《政治学研究》2020年第2期;姚中秋《学科视野中的历史政治学:以历史社会学、政治史、比较政治学为参照》,《政治学研究》2020年第2期。

[4] 参见佟德志《计算机辅助大数据政治话语分析》,《国家行政学院学报》2017年第1期;郭台辉《语言的政治化与政治的语言化——政治学方法论的"语言学转向"问题》,《政治学研究》2019年第4期;元光《政治话语分析的基础理论阐释:理论前提、问题域与实践性诠释》,《政治学研究》2020年第1期。

主、参与式民主、协商民主、共识民主、激进民主等民主理论的发展,学界围绕民主的概念、价值、缺陷、类型、条件、历史、思想、制度、转型、巩固以及质量的测量等进行了大量研究。经过多年的研究和积累,民主理论的思想基础得到扩展,民主的规范研究与经验研究之间的互动不断加强,民主理论研究的意识形态色彩逐渐淡化,民主理论研究的专题化以及知识的系统化水平得到了较大程度的提升。[1] 有学者对比较政治学的变化与发展得出基本判断,认为第三波民主化研究的关注点从竞争性选举转向"民主质量"以及对民主标准的重新思考,以作为对"劣质选举"的回应。[2] 也有学者将中国民主的价值模式和实践模式总结为民本主义民主和协商共识型民主。[3] 还有学者总结了对民主观念的反思浪潮。[4]

由民主理论关键词词频统计可得,频次最高的前十个关键词为:协商民主(237次)、民主理论(35次)、社会主义协商民主(34次)、协商民主理论(31次)、民主政治(27次)、党内民主(25次)、公民参与(20次)、毛泽东(18次)、民主集中制(17次)、中国共产党(16次)(表6-1)。由2012—2020年民主理论关键词聚类图谱可得,协商民主的节点大小远超其他节点,各节点之间连线均围绕协商民主产生,因此进一步印证,在民主理论领域已经形成了以协商民主为核心,以协商民主理论、民主政治等为副中心的研究结构(图6-1)。

表6-1　　　　2012—2020年民主理论研究关键词词频统计

| 关键词 | 频数（次） | 时间 |
| --- | --- | --- |
| 协商民主 | 237 | 2012 |
| 民主理论 | 35 | 2012 |
| 社会主义协商民主 | 34 | 2013 |

---

[1] 殷冬水:《改革开放40年中国政治学理论研究的重要主题及本土化探索》,《天津社会科学》2019年第2期。
[2] 参见景跃进《中国政治学的转型:分化与定位》,《政治学研究》2019年第2期;包刚升《第三波民主化国家的政体转型与治理绩效(1974—2013)》,《开放时代》2017年第1期。
[3] 杨光斌:《以中国为方法的政治学》,《中国社会科学》2019年第10期。
[4] 杨光斌:《作为建制性学科的中国政治学——兼论如何让治理理论起到治理的作用》,《政治学研究》2018年第1期。

续表

| 关键词 | 频数（次） | 时间 |
|---|---|---|
| 协商民主理论 | 31 | 2013 |
| 民主政治 | 27 | 2012 |
| 党内民主 | 25 | 2012 |
| 公民参与 | 20 | 2012 |
| 毛泽东 | 18 | 2013 |
| 民主集中制 | 17 | 2013 |
| 中国共产党 | 16 | 2012 |

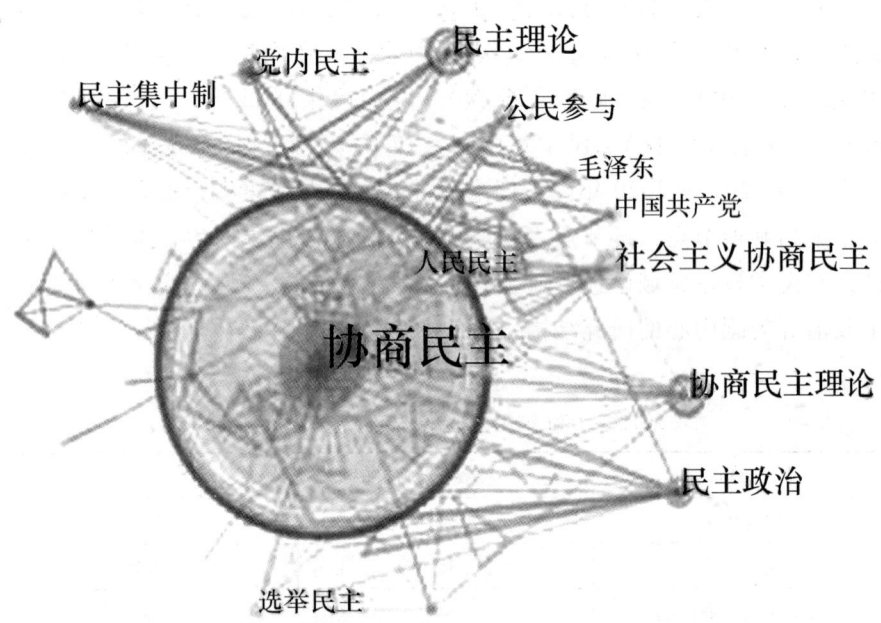

**图 6-1　2012—2020 年民主理论研究关键词聚类图谱**

注：文中涉及所有表格均以中国知网（www.cnki.net）中 2012—2020 年共计 9 年间的政治学领域的有关学术期刊和学术论文（北大核心和南大核心）为研究对象，利用 CiteSpace 软件对我国的政治学领域研究的关键词词频、关键词聚类、关键词时区、主要研究机构等进行统计和梳理，试图呈现一幅全面地描述我国政治学研究现状和进展的清晰图景，在此统一说明，后文不再解释。

二是治理理论。

治理包括国家治理、政府治理、地方治理、社会治理、基层治理等多个维度。治理实践的成功经验促进了治理理论的深化，许多中国学者非常关注治理实践与治理理论的新进展，进行了一些创新性的理论研究。[1] 如第三方治理、动员式治理等。[2] 有学者研究了治理理论在中国的变异问题：由于忽略了治理理论产生的特殊背景和社会条件，并且把中国传统的"治理"与治理理论混为一谈，治理理论在中国发生了变异，变异主要表现为"治理"一词的泛化与滥用，治理"公共性"的异化以及对治理结构的误读。[3] 有学者通过对治理路径的回顾，认为既有治理理论的研究路径经历了"社会中心—政府主导—网络参与"的连续变迁。[4] 还有学者通过梳理治理理论在中国政治学研究中的应用与拓展，发现推动中国治理理论研究实现高质量发展，需要在保持理论发掘与实践推动内在张力的同时，避免治理理论解释的无限扩大化，从而实现中国治理理论的可持续发展，并更好地将制度优势转化为国家治理效能。[5] 也有学者运用 CSSCI 数据库进行文本挖掘发现当前中国治理研究主要聚焦于"善治""多元治理""全球治理""国家治理"四个方面，前三类研究主要传播了西方话语体系，而后者却无限扩大了国家治理的外延，模糊了其内涵，使得它几乎成为包括了各人文社会科学子学科研究对象的"万能文科研究"。[6]

由 2012—2020 年治理理论关键词聚类图谱可得，治理理论研究领域已经形成治理理论、国家治理、社会治理、协同治理、整体性治理等五个主要维度，兼有治理机制、合作治理、治理模式、全球治理、社区治理、多中心治理等子方向的讨论。其中，从节点之间连线程度来看，相互交缠、密切的连线说明不同方面治理理论之间联系紧密，交流合作较多（图 6-2）。从 2012—2020 年治理理论研究发文机构聚类图谱可得，发文量较

---

[1] 熊光清：《治理理论在中国的发展与创新》，《江苏行政学院学报》2018 年第 3 期。
[2] 参见陈潭《第三方治理：理论范式与实践逻辑》，《政治学研究》2017 年第 1 期；雷信来、李砚忠《动员式治理：概念辨析、得失分析与前景展望——基于某市 2018 年秋季校园及周边食品安全专项治理的案例分析》，《探索》2019 年第 3 期。
[3] 申建林、徐芳：《治理理论在中国的变异与回归》，《学术界》2016 年第 1 期。
[4] 王刚、宋锴业：《治理理论的本质及其实现逻辑》，《求实》2017 年第 3 期。
[5] 任勇：《治理理论在中国政治学研究中的应用与拓展》，《东南学术》2020 年第 3 期。
[6] 尚虎平：《"治理"的中国诉求及当前国内治理研究的困境》，《学术月刊》2019 年第 5 期。

高的中国人民大学公共管理学院、北京大学政府管理学院、四川大学公共管理学院、武汉大学政治与公共管理学院、东北大学文法学院等（图6-3）。

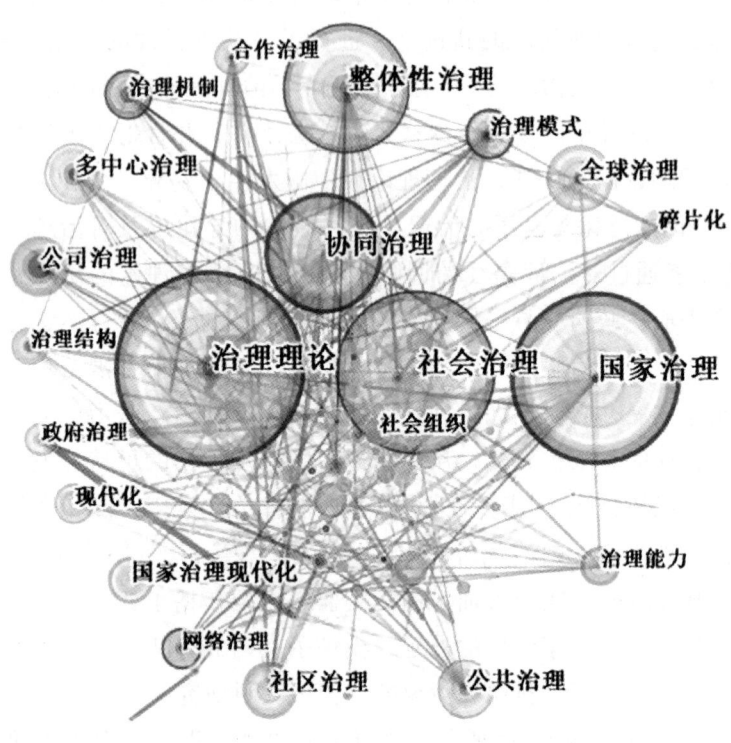

图6-2 2012—2020年治理理论研究关键词聚类图谱

三是国家理论。

有学者对70多年来我国学术界对于国家理论的研究成果加以梳理，发现我国的国家理论在研究主题上，以马克思主义国家理论为主轴，经历了从"相对单一"向"一体多元"的转变；在研究指向上，国家理论研究始终与中国现代国家建构的进程携手同行；在研究自主性上，经历了从侧重于国家理论的"知识引介"向"自主创新"转变；在研究方法上，经历了从以"规范研究"为主向"规范与实证研究"相结合过渡。[①] 有学者认

---

[①] 郭忠华：《新中国国家理论研究70年：回顾与展望》，《政治学研究》2019年第6期。

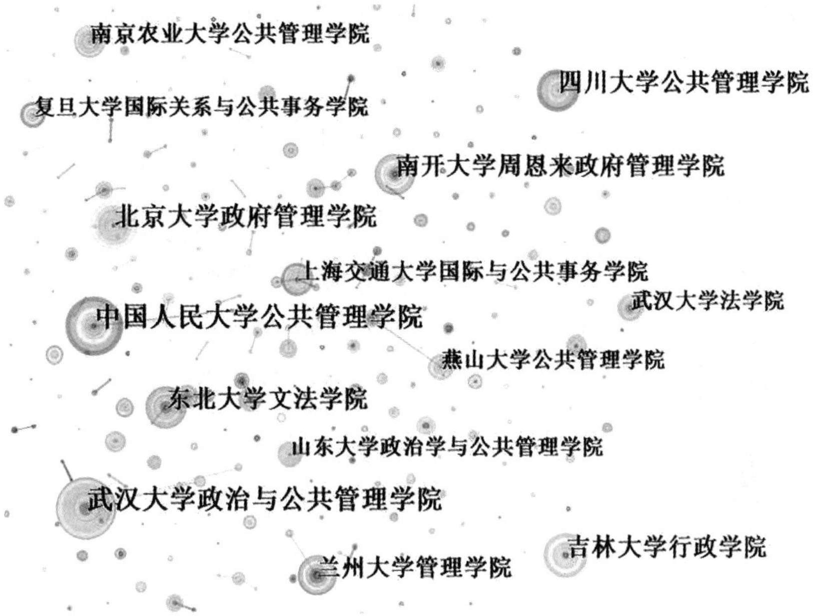

图6-3 2012—2020年治理理论研究发文机构聚类图谱

为，先秦诸子的国家学说是中国古代国家理论的奠基者，作为中国现代化和政治发展的重要遗产，先秦诸子的国家学说主要围绕国家起源及其存在的必要性、国家权力的横向与纵向配置、国家的职能与国家存在的目的等核心问题展开。[1] 此外，还有学者对国家自主性这一国家理论的重要议题进行了深入研究，通过将文化视角引入到国家理论的研究当中，寻求一种非零和博弈的国家与社会关系。[2] 可以说，现阶段学界对国家研究的范围不断扩展，国家研究的方法也更加丰富和多元。[3]

从2012—2020年国家理论关键词时区图谱可得，国家理论的研究热潮集中在2012—2013年，主要研究内容关键词为国家治理、国家理论、

---

[1] 杨阳：《中国传统国家理论的奠基——先秦诸子的国家学说》，《政治学研究》2018年第1期。

[2] 肖文明：《国家自主性与文化——迈向一种文化视角的国家理论》，《社会学研究》2017年第6期。

[3] 殷冬水：《改革开放40年中国政治学理论研究的重要主题及本土化探索》，《天津社会科学》2019年第2期。

国家起源、国家职能等，2014—2016年的相关研究几乎中断，2017—2019年有所恢复，具体研究方向为国家治理现代化、国家形象、总体国家安全观等内容（图6-4）。

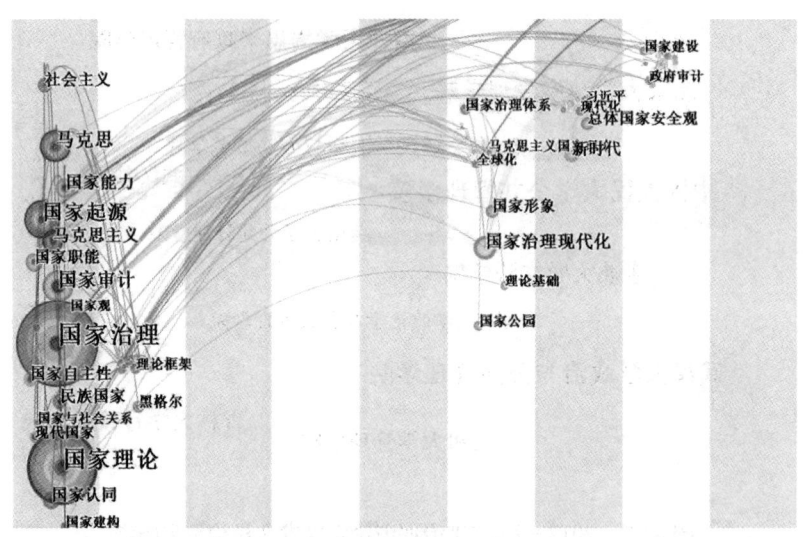

图6-4　2012—2020年国家理论研究关键词时区图谱

四是政党理论。

有学者对中华人民共和国70年政党理论进行了回顾与总结，将中国政党理论话语体系的构建总结为三个方面：一是在中国政党制度的理论解读和学理辩护上，"政党中心主义"成为解释中国政党制度形成和发展的主要理论基础，"和合文化"成为制度形成的重要文化基因。二是在中国执政党研究的议题转换上，从普遍性的政党理论到特殊的中国执政党议题。三是在对参政党的性质、功能与结构的研究与关注上，要"把民主党派摆进去"，完整而系统地解释中国政党制度的结构与优势。[①] 在此基础上，有学者将改革开放以来中国基层治理的模式总结为"政党整合治理"，该模式区别于改革开放以前中国的总体性治理模式以及当代西方的多中心治理模式，在权威分布、建构逻辑、结构形态和整合方式四个维度上展现

---

① 柴宝勇：《新中国70年政党理论的回顾与总结》，《政治学研究》2019年第6期。

出明显的时代性和本土化的特征。① 在分析中国共产党的基层组织与社会之间关系时，出现了从"政党组织社会"到"政党引领社会"分析框架的转变，有学者认为特定的社会结构为党组织引领基层社会的路径和方式提供了社会基础，而党也通过其组织架构、制度安排、意识形态和行为策略对社会予以重组与再造。在基层党组织与社会相互交融、渗透的过程中，党的引领功能得以实现。基层党组织引领社会的机制表现为政治机制、组织机制、吸纳机制和服务机制，它们分别构造了基层党组织的领导力、组织力、凝聚力和回应力。② 总的来说，对政党的研究出现了以下趋势：从研究范围来看，政党的比较研究得到深化和拓展；从研究内容来看，政党的意识形态等方面的研究不断推进；从研究方法的多元化发展来看，有关政党形象塑造的研究已运用传播学、社会学、符号学等多学科、多领域的知识和工具。③

如2012—2020年政党理论关键词时区图谱可见，较为均匀的节点分布说明政党研究总体上呈现出较好的连续性，密集丰富的节点连线说明各研究方向之间存在良好的互动和交流。其中，2012年的重要研究关键词为政党理论、中国共产党、政党制度，2018年的重要研究关键词为新型政党制度（图6-5）。

这些政治学传统理论研究的特点在于：

第一，主题更加丰富化和多元化。在国家理论领域，国家起源、国家建设、国家认同、国家形象、国家治理、国家能力、国家自主性、国家失败等得到深入研究。在民主理论领域，选举民主、协商民主、共识民主、数据民主、生态民主、共和主义民主、民主化等研究成果丰硕，一些基于长期研究完成的导论性著作出版发行。在权力理论领域，权力和权威得到新的阐释；国家基础性权力得到研究；话语权、权力结构、权力转移等主题的研究推陈出新。在政党理论领域，政党意识形态、政党类型、政党形

---

① 唐文玉：《政党整合治理：当代中国基层治理的模式诠释——兼论与总体性治理和多中心治理的比较》，《浙江社会科学》2020年第3期。
② 田先红：《政党如何引领社会？——后单位时代的基层党组织与社会之间关系分析》，《开放时代》2020年第2期。
③ 殷冬水：《改革开放40年中国政治学理论研究的重要主题及本土化探索》，《天津社会科学》2019年年第2期。

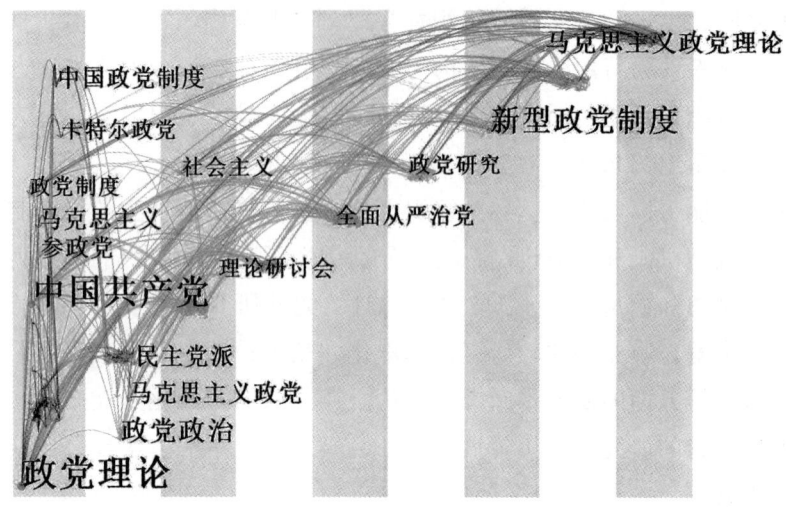

图 6-5 2012—2020 年政党理论研究关键词时区图谱

象、政党制度、政党与社会关系等受到学者的高度关注。在公民理论领域，大量理论问题得到分解研究，① 等等。

第二，研究越来越迈向精细化。一批学者长期专注于某个政治学理论

---

① 参见郭忠华《观念·结构·制度——关于民族国家起源的三种解释》，《湖北社会科学》2016 年第 5 期；陈刚《马克思主义的国家起源观及其重大意义》，《经济社会体制比较》2019 年第 1 期；任剑涛《工业、市场与现代国家》，《思想战线》2016 年第 3 期；周光辉、李虎《领土认同：国家认同的基础——构建一种更完备的国家认同理论》，《中国社会科学》2016 年第 7 期；周平《民族国家认同构建的逻辑》，《政治学研究》2017 年第 2 期；王海洲《想象力的捕捉：国家象征认同困境的政治现象学分析》，《政治学研究》2018 年第 6 期；季乃礼《国家形象理论研究述评》，《政治学研究》2016 年第 1 期；王海洲《国家形象战略的理论框架与中国方案——基于象征政治学的探索》，《上海行政学院学报》2018 年第 4 期；燕继荣《国家治理目标构成论》，《领导科学》2017 年第 28 期；徐湘林《国家治理的理论内涵》，《领导科学》2014 年第 12 期；庞金友、汤彬《当代西方"回归国家"学派国家能力理论的逻辑与影响》，《天津社会科学》2018 年第 2 期；王欧、刘洋戈《面向市场的国家能力与态度：经济繁荣的国家比较研究》，《经济社会体制比较》2019 年第 6 期；魏英杰《如何理解内战：积怨、贪婪与国家能力》，《经济社会体制比较》2019 年第 3 期；周光辉、彭斌《国家自主性：破解中国现代化道路"双重难题"的关键因素——以权力、制度与机制为分析框架》，《社会科学研究》2019 年第 5 期；马天航、熊觉《理解"国家自主性"：基于概念的考察》，《学术月刊》2018 年第 8 期；庞金友《当代西方国家失败理论的路径与逻辑》，《政治学研究》2017 年第 5 期；景跃进《"选举"何以成为"威权"的修饰词——选举概念的重构及新政体分类》，《探索与争鸣》2017 年第 5 期；马德普、黄徐强《论协商民主对代议民主的超越》，《政治学研究》2016 年第 1 期；周洁玲、谈火生《协商民主中代表机（转下页）

某个专题的研究。研究主要集中在国族建构、国家认同、国家象征、权力理论、责任政治、代表理论、社会正义①等主题上。

第三，研究越来越能为政治学的科学化提供理论指引和理论支撑。政

---

（接上页）制的理论争论与思考》，《教学与研究》2018 年第 8 期；李鹏《当代自由主义民主理论的新进展：共识民主理论的兴起及其局限性》，《理论月刊》2016 年第 8 期；程同顺《公共数据权和政治民主》，《江海学刊》2018 年第 4 期；佟德志、郭瑞雁《当代西方生态民主的主体扩展及其逻辑》，《社会科学研究》2019 年第 1 期；夏远永、张国清《佩迪特的新共和主义民主理论及其评价》，《国外社会科学》2019 年第 3 期；燕继荣《民主化的含义及拓展空间》，《国际政治研究》2016 年第 2 期；陈尧《西方民主化研究的认识论反思》，《天津社会科学》2016 年第 5 期；包刚升《第三波民主化国家的政体转型与治理绩效（1974—2013）》，《开放时代》2017 年第 1 期；袁超、张长东《民主化范式的四大命题及其批判——从政治衰败研究的视角切入》，《上海行政学院学报》2017 年第 4 期；包刚升《民主的逻辑》：社会科学文献出版社 2018 年版；庞金友《政治学理论前沿十八讲》，中国社会科学出版社 2019 年版；俞可平《权力与权威：新的解释》，《中国人民大学学报》2016 年第 3 期；任剑涛《政治权力的权威性：来源、生成与限制》，《天府新论》2016 年第 3 期；段德敏《权威作为自由的前提？——从规范角度思考政治权威》，《复旦学报》（社会科学版）2017 年第 4 期；殷冬水、赵德昊《基础性权力：现代国家的标识——国家基础性权力的政治理论透视与解释》，《学习与探索》2019 年第 9 期；陈雪莲《全球治理评估制度性话语权研究——以世界银行"全球公共部门指数"项目为例》，《新视野》2020 年第 1 期；陈明明《先锋队政党的构建：从意识形态到组织形态——关于列宁建党学说的一个讨论》，《江苏社会科学》2018 年第 4 期；张小劲、王海东《欧洲政党最新演化的类型学分析》，《当代世界与社会主义》2017 年第 2 期；孙林《政党经费视域中的西方政党类型嬗变》，《理论视野》2018 年第 2 期；向华文：《西方利基政党类型理论述评》，《教学与研究》2020 年第 3 期；柴宝勇《新中国 70 年政党理论的回顾与总结》，《政治学研究》2019 年第 6 期；刘红凛《政党政治发展与政党制度变迁：以英国为例》，《探索》2017 年第 4 期；景跃进《将政党带进来——国家与社会关系范畴的反思与重构》，《探索与争鸣》2019 年第 8 期；郭忠华《公民身份的核心问题》，中央编译出版社 2016 年版。

① 参见周平《现代国家基础性的社会政治机制——基于国族的分析视角》，《中国社会科学》2020 年第 3 期；《政治学中的民族议题》，《政治学研究》2020 年第 1 期；《中国何以须要一个国族？》，《思想战线》2020 年第 1 期，等等。殷冬水《论国家认同的四个维度》，《南京社会科学》2016 年第 5 期；《国家认同建构的文化逻辑——基于国家象征的政治学分析》，《学习与探索》2016 年第 8 期；《塑造现代国家：国家认同的视角——关于国家认同构建价值的政治学阐释与反思》，《南京社会科学》2019 年第 8 期，等等。王海洲《从秋海棠叶到雄鸡：现代中国地图的象征化与国家认同构建的嬗变》，《江苏社会科学》2016 年第 6 期；《国家形象战略的理论框架与中国方案——基于象征政治学的探索》，《上海行政学院学报》2018 年第 4 期；《想象力的捕捉：国家象征认同困境的政治现象学分析》，《政治学研究》2018 年第 6 期，等等。彭斌《社会抗争何以可能——以反支配的权力为视角的分析》，《江海学刊》2016 年第 3 期；彭斌、张玉昌《当代西方城市权力研究比较分析——以纽黑文城市权力研究为案例的考察》，《学习与实践》2018 年第 9 期，等等。张贤明、张力伟《论责任政治》，《政治学研究》2018 年第 2 期；张贤明、杨楠《政治问责及相关概念辨析》，《理论探讨》2019 年第 4 期；张贤明、张力伟《国家治理现代化的责任政治逻辑》，《社会科学战线》2020 年第 4 期，等等。林奇富、王钰《民主代表的"标准"解释及其新进展》，《江海学刊》2016 年第 1 期；林奇富、刘明明《好代表的民主释义：程序、目标和行动》，《国外理论动态》2017 年第 8 期，等等；段德敏《民主理论的代表制转向？——对西方代表制理论研究的梳理》，《国外理论动态》2016 年第 4 期；《政治代表理论中的同一性问题探析》，《天津社会科学》2017 年第 3 期，等等。

治概念的操作化和测量成为政治学理论研究的一项重要内容。在国家理论领域，基于人民获得感的良政基准和善治标尺得到了研究；国家治理的现状用世界治理指数来测量；国家认同的测量受到关注。在民主理论领域，民主协商质量评估方法被系统研究。在政府理论领域，政府质量研究取得进展；政府信任的概念及影响因素受到关注，[①] 等等。

第四，对政治学传统理论的反思更加深入。一些学者从国外政治实践的新变化、新要求和新挑战上对政治学传统理论的解释力进行了反思；一些学者从文明的多样性角度对政治学传统理论的普遍主义提出了质疑；一些学者则对一些政治传统理论的意识形态偏见进行了批评，[②] 等等。

（6）政治学理论研究服务国家发展战略的意识、方法论意识和文献对话意识进一步增强

第一，政治学理论研究服务国家发展战略的意识显著增强。政治学理论对政治价值的规范性研究为中国政治发展提供了方向；政治学理论研究中的治理、善治等学术话语成为中国共产党治国理政中使用的政治话语；政治学理论研究的成果被广泛运用来解释中国道路和"中国奇迹"；政治学理论的研究为讲述"中国故事"提供了学理支撑[③]，等等。

第二，政治学理论研究的方法论意识明显提升。如何用科学的方法研

---

[①] 参见王浦劬、季程远《新时代国家治理的良政基准与善治标尺——人民获得感的意蕴和量度》，《中国行政管理》2018年第1期；程同顺、李畅《世界银行"治理指数"对中国的测量与启示》，《理论探讨》2017年第5期；李艳霞、曹娅《国家认同的内涵、测量与来源：一个文献综述》，《教学与研究》2016年第12期；陈旭、李靖《西方民主式协商质量评估方法概述》，《社会科学战线》2019年第5期；孟天广、李锋《政府质量与政治信任：绩效合法性与制度合法性的假说》，《江苏行政学院学报》2017年第6期；朱春奎、毛万磊《政府信任的概念测量、影响因素与提升策略》，《厦门大学学报》（哲学社会科学版）2017年第3期。

[②] 参见马德普、黄徐强《论协商民主对代议民主的超越》，《政治学研究》2016年第1期；包刚升《西方政治的新现实——族群宗教多元主义与西方自由民主政体的挑战》，《政治学研究》2018年第3期；《政治危机何以形成：一项基于自由政体学说的理论分析》，《学术月刊》2019年第11期，等等；袁超、张长东《民主化范式的四大命题及其批判——从政治衰败研究的视角切入》，《上海行政学院学报》2017年第4期；杨光斌《重新解释现实主义国际政治理论——历史本体论、国家性假设与弱理论禀赋》，《中国人民大学学报》2018年第4期；杨光斌、释启鹏《带有明显意识形态偏见的西方自由民主评价体系——以传播自由主义民主的几个指数为例》，《当代世界与社会主义》2017年第5期。

[③] 参见徐勇《历史延续性视角下的中国道路》，《中国社会科学》2016年第7期；燕继荣《中国改革的普遍意义——40年中国政治发展的再认识》，《浙江社会科学》2018年第9期。

究政治概念，成为政治学界研究的一个重点，等等。①

第三，政治学理论研究的文献对话意识进一步提高。跟踪国际学术界研究的前沿，与已有研究对话，站在国际学术的前沿展开研究，成为政治学理论研究的一个趋势，等等。

（7）政治学理论和研究方法研究队伍不断壮大，研究力量布局更加多元

第一，"双一流"院校仍是政治学理论研究的主要力量。"双一流"院校的中青年学者承担了国家社会科学基金立项中的政治学理论研究的大多数项目；在《中国社会科学》《政治学研究》以及 SSCI 期刊学术论文发表中，"双一流"院校的学者有突出的表现；在政治学理论研究议题设置、研究方法创新、研究取向的调整中，"双一流"院校的学者发挥了关键性的作用。

第二，党校、社科院，以及非"双一流"院校是政治学理论研究不容忽视的一支重要力量。

第三，中青年成为政治学理论研究的骨干力量。中青年学者在译介国外政治学前沿理论、深化传统政治理论的研究、拓展政治学理论研究议题等方面发挥了重要作用。

2. 主要特点

（1）正确的政治立场和价值取向。政治学理论研究始终坚持用马克思列宁主义、毛泽东思想、邓小平理论、"三个代表"重要思想、科学发展观、习近平新时代中国特色社会主义思想的立场、观点和方法指导研究工作，始终坚持正确的政治方向和学术导向。

（2）鲜明的时代性。政治学理论研究，与时代同行，与时俱进。直面时代问题，回应时代需要，彰显时代精神。坚持理论与实践结合，坚持用理论指导实践，用实践发展理论，不断推动政治学的概念、话语、理论的创新。

（3）广泛的包容性。政治学理论研究始终坚持兼容并蓄的研究传统，

---

① 参见郭忠华《历史・理论・实证：概念研究的三种范式》，《学海》2020 年第 1 期；李里峰《近代中国情境下的概念史研究——以方维规〈概念的历史分量〉为例的方法论思考》，《学海》2020 年第 1 期；"政治概念与现代国家建构"学术研讨会（中山大学 2018 年 6 月）。

立足中国、面向世界。既关注基于发达国家政治实践而形成的政治学理论，也关注基于广大发展中国家政治实践而形成的政治学理论。

（4）动态的平衡性。政治学理论研究始终坚持平衡协调传承与创新、国际化与本土化、人文与科学之间的关系，在平衡协调中不断进步。

### （二）政治学理论研究进一步发展的着力点

进入新时代，政治学理论研究有了较大发展，表现在：在政治学基本理论研究层面，诸如在国家理论、民主理论、治理理论、权力理论、制度理论等领域产生了一批高水平学术成果，研究领域有了进一步的深化和拓展；在政治学研究范式层面，历史政治学、政治现象学、制度主义、政治话语分析等政治学研究新范式逐步被提出并开始得到重视。但由于国内政治学起步较晚，当前无论在政治学研究范式，还是政治学基本理论层面，都还存在一些不足之处和薄弱环节，这些薄弱环节和不足之处，恰恰是我国政治学学术进一步发展的着力点所在。

1. 政治学研究范式的薄弱环节

一些围绕政治学范式的学术讨论和研究成果开始出现，但总体而言，国内政治学界对政治学分析范式与方法论的研究仍有较大的进步空间，具体表现在以下几个方面：

（1）关于政治学研究范式的讨论相对分散。除历史政治学、政治现象学外，其他理论范式的研究散见于个别引介，缺乏集中、长期的讨论，未形成稳定而持续的理论供给。

（2）围绕政治学研究范式的研究，问题指向性不强。如政治现象学、历史制度主义的研究主要集中于引介与评析，较少从中国政治的具体情境出发进行创新性理论建构，也未将其指向政治生活中的具体现象与问题，缺乏明确的问题指向性，对政治实践的借鉴意义有限。

2. 政治学基本理论研究的薄弱环节

政治学基本理论研究取得了丰硕的成果，在不断拓展和深化传统研究领域的同时，开始着力于关注中国政治现实。但从总体来看，政治学基本理论研究还需要在中国情境的特殊性与学科知识体系的科学性、普遍性之间找到平衡，具体表现在以下几个方面：

（1）从总体上，政治学基本理论研究的创新性研究成果需进一步加强。究其原因，一方面不少研究成果尚未跳出西方既有的政治话语与理论体系，从而没能形成有创新性的研究成果。如对西方民主危机的反思大多停留在对自由主义民主的批判与剖析上，较少有跳出西方民主理论体系的反思性成果，未能从西方民主危机反思中提炼出民主理论的创新性成果。另一方面，部分领域的研究大多集中在宏观层面，中观和微观层面的研究不足，也是导致创新性供给不足的原因之一，如对现代国家建构和国家认同的研究大多如此。

（2）以中国为情境的政治理论研究，核心概念的讨论有待进一步加强。如同时作为多学科共同关注的治理理论研究，多数的政治学研究立足中国情境，但对中国情境下的治理概念，以及治理研究与民主、权力、制度等传统政治学研究领域的边界和关联性等问题的讨论不足；再如协商民主理论研究，在批评西方协商民主概念的同时，国内学术界尚未形成对协商民主概念的统一的理论共识。

（3）中国的新型政党制度的理论研究有待进一步加强。中国共产党引领中国革命和国家建设为现代政党制度和理论带来全新的实践样板，需要政治学理论工作者从自己学科视角出发，提供有学术力的研究解释与理论支持，承担起更多的政党理论创新的任务。

总之，反思和引介西方政治理论范式，倡导中国研究的情境性，是新时代以来政治学理论研究的重要特征和发展趋势，也是政治学学科发展和研究逐渐深入并走向本土化的体现。这无疑有利于建构具有中国特色、中国风格与中国气派的政治学理论体系。但是，理论界也不应忽视中国的政治学理论与方法研究作为整个政治学理论体系一部分的价值。以中国为视域的理论研究如过于强调中国情境，而疏于与政治学理论体系的整体对接，对整个政治学理论的知识体系贡献将十分有限。以改革和发展为主旋律的中国政治实践，不仅是中国政治学理论与方法研究的动力之源，更应成为理论研究者贡献政治学整体学科知识的创新之源。中国政治学理论研究者应进一步加强理论创新，为政治学学科知识积累和进步做出创新性理论贡献。在一定程度上超越"本土"与"西方"的对立，将更有助于政治学理论研究的长期进步和发展。

### (三) 政治学理论研究的前沿问题、发展趋势和重点研究领域

1. 政治学理论研究的学术前沿

(1) 国家治理体系与治理能力现代化理论研究

探讨国家治理体系与治理能力现代化的基本内涵、要素与特征，阐释中国推进国家治理体系与治理能力现代化建设的途径，分析其内在的理论依据与逻辑。

(2) 新时代加强党的全面领导的理论研究

探讨新时代加强党的全面领导的基本内涵、要素与特征，阐释新时代加强党的全面领导的理论依据与内在逻辑，分析其正当性与合理性。

(3) 全媒体时代政治话语理论研究

探讨全媒体时代政治话语的基础理论问题，阐释政治话语的基本内涵、特征和功能，分析政治话语生产、传播和消费的基本规律。

(4) 全球化时代国家安全与国家认同理论研究

探讨全球化时代国家安全与国家认同面临的冲击与挑战，阐释全球化时代国家安全与国家认同的基本内涵、特征和功能，推进全球化时代国家安全与国家认同研究的理论发展与创新。

(5) 灾害政治学理论研究

探讨包括新冠肺炎疫情在内的各种自然灾害对政治生活领域的挑战与冲击，阐释灾害政治学的研究对象、领域与范畴，分析政治主体应对自然灾害的行为规范、责任以及相关的制度安排与措施。

(6) 生态政治学理论研究

探讨生态环境对政治生活领域的挑战与冲击，阐释生态政治学的研究对象、领域和范畴，分析政治主体应对生态环境问题的行为规范、责任以及相关制度安排与措施。

(7) 大数据技术与政治学理论研究

探讨大数据时代国家、政府、政党、公民等政治主体的行为模式及其关系的变化，分析大数据时代对国家、政府、政党、权力与民主等领域中既有理论的挑战，推进大数据时代政治学理论发展与创新。

2. 政治学理论研究的发展趋势

（1）推进理论的中国化。中国政治学理论研究将更加注重立足于中国的本土实践，以中国为方法，回应中国的政治现实问题，进一步提出体现中国特色和中国立场的政治学话语和观念，构建具有中国风格的政治学话语体系和理论体系。

（2）注重理论的原创性。中国政治学理论研究将进一步基于中国的政治实践经验，批判地借鉴和汲取国外理论成果，更加注重知识生产的自主性和原创性，产生符合社会发展需要、具有说服力和原创性的政治学理论成果。

（3）增强理论的应用性。中国政治学理论研究将更加注重服务于国家发展战略，注重回应中国政治生活中的实际需要，为解决现实生活中的实际问题提供理论依据。

（4）促进学科的融合性。中国政治学理论研究将进一步借鉴和融合其他学科的概念、方法和理论，介入政治学研究的新领域、发现边缘领域、探索交叉领域，促进政治学交叉学科和跨学科的理论研究。

（5）强化理论的体系性。中国政治学理论研究将在注重原创性知识和理论生产的基础上，更加强化相关知识和理论研究的体系性，在政治学不同研究领域中构建出系统化的理论。

3. 政治学理论研究进一步深化和拓展的重点研究领域、方向和范围

（1）新时代治国理政的理论研究

中国政治理论界将紧紧围绕习近平新时代中国特色社会主义思想，坚持正确的政治立场和宏观战略思维，深入研究新时代治国理政理论，回答时代和社会发展提出的重大问题。

（2）新型政党制度的理论研究

中国政治理论界需要进一步深化马克思主义政党理论研究，比较国内外政党理论的差异，阐释中国新型政党制度的理论，分析先锋队政党、使命型政党等相关理论问题。

（3）国家建设与治理理论研究

中国政治理论界需要进一步深化马克思主义国家理论研究，比较分析

中国传统国家理论、马克思主义国家理论与国外学术界相关国家理论，阐释国家自主性、国家安全、国家认同、国家建设、国家象征等领域的理论问题。

（4）政治学交叉学科和跨学科的理论研究

中国政治理论界需要进一步深化政治学交叉学科和跨学科研究，促进政治心理学、政治现象学、政治传播学、历史政治学、民族政治学、边疆政治学、法政治学、性别政治学等领域的理论研究。

（5）西方政治学理论的反思性研究

中国政治理论界需要进一步深化研究西方政治学中有关国家、政党、权力、民主、治理等方面的基本理论，批判与反思上述理论存在的问题与缺陷。

## 二 政治科学研究方法

（一）新时代政治科学研究方法的主要成就与特点[①]

1. 主要成就

（1）从引进推介转变为研究应用。

进入新时代，政治科学研究由关注方法的系统引入与推介逐步转向广泛而系统的应用，极大提升了学术成果的整体质量与科学化水平。

在新时代，尤其是"十三五"期间，《政治学研究》杂志上发表的297篇论文中，有18篇论文系统规范地使用了科学研究方法，占比6%，在这18篇论文中，80%以上的论文使用了OLS回归、Logistic回归或结构方程等高阶的分析模型，这些模型的选择与研究内容和数据属性契合度高，研究设计与研究方法的运用精致化程度明显提高。《政治学研究》的刊文倾向由原来的理论导向转为实证导向。18篇实证研究文献主要聚焦于经济发展与社会稳定、廉政建设、政治参与与政治民主化、国家治理、网

---

[①] 本部分的文献来源主要以《政治学研究》杂志与《中国社会科学》杂志两本权威性杂志为主，同时参照了人大报刊复印资料以及CNKI数据库中其他CSSCI杂志中政治学类的论文以及部分专著。

络舆情、政治信任和学科建设。[1]

同一时期,在《中国社会科学》杂志发表的 145 篇政治学类论文中,有 7 篇论文采用实证研究方法,占比 4.8%,主要聚焦于央地间的政府信任、社会阶层的流动与变迁、国际秩序变迁与评估、国家认同、居民幸福感、社会政策创新与政府间扩散机制。[2] 论文作者中,部分不是政治学领域的学者,显示出跨学科的研究趋向。

(2) 在方法应用中实现方法创新。

---

[1] 参见王浦劬、李锋《试析公务员对于公民政治参与的态度——基于六个地级市问卷结果的结构方程模型研究》,《政治学研究》2016 年第 1 期;王延中、宁亚芳《民族地区的廉政建设与社会稳定——基于云南、西藏、新疆干部问卷数据的分析》,《政治学研究》2017 年第 3 期;倪星、张军《廉洁拐点的地方经验与政策意涵——基于 G 省廉情评估调查数据的分析》,《政治学研究》2018 年第 5 期;周健宇《村官职务犯罪的演变与治理探析——基于 1993—2017 年案例的研究报告》,《政治学研究》2018 年第 6 期;王浦劬、季程远《我国经济发展不平衡与社会稳定之间矛盾的化解机制分析——基于人民纵向获得感的诠释》,《政治学研究》2019 年第 1 期;郑建君《个体与区域变量对公民选举参与的影响——基于 8506 份中国公民有效数据的分析》,《政治学研究》2016 年第 5 期;肖唐镖、易申波《当代我国大陆公民政治参与的变迁与类型学特点——基于 2002 与 2011 年两波全国抽样调查的分析》,《政治学研究》2016 年第 5 期;肖唐镖、王艳军《地方干部的民主价值观:类型与结构特征——对 1456 个地方干部的问卷分析》,《政治学研究》2017 年第 2 期;包刚升《选举制度的复合化:基于第三波民主化国家的实证研究》,《政治学研究》2019 年第 4 期;吴进进、何包钢《中国城市协商民主制度化的决定因素:基于 36 个城市的定量分析》,《政治学研究》2017 年第 4 期;郝亚光《"稻田治理模式":中国治水体系中的基层水利自治——基于"深度中国调查"的事实总结》,《政治学研究》2018 年第 4 期;邓大才《国家治理视角下的家户功能及中国经验——基于"深度中国调查"材料的认识》,《政治学研究》2018 年第 4 期;夏瑛《信访制度的双重逻辑与"非行政信访"——以 A 市重复集体访为例(2010—2014 年)》,《政治学研究》2019 年第 4 期;马得勇《"匹配效应":政治谣言的心理及意识形态根源》,《政治学研究》2018 年第 5 期;龚为纲、朱萌《社会情绪的结构性分布特征及其逻辑——基于互联网大数据 GDELT 的分析》,《政治学研究》2018 年第 4 期;文宏《网络群体性事件中舆情导向与政府回应的逻辑互动——基于"雪乡"事件大数据的情感分析》,《政治学研究》2019 年第 1 期;郑振清、苏毓淞、张佑宗《公众政治支持的社会来源及其变化——基于 2015 年"中国城乡社会治理调查"(CSGS)的实证研究》,《政治学研究》2018 年第 3 期;钟杨、韩舒立《当代中国政治学学科发展状况评估——基于〈政治学研究〉的文本分析》,《政治学研究》2017 年第 2 期。

[2] 参见罗家德、帅满、杨鲲昊《"央强地弱"政府信任格局的社会学分析——基于汶川震后三期追踪数据》,《中国社会科学》2017 年第 2 期;李路路、王鹏《转型中国的社会态度变迁(2005—2015)》,《中国社会科学》2017 年第 3 期;李路路、朱斌、王煜《市场转型、劳动力市场分割与工作组织流动》,《中国社会科学》2016 年第 9 期;唐世平《国际秩序变迁与中国的选项》,《中国社会科学》2019 年第 3 期;李春玲、刘森林《国家认同的影响因素及其代际特征差异——基于 2013 年中国社会状况调查数据》,《中国社会科学》2018 年第 4 期;龙翠红、易承志、栗长江《互联网使用对居民幸福感的影响:基于全国性数据的实证分析(英文)》,*Social Sciences in China*(2019 年第 4 期);朱旭峰、赵慧《政府间关系视角下的社会政策扩散——以城市低保制度为例(1993—1999)》,《中国社会科学》2016 年第 8 期。

有学者提出 GIS/GPS 辅助区域抽样方法,这种空间抽样方法大大降低了因覆盖范围不足而导致的抽样偏差,成功地将城市流动人口纳入到样本中,对研究流动人口的抽样设计非常有效,并得到国外同行的认可。实际上,研究方法在应用中创新一直在持续。在新时代,政治学者在实验政治学与大数据政治学方面的探索积累丰硕。有学者关于案例研究方法的讨论是方法创新的有益尝试,值得期待。有学者一直致力于超越定性与定量之争,实现研究方法的创新。有学者在抽样方法方面的创新无疑会推动抽样调查领域的发展。①

(3) 研究方法范式意识明显增强。

伴随着政治学研究的本土化反思,学者们已经在关注根植于中国本土政治学的概念、政治理论与知识体系的分析与提炼,以便解释中国的政治现象与规律,回应中国政治发展中的问题,这实际上是一种理论范式的自觉。这将引发研究方法范式的适应性变化。② 中国政治学研究一直与美国等西方政治学研究进行区分,这种区分使中国政治学研究自觉到中国政治学研究不是什么,但并没有充分回答是什么的问题,理论与方法研究的范式自觉,是开始充分回答中国政治学研究是什么的重要开端。

(4) 研究方法人才队伍扩充迅速,整体科学化水平快速提升。

自 2006 年开始,美国杜克大学与中国人民大学、复旦大学、吉林大学、上海财经大学等多所大学合作举办政治科学研究方法培训班,共举办10 届,培养的师资和研究生近 3000 人。另外,近 10 年来,为应对研究团队学缘结构单一、"近亲繁殖"问题,国内各重点大学开启了海外人才的引进工程。在第四轮教育部政治学科评估中,排名前四的大学师资中海外

---

① 参见沈明明、李磊《流动人口、覆盖偏差和 GPS 辅助的区域抽样方法》,《理论月刊》2017 年第 6 期;沈明明、王蕴峤《精准抽样是量化分析推论的基础》,《学术界》2011 年第 10 期;张小劲、孟天广《论计算社会科学的缘起、发展与创新范式》,《理论探索》2017 年第 6 期;苏毓淞、孟天广《社会组织参与国际气候变化谈判——基于北京市的调查实验》,《清华大学学报》(哲学社会科学版)2016 年第 4 期;孟天广《从因果效应到因果机制:实验政治学的中国路径》,《探索》2017 年第 5 期;渠敬东《迈向社会全体的个案研究》,《社会》2019 年第 1 期;耿曙《从实证视角理解个案研究:三阶段考察渠文的方法创新》,《社会》2019 年第 1 期;唐世平《超越定性与定量之争》,《公共行政评论》2015 年第 8 期;严洁《政治学研究中的抽样调查:难点、问题与方法创新》,《政治学研究》2018 年第 3 期。

② 景跃进:《中国政治学的方法论反思——问题意识与本土关怀》,《浙江社会科学》2017年第 7 期。

引进人才的比例都很高。据不完全统计,① 北京大学政治学系的海外博士占全部教师人数的53%；复旦大学政治学系海外博士占全部教师的40%左右；中国人民大学政治学海外博士占全部教师比例约37.5%；清华大学政治学系海外博士占全部教师人数的45%。这些在最近几年引进的博士中，近90%是海外博士。大量经过系统研究方法训练的年轻人充实到政治科学研究的队伍中来，使专业的研究队伍得以迅速扩大，极大提升了政治科学的整体科学化研究能力和水平。同时，大部分高校政治学系已经开设了研究方法课程，整体而言，研究方法课程设置的系统性、层次性都有所提高。

2. 主要特点

（1）规范研究依然强势，实证研究快速上升。

从近年发表的文献看，规范研究传统依然强势，相对于规范研究而言，实证研究方法、形式模型方法（博弈论）等其他方法的运用整体上比例还不高，但实证研究方法运用数量处于快速上升趋势。

（2）研究方法运用高度依赖研究主题。

研究方法在文献中的分布呈现明显的主题相关性。政治理论与思想领域，研究尺度相对宏观，规范研究方法应用广泛，凸显这一领域在研究方法上的特殊性。政治制度和政治行为领域，研究尺度相对中观和微观，实证研究方法的运用比例明显提高，并表现出不断加强的趋势。政治文化与民主化领域，研究尺度相对中观，定性研究方法运用的比例逐渐减少，实证研究方法运用的比例呈明显的上升趋势。这一规律与美国政治研究方法的分布不谋而合。②

（3）问题意识明显增强，科学化导向明显。

在新时代，政治学调研文献中呈现问题意识、现实针对性明显增强；实证研究严谨性有明显提升，实证化、定量化导向明显。③

---

① 注：香港各大学毕业的博士也归入海外博士的统计中。
② 程同顺、邝利芬、孙迪：《美国政治学研究方法的最新进展——基于美国政治学三种期刊的研究（2001—2012）》，《政治学研究》2015年第2期。
③ 宫俐笠：《凝聚当代中国政治学创新发展的共识——中国政治学会2017年年会综述》，《政治学研究》2017年第6期。

### （二）新时代政治科学研究方法进一步发展的着力点

在新时代，政治学研究方法取得了实质性的进展，但整体而言还存在着"规范研究不规范""实证研究不实证"的问题。不论是规范研究，还是实证研究，都需要概念的科学界定和合理运用，都需要分清楚何为"解释"、何为"证明"，厘清因果关系与各种假性因果关系之间的区别，都需要遵守一般的科学研究规则。具体表现在以下几个方面：

1. 理论概念界定有欠清晰，分析性相对较弱。

有些研究，理论分析过程中的概念化程度不够，不加制度类型与场域的比较和区分而简单套用的现象还比较普遍，尤其以治理的概念运用最为典型。

2. 共识性范式有待进一步提炼，知识积累有待加强。

从调研文献来看，政治学研究主题呈多样化趋势，总体上缺乏由共识性概念、共识性理论和共识性知识体系的范式提炼，学术研究各自为战，呈分散化格局，导致研究成果在基础性的分析性概念、基础性理论上难以累积学术共识，特别是在本土化的研究方面比较明显，不利于系统性的理论与知识积累。

3. 数据分析过程规范程度有待提高，数据分析结果需要适度解读。

有些实证研究，在定量分析模型的使用方面还没有充分依据因变量与解释变量的数据特征恰当地选用分析模型；有些研究定量分析的过程还缺乏对模型稳健性的检验；有些研究在数据分析结果的解释上存在过度解读问题，研究结论实际上没有得到数据分析结果的全部支持。

### （三）新时代政治科学研究方法的发展趋势

1. 跨学科研究将不断引入新方法

政治学研究的主题，可能由于其综合性容易引起其他学科领域学者的注意而开展研究。因而综合问题的跨学科研究将成为常态，特别是微观层面的问题，学科之间的边界会变得模糊起来。跨学科的学者在开展研究时运用自己领域有效的研究方法，也会因研究主题一致或相近而有机会获得其他学科的学者采纳而带来研究方法的跨学科扩散。

2. 定性研究科学化将会成为热点

作为实证研究的一种类型，国内定性研究方法的科学化还有一段路要走，首先要在研究方法上持开放的态度。围绕加里·金的书《社会科学中的研究设计》而展开的研究方法深度讨论将促进定性研究的科学化，当然也会促进定量研究者着手解决定量方法存在的问题，这是研究方法不断完善的重要途径。也许这场基于定性与定量研究方法的论战，会激活定性研究科学化的进程，从而使定性研究科学化成为未来方法研究的一个热点。①

3. 混合研究方法将逐渐得到重视

定性研究的优势在于其研究的深度，而缺乏广度，定量研究的优势则在于通则性强，有广度，而研究深度问题是定性研究者的靶心。定性与定量取长补短的混合研究方法将会是一种趋势，但如何融合而形成一种成熟的研究方法还有待探索。对于混合研究方法国外已经有比较成型的研究与介绍，②需要考虑的问题是：什么样的研究问题适合用混合研究方法？现实场景的应用需要应对哪些技术困难？对这些问题的尝试回答会促进混合研究方法的进步与改进。实际上已有国内研究开始尝试使用这种方法。③

---

① 参见陈周旺《中国政治学的知识交锋及其出路》，《政治学研究》2017年第5期；盛智明《超越定量与定性研究法之争——KKV对定性研究设计的启发》，《公共行政评论》2015年第8期；陈玮、耿曙、钟灵娜《白话〈社会科学中的研究设计〉：日常思考的语言与研究设计的逻辑》，《公共行政评论》2015年第8期；朱天飚《〈社会科学中的研究设计〉与定性研究》，《公共行政评论》2015年第8期。

② 参见［美］加里·格尔茨、詹姆斯·马奥尼《两种传承——社会科学中的定性与定量研究》，刘军译，格致出版社、上海人民出版社2016年版；［比利时］伯努瓦·里豪克斯、［美］查尔斯·C. 拉金《QCA设计原理与应用：超越定性与定量研究的新方法》，中国机械工业出版社2019年版。

③ 参见臧雷振《政治社会学中的混合研究方法》，《国外社会科学》2016年第4期；许玉镇、刘滨《权责结构与领导批示：官员问责的政治逻辑分析——基于2005年以来我国安全生产事故官员问责的混合研究》，《吉林大学社会科学学报》2020年第2期；杨立华、李凯林《公共管理混合研究方法的基本路径》，《甘肃行政学院学报》2019年第6期；谭新雨《外部环境变迁、服务动机激励与基层公务员变革行为——基于中国4省基层公务员调查的混合研究》，《公共行政评论》2019年第6期；范梓腾、孟庆国、魏娜、王红帅《效率考量、合法性压力与政府中的技术应用——基于中国城市政府网站建设的混合研究》，《公共行政评论》2018年第5期；张雯《突发风险事件中公众跟帖行为影响因素分析——基于探索性序列设计的混合研究》，《情报杂志》2019年第7期；彭勃、韩啸、龚泽鹏《建构公众参与政务微博意愿的影响因素模型》，《上海行政学院学报》2017年第5期。

4. 大数据技术将会带来方法创新

新技术也会带来新的方法创新机会，为应对已有的方法局限提供支持。在一些研究领域，因为特定的情境，小样本数据比较普遍，基于此发展出的分析方法受困于小样本的技术限制，分析过程需要进行比较严格的稳健性检验。由于互联网技术的发展，数据获得的渠道多样，获取成本快速下降，尽管小样本数据依然存在，但已不再是主流，小样本数据分析工具的局限已然不再是主要问题。大数据技术的发展，特别是其与人工智能的结合以及超算技术与超算能力的快速发展，将会带来更广阔的政治学研究方法创新契机。

# 第七章　党的建设研究的发展

党的十八大以来，以习近平同志为核心的党中央高度重视加强党的领导和党的建设，高度重视中国化马克思主义党建理论体系建设，党建学科建设取得一系列新的重大进展，呈现蓬勃发展之势。

## 一　党的建设学科发展状况

党的十八大以来，我国学界关于党的领导和党的建设研究成果迅速发展，党的建设的学科发展也进入了新阶段。在学科建设、项目研究、学术刊物、教材建设、专题研究等方面均取得了较大进步，形成了较强的师资队伍。

从学者队伍来看，党校、组织部门、高校和社科院等系统，是党建学科研究的主力军。多年来，党校系统是党建专业教学的主要渠道。中央党校（国家行政学院）拥有党建专业的博士点和硕士点，长期以来培养了大批党建专业的博士和硕士研究生。大部分省级党校拥有党建专业的硕士点。[①] 市级、区县以及乡镇党校大多专注于党员、干部培训。

党的十八大以来，高校党建研究队伍得到了明显强化。越来越多的高校也开设了党的建设专业。北京大学、中国人民大学、北京师范大学、首都师范大学、中国社会科学院大学、南开大学、天津师范大学、辽宁大

---

[①] 例如：北京市委党校、上海市委党校、重庆市委党校、浙江省委党校、江苏省委党校、广东省委党校、四川省委党校、福建省委党校、湖南省委党校、山东省委党校、陕西省委党校、湖北省委党校、黑龙江省委党校、吉林省委党校、辽宁省委党校等。不设硕士点的省级党校多集中在边疆和西部少数民族地区，也有一些中、西部省级党校目前还没有设立党建专业硕士点。

学、吉林大学、延边大学、东北师范大学、复旦大学、华东师范大学、河海大学、山东大学、武汉大学、中南民族大学、暨南大学、广州大学、四川大学、西南财经大学等高校，2020年均招收党的建设专业的硕士及博士研究生。

在科研方面，全国性的学术研究机构主要是党建研究会。① 十八大以来，越来越多的高校也建立了与党的建设相关的各类研究机构。比如：中国人民大学在2017年成立中共党史党建研究院，复旦大学在2019年11月建立党建研究院。

在高校新成立的研究机构中，党内法规研究中心数量最多。2016年，武汉大学建立党内法规研究中心，之后，党内法规研究中心大量成立。② 与此同时，在党校系统和全国法学会系统中也出现了一批党内法规研究中心。③

在党的建设研究进程中，党建研究的人才队伍逐渐壮大，并且吸引法学、政治学、马克思主义、公共管理等相关专业的学者加入党建研究。党校系统的研究力量最强，④ 在高校系统，党建研究人才队伍逐步发

---

① 党建研究会下辖9个专业委员会，涵盖130家会员单位，构成了一个全国性的研究中国共产党党的建设理论与实践问题的学术团体。

② 例如：2018年厦门大学建立厦门大学党内法规研究中心；2017年建立的中国政法大学法学院党内法规研究中心。此外，目前在高校中已建立的党内法规研究中心包括：华东政法大学党内法规研究中心、郑州大学党内法规研究中心、山东大学党内法治研究中心、西北政法大学党内法规研究中心、湘潭大学党内法规研究中心、暨南大学党内法规研究中心、内蒙古大学党内法规研究教育中心、中国政法大学党规研究中心、黑龙江大学党内法规研究中心、广东外语外贸大学党内法规研究中心、上海政法学院党内法规研究中心、华南师范大学党内法规研究中心、深圳大学党内法规研究中心、四川师范大学党内法规研究中心等。

③ 例如：中央党校党建部在2017年成立党章党规研究中心，安徽省委党校在2018年成立党内法规研究中心，云南省委党校在2019年共建云南省党内法规研究中心等。随着2017年中国法学会成立党内法规研究中心之后，法学会系统也涌现出了一批党内法规的研究机构，例如：浙江省法学会党内法规制度研究会、吉林省法学会党内法规研究会、山东省法学会党内法规研究会等。

④ 在党校系统，以中央党校党建部为例，全部现有教职工38人，其中教师35人，具有正高级职称的占54%，副高级职称的占40%，中级职称约占6%。40岁以上的经验丰富的教师约51.4%，40岁以下的青年教师约占48.6%。省级党校在师资队伍上与中央党校相比要少一些。以北京市委党校党史党建部为例，全部有教师16人，其中具有正副高级职称的占80%以上，中级职称约占20%，40岁以上的教师占80%，40岁以下的青年教师占20%。市委党校的师资力量会更弱一些，一般设党史党建教研室，配备3—7名教师，拥有正高级职称的教师占比较小，副高级职称和中级职称的教师占比较大。

展壮大。① 总体而言，党建领域的人才队伍近年来规模有所增加，科研能力不断增强，基本建立起老中青结合的学术梯队。

### （一）社科基金项目

十八大以来，国家社科基金持续加大对党建研究的支持力度，一批反映时代特点、具有较高学术含量、紧密联系实际的项目得以成功立项，为深化党建研究、提高党建研究的学术水平提供了重要支撑。

1. 项目涉及党的建设多个研究领域。从2013—2019年国家社科基金立项项目看，党的全面领导、全面从严治党、自我革命、党的政治建设、党的思想建设、党的组织建设、干部制度、基层组织建设、群众路线、党群关系、党内法规、党的纪律建设、党和国家监督体系、党性修养、党的领导制度体系、新型政党制度、党的制度建设、反腐败斗争等主题都有立项，基本涵盖了党建研究的各研究领域。

2. 项目主持人来源广泛。项目主持人既有来自中央和国家机关、党校、社科院等系统的，也有来自部属和地方高校的；既有知名专家学者，也有青年学者、中级职称人员；既有专门从事党建研究的科研人员，也有其他学科的跨学科研究人员。

3. 项目问题导向鲜明。立项题目的现实针对性都很强，以年度热点、实践难点、体制机制、对策分析、新兴领域为视角和切入点的立项数量较多，基层组织建设各领域一直是立项重点领域。

### （二）学术刊物

党建类学术刊物的发展壮大，是彰显党建学术水平的核心指标，是推动党建研究的重要动力。总体来看，这些刊物主要分布在党校系统。

1. 从刊物分布看，以"党的建设"为主题的刊物有《党建研究》《党建研究内参》《党建》《旗帜》和《机关党建研究》，主要是有关部委主管主办，主要发表理论联系实际、研究报告、实践探索类的文章。

---

① 以中国人民大学为例，马克思主义学院下设党的建设教研室，现有教师6人，其中教授4人，副教授1人，讲师1人，40岁以上的资深教师占比67%，40岁以下的年轻教师占比33%。再以复旦大学为例，马克思主义学院下以党的建设为研究方向的老师共4人，其中教授2人，副教授2人，40岁以上的资深教师占比75%，40岁以下的年轻教师占比25%。

2. 从刊物数量看，以党建为主题的学术作品，主要刊发在一些学术刊物设立的"党建研究"栏目中，每次刊发 2—3 篇相关文章。

3. 从刊物质量看，有常设党建类论文栏目的 CSSCI（含扩展版）刊物，[①] 高校学报、社科院系统刊物、综合性刊物等不定期设立党建研究栏目，刊发党建类学术文章。除此以外，党建文章多刊发在省级刊物。

4. 从刊物主管单位看，主要集中在中央党校（国家行政学院）和部分省级党校，中央党史和文献研究院。高校缺乏专门的党建研究刊物。

表 7 – 1　　　　　　　　　　主要期刊发文情况

| 期刊名称 | 创刊年份（年） | 发表周期 | 总发文量（篇） |
| --- | --- | --- | --- |
| 《党建》 | 1988 | 月刊 | 14713 |
| 《党建研究》 | 1990 | 月刊 | 8741 |
| 《旗帜》 | 1994 | 月刊 | 13902 |
| 《机关党建研究》 | 2019 | 月刊 | 451 |

（三）教材建设

教材建设是推动党建教学与研究的基础性工程。十八大以来，党建教材建设得到迅速发展，不过，与党建实践和教学需求相比，党建教材仍呈现供不应求的基本态势。

十八大以来，围绕党的领导和党的建设主题，以概论、总论、分论、专题、干部读本等形式，涉及党的建设基本问题、党的学说、党的领导、党的政治建设、基层党组织建设、党的纪律建设、党的作风建设、党的制度建设、党性和党性修养、新型政党制度等领域，形成了多部党建教材。

---

① 主要有中共中央党校（国家行政学院）的《中共中央党校（国家行政学院）学报》《理论视野》，中央宣传部的《党建》，中央党史和文献研究院的《马克思主义与现实》《当代世界与社会主义》，黑龙江省委党校的《理论探讨》，山西省委党校的《理论探索》，四川省委党校的《理论与改革》，重庆市委党校的《探索》。中国人民大学报刊复印资料设立有月刊《中国共产党》，每期刊发 15 篇左右党建文章。

## 二 党的建设学术研究进展

十八大以来,学者围绕深入阐释党中央重大思想理论和重大政策的学理依据,紧扣党的建设的总体要求,对一系列问题展开了研究。

**(一)关于坚持和加强党的全面领导的研究**

十八大以来,我国政治学界围绕党的全面领导的基本内涵、逻辑理路、历史经验、核心要求和推进对策等进行了多角度、多层面的探讨。

一是关于党的全面领导的基本内涵。关于党的全面领导的内涵,有学者认为,坚持党领导一切的核心要义,在于坚持党的全面领导,突出党的核心领导地位,发挥好党的领导核心作用。从横向来看,"一切"是指党和国家各个方面、各个领域工作的全覆盖;从纵向来看,"一切"是指党和国家各个方面、各个领域工作的全过程。[1] 有学者以党内政治文化建设为切入点,认为发展健康积极的党内政治文化是坚持和加强党的全面领导的方式和途径。[2] 有学者认为,党的全面领导必须注重领导的范围。党从诞生之日起就承载着"为人民谋幸福、为民族谋复兴"的神圣使命,这种使命的无限性决定了党的领导范围的宽度。[3] 还有学者认为,党的全面领导的基本含义主要包括"从理论上看,党的全面领导包括党对国家和社会的领导、党对人民群众的领导;从实践上看,党的全面领导就是指党对一切工作的领导。"[4] 有学者强调党的全面领导原则,他们指出,坚持和加强党的全面领导应遵循"四大原则":方向指引原则,即坚持和发展社会主义;政治统领原则,把党的政治建设摆在首要位置;法治建设原则,把坚持党的领导贯穿到全面依法治国与依法执政全过程;力量保障原则,坚持党对人民军队和武装力量的绝对领导。[5] 也有学者强调党的全面领导责任,

---

[1] 宋文新:《如何正确理解"坚持和加强党的全面领导"》,《中国党政干部论坛》2019年第1期。
[2] 李洪峰:《党的全面领导是新时代党内政治文化建设的主题》,《唯实》2019年第7期。
[3] 韩强:《准确把握新时代党的全面领导的科学内涵》,《广西社会科学》2018年第8期。
[4] 祝灵君:《深入理解党是最高政治领导力量——学习习近平总书记关于坚持和加强党的领导的重要论述》,《中国党政干部论坛》2018年第10期。
[5] 张振:《新时代坚持和加强党的全面领导的"四大原则"》,《南京师大学报》(社会科学版)2018年第6期。

认为党的全面领导对党组织不仅意味着权力,更意味着责任担当,对党员领导干部也意味着要履行全面领导责任和全面从严治党的责任。① 还有学者强调党的全面领导特点,把党的全面领导的本质、关键、根本、目的和动力等方面贯通起来,提出坚持和加强党的全面领导重点把握的维度:本质在坚持党是当代中国最高政治领导力量,关键在坚持党对一切工作的领导,根本在坚持党中央权威和集中统一领导,目的在确保党的领导坚强有力,动力在完善党的领导方式和执政方式。② 此外,也有学者从一般和整体角度提出党的全面领导的三大特点:一是党的全面领导具有高度的权威性;二是党的全面领导具有显著的广泛性;三是党的全面领导具有鲜明的时代性。③

二是关于党的全面领导的逻辑理路。学术界从理论逻辑、历史逻辑和实践逻辑等出发,对于新时代"为什么要坚持和加强党的全面领导"进行了阐述。有学者认为,党的全面领导既体现了马克思主义政党的性质和宗旨,又遵循了马克思主义政党的科学社会主义以及政党理论。④ 有学者认为,从马克思主义政党的利益观和国家学说出发,构建"党群关系同心圆"与"政党—国家—社会"两个框架来剖析坚持和加强党的全面领导的内在规律。⑤ 有学者从党的领导阶段及状态视角对党的领导作了宏观的历史梳理。⑥ 有学者重点从历史教训的角度探讨加强党的全面领导,苏联和东欧原社会主义国家在"改革"中放弃共产党领导的教训以及改革开放之初,政治体制改革一度受到多种因素的影响,使党的领导被削弱的教训。⑦ 有学者认为,坚持和加强党的全面领导是有效应对"四大考验"和"四大危险"、进行"四大伟大"的根本保证,也是推进全面从严治党向纵深发展的根本要求。⑧ 有学者从中国特色社会主义事业、人民幸福、民族复兴、

---

① 张晓燕:《坚持和加强党的全面领导探析》,《党建研究》2018年第9期。
② 裴泽庆:《深刻把握坚持和加强党的全面领导的五个维度》,《探索》2019年第2期。
③ 张世飞、黎田:《论党的全面领导的特征》,《南方》2019年第5期。
④ 徐晨光、王小萍:《党的全面领导:逻辑、内涵与路径》,《湖南农业大学学报》(社会科学版)2018年第3期。
⑤ 祝灵君:《坚持和加强党的全面领导:历史逻辑、理论逻辑与实践逻辑》,《中共中央党校学报》2017年第6期。
⑥ 齐彪:《略论党的领导演进的历史逻辑》,《党建研究》2018年第9期。
⑦ 黎民:《党的全面领导的深刻内涵》,《党建研究》2018年第10期。
⑧ 姚桓:《加强党的全面领导和践行全面从严治党——理论逻辑与实践难点》,《华东师范大学学报》(哲学社会科学版)2018年第2期。

治国理政等角度探讨了坚持和加强党的全面领导的重大意义。① 也有学者认为,坚持和加强党的全面领导是解决党的建设宽松软的要害和关键、中国共产党推进自我革命和社会革命的根本保证、中国化马克思主义党建理论体系的鲜明特征。②

三是关于做到"两个维护"的研究。坚决维护习近平总书记领导核心地位和党中央权威和集中统一领导,是从战略和全局高度作出的重大决策。学术界围绕"两个维护"的理论渊源、现实挑战和践行路径进行了研讨。有学者认为,"两个维护"的理论基础主要包括三个方面:一是马克思主义经典作家关于政党领导权思想、权威思想、领袖思想、政治领导和组织原则等论述所组成的政党领导理论;二是中国优秀传统文化中丰富的哲学思想、人文精神、教化思想、道德理念等蕴含的核心意识;三是中国共产党关于党的领导体制、领导原则、领导方式、领导权威、领导力、领导制度等方面所形成的"两个维护"思想。③ 也有学者提出,"两个维护"是马克思主义政党观的内在规定,也是民主集中制的基本要求。④ 有学者认为,"两个维护"内涵明确、意义重大、践行路向清晰。自觉做到"两个维护",在政治上要维护党中央权威和集中统一领导、维护习近平在党中央、全党的领导核心地位;思想上要系统学习习近平新时代中国特色社会主义思想,学习、理解和认同党中央路线、方针和政策;组织上要落实"四个服从",特别是全党服从中央;行动上要紧跟党中央,坚决执行党中央政策。⑤ 有学者认为,党的全面领导是指党既发挥领导核心作用,同时肩负全面领导责任,要从过去不够全面、不够集中统一、不够有力的领导,走向全面的、集中统一的、坚强有力的领导,并特别指出三点需要注意的地方:一是不能把加强党的全面领导误认为是回到了极"左"的领导方式;二是不能把党的领导简单等同于管理;三是不能把党的领导方式等

---

① 刘志明:《更加自觉地坚持党的领导》,《马克思主义研究》2018 年第 10 期。
② 祝灵君:《坚持和加强党的全面领导》,《党建研究》2019 年第 3 期。
③ 金民卿:《维护党中央权威和集中统一领导的理论、历史和现实》,《红色文化学刊》2018 年第 1 期。
④ 祝灵君:《"两个维护"的理论逻辑、历史逻辑、政治逻辑》,《人民论坛》2019 年第 25 期。
⑤ 石瑾:《增强维护中央权威内在自觉的四个维度》,《延安职业技术学院学报》2018 年第 4 期。

同于党的执政方式。①

四是关于坚持和加强党的全面领导的路径。党的领导不仅是一个理论问题，更是一个实践问题。学术界围绕坚持和加强党的全面领导的对策进行了深入的讨论和思考。有学者从推进党的建设伟大工程的视角来思考新时代如何坚持和加强党的全面领导：首要前提是"学深弄懂做实习近平新时代中国特色社会主义思想"；核心原则是"坚决维护党中央权威和集中统一领导"；突出环节是"坚持把党的政治建设摆在首位抓紧抓好"；内在要求是"切实改进党的领导方式和执政方式"以及制度保障是"健全坚持党的全面领导的制度安排"。② 还有学者提出要重视健全完善党的全面领导的基本规则在党的全面领导制度体系中的作用与功能，重点是信息公开规则、调查研究规则、党委（常委）会议事规则、决策规则和责任规则等方面构建党的全面领导基本规则，使规则作为配套党内法规在党的全面领导中发挥应有作用。③ 有学者认为，健全党的全面领导体制的重点在于：建立健全党对重大工作的领导体制机制；强化党的组织在同级组织中的领导地位；更好发挥党的职能部门作用；统筹设置党政机构；推进党的纪律检查体制和国家监察体制改革。④ 还有学者认为，健全党的全面领导的体制机制要着重从科学性、系统性和协调性入手。⑤

如2012—2020年关于坚持和加强党的全面领导研究关键词聚类图谱可见，已经形成了以全面从严治党、党的全面领导为中心的研究，还包括了集中统一领导、新时代、政治建设、依法治国等研究子领域，且各研究方向之间联系密切，合作较多（图7-1）。

### （二）关于全面从严治党的研究

十八大以来，中国共产党探索出一条长期执政条件下解决自身问题、跳出历史周期律的成功道路，学界围绕全面从严治党的内涵、重大意义、主要路径展开了研究。

---

① 张志明：《党的全面领导与科学领导》，《中国领导科学》2019年第1期。
② 黄相怀：《坚持和加强党的全面领导刍论》，《党建研究》2018年第10期。
③ 韩强：《论健全完善党的全面领导的基本规则》，《治理研究》2020年第1期。
④ 李景治：《深化机构改革的首要任务是加强党的全面领导》，《学习论坛》2018年第5期。
⑤ 曾峻等：《坚持和加强党的全面领导研究》，人民出版社2019年版，第104—108页。

第七章　党的建设研究的发展　　161

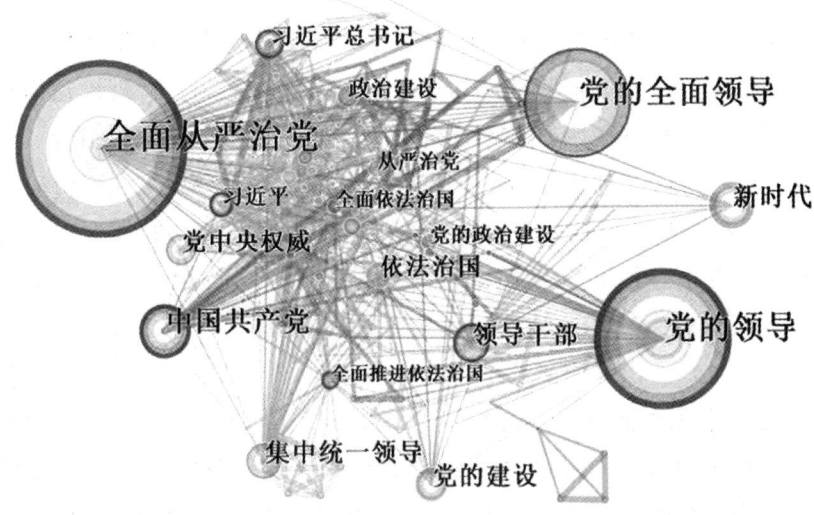

**图 7-1　2012—2020 年关于坚持和加强党的全面领导研究关键词聚类图谱**

一是对全面从严治党内涵的研究。有学者认为,"全面从严治党"之"全面"强调的是党的建设总体布局的各个方面,即党的建设的覆盖面,指"党的思想建设、组织建设、作风建设、制度建设和反腐倡廉建设";"从严"强调的是党的建设制度的严密性和科学性,"严"不光是手段和措施的严,更主要是制度的严;"全面从严治党"之"治党"在于把党锻造成为中国特色社会主义事业的坚强领导核心。[①] 有学者认为,"治党"是共性,也是关键;"全面"是方法,也是基础;"从严"是标准,也是要害;"科学"是遵循,也是目标。[②] 有学者认为,"全面"应涵盖全面的党建内容、全部的党员主体,并覆盖治党全程,使之常态化;"从严"是指党的思想、组织、作风、反腐倡廉和制度五个领域的建设,思路设计、过程推进、结果考核都要从严,做到全面严、全程严、持续严。[③] 有学者认为,在党的建设新阶段,全面从严治党须把握四个全新特点:一是全覆

---

① 张荣臣:《关于全面从严治党内涵及对策的思考》,《人民论坛》2015 年第 21 期。
② 郑又贤:《关于全面从严治党的思想方法透视》,《福建师范大学学报》(哲学社会科学版) 2016 年第 1 期。
③ 张怡蝶、杨义勇:《全面从严治党路径之探析》,《理念观察》2015 年第 5 期。

盖、一体化；二是全过程、长周期；三是高标准、严要求；四是抓落实、重成效。①

二是对全面从严治党的地位作用和重大意义的研究。有学者认为，全面从严治党在"四个全面"战略布局中起根本保证作用。从理论建构和实践表现看，它具有关键性与整体性相统一、重点性和全面性相结合、严肃性与规范化相协调、创造性与继承性相联系、开放性与自主性相协应等特征。② 有学者认为，全面从严治党在治党主体上，强调自我主导、人民群众参与，体现主导性和合作性；在治党对象上，强调全体纳入、拒绝例外，体现全员性；在治党内容上，强调全面覆盖、不留空白，体现整体性；在治党方式上，强调多管齐下、从严治理，体现综合性；在治党目标上，强调提升执政能力，体现先进性和合法性。③ 有学者认为，全面从严治党是"四个全面"的根本关键，是我们党长期执政实现中国梦之魂。④ 有学者认为，全面从严治党对保证全面建成小康社会、全面深化改革、全面依法治国目标的实现和任务的完成具有决定性意义。⑤ 有学者认为，全面从严治党是保持党的先进性和纯洁性、巩固党的执政地位的必然选择。⑥ 有学者认为，全面从严治党开启了党风廉政建设理论与实践的重大创新，将党风廉政建设与反腐败斗争推向制度反腐阶段。⑦

三是全面从严治党的路径选择。有学者认为，全面从严治党，应从转变作风入手，通过反腐败发力，用制度作保障，用信仰塑灵魂，从小到大、从外到内，标本兼治。⑧ 有学者认为，全面落实从严治党，一要加强党员干部的道德修养教育，夯实从严治党的基础；二要坚持依法治党，将

---

① 许耀桐：《全面从严治党须把握的三个重点和四大特点》，http://news.163.com/15/1204/14/BA0FTJDF00014SEH.html。
② 杨德山：《准确把握全面从严治党的特征》，《中国特色社会主义研究》2015年第3期。
③ 戴辉礼：《全面从严治党的治理逻辑与路径选择》，《治理研究》2015年第6期。
④ 石仲泉：《全面从严治党是中国共产党长期执政实现中国梦之魂》，《中共党史研究》2015年第8期。
⑤ 戴焰军：《民心向背根基与党的执政规律——关于全面从严治党的几点思考》，《学术前沿》2015年第8期。
⑥ 袁学清：《关于全面从严治党若干问题的思考》，《湖北工程学院学报》2015年第5期。
⑦ 赵凌云、李景友：《习近平全面从严治党思想的基本观点与时代意义》，《湖北社会科学》2015年第9期。
⑧ 辛鸣：《"全面从严治党"思想的深刻内涵》，《政策》2015年第5期。

从严治党纳入法制轨道;三要让权力回归公共服务本位,加强对权力运行的制约监督;四要坚持党的群众路线,从人民群众中汲取从严治党的智慧和力量。[1] 有学者提出,全面从严治党是坚持和加强党的全面领导的关键,主要路径有:把党的政治建设摆在首位;坚持民主集中制原则;建立健全党的全面领导的制度体系、组织体系、工作机制;培养高素质专业化的领导干部。[2] 还有学者提出,要加强党的政治建设、自觉肩负"两个维护"的政治担当;严肃党内政治生活,净化党内政治生态;增强党的领导力,提升党的领导能力和水平;加强党的作风建设,厚植党的领导基础。[3]

从2012—2020年关于全面从严治党的关键词词频统计可得,出现频次最高的前十位研究关键词分别为:全面从严治党(1411次)、习近平(183次)、从严治党(161次)、中国共产党(156次)、党的建设(145次)、新时代(142次)、党内政治生活(104次)、制度治党(97次)、党内监督(90次)、政治生态(80次)(表7-2)。而从相应的关键词聚类图谱可得,该领域已经形成了以全面从严治党为核心,包含党的建设、政治生态、制度治党等子方向的研究结构,且各方向之间交流密切,合作较多(图7-2)。关键词突现图谱表明,该领域的研究热点方向有:四个全面、"三严三实"、党的纪律、新常态、全面深化改革等内容(图7-3)。

表7-2　　　2012—2020年关于全面从严治党的关键词词频统计

| 关键词 | 频数(次) | 时间 |
| --- | --- | --- |
| 全面从严治党 | 1411 | 2015 |
| 习近平 | 183 | 2015 |
| 从严治党 | 161 | 2015 |

---

[1] 纪中强:《从严治党:内涵、难点及路径选择》,《理论导刊》2015年第7期。
[2] 祝灵君:《深入理解党是最高政治领导力量——学习习近平总书记关于坚持和加强党的领导的重要论述》,《中国党政干部论坛》2018年第10期。
[3] 裴泽庆、王凡、韩宏亮:《论坚持和加强党的全面领导》,《光明日报》2018年8月13日。

续表

| 关键词 | 频数（次） | 时间 |
| --- | --- | --- |
| 中国共产党 | 156 | 2015 |
| 党的建设 | 145 | 2015 |
| 新时代 | 142 | 2017 |
| 党内政治生活 | 104 | 2015 |
| 制度治党 | 97 | 2015 |
| 党内监督 | 90 | 2016 |
| 政治生态 | 80 | 2015 |

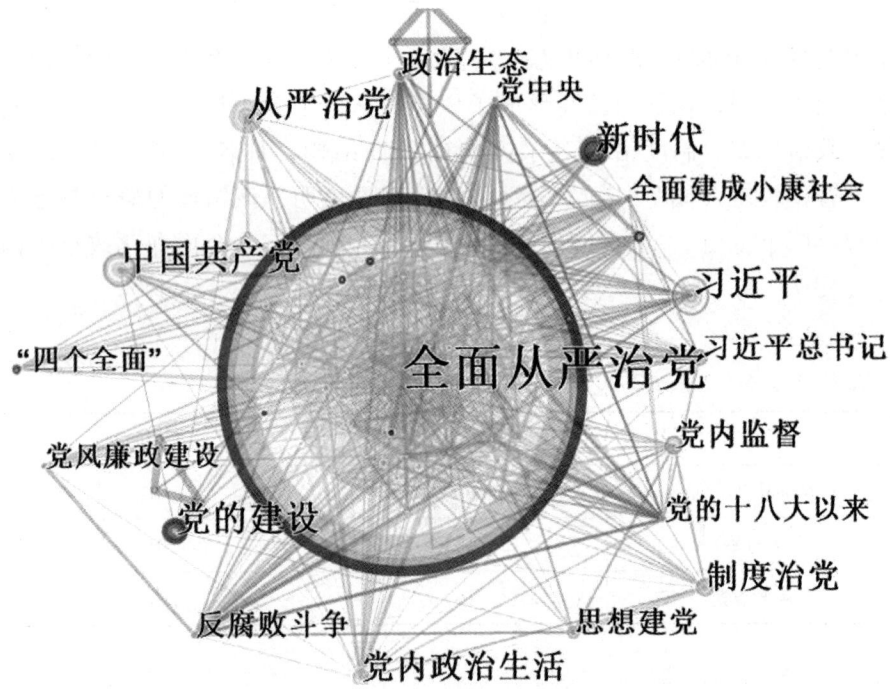

图7-2 2012—2020年关于全面从严治党研究关键词聚类图谱

## 第七章 党的建设研究的发展

| 关键词 | 年份 | 强度 | 起始年份 | 终止年份 | 2012—2020 |
|---|---|---|---|---|---|
| 四个全面 | 2012 | 12.716 | 2012 | 2016 | |
| "三严三实" | 2012 | 3.4208 | 2012 | 2015 | |
| 党的纪律 | 2012 | 4.8885 | 2012 | 2016 | |
| 全面深化改革 | 2012 | 6.858 | 2012 | 2015 | |
| 全面推进依法治国 | 2012 | 3.1742 | 2012 | 2015 | |
| 全面建成小康社会 | 2012 | 13.3995 | 2012 | 2015 | |
| 习近平总书记系列重要讲话 | 2012 | 3.3302 | 2012 | 2015 | |
| "四个全面" | 2012 | 18.8134 | 2012 | 2016 | |
| "四个全面"战略布局 | 2012 | 5.8346 | 2012 | 2016 | |
| 依法治国 | 2012 | 4.4333 | 2012 | 2015 | |
| 全面依法治国 | 2012 | 5.7886 | 2012 | 2015 | |
| 小康社会 | 2012 | 2.5288 | 2012 | 2016 | |
| 新常态 | 2012 | 3.4958 | 2012 | 2016 | |
| 战略布局 | 2012 | 5.5437 | 2012 | 2015 | |
| 党的十八届六中全会 | 2012 | 6.8531 | 2016 | 2017 | |
| 十八届六中全会 | 2012 | 4.9354 | 2016 | 2017 | |
| "两学一做"学习教育 | 2012 | 3.4269 | 2016 | 2017 | |
| 党的十九大 | 2012 | 2.4281 | 2017 | 2018 | |
| 党的十九大报告 | 2012 | 2.4283 | 2017 | 2018 | |
| 改革开放 | 2012 | 7.2711 | 2018 | 2020 | |
| 自我革命 | 2012 | 8.8891 | 2018 | 2020 | |
| 政治建设 | 2012 | 11.6149 | 2018 | 2020 | |
| 集中统一领导 | 2012 | 3.0762 | 2018 | 2020 | |
| 新时代 | 2012 | 35.2163 | 2018 | 2020 | |
| 党的建设质量 | 2012 | 2.4117 | 2018 | 2020 | |

图 7-3 2012—2020 年关于全面从严治党研究关键词突现图谱

### （三）关于党的自我革命的研究

十八大以来，学界对党的自我革命的基本内涵、逻辑理路、历史经验、改革路径进行了研究。

一是党的自我革命的基本内涵和基本特质。有学者认为，中国共产党之所以要自我革命，是马克思主义政党性质的必然要求，也是我们党近百年奋斗历程的经验结晶。其精髓要义和基本特质主要包括：这是一种坚持真理、修正错误的崇高追求，这是一种刀刃向内、无私无畏的政治勇气，这是一种全方位、全过程变革的历史运动,这是一种革故鼎新、守正出新的实际行动。① 有学者主要从全面从严治党的维度阐述党的自我革命精神,认为全面从严治党与党的自我革命高度统一,塑造着党的鲜明执政品格,彰显着党的独特政治优势,构成党和国家开辟未来的"核心竞争力"。全面从严治党,无论从目的意义还是目标追求,无论从思想遵循还是动力支撑,都贯穿着强烈的自我革命精神。② 有学者主要从应对执政考验的角度阐述自我革命。他认为,政党如何应对执政考验是世界政治史上的难题,多党竞争并非解决问题的灵丹妙药。中国共产党的先进性赋予党自我革命的能力,这是从根本上应对执政考验的战略举措。③ 有学者主要从历史实践中总结了自我革命的理论内涵,认为党的自我革命的理论内涵包括:坚定理想信念,加强党性修养,从严管党治党,严肃党内政治生活,坚持经常性教育和集中性教育相结合,勇于开展批评和自我批评,加强党内监督,接受人民监督,不断纯洁党的思想、纯洁党的组织、纯洁党的作风、纯洁党的肌体,等等。④ 有学者从执政规律的角度分析自我革命,认为自我革命是对共产党执政规律的深刻认识,用自我革命的新路解决长期执政的历史周期律的问题。自我革命是对当前党建问题的深刻认识,全面从严治党要勇于自我革命,自我革命是解决党建面临问题的痛彻手段,要在自我革命中锻造伟大的党,要在自我革命中推进伟大的社会革命。⑤

二是党的社会革命和自我革命的理论逻辑和相互关系。有学者认为,习近平总书记的"两个伟大革命论",包含了完整的马克思主义理论逻辑。"两个伟大革命论"展现了伟大社会革命和党的自我革命之间的理论、历史和实践之间的逻辑关系,使马克思主义"两个伟大革命论"得到了系统化、体系化的理论呈现。⑥ 有学者从跳出历史周期律的角度分析党的自我革命。⑦ 有学者从现代性的角度探析党的自我革命,认为现代性问题已经

---

① 何毅亭:《论中国共产党的自我革命》,《学习时报》2017年7月24日。
② 甄占民:《全面从严治党和自我革命精神》,《学习月刊》2016年第11期。
③ 姚桓:《自我革命是应对执政考验的战略举措》,《探索》2018年第4期。
④ 辛向阳:《中国共产党推进自我革命的理论建构》,《理论探讨》2019年第5期。
⑤ 陶文昭:《自我革命:新时代全面从严治党的关键之举》,《北京日报》2018年1月15日。
⑥ 杨德山、刘鑫:《论"两个伟大革命论"的马克思主义理论逻辑》,《中国特色社会主义研究》2019年第2期。
⑦ 赵绪生:《论新时代中国共产党的自我革命》,《中共中央党校学报》2018年第5期。

不仅仅是执政党的生存和发展问题,而是中国共产党的性质问题。十八大以来中国共产党进行了前所未有的"自我革命",在矫正"领导弱化、党建缺失、从严治党不力"的情况下重新界定和获取现代性,更是强化了中国共产党的领导力量。①

由 2012—2020 年关于党的自我革命研究关键词时区图谱可得,该领域的研究首次出现在学术视野是 2017 年,其主要研究关键词是自我革命、中国共产党、全面从严治党、党的建设、社会革命等内容,总体保持了较好的研究连续性(图 7-4)。

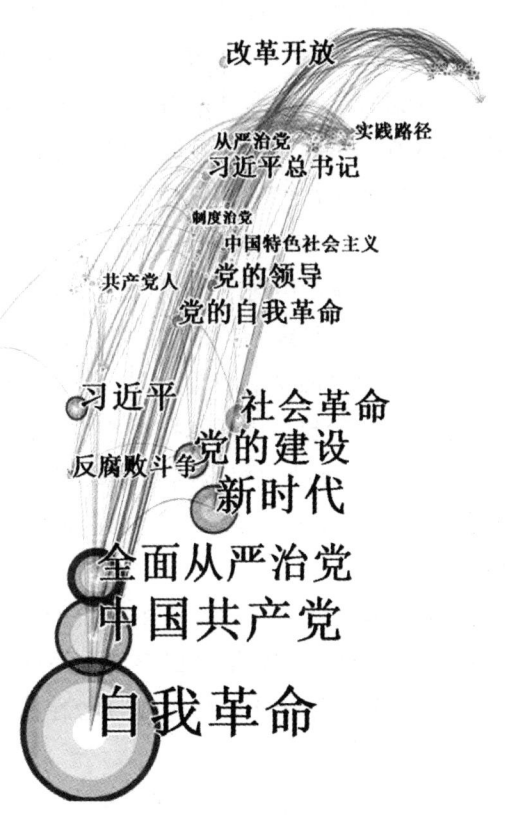

**图 7-4　2012—2020 年关于党的自我革命研究关键词时区图谱**

---

① 郑永年:《中国共产党的"自我革命"——中共十九大与中国模式的现代性探索》,《全球化》2018 年第 2 期。

### (四) 关于党的政治建设的研究

新时代以来,"党的政治建设"在学界引起了热烈讨论,学者分别从理论维度、历史维度、实践维度等方面展开了研究。

一是党的政治建设的逻辑起点、内涵、构成要素和重大意义。有学者从马克思主义经典理论中追溯党的政治建设的逻辑起点,提出"无产阶级政党的政治建设,主要是指马克思主义者运用科学的立场、观点和方法,来分析社会的政治经济状况,在此基础上科学制定党的政治纲领、政治路线以及各项方针、政策,使之得到有效的贯彻执行"。[①] 有学者提出"党的政治建设的'精神内核'来源于马克思主义政党的'初创原则'","是一个紧紧围绕马克思主义政党的政治信仰、政治立场与根本宗旨等'精神内核'而展开、在不同领域有着不同要求的多层次的内容体系"。[②] 有学者提出:"从党的政治建设概念演变看,从改革开放后,党的政治建设的内涵逐步清晰,尤其是党的十八大以来,其内涵更加具体、丰富,更具时代性、针对性、决定性,在党的建设中居于统领地位。从党的政治建设目的看,新时代党的政治建设目的是坚定政治信仰、强化政治领导、提高政治能力、净化政治生态,实现党内团结和行动一致。"[③] 从方法论的角度看,有学者提出"科学界定党的政治建设内涵和构成要素的首要问题明确党的政治建设目的,研究党的政治建设的核心问题是聚焦其政治内涵指向",并在大量解读党的规范性文件基础上,探讨了党的政治建设内涵、外延、基本构成要素及其逻辑关系。[④]

二是从历史的角度研究党的政治建设。有的学者专注于对某一重要党史事件或文献的考察研究,例如1929年古田会议,毛泽东同志就提出了"革命的政治工作是革命军队的生命线"。[⑤] 也有学者在梳理党的历史的基

---

[①] 柳建辉等:《中国共产党加强政治建设的历史考察与启示》,《中共宁波市委党校学报》2019年第5期。

[②] 刘红凛:《党的政治建设的精神内核与实践进路》,《中共中央党校(国家行政学院)学报》2020年第3期。

[③] 祝灵君:《深刻把握党的政治建设的基本内涵》,《中国纪检监察》2019年第9期。

[④] 张晓燕:《关于党的政治建设内涵范畴的界定方法研究——兼论党的政治建设内涵、外延、基本构成要素及其逻辑关系》,《闽江学刊》2018年第5期。

[⑤] 高中华:《古田会议与政治建设》,《闽西日报》2019年12月28日。

础上探讨政治建设的历史逻辑。有学者考察了建党以来"党的政治建设和中心工作互动"的总体情况,认为:"党在领导革命的实践中探索处理好党的建设和武装斗争的关系,在领导社会主义革命和建设过程中探索处理好党的建设和经济建设的关系,几代中国共产党人在处理党的建设和党的中心工作的关系上不断深化",并得出"处理好党的政治建设与党的中心工作的关系,是中国共产党成熟的重要标志"这一结论。① 有学者以"把党的政治建设摆在首位"为切入点,从建党以来正、反两方面的历史经验与教训中论证了重视政治建设的必要性。②

三是从实践工作的角度研究党的政治建设。有学者提出:"从工作的角度来讲,加强党的政治建设是一项政治任务,具有自上而下推动和自下而上反馈的特点。在纵向上,要能够形成有效的自上而下的推动作用和示范效应;在横向上,要能够使各个环节整体联动、协同发力;在效果上,要最终能够形成有效加强党的政治建设的长效机制。"③ 从分领域来看,例如机关党建中的政治建设问题,有学者认为:"机关党建是基层党建的一个特殊领域。机关党的建设对其他领域党的基层组织建设具有直接的导向和示范作用。"加强机关单位的政治建设工作,要把"提高党员干部理论素养放在重要地位","把政治纪律、政治规矩的教育和执行作为重点工作来抓"以及"保证党内政治生活的高质量开展"。④

由 2012—2020 年关于党的政治建设研究关键词聚类图谱可得,节点较大的关键词主要有党的政治建设、全面从严治党、党的建设、政治生态等内容,说明该领域形成了如上关键词为中心的研究结构;而节点之间的连线密集,说明该领域内各方向之间的交流密切,合作较多(图 7-5)。

### (五)关于党性和党性修养的研究

新时代以来,学界围绕着党性和党性修养的基本内涵、逻辑理路、提

---

① 陈述:《党的政治建设和中心工作互动的历史与经验》,《人民论坛》2019 年 10 月上。
② 苑书耸、祝彦:《把党的政治建设摆在首位的历史逻辑与现实依据》,《学习论坛》2019 年第 4 期。
③ 张荣臣、苟立伟:《新时代党的政治建设:生成逻辑、内容思路与实践要求》,《中共天津市委党校学报》2019 年第 4 期。
④ 戴焰军:《以政治建设为统领 全面推进机关党建工作》,《党建》2018 年第 11 期。

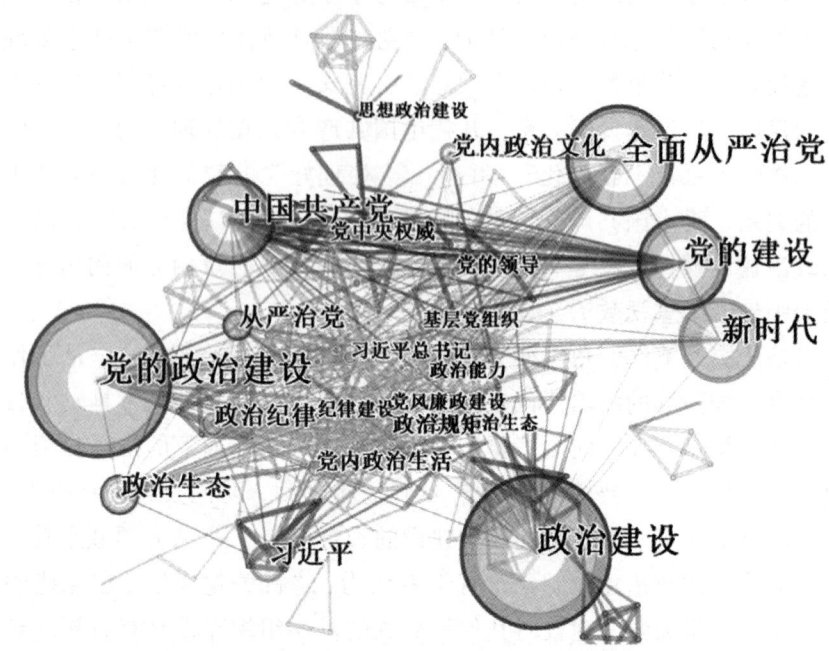

图 7-5　2012—2020 年关于党的政治建设研究关键词聚类图谱

升路径和党性与人民性相统一等方面进行了研究。

一是关于党性和党性修养的基本内涵。有学者认为，马克思和恩格斯的建党思想包含马克思主义政党的党性原则，这是马克思主义政党区别于其他党派的根本所在。① 也有一些学者通过学习和探究列宁的党性思想、② 刘少奇的党性思想、③ 任弼时的党性思想，④ 进一步加强对党员干部党性修养的研究。关于中国共产党党性和党性修养的理论来源，学术界的学者们进行了深入的探究和分析，并形成了较为一致的观点。有学者提出，中国共产党党性修养理论，是中国共产党人在中国革命的具体实践中，创造性

---

① 曹泳鑫、卢汉：《论中国共产党对马克思主义政党党性的守正创新》，《毛泽东邓小平理论研究》2020 年第 3 期。

② 蔡文成、张艳艳：《列宁关于无产阶级政党的党性原则及时代启示》，《社会主义研究》2020 年第 2 期。

③ 张燕青、房晓军：《刘少奇关于执政党党性修养思想探析》，《学校党建与思想教育》2018 年第 24 期。

④ 刘金新：《任弼时论增强党性的五重路径》，《党的文献》2019 年第 3 期。

地将马克思主义思想体系与中国传统文化中的素养理论相结合产生的，这构成了中国共产党党性修养的核心规律和运转动能。① 有的学者提出，所谓党性，指的是党的阶级属性，是高度集中和发展的阶级性。除了无产阶级固有的属性之外，我们党在长期领导中国革命、建设和改革的实践中形成了一些独特的优秀品质，包括坚持马克思主义指导地位，坚持共产主义最高理想，坚持全心全意为人民服务根本宗旨，具有严格的组织性、纪律性，勇于自我革命，等等。② 也有学者提出，中国共产党是根据马克思列宁主义建党原则建立起来的，坚持了马克思主义政党党性的一般规定，并根据中国国情、各时期实际斗争需要和党员素质构成等具体情况，确立了自身的党性原则。③ 有学者认为，"党性和人民性相统一"是中国共产党为人民服务宗旨的体现、是中国革命道路经验的总结，一些学者从历史的角度对"党性和人民性相统一"进行探究。有学者认为，中国共产党是马克思主义政党，党性和人民性从来都是一致的、统一的。党性和人民性的统一是马克思主义的基本观点。④ 党性和人民性的辩证统一主要体现在"坚持党性就是坚持人民性，坚持人民性就是坚持党性"。党和人民在根本利益、价值追求、奋斗目标上的高度一致，决定了党性与人民性之间的统一性。⑤

二是关于党性和党性修养的逻辑理路。学界从理论逻辑、历史逻辑和实践逻辑等方面对党在新时期"为什么要加强共产党员的党性修养"进行阐述。关于理论逻辑，有学者认为，党性就是保持党生存与发展的内在规定，集中体现在党的阶级性、先进性，指导思想的科学性和实践价值取向的人民性上。党性修养建立在理性自觉的基础上，马克思主义是中国共产党人的指导思想，是党员干部守望的精神家园，也是党性修养的"定海神针"。⑥ 有

---

① 曲婧、何林：《中国共产党对党性修养和干部政治素质高标准要求的坚持和发展》，《毛泽东邓小平理论研究》2018 年第 6 期。
② 安华：《修好共产党人心学从何入手》，《学习时报》2020 年 4 月 6 日第 2 版。
③ 曹泳鑫、卢汉：《论中国共产党对马克思主义政党党性的守正创新》，《毛泽东邓小平理论研究》2020 年第 3 期。
④ 陈雄、吕立志：《中国共产党党性与人民性统一的内在逻辑》，《党建》2019 年第 12 期。
⑤ 万华颖：《"党性与人民性相统一"的三重逻辑论析》，《理论建设》2020 年第 2 期。
⑥ 曲婧、何林：《中国共产党对党性修养和干部政治素质高标准要求的坚持和发展》，《毛泽东邓小平理论研究》2018 年第 6 期。

学者在坚持中国共产党的党性和人民性相统一的根本原则的同时认为加强党性修养，必须明确全心全意为人民服务这一无产阶级政党修养的精神实质。这是中国共产党加强党性修养的核心要求。① 关于历史逻辑，有学者对中国共产党党性修养的历史演进行了梳理。② 也有学者通过对延安等特定历史时期党加强党性教育和党性实践的理论与实践进行探究，认真总结汲取延安时期党性教育和党性修养的历史经验，总结提升新时代党员干部党性教育的实效性举措。③ 关于实践逻辑，有学者从党性对于共产党人的重要性角度阐述新时期加强党性修养，修好共产党人的"心学"，提高共产党人的思想政治觉悟、道德修养水准、组织纪律观念等的至关重要性。④ 也有学者认为，新时代加强党性修养是我们党面临的直接挑战提出的要求。加强共产党员的党性锻炼，才能不断增强党自我净化、自我完善、自我革新、自我提高的能力，始终保持党的先进性和纯洁性。⑤

三是关于党性和党性修养的提升路径。有学者从加强党性和党性修养所遵循的原理层面展开论述，认为党性是马克思主义政党的本质属性，那么党性修养必然要坚持量变、质变转化、对立统一、否定之否定、个性与共性统一等马克思主义的基本原理。⑥ 也有学者认为，党性修养的一个重要原则，就是理论联系实际，也就是说要身体力行。党性修养贵在知行合一，不能坐而论道，知而不行。⑦ 有学者从加强党性和党性修养的途径展开论述，认为自省与自知是加强党性修养的途径与方法。从读书学习中提高自己、在社会实践中改造自己、在党内生活中锻炼自己，使党性原则由"依从"走向"认同"和"内化"，由朴素情感上升到理性认识，由内化于心到外化于行。⑧ 有学者从加强党性和党性修养的基本内容展开论述，认为注重和不断加强党性修养，是共产党员的责任和义务，每个共产党员

---

① 张士海：《加强党性修养　永葆共产党人政治本色》，《人民论坛》2018年第19期。
② 曲婧、何林：《中国共产党对党性修养和干部政治素质高标准要求的坚持和发展》，《毛泽东邓小平理论研究》2018年第6期。
③ 赵耀宏：《延安时期加强党性教育和党性修养的理论与实践》，《党建》2019年第7期。
④ 安华：《修好共产党人心学从何入手》，《学习时报》2020年4月6日第2版。
⑤ 梅荣政：《新时代如何加强共产党员的党性修养》，《党建》2018年第4期。
⑥ 祝灵君：《中国共产党人的党性与党性修养》，《中共中央党校学报》2016年第6期。
⑦ 罗宗毅：《践行"三严三实"增强党性修养》，《中国党政干部论坛》2015年第11期。
⑧ 罗宗毅：《践行"三严三实"增强党性修养》，《中国党政干部论坛》2015年第11期。

都要从坚定理想信念、坚持实事求是、密切联系群众、守纪律讲规矩几个方面着力提高党性修养和自觉意识。① 有学者认为，引导广大党员科学把握党性修养的精神实质，就要努力在增强党的服务意识方面、健全党的利益整合机制方面、制订科学党性修养评价标准方面"出实招"。② 有学者从加强党性和党性修养的关键性群体层面展开论述，认为发挥党员干部在党性修养活动中的模范作用要做到模范典型激励示范作用和反面典型警示震慑作用相结合、对党负责与对人民负责相结合、自律与他律相结合三个"结合"。③ 也有的学者指出当前形势下党章对广大党员干部加强党性修养所提出的主要要求，即要通过学习和执行党章增强党的意识、宗旨意识、执政意识、大局意识、责任意识。④

由 2012—2020 年关于党的政治建设研究关键词时区图谱可得，党性修养在 2012 年第一次出现在学术视野，围绕其周围的还有党的建设、共产党人、马克思主义、全面从严治党等关键词；2012—2020 年总体上保持了研究的连续性，但后半程的研究数量少于前半期（图 7-6）。

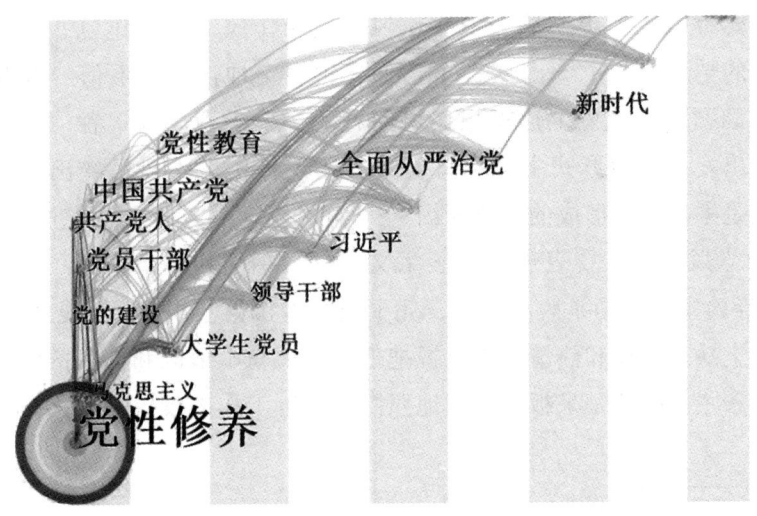

图 7-6　2012—2020 年关于党的政治建设研究关键词时区图谱

---

① 罗平汉：《共产党人的党性与党性修养》，《红旗文稿》2016 年第 12 期。
② 张士海：《加强党性修养　永葆共产党人政治本色》，《人民论坛》2018 年第 19 期。
③ 张士海：《加强党性修养　永葆共产党人政治本色》，《人民论坛》2018 年第 19 期。
④ 张超：《新形势下党章对党员干部加强党性修养的要求》，《中国党政干部论坛》2017 年第 1 期。

### （六）关于党的作风建设的研究

新时代以来，学界对党的作风建设的关注度明显增多，这些学术成果分别从作风建设的内涵、不足、缘由、路径等方面进行了较为全面的研究。

一是关于党的作风建设的内涵。有学者从党的作风建设的历程与经验出发，认为"中国共产党的作风是指全体党的成员在思想、政治、组织、工作和生活等方面表现出来的一贯态度和高度凝练的行为方式，是党的内在精神、整体素质、政治倾向和纪律规范的体现和反映。"① 有学者结合新时代关于党的作风建设具体要求的论述，认为"作风是一种无形的力量，党的作风代表着党的形象，是人心向背的晴雨表。"② 有学者进一步细化党的作风建设的内容，将其细分为思想作风，工作作风、生活作风等表现形式。③

二是关于不良作风及其整治的研究。当前，学者对作风建设中的问题研究主要聚焦在思想作风、工作作风、领导作风、生活作风、学风等方面。有的学者认为"党内出现了信仰迷茫、精神迷失、不信'马列信鬼神'等问题"④，实际上是思想作风问题的主要表现。有学者"从党群关系角度出发，认为形式主义和官僚主义的工作作风不仅是突出的作风问题，也是不良作风形成的重要原因"⑤ 党内"自由主义、好人主义现象严重"。⑥ 学风问题主要表现是经验主义、本本主义和教条主义。有学者指出，"经验主义指的是脱离实际，凭主观经验和意志办事，轻视理论学习，在学习上缺乏兴趣和热情，不重视把理论知识与本地区和部门的实际相结合。教条主义指的是呆板、机械地照搬照抄，工作中仅仅按照书本或上级

---

① 王金柱：《党的作风建设的发展脉络和推进重点》，《长春市委党校学报》2012 年第 6 期。
② 张荣臣：《十八大以来党的作风建设理论与实践》，《重庆社会科学》2019 年第 7 期。
③ 胡铁根：《对加强思想作风建设的认识与思考》，《南京政治学院学报》2013 年第 3 期。
④ 王建国、江家城：《试论十八大以来党的建设理论与实践创新》，《社会主义研究》2016 年第 1 期。
⑤ 高新民：《全面加强党的作风和廉政建设》，《学习论坛》2017 年第 7 期。
⑥ 肖文锋：《新时期中国共产党作风建设问题探究及其治理对策》，《湖北社会主义学院学报》2013 年第 3 期。

的文件去做，不重视理论联系实际"。① 与此同时，学者围绕党员个人素质、党内制度以及社会环境，探讨影响作风建设的主客观因素。首先，政治素养不高和党性修养不强是制约党员干部作风提升的首要因素。② 其次是党内监督机制的不完善，"党风问题难以根治的重要原因就在于制度设计安排上存在空档和工作机制的不顺畅"。③ 再次，社会环境的复杂性对党员干部的影响，"领导干部作为社会的一员，生活在现实生活之中，在各种社会关系中生存，也会被社会风气所影响"。④ 因此，主张领导干部把净化交友圈，增强自律性作为抵制消极腐败滋生的重要武器。

三是关于党的作风建设的提升路径。有学者强调要继承和弘扬党的优良传统，主张紧抓密切联系群众这一核心内容。"作风问题的核心是党要始终紧紧依靠人民，始终保持同人民群众的血肉联系，坚持党的群众路线。"⑤ 有的学者将思想道德建设作为作风建设的基石，⑥ 有学者重视党内制度和机制的建立健全，主张建立健全运转协调的作风建设制度体系。⑦ 有学者认为改进作风的关键是提升党性修养，"党性说到底就是共产党人的世界观、人生观、价值观，坚定党的宗旨意识必须把党的作风落脚在党性淬炼上。"⑧ 有学者强调党员干部的示范带头作用对于改进作用意义重大，主张"领导干部的地位和身份，使得他们的作风更容易成为大家关注的焦点。领导干部做好了，会对全党全社会有积极的示范效应"。⑨ 总体而言，绝大多数学者都认为，加强党的作风建设需要多个因素相互配合，协调共进。

由2012—2020年关于党的作风建设研究关键词聚类图谱可得，该领

---

① 党首兴：《论领导干部的作风建设》，硕士学位论文，河南大学，2013年。
② 赵绪生：《关于新时代作风建设常态化制度化的思考——学习习近平关于作风建设的重要论述》，《理论视野》2019年第7期。
③ 李发美：《构建党风廉政建设"两个责任"协同推进机制》，《红旗文稿》2017年第11期。
④ 张鑫：《领导干部作风建设长效机制相关理论研究》，《理论学刊》2013年第11期。
⑤ 赵绪生：《关于新时代作风建设常态化制度化的思考——学习习近平关于作风建设的重要论述》，《理论视野》2019年第7期。
⑥ 高新民：《科学分析"四风"根源 构建作风建设的长效机制》，《石油政工研究》2014年第1期。
⑦ 蔡志强：《在制度框架内保障党的作风建设》，《贵阳市委党校学报》2013年第2期。
⑧ 齐卫平：《改革开放40年党的作风建设发展述论》，《当代世界与社会主义》2018年第5期。
⑨ 戴焰军：《关于加强党的作风建设的几点思考》，《党的文献》2017年第3期。

域形成了以中国共产党的作风建设为中心,辅以从严治党、群众路线、党的建设、全面从严治党为子研究方向的研究格局(图7-7)。

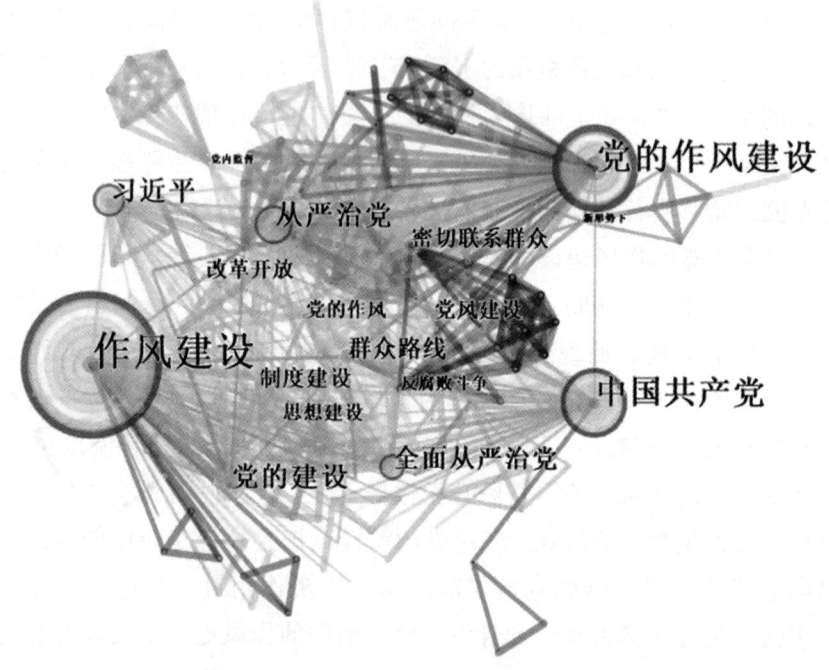

图 7-7　2012—2020 年关于党的作风建设研究关键词聚类图谱

**(七) 关于干部工作和新时代组织路线的研究**

十八大以来,干部工作在实践中不断发展,成为学术界持续关注的热点。

一是干部选任领域。有学者回顾了改革开放以来党和国家领导人的政绩观以及相关时期内的领导干部考核选拔机制,[1] 重点梳理了十八大前后及十八大以来我国干部考核选拔制度的变化。[2] 此外,还有一些研究关注了干部选任中的一些重点问题。例如:有研究指出了当前党政领导干部民

---

[1] 陈家喜:《我国干部选拔制度改革的路线图——以全国组织工作会议为线索》,《社会科学研究》2017 年第 5 期。

[2] 陈雪莲:《改革开放以来干部考核选拔机制变迁研究》,《经济社会体制比较》2018 年第 3 期;陈家喜、林清新:《新时代执政党干部选任制度的新变化》,《理论探讨》2019 年第 2 期。

主测评的深层困境;[①] 有研究认为民主推荐制度是中国共产党对"委任制"干部选拔任用方式的创新发展和重大贡献,并从制度的起源、制度的背离、制度的调适、制度的前景等维度对民主推荐制度进行了分析;[②] 有研究从政治信念、政治立场、政治纪律、政治作风、政治担当与政治能力等维度构建了新时代领导干部政治素质模型;[③] 有学者认为,新时代的干部选任制度进行了适应性调整,凸显了更为突出强调理想信念、更为关注敢于担当、更为强化组织选任权力、更为关注年轻干部基层锻炼等一系列新变化;[④] 有学者进一步发展了晋升锦标赛理论,提出了中国党政干部晋升的政绩型体制,[⑤] 从干部的角度为中国改革开放以来的高速发展提供政治经济学解释;有研究关注了基层干部与基层治理的关系,认为基层干部的本土性在基层治理中具有重要作用,但目前这种本土性资源在不断衰退,出现了国家政权建设悬浮于社会之上的风险等等。[⑥]

二是干部培养领域。有学者考察了中国共产党现行的干部教育培训体制、规划、功能和主要特征,着重分析了这一体制对于改善各级干部的素质、增强执政能力和国家治理能力的重要作用和意义。[⑦] 有学者从制度可实施性的维度对中国干部教育培训制度的文本进行了质性分析,发现干部教育培训制度存在诸多不足[⑧]。在提升干部教育培训有效性方面,有学者基于问卷调查发现,在干部教育培训工作总体向好的情况下,围绕培训需求和能力教育衍生出来的系列问题影响着干部教育培训的针对性和有效性,[⑨] 要进一步提高培训工作质量,应既要注重能力、知识、技能、经验、方法艺术等表层结构,又要注重思维观念、关键品质、价值取向、角色认

---

[①] 刘昕:《当前党政领导干部民主测评的深层困境》,《人民论坛·学术前沿》2014 年第 7 期。
[②] 麻宝斌、仇赟:《民主推荐制度的历史演进与政治学分析》,《政治学研究》2017 年第 2 期。
[③] 萧鸣政:《新时代领导干部政治素质及其考评初探》,《北京大学学报》(哲学社会科学版) 2018 年第 3 期。
[④] 陈家喜、林清新:《新时代执政党干部选任制度的新变化》,《理论探讨》2019 年第 2 期。
[⑤] 冯军旗:《中国党政干部晋升的政绩型体制》,《江汉论坛》2015 年第 12 期。
[⑥] 王龙飞:《基层治理的本土资源:基于干部人事制度的研究》,《东南学术》2019 年第 3 期。
[⑦] 俞可平:《中共的干部教育与国家治理》,《中共浙江省委党校学报》2014 年第 3 期。
[⑧] 程波辉、彭向刚:《基于制度可实施性的我国干部教育培训制度审视》,《南京社会科学》2018 年第 1 期。
[⑨] 陈家刚、周永杰:《新时代干部教育培训的针对性和有效性分析——基于 G 省 1009 名干部的问卷调查》,《岭南学刊》2020 年第 1 期。

知等深层内容。①

　　三是干部管理领域。随着高压反腐和作风建设的纵深推进，干部纪律性和廉洁度明显提升，但与此同时，却暗生了"为官不为"这一新的官场现象，②这成为社会各界关注的热点，人民论坛问卷调查中心也对此展开了社会调查。③"为官不为"的官场慢性病会对我国发展造成致命的危害，④围绕如何破除"为官不为"、促进干部敢于担当，建设正向激励体系、党内问责等干部工作在实践中取得了快速发展，如何在这些制度安排基础上对干部进行有效激励约束也成为学术界关注的重点。在干部激励方面，有学者对 2018 年 5 月印发《关于进一步激励广大干部新时代新担当新作为的意见》以来各地方出台的干部激励实施意见进行了集中梳理。⑤有学者根据改革开放以来地方领导干部跨域流动所呈现出的方向性特征，即从政治或经济地位相对较低的区域流向相对较高的区域，提出治域进阶这一地方官员激励模式，认为治域进阶能够在一定程度上有助于矫正有限职位晋升所带来的激励失灵问题。⑥还有学者对近年来关注度较高的职务与职级并行制度、⑦容错纠错机制⑧等进行了深入分析。在干部问责方面，有学者认为，党内问责制是新中国成立 70 年以来中国共产党从严治党的重要制度载体，《中国共产党问责条例》的出台标志着党内问责制走向成熟，但目前党内问责制还存在问责泛化导致党员干部因为害怕问责而不敢

---

① 胡月星：《领导干部培训知识需求差异与对策思路》，《国家行政学院学报》2013 年第 5 期。
② 金太军、张健荣：《"为官不为"现象剖析及其规制》，《学习与探索》2016 年第 3 期；吴江：《为官不为与绩效管理法治化》，《中国行政管理》2016 年第 1 期；文宏、张书：《官员"为官不为"影响因素的实证分析——基于 A 省垂直系统的数据》，《中国行政管理》2017 年第 10 期。
③ 人民论坛问卷调查中心：《不敢干、不愿干还是不会干　部分官员不作为真实原因调查分析报告》，《人民论坛》2015 年第 15 期。
④ 苏忠林：《基于行政责任理论视角的"为官不为"现象探析》，《中国行政管理》2016 年第 1 期。
⑤ 葛蕾蕾：《加强新时代干部担当作为的正向激励——地方出台干部激励实施意见综述》，《中国党政干部论坛》2018 年第 9 期。
⑥ 向杨：《治域进阶：一种独特的中国地方官员激励模式》，《经济社会体制比较》2019 年第 6 期。
⑦ 何宪：《公务员职务与职级并行制度研究》，《中国行政管理》2016 年第 9 期。
⑧ 郎佩娟：《容错纠错机制的可能风险与管控路径》，《人民论坛》2016 年第 11 期；杜兴洋、陈孝丁敬：《容错与问责的边界：基于对两类政策文本的比较分析》，《学习与实践》2017 年第 5 期；谷志军：《容错纠错机制为何难以操作？——基于政策文本的实证分析》，《行政论坛》2020 年第 1 期。

为、问责决定执行不到位等问题,①需要进一步完善党内问责制的配套措施和辅助制度,同时处理好党内问责与行政问责、纪律处分、党内监督的关系。②

贤能政治概念引起广泛关注后,学术界展开了讨论。有学者认为,民主尚贤制相对于民主制更为适合中国,政治尚贤制理论因为中国的崛起而焕发出新的活力,③中国共产党确定的"任人唯贤"的干部路线和"德才兼备"的干部标准,不但为选拔使用什么样的干部提供了判断标准和执行依据,更是对中国共产党自身发展、路线方针的贯彻执行以及权威的树立、政权的巩固具有不可替代的作用。④也有学者提出不同看法,认为贤能政治的理论主张存在致命缺陷,⑤贤能政治突出精英选拔在国家治理中的主导作用,却忽视了不断扩大的政治参与对民主发展的积极意义。⑥针对学术界兴起的关于贤能制与选任制何者更优的理论之争,有学者提出了"新贤能政治"说,认为在现代民主政治的基干和框架下,嫁接传统贤能政治的有益成分,构建以现代化为战略导向的新贤能政治模式是中国共产党治国理政的宝贵历史经验,⑦在推进中国特色社会主义民主政治发展的进程中,不能将贤能制与选任制决然对立化,应当有效确立统一的贤能标准,坚持以民主方式选任贤良,实现两种选贤方式的功能互补与制度耦合。⑧

由2012—2020年关于干部工作和新时代组织路线研究关键词突现图谱可得,主要研究热词有:习近平总书记、基层干部、军转干部、党的组织路线、干部教育培训、新时代、新常态下等,且呈现了明显的时间分割,干部培训工作等关键词的突现集中在2013年前后,党的组织路线、

---

① 吕永祥:《新中国成立70年党内问责制的历史沿革、现实困境与破解之道》,《河南社会科学》2019年第7期。
② 谷志军:《党内问责制:历史、构成及其发展》,《社会主义研究》2017年第1期。
③ 贝淡宁:《为什么民主尚贤制适合中国》,《中央社会主义学院学报》2017年第3期。
④ 麻宝斌、仇赟:《中国共产党"选贤任能"道路选择与实践研究——基于"任人唯贤""德才兼备"干部路线和标准的政治学分析》,《治理研究》2018年第4期。
⑤ 刘京希:《尚贤制抑或民主制?——"贤能政治"论争述评》,《文史哲》2018年第3期。
⑥ 高春芽:《国家治理视野中的贤能政治及其限度》,《经济社会体制比较》2018年第5期。
⑦ 唐皇凤:《新贤能政治:我国干部选拔制度的民主化与现代化》,《复旦学报》(社会科学版)2016年第4期。
⑧ 张明军、赵友华:《贤能制与选任制之争的误区辨析》,《政治学研究》2019年第2期。

基层干部等关键词的突现集中在 2020 年（图 7-8）。

| 关键词 | 年份 | 强度 | 起始年份 | 终止年份 | 2012—2020 |
|---|---|---|---|---|---|
| 干部培训工作 | 2012 | 2.7558 | 2012 | 2013 | |
| 军转安置工作 | 2012 | 2.7048 | 2012 | 2013 | |
| 军转干部 | 2012 | 5.2143 | 2012 | 2014 | |
| 接收单位 | 2012 | 2.603 | 2012 | 2013 | |
| 《党政领导干部选拔任用工作条例》 | 2012 | 2.4938 | 2013 | 2015 | |
| 组织人事部门 | 2012 | 2.6507 | 2014 | 2015 | |
| 好干部 | 2012 | 2.5799 | 2014 | 2015 | |
| 干部教育培训 | 2012 | 3.1841 | 2016 | 2018 | |
| 新常态下 | 2012 | 2.9213 | 2016 | 2017 | |
| 习近平总书记 | 2012 | 4.0763 | 2017 | 2020 | |
| 基层干部 | 2012 | 3.8632 | 2017 | 2020 | |
| 习近平 | 2012 | 2.8196 | 2018 | 2020 | |
| 领导干部 | 2012 | 3.9487 | 2018 | 2020 | |
| 新时代 | 2012 | 4.696 | 2018 | 2020 | |
| 党的组织路线 | 2012 | 6.6063 | 2018 | 2020 | |

图 7-8 2012—2020 年关于干部工作和新时代组织路线研究关键词突现图谱

### （八）关于党内法规制度体系建设研究

十八大以来，学界关于党内法规的相关研究进行综合整理，为从不同角度研究党内法规制度提供借鉴。

一是党内法规的概念、内涵和体系的研究。有学者指出，党内法规是"中国共产党规范党组织的工作、活动和党员行为的具有'法'位阶的党内制度的总称"。[1] 有学者认为，从党内法规自身属性的角度来看，其具有政治性、道德性和法治性，"党内法规"之"党"，正是其政治性的表现；"党内法规"之"内"，则显示出其强硬的道德约束的范围是在中国共产党内部；"党内法规"之"法规"，就是其法治性最直接的表达。[2] 有学者

---

[1] 姜明安：《论中国共产党党内法规的性质与作用》，《北京大学学报》（哲学社会科学版）2012 年第 3 期。

[2] 赵晓营：《党内法规概念研究》，硕士学位论文，河北师范大学，2020 年。

认为，党内法规是中国共产党"制度治党"的重要依据，作为一个重要概念术语，"党内法规"在其形成过程中吸融了"法律""纪律"和"法规"的政治情境，堪称中国共产党近百年历史的"浓缩物"。[1] 有学者将目前形成的党内法规体系概括为"四个三"：一是体系架构包括三层，党章为根本，以准则和条例为主干，以规则、规定、办法、细则为分支的体系框架；二是规范位阶上分为三级，即中央党规、部委党规和地方党规；三是调整领域包括三块，规范党的领导和执政活动，规范党的自身建设活动，规范党的机关运行保障活动；四是在规范形态上分为三类，少量规定党的组织机构设置的主体性规范，大部分规范党务活动的行为性规范，相当数量的规定责任追究及监督救济的保障性规范。[2] 有学者认为，十八大以来党内法规制度建设取得的主要成绩体现在，第一，统筹机制不断完善；第二，制定工作逐步规范；第三，执行力度不断加大；第四，备案工作有序展开；第五，清理工作顺利完成；第六，工作体制不断健全；第七，理论研究初具成效，形成了一批有影响力的研究成果。[3] 有学者认为，党的十八大以来，在坚持党的全面领导、推进全面从严治党和推进制度治党、依规治党的进程中，党内法规制度建设取得了历史性成就和新的实践经验，形成了习近平新时代党内法规制度建设思想。[4]

二是关于党内法规具体制度的研究。在党的组织法规制度建设上，有学者认为，党的组织工作法规制度体系建设是推进依法治国、依法执政和依规治党的重要途径，是实现国家治理体系和治理能力现代化的现实需求，是深化党的建设制度改革的重要内容，是提高党的组织工作科学化水平的根本之举。[5] 有学者认为，要进一步加强党的组织法规制度常态清理工作，强化制度评估工作，要在坚持思想遵循、坚持内容和程序规范、聚焦重点领域和层次框架上下功夫。[6] 在党的领导法规制度领域，有学者指

---

[1] 王海军、廖皇珠：《中国共产党制度治党语境下"党内法规"概念的历史流变》，《山东社会科学》2020年第6期。
[2] 宋功德：《党规之治》，法律出版社2015年版，第3—4页。
[3] 李忠：《党内法规建设研究》，中国社会科学出版社2015年版，第80—94页。
[4] 李斌雄：《改革开放40年党内法规制度建设研究》，《决策与信息》2018年第10期。
[5] 王泽秋：《中国共产党的组织工作法规制度体系研究》，硕士学位论文，广西师范大学，2016年。
[6] 杨本松雪：《全面推进党的组织法规制度建设》，《人民法治》2018年第24期。

出,从总体来看,十八大以来,党的领导法规制度有如下特点:一是更加注重强调坚持和加强党的集中统一领导;二是更加注重体现法治原则和法治精神;三是更加注重用条例、规定等较高层级的党内法规立法形式来规范一些重大事项。① 有学者认为,以党章为根本,以准则条例等党内法规为主干,健全和完善党内法规制度体系,为坚持和加强党的全面领导提供制度保证,是新时代加强执政党建设的战略议题。② 在党的自身建设法规制度领域。有学者指出,编制《中央党内法规制定工作五年规划纲要(2013—2017年)》是深化党的建设制度改革的重要举措,有利于夯实党执政治国和自身建设的制度基础。③ 有学者认为,强调运用道德激励人、引领人,也是我们党加强自身建设的重要脉络。④ 有学者认为,在长期执政的条件下,制度治党是加强党的自身建设的有效途径,贯穿于管党治党的全部过程。⑤ 在党的监督保障法规制度领域,有学者指出,党内监督条例具有四个特点,即凸显党内监督在党和国家各项监督制度中的首要地位;实现党内监督和国家监督有机衔接,增强党内监督力度,形成监督合力;探索自我监督,建立了严密的党内监督体系;贯穿了监督者本身也要受监督的思想。⑥ 有学者认为,新时代中国共产党推进党内监督科学化必须通过严明党的政治纪律和政治规矩、加快纪委监督执纪工作改革、强化对党内"关键少数"的权力监督、加强对监督权力的再监督、健全科学合理的党内监督配套制度、健全和完善党内监督法规建设。⑦ 有学者认为,党内监督与国家监察有机统一彰显中国特色的治理之道,中央纪委和国家监委、各级纪委和各级监委合署办公,能够使依规治党和依法治国相互促

---

① 陈雪、刘锐:《依法加强和改善党的领导——以新中国70年来党的领导法规制度变迁为视角》,《中共中央党校(国家行政学院)学报》2019年第6期。
② 唐皇凤、梁新芳:《党的领导制度体系:构成要素、逻辑结构和优化路径》,《新疆师范大学学报》(哲学社会科学版)2020年第4期。
③ 杨绍华:《夯实党执政治国和自身建设的制度基础——中共中央办公厅法规局负责人答记者问》,《求是》2014年第2期。
④ 张勇:《从严治党需要"内外兼修"》,《人民日报》2015年10月27日第5版。
⑤ 李珊杉、蔡文成:《长期执政条件下中国共产党加强自身建设经验研究》,《青海社会科学》2020年第2期。
⑥ 祝灵君:《读懂党内监督条例的四个特点》,《中国纪检监察》2016年第22期。
⑦ 李堃:《新时代中国共产党党内监督科学化研究》,《苏州科技大学学报》(社会科学版)2019年第3期。

进、相得益彰，推进国家治理体系和治理能力现代化。①

三是推进党内法规建设的路径研究。有学者认为，构建完善的党内法规制度体系，要进一步完善党内法规制定体制机制，健全党内法规制定机构与党内党外的沟通机制、党内法规制定工作的统筹协调机制、党内法规的严格审议通过机制。② 有学者指出，党内法规的制定在程序上应吸收和借鉴国家立法原则，践行科学立法、立法民主理念，并确保党内法规的制定符合正当程序原则。③ 有学者认为，应当完善党内法规备案审查标准，建立一个以政治性审查为基础前提、以合法性审查为本质要求、以合理性审查为价值追求的、灵活、系统、科学、适当的多元化备案审查标准。④ 有学者认为，党内法规合规性监督机制的建立意义非常重大，为执政党依法执政带来全新的思路，为法治中国的建设营造一个良好的法律和制度环境。⑤ 有学者指出，在制定党内法规时必须遵循一定的技术规则，包括统筹技术规范、语言技术规范、结构技术规范、活动技术规范和公文技术规范。⑥ 有学者指出，文化在党内法规建设中发挥着重要作用，要构建和培育党内法规制度执行文化。⑦ 有学者指出，提高党内法规执行力，增强法规制定的有效性是重要基础；牢固树立党规党纪意识是基本前提；党员干部做表率是关键因素；健全党内法规运行机制是重要保障。⑧ 有学者指出，执规必须严格，保障党内法规的执行力。提高执规效力，就要解决好党内法规的形式主义问题，进一步明确执规的权限、范围、依据。⑨ 有学者研究了党的具体制度建设，包括党内法规解释制度、⑩ 党内法规实施后评估

---

① 吕品：《党内监督与国家监察有机统一彰显中国特色的治理之道》，《中国纪检监察》2018年第6期。
② 张晓燕：《求真务实地研究和解决党内法规制度建设的重点、难点问题》，《中国党政干部论坛》2013年第9期。
③ 徐信贵：《党内法规的规范属性与制定问题研究》，《探索》2017年第2期。
④ 李大勇、宋润润：《党内法规备案审查的多元化标准》，《理论视野》2017年第1期。
⑤ 莫纪宏：《建立和完善党内法规的监督机制》，《学习与探索》2015年第10期。
⑥ 管华：《党内法规制定技术规范论纲》，《中国法学》2019年第6期。
⑦ 刘先春、叶茂泉：《构建和培育党内法规制度执行文化的对策研究》，《中南民族大学学报》（人文社会科学版）2017年第4期。
⑧ 梁瑞英：《提高党内法规制度执行力的几点思考》，《领导科学》2015年第32期。
⑨ 王立峰：《论党内法规实施的内涵、要素与路径》，《党内法规理论研究》2019年第1期。
⑩ 吕品：《关于党内法规解释制度建设的思考》，《理论视野》2019年第4期。

制度、① 保障党章实施的机制。②

四是党内法规与国家法律的协调的研究。有学者认为，需要遵循国家法律高于党内法规、党内法规严于国家法律的原则处理二者关系。党内法规与国家法律衔接和协调是依法执政的现实要求。③ 有学者提出，党内法规与国家法律相互协调，至少包含三层含义：基本精神融通、基本制度对接和消除彼此冲突。④ 有学者指出，要坚持党规与国法的统一来构建党内法规体系。避免党政关系不当处理，导致党规与国法混淆或者出现虚化党规调整功能的问题；推进党内法规和国家法律的有效对接。⑤ 有学者提出，实现二者相互协调须"内""外"同向发力。在"外"应当建立党内立法机构与国家立法机构的沟通协调机制；在"内"应明确党内法规制定主体，完善党内法规制定程序，实施党内法规备案审查和定期清理，加强对其执行情况的评估等。⑥

由 2012—2020 年关于党内法规制度体系建设研究关键词聚类图谱可得，党内法规、全面从严治党等节点较大的关键词统领该领域的整体研究，在其周围聚集了依规治党、制度治党等研究子方向；而密集的节点连线则说明各研究方向内存在的密切交流与合作（图 7-9）。

### （九）关于健全党和国家监督体系研究

十八大以来，学界主要关注健全党和国家监督体系的制度价值逻辑、制度创新逻辑、制度结构逻辑、制度运行逻辑。⑦

一是党内监督体系的基本架构和内涵。有学者认为，新时代党和国家监督体系的总框架，即推进纪检体制改革，加强纪委监督的相对独立性、权威性；推进国家监察体制改革，实现公权力全覆盖；完成派驻监督全覆

---

① 王建芹、刘丰豪：《党内法规实施后评估范围的若干问题研究》，《河南社会科学》2020 年第 6 期。
② 张晓燕：《构建维护党章权威机制的思考和建议》，《理论学刊》2015 年第 2 期。
③ 秦前红、苏绍龙：《论党内法规与国家法律的协调衔接》，《人民论坛·学术前沿》2016 年第 10 期。
④ 韩强：《党内法规与国家法律的协同问题研究》，《理论学刊》2015 年第 12 期。
⑤ 吕品：《党内法规体系构建的若干问题思考》，《南京社会科学》2018 年第 12 期。
⑥ 宋健：《怎样使党内法规与国家立法相协调》，《学习时报》2005 年 5 月 30 日。
⑦ 贺洪波：《十八大以来健全党和国家监督体系的制度逻辑》，《探索》2019 年第 3 期。

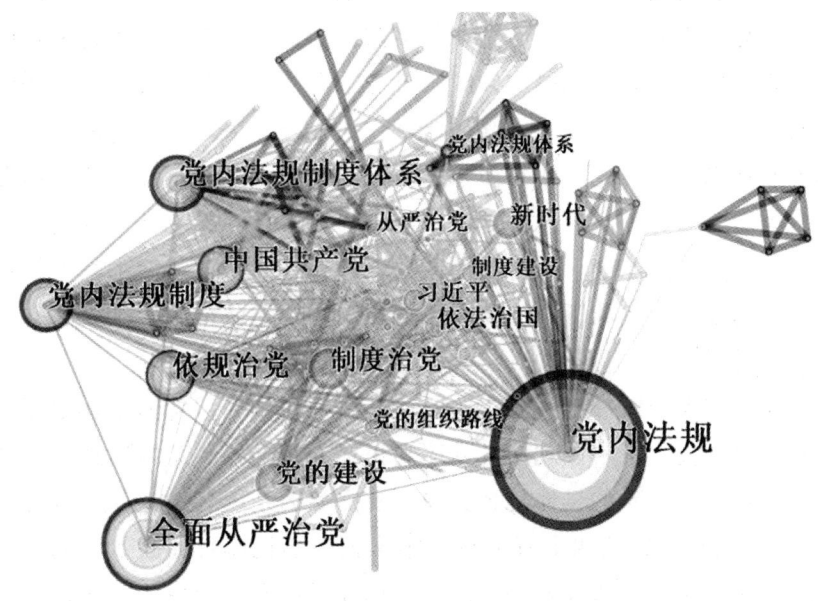

**图 7-9　2012—2020 年关于党内法规制度体系建设研究关键词聚类图谱**

盖，实现党内监督全方位；创新巡视制度，充分发挥巡视利剑作用；坚持党内监督与其他形式监督相结合，增强监督合力。① 十八大以来党强化自上而下组织监督的经验启示主要有，加强党内监督要抓住主要矛盾和主要问题；以上率下强化监督责任的落实；以党内监督带动其他监督、完善监督体系。② 中华优秀传统监察文化、监察制度为当下深化国家监察体制改革提供了有益借鉴。③

二是监察权权力属性与法律地位的研究。有学者分析了监察机关运行机制的理论难点，④ 据此提出进行监察制度改革与法治化转型的举措，如确立监察委员会的法律地位；理顺监察委员会与党的纪检机构的关系；明

---

①　管素叶、陈志刚：《党和国家监督体系的创新发展》，《中国特色社会主义研究》2019 年第 6 期。
②　祖金玉：《十八大以来党强化自上而下组织监督的经验启示》，《马克思主义理论学科研究》（双月刊）2019 年第 1 期。
③　彭新林：《国家监察体制改革：历史借鉴与现实动因》，《法学杂志》2019 年第 1 期。
④　颜德如、栾超：《深化国家监察体制改革面临的挑战及其应对路径》，《理论探讨》2019 年第 3 期。

确监察委员会的基本职能与工作机制。确保对监察委员会的监督。① 以党的统一领导为核心，以党内监督和监察监督为主导、以人大监督和行政监督为主责、以人民政协和民主党派监督为常态、以司法机关监督和法治权威监督为保障、以群众监督和舆论监督为基础的实践逻辑。② 健全和完善党内监督体系，认为党内监督体系是由党内不同主体相互发生关系而形成的复杂系统，重要的是处理好党委和纪委的关系、党委与其他党内主体的关系，提高系统性水平；充分运用大数据等新技术手段、加大制度执行和效果评估力度、提高问责精准度、强化对监督权的监督有利于提高党内监督的有效性。③

三是对重大的监督制度运作的研究。有学者认为，党内巡视制度强化了党内监督效能，集中体现在党内巡视目标的精准化；党内巡视主体的常态化；党内巡视对象的具体化；党内巡视内容的系统化；党内巡视程序的制度化。④ 巡视监督的四个着力点即牢牢把握巡视监督的政治方向；推动常规巡视和专项巡视协同发展；注重巡视成果的全方位应用；构建巡视巡察上下联动的监督格局。⑤ 新时代中国共产党巡视工作的理论创新、实践创新和取得的显著成果。⑥ 从政治体制、政治监督、政治生态净化等方面，来阐释新时代巡视制度的政治功能。⑦ 还有学者从整体性治理思维对党内巡视巡察联动进行思考研究。⑧ 也有研究者分析了如何定位党委、纪委与监察委之间的相互关系。⑨ 新时代推动党内监督与国家监察统一的路径为，要实现监督机构的合署办公；实现监督理念的相统一；实现监督职能的深

---

① 李红勃：《迈向监察委员会：权力监督中国模式的法治化转型》，《法学评论》（双月刊）2017 年第 3 期。
② 吴建雄：《开创党和国家监督体系现代化的新境界——坚持和完善党和国家监督体系的历史逻辑、理论逻辑与实践逻辑》，《新疆师范大学学报》（哲学社会科学版）2019 年第 6 期。
③ 蒋来用、王阳：《健全和完善党内监督体系的系统性、协调性和有效性》，《重庆社会科学》2020 年第 4 期。
④ 蔡文成：《巡视"利剑"标注党内监督新高度》，《人民论坛》2019 年第 31 期。
⑤ 宋伟：《新形势下深化巡视监督的四个着力点》，《人民论坛》2019 年第 31 期。
⑥ 宋伟：《新时代中国共产党巡视工作的理论创新与实践成果》，《党建》2020 年第 4 期。
⑦ 李小中、王明生：《党内巡视制度的三大政治功能》，《科学社会主义》（双月刊）2019 年第 4 期。
⑧ 张学龙：《整体性治理视角下的党内巡视巡察联动研究》，《理论与改革》2019 年第 6 期。
⑨ 宗婷婷：《新时代纪检监察合署办公制度的构建：核心问题与实践路径》，《北京联合大学学报》（人文社会科学版）2019 年第 2 期。

度融合；实现监督对象的互补；实现监督法规制度的衔接；实现监督队伍的转变。① 针对纪委与监察委合署办公存在如何处理坚持党的领导与保障监察委依法独立行使监察权、如何构建纪法衔接的有效机制、如何用留置取代"两规"和谁来监督纪检监察机关四大问题，提出进一步完善纪检监察合署办公体制，可以将改善党的领导方式与保障监察委依法独立行使监察权统一起来、优化用留置取代"两规"的法律规范与实践举措、健全纪法衔接的领导体制与工作机制和构建纪检监察机关的全方位监督机制作为四条有效路径。②

四是监督制度运行机制的有关研究。十八大以来，我国纪检监察机关改革的主要路径，有优化纪检监察机关内部组织结构和聚焦纪检监察机关核心职能。③ 监督主体、监督对象、监督内容、监督手段上的分工与融合，纪委与监察委员会合署办公的优化路径，主要有：拓展纪委与监察委员会人员深度融合的多元渠道，构建合署办公中纪法衔接的多种有效机制，以留置规范"双规"的使用，推动纪检监察手段走向法治化。④ 以纪委为主导，以监委调查力量为主体，是实现纪委、监委力量整合的有效途径。⑤ 监察体制改革采用的两种整合方式：机构合并和平台协调。深化监察体制改革应该同时推进机构合并和平台协调两方面的工作，深化机构合并工作，建立专职人员的分工协作制度；完善平台协调机制，建立监督力量的衔接反馈制度。⑥

由2012—2020年关于健全党和国家监督体系研究关键词聚类图谱可得，该领域的以监督体系为研究中心，并伴有审计监督、国家治理、党和国家监督体系、国家监督、党内监督等子方向的研究（图7-10）。不过，该领域

---

① 罗星、白平浩：《新时代党内监督与国家监察相统一的三维分析》，《理论视野》2020年第4期。

② 吕永祥、王立峰：《"纪委"与"监察委"合署办公的现实问题与解决路径——以政治系统论为分析视角》，《中南大学学报》（社会科学版）2018年第3期。

③ 过勇、潘春玲、宋伟：《十八大以来我国纪检监察机关的改革路径及成效分析》，《国家行政学院学报》2018年第5期。

④ 王立峰、吕永祥：《纪委与监察委员会合署办公的理论内涵、现实意义与优化路径》，《河南社会科学》2017年第11期。

⑤ 杜路：《纪检监察体制改革后如何做好"纪法衔接"》，《人民论坛》2019年第23期。

⑥ 徐法寅：《机构合并和平台协调——监察体制改革中监督力量的整合路径》，《河南社会科学》2018年第7期。

的检索内容一共29条记录，研究基础并不扎实，需要进一步充实和完善。

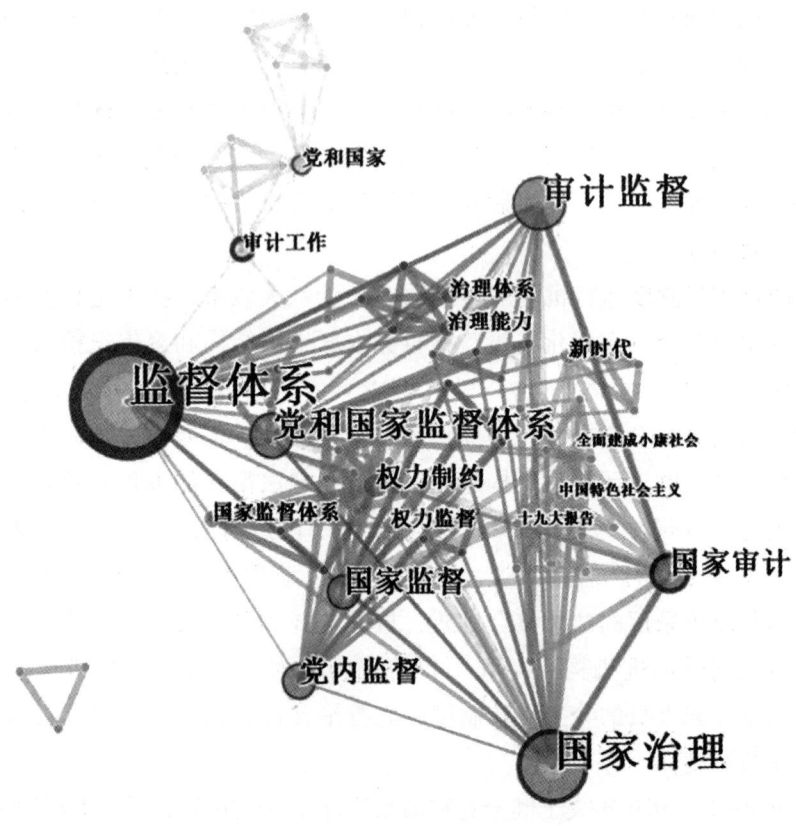

图7-10　2012—2020年关于健全党和国家监督体系研究关键词聚类图谱

**（十）关于深入推进反腐败工作研究**

十八大以来，以习近平同志为核心的党中央提出了一系列反腐败斗争的新理念、方法和举措，取得了突出成绩。学术界围绕反腐败斗争的逻辑、经验、特点、路径等方面展开了理论研究。

一是反腐败斗争的理论逻辑的研究。有学者注重研究反腐败斗争的理论逻辑。这种观点立足于中国共产党作为马克思主义政党的性质以及反腐败的基本规律。① 也有学者强调反腐败斗争是党成立以来净化党内政治生

---

① 邵景均：《马克思主义反腐败思想在中国的实践与发展》，《毛泽东研究》2019年第1期。

活、增强自我革命的内在要求。①也有学者认为，反对腐败、建设廉洁政治，保持党的肌体健康，是我们党一贯坚持的政治立场。②也有学者着重分析反腐败斗争的实践逻辑。这种观点认为反腐败斗争是着眼于解决党内严重的腐败问题的现实选择。有学者认为，深刻认识"四个关系到"：反腐败斗争关系到人心向背；关系到党能否始终得到人民群众的支持和拥护；关系到党能否始终保持自身的先进性；关系到党的执政地位能否巩固；关系到我国改革开放和社会主义现代化建设事业的兴衰成败。③

二是反腐败斗争的基本经验研究。有学者总结建党以来党开展反腐败斗争的经验：始终把反腐败视作攸关党的生死存亡的重大问题高度重视；坚持不懈地进行正面教育；以"零容忍"的态度惩治腐败变质分子；依靠人民反对腐败；建章立制，设置专门机构，大力加强反腐败制度建设。④也有学者从自我革命的视角总结反腐败斗争的经验：要深化党的自我革命主体性认识，把握反腐败斗争的逻辑起点，在问题根源上深挖，坚持以自我革命、锻造坚强领导为根本保障；推进自我革命理念创新，在斗争理念上深透，坚持以马克思主义方法论为指导；推进自我革命实践进程，在方略贯彻上深入，坚持以抓住要害动真碰硬从严去"顽"为关键举措；创造自我革命实践环境，在协同保障上深久，坚持以常抓不懈促"三清"之态为基础条件。⑤

三是反腐败斗争的基本特点研究。有学者认为，党的十八大以来反腐败工作的基本特点：一是系统性——全面从严治党纳入"四个全面"战略布局；二是创造性——以问题导向，用反腐破局，发挥利剑作用；三是实效性——坚持党委主体责任、纪委监督责任，巡视派驻全面覆盖。⑥也有学者认为，新时代我国反腐败工作由聚焦办案主业转向专责党内监督；由打存量"老虎"为主转向拍增量"苍蝇"为主；由重事后惩处转向重事前

---

① 赵楠：《中国共产党反腐败斗争的历史考察》，《理论研究》2016年第5期。
② 赵洪祝：《深入推进党风廉政建设和反腐败斗争的强大思想武器——学习〈习近平关于党风廉政建设和反腐败斗争论述摘编〉的体会》，《中国纪检监察》2015年第5期。
③ 戴安林：《论江泽民的反腐倡廉思想》，《中共云南省委党校学报》2012年第3期。
④ 曹普：《九十多年来党开展反腐败斗争的经验与启示》，《人民论坛》2017年第9期。
⑤ 郭世军：《新时代自我革命视域下反腐败斗争的实践理路及其经验探析》，《理论导刊》2019年第12期。
⑥ 李永忠：《反腐败斗争如何取得压倒性胜利》，《人民论坛》2017年第S2期。

防范；由治标为主转向治本为主；由赢得时间为主转向赢得空间为主；由形成压倒性态势转向取得压倒性胜利。① 有学者认为，党的反腐败斗争理念由五大方面组成：正视态势、下定战略决心，即"把权力关进制度的笼子里"；以上率下、确立战略方向，即从八项规定抓起，"打铁还需自身硬"；突出问题导向、进行战略布局，即抓住"四个全面"战略布局中全面从严治党这个战略关键；坚持底线思维、实施战略突破，即军队带头亮剑；试点先行、明确战略目标，即"形成科学的权力结构"。② 也有学者认为，党的反腐败斗争思想蕴含着重要的方法论原则，比如"标本兼治、综合治理""惩防并举、注重预防""点面结合、整体推进"，等等。其中，"标本兼治、综合治理"的原则，强调的是以治标来推进治本、为治本赢得时间；"惩防并举、注重预防"的原则，强调的是形成"三不"机制；"点面结合、整体推进"的原则，强调的是坚持"重点论"与"两点论"的辩证统一。③

四是反腐败斗争的基本路径研究。一是持之以恒地抓好党的作风建设。有学者认为，需要继续保持查处违反"八项规定"、整治"四风"以及反腐败斗争的政治高压态势；扩展新闻媒体甚至是新媒体作为"第四权力"对于政府及其官员权力与行为的监督作用；在政府组织内部，通过制度设计与创新不断强化"独立监督机构"的作用，以实现政府组织的自我监督。④ 也有学者认为，要推进党的作风建设制度化，坚持监督、执纪、问责协调统一，致力于作风建设制度化、规范化与常态化。⑤ 还有学者认为，腐败多是从违规违纪的"特殊化"开始，特权思想和特权现象是党的作风建设的大敌，反对特权思想和特权现象是解决违反八项规定精神典型问题和"四风"问题的根本之路。⑥ 二是强化党内政治巡视。党内巡视制

---

① 李永忠：《十九大后反腐新战法》，《人民论坛》2018 年第 8 期。
② 李永忠：《习近平反腐倡廉战略思想五大组成部分》，《人民论坛》2017 年第 22 期。
③ 李桂花、杜颖：《习近平反腐败斗争的方法论原则探析》，《东北师大学报》（哲学社会科学版）2019 年第 2 期。
④ 姚瑞平、刘祖云：《社会转型期作风建设：内在挑战、目标设定与实现路径》，《南京社会科学》2019 年第 9 期。
⑤ 刘红凛、李卫华：《习近平党的作风建设思想的精神品格与实践方略》，《当代世界与社会主义》2018 年第 4 期。
⑥ 庄德水：《反对特权思想和特权现象是党的作风建设的核心课题》，《中国党政干部论坛》2019 年第 9 期。

度是党内监督的重要形式，是有效遏制腐败的制度保障。有学者认为，新时代开展党内巡视要树立马克思主义为主导的党内巡视理念、提升党内巡视工作效率、完善巡视工作机制、强化党内巡视成果转化和运用等途径深化党内巡视制度。① 三是一体推进不敢腐、不能腐、不想腐体制机制。"三不腐"在反腐败目标、主体、状态、措施、力量与资源等方面相互贯通，浑然一体。② 也有学者认为，要强化系统集成，注重协同高效，加快构建一体推进不敢腐、不能腐、不想腐体制机制，不断提高反腐败工作质量和水平；持续强化不敢腐的震慑、切实扎牢不能腐的笼子、不断增强不想腐的自觉、强化一体推进"三不"的协同性。③ 四是加强权力监督与制衡，让权力在阳光下运行。对权力进行监督和制约是反腐败斗争"治本"的重要环节，也是学者研究的兴趣所在。有学者从宏观层面提出权力运行制约监督体系。④ 也有学者提出要把"把权力关进制度的笼子"，必须坚持和加强党的全面领导的思想，坚持党内监督是第一位监督的原则，强调权力分工和协调配合的理念以及民主与法治的精神。⑤ 还有学者以县委书记为考察中心，提出加强对地方党委"一把手"权力制约监督。⑥ 五是建立科学的遏制腐败的领导体制和工作机制。例如，明确纪委监督同级党委的权力和责任，破解纪委监督同级党委的难题；完善查办腐败案件以上级纪委监委为主的领导体制；改革各级纪委书记及副书记提名办法，加强纪检干部监察队伍建设；完善派驻机构管理体制，筑牢纪检监察组织网络。⑦ 六是发挥德治的力量，培育全社会的廉洁文化。有学者认为，辩证分析传统廉洁文化，继承中华廉洁文化精华；深刻洞察国际反腐倡廉新趋势，借鉴世界反腐倡廉新成果；大力弘扬共产党人清廉品质，保持共产党人清廉本

---

① 宋伟：《新时代中国共产党巡视工作的理论创新与实践成果》，《党建》2020 年第 4 期。
② 何天华：《一体推进"三不"，增强全面从严治党和反腐败斗争整体效能》，《廉政瞭望》2020 年第 11 期。
③ 苗庆旺：《构建一体推进不敢腐、不能腐、不想腐体制机制》，《党建研究》2019 年第 11 期。
④ 肖培：《强化对权力运行的制约和监督》，《人民日报》2019 年 12 月 26 日。
⑤ 祝灵君：《"把权力关进制度的笼子"——改革开放以来健全党和国家监督体系的理论和实践》，《宁夏党校学报》2018 年第 6 期。
⑥ 王春玺、韩苗苗：《加强对地方党委"一把手"权力制约监督的途径与方法》，《理论探讨》2017 年第 2 期。
⑦ 鞠正明、覃紫瑜：《全面从严治党背景下完善党的纪检机关领导体制路径探析》，《理论探讨》2018 年第 5 期。

色；把廉洁奉公提升为时代精神新要素，扎实开展廉洁文化"六进"活动。① 还有学者从制度反腐与廉洁文化的协同的角度提出建设廉洁文化的路径：注重二者的整体设计和良性互动；确保和增强反腐倡廉制度的执行力；保证全社会廉洁文化建设常态化；积极培育良好环境和互动纽带。② 七是加大遏制腐败的国家立法，形成法治权威。构建起严密的反腐败立法体系是推进反腐法治化的前提和基础。③ 有学者提出推进以监察法为中心的反腐败立法体系化，围绕监察法这个体系中心，通过国家立法对反腐败重点领域进行控制，以社会法规范作为体系延展补充，最终推进反腐败混合法治理体系的形成。④ 也有学者认为，科学的反腐败立法应当涵括健全完善的公务员管理制度；符合中国国情的财产申报制度；防止公职人员利益冲突制度；政务公开相关制度；财政预算公开透明相关制度；金融监管系列制度。⑤ 此外，还有学者提出反腐败法治化规范化要求：尊崇宪法和党章，坚定反腐败根本立场；执纪和执法贯通，强化反腐败法定职责；监察与司法衔接，增强反腐败惩治合力；加强专业化队伍建设，打造反腐败法治产品。⑥ 八是加大反腐败国际合作，形成国际范围内的震慑力。有学者认为，中国应积极主动参与全球腐败治理相关规则的制定；搭建国际信息交换平台加强金融监督；建立追赃资产分享制度；加强与世界反腐败组织的交流与合作。⑦

由 2012—2020 年关于深入推进反腐败工作研究关键词聚类图谱可得，反腐败工作、党风廉政建设、反腐败斗争等节点较大的关键词引领该领域的研究走向，而全面从严治党、反腐倡廉建设等内容围绕上述主要关键词逐步发育和发展。其中，各节点之间连线密集，说明该领域内各研究方向之间形成密切的合作网络（图 7 - 11）。

---

① 谭来兴、尹世尤：《廉洁文化在反腐倡廉建设中的价值定位和基本路径论析》，《探索》2014 年第 3 期。
② 田旭明：《善制与善德的耦合——论制度反腐与廉洁文化建设的协同》，《理论与改革》2015 年第 2 期。
③ 李志强、何忠国：《法治反腐的制度体系及其建构》，《中共中央党校学报》2015 年第 4 期。
④ 金成波、张航：《推进以监察法为中心的反腐败立法体系化》，《理论与改革》2019 年第 4 期。
⑤ 张杰：《当前推进反腐败国家立法的若干思考》，《法治研究》2016 年第 3 期。
⑥ 吴建雄、杨立邦：《反腐败法治化规范化的科学要义》，《人民论坛》2019 年第 35 期。
⑦ 徐玉生、陆奕君：《反腐败国际合作的中国经验及理路》，《青海社会科学》2018 年第 4 期。

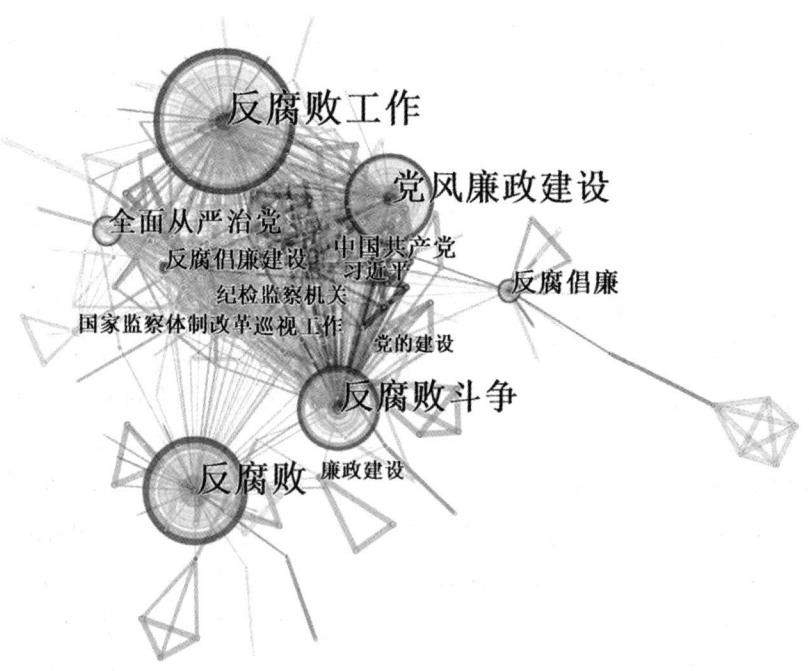

**图 7-11　2012—2020 年关于深入推进反腐败工作研究关键词聚类图谱**

### （十一）基层党建研究情况综述

十八大以来，围绕党建引领基层治理，加强农村基层党建、城市基层党建、国企基层党建、"两新"基层党建，学者开展了大量案例研究，有力助推了各地的改革创新。

一是农村基层党建研究。农村基层党建研究的核心就是如何在快速变革中以党建引领农村发展，重塑农村社会，具体可以分为两方面。其一，党建引领经济发展。如何通过党建推动农村经济发展、脱贫攻坚、新农村建设等是近年来研究热点，方法以案例研究为主，主要关注适应经济发展需要的党组织设置和激发党组织经济作用等方面。例如，有学者探讨了如何将党组织的设置方式由区域性向功能性拓展，以产业党总支推动农村合作社发展。[①] 同时，脱贫攻坚也是农村党建发挥作用的重要阵地，有研究指出党建扶贫已成为精准扶贫等国家战略的核心引擎，成功发挥了贫困治

---

① 任中平、王菲：《农村基层党建创新：产业党总支带动农村经济社会发展——关于四川省广安市岳庙村党建创新的调研报告》，《长白学刊》2017 年第 4 期。

理、社会治理整合一体的制度优势。① 其二，针对农村社会向半熟人社会转变、农村经济体制变迁、治理主体多元、社会矛盾较多发等具体问题，研究探索具体对策，强调农村基层党组织要把握好从传统的"管理者"向"领导者"和"服务者"角色定位的转变，协调带领不同治理主体，解决农村社会的实际问题，回应农民群众的切身诉求，进而确立党在农村的权威，推动农村社会发展。②

二是城市基层党建研究。十八大以来，社区党建研究注重与基层城市治理密切结合，依次探讨了以下主题：其一，组织设置与网格化管理。组织设置是农村党建和社区党建共同关注的话题。不过，农村党建的组织设置更侧重如何在新的经济组织中设立党组织，社区党建的组织设置则更侧重通过细化组织设置搭建其"社区—小区—楼栋"的组织体系。进而，以党组织和党员为骨干，与网格化管理相结合，构建城市治理的基础框架。③ 其二，区域化党建。城市行政区划以社区为界，但在社区之内不止有社区党组织，因此城市社会治理必须要求区域化党建。有研究从大视野切入探讨单位社会解体背景下，单位党建到区域化党建的转型，指出区域化党建目标是要塑造"有机团结"的开放性、多样化的基层党建模式。④ 有研究从具体工作切入，指出区域化党建的总体趋势是治理重心下移基层、资源和服务下沉社区、职责和权力下放街道，构建简约高效的基层管理体制。⑤ 在此基础上，还要研究结合北京市"街乡吹哨、部门报到"改革，进一步将基层党建创新拓展到街道乡镇一级，提出"党领民治、统领共治、四治融合、引领善制"的基层治理思路。⑥ 其三，培育社会与链接国家与社会。

---

① 孙兆霞：《以党建促脱贫：一项政治社会学视角的中国减贫经验研究》，《中国农业大学学报》2017年第5期。
② 韩艳：《治理主体多元化视角下农村基层党建论析》，《探索》2016年第6期；曹亚雄、柳李华：《社区化党建：当代农村基层党组织建设的现代转换》，《社会主义研究》2015年第12期。
③ 曹海军：《党建引领下的社区治理和服务创新》，《政治学研究》2018年第1期；李威利：《党建引领的城市社区治理体系：上海经验》，《重庆社会科学》2017年第5期。
④ 唐文玉：《从单位制党建到区域化党建——区域化党建的生成逻辑与理论内涵》，《浙江社会科学》2014年第4期。
⑤ 曹海军、刘少博：《新时代"党建+城市社区治理创新"：趋势、形态与动力》，《社会科学》2020年第3期。
⑥ 中国领导科学研究会课题组：《党领导基层治理的实践探索和理论启示——北京市"街乡吹哨、部门报到"改革研究》，《中国领导科学》2019年第2期。

西方理论强调社会先于国家和政党存在，中国的历史发展表明，城市社会是在党和国家的培育下出现的。改革开放后，单位制解体使得中国城市社会面临二次塑造，社区党建则是其中核心要素。有研究指出，社区党建发挥了"主体补位"和"社会建构"的功能，投射了党"二次构建社会"的意志。社区成为"二次社会建构"的建制性单元，社区党建通过主体补位维持秩序，以组织化撬动社会发展。社区党建具有"政治建设"与"社会构建"双重性，后者对政党、国家与社会关系至关重要。①

三是国有企业基层党建研究。以2016年全国国企党建工作会议为标志，国企党建的工作重点发生了重大变化。此前，国企党建主要是思想政治工作，因此相关研究聚焦如何通过党建做好党员和群众工作，激发职工积极性，促进企业发展，进而也有研究关注如何通过国企党建推动国企履行社会责任。十八大后，中央明确要求"国有企业党组织内嵌公司治理结构""国有企业党委（党组）发挥领导作用"，提出"讨论前置"等具体机制，因此国企党建核心议题变为公司治理结构特别是重大决策机制问题。有学者从国企改革需求出发，探讨在市场经济条件下，党如何通过党组织、国资监管部门等方式领导和管理好国有企业。② 有研究聚焦"国有企业党委（党组）发挥领导作用"和"讨论前置"等实践问题，根据中央最新精神指出，国企党建关键在于，企业内部要构建起横向的党委党组决定"什么不能干"、管理层决定"干不干/怎么干"决策分工机制，纵向的"国有企业党委（党组）"和"国有企业中党的基层组织"的"决策—执行"层级分工；企业外部，"管资本就要管党建"重塑政治干预格局，管资本改革削弱行政部门的外部干预，"领导作用"强化企业党组织的内部干预，以达到赋予国企完整决策权和遏制"内部人控制"双重目标。③此外，经济学界也有不少研究通过定量方式具体评估党组织参与国企重大

---

① 吴晓林：《党如何链接社会：城市社区党建的主体补位与社会建构》，《学术月刊》2020年第3期。

② 王金柱：《新一轮国有企业改革中须把好"党管企业"的边界》，《观察与思考》2016年第2期。

③ 强舸：《"国有企业党委（党组）发挥领导作用"如何改变着国有企业公司治理结构？——从"个人嵌入"到"组织嵌入"》，《经济社会体制比较》2019年第6期；《国有企业党组织如何内嵌公司治理结构？——"讨论前置"决策机制的实证研究》，《经济社会体制比较》2018年第4期。

决策以及交叉任职等制度安排的实际效果和不足,其研究结论大多证明了交叉任职、"董事长、党组织书记由一人担任"等制度安排具有提升国企绩效的作用。①

四是"两新"组织党建研究。十八大后,中央高度重视"两新"组织党建,统一了学界思想认识,促进了相关研究发展繁荣,现有研究主要呈现以下特点:一些研究从宏观层面归纳总结了"两新"组织党建的框架性要求和总体性目标。例如,有学者指出,非公党建要做到企业党组织与法人治理结构紧密结合、党建资源优势与企业生产经营紧密结合、党内政治生活与企业内部管理紧密结合、党内关怀激励与企业团队凝聚力建设紧密结合、党员先锋模范作用与企业攻坚克难紧密结合、思想政治工作与企业文化建设紧密结合、党建引领与企业社会责任紧密结合等八个结合。②

五是高校和公立医院党建的研究。十八大以来,中央对以高校和公立医院为主的事业单位党建提出了明确的新要求。推进了相关领域研究。③④

从2012—2020年关于基层党建研究情况综述研究关键词时区图谱可得,该领域的研究主要集中在2012—2014年,主要研究是基层党建、基层党组织、基层党建工作、基层治理等内容;2015—2020年的研究内容较少,主要侧重于全面从严治党、新时代、社会治理等内容。总体上,该领域的研究保持了较好的连续性(图7-12)。

此外,中小学、机关党建、离退休干部党建等也是基层党建的重要内容。

### (十二) 党的建设学科框架的研究

十八大以来,学术界对党的建设学科的学科价值、学科属性、学科定

---

① 参见柳学信、孔晓旭、王凯《国有企业党组织治理与董事会异议——基于上市公司董事会决议投票的证据》,《管理世界》2020年第5期;严若森、吏林山《党组织参与公司治理对国企高管隐性腐败的影响》,《南开学报》2019年第1期。

② 陶元浩:《非公企业党建促进企业发展要做到"八个结合"》,《中国党政干部论坛》2018年第7期。

③ 参见唐红艳、汤志华《高校党建与大学生思想政治教育深度融合研究》,《学校党建与思想教育》2019年第1期;李四平《全面从严治党视角下高校党建工作责任制的实施策略》,《思想教育研究》2017年第4期。

④ 参见杜倩博《中国高校党委与校长的"决策—执行"关系:内涵诠释与完善策略》,《复旦教育论坛》2017年第3期;黄晓枚《中国特色社会主义大学党委领导实现形式的改革与创新研究》,《社会主义研究》2016年第3期。

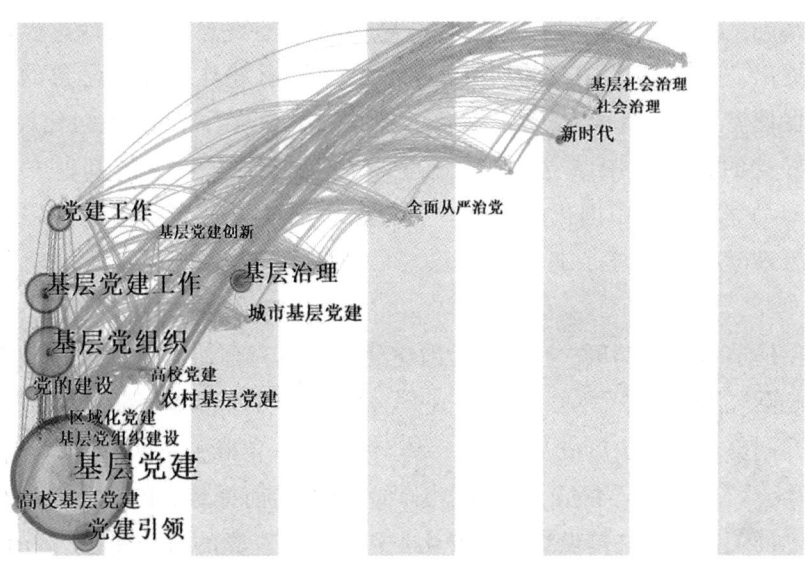

**图 7-12　2012—2020 年关于基层党建研究情况综述研究关键词时区图谱**

位、研究对象、学科特征、学科体系、学科范畴、研究框架、研究方法、话语体系等内容进行了比较全面的研究，展示了党建学科的整体面貌。

一是党建工作视角。有学者提出"党的建设研究的框架是党自身建设所包括的主要范围，如思想建设、组织建设、作风建设、反腐倡廉建设和制度建设"。① 立足于党的建设工作实践，应从总结历史经验、推进理论创新、吸收借鉴国外政党经验等方面来构建党建学科框架。有学者提出"应该从历史探索、理论与实践、中外比较三个方面构建中共党建的学科体系"。② 有学者认为，应"从党的领导理论与方法、党的建设理论、党的建设历史、党的建设实践、党的工作实务、政党建设的国外借鉴等，形成对党的建设的多元立体研究，党的建设学科体系内部的基本架构"。③ 还有学者提出，党建学科"框架大致包含三个部分：即马克思主义政党基本理论、中国共产党建设基本问题、中国共产党建设实务"。④

---

① 齐卫平：《党的建设科学化与党建学科化建设》，《中共中央党校学报》2014 年第 3 期。
② 韩强：《关于加强党建学科建设的几个问题》，《中共云南省委党校学报》2013 年第 9 期。
③ 丁俊萍：《党建学科构建的几点思考》，《理论探索》2017 年第 4 期。
④ 姚桓：《把握党建学科构建四要点》，《理论探索》2017 年第 4 期。

二是跨学科视角。即建立在"党的建设是一门综合性的科学"① 的认识基础上,党建学科框架应该有"跨学科"的特点。虽然理论界没有直接提出"跨学科"的党建研究框架,但是,党建作为综合学科的客观事实促使专家学者们思考这个视角。比如,要注重"学科协同建设"②,处理好党的建设与中共党史、与马克思主义理论学科下的其他二级学科、与马克思主义中国化的关系。要有宏大的学科视野,构建"以组织学、管理学、历史学、哲学、社会学、文化学为辅助的大党建学科体系"。③

三是学术框架视角。有学者提出党建学科研究框架可以形成"党群关系同心圆"和"党—国家—社会"两个模型。"多年来,经过全国党建学者的共同努力,逐步形成了两个主要分析框架:党群关系同心圆、党—国家—社会。"其中,"党群关系同心圆研究框架的前提是党的初心使命,基础在干群关系,核心是做好党的群众工作,重点在党的自身建设"。④ 面对现实,与时俱进,建立在市场经济与全球化背景下,可以构建"党—国家—社会"关系的研究框架。党与国家的关系、党与社会的关系都要体现出党的领导功能、执政功能。

有学者认为,党建研究框架的功能还需要有系统全面界定,对于党建研究框架的内在机理、运用领域、优势和不足等问题还需要全面研究,对于"党群关系同心圆"和"党—国家—社会"的相互关系和转化机制需要深入研究。

关于党的全面领导,党政军民学,东西南北中,党是领导一切的。党政军民学,主要涉及"事"的范畴;东西南北中,主要涉及"人"的范畴。把党的领导带入中国政治研究中可以提炼出涉及"人"的范畴的"党群关系同心圆"和涉及"事"的范畴的"党—国家—社会"等两个理论模型,前者不同于来自西方实践的"政党多元主义",后者不同于来自西方土壤中的"国家—社会"分析模型。未来需要更进一步构架中国特色、

---

① 卢先福:《党校党建学科的建立与发展》,《中共浦东干部学院学报》2019 年第 5 期。
② 何虎生、李文苓:《"新时代中共党史党建学科建设研讨会"综述》,《教学与研究》2018 年第 7 期。
③ 柳宝军:《论新时代党的建设研究的学术自信与学科自觉》,《探索》2019 年第 3 期。
④ 祝灵君:《党建研究:定位、框架与趋势》,《中共浙江省委党校学报》2016 年第 2 期。

中国风格的党建话语体系。

由 2012—2020 年关于党的建设学科框架研究关键词聚类图谱可得，该领域的学科建设以党的建设为核心内容，具体围绕马克思主义理论学科、党建学科、马克思主义理论一级学科、二级学科、党的建设理论等内容展开，呈现了较为丰富的研究内容和较为科学的研究结构（图 7-13）。

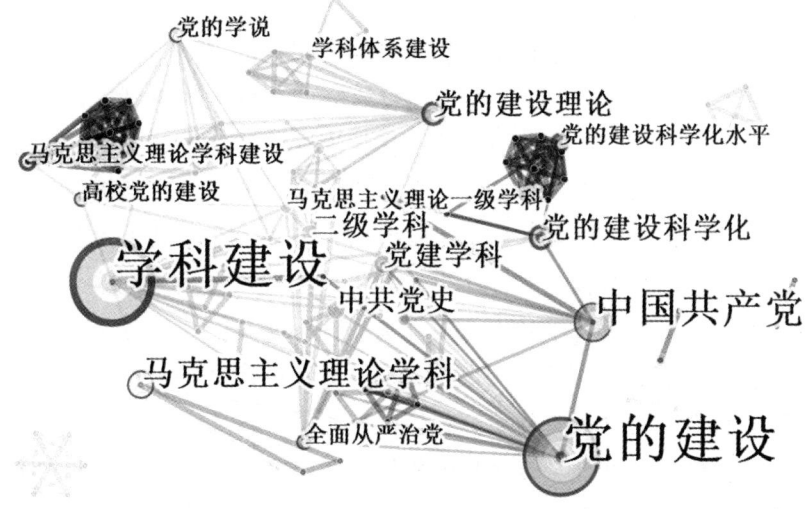

图 7-13　2012—2020 年关于党的建设学科框架研究关键词聚类图谱

## 三　党的建设研究的特点

### （一）研究的基本特点

十八大以来，我国党的建设研究队伍进一步充实和扩大，逐步形成了党校系统、组织系统、政研室系统、纪检系统、高校系统、社科院系统六支比较稳定的研究力量。同时，跨学科交流的特征进一步凸显。无论是学术论文、论著发表来看，还是从研究从业人员的构成来看，都在日趋多学科化。随着政党政治学、政党社会学、新党史等学术进路的提出，为党的建设的研究提供了新的理论视角和方法论。

其次，党的领导和党的建设的学术研究方法更加规范化。新时代以来，党的建设研究在研究方法方面趋向多样化、规范化和科学化。在大量的宣传解读文章之外，越来越重视研究方法和方法论的普及，从人文和社会科学领域来研究党建，成为近年来发展的大趋势。在研究方法上，一是更加注重调查研究，立足实际，开展了大量案例研究和经验分析；二是更加注重历史分析，党史学科和党建学科的融合更加紧密，更加强调党的历史资料的发掘和利用；三是更加注重引入新的社会科学研究方法，例如大数据分析、随机对照试验、比较案例分析等方法，在宏观和微观的研究方法上取得一系列新突破。

再次，党的建设研究的基础条件得到了明显改善。十八大前后，随着党的文献的汇编工作的发展，党的建设研究的条件大大得到了改善。中央文献出版社编纂的习近平总书记关于管党治党、治国理政各方面的论述摘编，公开了许多内部讲话和文件，为理解中国和中国共产党提供了第一手文献。尤其是，党史档案汇编工作取得较大进步。在中共中央党史和文献研究院、中央档案馆和有关省（市）档案馆大范围征集整理重要党史文献资料基础上，出版了《中共中央文件选集》（1949—1966）、《建党以来重要文献选编》、《建国以来重要文献选编》《红色档案：延安时期文献档案汇编》等材料，对开展党建研究提供了扎实的资料支撑。

第四，党的建设研究的专业化和分工在不断细化。一是党建研究往往从具体的领域入手，更加注重理论逻辑。围绕党的建设的总布局，对党的政治建设、思想建设、组织建设、作风建设、党风廉政建设、制度建设等方方面面的内容都有专门研究。二是对党的建设的研究更加注重问题导向，更加注重调查研究和解决实践问题，不再是过去一般性的宣传和解读。三是更加注重和实际工作的联系。理论与实践的联系更加紧密。党建研究与党的改革发展的实际结合得更加紧密。党建研究队伍服务中央和各地改革的自觉性更加增强，决策咨询和智库成果服务了改革发展。

最后，党建研究的主体意识显著增强。围绕构建中国化马克思主义的党建理论体系，理论界进行"理论原创"和"理论运用"丰富发展了中国化马克思主义的党建理论体系。十八大以来，我国的党建研究的四个自信更加凸显，学科自主性和学术自觉意识更加凸显。过去一段时间内，部分学者照搬照抄西方政党政治的概念、话语和分析框架的现象得到了改变。越来越多的学者强调要立足中国实际，更加客观地看待党的领导和党的建设，更加注重建设中国特色、中国风格和中国气派的党建学科。党建学科的学术自觉，是我们推动自身政治建设和党的建设必不可少的根基。

### （二）存在的不足

党的领导和党的建设的研究在取得较大进展的同时，也存在着一些不容忽视的问题，影响着党建学科的发展。

1. 党建学科定位与属性存在多种通用版本，分属不同一级学科，严重阻碍党建学科发展，具体涉及两个问题。

第一，党建学科长期附属于中共党史学科之下，以"中共党史（含党的学说与党的建设）"的括号形式标注，仍未获得独立的学科地位，不利于党建学科的长远发展。

第二，党建学科的学科目录归属不清晰，存在两种归属方式。第一种，按照2017年2月27日中共中央、国务院印发的《关于加强和改进新形势下高校思想政治工作的意见》，普通高等学校可在马克思主义理论一级学科下设置党建学科，形式为"法学大类—马克思主义理论一级学科—党的建设"。照此定位，普通高等学校设置的党建学科基本设立在马克思主义学院中。第二种，按照教育部《普通高等学校本科专业目录（2020年版）》，党建学科为"法学大类—马克思主义理论一级学科—中国共产党历史"定位，党建学科的标识仍未明确体现在学科名称中。由此可见，党校和一些高校新设置的党建学科，其学科名称、定位、属性并不一致，迫切需要规范统一，明确党建学科的清晰名称、准确定位和独立属性。

2. 党建研究水平有待提高

有些研究宏大叙事多、中观微观分析少，观点阐释多、严密论证少，用文件解释文件多、用学理阐释现实问题少等问题，学理性、逻辑性还存在不足，缺少党史、政治学、社会学、历史学、法学等专业视角、学术视野和研究方法，学科体系的规范性也有待加强。

3. 权威性、系统性党建教材稀缺

既有教材和研究成果的权威性、通识性、及时性不足，能够全面、及时反映近百年来党的自身建设和党中央治国理政丰富实践的党建教材较少，尤其是能够深刻阐释十八大以来党的领导和党的建设最新成果的通用教材、普及教材缺乏，不利于党建研究的专业人才队伍建设，不利于党建教学质量的提高。

4. 以党建为主要办刊方向的学术刊物偏少

既有党建研究的学术刊物数量少，质量总体相对不高，与相近的政治学、马克思主义理论等学科学术刊物相比存在较大差距；很多刊物对党建研究成果的学术性认识不足，刊发党建文章的积极性不高；高校学报、综合类社科刊物、社科院刊物等科研单位学术刊物很少或没有设置党建研究栏目，制约了党建研究学术化、学理化的发展。

5. 党建研究队伍综合素质有待提升

少数研究人员不甚熟悉党的文献、专业基础薄弱、学术积淀不够。党建研究逐渐成为显学，关注宏大命题的文章多，关注基本理论、微观机制、实践难点等问题的文章少。虽然政治学、经济学、社会学和历史学部分学者开始以其学科视角关注党建问题，但由于缺乏党建研究基础和党建思维，相关研究成果的针对性不足。

6. 党建研究的理论和实践存在"两张皮"现象

党建学科教学、研究联系实践的意识和能力还不够，一些研究人员不重视党建实践的跟踪研究，文章的观点、论断不能体现新鲜的实践，反而远远落后于实践的发展。某些学者对于从党建实践中汲取研究养分重视程度不够，有时候泛泛而谈。相形之下，有些党务工作者缺乏理论思维，陷入事务主义，因此，党建研究理论和实践仍存在"两张皮"现象。

## 四 党的建设研究的发展

党建研究应立足"两个一百年"历史交汇期，立足百年大党的历史积淀，立足极端复杂多变的国际国内环境，面向党长期执政、面向"第二个百年"奋斗目标、面向党员群众的现实需要、面向国际国内两个大局，应着力加强：（1）习近平总书记关于党的领导和党的建设的重要论述；（2）面向长期执政的百年大党重大理论、重大战略；（3）党建史；（4）党的自身建设重点领域；（5）中国共产党与国家治理的关系；（6）党建学科体系、话语体系、传播体系建设等前沿领域的研究，以更好地服务党的事业。

从中国共产党成立100周年到2050年建成社会主义现代化强国间的30年，是我国经济社会发展面临更大机遇和更多挑战的历史时期，要求党建研究发挥更大作用，更加精准、有效地服务于党的自身建设和党中央治国理政，应把握好以下发展趋势：

一是党建研究的政治性将持续增强，学术化、精细化程度不断提高。党建研究具有强烈的政治性、实践性，既要同党的理论和路线方针政策保持一致，又要从理论上剖析问题，站稳政治立场和扎实学术功底都不可或缺。随着党的建设向前发展，相关实践问题将会变得越来越多，需要从理论上予以彻底的回应，从理路上予以清晰的阐发。这对党建研究人员提出了更高的要求，只有熟悉和把握党的文献、相关理论、实践、研究方法，才能拿出高质量党建研究成果。

二是党建学科的分支学科建设将取得新进展。随着党建的理论和实践向前发展，党建学科的深化和分化将成为必然。一方面，在既有研究基础上，相关研究将进一步深化拓展；另一方面，新的研究领域的出现，将引发新的分支学科、交叉学科、新兴学科的出现，丰富党建学科体系。比如，随着党的制度建设的大力推进，党内法规研究已经成为党建、法学等学科关注的新兴学术领域，取得了较快发展。

三是党建学科权威教材编写工作将取得新进展。既有研究的开展为下一步集中力量撰写党建学科权威教材提供了条件。目前，中央党校（国家行政学院）党建部正在组织力量编写党建学科系列教材。这些前期工作的开展，将助推党建教材的更加丰富和深化。

四是党建研究服务党的事业发展的决策咨询作用将不断强化。党建研究的实践性，是党建研究发挥决策咨询作用的基础。党的自身建设和治国理政的繁重工作都需要开展大量决策咨询工作，需要专家视角、专家观点、实践经验、务实措施、新鲜问题，而这些恰恰是党建研究人员日常关注的问题。随着党建研究人员队伍的壮大、相关研究基地和数据库的建设发展，党建的理论和实践相联系的渠道将会更加畅通，理论与实践的互动将会成为常态。

五是教学科研机构对党建教学科研专业人才的需求将持续增大。随着党建学科定位和属性的明确、相关教学科研基础的巩固、党务工作的深入探索，党建研究将由党校系统为主体拓展到高校、社科院等科研机构，由此将产生大量专职研究岗位的需求，既有利于提升党建研究的学术价值，又推动党校、高校积极培养党建研究人员，有助于形成人才培养、就业的良性循环。与此同时，党建专业毕业生就业形势向好、就业渠道拓宽。

## 五 党的建设学科的重点研究领域、方向

在统揽伟大斗争、伟大工程、伟大事业、伟大梦想中，起决定性作用的是新时代党的建设新的伟大工程。党建学科发展的任务，就是要把党建设成始终走在时代前列、人民衷心拥护、勇于自我革命、经得起各种风浪考验、朝气蓬勃的马克思主义之执政党，为人民执好政，掌好权。未来，党建学科应坚持理论自觉与方法自觉，发展和创新新时代马克思主义，为世界最强大政党提供智力支持和理论支撑。坚持党的科学理论，坚持党的集中统一领导，保持政治稳定，确保国家始终沿着社会主义方向前进。未来的党建学科，应着重在以下几个方面深化拓展研究。

### （一）习近平总书记关于党的领导和党的建设重要论述的深化拓展研究

习近平总书记关于党的领导与党的建设系列重要论述，是习近平新时代中国特色社会主义思想的重要组成部分。十八大以来，以习近平同志为核心的党中央围绕管党治党提出的许多新理念新思想新战略，对于这些内容，要进行更加系统的梳理和研究，对相关论述的思想来源、理论贡献、实践意义、创新举措进行更深入的探索。

### （二）面向长期执政的百年大党重大理论、重大战略研究

2021年是中国共产党成立100周年。着眼于党的长期执政，开展面向"第二个百年"的党的建设重大问题研究。系统总结和规划党的建设服务于党的中心工作的重大思路、战略方略和实际部署，为党的长期执政提供理论基础。

### （三）围绕党的建设发展史开展研究

党建学科发展，要更加扎根于对党的历史的研究学习。历史是最好的教科书，也是社会科学之母。党建理论创新，要与党史、新中国史、改革开放史、社会主义发展史更好地结合起来，从历史中汲取营养。特别要着眼于系统总结提炼中国共产党一百年建设史和70多年全国执政史的宝贵历史经验，准确把握党的领导的历史脉络，为党中央治国理政提供历史基

础，开展百年大党发展历程与经验教训研究（分历史阶段、分领域、分区域），中国共产党建设史研究（分历史阶段、分领域、分区域），《中国共产党的一百年》通史、简史、专题史、区域史、简明读本、注释本、外译本编撰，中国共产党革命精神谱系、红色文化研究，党建领域重要领导人生平与党建思想研究等。

### （四）党对一切工作的领导的体制机制研究

着眼于坚持和完善中国特色社会主义制度，推进国家治理体系和治理能力的战略目标。对坚持和完善党的领导制度体系，把党的领导落实到国家治理各领域各方面各环节开展研究。对"不忘初心、牢记使命"的制度；完善维护党中央权威和集中统一领导的各项制度；健全党的全面领导制度；健全为人民执政、靠人民执政各项制度；健全提高党的执政能力和领导水平制度；完善全面从严治党制度进行专门研究。开展包括中国共产党领导下国家治理体系和治理能力发展研究，新型政党制度研究，党领导的统一战线新情况新问题研究，党的全面领导制度优势研究，提高党带领人民有效治国理政能力研究，提高党依法执政和加强法治建设能力研究，深化党的领导、人民当家作主和依法治国有机统一研究等。

### （五）围绕党的建设改革创新进行跟踪研究

党建理论要立足实践发展，推动改革创新。党建理论的发展，要立足于党的建设的总要求，加强调查研究，善于从实践中发现问题，解决问题，并上升为理论命题，提炼总结规律。着眼于夯实党的自身建设基础，开展全面从严治党新问题新经验研究，不断提高党的政治建设实效性研究，有效提高党的建设质量研究，干部人事制度改革研究，提高党员干部教育培训实效性研究，基层党建创新研究，适应百年大党要求的党员规模和党员质量研究，应对现代化考验的城市基层党建问题研究，纪律建设新情况新问题研究，深化党内法规学理化、系统化、专题化研究，应对重大突发事件的党组织和党员发挥作用体制机制研究，党员干部增强危机意识、树立底线思维和党面临的执政风险研究等。

## （六）国外政党治国理政、选举政改跟踪比较研究等

政党政治是西方民主政治的中心议题。当今世界正面对百年未有之变局，世界各国政党格局正在发生巨大的变化，出现了一系列新趋势新现象。未来要加强对世界政党发展的跟踪研究，特别加强跨国比较研究。在新的条件下，深化对世界各国政党执政规律的认识。未来，需要加大对右翼民粹主义政党和社会运动的研究，推进对世界其他共产党和社会党的研究，跟踪西方左翼政党的挑战和危机应对。与此同时，要加强对"一带一路"沿线各国政党政治的跟踪分析，跟踪政治局势的变化。特别要加强对政党外交的研究，推动围绕世界政党的对话和交流。

## （七）党建学科体系、话语体系、传播体系建设研究

中华民族前所未有地走近世界舞台中央，需要构建具有中国特色的党建理论。"二战"以来，西方政党理论基本上是以现代化理论为主导，解释西方多元民主政治的经验。西方国家的政党理论和实践，并不见得适用于许多发展中国家。未来的党建学科发展，要不断增强理论自觉和方法自觉，避免自说自话。随着中国政党外交的发展，迫切需要中国共产党提供关于治国理政的理论、概念和话语。未来，党建学科发展要更加着眼于构建中国学术、中国话语、中国理论和中国道路，开展中国化马克思主义党建理论体系建设研究，中国化马克思主义党建学科体系建设研究，讲好中国共产党治国理政故事。

# 第八章 中国政治思想史研究的发展

## 一 十八大以来学术发展的主要成就

十八大以来，中国政治思想史研究取得了诸多成果。从研究内容可以分为几类：中国古代、近现代政治思想专题、传统政治思想与现代中国社会、传统政治思想与现代国家治理、改革开放以来中国政治思想研究总论、中国政治思想研究方法、中国政治思想与中国话语构建等等。其中，有些研究成果具有开创性。同时也出现了优秀人物与团队。具体如下：

**（一）重要通史性著作问世**

新时代之前，在思想史领域，只有1957年出版的侯外庐等著五卷本《中国思想通史》，内容主要是哲学思想、伦理思想、逻辑思想、社会思想等，政治思想只是涵容在其中的一小部分。换言之，自20世纪20年代梁启超出版《先秦政治思想史》以来，尚没有一部关于中国政治思想的"通史"著作。2014年，南开大学刘泽华学术研究团队编撰的九卷本《中国政治思想通史》，填补了这一空白，被学界誉为"中国政治思想史学科创建百年以来的典范之作"。撰者以数十年学术积累为基础，将"关于中国政治思想史主旨的王权主义定位与各时期政治思想主题有机结合，以高度凝练出的问题意识，引领各分卷的内容厘定，体例安排，方法选择和叙事风格，实现了对中国政治思想史研究对象，研究方法，编撰体例和叙事方式的全面创新"。"它不仅是一部名副其实的有思想的思想史，还是一部饱含现实关怀，试图回应和解释诸多历史与现实问题的以政治思想史形式呈现的中国社会政治发展史"。① 这部通史可以视为中国政治思想史研究的标志性成果。②

"通史"性著作的问世，反映当前我国学界关于中国政治思想史研究的著述丰富，由此为这一部重要著述的问世营造了文化生态。③ 这些著述涉猎广泛，包括政治哲学、政治文化等论域。既有深刻学理的剖析，如有学者关于"中国传统政治哲学逻辑演绎"的研究，也有精深专论，如有学者关于"'名'的政治思想研究"，从政治哲学的视角，超越了以往关于先秦名家思想的研究，走出传统的语言学逻辑学研究的局限，对历史上与"名"相关的政治思想论题予以论析，既有关于"名"的思想的通论，包括"正名""形名""名实"等；也有先秦子学的专论，研究范围主要是先秦学术，但是其论题覆盖秦汉，具有重要的学术创新价值。

此外，中国政治思想史研究的学术论文不下数百篇，其中仅中国知网著录以"中国政治思想"作为关键词的论文即有287篇。研究成果的丰硕，给标志性科研成果的问世构筑了文化生态，提供了学术资源。

### （二）学术研究本土化和中国话语问题成为鲜明主题

在新时代，学术研究本土化和中国话语问题成为鲜明主题。④ 有学者

---

① 杨阳：《中国政治思想史学科的百年典范——评刘泽华总主编的〈中国政治思想通史〉》，《政治学研究》2018年第5期。

② 通史问世是刘泽华教授多年坚守在中国政治思想史领域辛勤耕耘的结果。1984年出版《先秦政治思想史》（南开大学出版社），这是继1924年梁启超《先秦政治思想史》之后惟一的一部同名学术专著，其翔实和厚重程度，体现了中国学术界数十年来知识积累和理性认知的进步。嗣后，刘泽华教授相继出版了《中国传统政治思想反思》（生活·读书·新知三联书店1987年版）、《中国古代政治思想史》（南开大学出版社1992年版）、《中国政治思想史（三卷本）》（浙江人民出版社1996年版）。其中1992年初版的《中国古代政治思想史》于2001年出版修订本。这三部著作跨度二十余年，展现出一位历史学家的学术操守和孜孜以求的学术精神。这正是2014年"通史"得以问世的底蕴。

③ 参见尤锐《展望永恒帝国：战国时代的中国政治思想》，上海古籍出版社2013年版；杨阳《家国天下事——杨阳五十自选集》，中国政法大学出版社2015年版；张师伟《中国传统政治哲学的逻辑演绎》，天津人民出版社2016年版；曹峰《中国古代"名"的政治思想研究》，上海古籍出版社2017年版；葛荃《走出王权主义藩篱——中国传统政治文化研究》，天津人民出版社2017年版；颜德如《中国近代政治思想论集》，吉林大学出版社2019年版；王光《中国传统政治思想近代转型研究》，天津人民出版社2019年版等。

④ 这类成果主要有任剑涛《重思中国社会科学的本土化理想》，《广州大学学报》（社会科学版）2020年第3期；张星久《论学术规范与人文社会科学研究的"中国话语"构建》；《武汉大学学报》（哲学社会科学版）2018年第4期；王学典《中国话语形成之路：西方社（转下页）

认为，从中国社会科学整体的视角看，中国的社会科学大体上都是舶来品，寻求中国社会科学的"本土化路向"具有必然性，在这一过程中，需要"确立社会科学之服从科学逻辑的普适原则，以及基于中国经验的可证伪的社会科学研究范式两个高度关联的研究目标，藉此走出西方社会科学的影响焦虑，引导中国社会科学朝向严格的社会科学健康发展。"有学者认为："所谓本土化，不是撇开世界的本土自娱自乐，而应当是基于世界眼光的本土阐释；所谓中国化，不是拒斥全球化的中国自言自语，而应当是出自本土的全球观照。循此深入，中国社会科学的本土化理想，才算找到了落地生根的丰厚学术土壤。"[①] 这一论断没有具体到中国政治思想史研究，但是其关于中国社会科学本土化路向的关切和认知，对于政治学理论及中国政治思想史本土化构建却是十分适用的。

有学者明确指出，马克思主义中国化的理论成果是中国政治学话语体系现代建构的总指导，"在价值理性层面目前主要集中体现为社会主义核心价值观，只有用社会主义核心价值观来引领中国政治学话语体系现代建构，才能保证中国政治学话语体系的现代建构的社会主义属性，也才能保证中国政治学话语体系现代建构的理论结果是真正建设性的"。[②] 社会主义核心价值观是现代社会政治理念与中华优秀传统文化的有机结合。

有学者提出，从社会科学整体构建看，"从西方移植过来的社会科学必须本土化，中国本土固有的儒家思想必须社会科学化……这两个方面构成了中国特色哲学社会科学体系的两翼"。"中国特色哲学社会科学的本质，则是形成一种崭新的国家叙事或中国话语。"因而"我们现在需要一个能够最大限度地容纳和尊重中国经验、中国事实、中国材料、中国案例

---

（接上页）会科学的本土化和儒家思想的社会科学化》，《济南大学学报》2019年第6期；张师伟《中国政治思想史研究的百年回眸与学术省思——本土政治理论的概念检视与话语梳理》，《人文杂志》2019年第2期；《西方话语输入与"中国模式"建构——"中国模式"建构的话语背景》，《文史哲》2012年第5期；孙晓春等《中国传统政治思想的价值及其当下意义》，《政治学研究》2013年第1期；葛荃《构建公共管理知识体系的中国话语——从中国传统行政管理思想说起》，《行政论坛》2018年第6期；张小稳《政治学本土化背景下〈中国政治思想史〉教材内容体系建设的新思路》，《海南师范大学学报》2013年第7期等。

[①] 任剑涛：《重思中国社会科学的本土化理想》，《广州大学学报》（社会科学版）2020年第3期。

[②] 张师伟：《马克思主义中国化与中国政治学话语体系的现代建构》，《江淮论坛》2019年第1期。

的哲学社会科学体系,这应是当前和今后一段时间内学界最大的追求"。① 这里提出的"两翼"说,将近代以降"东渐"而来的社会科学"本土化"视为构建中国特色哲学社会科学不可或缺的一个方面,把握住了问题的关键点。

有学者则认为,真正能够形成人文社会科学研究的"中国话语",需要人文社会科学工作者"立足于真实而丰富的本土经验,立足于中国几千年历史文化传统,立足于当下中国正在经历的巨大社会变革,提出属于中国人独特体验的真问题,进行具有独创性的真研究,产出有独特价值的学术真品和精品"。② 这里说的三个"立足于"是构建中国话语的基本立场和保障,值得学界重视。

政治学理论本土化涉及中国学术与西方理论的关系问题,是加快构建中国特色哲学社会科学的重大问题,对此,习近平总书记在哲学社会科学座谈会上的讲话中精辟指出,中国哲学社会科学需要体现继承性和民族性,这就需要善于融通古今中外各种资源,特别是要把握好三方面资源。一是马克思主义的资源,二是中华优秀传统文化的资源,三是国外哲学社会科学的资源,包括世界所有国家哲学社会科学取得的积极成果,这可以成为中国特色哲学社会科学的有益滋养。"要坚持古为今用、洋为中用,融通各种资源,不断推进知识创新、理论创新、方法创新。我们要坚持不忘本来、吸收外来、面向未来,既向内看、深入研究关系国计民生的重大课题,又向外看、积极探索关系人类前途命运的重大问题;既向前看、准确判断中国特色社会主义发展趋势,又向后看、善于继承和弘扬中华优秀传统文化精华。""强调民族性并不是要排斥其他国家的学术研究成果,而是要在比较、对照、批判、吸收、升华的基础上,使民族性更加符合当代中国和当今世界的发展要求,越是民族的越是世界的。解决好民族性问题,就有更强能力去解决世界性问题;把中国实践总结好,就有更强能力为解决世界性问题提供思路和办法。这是由特殊性到普遍性的发展规律。我们既要立足本国实际,又要开门搞研究。对人类创造的有益的理论观点

---

① 王学典:《中国话语形成之路:西方社会科学的本土化和儒家思想的社会科学化》,《济南大学学报》2019年第6期。

② 张星久:《论学术规范与人文社会科学研究的"中国话语"构建》,《武汉大学学报》(哲学社会科学版)2018年第4期。

和学术成果，我们应该吸收借鉴，但不能把一种理论观点和学术成果当成"唯一准则"，不能企图用一种模式来改造整个世界，否则就容易滑入机械论的泥坑。"① 这就为我们处理中国政治思想史的本土化问题指明了方向，阐明了原则。

在中国政治思想史研究的本土化方面，有学者从中国政治思想史何以走向世界的视角提出："用现代话语对中国传统政治思想加以阐释，使中国政治思想成为现代话语背景下可以理解的知识，使中国政治思想真正成为人类共同的思想遗产，是我们这一代从事中国政治思想史研究的学人义不容辞的责任。"有学者认为："传统政治思想中蕴含着古往今来人们共同关心的问题，历史上的思想家和政治家对于这些问题所做的回答，对于我们这个时代的人们来说有着重要的参考价值，它们不仅有助于我们认识和理解历史，而且也有助于我们认识现实的社会生活，包括认识我们自己，有助于我们建立起关于现实社会生活的逻辑。"② 有学者提出："中国政治思想史之中国话语构建必须在中华文化与现代化社会政治价值互动和交融的过程中达成。中国政治思想能够走向世界，得到国际社会的认同，就需要具有共同的现代化社会语境。中国政治思想史需要接受现代文明的洗礼，融合现代政治理念，由此开通走向世界的唯一路径。"③

这就是说，中国政治思想史研究的中国话语构建亦即本土化问题，不能一味回归传统，更不是如当前"国学热"中有些研究者提出要"回到康有为"，或是"回到先秦"。④ 有学者指出，这些研究者对于儒学的过分热衷，显然游离出了本土化和中国话语思维的边界，他们否定传统文化与现代中国的关联，否定了社会主义中国的文化成就。他们主张制度化儒学，提倡公民宗教，将儒学宗教化，将孔子奉为教宗。在学术层面则提出"国学立户"，主张"恢复传统分类方式"，⑤ 即否定现代学科分类，主张文史

---

① 习近平：《在哲学社会科学工作座谈会上的讲话》，新华网，http：//www.xinhuanet.com/politics/2016-05/18/c_1118891128.htm。
② 孙晓春：《中国政治思想史研究何以走向世界》，《天津社会科学》2019年第5期。
③ 葛荃：《话语构建和走向文明：中国政治思想史研究断想》，《天津社会科学》2019年第5期。
④ 诸如陈明《超越牟宗三，回到康有为：在新的历史哲学中理解儒学的发展》，《天府新论》2016年第2期；张晓鹏《回到先秦去："国学热"的再思考》，《人文天下》2017年第2期；干春松《回到康有为——问题意识与现实策略》等论著。
⑤ 慕朵生：《重建国学教育体系》，载儒家网，https：//www.rujiazg.com/article/8379。

哲不分家，亦即恢复传统的"经、史、子、集"分类方式。这当然不是简单的文史哲不分家的问题，而是全盘否定了现代人文社会科学，否定了改革开放以来的学术成就。这些研究代表了一种研究趋向，即不是以科学精神和实事求是的态度研究儒学，而是奉儒学为宗教，以宗教信仰的狂热膜拜儒学，殊为当下有关本土化即中国话语构建所不取。

此外，有研究者在本土化立场上，力求本土化研究的具体化和操作化。有学者对中国政治思想史编著方式提出新见解，指出："政治学的'本土化'成为政治学界的共识，指出'本土化'就是要立足于中国的国情、立足于中国的现实，有选择、有辨别地吸收和改造西方的政治学理论，构建具有中国特色的政治学理论体系。"[①] 随即，她又指出："在'本土化'日益推进的同时，还存在着一些问题：首先，'本土化'沦于口号化、空洞化。目前，对于政治学'本土化'的呼声甚高，也已形成共识，但再一看关于'本土化'的讨论，除了提出要重视国情、尊重现实、构建中国特色的政治学理论体系之外，并没有什么实质性的内容。特别是对于政治学如何'本土化'，则鲜有深入讨论"。在这样的认识基础上，有学者提出本土化构建要重视三个维度：现代西方理论、中国社会主义实践也即中国政治现实的维度、传统的维度。其中"对传统的正视和梳理就成为政治学本土化的必须，甚至是首要任务"[②]。

具体到中国政治思想史编著方式，有学者罗列了中国政治思想史的代表性教材，认为政治学学科"需要的是一本问题意识强烈、政治学学科感强、能够揭示中国传统政治思想实质、为构建本土化的政治理论提供思想资源的教材"。为此，该学者提出了三点设想。一是"中国政治思想史学科要立足于政治学专业，要有政治学理论意识和方法意识，用政治学的思维模式来思考问题，服务于政治学本土化这一宏观学科建设目标和趋势"。二是在体系结构上，要打破历史研究的线性思维，把中国传统政治思想作为一个有机的整体，"抽出贯穿整个中国历史的、能够反映中国传统政治思想本质的主题"，进行专题研究，并注重这些主题之间的关联，"这些主

---

① 张小稳：《政治学本土化背景下〈中国政治思想史〉教材内容体系建设的新思路》，《海南师范大学学报》（社会科学版）2013年第7期。

② 张小稳：《政治学本土化背景下〈中国政治思想史〉教材内容体系建设的新思路》，《海南师范大学学报》（社会科学版）2013年第7期。

题的组合要能构成中国传统政治思想的基本框架，彼此之间相互配合而又具有内在联系，从而形成一个有机的整体"。三是"在研究方法上，要打破目前从思想到思想的研究模式，要将思想研究与制度、社会甚至科学的研究结合起来，不仅考察具体的政治思想是什么，还要考察它从哪里来，在现实中如何体现，具有什么样的政治功能等等"。① 可以说，这样的设想很有创意，对于中国政治思想史即政治学理论的本土化构建极有启发，具有一定的可操作性。

由 2012—2020 年关于学术研究本土化关键词时区图谱可得，社会科学研究本土化在 2012 年进入学术视野。2012—2014 年的主要研究内容集中在：本土化、学科建设、社会学、理论自觉等内容，2015—2020 年的研究重点是政治学、中国政治学、本土化研究、人类学等方向，研究集中程度和研究数量少于 2012—2014 年的研究内容（图 8-1）。

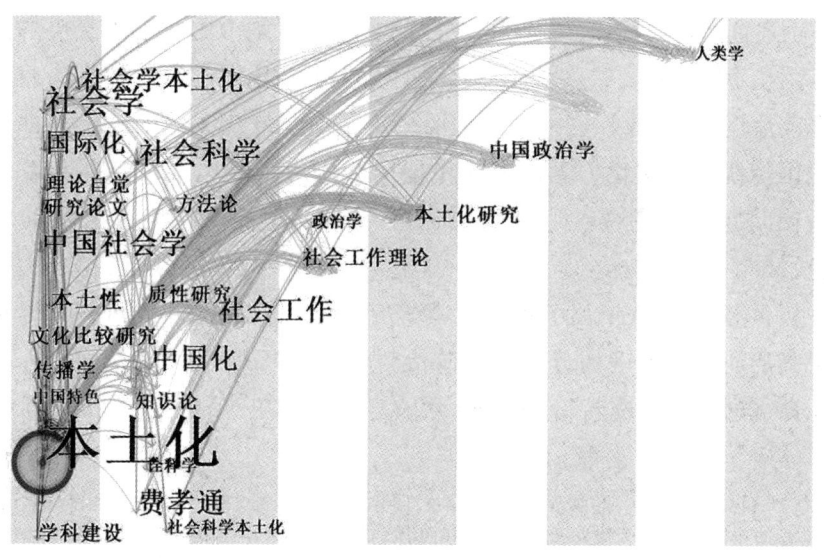

图 8-1 2012—2020 年关于学术研究本土化关键词时区图谱

**（三）研究领域得以拓展**

衡量一个学科得以发展的重要标志之一便是向着相邻或相近的学科拓

---

① 张小稳：《政治学本土化背景下〈中国政治思想史〉教材内容体系建设的新思路》，《海南师范大学学报》2013 年第 7 期。

展，形成学科交叉，学术创新——包括首创性理论、观念和方法往往就是在这样的过程中生成的。党的十八大以来，中国政治思想史研究领域的拓展主要体现在三个方面：政治哲学、政治伦理思想、行政管理思想。

1. 政治哲学属于政治思想研究对象范围。20世纪80年代政治学学科恢复以来，有关的研究并没有成为热点，一般只是在政治思想史著作中有所涉及，也有少量论文。近年来，中国政治哲学思想研究渐至成为研究热点，有多种专著问世。① 这些著述既有史论，也有专论，研究的深度超越以往。

在这一研究趋势的带动下，中国政治思想史研究进一步拓展至政治哲学分支层面，如政治价值、政治观念、政治正当性、政治合法性等等。② 这类研究成果的出现，意味着中国政治哲学思想研究领域的扩展与不断充实。

上述征引还反映出一个值得关注的状况，就是中国政治思想史的研究队伍也在不断拓展。一些历史学者、哲学学者和儒学学者也在涉猎政治思想和政治哲学领域。③ 这种现象表明，鉴于中国传统文化的政治品性，研究中国传统思想文化，无论从哪个层面介入，最终也难以避开其政治品性而谈问题。或者说，这种状况也进一步印证了中国传统文化的中国特色。

从2012—2020年关于政治哲学研究关键词词频统计表可得，出现频次最高的前十位关键词分别是：政治哲学（544次）、马克思（184次）、罗尔斯（66次）、施特劳斯（60次）、自由主义（54次）、霍布斯（54

---

① 参见孙晓春《中国传统政治哲学史论》，江苏人民出版社2020年版；张师伟《中国传统政治哲学的逻辑演绎》，天津人民出版社2016年版；林存光《政治的境界：中国古典政治哲学研究》，中国政法大学出版社2014年版；梁涛、彭永捷、干春松主编《中国政治哲学史（三卷本）》，中国人民大学出版社2019年版；唐德先《中国古典政治哲学论略》，中国人民大学出版社2012年版；郝长墀《政治与人：先秦政治哲学的三个维度》，中国政法大学出版社2012年版；欧阳祯人《出土简帛中的政治哲学》，中国人民大学出版社2017年版等。

② 主要成果有夏增民《先秦秦汉政治价值观研究》，人民出版社2019年版；陈来《儒家的政治思想与美德政治观》，《中国哲学史》2020年第1期；宋宏《先秦政治思想中的政治正当性问题刍议》，《东方论坛》2014年第3期；陈鑫《法·法治·合法性——韩非子政治思想的现代诠释》，《海南师范大学学报》2016年第12期等。

③ 如曹峰、张小稳是历史学学者，陈来、欧阳祯人、梁涛、彭永捷、干春松皆为中国哲学思想和儒学学者，他们近年来已然涉入政治思想史领域，并有著述问世，引起学界关注。

次)、历史唯物主义(51次)、马克思主义(50次)、黑格尔(45次)、市民社会(44次)(表8-1)。从其关键词突现图谱可得,2012—2020年主要研究热点有:虚无主义、古典政治哲学、正义论、哲学社会科学、《资本论》等内容(图8-2)。

表8-1　2012—2020年关于政治哲学研究关键词词频统计表

| 关键词 | 频数(次) | 时间 |
| --- | --- | --- |
| 政治哲学 | 544 | 2012 |
| 马克思 | 184 | 2012 |
| 罗尔斯 | 66 | 2012 |
| 施特劳斯 | 60 | 2012 |
| 自由主义 | 54 | 2012 |
| 霍布斯 | 54 | 2012 |
| 历史唯物主义 | 51 | 2012 |
| 马克思主义 | 50 | 2012 |
| 黑格尔 | 45 | 2012 |
| 市民社会 | 44 | 2013 |

| 关键词 | 年份 | 强度 | 起始年份 | 终止年份 | 2012—2020 |
| --- | --- | --- | --- | --- | --- |
| 虚无主义 | 2012 | 2.9866 | 2012 | 2013 | |
| 古典政治哲学 | 2012 | 3.1215 | 2013 | 2014 | |
| 正义论 | 2012 | 2.4162 | 2014 | 2015 | |
| 哲学社会科学 | 2012 | 2.7842 | 2016 | 2017 | |
| 《资本论》 | 2012 | 2.9842 | 2018 | 2020 | |

图8-2　2012—2020年关于政治哲学研究关键词突现图谱

2. 政治伦理思想本就是中国传统政治思想的组成部分,伦理与政治的紧密结合正是儒家政治思想的基本特色,故而作为传统论题,政治理论思想研究成果相对丰富，改革开放以来，这一论域的研究成果众多。①

由 2012—2020 年关于政治伦理思想研究关键词聚类图谱可得，政治伦理思想的细分领域有马克思主义思想、当代价值、先秦儒家思想、习近平政治伦理思想等内容，不过该领域的检索内容仅有 76 条结果，研究基础和研究内容需要进一步丰富和加强（图 8-3）。

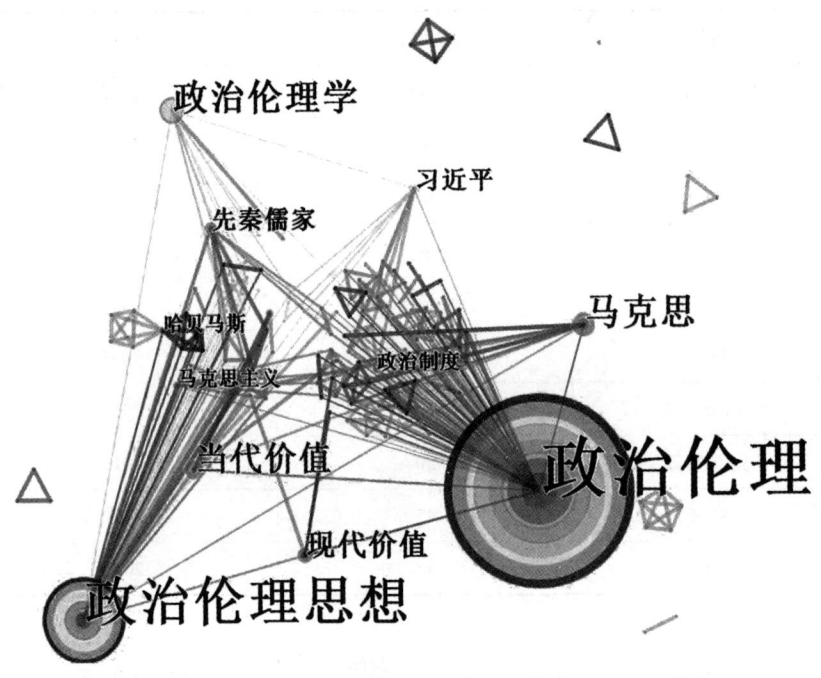

图 8-3　2012—2020 年关于政治伦理思想研究关键词聚类图谱

3. 行政管理学科是 20 世纪 80 年代初期伴随着政治学学科而恢复的，其知识体系基本是西学话语。在当时的学术生态下，中国学界的行政学话

---

① 2016 年，孙晓春教授获得国家社科基金重大项目《中国政治伦理思想通史》立项。这一立项表明了两点走向：一是国家社科研究规划重视政治伦理思想的研究，以重大项目招标，以"通史"立题，恰恰表明了国家社科规划部门在中国政治思想史学科发展和拓展方面的引导作用。二是这一立项成功，意味着政治伦理思想作为中国政治思想史研究的重要论域之一，经历了专题研究阶段，行进到了通盘梳理和整体研究阶段。这一课题具有伦理学与政治学学科交叉的性质，体现了中国政治思想史研究的深化和研究领域的扩展。同时，也意味着政治学理论学科知识体系本土化过程正在行进中。

语采用了不少西方学术话语。2000 年，有学者对于中国传统的行政思想进行研究，[①] 在中国传统行政管理思想史研究方面具有开创意义。2016 年，有学者系统研究中国古代行政管理思想，形成学术著述。[②] 标志着中国政治思想研究向着行政管理思想领域拓展，对于突破行政管理学科的西学话语覆盖，构建行政管理学理论的中国话语具有积极意义。

有学者特别提出，要将中国古代行政管理思想纳入行政管理学科的"知识体系"。强调"四十年来，公共管理知识体系基本是西方话语为主导"。"因而，挖掘和传续中华优秀传统文化中的管理思想与智慧，以构建公共管理知识体系中的中国话语，应当是 21 世纪中国学术现代化的重要使命"。"近代中国毕竟走了一条独特的发展道路，新民主主义革命和社会主义革命的成功把中国带进了独具中国特色的发展之路。而新民主主义理论的提出，则是西方学术与中华优秀传统文化相结合，即'本土化'成功的典型案例。近代中国社会变迁的历史实践证明了'本土化'的可行性"。"中国传统行政管理思想介入公共管理知识体系，将为中国话语的形成提供路径"。[③] 这些学术判断表明，十八大以来的中国政治思想史研究，已经从固有的学科领域溢出，扩展到行政学理论层面。中国传统政治思想中有着丰富的行政管理思想，研究专论的问世，意味着学科领域的拓展和学科发展的新方向。这一不断拓展的过程本身正是中国特色、中国话语的形成过程。

### （四）具有较强研究能力的团队和领军人才得以形成

在研究团队方面，南开大学政府管理学院的中国政治思想史研究团队，以中国古代政治思想和政治哲学研究为底蕴，不断拓展研究领域。注重从中西方政治比较的视角研究中国传统政治思想，着意于发掘中西方政治思想史上那些具有相同意义的思想主题。在研究取向上，把解构中国传统政治思想的内在逻辑，发掘中国传统政治思想的理论价值和现实意义作为研究重心。强调以现代的价值观念为评价标准来体认中国传统政治思

---

① 朱仁显：《中国传统行政思想》，福建人民出版社 2000 年版。
② 葛荃：《中国古代行政管理思想史》，天津人民出版社 2016 年版。
③ 葛荃：《构建公共管理知识体系的中国话语——从中国传统行政管理思想说起》，《行政论坛》2018 年第 6 期。

想。这一团队的主要研究是学科基础领域，对于拓宽中国政治思想史研究领域，探索和构建中国政治学理论的中国话语具有积极推动意义。①

中国政法大学政治与公共管理学院的中国政治思想史研究团队，专注于中国传统政治思想与政治文化及其现代化的研究。这一团队近年来科研成果丰富，涉及中国政治思想史学科梳理、中国政治思想与政治文化近代转型等，② 已经成为中国政治思想史研究的一方重镇。

东北大学文法学院的中国政治思想史研究团队，致力于中国近现代政治思想研究。全国高校政治学类专业开设中国政治思想史课程的比例并不高，其中近现代政治思想史课程的开设远高于古代，但是能够形成学术团队的却寥寥。东北大学文法学院的中国政治思想史研究几经组合，成为近现代中国政治思想研究的一方重镇。他们的研究除了关注近代以来思想家、政治家等个案研究，更为关注近代政治思想转型问题。③

与此同时，中国政治思想史研究也形成了领军人物。④

有学者运用现代政治学分析途径作为研究方法，用以解读中国传统政治思想与政治制度，将政治制度研究与政治思想、政治文化研究相结合，

---

① 其代表作有孙晓春《中国政治思想史》，高等教育出版社2019年版；《中国传统政治哲学史论》，江苏人民出版社2020年版；《先秦儒家道义论的内涵及其逻辑进路》，《政治学研究》2018年第5期；《先秦法家富强观念的现代反思》，《政治学研究》2014年第5期；《中国传统政治思想的价值及其当下意义》，《政治学研究》2013年第1期；季乃礼《亦法亦儒：赵普的"半部〈论语〉治天下"新解》，《贵州社会科学》2019年第1期；《创新中国政治思想史研究视角》，《人民日报》2015年8月3日等。

② 代表作有杨阳《历史、现状与未来——中国古代政治思想史学科发展的百年回顾》，《政治学研究》2019年第6期；《中国传统国家理论的奠基——先秦诸子的国家学说》，《政治学研究》2018年第1期；《中国政治传统与国家治理的现代化》（《河北师范大学学报》2017年第1期，《新华文摘》2017年第11期全文转载）；张春林《中国近代国家权力思想的形成论析》，《福建论坛》（人文社会科学版）2020年第6期；《解构与建构：近代天下观向国家观转变历程解析》，《福建论坛》（人文社会科学版）2018年第1期等。

③ 代表作有颜德如《中国近代政治思想论集》，吉林大学出版社2019年版；《国家转型的助推器：现代国家构建视野下的辛亥革命》，《国家行政学院学报》2011年第4期；颜德如、李过《中国近代政治思想史整体性研究的回顾与前瞻——基于四十年来中国近（现）代政治思想通史性著作的考察》，《政治思想史》2019年第1期；王光《中国传统政治思想近代转型研究》，天津人民出版社2019年版；《从洋务运动到新文化运动：中国近代政治思想的变革及其转向》，《河南师范大学学报》（哲学社会科学版）2012年第5期；《中国传统国家治理及其近代变革》，《黑龙江社会科学》2017年第3期；《近代中国政治伦理思想变革的两个基本向度及其反省》，《江淮论坛》2019年第1期等。

④ 中国政治思想史研究的代表人物，除前述孙晓春、杨阳、颜德如等科研团队领头人，还有西北政法大学张师伟教授、武汉大学张星久教授和山东大学葛荃教授。

形成"精神结构"研究视角和新颖独特的问题意识,拓宽了中国政治思想史研究领域。[①] 在这其中,尤其从政治意识和政治信念视角切入,探讨古代中国人究竟基于什么信念,相信某类君主是"好皇帝"而自愿服从,赋予其权力正当性,进而赋予中国的君主制政体的长期稳定、持久性的?由此提出支撑着帝制中国君权合法性基础的是以"君德"为核心,兼具"天命""功业"与程序正当性要求的"圣王型信念模式",这是关于"好皇帝"的集体想象,是君主在"国家剧场"表演合法性的"剧本";帝制中国的礼仪符号,意识形态与制度、政策、活动,乃至奢侈浪费的生活、气势宏大的建筑等,都属此种合法性信念的象征。这些见解,走出了西方政治学理论的局限,从政治制度与政治思想、政治信念与政治行为的互动视角解读中国传统的政治合法性问题,具有创建中国政治思想史之"中国话语"的意义。

有学者系统梳理了传统中国的行政管理思想,以现代行政管理理论作为方法论,分析和介绍中国古代行政管理思想,挖掘其中的优秀内容,突显其当代中国的操作价值和借鉴意义。并疾呼将中国行政管理思想史纳入行政管理学科知识体系,以构建中国话语。由此不仅拓展了中国政治思想史的研究论域,而且对推进政治学、行政学的本土化进程有积极影响。

## 二 中国政治思想史学术研究的薄弱环节

中国政治思想史作为政治学理论的重要构成内容,目前的学术研究及其发展尚有需要解决的问题:

### (一) 方法论构建严重滞后

当代中国政治学不少研究方法源于欧美,由此,研究方法被西学覆盖。近年来,中国政治学理论的发展积极关注中国国情,立足于中国特色

---

[①] 代表作有张星久《"圣王"的想象与实践——古代中国的君权合法性研究》,上海人民出版社 2018 年版;《中国政治思想史(古代部分)》,复旦大学出版社 2017 年版;张星久、陈青霞《从族谱看传统政治思想的民间表达与实践》,《江苏社会科学》2019 年第 6 期;张星久《论学术规范与人文社会科学研究的"中国话语"构建》,《武汉大学学报》(哲学社会科学版)2018 年第 4 期等。

社会主义政治发展的需要，不过，作为方法论的政治学和政治思想研究，还没有摆脱西学的桎梏。

从中国政治思想史研究来看，有些研究者尚不了解政治学理论，在研究中也没有采用政治学研究方法，而更多的是采用历史学方法进行研究，甚至直接套用西方哲学理论作为研究方法。在研究中，能够领悟到中国政治思想史学科的跨学科性质，主动选用政治学理论的研究者相对较少。即便有些学者领悟到了这一点，不少也是采用西方政治学方法甚至概念解读中国政治历史和政治实践，其中不无生搬硬套、削足适履之弊，甚至出现中国古代社会的君子就是"公民"的奇论。

这些表明，一方面，我国政治学界诸多学者在努力，使得中国政治思想历史研究本土化，但是，在研究方法方面，目前仍然囿于欧美肇源的政治学方法约束，尚未形成中国特色的研究方法。事实上，1860年晚清政府"筹办洋务"以来，西方学术覆盖了中国知识界，西方政治学科涌入中土。中华人民共和国成立以来，尤其是改革开放以来，在马克思列宁主义、毛泽东思想、邓小平理论、"三个代表"重要思想、科学发展观和习近平新时代中国特色社会主义思想指导下，中国的人文社会科学认真贯彻辩证唯物主义和历史唯物主义，在学科分布、知识体系和方法论方面作出了积极努力，形成了马克思主义方法论为主导的政治思想研究。与此同时，我们也应该看到，当下中国政治思想历史研究，不分青红皂白地抛弃西方政治学的具体研究方法，既不现实也难以做到。中国特色社会主义发展道路与人类的文明进步是顺向而行的，关键在于运用马克思主义基本立场、观点和方法，认真分析、批判、扬弃和吸收西方政治学的研究方法。

当下，我国政治学界有两种倾向性问题：一是唯古，二是唯洋。在中国政治思想史研究方面，这两种倾向也有表现。前者提出儒学宪政，在弘扬传统文化的名义下，用儒家思想取代马克思主义和社会主义，实为复古，由此成为当代中国现代化进程中的一股思想逆流。后者试图以西方学术取代中国文化，以西方学术观点审视和裁断中国社会政治，其研究结论并不符合中国实际，在一定程度上甚至起到某种误导的作用。理论方法的西学化，阻碍了中国政治思想的研究，对于解决当代中国社会政治发展相关问题非但无补，而且偏离初心使命。

新时代以来，构建中国特色哲学社会科学的理念已经形成主导性趋向,但是,在研究方法论方面,尤其在中国政治思想史研究方面,尚没有形成符合中国国情,具有"中国话语"特质的研究方法。这就需要学术界针对这一缺漏,深入贯彻和运用辩证唯物主义和历史唯物主义,对政治学理论的基本概念和命题,逐个做出"本土化"意义的界定,构建中国特色政治思想。在这其中,需要吸纳中国优秀传统政治思想与政治文化,总结和依托近代以来中国现代国家形成的实践经验,同时参照现代政治学相关理论,进行创造性转换和创新性发展,构建中国特色的政治学知识体系及其方法论,以改变以西方学术方法论解读或解决中国本土问题的错位状况。只有这样,以本土为根基的中国政治学理论和中国政治思想史研究,才能真正具有中国话语的权威和影响力。

### (二) 政治思想研究的"基础理论本土化构建"不足

如上所述,有学者认为,"从西方移植过来的社会科学必须本土化,中国本土固有的儒家思想必须社会科学化"。"而中国特色哲学社会科学的本质,则是形成一种崭新的国家叙事或中国话语。""我们现在需要一个能够最大限度地容纳和尊重中国经验、中国事实、中国材料、中国案例的哲学社会科学体系,这应是当前和今后一段时间内学界最大的追求。"[1]

与此同时,有学者指出,当前中国学术界"本土化"和"中国话语"思绪大体滞留在"口号化"阶段,论者的认知基本停留在关注中国国情、关注中国当下相关问题、构建中国特色的政治学理论体系的重要性等原则性论述层面,迄今尚未见到具有深刻学理的本土化理论成果。

这种状况的形成有诸多原因,中国政治思想史的本土化研究,属于基础理论研究,偏重学术性与学理性,研究选题往往是研究者自发行为。然而,恰恰在这些基础研究方面,需要国家予以推动和特别扶持。这就需要在研究规划方面,精心设计专门课题,拨付专项经费,选定具有跨学科理论研究能力的学者,进行专项研究。需要通过招标的方式,给予中标者相对宽泛的学术自由度,充分调动和激发研究者的学术个性和潜力,争取在下一个五年计划中实现政治学理论即中国政治思想史"中国话语"构建的

---

[1] 王学典:《中国话语形成之路:西方社会科学的本土化和儒家思想的社会科学化》,《济南大学学报》(社会科学版) 2019 年第 6 期。

操作性突破。

需要特别指出的是，中国政治思想史的本土化研究，是具有跨学科性质的，这一论域具有很强的学理性和学术创新性。因此，甄选研究人员不能一味看重研究者的头衔、名号和出身，关键要考察研究者的真才实学与学术创新能力，以及前期学术积累。这就需要业内专家进行通盘考察，严格甄选，要拿作品说话，方能有的放矢，事半功倍。

**（三）反思传统和近代政治思想以回归当代、解决当下社会政治问题的研究不足**

中国政治思想史研究的另一问题是，研究选题或者是传统研究课题的重复，或者是选择冷门、偏门人物的思想。相形之下，真正能够高屋建瓴关注当下社会政治问题的专题研究即关注现实问题，则相对匮乏。

当然，如果说历史是一个不断的再认识过程，那么对于传统课题的研究也是有一定意义的。偏门冷门课题研究也有着开拓研究论域的价值。例如北宋名相文彦博的政治思想、宋末元初姚燧《牧庵集》的政治思想、晚清维新思想家文廷式的政治思想、晚清刘锡鸿保守主义政治思想、近代白族学者赵藩的政治思想等，[1] 这些课题可以说是具有一定学术价值的。

然而，中国政治思想史研究的法则之一是"站在当下看传统"。研究历史上的思想观念，并不是就历史而看历史，而是要考察历史事实、总结历史经验、概括历史规律，以用为当代中国发展的参照和借鉴，藉以回应并解决当下中国社会政治发展面临的问题。例如政治社会化的传统成功经验、近代转型与当下"课程思政"问题，优秀传统政治思想与社会主义核心价值观的内在逻辑结构问题，传统人治与法治的辩证关系及其与当代中国人事制度、干部制度设计问题等等。当下，我国政治学界对这类问题有所涉及，但其认知深度不够，或是缺乏学理突破和创新，难以实施和取得

---

[1] 参见申利《北宋名相文彦博政治思想略论》，《河南财政税务高等专科学校学报》2014年第4期；班瑞钧、张海灵、丁子涵《政治背叛者的忠节话语塑造——以〈牧庵集〉等文本的精英历史书写为中心》，《淮南师范学院学报》2018年第1期；高鹏成《"君民共主"：晚清维新思想家文廷式政治思想浅析》，《萍乡学院学报》2018年第2期；王雅娟《无法跨越的藩篱——刘锡鸿政治思想研究》，《社科纵横》2013年第11期；雷信来、郑明钧《赵藩的政治思想析理》，《兰台世界》2015年6月（下旬）。

实效，或是简单借鉴西学套路，脱离中国国情和现实。总体上看，近年来中国政治思想研究有所成就，但却平淡有余，创新不足。

为此，中国政治思想史的研究必须遵循习近平总书记的重要论述，"要通过努力，使基础学科健全扎实、重点学科优势突出、新兴学科和交叉学科创新发展、冷门学科代有传承、基础研究和应用研究相辅相成、学术研究和成果应用相互促进"。[①]

此外，就中国政治思想史研究本身看，也存在不少缺漏之处：

其一，研究中国政治思想史往往关注儒家思想，忽视儒、释、道三者的关系。从中国传统政治思想史的实际发展看，汉代儒法合流，汉末儒道互补。唐朝起始，佛教思想影响儒学主流思想，宋代理学思想援佛入儒。这就是说，所谓中国传统文化是儒、释、道三位一体相通互补的。忽略了这一点，是很难把握中国文化真谛的。同样，也就很难深入剖析中国政治思想史。就当代中国思想观念看，佛教、道教等民间信仰依然存在，影响不小。这实际上正是中国传统文化三位一体遗存的某种状况，显然不能用"封建迷信"一语屏蔽之。据此，仅仅以儒家思想统观中国传统文化是相对褊狭的。这就需要中国政治思想史研究进一步开展传统佛、道思想的研究，从儒、释、道三位一体的视角深入剖析中国传统政治思想与文化，这对于弘扬优秀传承，剔除糟粕，不断深化社会主义核心价值观及相关理念，教育民众和推动思想文化的现代化，具有重要意义。

其二，中国政治思想史断代研究欠缺。前辈学者多有断代政治思想史的著述，重点在汉代、明代。近些年来，由于唯论文数量学术评价风气的影响，鲜有对政治思想做断代研究者。事实上，中国古代社会历史悠久，思想文化发展曲折、丰富，既有本土文化内部纷争与推新发展，也有域外文化的介入与融合。同时，每个朝代都有其相应的时代主题和主要社会政治矛盾，政治思想的发展恰恰是其社会政治变迁、时代矛盾的集中体现。当然，这其中也贯穿着古代中国政治思想与文化主体结构的传续。为此，需要研究者能静下心来坐冷板凳，进行基础研究。

其三，政治思想与政治制度，以及政治意识、政治观念研究相对薄

---

① 习近平：《在哲学社会科学工作座谈会上的讲话》，新华网，http://www.xinhuanet.com/politics/2016-05/18/c_1118891128.htm。

弱，亟待加强。此前的中国政治思想史研究基本以传统社会主流政治思想为研究对象，研究的依据是诸子百家、历朝各代政治家、政论家、思想家的文集等。这种研究趋向基本局限在政治思想主流方面。

然而，中国传统政治思想具有特殊重要的功能，全面教化起到弥补行政管理能力不足的作用，加之"家国天下"公私领域混一，主流思想作为国家政治意识形态与社会基层社会政治观念意识重合，同时对于国家政治制度设定和民间组织以及宗法制度有着融合、强化的作用。鉴于这种特点，进行政治思想与政治制度互动研究，展开主流思想与社会政治观念与意识研究，是十分必要的。

近年来，政治思想与政治制度、亚文化层面的政治观念与意识的研究业已有所开展，已有研究成果问世。[①] 不过这类成果很少，甚至还没有引起学界重视。为此，迫切需要学术界及中国政治思想史学界作出更多的努力。

## 三　中国政治思想史研究的主要领域

根据以上分析，未来中国政治思想史研究将以"中国话语构建和借鉴传统，回应当下重大问题"作为主要方向，相关重要研究领域可以分为三大类。

### （一）中国政治思想史知识体系的基本概念和命题的"本土化"研究

中国政治思想史研究不能就史论史，而是要发挥其基础理论研究之优长，强化理论构建。中国传统文化的语言和思维逻辑具有历史性和中国特色，与现代政治学理论的西化言说难以对应。如天、道、天下、社稷、家国、圣人、君子、纲常、名教、忠孝、仁义等等，与现代政治学理论的公平、正义、国家、权力、权利、法治、监察等等，难以对应。为此，就需要对政治学理论的基本概念和命题进行深入的理论探讨，基于创造性转换

---

[①] 如季乃礼《政治制度、政治思想与政治制度思想——一种理论构建的努力》，《武汉大学学报》（哲学社会科学版）2016年第4期；季乃礼、魏朝利《儒家思想研究的文本、制度、行为三维度分析——以汉代"三纲"中"父为子纲"为例》，《新疆师范大学学报》（哲学社会科学版）2016年第5期；张星久、陈青霞《从族谱看传统政治思想的民间表达与实践》，《江苏社会科学》2019年第6期等。

和创新性发展进行新的建构。

1. 传统中国国家观念与现代国家观比较研究暨国家观理论本土化构建

分析传统政治思想中的国家观念与现代政治学理论中的国家观念的异同。对中国传统的天下、社稷、国家、朝廷、江山等概念进行学理分析，从价值层面解读中国传统国家观的现代性意涵及其体现中国特色的合理内容。以此为借鉴，融合现代国家理论，构建具有中国特色的本土化国家观理论。

2. 政治角色理念的中国政治思想元素与当代中国政治角色理论研究

政治角色属于政治学理论的基本概念，涵指一般社会成员即政治行为主体在社会政治生活中的定位，以及与其定位相适应的行为模式，同时也涉及与这种行为模式相符合的价值理念。中国古代的政治角色以君、臣、民为主，相关称谓繁多，内含相应的社会政治定位、义务和责任等等，同时尚有丰富的政治角色理论。时至近代，则始有"国民"概念。中国传统文化界定政治角色的标准除了社会政治定位，还有伦理道德判断，如说"圣人之道"、"君道""臣道"等等。这类含有中国文化元素的政治角色概念为构建具有中国特色的政治角色理论提供了文化支撑，从而使得构建中国话语系列的政治角色理论具有了可行性。

3. 中国特色的德行"规矩"意识与德行规矩理论研究

以儒家思想为主干的中国传统政治思想讲求伦理纲常。与法制不同的是，伦理纲常是以伦理道德为内涵的行为规范，在实际社会政治生活中形成了普遍存在的"德行规矩意识"。忠孝、仁爱、礼义廉耻等道德条目是构成德行规矩意识的道德价值准则，讲"规矩"在整个古代中国成为朝野共识，成为中国传统政治思想与政治文化的重要组成。

与道德规范相较，德行规矩更注重实践与操作，成为民间法的合法性依据，也是民间风习的合理性根源。具有融通、弥合主流政治思想与民间政治观念与意识的重要作用。汉代以降的法制儒家化正是"法律德行规矩化"，民间法则是法与德行规矩的结合，符合物理人情。与法制相较，对于一般社会成员即基层社会而言，融合了德行规矩的民间法更具有权威性与强制性。中国法制之异于西方，这是需要清晰认识的关键点。

传统德行规矩意识延续下来，对于当代中国政治思想、政治观念的重构与振兴，对于构建当代中国具有本土化性质的法制和法治均具有重要的借鉴和参照意义。

4. 社会主义核心价值观的传统文化元素与现代理念研究

社会主义核心价值观的提出，在当代中国政治思想与文化建设方面是重大事件，意味着思想文化及文明构建的整体性成熟。然而，问题在于，学术界与理论界对于核心价值观的解读深度不足，很少从中西文化对照的视角，从学理性入手，论析核心价值观的中国传统文化元素，没能深入分析现代性价值理念与中国传统价值观的对接与相融。未来，这方面的研究应该从上述视角着眼，对于社会主义核心价值观的中国传统政治思想内涵进行深入分析，解析其中国文化特色，及其与现代政治价值观的对接相融。通过深入的学理阐释，使之成为政治学理论的中国话语高地，并以此为根基，正向推动中国政治思想史及政治学理论的"本土化"进程。

### （二）通过中国政治思想史研究以解读和回应当代中国社会政治问题

1. 构筑以中国政治思想为根基的政治秩序动力研究

中国古代社会，朝廷行政管理能力低下，却能在较长时段内维系社会政治相对稳定，其中一个重要原因是以儒家思想为主体的传统政治思想与观念的内在价值体系相对稳定。对于任何一个社会而言，政治秩序既是制度设计、政策输出，同时也是观念引导的结果。从传统中国优秀政治思想及政治文化中提炼和吸纳有助于社会政治秩序的价值理念，融入现代国家安全和有序理论，以此培育、传播，入心入脑，致使社会成员能够在精神和心态上形成政治认同，自觉按照法治要求约束行为，作出合理行为选择，甚至能主动实施政治秩序的建构，成为社会稳定的中坚构成力量。

2. 中国传统政治思想与教育改革"唯德化"转型研究

中国古代教育之发达为世界之最，虽说教育层次、类型、形式多样化，但其共同点也十分鲜明，就是以德行教育为主。近年来，中国初、中、高不同层次的教育均出现"唯利化"倾向，距教育的"初心"有渐行渐远之势。

总结中国传统"教化"思想及操作方式，分析实施"德行教育"的路径、特点和规律，对当前中国的基础教育和高等教育进行改革，配合课程思政的开展，进行创造性转换和创新性发展，探索构建符合中国国情的教育体系，实现教育"唯利化"向着"唯德化"的转型，从而形成中国特色的教育模式。

3. 中国传统"家国"思想与"人情中国"现代转型研究

我国改革开放几十年来，成就瞩目，但是，"人情中国"的社会关系却没有彻底改观。导致这种现象的原因很多，其中之一是在传统宗法关系和家国观念的影响下，社会整体家族化。人际关系在社会交往中具有极为重要的作用，由此导致政治亲缘化现象相对严重，全社会公私领域混而不分。据此，需要以马克思列宁主义、毛泽东思想、邓小平理论、"三个代表"重要思想、科学发展观和习近平新时代中国特色社会主义思想为指导，从传统政治思想与政治文化中分析其认知根源，剔除糟粕，弘扬集体主义、公德、公益等优秀文化，总结其积极因素，推动全社会公共意识的增长，从"重人情"向着"以人为本"的中国特色社会主义共建共治共享社会转型。

**（三）扩展研究与现代性相关问题研究**

从政治思想与政治文化的层面看，中国政治思想史中有关现代性的问题甚多，需要进行专题研究。

1. 中国传统政治思想与国家认同、民族认同研究

国家认同与民族认同，是构建民族国家的重要精神文化和心理条件，形成国家认同与民族认同的主要条件则是文化认同。中国古代社会在以儒家思想为主体的传统政治思想及政治文化的覆盖下，形成了广泛而深厚的文化认同，炎黄子孙作为中华文化的共同体认同者，对于中华文明和文化具有高度的认同性，由此形成了政治上强大的凝聚力。深入挖掘中国传统政治思想的文化认同的优秀因素，进行创造性转化和创新性发展，灌注于当代中国的文化构建之中，对于强化当代中国国家认同和民族认同，维护国家统一具有重要意义。

2. 中国传统政治思想与现代中国社会政治意识整合研究

改革开放以来，中国社会政治意识从传统的计划经济体制下的一体化走向社会主义市场经济下的多样化。追溯古代中国，传统政治思想主流与亚文化结合紧密，社会政治意识基本围绕着主流思想而铺开，对于维系民族和国家统一起到了重要作用。这个领域的研究，着力分析中国传统政治思想主流与亚文化即社会基层文化之间的辩证关系，梳理政治思想与社会

政治意识之间的主导和辅助关系，对于整合当代中国社会政治意识的某些疏离倾向及碎片化现象，具有重要参照意义。社会整合即文化整合的重要层面，是社会政治意识的整合，关键在于挖掘传统政治思想中的优秀成分，为此，这一领域的研究有利于促进社会整合，维系统一与社会稳定。

3. 中国传统政治思想与当代中国民族政治心理构建研究

民族政治心理研究，在我国学界是一个相对薄弱环节，传统政治心理研究更加没有开展起来。然而，政治心理是一个民族政治文化的深层结构，对于构建政治文明，提升全社会政治文明程度具有重要意义。中国传统政治思想含有丰富的政治心理内容，包括认知、情感、态度等多个方面内容，其中的优秀成分有助于深化当代中国政治心理研究，对于健全和提升全社会精神文明具有积极的推动作用。

4. 中国传统政治思想与当代中国社会政治人格培育研究

对于一个民族国家来说，政治人格是既有政治生态和政治文化的造物，也是一个不断塑造的过程。中国传统政治思想生成并塑造的"圣人""君子""小人""狂狷""乡愿"等人格，作为历史文化积淀传续至今并且影响深远。为此，深入分析和梳理中国传统政治思想中的政治人格理论，需要结合当代中国社会主义政治人格需求，培育符合当代中国社会政治文明和进步的政治人格。显然，这方面研究对于提升全社会政治素养，培育高端人才具有重要意义。

5. 近代政治思想的传统文化因素与西学影响的辩证关系及当代中国政治思想体系构建研究

近代以来，中国持续处于大变动之中，政治思想呈现传统与现代的交集与冲突，并通过近代国人的政治行为与政治选择体现出来。分析近代中国政治思想中的传统文化因素与东渐而来的西学之间的辩证关系，对于厘清20世纪中期以来中国政治思想的发展很有助益，并对当代中国政治思想体系的构建，形成政治思想的中国话语很有意义。

由2012—2020年关于中国政治思想史研究关键词聚类图谱和时区图谱可得，该领域的研究内容丰富，整体上呈现了较好的连续性，形成了以中国政治思想史为中心的研究方向，围绕其中的有中国古代政治思想史、政治思想、思想史研究、王权主义等子方向的研究内容；各关键词节点之间密集的连线说明各子方向之间良好的合作和交流状态（图8-4、图8-5）。

第八章　中国政治思想史研究的发展　　229

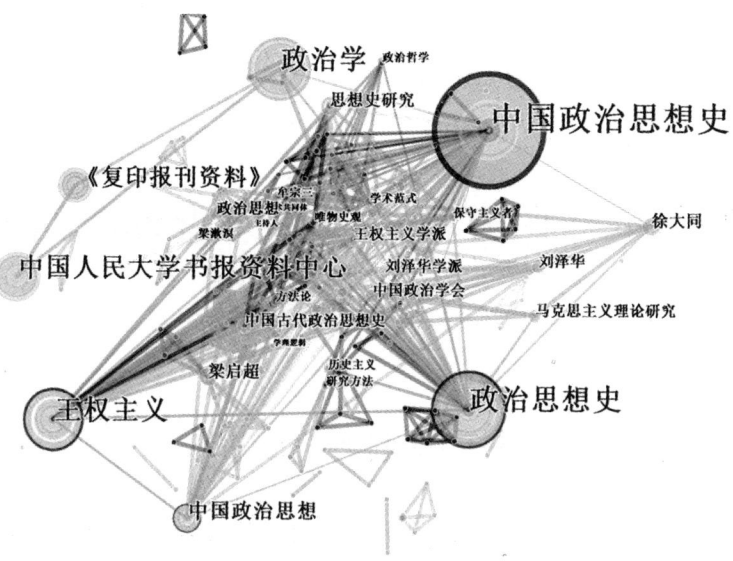

图 8-4　2012—2020 年关于中国政治思想史研究关键词聚类图谱

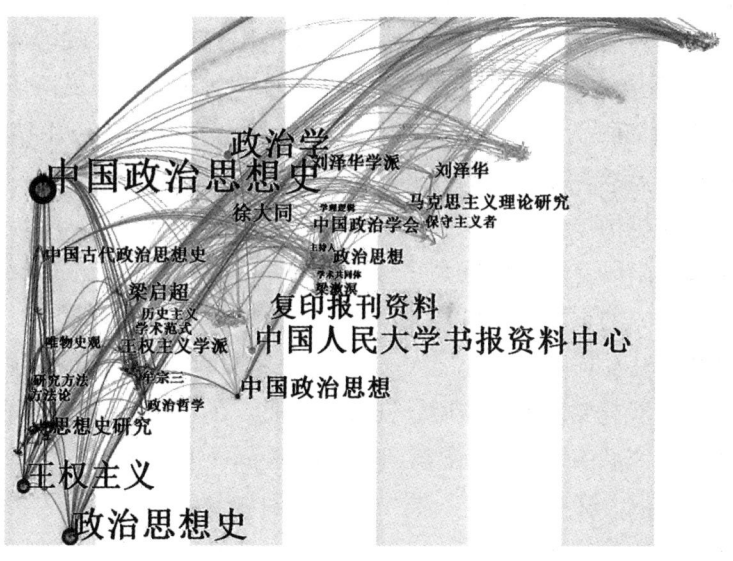

图 8-5　2012—2020 年关于中国政治思想史研究关键词时区图谱

# 第九章 西方政治思想史研究的发展

## 一 学科发展状况

进入新时代以来，我国西方政治思想史在学科建设、项目研究、学术刊物、教材建设、专题研究等方面均取得了显著的发展，形成了稳定的师资队伍和学科研究的后备力量。

从西方政治思想的教学和科研队伍来看，几乎所有具有政治学一级学科硕士点和博士点的学校均形成了不同规模的教学和研究人员队伍。在北京大学、中国人民大学、复旦大学、清华大学、吉林大学、中国政法大学、天津师范大学等高校，形成了较为稳定的教学科研群体，有的还建立了相应的研究机构。天津师范大学政治文化与政治文明建设研究院、中国政法大学政治学研究所、复旦大学思想史研究中心，都已经成为研究西方政治思想史研究的重要学术机构。

国家社科基金项目、教育部人文社科规划项目以及其他各类项目对政治思想研究起着重要的推动作用。进入新时代，在"十三五"期间，西方政治思想史研究共有60项课题获国家社科基金资助。从学科资助的角度来看，这些课题分布在政治学、哲学、国际问题研究，甚至是世界历史学学科当中。其中值得注意的是，哲学占到了16项，占据了总数的相当比重。在教育部的项目资助当中，哲学学科对西方政治思想研究的资助超过了政治学。从具体研究的内容来看，主要包括三种类型，一是以人物为中心的基础研究，既包括柏拉图、亚里士多德、霍布斯、卢梭等传统的政治思想家，同时也有当代像施特劳斯、伯林、罗尔斯、阿伦特、波考克等政治思想家。二是以政治思潮为中心的意识形态研究，既包括了传统的自由主义、保守主义、民族主义、理性主义、国家主义等传统政治思潮，也包括了新兴的民粹主义、新共和主义、政治建构主义等政治思潮。①

---

① 1. 新时代以来国家社会科学基金一般项目、重点项目、后期资助项目相关课题主要包括：郑维伟：《个体自由与社会团结：理查德·罗蒂政治思想研究》（政治学，2012 年）、罗朝慧：《黑格尔的"自由—权利"理论与方法论研究》（政治学，2012 年）、霍伟岸：《现代西方民主的思想史研究》（政治学，2012 年）、高建：《西方国别政治思想史》（政治学，2013 年）、吴春华：《西方自由主义政治思潮研究》（政治学，2013 年）、付翠莲：《在平等与差异之间：女性主义对自由主义的批判》（政治学，2013 年）、杨云珍：《极右翼思潮蔓延对欧洲左翼政党的影响研究》（政治学，2013 年）、黄小钫：《西方政治代表理论研究及其启示》（政治学，2013 年）、王炜：《政治哲学视域中的协商民主理论研究》（政治学，2013 年）、韩伟华：《近代法国自由主义思想探源：从贡斯当到托克维尔》（政治学，2013 年）、刘训练：《当代西方政治哲学中的自由理论跟踪研究》（政治学，2013 年）、崔文奎：《费希特政治哲学与马克思政治哲学关系研究》（政治学，2013 年）、庞金友：《当代西方政治思想中的国家理论跟踪研究》（政治学，2014 年）、王涛：《托克维尔民主理论研究》（政治学，2014 年）、高景柱：《当代西方政治哲学中的全球正义理论跟踪研究》（政治学，2014 年）、刘宏斌：《西方现当代机会平等理论跟踪研究》（政治学，2014 年）、孙宇：《现代西方公共行政思想简史》（政治学，2014 年）、徐志国：《休谟的社会政治思想研究》（政治学，2015 年）、乔贵平：《自由主义民主理论及其批判》（政治学，2015 年）、康子兴：《亚当·斯密政治哲学研究》（政治学，2015 年）、寇鸿顺：《西方共识民主理论中的政治整合问题研究》（政治学，2015 年）、陈兆旺：《诺斯权利开放秩序理论的批判性跟踪研究》（政治学，2015 年）、马华峰：《当代西方政治思想中的政治代表理论跟踪、反思与重构研究》（政治学，2015 年）、段德敏：《当代西方政治哲学中的代表问题跟踪研究》（政治学，2015 年）、乔欣欣：《西方传统政治思想中的公民义务观念研究》（政治学，2015 年）、朱兵：《意大利古典精英主义民主观研究》（政治学，2016 年）、佟玉平：《西方政治话语的语义分析研究》（政治学，2016 年）、牛子宏：《历史主义与自然正当——施特劳斯政治哲学研究》（政治学，2016 年）、谭杰：《当代美国新保守主义政治哲学研究》（哲学，2016 年）、曹钦：《当代政治哲学中的共和主义理论研究》（哲学，2016 年）、丁轶：《社群主义政治义务理论后期进展跟踪研究》（哲学，2016 年）、李筠：《西欧国家福利危机与民主政治的关系研究》（政治学，2017 年）、张国旺：《现代社会的自然与政治——卢梭政治思想的内在运动》（政治学，2017 年）、董波：《亚里士多德政体理论中的政治哲学》（哲学，2017 年）、安然：《民粹主义与美国民主政治研究》（世界史，2017 年）、文长春：《西方普适正义话语批判研究》（政治学，2018 年）、闫鹏：《当前西方国家民粹主义研究》（政治学，2018 年）、张桐：《西方政治话语中"发达—不发达"概念的意识形态研究》（政治学，2018 年）、曾一璇：《英国国家观念变迁的多重起源研究（1770—1914）》（政治学，2018 年）、张敏：《当代西方制度功利主义政治哲学研究》（政治学，2018 年）、曹文宏：《以赛亚·伯林自由主义政治哲学研究》（政治学，2018 年）、陈德中：《当代西方哲学中的"政治现实主义"流派研究》（哲学，2018 年）、毛兴贵：《霍布斯政治哲学著作翻译与研究》（哲学，2018 年）、敖素：《当代西方自由主义自我辩护的三种路向研究》（哲学，2018 年）、谭安奎：《主体性权利与西方现代政治哲学中的"人民"建构问题研究》（哲学，2018 年）、卞绍斌：《罗尔斯政治哲学的康德式基础研究》（哲学，2018 年）、陈华文：《国家主义理论研究》（哲学，2018 年）、马德普：《当代西方政治哲学中的自我观之争研究》（政治学，2019 年）、刘训练：《共和主义视野中的德性与政体问题研究》（政治学，2019 年）、林红：《民族主义与民粹主义的当代趋势及其挑战研究》（政治学，2019 年）、王大威：《当代西方右翼民粹主义思潮及其演变研究》（政治学，2019 年）、唐士其：《理性主义的政治学：流变、困境与超越》（政治学，2019 年）、谭研：《政治建构主义视域（转下页）

(接上页)中的霍布斯自然法思想研究》(哲学,2019 年)、韩潮:《柏拉图与希腊民主理论的难题研究》(哲学,2019 年)、范广欣:《卢梭政治哲学在近代中国的诠释与再造研究》(哲学,2019 年)、陈肖生:《西方政治哲学中尊重理念与政治道德基础问题研究》(哲学,2019 年)、王寅丽:《阿伦特与波考克的新共和主义之批判研究》(哲学,2019 年)、李明坤:《施特劳斯政治哲学比较研究》(哲学,2019 年)、李宗开:《认同政治视域下当代欧洲右翼民粹主义研究》(国际问题研究,2019 年)、欧树军:《美国保守主义的政治秩序理论研究》(国际问题研究,2019 年)。2. 新时代以来教育部人文社会科学研究一般项目、哲学社会科学研究后期资助项目课题主要包括:张妮妮:《生态女性主义研究》(哲学,2012 年)、孙岩:《沃尔泽分配正义理论研究》(哲学,2012 年)、宁乐锋:《市民社会与多民族国家的国家认同研究——当代政治哲学的理论视角》(哲学,2012 年)、谭安奎:《当代契约主义的慎议民主理论探究》(哲学,2012 年)、陈胜才:《自由主义民主的重建及其局限———萨托利民主思想研究》(政治学,2012 年)、张方华:《西方政治哲学视域中的公共利益研究》(政治学,2012 年)、裴亚琴:《7—19 世纪英国辉格主义宪政思想史研究》(政治学,2012 年)、吴冠军:《陷于施米特与罗尔斯间的政治之域》(政治学,2012 年)、李丽丽:《柏拉图爱欲思想研究》(哲学,2013 年)、吕纯山:《亚里士多德的定义理论》(哲学,2014 年)、刘天旭:《当代西方脆弱国家理论研究》(政治学,2014 年)、郝亿春:《个体正义与政制正义:亚里士多德正义思想及其现代意义研究》(政治学,2015 年)、罗久:《承认的政治与法的形而上学:黑格尔早期法哲学思想研究(1788—1807)》(政治学,2015 年)、刘洋:《休谟政治渐进思想研究》(政治学,2015 年)、周明军:《奥克肖特政治思想研究》(哲学,2015 年)、何卫平:《伽达默尔与施特劳斯之争》(哲学,2016 年)、林青:《阿尔都塞与当代激进政治哲学》(哲学,2016 年)、张祖辽:《政治哲学中的"康德式"建构主义理论研究》(哲学,2016 年)、吴彦:《康德永久和平论研究》(哲学,2017 年)、张轶瑶:《罗尔斯的国际正义理论研究》(哲学,2017)、文聘元:《洛克思想研究》(哲学,2018 年)、宋伟冰:《罗尔斯基于公平正义的社会稳定思想研究》(政治学,2018 年)、朱梅莹:《当代西方民粹主义与民主政治困境研究》(政治学,2019 年)、胥博:《康德的国家哲学研究》(哲学,2019 年)、吕明烜:《〈王制〉学史研究》(哲学,2019 年)、夏庆波:《当代政治哲学中的宗教与公共理性关系问题研究》(哲学,2020 年)、卞邵斌:《康德政治哲学研究》(哲学,2020 年)、钱一栋:《朱迪丝·施克莱政治理论批判研究》(政治学,2020 年)。3. 新时代以来出版的西方政治思想史专著主要包括:陈斯一:《从政治到哲学的运动:〈尼各马可伦理学〉解读》,上海三联书店 2019 年版;陈伟:《施米特与政治的逻辑》,生活·读书·新知三联书店 2015 年版;陈伟:《西方政治思想史》(上、下),中国社会科学出版社 2019 年版;陈肖生:《辩护的政治:罗尔斯公共辩护思想研究》,生活·读书·新知三联书店 2018 年版;程志敏:《归根知常:西方政治哲学的古典面相》,华夏出版社 2020 年版;崇明:《创造自由:托克维尔的民主思考》,上海三联书店 2014 年版;崇明:《启蒙、革命与自由:法国近代政治与思想论集》,上海三联书店 2018 年版;丛日云主编:《当代西方政治文化复兴》,东方出版社 2018 年版;段忠桥:《政治哲学论丛》,中国社会科学出版社 2018 年版;方维规:《概念的历史分量》,北京大学出版社 2019 年版;葛四友:《分配正义新论:人道与公平》,中国人民大学出版社 2019 年版;韩冬辉主编:《西方政治哲学史》(第二卷):从霍布斯到黑格尔》,中国人民大学出版社 2017 年版;洪涛:《〈格列弗游记〉与古今政治》,华东师范大学出版社 2018 年版;李筠:《论西方中世纪王权观——现代国家权力观念的中世纪起源》,社会科学文献出版社 2013 年版;李筠:《英国政治思想新论》,商务印书馆 2019 年版;李强、段德(转下页)

政治思想史研究的专业刊物有了比较好的发展。首先是天津师范大学主办的《政治思想史》2010年获批正式刊号并出版发行。2015年、2017年，该杂志两次入选中国社会科学引文索引（CSSCI）来源期刊的扩展版，推动了政治思想术史研究的学术交流。同时，国内其他单位也主办了一些高水平的辑刊，比如，华夏出版社发行的《经典与解释》、复旦大学思想史研究中心主办的《复旦政治哲学评论》、华东师范大学中国现代思想文化研究所主办的《知识分子论丛》等杂志也在推动政治思想研究学术交流方面做出了贡献。同时，政治学界一些主流刊物，比如《政治学研究》也发表了一批优秀的政治思想史研究论文，在学界产生了良好的影响。同时一些微信公众号，比如天津师范大学主办的"政治思想史杂志"也在政治思想史研究学术交流方面起到了重要作用。

---

（接上页）敏主编：《十字路口的欧罗巴》，商务印书馆2020年版；李强、张新刚主编：《政制论衡》，北京大学出版社2017年版；李强、张新刚主编：《政治神学》，北京大学出版社2017年版；李石：《自由：公共领域的私人空间》，广东教育出版社2012年版；李石：《平等理论的谱系：西方现代平等理论探析》，中国社会科学出版社2018年版；李石：《政治哲学十讲》，中国社会科学出版社2019年版；林志猛：《柏拉图〈法义〉研究、翻译和笺注（三卷本）》，华东师范大学出版社2019年版；刘擎：《纷争的年代：当代西方思想寻踪》，广西师范大学出版社2013年版；刘玮：《公益与私利：亚里士多德实践哲学研究》，北京大学出版社2019年版；刘玮主编：《西方政治哲学史》（第一卷），中国人民大学出版社2017年版；刘小枫：《以美为鉴》，华夏出版社2017年版；刘训练：《共和主义：从古典到当代》，人民出版社2013年版；任剑涛：《拜谒诸神：西方政治理论与方法寻踪》，社会科学文献出版社2014年版；任剑涛：《公共的政治哲学》，商务印书馆2016年版；任剑锋：《帝国的兴衰：修昔底德的政治世界》，生活·读书·新知三联书店2017年版；孙江、张凤阳等主编《亚洲概念史研究》系列，生活·读书·新知三联书店2013—2019年版；谭安奎：《政治哲学：问题与争论》，中央编译出版社2014年版；谭安奎：《公共理性与民主理想》，生活·读书·新知三联书店2016年版；谭安奎：《自然权利的遗产：福利权问题与现代政治秩序》，商务印书馆2018年版；佟德志：《民主的否定之否定：近代西方政治思想的历史与逻辑》，天津人民出版社2015年版；佟德志：《法治民主——民主与法治的复合结构及其内在逻辑》，北京大学出版社2016年版；佟德志：《现代西方民主的困境与趋势》，人民出版社2018年版；王海洲：《政治仪式：权力生产和再生产的政治文化分析》，江苏人民出版社2016年版；吴春华：《西方自由主义政治思潮研究》，中国社会科学出版社2018年版；吴功青：《上帝与罗马：奥利金与早期基督教的宗教—政治革命》，上海三联书店2018年版；晏绍祥：《古典民主与共和传统》（上下卷），北京大学出版社2013年版；晏绍祥：《古代希腊民主政治》，商务印书馆2019年版；张辰龙：《西方政治思想史》，知识产权出版社2016年版；张凤阳：《现代性的谱系》，江苏人民出版社2012年版；张桂琳主编：《西方政治思想史》，高等教育出版社2019年版；张新刚：《友爱共同体：古希腊政治思想研究》，北京大学出版社2020年版；周濂主编：《西方政治哲学史（第三卷）：20世纪政治哲学》，中国人民大学出版社2017年版。

西方政治思想史学科在人才培养和教材体系等方面的建设为学科发展提供了支撑。进入新时代，在教育部高校政治学类专业教学指导委员会的指导下，政治学类专业的国家标准得以制定，《西方政治思想史》《当代西方政治思潮》等课程成为国家标准规定的专业基础课程。2019 年，马克思主义理论研究和建设工程重点教材《西方政治思想史》修订版得以出版。[①]这是在习近平新时代中国特色社会主义思想指导下完成的《西方政治思想史》教材，对于西方政治思想史的教学和人才培养起到了重要的作用。在新时代，为了更好培养政治思想史研究的师资，在教育部政治学类专业教学指导委员会的指导下，天津师范大学与中国政法大学共同举办了 4 期"西方政治思想史暑期高级研讨班"，对于培养学科后备力量起到了重要的作用。

在新时代，西方政治思想史的学科发展也呈现出许多新的特点。一是强调了教学和科研过程中马克思主义和习近平新时代中国特色社会主义思想的指导地位，《西方政治思想史》"马工程"重点教材修订版的出版是一个标志。二是研究队伍不断壮大，形成了多个西方政治思想史的研究中心，聚集了一批专注于西方政治思想史研究的骨干力量，推动了西方政治思想史研究的不断深入。三是学科知识积累越来越丰厚，形成了一批富有价值的研究成果。一大批高质量的学术丛书和著作出版发行。四是通过举办学术会议、研讨班、访学、讲学等多种交流形式，提升了学术交流的层次和水平。

## 二　学术研究前沿与进展

新时代以来，我国西方政治思想史领域的学术成果不断涌现，以中国知网中 2012—2020 年共计 9 年间有关学术期刊和学术论文（北大核心和南大核心）作为研究对象，利用 CiteSpace 软件对本领域研究的关键词、关键词时区等进行统计和梳理。

---

[①]《西方政治思想史》编写组：《西方政治思想史》（第二版），高等教育出版社、人民出版社 2019 年版。

由 CiteSpace 生成的关键词聚类图谱来看，本领域的研究主题比较丰富多样，研究深度逐步加强，形成了内部聚合的 8 个子研究领域，并形成了以社会主义、罗尔斯、自由主义、民族主义等为关键词，多领域之间相互影响的研究格局（图 9-1）。

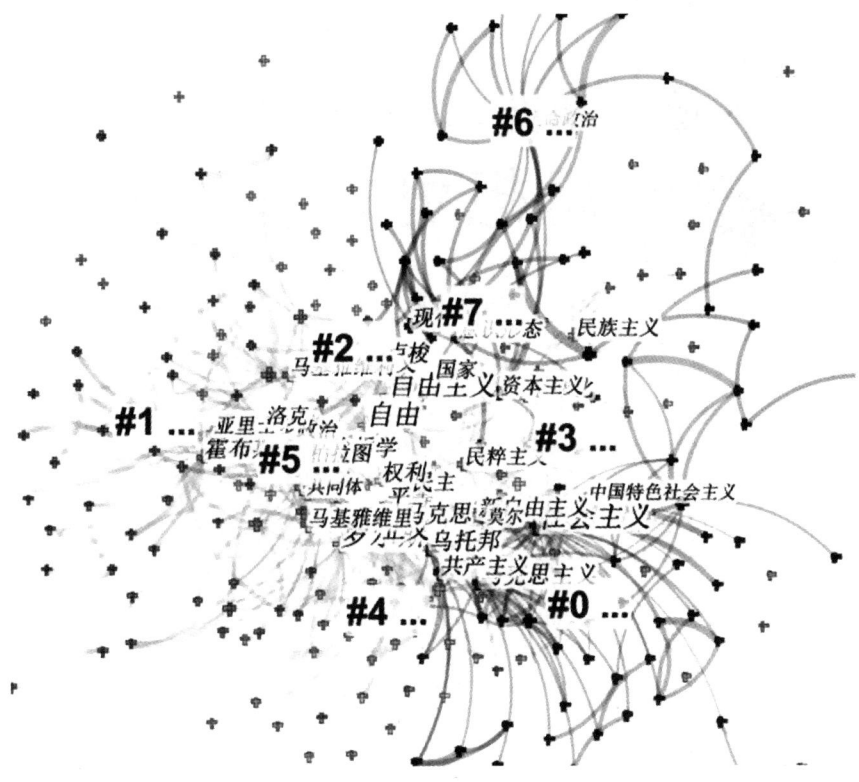

**图 9-1　2012—2020 年西方政治思想史关键词聚类图谱**

由 2012—2020 年西方政治思想史关键词时区图谱和关键词突显图谱（图 9-2、图 9-3）可见，不同子研究领域在不同年份具有不同的研究热度，例如子研究领域 1 从 2012—2016 年成果丰富。高引用突现关键词则显示出全球化、现代性等研究关键词主要在 2013—2014 年，而 2017 年以来功利主义、契约论、生命政治等开始成为研究热点。

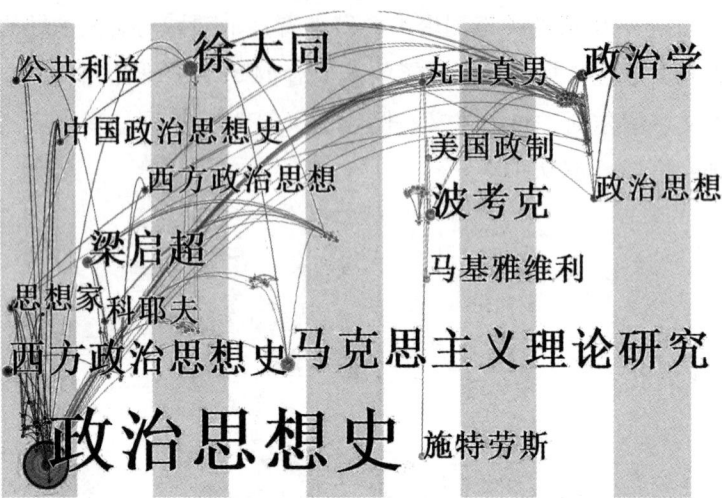

图 9-2 2012—2020 年西方政治思想史关键词时区图谱

| 关键词 | 年份 | 强度 | 起始年份 | 终止年份 | 2012—2020 |
|---|---|---|---|---|---|
| 全球化 | 2012 | 2.5714 | 2013 | 2014 | |
| 列宁 | 2012 | 2.4557 | 2013 | 2014 | |
| 现代性 | 2012 | 2.353 | 2013 | 2014 | |
| 政治哲学 | 2012 | 3.5243 | 2014 | 2015 | |
| 齐泽克 | 2012 | 2.3858 | 2014 | 2015 | |
| 君主 | 2012 | 2.5385 | 2015 | 2016 | |
| 自然法 | 2012 | 2.5932 | 2015 | 2017 | |
| 空想社会主义 | 2012 | 3.0027 | 2016 | 2017 | |
| 莫尔 | 2012 | 3.4337 | 2016 | 2017 | |
| 功利主义 | 2012 | 2.8667 | 2017 | 2020 | |
| 契约论 | 2012 | 3.2782 | 2017 | 2020 | |
| 德性 | 2012 | 2.4557 | 2017 | 2020 | |
| 福柯 | 2012 | 3.4016 | 2017 | 2018 | |
| 阿甘本 | 2012 | 2.9138 | 2017 | 2018 | |
| 民粹主义 | 2012 | 7.3851 | 2017 | 2018 | |
| 生命政治 | 2012 | 5.3181 | 2017 | 2020 | |
| 卢梭 | 2012 | 3.6215 | 2018 | 2020 | |
| 政治自由 | 2012 | 3.219 | 2018 | 2020 | |
| 阿伦特 | 2012 | 2.671 | 2018 | 2020 | |
| 马克思 | 2012 | 2.9644 | 2018 | 2020 | |

图 9-3 2012—2020 年西方政治思想史高引用突现关键词

## （一）西方政治思想史方法论的探讨与争论

随着西方政治思想史研究的深入，方法论的反思与拓展成为必然要求和学术自觉。方法论不仅是一个学科研究的方法与进路，揭示一个学科的科学性质、基本规律与文化蕴含，而且也是一个学科走向成熟和繁荣的基础。在新时代，西方政治思想史研究在方法论层面展开了较为深入的探讨。

首先，概念史研究方法的引入和探索。概念的规范化和论辩是一个学科良性发展的基本前提和内在要求，建立完善、规范的概念体系首先要求有扎实的概念史研究方法。近年，国内学界在概念史研究方法论方面实现了较为重要的突破，部分学者大力介绍和推进概念史的研究，一批介绍和使用概念史方法的研究成果相继出版和发表。[1]

其次，对西方重要政治思想史研究方法的反思和批判。施特劳斯学派与剑桥学派的对峙，是当今西方政治思想史和政治哲学研究中最为引人注目的现象之一。不仅在学术观点上，在研究方法上两大学派也是针锋相对：施特劳斯学派以政治哲学史为研究取向，力图在西方古典政治哲学的视野下对西方现代政治思想史做出"现代性三次浪潮"的论断并予以批判，而剑桥学派则以倡导政治话语史研究对抗施特劳斯学派的政治哲学史研究，在自由主义之外，致力于打造"古典共和主义"的政治激进主义传统。国内西方政治思想史学界对这两大学派的研究方法与政治立场各有偏好和借鉴，同时也有对两大学派较为尖锐的批评与深刻的反思。[2]

最后，多学科、跨学科研究方法的兴起和拓展。近年来西方政治思想史研究领域出现多学科交叉和研究方法扩展的趋势，比较突出的有历史政治学研究方法、政治现象学研究方法等。历史政治学方法强调将历史学与政治学进行交叉，注重将思想和文本置于具体的历史发展情境中

---

[1] 参见方维规《概念的历史分量》，北京大学出版社2019年版；孙江、张凤阳等主编《亚洲概念史研究》系列，生活·读书·新知三联书店2013—2019年版；郭台辉《语言的政治化与政治的语言化：政治学方法论的"语言学转向"问题》，《政治学研究》2019年第4期；郭忠华《日常知识与专业知识的互构：社会科学概念的双重建构模式》，《天津社会科学》2020年第1期。

[2] 参见刘小枫《以美为鉴》，华夏出版社2017年版（其中的单篇论文曾先期在期刊上发表）；胡传胜《剑桥学派政治思想史：西方传统的阐释与颠覆》，《江苏行政学院学报》2019年第6期；郑维伟《政治思想研究的经与纬：萨拜因与施特劳斯的争论辨析》，《南京社会科学》2018年第7期。

加以考察。① 政治现象学研究方法则讲求黏合政治科学和政治哲学的主要方法，一方面用"悬搁"的方式为其研究提供特殊的描述、分析和解释技术，另一方面立足于生活世界，在本体论和认识论层面重新把握政治世界和政治生活，并由此产生了一批研究成果。②

### （二）西方政体学说与现代民主理论研究

政体学说是西方政治思想史的核心内容之一，对其学说发展进行细致梳理和深入反思向来是西方政治思想史研究的重点。特别是自西方民主政治由鼎盛转入危机四伏以来，对政体学说进行内在检讨和更为精微的探讨更显得尤为必要，也很快成为研究热点，具体特点表现为摆脱了传统对政体类型标签化的讨论，逐渐走向更为全面地探讨西方政体问题的内在复杂性。

首先，重新审视西方古典政体学说和代表性的政体学说。有学者指出，西方政体学说从古希腊到现代经历了由经典的三分法/六分法到民主—专制二元对立的发展历程，古典政体学说在现代民主制取代共和制成为主流政体类型后，逐渐走向终结。③ 有学者则为西方政体发展历程的考察提供了新的视角，例如在美国的政体问题上，指出美国革命中各种激进政治方案客观上促使美国产生了具有历史意义的代表制以及精英与民众共治的政体形式。④ 还有学者对政体学说史上的关键人物孟德斯鸠进行了重新解读，其中有的提出宽和政体与专制政体的对立才是其政体思想的关键，而有的则侧重在厘定其理论中君主政体与专制政体的关系，并指出不应当把君主政体与专制政体混为一谈。⑤ 有的学者则从历史学角度对十八

---

① 参见杨光斌《什么是历史政治学？》，《中国政治学》2019年第2期；姚中秋《学科视野中的历史政治学：以历史社会学、政治史、比较政治学为参照》，《政治学研究》2020年第1期。

② 参见王海洲、刘训练、彭斌、林曦《政治现象学研究（笔谈）》，《南京大学学报》（哲学·人文科学·社会科学）2019年第1期；王海洲《政治仪式：权力生产和再生产的政治文化分析》，江苏人民出版社2016年版；王海洲《想象力的捕捉：国家象征认同困境的政治现象学分析》，《政治学研究》2018年第6期；于京东《法国大革命中的祖国崇拜——一项关于现代爱国主义的政治现象学考察》，《探索与争鸣》2019年第10期。

③ 刘训练：《西方古代政体学说的终结》，《政治学研究》2017年第5期。

④ 参见李剑鸣《从代表制到代表制政体——再论美国革命时期民主概念的演变》，《清华大学学报》（哲学社会科学版）2015年第5期；李剑鸣《美国革命中的政体想象与国家构建——解读〈埃塞克斯决议〉》，《史学集刊》2016年第3期。

⑤ 参见黄涛《孟德斯鸠的优良政体论——〈论法的精神〉第一编中的一对不为人知的政体》，《兰州大学学报》（社会科学版）2017年第3期；张辰龙《君主不专制》，《读书》2019年第4期。

世纪法国思想界关于法兰克时期的政体问题的论战展开研究,指出该论战体现了论辩依据从历史合法性向公意与理性的转变过程,揭开了革命激进主义的历史序幕。①

其次,对西方现代政体理论的总体定位。有学者指出,西方现代政体理论经历了制衡与分权学说的再造,逐渐形成了以民主为名、行混合之实的"复合"发展之路。② 比如,在法国,混合政体的主张随着民主制度的发展和普及日益被代议制所取代,成为现代西方民主制度的核心特征。③ 还有学者针对第三波民主化浪潮的退潮,从选举与威权之间的关系角度进行探究,并以此为基础提出新的政体分类方法。④

再次,对西方现代民主的实践诊断与理论反思。除了民主基础理论的研究,对于民主政治与当今西方政治危机关系的研究最近受到重视,有学者认为当今西方族群—宗教多元主义引起的政治对抗和分裂,对自由主义民主政体构成了重大挑战,新的政治现实可能促使拥有不同国家能力的西方国家出现不确定性。⑤ 随着西方民主政治出现全面危机,对其产生根源的探讨成为学界关注的热点之一。对此,有的学者认为西方民主危机的根源在于,大变局时代具有普遍性、多重性、冲突性和后现代性特征的身份政治的迅速崛起;⑥ 而有的学者则认为,西方民主的危机直接源于右翼民粹主义与多元文化主义的对抗。⑦

最后,基于西方政体学说和民主理论提出新的理论构想。比如,有学者提出,民主制度的良好运行不是孤立的,必须由法治进行保驾护航,同

---

① 汤晓燕:《十八世纪法国思想界关于法兰克时期政体的论战》,《中国社会科学》2018年第4期。

② 佟德志:《从混合到共和——西方政体复合论发展的历史与逻辑》,《国外理论动态》2016年第9期;《从调和到制衡——西方制衡理论发展的历史与逻辑》,《江西师范大学学报》(哲学社会科学学报)2017年第1期。

③ 韩伟华:《从混合政治到代议制政府:近代法国对最佳政制之探索》,《学海》2019年第3期。

④ 景跃进:《"选举"何以成为"威权"的修饰词——选举概念的重构及新政体分类》,《探索与争鸣》2017年第5期。

⑤ 包刚升:《西方政治的新现实——族群宗教多元主义与西方自由民主政体的挑战》,《政治学研究》2018年第3期。

⑥ 庞金友、洪丹丹:《大变局时代的身份政治与西方民主政治危机》,《行政论坛》2019年第6期。

⑦ 张国军、程同顺:《当代西方民主的基础与危机——右翼民粹主义与多元文化主义对抗的政治冲击》,《中南大学学报》(社会科学版)2019年第4期。

样没有真正的民主，也不会形成良好的法治环境。① 有的学者则关注"人工智能"时代对民主政治实质性的冲击，人们正在把越来越多的决策权交给人工智能算法，人类的一些政治价值正被数据所取代，后民主时代也正在加速到来。② 有学者认为，尽管自由政体学说拥有丰富的防范和克服政治危机的理论资源，但是尚没有形成一套关于政治僵局与政治危机的理论，因此尝试整合其中的政治僵局和危机的生成逻辑以及防范的理论资源，构建起自由政体理论下的政治危机理论。③ 有学者认为当代自由式民主制的发展出现一种悖论，一方面西式民主国家民众对民主政府信心下滑，另一方面各国民众对民主价值认同普遍上升且民主制度的韧性不断增强。④

### （三）当代西方民粹主义思潮研究

自 2008 年金融危机爆发以来，西方体制正在濒临崩溃的言论开始出现。2016 年底相继发生了一系列事变：在欧洲，英国通过公投决定退出欧盟，法国与意大利等国的脱欧势力不断抬头，匈牙利和波兰的民族主义领导人开始执政；在美国，宣扬美国优先的特朗普赢得了总统大选。很多观察者相信，这些事变是金融危机后逆全球化和民粹主义思潮兴起在西方政治中的集中爆发。⑤ 国内学者对西方民粹主义思潮的研究主要包括如下几个方面。

首先，对民粹主义思潮的内涵与表现形式进行界定和梳理。有的学者认为民粹主义是一种信仰人民的意识形态，号召以人民的名义改造精英统治，强调人民内在的整体性和一致性，从而在重大主题上持有右翼保守立场，在实践中淡化族群身份，反对多元文化甚至全球化，强调敌视与排斥；在程序安排上，主张人民多数的直接行动，强调改革现政权，形成了

---

① 佟德志：《法治民主——民主与法治的复合结构及其内在逻辑》，北京大学出版社 2016 年版。
② 吴冠军：《竞速统治与后民主政治——人工智能时代的政治哲学反思》，《当代世界与社会主义》2019 年第 6 期。
③ 包刚升：《政治危机何以形成：一项基于自由政体学说的理论分析》，《学术月刊》2019 年第 11 期。
④ 刘瑜：《当代自由式民主的危机与韧性：从民主浪漫主义到民主现实主义》，《探索与争鸣》2018 年第 7 期。
⑤ 刘擎：《2016 年西方思想年度述评》，《学海》2017 年第 2 期。

反建制、反代议制等实践诉求。① 有学者特别指出，单纯从经济层面进行分析无法理解民粹与民主的区别，而应当突出政治的维度，挖掘两者在政治意义上的区别，即民主指向开放与多元的政治生活，而民粹指向的是封闭与否定内在分化的政治生活。②

其次，对民粹主义兴起的原因和内在理路进行探究。有学者认为西方政党日益脱离民众和社会而融入政府体系当中，致使回应性的弱化并导致代表性危机，从而引发了民粹主义的兴起；想要准确认识民粹主义的社会基础和发展趋势必须客观地分析政府、社会与政党在代表性建构中的互动机制。③ 有学者则认为西方社会和政治危机集中表现为"自由主义共识"的崩塌，由此导致民粹主义以及其他非自由主义思潮的兴起；民粹主义以一种特定的人民概念及其共同意志，对自由主义共识以及西方自由主义民主政治体系发起了挑战。④ 还有学者认为民粹主义是现代民主发展的逻辑必然：人民主权原则的确立和普遍化以及人类对政治平等的不懈追求，同时推动了平民的社会政治地位上升，人民与平民逐渐在话语上成为同义词，而民粹主义兴起正是这两大趋势不断作用的必然。⑤

最后，对民粹主义现象进行批判和反思。有的学者认为，建构"人民"并对"人民"的敌人进行界定从而形成新的二元世界观，是西方民粹主义话语政治的内在逻辑；欧美主流政治对其进行反击时，往往对其认识论价值缺乏理解，从而造成对民粹主义的制度根源反思不足，最终导致民粹主义者与主流精英群体相互围剿，并使得西方政治深陷困境。⑥ 有的学者则指出，在西方民粹主义兴起的表象之下，存在更为复杂的原因和内在动力，以特朗普现象为例，将其贴上民粹主义标签，要么是曲解了民粹主义，要么是曲解了特朗普的思想和言行，在其个性特征和行为方式的民粹主义色彩之下，其核心的政治主张是现代社会向后现代社会转变时

---

① 佟德志：《解读民粹主义》，《国际政治研究》2017 年第 2 期。
② 段德敏：《民粹主义的"政治"之维》，《学海》2018 年第 4 期。
③ 高春芽：《政党代表性危机与西方国家民粹主义的兴起》，《政治学研究》2020 年第 1 期。
④ 张莉：《正在崩塌的"自由主义共识"海市蜃楼——西方民族民粹主义与"非自由主义"兴起》，《国外社会科学》2020 年第 1 期。
⑤ 郭中军：《民粹主义与现代民主的纠缠——与丛日云教授商榷》，《探索与争鸣》2017 年第 12 期。
⑥ 林红：《西方民粹主义的话语政治及其面临的批判》，《政治学研究》2018 年第 4 期。

期的新保守主义，即反对和抵制激进的后现代主义和民粹主义趋势。①

**（四）现代政治哲学中的平等、正义与公共理性问题研究**

平等、正义与公共理性问题一直是西方现代政治哲学的核心话题，近年来国内学界也对平等、正义与公共理性问题做出了自己的回应性研究和理论建构尝试，具体表现为以下几个方面。

首先，继续就平等、分配正义、全球正义等经典议题展开讨论。有学者从后果主义出发论证分配正义，认为可以把现实人性的限制明朗化、具体化，从而形成一种新的分配正义理论，既可以包含利他心的人道成分，又包含立足自利心的公平成分，同时将自我所有权、私有财产权、自由交易权等证成，实现对自由、平等、公平等概念的融贯理解。② 有学者从民族主义与全球正义的辩证关系出发，认为全球正义理论能够容纳民族主义的批判，为民族主义提供了一种约束边界。③

其次，开拓平等与正义问题讨论的新论域。在平等问题方面，有学者系统梳理了西方自古希腊、启蒙运动到当代的平等理论。④ 在代际正义方面，有学者尝试将罗尔斯的代际正义论作贯通式的理解，认为罗尔斯前期和后期的代际正义并非完全对立，此外还将代际正义理论运用于气候变化、人类命运共同体等议题的讨论。⑤ 还有学者将更多的思想家纳入正义问题的讨论场域之中，比如针对哈耶克的社会正义批判议题的分析。⑥

最后，关于公共理性问题的研究和探讨趋向深入。有学者通过对公共理性与民主之间的关系进行系统阐释和梳理，指出公共理性并非业已完成，而应在民主背景下作为理想不断追寻，以一种基于现有最佳信念为导向的真理观来确立对文本阐释的公共性和开放式理解，同时避免纯粹主观

---

① 丛日云：《民粹主义还是保守主义——论西方知识界解释特朗普现象的误区》，《探索与争鸣》2020年第1期。
② 葛四友：《分配正义新论：人道与公平》，中国人民大学出版社2019年版。
③ 高景柱：《评民族主义与全球正义之争》，《民族研究》2016年第3期。
④ 李石：《平等理论的谱系：西方现代平等理论探析》，中国社会科学出版社2018年版。
⑤ 参见高景柱《罗尔斯的代际正义论：一种融贯解释的尝试》，《学海》2020年第1期；高景柱《代际正义视野中气候变化的应对》，《当代世界与社会主义》2020年第2期；高景柱《论代际正义视域中人类命运共同体的构建》，《国外理论动态》2018年第11期。
⑥ 曹钦：《哈耶克对社会正义的批判》，《西南大学学报》（社会科学版）2019年第2期。

的强制阐释和以客观性自居的专断阐释。① 针对这一构想学界展开了较为热烈的探讨，有学者有针对性地指出公共理性对互利性的超越需要保持一定限度，同时相互性应当是形式与实质的统一；还有学者则指出公共理性依赖于自由平等的公民观，这一根基的薄弱可能会影响到对个人自主性与政治自主性的来源和位阶的处理。②

### （五）政治概念辨析与西方政治话语体系研究

西方重要政治概念与政治话语体系构建研究日益成为国内学界关注的热点，这是反思和吸收西方话语构建经验以构建中国特色政治话语体系的必然要求，其中尤以对政治概念之变迁与政治话语体系之生成的探讨为基础和重点。近年来国内学界对西方政治概念和政治话语体系的研究主要体现在以下几个方面。

首先，运用概念史和言语分析方法对西方重要政治概念进行内涵辨析和重新审视。比如，围绕政治、合法性、国家、民族、民族主义、民族国家、政治正确等重要政治概念，国内学界产生了一批研究成果。③ 核心概念的辨析是政治话语体系构建的基础和前提，近些年的概念研究带有更为明显的批判和反思色彩，这既是学科方法论意识提高和学术积累的结果，也是学术自觉的产物。

其次，对西方现代政治话语体系及其生成过程的研究。有学者系统阐释了西方政治话语的基本理论，分析它的思想渊源、核心对象、基本属性

---

① 参见谭安奎《公共理性与民主理想》，生活·读书·新知三联书店2016年版；谭安奎《公共理性与阐释的公共性问题》，《江海学刊》2018年第2期。

② 参见葛四友《论公共理性重构的关键：互利性与相互性》，《政治思想史》2017年第2期；陈肖生《公共理性的构建与慎议政治的塑造——评谭安奎教授〈公共理性与民主理想〉》，《政治思想史》2017年第2期；谭安奎《相互性、政治自主与公共理性理念的普适性问题——答葛四友、陈肖生、惠春寿》，《政治思想史》2017年第2期。

③ 参见马德普《"政治"概念的重述与政治学问题意识的转换》，《天津社会科学》2020年第2期；杨光斌《合法性概念的滥用与重述》，《政治学研究》2016年第2期；段德敏《名词、概念和理论——西方政治思想中的"国家"》，《北大政治评论》2019年第6辑；张凤阳、罗宇维、于京东《民族主义之前的"民族"：一项基于西方情境的概念史考察》，《中国社会科学》2017年第7期；张三南、张强《如何理解民族主义的意识形态属性——安德鲁·海伍德的诠释及其概念学意义》，《学术界》2019年第2期；马德普《跳出西方"民族国家"的话语窠臼》，《政治学研究》2019年第2期；佟德志、樊浩《美国"政治正确"的语义流变及其三重向度》，《探索与争鸣》2020年第3期。

及其分析路径,认为以不确定性为基础的政治概念构成了其问题域的基本要素。① 有学者试图从宏观角度分析现代西方政治话语体系的形成过程,指出现代西方存在两种对立的政治运动,即权力与权利的相互作用过程,个人通过强调生命、自由、财产以及平等、民主等权利而获得现代性。② 有学者则从微观角度出发,尝试从平时容易被忽视的女性、图像与话语切入,探讨现代早期法国在大革命之前的政治文化与话语体系的转变过程。③

最后,我国政治话语构建与对西方政治话语体系构建的借鉴研究。研究西方政治话语体系的生成和内在逻辑可以为我国的政治话语体系构建提供借鉴和参照,因此有学者主张,我们在推进政治话语体系建设时,必须批判吸收西方政治话语体系构建的经验和教训,其中如何消弭政治学话语体系的本土化和西方化的抵牾,缓解两者之间一直以来的张力,是建构中国特色政治学话语体系首先要厘清的认识论问题。④ 有学者认为,在西方自由主义民主出现危机的情况下更有必要在我们的政治话语建设中积极回应西方民主理论的核心问题,强调人民民主对多数利益的维护,是真正的人民主权和公共性与阶级性的统一。⑤ 有学者则试图通过对西方话语中关于中国形象构建的话语主体、议题设置、理论框架进行量化分析,并在此基础上指出中国学者应积极应对,更广泛地传递国内学者的正确声音。⑥

## 三 学术研究的特点与问题

### (一)研究的基本特点

首先,我国的西方政治思想史研究队伍已经形成了政治学界与哲学界

---

① 亓光:《政治话语分析的基础理论阐释:理论前提、问题域与实践性诠释》,《政治学研究》2020年第1期。
② 佟德志:《现代西方政治话语体系的形成及其内在逻辑》,《国家行政学院学报》2016年第4期。
③ 汤晓燕:《写意政治:近代早期法国政治文化中的性别、图像与话语》,浙江大学出版社2019年版。
④ 张桂林:《逻辑要义、历史努力与认知前提:建构中国特色政治学话语体系》,《政治学研究》2017年第5期。
⑤ 张飞岸:《西方自由民主危机与中国民主话语构建》,《当代世界与社会主义》2020年第2期。
⑥ 张智伟:《解构西方话语:西方国际关系研究构建的中国形象考察与应对》,《对外传播》2018年第8期。

两大稳定群体，以及世界史、社会学以及国际问题研究等相关领域的学者参与其中的活跃格局，由此促成并在一定程度上实现了学科间的互补和融合。西方政治思想史作为政治学、历史学以及哲学的交叉学科，其发展离不开其他相关学科的支援。进入新时代，西方政治思想史研究的这种跨学科特征进一步凸显，无论是从获批课题还是从论文、论著发表来看，从事本专业的人员构成日趋多学科化；前述西方政治思想史方法论的探讨与深入也是这一趋势的体现，特别是历史政治学、社会政治学和政治现象学等进路的提出，为西方政治思想史的研究提供了新的理论视角和方法论支持。学科间的协作与融合顺应了学术发展的潮流与趋势，并将为今后西方政治思想史的研究奠定良好的基础。

其次，西方政治思想史学术研究的条件日益改善。西方政治思想史研究的拓展与深化，必须以准确、及时地了解当代西方学界的研究状况作为先决条件。在新时代，华夏出版社和华东师范大学出版社的"经典与解释"系列、译林出版社的"人文与社会译丛"、生活·读书·新知三联书店的"西学源流"等大型丛书继续出版，一些重要西方政治思想家的文集甚至全集也陆续推出（包括重印与新译），大量原著和重要研究著作的译介为我国的西方政治思想史研究者及时了解西方学术前沿、加深对经典文本的认识提供了厚实的文献基础。同时，电子期刊数据库和电子图书平台的普及与开放程度的提高，国内学界与西方学界在资料、文献与信息方面开始实现同步，一些热点和前沿的学术议题能够得到及时的传导和回应。此外，国内学术期刊的多语种化尝试、国内学者研究成果以外文形式发表增多，国际化程度有所提高。

再次，西方政治思想史的专题研究不断深化，对重要的政治思想流派、思想家及其代表作，以及不同国别、时代的政治思想都有了新的认识。近些年来，西方政治思想史的专题研究出现了几种明显的趋势，这些都是专题研究越来越深入的体现：一是对西方政治思想中政治观念的研究往往与特定的问题和主题结合起来，使得研究的视野更加开阔；二是对重要政治思想家政治观念的研究更加精细化，突出对重要文本的深度挖掘，而不再是过去那种对某一政治思想家政治思想主题的一般性解读；三是对西方政治思想的研究更加重视思辨性和批判性，从而厘清了一些似是而非或者含混不清的观点；四是西方政治思想史的研究更加强调对不同思想流派、国别、时代特征的挖掘，加深了对西方政治思想传统复杂性与多元性的认识。

最后，西方政治思想史的研究主体意识显著增强。政治学是实践性和意识形态性很强的社会科学，政治思想史研究尽管因为其跨学科特征而具备一定的人文性，但它的意识形态性从未因此而削弱，它的学科性质决定了它必须关注现实政治。在新时代，我国的西方政治思想史研究——尤其是在研究主题的选择与关注焦点方面——显示了它对现实政治的关注。例如，在我国积极推进国家治理体系和治理能力现代化的大背景下，政治概念史研究、政治话语体系建构研究、民主理论以及平等和正义理论研究，都是对我国社会政治发展在新形势下的观念反映和价值塑造。同时，西方政治中民粹主义与逆全球化思潮的兴起、保守主义的回潮，成为西方政治思想研究的热点，说明我国的学者已经具备了国际视野和批判精神，而这种观照与反思是推动我们自身的政治发展与社会建设必不可少的镜鉴。

**（二）西方政治思想史研究进一步发展的着力点**

进入新时代，我国的西方政治思想史研究取得了较大的进展。目前，仍存在一些问题和不足，主要是：

首先，西方政治思想史在政治学学科建设中的地位有所削弱。近年来在从事政治学基础理论研究的专业人员总体数量有所增加的情况下，从事西方政治思想史专业教学与研究的人数仍然偏少，目前活跃的研究者以老面孔居多，年轻学者的学科专注度、持久度不够。特别是一些在攻读博士学位期间从事西方政治思想史研究的青年教师在入职后往往因为课题、论文等压力而转向其他方向的研究，缺乏深耕意识和甘坐冷板凳的精神，无法形成自己的研究特色和学术专长。从外部环境来看，在国家社会科学基金项目和教育部人文社会科学规划项目方面，政治学学科门类下获批的西方政治思想史课题明显偏少，而且题目有叠合和重复现象；在学术期刊平台方面，除了《政治思想史》季刊外，无论是政治学专业性期刊还是其他综合性期刊，刊发的西方政治思想史类的论文数量明显不多（从2019年开始，《政治思想史》刊发的中国政治思想史方面的论文显著增加，比重开始与西方政治思想史方面的论文趋于接近，这种趋势还在加强）。这些状况对于我国西方政治思想史学科今后的发展不利，无法形成良好的导向。

其次，西方政治思想史研究成果的总体水准和原创性有待提高。一方面，鉴于我国的西方政治思想史研究起点较低、基础相对薄弱，积极引进国外学者的研究成果不失为一种必要的选择。然而，译介过程中出现的一些问题也暴露了我们学术积累的先天不足，研究水准还有欠缺。比如，部分西方政治思想史的奠基性原典至今没有中译本，有些老的译本已经不堪使用，甚至一些重要的学术概念与专业术语仍然没有统一的定名，在大多数相关研究还需要依赖中译本的情况，这就说明我们的基础性工作还有缺漏。另一方面，随着研究条件的改善，近年来西方政治思想史的研究成果在数量上有了较大增加，但受到学界瞩目的精品力作不多。从整体上看，现有的研究成果仍以描述性和介绍性为主，理论建构能力偏弱，学术批判精神不足，要想实现良性循环，必须尽快超越简单介绍和直接引进的阶段，破除低水平重复研究的困局，在有效知识积累的基础上推陈出新。西方政治思想史全领域多层次的综合研究、研究主题的深化、理论视野的拓宽、方法论的提升等方面应该成为今后努力的方向与重点。

最后，西方政治思想史研究的回应性与本土化仍然有待加强。西方政治思想是特定时代的产物，是西方国家在具体的社会历史背景下回应时代发展要求的理论成果。因此，我国的西方政治思想史研究既要看到中国和西方在社会发展进程中所面对的具有共性的问题，更要看到中国和西方在政治文化和发展阶段方面的差异，其研究目的主要是为了正确认识和批判西方国家的政治价值和政治制度，同时，批判地吸收、借鉴西方国家在治国理政方面有价值的成果，为当代中国的国家治理体系和治理能力的现代化提供借鉴，"为中国研究西方"。反观新时代以来西方政治思想史的研究成果，大多数的研究在回应当前中国社会发展提出的重大理论和现实问题方面做得还不够，往往还是在外围兜圈子，抓不住问题的关键。西方政治思想史研究的大多数议题虽然来自域外，但它揭示的问题却可能具有普遍意义，需要我们从理论上加以提炼和反思，从而为我们的政治思维和政治建设提供养料，在这个意义上，我们的西方政治思想史研究必须以本土化作为立足点和出发点。

中国特色社会主义进入新时代以来，外部世界与我国的经济、政治、社会发展正在经历深刻而剧烈的变化,这为中国的政治学发展提供了新的机遇和挑战。中国学者必须坚持政治学研究的本土化,形成自己的学术传统,构建自己的政治话语体系,同时也要保持足够的开放性,为国际学术、文化交流和政治对话提供知识与理论储备,而西方政治思想史研究恰恰可以发挥桥梁作用。就此而言,我国的西方政治思想史研究者未来大有可为,只要我们坚持正确的方向、砥砺奋进,西方政治思想史学科的发展与繁荣还是可以期待的。

## 四 西方政治思想史学术发展的深化拓展

### (一) 重大理论的跟踪研究

1. 民主理论跟踪研究

民主理论是西方政治思想史也是我国西方政治思想史研究中历久弥新的重大理论问题。在西方历史发展中先后出现了宪政民主、精英民主、多元民主、经济民主、协商民主、结盟民主、共识民主等多种民主理论模式,也对我国民主政治建设产生重要影响。当前西方社会身份政治、族群撕裂、政治极化严重,民主政治面临严重危机,西方政治学界如何回应民主的危机,破解政治僵局是我们应该关注、跟踪的重大问题。

2. 正义理论跟踪研究

正义理论也是西方政治思想史中的核心问题。西方历史中出现的各种正义理论是其不同时期社会政治价值观的集中体现。当代西方社会出现了各种正义理论,如分配正义理论、矫正正义理论、国际正义理论、全球正义理论、代际正义理论、环境正义理论等,跟踪西方当代正义理论的发展,借鉴其积极成果,批判反思其局限性,对我们深刻认识西方社会的复杂性、矛盾性,对于我国政治学建设,更好地促进我国小康社会与和谐社会建设具有重要意义。

### (二) 国家理论研究

自政治学诞生以来,国家就一直是政治学研究的主要对象,国家理论也是政治思想史上历久弥新的重要问题。在当代世界,国家理论更是成为全球化背景下国家间关系的重要影响因素。国家理论研究可以考虑如下课题。

1. 国家基础理论研究

国家理论是政治学研究最古老，也是最重要的研究内容。无论是西方政治思想史上的国家理论，还是当代西方国家理论的新发展，都值得我们做深入的研究，不仅有利于更好地进行政治学基础理论的研究，同时也有利于我们做好自身的国家建设，有利于更好地与西方国家打交道。

2. 国家治理理论研究

实现国家治理体系和治理能力现代化是我国新时代的发展目标。西方的国家治理理论内容非常丰富。对于西方国家治理理论，我们已经有了一些初步的研究，但需要进一步深入。从西方政治思想史的角度，对西方近代以来，特别是现当代国家治理理论进行深入系统研究，总结其在国家与社会的关系、国家治理模式、内在逻辑、体制机制、优化路径，以及环境问题、族际冲突、协商治理等问题的经验、探索和教训，无疑具有重要意义。

3. 共同体思想研究

习近平提出的"人类命运共同体思想"越来越成为当代国家理论的重要内容，尤其涉及对国家间关系的理解。这一思想不仅在中国传统政治文化中有深厚的思想资源，在西方传统政治文化中同样有其思想资源。系统梳理西方自古代希腊罗马以来一直到现当代的共同体思想的发展演变，探究其发展演变的特点和规律，对更好地贯彻落实习近平总书记有关"人类命运共同体"重要论述，具有重要意义。

### （三）当代西方政治思潮跟踪研究

对于当代西方政治思潮进行跟踪研究，是西方政治思想研究的重要内容。对于这些具有重大影响的政治思潮进行跟踪研究不仅有利于我们更好理解当代西方意识形态的变化，同时也有利于我们同这些国家处理好外交关系，应对由此带来的挑战。

1. 新政治思潮研究

近几年来，民粹主义、民族主义、新保守主义在当代西方呈现上升的趋势，在种族主义、道德绝对主义、全球化、多元文化等方面形成了一些较有影响的理论基础，对现实政治当中的认同问题、族群问题、性别问题、移民问题、全球化问题带来冲击。对西方新政治思潮进行跟踪研究，搞清楚其基本流派、基本理论与政策主张，有利于深化我们对西方政治思想的认识，同时也有利于我们及时应对相关思潮带来的影响与挑战。

2. 身份政治研究

身份政治、多元文化主义在欧美等国兴起构成了 20 世纪末、21 世纪初最重要的一种政治思想潮流。随着民粹主义、新保守主义的兴起，多元文化主义受到了挫败。但种族问题、移民问题、难民问题没有得到解决，其危机已经日益明显地体现出来，对身份政治、民族认同等问题的研究也将再现活力，这需要西方政治思想史提供支持。

# 第十章 中国政治与治理研究的发展

## 一 中国政治与治理学术研究成就

进入新时代,中国政治与治理研究在中国特色社会主义政治制度建设研究、国家治理体系与治理能力现代化研究、基础理论的研究与反思、新兴学科的成果与前沿等方面,取得了具有广泛影响的学术成果。

本部分将分别按照重要主题进行总结,并辅以文献分析。具体来说,以中国知网中 2012—2020 年共计 9 年间相关主题的学术期刊和学术论文(北大核心和南大核心)作为研究对象,利用 CiteSpace 软件对本领域研究的关键词、关键词时区等进行统计和梳理。

### (一) 中国特色社会主义政治制度建设研究

当代中国的政治制度主要包括作为根本政治制度的人民代表大会制度,作为基本政治制度的中国共产党领导的多党合作和政治协商制度,以及民族区域自治制度和基层群众自治制度。在新时代,我国政治学界关于政治制度的研究主要集中在政治体制改革与行政体制改革、中国的制度优势与治理效能、政治制度建设中的短板和弱项、权力配置和运行机制,以及党和国家监督体系等方面。

由 CiteSpace 生成的关键词聚类图谱来看,本领域的研究主题比较丰富多样,研究深度逐步加强,形成了政治体制、政治制度、国家治理、中国特色社会主义等研究领域(图 10-1)。

252　第二编　新时代的中国政治学学术发展分论

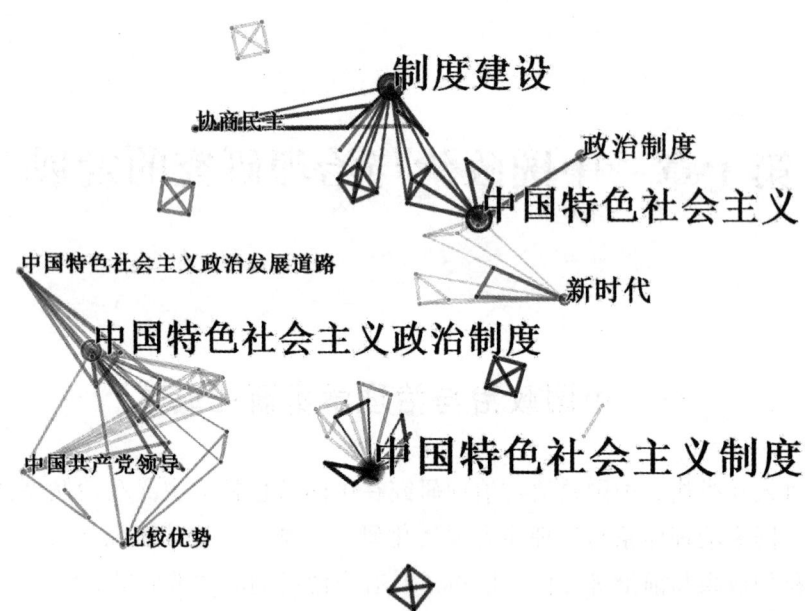

图 10-1　2012—2020 年中国特色社会主义政治制度建设研究关键词聚类图谱

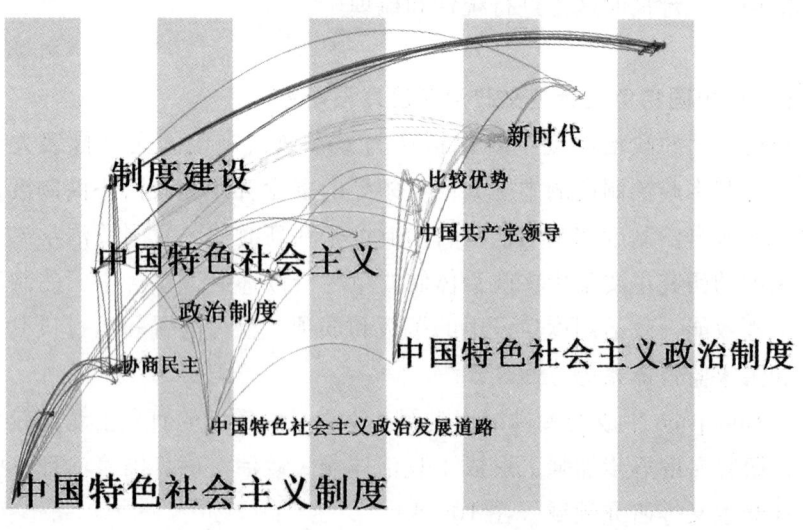

图 10-2　2012—2020 年中国特色社会主义政治制度建设关键词时区图谱

由 2012—2020 年中国特色社会主义政治制度建设关键词时区图谱可见，不同子研究领域在不同年份具有不同的研究热度，例如关于中国特色社会主义的研究从 2012—2020 年一直占据热度，而关于社会主义核心价值观的研究则主要是从 2013 年至 2016 年产出成果丰富。

而通过图 10-3 高引用突现关键词则显示出政治协商、民主集中制的研究在 2014—2015 年成为热点，而关于政治生态的研究主要是从 2015 年开始成为热点，关于新时代的研究从 2018 年开始成为热点。

| 关键词 | 年份 | 强度 | 起始年份 | 终止年份 | 2012—2020 |
| --- | --- | --- | --- | --- | --- |
| 政治发展道路 | 2012 | 2.401 | 2013 | 2014 | |
| 民主集中制 | 2012 | 2.4058 | 2014 | 2015 | |
| 政治协商 | 2012 | 2.4058 | 2014 | 2015 | |
| 协商民主 | 2012 | 3.841 | 2014 | 2016 | |
| 国家治理 | 2012 | 2.4377 | 2015 | 2018 | |
| 依法治国 | 2012 | 3.4383 | 2015 | 2016 | |
| 习近平 | 2012 | 5.2291 | 2015 | 2020 | |
| 制度自信 | 2012 | 3.1123 | 2015 | 2017 | |
| 政治生态 | 2012 | 4.1345 | 2016 | 2020 | |
| 制度优势 | 2012 | 3.0945 | 2016 | 2020 | |
| 中国特色社会主义政治制度 | 2012 | 3.5989 | 2017 | 2018 | |
| 新型政党制度 | 2012 | 4.9638 | 2018 | 2020 | |
| 改革开放 | 2012 | 8.5871 | 2018 | 2020 | |
| 人民当家作主 | 2012 | 2.7465 | 2018 | 2020 | |
| 新时代 | 2012 | 4.9971 | 2018 | 2020 | |

**图 10-3 2012—2020 年中国特色社会主义政治制度建设高引用突现关键词**

1. 政治体制改革与行政体制改革

作为改革开放重要组成部分的政治体制改革，是中国共产党为实现中国特色社会主义民主政治、实现政治现代化而进行的自我革命。

学者围绕政治体制改革的基本逻辑、主要进展、面临的主要难题及未来的发展方向等展开研究。研究认为，中国政治体制不断发展的过程，是党的领导、人民当家作主和依法治国不断实现有机统一的过程，这一过程的展开与变迁构成了中国政治体制改革的基本逻辑。① 政治体制改革的主要进展集中在五个方面：始终坚持正确的改革方向，坚持党的领导、人民当家作主、依法治国有机统一；按照坚持党的全面领导的原则，健全中央党政领导体制；按照党总揽全局、协调各方的原则，理顺党政关系；丰富了民主形式和民主内涵，不断完善民主实现机制与程序；改革创新权力监督机制，组建集中高效的国家监察委员会。② 但在这一改革进程中，也面临着各种难题。破解难题的根本之路在于坚持以人民为中心、保证人民权利、激发人民创新活力。③ 基于改革开放 40 年来中国政治体制改革进程的把握，我国未来政治体制改革的方向将聚焦于加强党的全面领导、推进依法治国和制度化政治参与三个方面。④

行政体制改革研究主要围绕新时期深化行政体制改革的特点、阶段、存在的问题等展开研究。研究认为，新时期深化行政体制改革，包括根据全面深化改革总目标确定自身目标，以经济体制改革为前提和牵引，坚持和贯彻社会主义市场经济方向；改革具有系统性、整体性和协同性，着力于政府管理权能责的结构性优化，体现为制约监督政府权力与开拓公民权利空间的有机结合、政府治理能力与治理制度建设并举、法治政府和服务型政府的目标并列；改革遵循公共政策创新与体制机制深化的路径。⑤⑥ 有学者总结了改革开放 40 年中国行政体制改革的历程和成就，其将我国八次行政体制改革划分为五个阶段，并梳理了行政体制改革取得的成就、积累的经验。⑦ 行政体制改革的的价值导向经历了从"政治导向型"到"经济导向型"再到"治理导向型"的演变。⑧ 行政审批制度改革要进一步改革地方政府纵向权力配置、横向部门之间权力结构以及政府与市场和社会

---

① 周前程：《改革开放以来政治体制改革的理论历史与逻辑》，《党史研究与教学》2018 年第 4 期。
② 郑维伟：《政治体制改革与政治建设：理解中国政治发展的主线》《浙江社会科学》2018 年第 4 期。
③ 周少来：《全面现代化亟需大力推进政治体制改革》，《人民论坛》2018 年第 28 期。
④ 何玉芳：《40 年政治体制改革的发展脉络》，《人民论坛》2018 年第 28 期。
⑤ 王浦劬：《论新时期深化行政体制改革的基本特点》，《中国行政管理》2014 年第 2 期。
⑥ 朱光磊：《政府职能转变研究论纲》，中国社会科学出版社 2018 年版。
⑦ 丁志刚、王杰：《中国行政体制改革四十年：历程、成就、经验与思考》，《上海行政学院学报》2019 年第 20 期。
⑧ 宋世明：《中国行政体制改革 70 年回顾与反思》，《行政管理改革》2019 年第 9 期。

主体的治理权力结构。① 地方行政管理体制中存在一系列问题，我国政府应当坚持因地制宜，优化地方政府组织结构；建立健全中央与地方之间的分权体制；完善行政运行机制，确保决策权、执行权、监督权分离；完善大部门内部协调机制；将行政管理体制改革纳入法治建设范畴。②

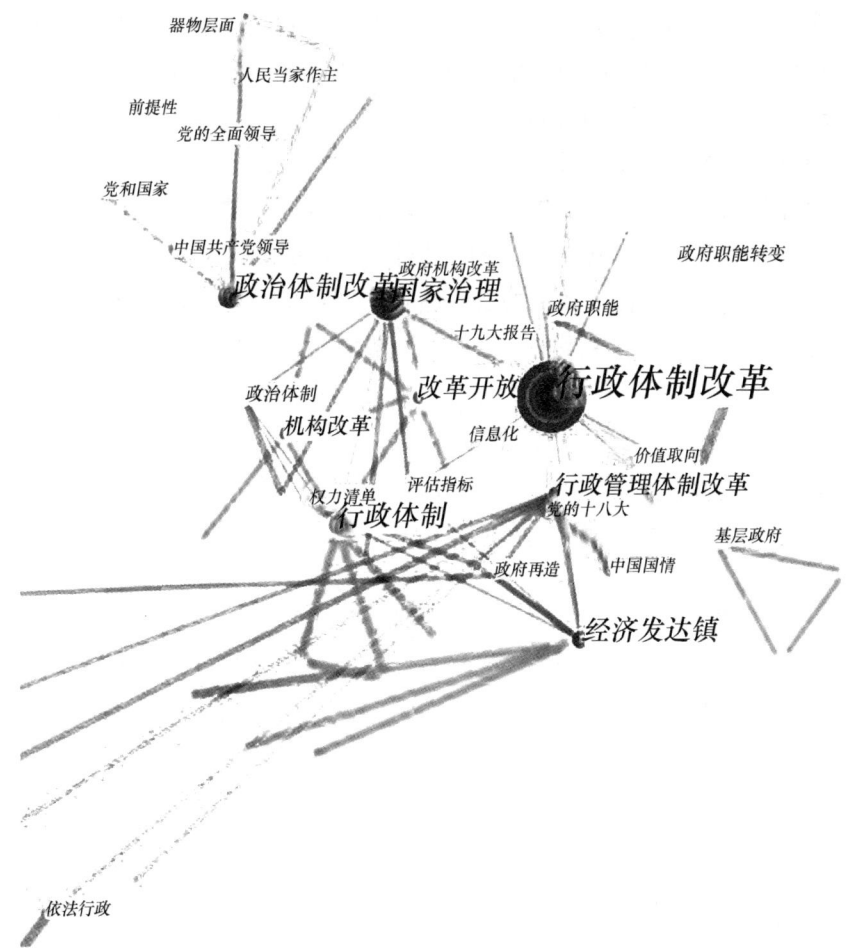

图 10－4　2012—2020 年政治体制改革与行政体制改革关键词聚类图谱

---

① 孙彩红：《地方行政审批制度改革的困境与推进路径》，《政治学研究》2017 年第 6 期。
② 谌卉珺、叶美霞：《地方推行大部制行政体制改革的进路》，《重庆社会科学》2018 年第 2 期。

## 2. 制度优势与治理效能

党的十九届四中全会审议通过的《中共中央关于坚持和完善中国特色社会主义制度、推进国家治理体系和治理能力现代化若干重大问题的决定》，是完善和发展我国国家制度和治理体系的纲领性文件。政府系统应按照国务院的要求，切实把思想和行动统一到全会精神上来，构建职责明确、依法行政的政府治理体系，把我国制度优势更好地转化为国家治理效能。① 有学者认为，把国家制度优势更好转化为国家治理效能，是实现"两个一百年"奋斗目标、实现中华民族伟大复兴的有力保证，是中国特色社会主义的本质要求和世界范围内"制度竞争"的客观要求。② 其他学者分别从人大制度优势、民族区域自治制度优势、人民政协的制度优势与国家治理效能的转化等方面③进行了具体的研究。也有学者指出了制度优势转化为国家治理效能的有效路径，即：优化国家治理体系的结构与功能、创新国家治理体系的运行机制、提高国家治理能力特别是制度执行能力。④ 还有学者从国家治理现代化的维度，认为制度的生命力在于执行，中国特色社会主义制度优势并不直接带来治理效能，只有借助制度改革和创新，将制度势能转化为制度性能，将制度优势转化为制度优性，进而实现将制度优势转化为治理效能的目标。⑤

## 3. 制度建设中的短板

中国政治制度建设方面存在某些短板。以人民代表大会制度为例，有学者在论述人民代表大会制度的发展和完善时，发现某些制度规定过于分散，人民代表直接选举过于频繁且范围过窄，代表结构比例要求与区域选举制存在冲突，救济和裁判制度不健全。⑥ 多位学者针对地方人大代表进行深入研究，如有学者探析了中国地方人大中的地域性代表问题，其通过

---

① 邵景均：《发挥制度优势增强治理效能》，《中国行政管理》2019 年第 1 期。
② 赵长茂：《把我国制度优势更好转化为国家治理效能》，《人民论坛》2019 年第 31 期。
③ 参见浦兴祖《人大制度优势与国家治理效能》，《探索与争鸣》2019 年第 12 期；陈亚联《把民族区域自治制度优势转化为治理效能》，《前线》2020 年第 1 期；佟德志《人民政协的制度优势与治理效能》，《人民论坛　学术前沿》2020 年第 1 期。
④ 吕普生：《我国制度优势转化为国家治理效能的理论逻辑与有效路径分析》，《新疆师范大学学报》（哲学社会科学版）2020 年第 41 期。
⑤ 虞崇胜：《将制度优势转化为治理效能——国家治理现代化的关键环节》，《理论探讨》2020 年第 1 期。
⑥ 袁达毅：《推进我国选举制度建设的几点思考》，《北京行政学院学报》2016 年第 3 期。

收集和分析 2017 年国内五省市人大收到的近四千条代表建议，发现在地方人大代表的履职行为中，一定范围内存在从整体资源中为选区争取利益的现象。① 还有学者通过个案研究方法，对县乡人大改进工作所面临的挑战（如对乡镇人大闭会期间人大主席团无法代行代表大会职权、县级人大常委会工作机构不健全、人员较少等）予以讨论，并提出了未来的努力方向。②

中国行政体制建设方面也存在某些短板。在政府行政体制建设的研究中，有学者论述了行政审批制度改革亟待突破的重点问题，分别是多头多层审批、重审批轻监管、固守信息孤岛，并提出自己的思考。③ 还有学者对信访制度进行探讨，其认为正是大量"非行政信访"进入信访渠道，使得信访的实际工作远超行政信访所规范的范畴。④ 更多的学者研究聚焦于基层行政体制问题的研究当中，如有学者对开发区管理体制进行研究，其对开发区日常运转所出现的体制复归、功能不适和绩效递减倾向总结为"内卷化"。⑤ 也有学者以天津自贸试验区的管理体制这一典型的政府主导类型为例，分析该试验区所存在的顶层设计缺失、府际关系难以协同、政府权责不清晰或不对等问题。⑥

4. 权力配置和运行制约机制

有学者从马克思主义经典作家提出的有关党内权力划分和监督制约的思想中获得启发，认为可以从保障党员民主权利、改革和完善党的代表大会制度、不断健全和完善党的委员会制度、建立科学的党内监督领导体制和制约有效的党内权力运行机制等方面推进党内权力配置体系改革。⑦ 有学者对中国国家权力配置模式的核心逻辑"议行合一及民主集中制原则"

---

① 左才、张林川、潘丽婷：《地方人大中的地域代表现象探析——基于五省市人大代表建议的内容分析》，《开放时代》2020 年第 2 期。
② 李梅：《新时代县乡人大制度的探索创新》，《东吴学术》2019 年第 3 期。
③ 陈朋：《行政审批制度改革亟待突破的重点问题》，《行政管理改革》2018 年第 7 期。
④ 夏瑛：《信访制度的双重逻辑与"非行政信访"——以 A 市重复集体访为例（2010—2014 年）》，《政治学研究》2019 年第 4 期。
⑤ 孙崇明、叶继红：《转型进程中开发区管理体制何以"内卷化"？——基于行政生态学的分析》，《行政论坛》2020 年第 1 期。
⑥ 周楠、于志勇：《天津自贸试验区管理体制：现状、问题与优化路径》，《经济体制改革》2019 年第 2 期。
⑦ 唐勤：《论党内权力的科学配置》，《中州学刊》2016 年第 5 期。

进行了深入的逻辑阐述,并归纳出权力配置成熟化的三个努力方向:一是坚持议行合一原则,不断优化人大制度,提升人大监督权威;二是坚持民主集中制原则,强化横向权力制约,强化国家监督作用;三是重视司法独特价值,全面推进依法治国,以法治规范权力运行。①

更多的学者对县域和乡镇政府权力配置进行研究。有学者分析了县域党政一把手权力配置,他从源头分析其权力配置问题,发现县域党政一把手权力有法理性和事务性两种授权机制,以法律、法规和文件三种形式授予权力,这表明县域党政一把手权力授权机制和方式多样。②还有学者对乡镇政府执法权力配置进行了研究,乡镇执法制度设置在法律层面缺乏依据,甚至与现行规范存在一定冲突,其认为,推进我国乡镇执法体制的法治化建设,首先要理顺现行法律规范对于建立乡镇执法体制的障碍;其次对于构成障碍的旧规予以清理;最后在组织法与行为法、一般法与特别法各层次各方面对乡镇政府的执法职能与执法权予以确认,并给予相应的组织保障。③

5. 党和国家监督体系

党和国家监督体系作为国家政治体制的主要内容,是国家治理体系和治理能力现代化的重要保障。有学者通过对改革开放以来党和国家监督体系发展历程进行梳理,将其分为以制度框架建设为重点的恢复重建时期、以综合制权为重点的继承发展时期以及以全面从严治党为重点的改革创新时期等三个时期。④有学者结合党的十八大以来党和国家监督的理论创新与实践成果,提出持续推进党和国家监督体系创新发展的六条路径,分别是:推动监督体系均衡发展、加快制度成果转化、注重监督成果运用、增强对监督权的监督、创新监督方式方法、提升理论阐释力。⑤有学者认为

---

① 张梁:《授权与监督:国家权力配置的中国逻辑与当下拓展》,《理论月刊》2019 年第 10 期。

② 黄其松、胡赣栋:《类型与授权机制:县域党政一把手权力配置分析》,《政治学研究》2019 年第 4 期。

③ 夏正林、何典:《我国乡镇政府执法权配置研究》,《江淮论坛》2019 年第 6 期。

④ 李景平、曹阳:《改革开放以来党和国家监督体系发展之省思》,《广西社会科学》2019 年第 4 期。

⑤ 宋伟、过勇:《新时代党和国家监督体系:建构逻辑、运行机理与创新进路》,《东南学术》2020 年第 1 期。

健全党和国家监督体系有四个着力点，即：持续健全党内监督；全面强化人大监督；统筹协调国家机关监督；充分保障对监督者的监督。①

也有学者论述了坚持和完善党和国家监督体系的三重逻辑，即：坚持和完善党和国家监督体系，蕴含着中国共产党从一元监督、二元监督、多元监督到体系监督的历史逻辑；执政党集中统一领导，人民享有权力且有监督权力和推进国家治理体系与治理能力现代化的理论逻辑；"以党的统一领导为核心，以党内监督和监察监督为主导、以人大监督和行政监督为主责、以人民政协和民主党派监督为常态、以司法机关监督和法治权威监督为保障、以群众监督和舆论监督为基础"的实践逻辑。② 此外，还有学者分别研究了党内巡视制度的创新和发展、审计监督的政治逻辑和治理功能，③ 均是党和国家监督体系研究的重要成果。

### （二）国家治理体系与治理能力现代化研究

党的十八届三中全会提出了"全面深化改革的总目标是完善和发展中国特色社会主义制度，推进国家治理体系和治理能力现代化"。十九届四中全会再次对这一重大问题做出了专门的决定，提出了明确的时间表。国家治理体系与治理能力现代化，既是国家的重大目标，也是实现这一目标的生动实践，更是理论研究的重大课题。④

在相关研究方面，我国关于国家治理体系与治理能力现代化研究的学术成果不断涌现，以中国知网中 2012—2020 年共计 9 年间有关学术期刊和学术论文（北大核心和南大核心）作为研究对象，利用 CiteSpace 软件对本领域研究的关键词、关键词时区等进行统计和梳理。

由 2012—2020 年国家治理体系与治理能力现代化研究关键词时区图谱和关键词突显图谱（图 10-6、图 10-7）可见，不同子研究领域在不

---

① 张梁：《健全党和国家监督体系论纲》，《求实》2019 年第 3 期。
② 吴建雄：《开创党和国家监督体系现代化的新境界——坚持和完善党和国家监督体系的历史逻辑、理论逻辑与实践逻辑》，《新疆师范大学学报》（哲学社会科学版）2019 年第 40 期。
③ 参见蔡文成《巡视"利剑"标注党内监督新高度》，《人民论坛》2019 年第 31 期；高晓霞《论党和国家监督体系中的审计监督：政治逻辑、治理功能与行动路向》，《江海学刊》2018 年第 6 期。
④ 徐勇：《推进对国家治理的深度研究》，《云南社会科学》2019 年第 6 期。

260　◇◇　第二编　新时代的中国政治学学术发展分论

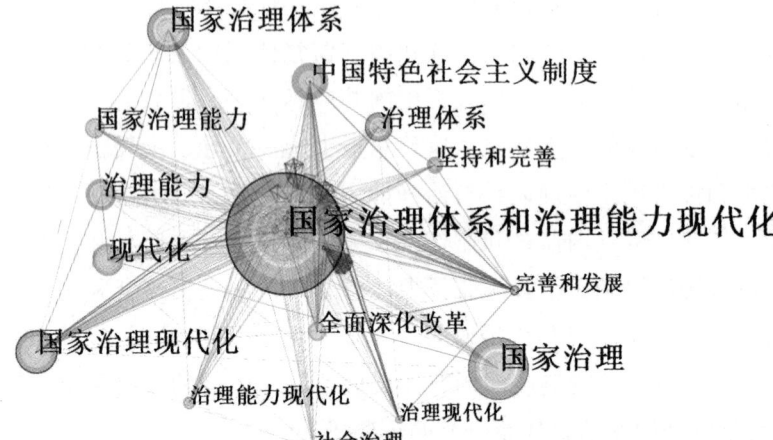

图 10-5　2012—2020 年国家治理体系与治理能力现代化研究关键词聚类图谱

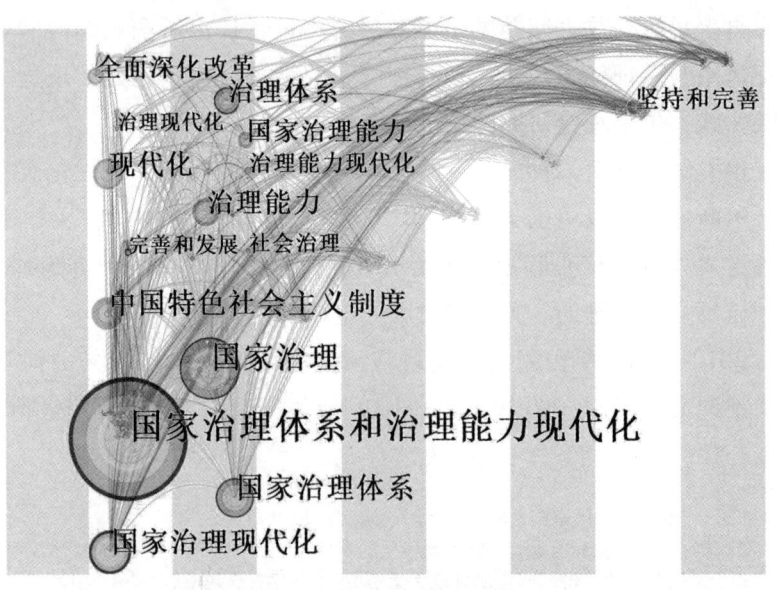

图 10-6　2012—2020 年国家治理体系与治理能力现代化研究关键词时区图谱

| 关键词 | 年份 | 强度 | 起始年份 | 终止年份 | 2012—2020 |
|---|---|---|---|---|---|
| 全面深化改革 | 2012 | 18.9846 | 2013 | 2014 | |
| 完善和发展 | 2012 | 4.2116 | 2013 | 2014 | |
| 国家治理体系和治理能力 | 2012 | 3.316 | 2013 | 2014 | |
| 经济体制改革 | 2012 | 3.0836 | 2013 | 2014 | |
| 全面推进依法治国 | 2012 | 3.2098 | 2014 | 2015 | |
| 法治化 | 2012 | 3.2447 | 2014 | 2015 | |
| 治理体系现代化 | 2012 | 2.3869 | 2015 | 2017 | |
| 社会转型 | 2012 | 3.0065 | 2015 | 2016 | |
| 法治中国 | 2012 | 3.0375 | 2015 | 2017 | |
| 协商民主 | 2012 | 4.5078 | 2015 | 2016 | |
| 新常态 | 2012 | 2.5763 | 2015 | 2016 | |
| 民主 | 2012 | 2.5763 | 2015 | 2016 | |
| 治理 | 2012 | 2.6386 | 2016 | 2018 | |
| 社会组织 | 2012 | 3.0992 | 2016 | 2018 | |
| 基层治理 | 2012 | 4.6876 | 2016 | 2017 | |
| 习近平 | 2012 | 3.8096 | 2016 | 2018 | |
| "一带一路" | 2012 | 3.7508 | 2017 | 2020 | |
| 话语体系 | 2012 | 3.3748 | 2017 | 2020 | |
| 人类命运共同体 | 2012 | 2.779 | 2018 | 2020 | |
| 习近平新时代中国特色社会主义思想 | 2012 | 2.3152 | 2018 | 2020 | |
| 改革 | 2012 | 2.318 | 2018 | 2020 | |
| 改革开放 | 2012 | 3.3928 | 2018 | 2020 | |
| 机构改革 | 2012 | 6.038 | 2018 | 2020 | |
| 乡村振兴 | 2012 | 2.779 | 2018 | 2020 | |

**图 10-7　2012—2020 年国家治理体系与治理能力现代化研究关键词突现图谱**

同年份具有不同的研究热度，例如关于中国特色社会主义制度的研究从 2013 年至今一直是研究的热点。高引用突现关键词则显示出关于全面深化改革、国家治理体系和治理能力等研究关键词主要集中在 2013—2014 年，而近年来关于习近平新时代中国特色社会主义思想、机构改革、乡村振兴等于 2018 年开始成为研究热点。

1. 国家治理体系现代化

北京大学国家治理研究院是国家治理研究重镇，也是教育部人文社会科学重点研究基地。近五年该基地研究主题聚焦于：国家治理理论研究、国家治理现代化发展战略研究、政府治理与市场监管改革研究、社会治理与公共服务研究、国家治理经验评估研究等，取得了一系列代表性成果。如王浦劬主编的《国家治理研究丛书》系列、燕继荣撰写的《中国现代国家治理体系的构建》等，对中国国家治理的基础理论构建及经验研究做出了突出贡献。① 此外，中国人民大学主编了《治国理政新理念新思想新战略系列丛书》，该丛书从"习近平的国家治理思想""国家治理现代化的政策逻辑""国家治理现代化的制度建设"等方面，呈现习近平总书记的国家治理现代化思想与战略。②

此外，学界也对国家治理体系的内容解读、体系构建、路径探索、面临的挑战等方面给予了关注。有学者认为，国家治理体系治理能力现代化包括治理手段的法治化、治理主体的多元化、中央与地方形成稳定的国家权力结构等重要内容，分析了国家治理体系和治理能力现代化的目标指向、使命担当、战略举措等。③ 有学者从生成说、内涵说、要素说、价值说、障碍说、践行说六个方面对近年来"国家治理现代化"研究进行多方位的梳理和分析，提出应努力构建新时代"国家治理现代化"的知识体系、话语体系、思维体系以及学科体系。④ 国家治理体系是一个国家制度和制度执行能力的集中体现，国家治理现代化的制度体系应以国家制度为核心概念，依据制度层次与功能两个维度，构建理论框架。⑤ 国家治理现代化的实现机制包括：顶层设计的决策机制、高位推动的执行机制、层级

---

① 参见王浦劬主编《国家治理研究丛书》，北京大学出版社2016—2020年版，燕继荣《中国现代国家治理体系的构建》，社会科学文献出版社2018年版。王浦劬系列论文《国家治理、政府治理和社会治理的含义及其相互关系》，《国家行政学院学报》2014年第3期；《新时代国家治理的良政基准与善治标尺——人民获得感的意蕴和量度》，《中国行政管理》2018年第1期；《新时代中国政府治理现代化的逻辑主线和实施战略》，《国家治理现代化研究》2018年第　期。

② 杨光斌、王衡、林雪霏：《建设更加成熟更加定型的制度》，中国人民大学出版社2017年版。

③ 吴传毅：《国家治理体系治理能力现代化：目标指向、使命担当、战略举措》，《行政管理改革》2019年第11期。

④ 李震、傅慧芳：《新时代国家治理现代化研究综述与前瞻》，《东南学术》2020年第1期。

⑤ 宋世明：《推进国家治理体系和治理能力现代化的理论框架》，《中共中央党校（国家行政学院）学报》2019年第6期。

节制的监督机制等。① 行政作为国家治理的基本方式，推进治理现代化的关键点在于进一步释放行政效能，强化行政执行力优势；增强调控能力，促进市场活力；培育法治精神，引导社会共识；打造制度环境，保持社会良性运转。② 基层治理体系的现代化，应将顶层设计对街头官僚行动的社会功能期望加以转化，街头官僚行动理应具备维护法定权利、巩固正式制度、促进社会团结的现代价值取向。③ 对于国家治理体系现代化面临的挑战，有学者认为中国国家治理现代化研究中存在片面化和碎片化问题，需要以关系性思维为基础，从主体性关系、客体性关系、过程性关系、效果性关系等基本关系性论题的角度进行理解和研究。④ 此外，还有学者从国家治理的复杂性出发，认为治理体系所展现的功能要与外在复杂性相适应。⑤

2. 党的领导与国家治理

党的领导与国家治理研究主要集中于两个方面：一是党自身的建设研究，二是党在国家治理中的作用研究。

学界对新时代加强党的领导力和组织力建设展开研究。有学者提出，我国的政党治理在于创造性的构建"党内监督为主，党内外监督结合"的治党机制，由此提升政党治理的科学化水平。有学者从坚持党的全面领导的逻辑理路、科学内涵、重大意义、基本原则以及践履路径等方面梳理了学术界的研究成果，在研究内容、研究方法和研究视野上提出了新思考。⑥ 落实党的政治建设的重要形式，包括：增强党的政治建设的理论自觉、深化党的政治建设的理论研究、强化党的政治建设的制度基础、开展"不忘初心、牢记使命"主题教育等。⑦ 也有学者关注基层党组织提升组织力的理论依据与实践路向，认为中国共产党的历史使命和马克思主义经典著作

---

① 庞明礼：《国家治理效能的实现机制：一个政策过程的分析视角》，《探索》2020年第1期。
② 王炳权：《国家治理现代化的几个关键点》，《人民论坛》2019年第13期。
③ 董伟玮：《国家治理现代化的基层行政基础》，《理论探讨》2020年第2期。
④ 亓光、徐ianmei：《新时代中国国家治理现代化的整体性探析——基于"关系性论题"的视角》，《探索》2019年第2期。
⑤ 张贤明、张力伟：《政府治理体系优化的逻辑与路径：基于复杂性管理的分析》，《理论探讨》2020年第2期。
⑥ 方正：《新时代坚持和加强党的全面领导研究述评》，《中州学刊》2019年第5期。
⑦ 梅荣政：《论新时代党的政治建设》，《政治学研究》2019年第6期。

中关于提升党的基层组织的组织力的相关论述提供了理论依据，创新基层活动方式、加强带头人建设、扩大党内基层民主、加强基层党内激励关怀帮扶、稳妥有序处置不合格党员是走出基层党组织组织力不足的实践路向。① 还有学者运用个案研究方法，聚焦城市社区党建组织力提升的战略着力点。②

关于党的领导和国家治理现代化的关系，代表性研究如党政结构与国家"优效治理"研究。研究认为，中国经济社会发展所取得的瞩目绩效，重要原因在于中国特色党政治理结构的有效运行。在治权构成方面，呈现为执政党通过政治领导，在组织和意识形态层面深刻塑造并融入中国特色的政府体系而成的集中统一的党政结构。功能实现方面，表现为行动性治理与科层治理、"行动主义"与"制度主义"、实质正义与程序正义辩证统一的功能运行机制。党政结构的治理"弹性"和功能运行的"复合性"，成为国家有效治理的产生缘由。③ 党的领导制度在国家治理体系中处于"统领"和"圆心"位置，具有驱动治理体系有效运转、增进政治信任、促进国家稳定发展的重要功能，能够提高中国共产党科学执政、民主执政、依法执政水平。④ 改革开放以来中国基层治理的模式总结为"政党整合治理"，该模式区别于改革开放以前中国的总体性治理模式以及当代西方的多中心治理模式，在权威分布、建构逻辑、结构形态和整合方式四个维度上展现出明显的时代性和本土化的特征。⑤

3. 城乡基层治理

党的十九大报告提出乡村振兴战略和"三治"结合，确立了农村治理现代化的主攻方向。⑥ 十九届四中全会《决定》提出构建"基层社会治理

---

① 高振岗：《新时代党的基层组织提升组织力的理论探源与实践路向》，《探索》2018年第2期。

② 林清新、陈家喜：《提升组织力：城市社区党建的战略着力点——基于深圳市宝安区的个案研究》，《理论视野》2019年第2期。

③ 王浦劬、汤彬：《当代中国治理的党政结构与功能机制分析》，《中国社会科学》2019年第9期等。

④ 周建伟：《党的领导制度体系：内涵、定位、意义与内在逻辑》，《华南师范大学学报》（社会科学版）2020年第2期。

⑤ 唐文玉：《政党整合治理：当代中国基层治理的模式诠释——兼论与总体性治理和多中心治理的比较》，《浙江社会科学》2020年第3期。

⑥ 刘金海：《中国农村治理70年：两大目标与逻辑演进》，《华中师范大学学报》（人文社会科学版）2019年第6期。

新格局",强调"健全党组织领导的自治、法治、德治相结合的城乡基层治理体系。"如何打造基层社会治理新格局、形成"三治"结合的城乡基层治理体系成为学界研究的前沿阵地。也有学者认为发挥"三治"结合的"乘数效应"是重中之重,因此自治、法治与德治可以结合而且必须结合,这就要求"三治"建设在组织架构上坚持整体论,摒弃还原论;在治理边界上处理好政府统筹和基层社会探索之间的紧张关系,发挥政府助长和能促作用;在治理载体上因地制宜、自主探索,寻找彰显自治活力、法治精神和德治正气的有效载体。①

在城市治理研究中,有学者总结了城市治理体系和治理能力建设的基本逻辑:即城市治理理念主要由目的层的人本治理理念和手段层的依法治理理念、系统治理理念和智慧治理理念构成;城市治理体系由治理主体、治理客体和治理方法构成,分别解决谁来治理、治理什么和如何治理的问题;城市治理能力由城市动员能力、城市管理能力、城市发展能力和精细治理能力构成,既对应城市治理体系的理论构成,又回应城市治理实践的现实需要。② 基于我国城市治理中出现的一些新现象,学界对此进行学术探讨和概括,提出了技术治理、精细化治理、无缝隙治理、协商式治理、嵌入式治理等方式和路径。③

在农村治理研究方面,可从村庄治理主体、村庄治理权力结构、村庄治理资源和村庄治理方式等四个维度进行分析和研究。④ 第一,村庄治理主体发生了向多元化村庄治理模式转变,村书记、村委会主任、村庄富人、村庄能人、村庄精英、村庄新乡贤、村庄妇女、大学生村干部、"村庄混混"、"村庄老好人"、村两委、村庄宗族组织、村庄宗教组织、村庄社会组

---

① 郁建兴、任杰:《中国基层社会治理中的自治、法治与德治》,《学术月刊》2018 年第 12 期。
② 夏志强、谭毅:《城市治理体系和治理能力建设的基本逻辑》,《上海行政学院学报》2017 年第 5 期。
③ 参见韩志明、雷叶飞《技术治理的"变"与"常"——以南京市栖霞区"掌上云社区"为例》,《广西师范大学学报》2020 年第 2 期;张丙宣、狄涛、董继、倪玮苗《精细化治理:城市治理现代化的路径——以杭州市富阳区为例》,《上海城市管理》2019 年第 6 期;胡伟、张润峰《无缝隙治理:我国城市社区治理的一种新模式》,《中共天津市委党校学报》2018 年第 6 期;顾杰、胡伟《协商式治理:基层社区治理的可行模式——基于上海浦东华夏社区的经验》,《学术界》2016 年第 8 期;屈群苹《嵌入式治理:城市基层社会治理压力的组织化解逻辑——基于浙江省 H 市 S 社区的理性审视》,《浙江学刊》2019 年第 6 期。
④ 汪杰贵:《改革开放 40 年村庄治理模式变迁路径探析——基于浙江省村治实践》,《河南大学学报》(社会科学版)2019 年第 3 期。

织、村庄经济组织和村庄民间组织等多元协同化参与到村庄治理当中；① 第二，村庄治理权力结构包括领导权、指导权、执行权和监督权，相应权力主体分别为村党支部、基层政府、村委会和普通村民，各类治理权力由权力边界、权力特征和权力关系形成稳定的治理权力结构；② 第三，随着农村税费改革的推进，村庄资源内生型向村庄外部资源输入型转变，上级政府以项目制形式供给和村庄新型组织供给成为主要途径，村庄资源配置主体为村两委、村庄精英和村庄新型组织，村庄治理资源配置决策、执行和反馈由村庄治理主体博弈实现；③ 第四，村庄治理手段由法律手段向法律手段和经济手段并存转变，村庄治理权力分配方式由逐步分权向多元分权转变，村庄治理模式实现了由村庄一元治理模式向村庄多元治理模式转变。④

近年来，农村治理研究展现出以下趋势：一是量化研究强调普遍性。农村治理研究在实证方法上多采取个案研究，虽然能重现社会运行细节，但却存在缺乏普遍性的不足，因此在研究方法上越来越转向大样本、普遍性的量化研究。比较有代表性的是有学者在搜集 1993—2017 年发生的 1936 起村官职务犯罪案例的基础上，统计了犯罪次数、涉案金额、犯罪领

---

① 参见韩鹏云《富人治村的内在逻辑与建设方向》，《中国农业大学学报》（社会科学版）2017 年第 4 期；刘义强《大学生村官政策的成就、挑战与未来方向》，《人民论坛》2018 年第 3 期；张国磊、张新文《制度嵌入、精英下沉与基层社会治理——基于桂南 Q 市"联镇包村"的个案考察》，《公共管理学报》2017 年第 4 期；陈柏峰《乡村"混混"介入的基层治理生态》，《思想战线》2018 年第 5 期；刘筱红《农村基本治理单元中的妇女参与：基于人类集团理论的分析》，《华中师范大学学报》（人文社会科学版）2020 年第 1 期。

② 参见袁松《发达地区农村的阶层分化与权力实践：一个研究展望》，《中共浙江省委党校学报》2017 年第 3 期；杨郁、刘彤《国家权力的再嵌入：乡村振兴背景下村庄共同体再建的一种尝试》，《社会科学研究》2018 年第 5 期；孙琼欢《小微权力清单：从弱规则向强规则转型的村庄治理——浙江省 N 县村级小微权力清单制度调查》，《河南社会科学》2017 年第 10 期；吕蕾莉、刘书明《西北民族地区村庄权力结构下的乡村精英与乡村治理能力研究——对甘青宁三省民族村的考察》，《政治学研究》2017 年第 3 期。

③ 参见李增元、周平平《空间再造与资源配置：现代化进程中的农村新社区建设》，《南京农业大学学报》（社会科学版）2018 年第 5 期；史普原《项目制治理的边界变迁与异质性——四个农业农村项目的多案例比较》，《社会学研究》2019 年第 5 期；李祖佩、钟涨宝《项目制实践与基层治理结构——基于中国南部 B 县的调查分析》，《中国农村经济》2016 年第 8 期；姬生翔《"项目制"研究综述：基本逻辑、经验推进与理论反思》，《社会主义研究》2016 年第 4 期。

④ 参见江亚洲、施从美《利益连带：集体经济模式下村庄治理秩序的形成——基于苏州 W 镇 X 村的实地调研》，《晋阳学刊》2017 年第 3 期；赵黎《新型乡村治理之道——以移民村庄社会治理模式为例》，《中国农村观察》2017 年第 5 期；王文龙《新乡贤与乡村治理：地区差异、治理模式选择与目标耦合》，《农业经济问题》2018 年第 10 期；张磊《城镇化影响下的村庄治理模式演进：基于广州典型村庄案例的比较分析》，《城市发展研究》2019 年第 6 期。

域、犯罪手段等代表性指标的演变与基层反腐体系。① 二是质性研究强调深度性。近年来学界在运用质性研究时更加强调深度性，希望通过深度调查深入理解对象特性。② 比较有代表性的是华中师范大学中国农村研究院，该团队自 2015 年在七大区域 258 个村庄开展深度调查，并产生了系列成果，包括：出版大型调查工程的系列调查成果，翻译出版日本大型满铁调查，在《政治学研究》集中刊发一组影响较大的农村调查成果论文③以及在《中国社会科学》上刊发了系列调查论文。三是向上纳入到国家治理体系之中。学者倾向于从农村治理的微观研究向上延伸纳入到国家治理体系和治理能力现代化之中进行考量，有代表性的成果为：国家化、农民性与乡村整合、④ 农村产权与国家治理、⑤ 乡村治理的制度、秩序与国家治理、⑥ 选择性行政化与乡村治理、⑦ 优势治理与乡村振兴。⑧ 四是向下延伸的微观研究转向。部分学者将研究单元进一步缩小到村民小组与宗族等村庄内部的亚单元，该研究团队所提出的村民自治基本单元有着较大的反响。⑨

---

① 周健宇：《村官职务犯罪的演变与治理探析——基于 1993—2017 年案例的研究报告》，《政治学研究》2018 年第 6 期。
② 徐勇：《"分"与"合"：质性研究视角下农村区域性村庄分类》，《山东社会科学》2016 年第 7 期。
③ 参见调查书系包括：徐勇、邓大才《中国农村调查·村庄类》，中国社会科学出版社 2016—2020 年版。《中国农村调查·口述类·农村变迁卷》、《中国农村调查·口述类·农村妇女卷》、《中国农村调查·家户调查》。翻译成果包括：《满铁农村调查·惯行类》第 1—4 卷，中国社会科学出版社 2016—2017 年版。组稿论文刊发在《政治学研究》2018 年第 4 期。
④ 徐勇：《国家化、农民性与乡村整合》，江苏人民出版社 2019 年版。
⑤ 邓大才：《中国农村产权变迁与经验——来自国家治理视角下的启示》，《中国社会科学》2017 年第 1 期。
⑥ 刘守英、熊雪锋：《中国乡村治理的制度与秩序演变——一个国家治理视角的回顾与评论》，《农业经济问题》2018 年第 9 期。
⑦ 景跃进：《中国农村基层治理的逻辑转换——国家与乡村社会关系的再思考》，《治理研究》2018 年第 1 期。
⑧ 张大维：《优势治理：政府主导、农民主体与乡村振兴路径》，《山东社会科学》2018 年第 11 期；张大维：《优势治理的概念建构与乡村振兴的国际经验——政府与农民有效衔接的视角》，《山东社会科学》2019 年第 7 期。
⑨ 代表性成果有：邓大才：《中国农村村民自治基本单元的选择：历史经验与理论建构》，《学习与探索》2016 年第 4 期；《复合政治：自然单元与行政单元的治理逻辑——基于"深度中国调查"材料的认识》，《东南学术》2017 年第 6 期；邓大才、张利明：《多单位治理：基层治理单元的演化与创设逻辑——以中国农村基层治理单元演化为研究对象》，《学习与探索》2017 年第 5 期。

### 4. 边疆治理

有学者从现代国家治理视角下对边疆的内涵、特征与地位进行了详尽的阐述。[①] 有学者研究了新时代国家治理视阈下的边疆治理，认为边疆处于我国疆域的边缘地带，由于其特殊的地理空间、政治环境、历史文化以及社会背景等因素，使得边疆治理成为国家治理的基础性要素。边疆治理与国家的政治安全、经济发展等有着密切的关系，边疆治理的成效更是关系到整个国家的盛衰兴亡，对于整个国家的安全稳定有重要的作用。[②] 还有学者将边疆治理置于大历史的背景下，分析了我国王朝疆域结构特征和治理模型，认为我国王朝国家时期的疆域结构特征是在传统国家形态下呈现的，在这种国家疆域形态下，明显的区块差异性与发展道路多样性，造成了疆域"核心—边缘"空间结构特征的形成，并且赋予了边缘区边、少、异、移、稳的独特文化属性。历代中央王朝的边疆治理，在"核心—边缘"结构特征作用下，构建了相应的"价值导向—政治目标—机制构建"边疆治理模型，对王朝国家实现政治安全、族群和谐、边疆稳定及疆域完整具有重要的意义和价值。[③] 也有学者创新了研究方法，对我国西部边境牧区的地缘政治治理进行了评估和测量。[④]

### 5. 重大政治风险与挑战

2020 年爆发了新冠肺炎疫情，这场疫情对新时代中国特色社会主义国家治理体系和治理能力产生了重大政治风险与挑战。有学者基于城乡规划与公共卫生视角探讨了疫情应急期间社区治理面临的关键问题和挑战，并提出优化社区治理、保障城市公共卫生健康的具体做法与途径，为完善推进我国社区规划建设和基层治理给出相应思考。[⑤] 有学者基于公共卫生危机的基本特征，从区域应急协同的角度阐述了区域内的各单元相互联结和

---

[①] 方盛举、陈然：《现代国家治理视角下的边疆：内涵、特征与地位》，《云南师范大学学报》（哲学社会科学版）2019 年第 4 期。

[②] 李咏宾：《新时代国家治理视阈下的边疆治理》，《青海社会科学》2019 年第 3 期。

[③] 马元喜：《我国王朝疆域结构特征下边疆治理模型构建探析》，《北方民族大学学报》（哲学社会科学版）2020 年第 2 期。

[④] 高永久、郑泽玮：《"人类命运共同体"视域下西部边境牧区地缘政治治理测量指标构建》，《广西民族研究》2018 年第 5 期。

[⑤] 唐燕《新冠肺炎疫情防控中的社区治理挑战应对：基于城乡规划与公共卫生视角》，《南京社会科学》2020 年第 3 期。

实现区域内公共卫生应急资源优化组合进行了思考。① 还有学者从微观视角进行切入，分析村支书的"硬核"喊话作为贯彻落实国家防疫安排部署的"最后一公里"，对中国乡村治理体系的构建所产生的正面价值和积极意义。②

6. 大数据、人工智能与国家治理研究

党的十九届四中全会提出，建立健全运用互联网、大数据、人工智能等技术手段进行行政管理的制度规则，把我国制度优势更好地转化为国家治理效能。数据治理是以容量大、类型多、存取速度快、应用价值高为主要特征的技术手段、服务业态和治理方式，为驱动政府治理效能提升提供新的支撑。③ 其在政府绩效评估、精准扶贫、城市基层社会治理等领域卓有成效。④ 但具备的共享、开放、协同的特征给理性、客观、严谨的科层制带来了冲击，大数据治理与科层运作的共生空间引发了学界的思考，同时技术安全威胁、治理思维难以扭转等痼疾也给大数据治理带来挑战。⑤

一些学者对大数据所带来的价值冲突进行了反思，有学者基于社会建构理论，研究应用技术进行社会治理还需要注重"以人为本"，合理控制开发成本，考虑社区居民和政府工作人员的教育程度和学习能力，理顺基层行政链条、解决部门分割所形成的"信息孤岛"等问题。⑥ 还有学者认为传统理论多从技术层面肯定信息技术革命对于生产关系变革的积极意义，但数字治理体系和治理能力现代化建设更加注重数字社会形态下生产关系本身的转型。应秉持"发展与安全并重""国际与国内同构"这两个治理

---

① 汪伟全、陶东：《新冠疫情防控情境下区域应急协同机制与效能优化》，《深圳大学学报》（人文社会科学版）2020年第2期。

② 崔玮：《重大疫情下村支书"硬核"喊话的逻辑——一个法社会学的考察》，《中国农村观察》2020年第3期。

③ 常保国、戚姝：《"人工智能+国家治理"：智能治理模式的内涵建构、生发环境与基本布局》，《行政论坛》2020年第2期。

④ 参见燕继荣《反贫困与国家治理——中国"脱贫攻坚"的创新意义》，《管理世界》2020年第4期；庄国波、时新《大数据时代政府绩效评估的新领域与新方法》，《理论探讨》2019年第3期；陈晓运《技术治理：中国城市基层社会治理的新路向》，《国家行政学院学报》2018年第6期。

⑤ 参见庞明礼、王晓曼、于珂《大数据背景下科层运作失效了吗？》，《电子政务》2020年第1期；许阳、王程程《大数据推进政府治理能力现代化：研究热点与发展趋势》，《电子政务》2018年第11期。

⑥ 何晓斌、李政毅、卢春天：《大数据技术下的基层社会治理：路径、问题和思考》，《西安交通大学学报》（社会科学版）2020年第1期。

原则，从技术、行为、组织三个层面系统推进数字治理体系框架建设，并在技术能力、规范能力、组织能力三个方面加强数字治理能力建设。①

## 二　中国政治与治理研究的薄弱环节

近年来，凭借诸多政治学人的砥砺奋进，中国政治与治理研究获得了长足的发展，一些著作和成果有着显著的影响力，但也要清醒地认识到，中国政治与治理研究还有着诸多需要深化研究的课题：

### （一）中国政治与治理研究的研究内容、对象和主题存在偏差

第一，偏离学科。即现有研究领域与社会学、农村经济学等学科关注的领域和议题出现交叉，从而出现偏离政治学研究核心领域，对政治学的主要议题关注不足，有学者将其形象地比喻为"荒了自己的田，种了别人的地"。② 在学科偏离和定位摇摆之间，错漏了对影响国家命运的重大事件、重要进程研究的最佳时机，致使学界在政治价值的"引领"方面出现一定程度的失语。

第二，偏离实践。即部分脱离实际，对现实政治问题回应不足，存在"空中楼阁化"的研究趋向，或者存在回应"伪问题"，而非关注"真问题"的现象，对实践和热点问题的关注和把握有所欠缺，即通常所言理论研究成果与实践需求之间存在"两张皮"的现象。这一问题的产生可能源于两方面的原因，一是"田野调查"方法在政治学科中的应用比较有限；二是获得中国政治实践档案材料、相关数据和决策过程的机会也非常有限，导致存在一定程度的缺乏实证、皓首穷经的闭门造车倾向。③

第三，偏离时代。习近平在强调中国特色哲学社会科学所应具有的特点时，明确提出了"体现原创性、时代性"的基本原则和要求，④ 但一些

---

① 鲍静、贾开：《数字治理体系和治理能力现代化研究：原则、框架与要素》，《政治学研究》2019年第3期。

② 王炳权：《政治学话语体系建构的路径分析——基于"反思"的视角》，《社会科学研究》2019年第4期。

③ 赵可金、翟大宇：《新时代的中国政治学学科路径与建设方向》，《清华大学学报》（哲学社会科学版）2019年第5期。

④ 习近平：《在哲学社会科学工作座谈会上的讲话》，《人民日报》2016年5月19日第2版。

政治与治理研究成果与时代特征的要求仍有距离。一方面，在全面深化改革和国家治理现代化的背景下，中国改革进入深水区，但一些中国政治与治理研究并未与时俱进，对改革伟大实践的学术转化还不够到位，对中国实践和中国问题的回应还不够充分，远未形成原创性理论体系；另一方面，中国政治与治理研究紧贴时代脉搏是为了更好地服务时代发展，生发出政治学研究的实践引领性，但从目前看，中国政治与治理研究所取得的成果，并未对政治实践的时代需求提供足够的理论指引性。

第四，偏离取向。政治学本是一门与现实紧密相联系的学科，紧贴实践、回应现实政治需求，是政治学研究的意义所在。但政治学不仅仅止于寻求现实政治问题的应对途径和可行方法，更离不开对政治活动的本质、规律和价值的探索。[①] 当下的政治学研究中，存在一定程度的政策思维取代学理思维，咨询服务取代学术研究的倾向。政治学研究中的"阐释学""操作学"的研究取向，既转移了学者研究的注意力，又挤压了基础理论研究的发展空间。[②] 与此同时，缺乏学理依据的应用对策研究，其科学性、合理性也打了折扣。

### （二）中国政治与治理研究的研究范式还不成熟

第一，西方范式引进与本土范式创新不均衡。相较于中国政治学，西方政治学研究拥有着先发优势和话语权，推动中国政治学发展，难以离开对西方的前沿性学术的借鉴，而实现中国政治学更高层次的发展则离不开立足本土和实际，以中国话语讲好中国故事。学界在对待引进西方与本土创新研究范式上出现了两种趋势：一是在引进和借鉴西方研究范式时，存在一定程度的机械套用和简单模仿的现象。这一趋势在实践层面可能存在的风险是：中国政治学者无法深入彻底开展有价值的本土化研究，甚至可能在概念和研究思路的选择上误导对于特定制度和实践的评判和改进；[③] 另一种是排斥西方的研究范式，过度强调中国的特殊性，使得中国政治学研究在一定程度上陷入自我重复和循环的困境，也会妨碍中国政治学的发展。

---

[①] 张贤明：《成就、经验与展望：新中国政治学 70 年》，《社会科学战线》2019 年第 7 期。
[②] 王炳权：《政治学话语体系建构的路径分析——基于"反思"的视角》，《社会科学研究》2019 年第 4 期。
[③] 林毅：《建构中国理论：中国政治学创新发展的历史使命》，《理论探讨》2019 年第 4 期。

第二，政治哲学与政治科学研究范式不协调。受中国人文主义研究传统和马克思主义政治哲学的双重影响，中国政治学在学科复建和起步阶段主要遵循政治哲学研究范式，以解释和论证现实政治为主，具备较强的政治意识形态特征，研究成果伴随着经典解读、哲学思辨、历史分析、人类学分析的风格。这一研究传统强调规范性分析的重要性，但当下政治科学研究中的一些新方法、新范式的应用仍显得不足。如基于大数据分析的实证研究、计量方法、数学模型和自然科学的方法等在政治学研究中的运用相当有限。而且，由于数据来源、资料收集、社会调查和民意分析等方面存在的实际困难，①进一步限制了研究方法选择的多样性。虽然政治哲学与政治科学都属于人文社会科学研究中的重要研究范式，但在中国政治学研究中，二者的分歧在一定程度上贯穿了现当代政治学的发展历程。②

第三，对研究范式的研究和规范不到位。学术观点的产出需要遵循严格的研究规范和客观规律，从提出问题、界定概念、运用方法、分析论证到写作表达都应遵守社会科学的基本学术规范，经过科学分析、严密论证、严谨逻辑呈现的研究结论应经受得起学术共同体的检验。③但在当下，中国政治学学科仍处于发展和完善阶段，科学方法的系统训练，学术规范的基本要求等，仍与政治学研究的内在需求之间存在一定距离。研究方法虽然愈加丰富，但其研究范式还相当不规范。例如，有学者指出，部分研究中存在"通过数据倒推出故事；裁剪数据，漠视或忽视事件背景，让数据服务于故事；通过各种数据或方法，得出各种似是而非、莫名其妙的结论"的问题，④制约了中国政治学研究水平的提升。

### （三）中国政治与治理研究的知识体系尚未搭建

第一，解释力弱。中国政治社会进入飞速发展阶段，但在解释政治现象、实践问题时，囿于中国政治学人对中国经验和中国道路的理论提升和

---

① 陈文：《改革开放 40 年当代中国政治研究的演进逻辑与特点表征》，《天津社会科学》2019 年第 1 期。
② 王炳权：《政治学话语体系建构的路径分析——基于"反思"的视角》，《社会科学研究》2019 年第 4 期。
③ 王炳权、王承禹：《从务实主义到理论供给：中国政治学转向的关键》，《探索》2020 年第 2 期。
④ 蔡永顺：《政治学与中国研究》，《学海》2018 年第 1 期。

理论建构能力还比较弱，中国政治与治理研究的回应性并未得到彰显，政治学学术话语供给乏力，为政治发展所提供的理论支撑严重不足。有学者认为，政治学知识体系相对陈旧，使得中国政治与治理研究面临解释力不足、影响力有限困境，呈现出一种"整体性的知识短缺"。[①]

第二，话语权弱。中国政治与治理研究在国际政治学界的影响力还相当有限。中国政治学的基本议题、学术概念、研究方法、分析范式多源于西方，而我们的研究成果国际影响仍显薄弱，中国政治学身处"请得进来"但"走不出去"的尴尬境地，距离世界一流政治学还存在较大差距。中国是一个拥有丰富政治实践的大国，但话语体系构建的迟滞和话语权的缺失，使得我国的许多政治现象和政治实践得不到适时、科学而有影响力的阐释，大国缺少大理论。

第三，基础理论研究水平有待提升。受限于中国政治学恢复重建时间较短等多重因素，现阶段中国政治与治理研究的基础理论研究仍显薄弱，时代特色和中国特色不够显著。由于研究的薄弱使得一些基础理论在理论更新、理论重构上相对迟滞，导致一些基础理论略显陈旧甚至跟不上时代需求。

最后，学科发展不均衡。虽然政治学发展了很多引人注目的新兴学科，但总体而言政治学学科发展呈现出不充分、不均衡、未打通等痼疾。第一，部分核心分支学科并未得到充分的发展，其发展进度、发展规模远远未能令人满意，距离相对成熟的学科体系的形成还有一段距离。第二，各个新兴学科之间发展并不均衡，有些新兴学科的研究对象、特定的概念和理论体系已经初步形成，但仍然有相当一部分学科还处在初级发展阶段，学理性和延续性都较为欠缺。第三，学科不断分化在带来一个个全新领域的同时，也会形成一个个议题孤岛，对政治现象的解释呈现出多学科但碎片化的路径。分支学科之下的学者们专注于自己的研究领域，影响了学科知识的积累和体系化。

## 三　中国政治与治理研究发展的议题

在中国政治与治理研究的未来发展中，课题组认为，应当进一步明晰

---

[①] 周平：《政治学构建须以知识供给为取向》，《政治学研究》2017年第5期。

研究对象，重视研究方法，加强理论创新，注重研究原则，进一步丰富和完善研究体系。

### （一）明确学科研究取向引领学术发展

学术研究的影响力建立在对"真问题""真议题"的探求之上，中国政治与治理研究离不开中国政治实践中的"真问题"，以及由"真问题"所形成的"真议题"。后者又建立在明确学科研究取向的基础之上。

第一，从优秀传统中国政治思想中发现问题。起点决定路径，中华民族拥有灿烂的历史和源远流长的文化，一同塑造了独特的中华文明。政治社会发展日新月异的今天，对传统政治思想的吸收和回顾依然对当下中国政治与治理研究道路具有启发性作用，仍然需要政治学者从传统思想资源中挖掘和发现与现代政治实践相适应、相协调的文化基因，并致力于实现其创造性转化和创新性发展，形成了一批体现中国文化特征和中国政治智慧的优秀理论成果。[1]

第二，从当代中国政治实践中发现问题。我国正处于大变革大发展的时代，伟大而生动的政治实践和中国道路是中国政治学者最好的课堂，只有贴近实践和经验，对政治实践进行直接的现场观察、分析比较和理论概括，才能提炼出蕴藏在实践和操作层面的具有普遍性、系统性的政治知识体系[2]，进而服务和指导中国特色社会主义的时代发展。只有科学地认识和把握党和国家工作大局，注重回应现实问题和实践难题，政治学的研究才具有基本对象，才能产生真问题以及"问题意识"，真正运用政治学知识去解释和影响政治实践。

第三，从比较和参考国外学术前沿中发现问题。把握国际政治学进展，从中吸取经验，可以为中国政治学议题设置和问题意识带来启示。同时，比较政治研究也要求政治学者要有国际视野，加快了解并持续跟踪国外政治理论的学术前沿，尤其是在全球治理的大背景下吸收全人类的政治

---

[1] 张贤明：《成就、经验与展望：新中国政治学70年》，《社会科学战线》2019年第7期。
[2] 王炳权、王承禹：《从务实主义到理论供给：中国政治学转向的关键》，《探索》2020年第2期。

智慧为我所用,在全球治理的政治实践中提供中国智慧。①

**(二) 运用多元研究方法规范学术发展**

第一,"科学"与"人文"协调。一方面,既要发展描述性研究和逻辑思辨研究,又要注意运用科学方法驱动研究的发展,坚持两只脚走路,以包容性的态度推动多元研究方法的发展与应用,实现"人文精神与科学精神的通融"。② 另一方面,无论何种研究方法、研究工具,都要建立在对"真问题"的研究基础之上,树立为政治社会发展提供实质性启示的根本目标。

第二,从模仿范式到创新范式。在学科起步阶段,中国政治与治理研究在简单模仿西方政治学的研究方法、范式,现阶段应该朝着结合实际运用与创新转变的目标进行努力。有学者总结了社会科学研究本土化的四种类型,分别是:对象转换型本土化、补充—修正—创新型本土化、理论替代型本土化和理论方法全面替代型本土化。③ 这也就启发我们,应当坚持以问题为导向,着眼于现实政治的分析,在审慎甄别具体方法的前提下,对各种方法经过分析、扬弃后予以使用,同时更加强调方法选择的规范性和可行性,保持了对理论与现实问题研究的科学性与合理性。

第三,从注重范式到推广范式。下一步,政治学应当参考和借鉴其他学科的研究范式创新推广路径,将研究范式朝着推广和运用的实践方向,通过开设政治学"研究方法""研究范式"师资班、专题研修班等形式,吸引和培养政治学从业者的"基本功",提高其研究方法和范式运用的意识与能力。④ 学界也应营造遵循研究范式的氛围,以研究范式应用的严谨性和规范性为更高目标,使其成为本学科的基本学术规范自觉,⑤ 最终形

---

① 张大维:《政治学研究的国际进展与新时代中国政治学发展——基于政治学 165 种 SSCI 期刊的分析》,《国外社会科学》2019 年第 3 期;《美国政治与政治学研究的现状与趋势:领域、议题与方法》,《政治科学研究》2018 年第 1 期。

② 韩冬临、释启鹏:《改革开放 40 年中国政治学研究方法的多元发展及问题》,《天津社会科学》2019 年第 2 期。

③ 谢立中:《论社会科学本土化的类型——以费孝通先生为例》,《江苏行政学院学报》2017 年第 1 期。

④ 师喆、亓光:《改革开放以来中国政治学研究的基本态势》,《政治学研究》2018 年第 6 期。

⑤ 韩冬临、释启鹏:《改革开放 40 年中国政治学研究方法的多元发展及问题》,《天津社会科学》2019 年第 2 期。

成"推广—应用—规范"的良性循环。

### (三) 加快知识体系建设推动学术发展

进一步推动政治学话语体系建设,需要提升理论思维能力,丰富理论资源。

第一,提高基础理论研究水平,提升理论解释力。由于政治学学科恢复重建时间还较短,本学科诸多核心议题仍需要进一步探讨,这要求中国政治学者进一步强化对中国政治与治理中重要问题的研究,力争产生新观点、取得新成果、打开新局面,进而提升理论的解释力。

第二,搭建学术沟通平台,构建政治学话语体系。政治学话语体系的建构需要政治学从业者共同努力,百花齐放、百家争鸣,缔造学术共同体,打造政治学话语体系生长的宝贵空间。但在政治学发展中,由于学人的学科背景、实践感知、甚至价值观的迥异等,彼此间在特定时期缺少基于共同学术旨趣的沟通和对话。因此,增加包容度,集思广益,减少对立思维,找到最大公约数是政治学话语体系建构的当务之急。[①]

第三,增加标识性概念供给,增强概念的传播力。概念是话语体系构建的基础性要素。科学准确、解释力强的概念,既可以作为认识和分析工具较好地实现学科发展推动科学研究,还可以凭借其传播能力成为话语体系中的经典概念。尽管当前,中国政治与治理研究中的学术概念尤其是原创性概念层出不穷,但真正深入人心、源远流长的概念较为匮乏,尤其是富有原创性、标识性的概念较为薄弱。[②] 因此,通过对中国社会、政治实践的深刻洞见而产出标识性概念,正是政治学者下一步努力的方向。

---

[①] 王炳权:《政治学话语体系建构的路径分析——基于"反思"的视角》,《社会科学研究》2019 年第 4 期。

[②] 白利友:《关于中国政治学话语体系的构建》,《理论探索》2019 年第 3 期。

# 第十一章　中国政治制度研究的发展

## 一　中国政治制度研究的主要进展与特点

**（一）中国古代、近代和民国时期的政治制度研究的主要进展和特色**

新时代以来，我国关于古代、近代和民国时期的政治制度领域的学术成果不断涌现，本章以中国知网中2012—2020年共计9年间有关学术期刊和学术论文（北大核心和南大核心）作为研究对象，利用CiteSpace软件对本领域研究的关键词、关键词时区等进行统计和梳理。

由CiteSpace生成的关键词聚类图谱来看，本领域的研究主题比较丰富多样，研究深度逐步加强，形成了内部聚合的多个子研究领域，关于唐代、明代、民国时期、清末的研究形成研究热点（图11-1）。

由2012—2020年中国古代、近代和民国时期政治制度关键词时区图谱和关键词突显图谱（图11-2、图11-3）可见，以乡村为中心的研究主要集中在2013—2019年，其他领域研究热度也有差别。此外，新疆、地方自治、国家认同等关键词的突现强度较高，即为研究热点。

在中国古代政治制度研究领域，总括性的研究成果多有出版。有学者以皇帝制度与中央政府为核心，介绍了与皇帝制度相关的太子制度和太后制度等内容，分析了皇帝制度的运作方式及其与官僚制度的关系；论证了古代中央政府从世袭制到官僚制的演变，展示了帝国时代中央政府从三公九卿制到三省六部制再到后期六部制的变化内涵。同时，以地方体制与官僚制度为核心，分析了古代的中央与地方关系及其体制运作，探究了古代地方体制的职能变迁和吏治问题；阐述了古代官吏的培养、选拔、任用、职务规范、考课、奖惩黜陟、品秩俸禄等制度内容，研讨了世卿制、

278　◇◇　第二编　新时代的中国政治学学术发展分论

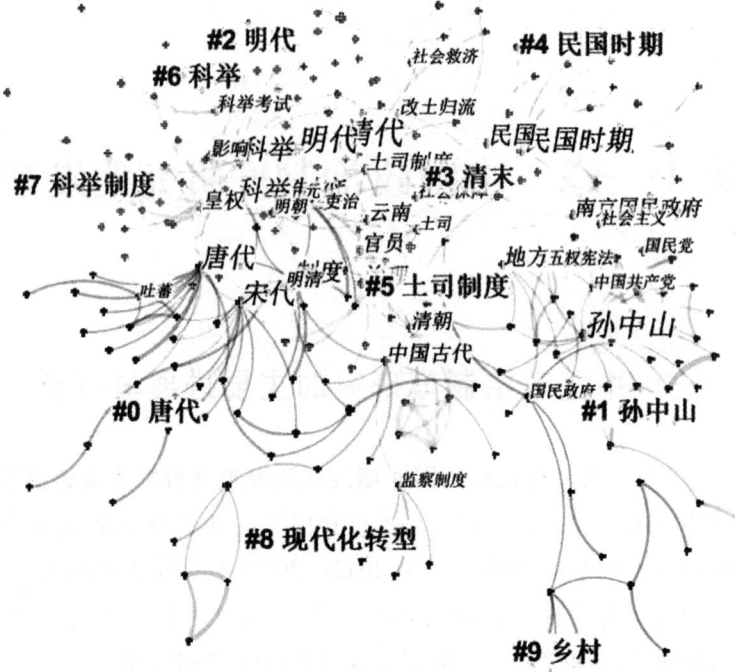

图 11-1　2012—2020 年中国古代、近代和民国时期的政治制度研究关键词聚类图谱

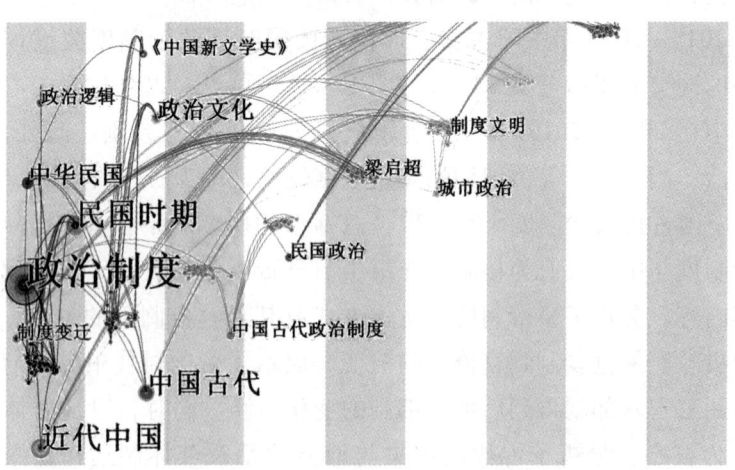

图 11-2　2012—2020 年中国古代、近代和民国时期政治制度研究关键词时区图谱

| 关键词 | 年份 | 强度 | 起始年份 | 终止年份 | 2012—2020 |
|---|---|---|---|---|---|
| 新疆 | 2012 | 3.0629 | 2012 | 2013 | |
| 地方自治 | 2012 | 2.4854 | 2012 | 2013 | |
| 明朝 | 2012 | 3.3545 | 2013 | 2014 | |
| 政治 | 2012 | 2.6805 | 2013 | 2014 | |
| 影响 | 2012 | 2.9712 | 2013 | 2014 | |
| 北魏 | 2012 | 2.6805 | 2013 | 2014 | |
| 民族主义 | 2012 | 2.6499 | 2014 | 2015 | |
| 国家治理 | 2012 | 4.9866 | 2015 | 2020 | |
| 国家认同 | 2012 | 3.1691 | 2015 | 2017 | |
| 土司 | 2012 | 2.9298 | 2015 | 2017 | |
| 边疆治理 | 2012 | 2.8596 | 2016 | 2020 | |
| 科举考试 | 2012 | 2.9473 | 2017 | 2018 | |
| 明清时期 | 2012 | 3.3737 | 2017 | 2020 | |
| 清朝 | 2012 | 3.9062 | 2018 | 2020 | |
| 晚清 | 2012 | 4.3866 | 2018 | 2020 | |

**图 11-3  2012—2020 年中国古代、近代和民国时期政治制度研究关键词突现**

察举制、九品中正制、科举制的变化轨迹;[1] 有学者详细论述了中国自三代至清代的政治制度发展与演变历史,共分为导论、历代的中央政治制度、历代的地方政治制度 3 篇。书中有大量确凿的材料,较好地反映了中国政治制度的历史演变及其具体情况,使人们较地好了解这一特殊阶段中国政治制度的大致情况,该书对现代研究中国政治制度的学者与专家有一定的帮助作用。[2] 有学者讲述了中国政治制度在近 5000 年间纷繁而复杂的演变历程,其间涉及夏商周三代制度、皇帝制度、宰相制度、职官制度、言谏制度、监察制度、军事制度、司法制度和地方建制等中国古代政治制度的方方面面,也涉及从 19 世纪中期到 20 世纪初期中国政治制度的艰难变迁历程;[3] 有学者突破了传统研究观念与模式,开创了政治制度史研究

---

[1] 刘文瑞:《中国古代政治制度(修订本)》(上、下册),中国书籍出版社 2018 年版。
[2] 杨熙时:《中国政治制度史》,河南人民出版社 2016 年版。
[3] 杨阳:《中国政治制度史纲要》(第 3 版),中国政法大学出版社 2016 年版。

的新体系,在深入研究国家结构形式的基础上,着力于元首制度、中央决策体制和政体运行机制的探索。这些研究,上起三代下迄20世纪末的政治体制改革,对各项政治制度追本溯源,梳理其因袭变迁,总结了传统政治体制运行机制的特点:一是行政、军事、监察系统鼎立,二是近侍的逐步政务官化,三是中央派出机构逐步地方政权化;① 有学者从土地制度、社会形态、宗法体制以及文化传统等方面,揭示古代中国的特征,即第一阶段的宗法贵族世袭分封制和第二阶段的地主官僚中央集权制。最后两篇关于丝路文化,旨在反映中国古代文化参与人类文明发展的一般逻辑。② 有学者围绕"天下统一""中央集权""伦理治国""官员代理""内在矛盾""共和之路"六章,解读了中华帝国从形成、发展到终结的历史,解读了以制度为核心的帝国两千年;③ 有学者以"天下为公""天下大同"为核心,强调中国的文化理想就是政治理想,政治是中国历史车轮的轴心。相关研究介绍了中国历史发展的大势、历代政治制度、官制等沿革变迁,介绍了中国文化中的政治文化与政治智慧。历代政治家、思想家对国体设计、德刑关系有着精致的设计与阐述。从周公制礼,到商鞅变法,中国古代社会由宗法封建王国发展为统一郡县帝国,其政治和文化制度在礼法并存、王霸杂用的张力之中不断地变革、更张。兴亡成败,载舟覆舟,为后世留下有益的经验和沉痛的教训,塑造了中国人情理兼顾、改革变通的政治性格;④ 有学者从皇帝、后宫到君权相权,从中央、朝堂到地方州县,从人才选拔到任免、升迁等,系统而全面地梳理了古代政治制度的发展脉络,并揭示出这一过程对当今中国潜移默化的影响。该学者在宏观把握政治制度的前提下,讲述了历代政治制度的主要变化,把重要内容放在解析之上,这是在得到中国古代政治制度演变的大旨的情况下,尽可能地去解析制度蕴含的智慧。⑤

值得注意的是,随着对政治制度研究的深入,近年来陆续有作品从新的视角研究政治制度。研究者们强调将政治制度与政治思想的研究相结

---

① 白钢:《中国政治制度史》(第3版),天津人民出版社2018年版。
② 张传玺:《中国古代政治文明讲略》,北京出版社2019年版。
③ 易中天:《帝国的终结:中国古代政治制度批判》,上海文艺出版社2018年版。
④ 王子今:《王霸之道:礼法并重的政治制度》,江苏人民出版社2018年版。
⑤ 张程:《制度与人情:中国古代政治文化》,陕西人民出版社2016年版。

第十一章 中国政治制度研究的发展　281

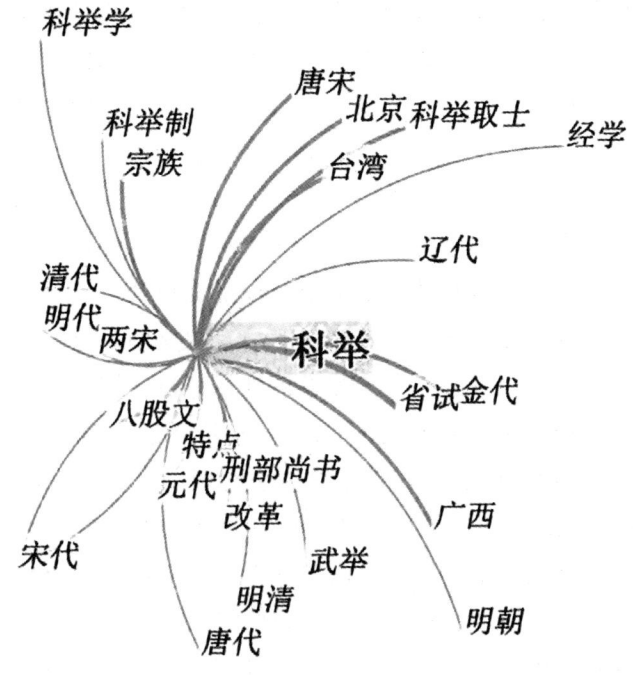

图 11-4　中国古代政治制度子研究领域

合，如有学者指出目前中国政治思想史和中国政治制度史的研究形同陌路，但实际上政治制度和政治思想并不是相互对立的，而是相互作用的。政治制度构建一个环境，对人们的政治思维进行限定，而学者和决策者的政治思想影响和推动政治制度的发展。同时，政治制度和政治思想也有相互重叠的区域，即政治制度中的思想要素。这种政治制度思想理论的提出，为判定政治制度的合理性提供依据，有助于认清决策者和思想家的真实意图，为政治思想史的编写提供新的视角，也为中国现有的制度建设提供新的思路。① 无独有偶，有学者重在沟通政治制度和政治思想之间的关系，从纵向和横向两个层面对二者互相依偎发展的关系作出历史的分析，并由此推论当时的中国社会需要何种政治制度和政治思想。② 此外，还有学者从

---

① 季乃礼：《政治制度、政治思想与政治制度思想——一种理论构建的努力》，《武汉大学学报》（哲学社会科学版）2016 年第 4 期。
② 庄心在：《中国政治思想史与政治制度》，河南人民出版社 2016 年版。

国家治理现代化的理论视角梳理中国古代政治制度史，以"性质—意识—制度体系—行为—发展"为分析框架来组织内容体系，剖析中国政治制度及其演变过程中的静态政治制度和动态政治行为，发现其中的规律与借鉴意义，在分析框架、学科定位、内容体系、目的定位等方面实现了创新。①

有关断代性和专题性的政治制度研究成果丰硕。在专题性研究方面，言论制度近年来愈发引起学者的关注。有学者对中国古代言论制度的研究表明，古人的言论制度实践及其成果是中华传统文化的宝贵遗产，对中国近现代甚至当代中国的政治制度、言论制度具有明显的影响。这部分研究作品主要通过对古代言论制度的实践和成果进行分析，探讨古人制度的当代实践价值，认为权力监督制度是中国古代政治制度的重要组成部分。②有学者针对中华文明5000年（上启先秦传说时期、下至新中国成立）权力监督制衡的实施情况，按照传统中国权力监督制度的滥觞、形成、发展、成熟、强化、高度完备和民国时期的衰亡期演变过程的内在趋势和历史规律，进行分章动态阐述。每章遵依权力监督制度演变的原因、监察机构设置、官员职权范围、监察法规、权力监督方式程序、监察官选任考核奖惩、权力监督效用以及利弊得失评价等，分节叙述。该作品从历史、文化、政治、哲学的角度，洞见治乱兴衰、王朝更替的历史镜鉴，深刻总结权力监督的历史经验教训，深刻剖析权力监督的原理和路径，积极探索权力监督的规律，从而为当前更好地构建不敢腐、不能腐、不想腐的制度笼子，实现国家的有效治理提供历史借鉴。③ 兵役制度是军事制度的一个重要方面，有学者以历史发展为行文脉络，探讨了以族兵制、世兵制、征兵制和募兵制为主的中国古代四种基本兵役形态，总结出经济、政治、战争和群体四大要素对兵役制度发展变化所起的作用。④ 司法活动是国家的一项重要活动，司法制度也是政治制度的组成部分，有学者以先秦、秦汉、魏晋南北朝隋唐、两宋、辽西夏金元、明代、清代以及比较司法文明史为分类，梳理了中国系统完备的司法组织、司法制度、司法原则与理论，呈

---

① 翟军亮：《中国政治制度史新论》，天津人民出版社2019年版。
② 邱江波：《中国古代言论制度研究》，山东人民出版社2019年版。
③ 吴克昌、王郅强主编：《中国古代监督史览》，人民出版社2018年版。
④ 王晓卫：《中国兵役制度史》，贵州大学出版社2018年版。

现出中华民族的伟大创造力和深厚的文化积淀。① 官僚等级制是中国传统政治的重要方面，有学者对中国古代官僚等级制的若干整体思考，提出一系列的理论建构，为未来的相关研究提供了参考；对秦汉等级品位结构及其变化进行了新的阐释和归纳；利用文献和新出史料，对战国秦汉禄秩演进的史实考证，使若干前所未知的暧昧史实，得以浮出水面、公之于众，并对其提供了较有说服力的解释。这部分研究从复杂纷乱的历史线团中令人信服地勾勒出"爵本位"—"爵—秩体制"—"官本位"的品位结构变迁模式。同时，对爵本位、官本位做了更清晰的界定，又提出从散吏探讨官署"品位—编任"的思路，是对既往研究的重要深化。② 有学者围绕历代田赋制度与民生、历代税制与国用、历代货币制度与经济问题等主题，试图通过研究历代经济制度的消长，以了解其对于那个时代政治及民生的影响。③ 有学者旨在探讨中国古代内辅体制的团队型、扁平化和统筹性特征，揭示这类统筹机构古今中外的普适性，分析其对当前政治、行政体制改革的借鉴意义。④ 在断代性的专题政治制度研究方面，学人们的研究成果亦是不胜枚举，有学者以"周代爵制"为研究视野，全面论述爵制在先秦时期的发展脉络（周代爵制经历了从器物到制度的转变、商代爵制的草创、以"五等爵制"为中心的西周爵制的形成、春秋时期的继承和变异、战国时期向军功爵制的转型等五个发展阶段），同时，通过探讨春秋时期爵制与官制、军制、贡赋和食禄制等政制方面的关系，勾勒出爵制在周代贵族等级制度中的地位和作用。⑤ 有学者描述出汉魏六朝公共社会秩序的建构过程，同时主要就公共价值观、公共权力、公共正义等特定内容做较充分地讨论。⑥ 有学者对魏晋南北朝隋唐时期的加官制度、尚书吏部制度、制度中的人治与法治因素等都做了深入系统探讨。这一时期是中国传统政治制度酝酿与成型的重要时期，三省六部制在魏晋时期开始酝酿，在唐代正式形成，这一制度上承秦汉的三公九卿制，自定型后影响帝制时

---

① 张晋藩主编：《中国古代司法文明史》（全8卷），人民出版社2019年版。
② 阎步克：《从爵本位到官本位（增补本）》，生活·读书·新知三联书店2017年版。
③ 霍衣仙：《中国经济制度变迁史》，河南人民出版社2018年版。
④ 李宜春：《团队与统筹：古代内辅体制研究》，浙江大学出版社2016年版。
⑤ 刘芮方：《周代爵制研究》，花木兰文化事业有限公司2016年版。
⑥ 徐栋梁：《汉魏六朝礼法调适与公共秩序的建构》，吉林大学出版社2018年版。

期直至清末。① 有学者先后研究了言谏制度从秦到隋的演进历程，言谏职权、谏官、言谏机构等言谏制度的基本内容，唐代不同阶段的言谏政风及其变迁与政治生态之关系，言谏在唐代发展的特点、得失及深远影响。② 有学者以唐代官论为研究对象，进行了政治思想史意义上的系统化解读，构建了包括中国古代官论的终极依据、基础理论、思维特征、本质属性等重大问题的研究框架，分析了其历史意义和现代价值，考察政治理论与政治制度、政治理念与政治实践、统治思想与社会意识的关系，多视角、多层次、全方位地研究唐代官论。③ 有学者在前人研究成果的基础上，以体制变革为门径，以制度变迁为主线，利用丰富的文献资料和考古发现，立足于历史学实证的研究方法，借鉴政治学等相关学科的理论和研究思路，依次对唐宋时期京畿管理体制变迁、唐宋时期"道""路"制度演变，唐宋时期地方政区中"府"制的创置与发展，唐宋时期三大京府的管理制度及其演变，唐宋时期地方州军监管理制度演变，唐宋时期县级管理制度及其演变，唐宋时期乡村基层管理体制及其变迁，唐宋时期地方监察体制及其演变等问题，进行了深入细致的系统研究。④ 有学者在梳理宋初三朝科举和学校发展的基础上，又进一步梳理了唐宋科举和学校发展的历史情况及其内在的制度变迁机理，并在唐宋教育转型的理论框架下给予阐述，以期解答"为什么宋代会成为中国古代社会文化和教育的巅峰"这一问题。⑤ 有学者分别对宋代的三级地方政权结构，地方官府日常政务的运行模式，以及政务运行中涉及的官场内部的各种关系，进行了考述。⑥ 有学者围绕宋代政治、军事、法制、社会等与宋代政治制度相关的多个领域，在充分理解吸收宋史研究各种前沿理论的基础上，从细节切入，具体而微，试图将制度制定的背景，推动制度实施的动力，制度在施行中的演变过程以及与之密切相关的人际因素、环境影响充分揭示出来，加深对政治运作过程

---

① 董劭伟:《魏晋隋唐职官制度专题研究》，东北大学出版社2017年版。
② 史伟:《唐代言谏与政治生态变迁》，科学出版社2017年版。
③ 商爱玲:《设官为民和君臣道合：唐代官论研究》，商务印书馆2019年版。
④ 贾玉英:《唐宋时期地方政治制度变迁史》，人民出版社2016年版。
⑤ 卓进:《论唐宋教育转型：基于宋初科举和学校发展的研究》，中国社会科学出版社2019年版。
⑥ 贾芳芳:《宋代地方政治研究》，人民出版社2017年版。

的理解，以期最大限度地还原历史真实。① 有学者以明代僧官制度为研究对象，在历史资料和前人研究成果基础上，对明代僧官制度进行比较完整的梳理，包括明代僧官制度的来源、类型、运作、演变、历史影响等诸方面，并结合具体历史背景与演变趋势对其进行综合评价，以探究中国古代政治制度与宗教管理的内在规律与发展趋势。② 有学者以明朝的内阁制为研究的核心，认为废除丞相制度是明初重大变革，更是中国古代政治改革的重大事件之一。废相以后的中枢政治如何运行，将是一个长期而又艰难的探索过程，极难定型。终明之世，阁权始终受制于皇权，阁臣在新的皇权体系中始终处于下风。"大礼议"是明代中后期具有重大影响的政治事件，其引发的人事更迭对明代历史走向产生了极大影响，明代阁权因此在嘉靖至万历前期出现了难得的"鼎盛期"。但扩张后的阁权在反对张居正"专擅"中发生逆转，并迅速疲软，明朝因此迷失了方向，使晚明政治与社会不可能朝正确的方向发展，政权的瓦解不可避免。③ 有学者系统梳理了古代中国的巡视监察制度，以及当时的政治、社会和文化，进而加深对当代中国巡视监察工作的认识。④ 有学者主要研究明代国家管理道教事务的政策，道官制度的主要内容及其与社会各阶层之间错综复杂的关系。⑤ 有学者则从监察体制、监察运行机制、监察范围、监察官选拔与管理等各个方面分析了清代监察机制的法律化运作。⑥

此外，对于中国古代少数民族地区的政治制度，学界也有新的研究动态。"行国"是以游牧经济为经济基础，以游牧部落为组织形式，以部落首领为中心所建立的国家，是我国北方少数民族历史上运行的重要的政治制度。有学者将出土资料与传统史书记载相结合，广泛利用历史学、考古学、民族学、人类学与社会学等学科的相关成果，采用"二重证据法"和"量化分析法"，对以鲜卑为代表的我国古代北方民族游牧行国体制的发展

---

① 田志光：《宋代政治制度史研究》，人民出版社 2017 年版。
② 马晓菲：《明代僧官制度研究》，山东大学出版社 2017 年版。
③ 田澍：《明代内阁政治研究》，人民出版社 2018 年版。
④ 修晓波：《中国巡视制度溯源：明朝巡视监察制度辑要》（英文版），华语教学出版社 2018 年版。
⑤ 刘康乐：《明代道官制度与社会生活》，金城出版社 2018 年版。
⑥ 焦利：《清代监察法及其效能分析》，法律出版社 2018 年版。

演变进行了系统研究。① 赦宥制度是中国古代王朝普遍行用的政治制度，其存在有着重要意义。有学者选取辽、金两个北方少数民族王朝作为研究对象，将这两个王朝的赦宥划分为大赦、曲赦、德音和录囚四类，分别加以专项研究，并通过系统考察辽金赦宥制度的渊源与发展历程，揭示出了赦宥与辽金社会之间潜在的千丝万缕的联系。赦宥就像一个晴雨表，醒目地向人们标识着辽金社会的各种变迁。赦宥的颁发与执行，不仅展现出了辽金王朝在政治、经济、文化等方面与中原王朝的传承与区别，也深刻影响了辽金王朝的政治稳定与法制建设。② 有学者从统一的多民族国家这一点出发，探寻中国古代职官管理制度带有普遍性的内容与特点，以及辽金王朝与中原王朝不同的内容与特点。通过对职官的选拔、考核、监察、奖惩、俸禄、致仕等职官管理制度的基本内容进行详细考察，以期反映这一历史时期多元一体的时代特色。③"第五届中国土司制度与土司文化国际学术研讨会"在土司制度、土司文化研究方面取得了新的研究成果。④ 有学者探讨了唐宋以来封建王朝对中国西部边疆民族地区施设羁縻府州、土官土司等行政建置的过程及其历史意义，对边疆民族史地文献及部分少数民族的来源与迁徙过程也作了考察，从一个侧面为作者提出的历史政治地理"圈层结构"理论提供了部分实证依据。⑤

在近代和民国时期的中国政治制度研究领域，专题的研究成果趋多。例如，有学者系统研究了近代中国的政治制度研究一系列重要课题，包括康梁提出开设议院，科举制度废除，清末设立咨议局，辛亥革命成立军政府，孙中山的"党魁集权制思想"，太平天国政治制度等。⑥ 有学者依据历史唯物主义的基本原理，按照政治制度史教材编撰的基本原则与方法，在梳理和总结近代中国政治制度形成和发展的史实基础上，进一步吸纳相关研究的最新成果，重在洞悉近代中国政治制度演变的历史轨迹。⑦ 有学者

---

① 苗霖霖：《中国古代北方游牧民族行国体制研究》，黑龙江人民出版社2019年版。
② 孙建权：《守本纳新：辽金赦宥制度研究》，中国社会科学出版社2017年版。
③ 武玉环：《辽金职官管理制度研究》，人民出版社2019年版。
④ 洪涛：《土司制度与土司文化新论　第五届中国土司制度与土司文化国际学术研讨会论文集》，中央民族大学出版社2016年版。
⑤ 郭声波：《圈层结构视域下的中国古代羁縻政区与部族》，中国社会科学出版社2018年版。
⑥ 谢俊美：《政治制度与近代中国》（修订本），上海书店出版社2016年版。
⑦ 严泉、陈和丰：《近代中国政制史通识》，东方出版社2019年版。

以辩证唯物主义和历史唯物主义为指导，主要采用历史学的方法，同时采用政治学、统计学、文化学、社会学、法学等研究方法，对中国近现代文官制度进行多层次、多角度的分析透视，科学地再现了我国近现代文官制度的发展演变、基本特点及其历史经验。该研究使用了大量的档案材料、政府公报等原始史料以及亲历者的回忆等鲜活的史料，通过严谨的考证、校勘，纠正了近百条史料或数据的错误。翔实的史料和证明的方法，有力地支持了其学术观点，增加了科学性。[①] 有学者的研究主题广泛涉及近代中国社会发展的总体思考、晚清民国选举制度、北洋政府政治制度、南京政府时期政治与政治制度、近代中外关系、新民主主义革命时期毛泽东政权思想、新中国政权建设等问题。有学者聚焦不常被人关注的非正式制度。从制度沿革来说，晚清幕府上滥觞于明清幕府，下流播至民国幕府，在中国幕府制度的离异与回归过程中起着承上启下、继往开来的枢纽作用，是中国幕府制度发展史上的一个重要转折点。就制度的运行而言，晚清幕府在危难逼来，清朝中央政府失能时显示出其灵活机动、富有弹性的一面，汇聚人才，"条综众务"，充当了应急机制，担负起本该由国家承担的社会管理、安全保障和对外交往职能。由此发端，事务越来越多，权限越来越大，俨然地方权力中枢，对晚清的政治、经济、文化和社会各方面都产生了深远而广泛的影响。[②] 有学者以民国初期的内阁制度为基本内容，以内阁与议会、总统之间关系的演变为基本线索，展现民国初期内阁制度的确立、运行、更迭、消亡的过程，分析了民国初期内阁制度之设计、运行中的矛盾与冲突、更迭及消亡的原因，并对民初内阁制度进行了剖析，分析了民初内阁制的合法性及其缺陷，指出了民初内阁制的变异及其原因，并简要阐述了民初内阁制在中国近代政治史上的价值。[③] 有学者围绕中国近代到民国代议制度开展了专题研究，包括西方议会制度的摄取，皇权体制下的议会制度，三权体制下的议会制度，五权体制下的议会制度，议会变迁与近代中国政制变迁，议会制度和中国传统文化的冲突，近代议会制度与中国人大制度改革。[④] 有学者对清末民初政局做了深入的讨论，

---

① 房列曙：《中国近现代文官制度》，商务印书馆2016年版。
② 李志茗：《晚清幕府：变动社会中的非正式制度》，上海社会科学院出版社2018年版。
③ 肖传林：《民初内阁制度研究》，中国社会科学出版社2018年版。
④ 李云霖：《枢机转捩：近代中国代议制度研究》，中国政法大学出版社2016年版。

为观察晚清政治史上中央与地方的微妙关系以及晚清政治改革所体现的中国政治近代化问题提供了一个新视角。① 有学者以政治转型期中央政权建设为研究视角,对复辟政治现象的发生、进行与终结及其影响展开系统的研究,通过揭示主导复辟现象演展的逻辑依据来寻找上述问题的答案,进而探求制约近代中国政治转型的"瓶颈"。② 有学者将监察院分区监察制度放在近代中国由传统社会向现代社会转型的历史大背景下加以考察,从国家治理现代化的视角进行分析,从一个侧面透视了近代中国社会转型时期国家治理现代化的进展情况,以期在实践上对当今中国国家治理体系的完善有所助益。③ 有学者从中央与地方关系的视角研究近代财政的集权与分权问题。该研究介绍了清代传统中央集权的财政体系的特点,在此基础上分析了在传统的政治架构中财政分权和政治、军事势力的分裂之间相互作用的关系,从而指出近代财政的中央集权与地方分权在本质上是中央与地方之间威慑、妥协或冲突等博弈关系的结果。④ 有学者从民初标志性的政

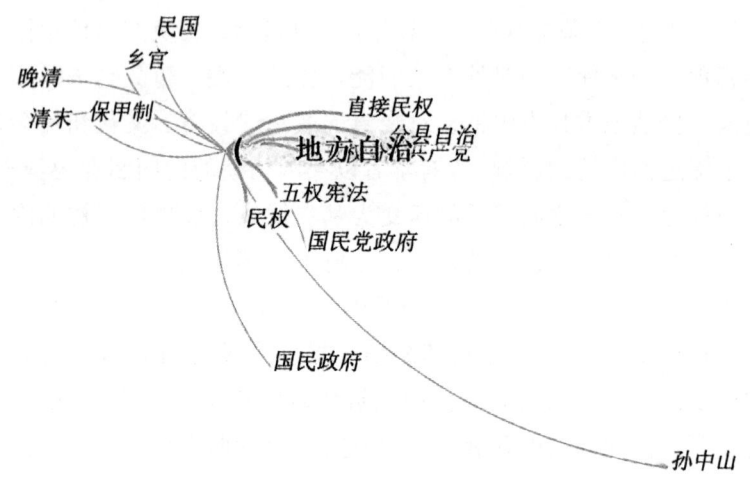

图 11-5 中国近代、民国时期政治制度子研究领域

---

① 李细珠:《新政、立宪与革命:清末民初政治转型研究》,北京师范大学出版社 2018 年版。
② 马润凡:《袁世凯帝制复辟的政治学阐释——基于合法性与有效性的视角》,社会科学文献出版社 2018 年版。
③ 孙宗一:《国民政府监察院分区监察制度的历史考察与当代启示》,科学出版社 2018 年版。
④ 余治国:《中国近代财政集权与分权之博弈》,安徽师范大学出版社 2018 年版。

治人物和事件入手，探索民国创立之初的制度建构及运作，力图对民国政治史上的许多重大问题，进行探寻和廓清。① 有学者从政治文化的变迁入手，对中国现代政治制度的变迁进行了系统分析，形成了独到的研究成果。②

(二) 当代中国政治制度研究的主要成果和特色

由 CiteSpace 生成的关键词聚类图谱来看，关于当代中国政治制度研究领域的研究主题比较丰富多样，研究深度逐步加强，形成了内部聚合的多个子研究领域，并形成了以共产党、协商制度、政治稳定、政治体制等为关键词，多领域之间相互影响的研究格局（图11-6）。

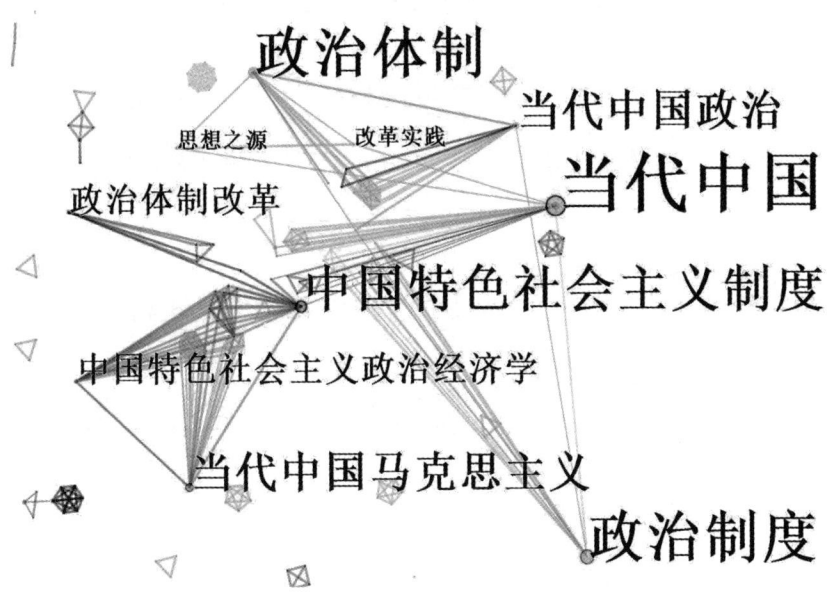

图11-6 2012—2020年当代中国政治制度研究关键词聚类图谱

在新时代，有关当代中国政治制度的总括性著作多有出版，其中，有

---

① 杨天宏：《革故鼎新：民国前期的法律与政治》，生活·读书·新知三联书店2018年版。
② 贺良林、朱志霞：《政治文化变迁中的中国政党制度研究——1949年以前》，中国社会科学出版社2018年版。

学者的著作系统阐述了当代中国政府与政治的制度渊源、制度框架、制度主体、制度功能、制度改革及制度发展。① 有学者从理解当代中国政府与政治的关键方面——中国共产党领导的政治体制及中国共产党本身入手，进而在横向维度上分别阐述作为权力机关和立法机关的人民代表大会，作为统一战线重要内容的多党合作和政治协商制度，作为国家行政机关的中央人民政府，作为"刀把子"的政法系统，作为"笔杆子"的宣传系统，以及作为"枪杆子"的军事系统；在纵向维度上分析中央与地方关系、地方政府、民族区域自治制度及基层治理四个方面的问题，之后，还探讨了当代中国国家与社会及国家与公民关系的变迁和发展。② 有的著作则致力于系统介绍当代中国政治制度的基本情况，主要包括宪法对政治制度的规范、政党制度、选举制度、人民代表大会制度、国家元首制度和军事领导制度、行政制度和司法制度，论述了其地位、组织结构及职能等。③ 有学

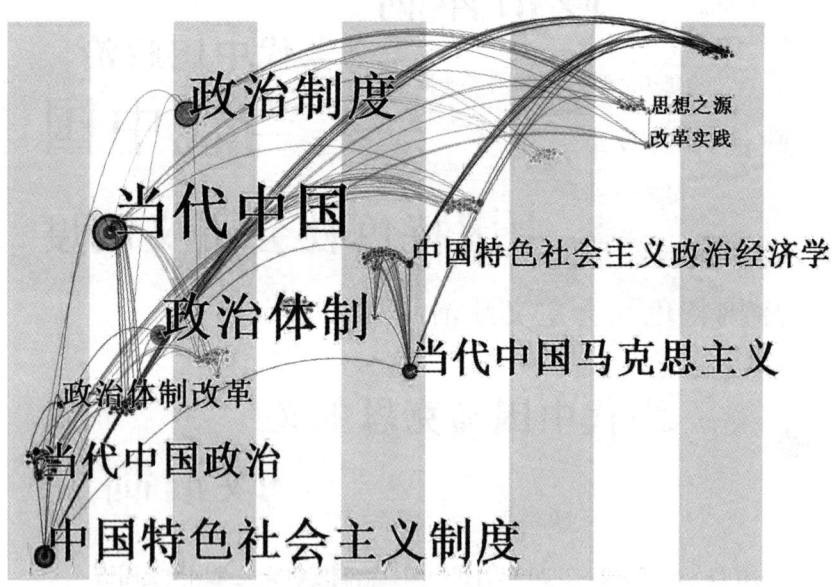

图 11-7　2012—2020 年当代中国政治制度研究关键词时区图谱

---

① 谢庆奎主编：《当代中国政府与政治（第三版）》，高等教育出版社 2016 年版。
② 景跃进、陈明明、肖滨主编：《当代中国政府与政治》，中国人民大学出版社 2016 年版。
③ 王春英：《当代中国政治制度》，世界知识出版社 2017 年版。

| 关键词 | 年份 | 强度 | 起始年份 | 终止年份 | 2012—2020 |
|---|---|---|---|---|---|
| 共产党 | 2012 | 2.4073 | 2012 | 2013 | |
| 协商民主制度 | 2012 | 4.016 | 2012 | 2013 | |
| 政治稳定 | 2012 | 3.3086 | 2012 | 2014 | |
| 新生代农民工 | 2012 | 3.8719 | 2012 | 2013 | |
| 政治体制 | 2012 | 6.4776 | 2012 | 2013 | |
| 网络 | 2012 | 2.4241 | 2012 | 2014 | |
| 功能 | 2012 | 2.4073 | 2012 | 2013 | |
| 社会管理 | 2012 | 5.2247 | 2012 | 2013 | |
| 县级政府 | 2012 | 3.6136 | 2012 | 2013 | |
| 政治改革 | 2012 | 2.8662 | 2012 | 2014 | |
| 制度创新 | 2012 | 2.9554 | 2012 | 2013 | |
| 利益表达 | 2012 | 3.2113 | 2012 | 2013 | |
| 政治体制改革 | 2012 | 23.0617 | 2012 | 2013 | |
| 民主政治建设 | 2012 | 3.3584 | 2012 | 2013 | |
| 公民社会 | 2012 | 3.616 | 2012 | 2013 | |
| 党内民主 | 2012 | 3.4685 | 2012 | 2013 | |
| 政治发展 | 2012 | 7.4343 | 2012 | 2013 | |
| 公民意识 | 2012 | 4.4968 | 2012 | 2013 | |
| 协商民主理论 | 2012 | 2.766 | 2013 | 2015 | |
| 政治发展道路 | 2012 | 2.9808 | 2013 | 2014 | |
| 中国式民主 | 2012 | 4.3652 | 2013 | 2014 | |
| 中国政治 | 2012 | 2.8154 | 2013 | 2014 | |
| 政治 | 2012 | 2.6076 | 2013 | 2014 | |
| 现代化 | 2012 | 4.4568 | 2014 | 2015 | |
| 人大制度 | 2012 | 2.3224 | 2014 | 2015 | |

**图 11-8  2012—2020 年当代中国政治制度研究关键词突现**

者的著作系统阐述了当代中国政府与政治的基本框架，并按照政治学的基本原理建构自身逻辑，从政治主体出发，围绕政治制度、政府体系、政治关系、政府职能、政府过程等五个基本问题展开，进一步讨论了当代中国政治发展中的政治参与、政治文化以及对外关系；从政治关系的逻辑原点出发，从理论、制度、行为和过程四个层面以历时性和共时性的视角分析了当代中国政府与政治的变迁，以及当代中国政治发展的理论和实践成果。① 还有学者从政治和法律制度结合入手，系统介绍了新中国成立后，根据宪法的制度安排，在当代中国现行法律体系框架下，有关政治关系的法律制度。该成果具体介绍了当代中国的政党法律制度、人民代表大会法律制度、人民法律制度、民族区域自治法律制度、基层法律制度等。② 2019 年，由李寿初撰著的《当代中国政治制度》一书出版，该书借鉴和承接浦兴祖的《中华人民共和国制度》（2005 年）的学术风格，注重将执政党制度和国家制度结合，理论与事例结合，制度事实与制度沿革结合，制度本意与制度实施结合，制度描述与制度分析结合，制度固本与制度改革结合，③ 成为当代中国政治制度研究的最新成果。

与此同时，有关当代中国政治制度的专题性研究成果大量出现，政治制度研究更加走向"深化、细化和具体化"。

1. 党的领导制度

在新时代，学术界就党的领导制度的内涵、定位、党的自身建设、发展路径等方面展开了系统研究。

从内涵与定位来看，有学者认为党的领导制度体系是由党和国家权威机构制定通过的，明确和实现了党的全面领导的规则体系。④ 有学者认为党的领导是中国特色社会主义制度的最大优势，体现在党的政治领导指引明确的政治方向，党的思想领导确定正确的思想路线，党的组织领导统领先进的组织建设，党的社会领导凝聚强大的社会力量等方面。⑤ 有研究者则通过从站起来、富起来到强起来的伟大飞跃，论证了党的领导是中国特色社会主义制度的内在逻辑和最大优势。⑥ 此外，也有学者从民主视角出发深刻阐述了党的领导的民主价值，及其我国的民主制度构造的深刻影响。⑦

---

① 方雷主编：《当代中国政府与政治》，中国人民大学出版社 2017 年版。
② 王文慧编著：《当代中国政治法律制度》，中国社会科学出版社 2018 年版。
③ 李寿初：《当代中国政治制度》，中国社会科学出版社 2019 年版。
④ 周建伟：《党的领导制度体系：内涵、定位、意义与内在逻辑》，《华南师范大学学报》（社会科学版）2020 年第 2 期。
⑤ 徐斌：《党的领导是中国特色社会主义制度的最大优势》，《人民论坛》2018 年第 9 期。
⑥ 吴跃东：《党的领导是中国特色社会主义最本质特征的内在逻辑》，《毛泽东邓小平理论研究》2018 年第 6 期。
⑦ 陈家刚：《党的领导与协商民主》，《江汉论坛》2018 年第 11 期。

党的领导制度是一个完备的制度体系，同时也需要不断加强制度建设。有学者从构成要素、逻辑结构和优化路径三方面论述了党的领导制度体系，认为不同制度单元和次级制度体系共同构成了党的领导制度体系的基本框架和逻辑结构，体现了党的领导制度体系的有机性和包容性，为坚持和完善中国特色社会主义制度，推进国家治理体系和治理能力现代化提供了坚实的政治保障。[1] 有学者提出党的领导制度包含了思想建设、政治建设、作风建设、能力建设和工作制度等各个方面，是一个系统完备的制度体系，能够发挥综合性效应。[2]

在党的领导制度的发展路径方面，有学者从理解党的领导核心地位、党的全面领导以及党的领导与依法治国的关系三个方面入手，探讨了坚持和完善党的领导制度的逻辑起点。[3] 有学者提出坚持和完善党的领导制度，需要清晰认识到"党的领导原则是当代中国的最高政治原则"等五大原则，正确理解和贯彻落实"认识和把握党的领导重大原则与党的领导根本制度的关系"等四种关系。[4] 有学者强调，坚持和完善党的领导制度要充分发挥党章的作用。[5] 也有学者从社会主义独特的"政党—国家"体系和"政党中心"的视角出发，提出将执政党的行动逻辑自然地转化为制度的运行逻辑的路径。[6]

党的领导制度是中国最根本的领导制度，是中国特色社会主义制度的核心与最大优势。正是在这一核心制度的基础上，中国实现了民族独立、经济发展和国家强盛。坚持和加强中国共产党的全面领导，创造了新时代国家治理的新模式，即政党中心的国家治理模式。[7]

---

[1] 唐皇凤、梁新芳：《党的领导制度体系：构成要素、逻辑结构和优化路径》，《新疆师范大学学报》2020年第4期。

[2] 张峰：《党的领导制度是系统完备的制度体系》，《人民论坛》2019年第31期。

[3] 李亚男、王久高：《坚持和完善党的领导制度需要厘清三个基本问题》，《理论导刊》2020年第5期。

[4] 丁俊萍：《坚持和完善党的领导制度体系应深刻把握的若干关系》，《理论探索》2020年第2期。

[5] 王维国、陈雯雯：《坚持和完善党的领导制度要充分发挥党章的作用》，《红旗文稿》2019年第24期。

[6] 张艳娥：《党的领导转化为制度优势的逻辑机理与提升路径》，《西安财经学院学报》2018年第1期。

[7] 郭定平：《政党中心的国家治理：中国的经验》，《政治学研究》2019年第3期。

接下来，以中国知网中 2012—2020 年共计 9 年间该主题的学术期刊和学术论文（北大核心和南大核心）作为研究对象，利用 CiteSpace 软件对本领域研究的关键词、关键词时区等进行统计和梳理，并生成关键词聚类图谱和其他图标，由此反映本领域的研究变化。

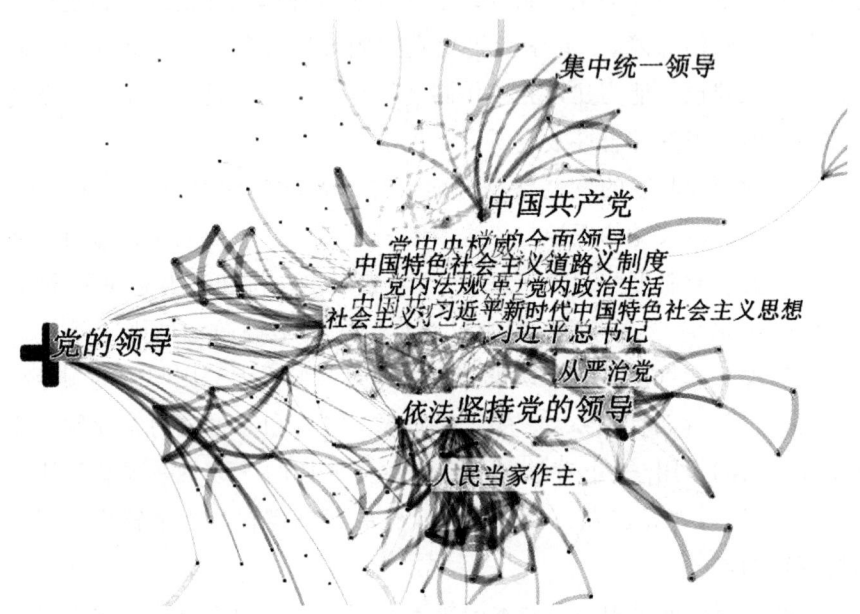

图 11-9　2012—2020 年当代中国政治制度研究党的领导制度子领域

表 11-1　　　　2012—2020 年当代中国政治制度研究党的领导制度子领域关键词突现

| 主题词 | 初现年份 |
| --- | --- |
| 党的领导 | 2012 |
| 中国共产党 | 2012 |
| 全面从严治党 | 2016 |
| 依法治国 | 2012 |
| 党的全面领导 | 2018 |
| 坚持党的领导 | 2012 |

续表

| 主题词 | 初现年份 |
| --- | --- |
| 新时代 | 2018 |
| 人民当家作主 | 2012 |
| 集中统一领导 | 2018 |
| 中国特色社会主义制度 | 2013 |
| 制度优势 | 2016 |
| 国家治理 | 2015 |
| 党的建设 | 2016 |
| 中国特色社会主义 | 2013 |

2. 人民代表大会制度

近年，随着各级人大在国家政治生活中的地位不断强化和工作实践的不断发展，有关全国和地方人大制度的一般性著作与专题性研究成果都日益增多。

关于中国人大制度的总体性描述与研究的成果不断出现。为深化有关人大制度的理论研究，进一步厘清人大制度的基本概念、基本范畴和基本原理，有学者对人大制度的若干重要基础理论问题展开讨论，主要包括人大制度概念的广义和狭义划分、"人大制度是我国根本政治制度"的理论依据重构、人大制度的"议行合一"问题、人大监督与被监督问题以及人大制度与执政党领导的关系问题，[1] 同时也阐述了国家治理体系中的人大制度及其具有的显著优势，并就人大制度优势如何更好转化为国家治理效能提出了建议。[2] 一些学者指出我国的人民代表大会制度相比于西方的议会制度具有明显的制度优势，在国家治理实践中逐渐形成了党的领导、人民当家作主、依法治国"三者统一"的复合治理结构，但是从国家治理体系和治理能力现代化的高度来衡量，人民代表大会制度还不够健全，因

---

[1] 浦兴祖:《人大制度若干基础理论问题探究》，《北京航空航天大学学报》（社会科学版）2017年第30卷第3期。

[2] 浦兴祖:《人大制度优势与国家治理效能》，《探索与争鸣》2019年第12期。

此，要根据时代发展新要求，不断推进人民代表大会制度的结构改革和机制创新。① 有研究者阐述了改革开放 40 年来人民代表大会制度的发展过程，然后指出人民代表大会制度具有承担现代国家治理的主要功能，即建立健全权力制约和监督体系、逐步扩大有序政治参与并不断增强治理体系的回应性，最后对人民代表大会制度的完善进行了思考。② 还有学者讲述了新中国政治体制初创时期（1949—1954 年）"四九体制"到"五四体制"的转变过程：主要围绕 1949 年政协第一届全体会议的筹备召开和《共同纲领》以及 1954 年第一届全国人大第一次会议的筹备召开和"五四宪法"的制定实施展开，包括人民代表大会制度的历史由来、五四体制的确立运作等。③ 有学者依据国家宪法法律规定和人大制度的基本理论，针对人大制度在基层贯彻过程中遇到的若干重大理论问题和实践问题，从人大制度理论层面、人大实际工作层面、人大组织建设层面和历史经验层面等四个方面，以一个人大工作者和学者的视角，多侧面地进行理论思考和实践探究，从而较为深刻地揭示和论证了人大制度是中国民主政治建设的根本政治制度，要积极推进人大制度与时俱进。④ 另有学者比较系统地阐述了人民代表大会及其常委会拥有的立法、监督、重大事项决定和人事任免等职权，探析了上述职权在实际行使中存在的一些问题，并从人大工作和制度建设方面提出了健全完善的建议。⑤ 有学者通过对中国地方各级人大在常委会设立以来的工作创新模式进行总结，提出一种"履职管理驱动型"创新的理论模式，并通过对两个差异性案例的比较加以确证。⑥ 一些学者依托制度与行动之间周期性互动的理论框架，通过对陕西省镇坪县近年来的一些创新性探索的追踪，发现一种新型的自上而下的规范化模式正在成为推动中国地方人大制度化变迁的主流模式，这种新的模式不但在一

---

① 佟德志、漆程成：《人民代表大会制度的复合优势与合力效能》，《理论与改革》2020 年第 1 期。

② 韩旭：《国家治理视野中的根本政治制度——改革开放 40 年来人民代表大会制度的发展逻辑》，《政治学研究》2018 年第 6 期。

③ 秦立海：《从〈共同纲领〉到"五四宪法"：1949—1954 的中国政治》，人民出版社 2017 年版。

④ 潘国红：《国家治理现代化与人大权力行使》，中国社会科学出版社 2016 年版。

⑤ 徐平：《人大职权研究》，法律出版社 2017 年版。

⑥ 何俊志：《中国地方人大的履职管理驱动型创新：理论与案例》，《四川大学学报》（哲学社会科学版）2020 年第 2 期。

定程度上改变了中国地方人大的成长路径，而且正在形成一种独特的代议机构的制度化模式，即由规范化带动专业化的制度化模式。① 有学者介绍了中国地方人大内含的三重属性，即国家意志的执行保证机关、地方党委领导下的工作机关和地方民意的代表机关，指出这三重属性的具体组合，既构成了中国地方人大制度变迁的内在动力机制，也设定了地方人大制度变迁的基本路径和地方人大的行为模式。② 有学者在研究当代中国协商民主制度化建设的过程中，专门探讨了以"两会机制"搭建协商民主的制度平台，明确指出"两会机制"实现了选举民主和协商民主的互补，进一步研究了"两会机制"下的利益表达、决策协商和立法协商问题。③ 有学者针对国内规制代议关系的法律受制于行政法思维的现状，提出应当重视法律部门基本原则的界分价值，在此基础上揭示了代议法的实体基本原则，而且以各国宪法文本为基本依据，论证定期足时、定点、合意为各国代议法的程序基本原则，还结合宪法等法律以及人大制度的实际运行，论证人大制度同样受定期足时、定点、合意这三个程序基本原则支配。④ 来自北京大学、清华大学、浙江大学、中央编译局、北京市委党校、温岭市民主恳谈办公室以及中国人民大学等机构的学者，对代表制与国家治理理论，及其在中国的实践形态——人民代表大会制度的变迁、成就与问题展开了深入讨论。⑤ 可见，在推进国家治理体系和治理能力现代化的背景下，人大制度如何更好地发展完善，得到了越来越多的学术关注。

就人大制度具体方面的研究而言，有关各级人大立法制度的研究成果较为突出。有学者通过对现行法律法规文本进行量化分析，对授权立法的总体发展现状、授权表述及类型展开讨论，发现目前中国授权立法实践仍然存在授权行为不规范、越权行为和授权立法约束与监督机制缺失等问题，并据此提出改进的方向。⑥ 有学者将其参与审阅、修订新预算法案（2014年）全过程发表的文章汇总成书，这些文章间接反映了新预算法案

---

① 何俊志、霍伟东：《从嵌入到规范：中国地方人大制度化路径的新模式》，《华中师范大学学报》（人文社会科学版）2018年第57卷第4期。
② 何俊志：《中国地方人大的三重属性与变迁模式》，《政治学研究》2016年第5期。
③ 徐行主编：《当代中国协商民主的制度化建设》，南开大学出版社2017年版。
④ 蒋劲松：《代议法导论：基于中国人大制民主法治化》，法律出版社2016年版。
⑤ 王续添主编：《代表制与国家治理》，社会科学文献出版社2018年版。
⑥ 陈文博：《全国人民代表大会授权立法的现状分析》，《行政论坛》2018年第25卷第2期。

修订的全过程，体现了国家立法机关、政府有关部门和社会各界共同参与和博弈的内在逻辑。① 一些学者从执政党领导立法的基本原理入手，重点对不同类型和性质的政党在立法中如何发挥作用做出阐释和比较。② 有学者以新修改的立法法为依据，对地方立法的基本问题和地方性法规、自治条例和单行条例、地方政府规章的制定以及适用和备案审查，进行了比较全面的分析。③ 有学者尝试厘清法治理念与地方立法的关系，考察地方立法的历史发展与比较视野，并分别从立法权限与程序，立法监督制度变革，立法质量与解释、修改、废止以及立法能力提升与技术创新等四个方面对地方立法制度进行了全面的解析。④ 还有一些学者对地方立法评估的理论发展历程进行了梳理，分析了地方立法评估实践中的问题成因，探索提出具有中国特色的地方立法评估基础性理论。⑤ 有学者以地方立法基本理论为切入点，重点研究地方人大立法民主化科学化、公众参与地方人大立法途径和方式、地方人大法规草案审议质量、地方立法权力边界、设区的市地方立法权和地方行政立法这六个方面的问题，结合地方实际发展情况，开展调研、数据分析，提出建立与完善相关内容的建议。⑥ 有学者围绕地方立法、地方政府治理和地方社会治理三个领域，以规范立法和创新制度为视角，运用法治思维，提出实现地方治理法治化的制度对策：地方制定良法、地方政府治理的制度创新和地方社会自治法治化的制度创新。⑦

各级人大监督制度和预算审查制度进一步得到学界关注。一些学者认为在构建现代化的国家治理体系的背景下，建立合理、平衡的行政—立法关系就必须增强对政府权力的制约和监督，这就需要从制度设计和运行的层面来推进人大监督程序和机制建设。⑧ 有的学者认为，监察体制改革通

---

① 韦森：《国家治理体制现代化：税收法定、预算法修改与预算法定》，商务印书馆2017年版。
② 田侠：《党领导立法实证研究：以北京市人大及其常委会为例》，中国社会科学出版社2016年版。
③ 崔立文主编：《地方立法理论与实务》，辽宁人民出版社2016年版。
④ 胡戎恩：《中国地方立法研究》，法律出版社2018年版。
⑤ 夏正林、王胜坤、林木明：《地方立法评估制度研究》，法律出版社2017年版。
⑥ 徐微：《地方立法实践研究》，东北大学出版社2017年版。
⑦ 崔红：《地方治理法治化研究：规范立法和创新制度》，知识产权出版社2016年版。
⑧ 陈文博、宗祥夏至：《行政—立法关系视角下的地方人大监督研究——以北京市人大常委会监督工作为例》，《人大研究》2017年第11期。

过整合监察权，重构国家监督体制和宪法权力结构，形成了人民代表大会制度下的监督国家机关和监督国家机关工作人员的"二元"监督体制，在这一体制下，人大对监察委员会的监督不宜采用报告工作的方式，而应由监察委员会向同级人大常委会作专项工作报告，同时采取多种监督机制革新人大对监察委员会的监督方式。① 另有学者介绍了人大对监察委员会的监督方式和途径，包括听取和审议工作报告、执法检查、询问和质询、合宪性审查和备案审查等等，强调加强人大对监察委的监督也是坚持和完善人民当家作主制度体系的应有之义。② 部分学者对地方人大与监察委之间的关系进行定位，从理论依据、事实依据和法律依据三方面展开地方人大对监察委行使监督权的正当性分析，对地方人大对监察委员会行使监督权的具体方式进行了探讨。③ 有学者根据宪法、监察法等法律条文，解释了宪法关于监察委员会有关规定的异同、人民代表大会对同级监察委员会的监督、人大常委会对同级监察委员会的监督和宪法规定的监督方式对监察委员会的适用问题。④ 还有学者从国家治理顶层设计科学化视角出发，探讨了党纪监督与人大监督协同发力的内在机理和科学路径。⑤ 一些学者研究了述职评议的几个问题，指出述职评议是地方人大创造的一种监督形式，认为全国人大应该通过调查研究、总结经验，在对这种监督形式予以规范和提高的基础上，将其尽快列入法定监督形式。⑥ 有学者认为在准确阐释人民代表大会制度的权力法源和功能定位基础上，通过控制与公民财产权直接冲突的公共财产权来实现人民代表大会权力的实质回归，是当下国家治理理论完善和制度实践的可能方向和妥适路径。⑦ 另有学者强调人大及其常委会预决算审查监督机制在政府预算功能的实现中发挥着至关重要的作用，但目前也存在一些不足，其完善途径是：职能导向的预算制度

---

① 刘小妹：《人大制度下的国家监督体制与监察机制》，《政法论坛》2018 年第 36 卷第 3 期。
② 秦前红：《人大监督监察委员会的主要方式与途径——以国家监督体系现代化为视角》，《法律科学》（西北政法大学学报）2020 年第 38 卷第 2 期。
③ 林晨、江晨：《地方人大对监察委行使监督权的正当性及其实现》，《人大研究》2019 年第 12 期。
④ 赵洪生：《监察委的设立与人大监督工作的展开》，《重庆行政》2019 年第 20 卷第 2 期。
⑤ 连振隆：《国家治理现代化视域下党纪监督与人大监督的协同性研究》，《人大研究》2016 年第 7 期。
⑥ 张春生、席文启：《关于述职评议的几个问题》，《新视野》2017 年第 2 期。
⑦ 王桦宇：《论人大预决算审查监督权的实质回归》，《法学评论》2017 年第 35 卷第 2 期。

演进，控权导向的人大及其常委会预决算审查监督机制，问题导向的人大及其常委会预决算审查监督机制，创新导向的地方人大及其常委会预算审查监督实践，治理导向的人大及其常委会预决算审查监督机制。① 一些学者从审查监督的参与主体、审查监督的流程、审查监督的内容、审查监督的方法以及审查监督中人大与政府部门的合作等维度分别总结了全国人大和若干省份地方人大的改革经验，并提出了改革的推进建议。② 为落实党中央关于审查监督重点向支出预算和政策拓展的要求，有学者总结了各地方人大预算审查监督重点改革工作在审查内容、程序等方面积累的实践经验，并提出优化路径是突出党委核心，明确分工与合作，并以大数据技术推进预算公开透明。③

有关各级人大选举制度的成果也多有发表。有学者对选举和选举制度建设中的若干理论和实际问题进行了研究分析，包括新中国选举制度建设的实践和经验，选举权利平等，选举的民主性，科学的选举程序及其价值，选举制度建设与社会主义民主和政治文明建设的关系，选举制度建设与和谐社会构建及干部队伍建设的关系等，并对选举制度建设的思路进行了探讨，提出了改革和完善选举制度的一些基本设想。④ 一些学者从政治过程和民主规范的角度出发，认为新中国人大选举组织体系经历了从"行政机关主导"到"行政—立法机关协作"，再到"立法机关主导"的演化模式，这三种模式从本质上看，都是党领导下的自上而下动员、组织的三级分工模式，并指出未来中国人大选举组织体系可从理性化与公正性两方面加以完善。⑤ 此外，有学者指出先前中国选举制度改革的思路大体上可分为直接化先行模式和竞争化先行模式两种，但基于历史与现实的逻辑，应该首先开启第三种思路，即理性化改革：建立起一套理性的选举管理体系与规则。⑥ 有学者对于人民代表大会制度的完善和优化进行了研究，提

---

① 王维国：《完善基于"五个导向"的人大预算审查监督机制》，《新视野》2017年第2期。
② 汪德华、李苗：《人大预算审查监督重点向支出预算和政策拓展——改革经验与推进建议》，《财经问题研究》2019年第8期。
③ 邓茜：《地方人大预算审查监督重点转型及路径》，《地方财政研究》2019年第10期。
④ 袁达毅：《中国选举制度建设中的若干问题研究》，中国社会科学出版社2016年版。
⑤ 何俊志、钟本章：《新中国人大选举组织体系的演化模式》，《北京行政学院学报》2019年第2期。
⑥ 何俊志：《中国选举制度改革的第三种思路》，《岭南学刊》2016年第6期。

出人大选举体制和机制优化的建议。① 有学者指出在人大代表直接选举中，选举权利分配是正义的，选举是自由和公开的，不过，选举程序和罢免程序还不够严密，实施需要进一步到位。② 一些研究人员分析了县乡人大代表直接选举"间接化"现象，提出要有效遏制这一现象，必须注重提升选民权利意识，完善法律法规，健全竞争机制，并运用先进技术使选举活动健康高效进行。③ 有学者指出，20世纪中期以来，伴随着当代中国人大代表选举实践的展开，在学术研究中逐渐形成了五套话语体系：社会主义与资本主义的比较，从确认型选举到竞争型选举的过渡，制度原则与程序落差，历史起源与制度变迁和崭露头角的实证研究，并通过对这五套话语体系的比较，发现该领域的话语变化趋势是从规范研究到经验研究、从历史研究到现实研究和从静态研究到动态研究。④

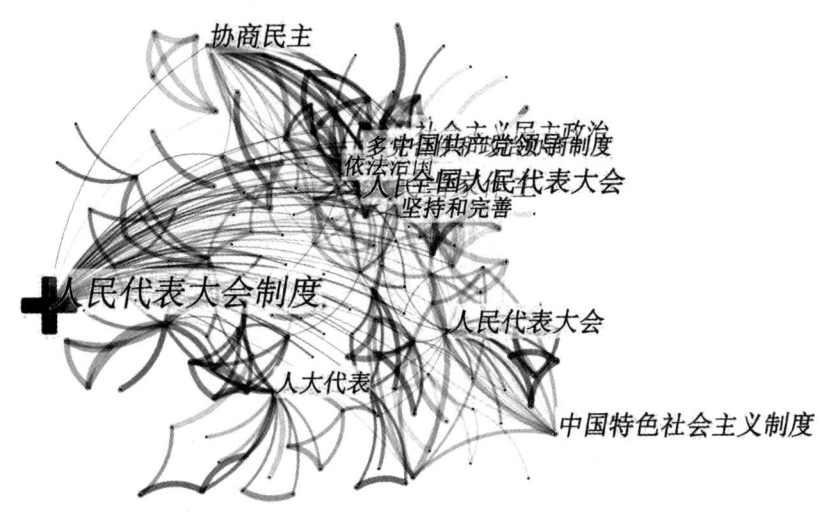

**图 11-10　2012—2020 年当代中国政治制度研究人民代表大会制度子领域关键词图谱**

---

① 王世涛：《论人大选举制度之革新——从辽宁贿选案切入》，《法治现代化研究》2017年第1卷第6期。
② 袁达毅：《论选举的民主性——人大代表直接选举的民主性分析》，《武陵学刊》2017年第42卷第6期。
③ 林士辉、王芮、李永洪：《人大代表直接选举"间接化"问题的生成与矫治方略——基于县乡人大代表换届选举实践的分析》，《理论导刊》2017年第9期。
④ 何俊志：《当代中国人大代表选举研究的话语比较》，《探索》2018年第3期。

表 11-2　2012—2020 年当代中国政治制度研究人民代表大会制度子领域关键词初现年度

| 主题词 | 初现年份 |
| --- | --- |
| 人民代表大会制度 | 2012 |
| 人民代表大会 | 2012 |
| 人民当家作主 | 2012 |
| 人大代表 | 2012 |
| 协商民主 | 2013 |
| 人大制度 | 2012 |
| 中国共产党 | 2012 |
| 依法治国 | 2012 |
| 中国特色社会主义制度 | 2017 |
| 全国人民代表大会 | 2014 |
| 国家治理 | 2014 |
| 党的领导 | 2012 |
| 多党合作和政治协商制度 | 2014 |
| 社会主义民主政治 | 2014 |
| 人民民主 | 2013 |
| 根本政治制度 | 2014 |

3. 新型政党制度与政协制度

在新时代，政治学界在新型政党制度研究、参政党研究、政协制度研究、统一战线研究等分支领域，产出了较为丰富的成果。

新型政党制度研究得到积极展开，相关研究成果逐渐丰富。在理论渊源方面，有学者认为传统文化中的"多元一体""和合文化""天下为公"和"兼容并包"等中华优秀传统文化因素深刻地影响了中国新型政党制度的内在生成。[①] 有学者认为，新型政党制度是对马克思主义政党理论的继

---

[①] 参见柴宝勇、黎田《在"新型"与"传统"之间：影响我国新型政党制度的传统文化因素探析》，《社会主义研究》2019 年第 5 期；赵妍《和文化：新型政党制度的理论渊源》，《人民论坛》2019 年第 9 期。

承和发展。[1] 在内涵与定位方面,有学者认为,新型政党制度的核心要义在于制度化的政党关系,各政党之间的关系是基于共同目标基础上的政治联合与政治合作。[2] 有学者认为,新型政党制度本身蕴含着民主价值,是践行社会主义民主的特有形式,不仅是统一战线的制度载体,也是群众路线的制度载体。[3] 在制度优势方面,有学者认为,新型政党制度为多党派政治参与提供了长期稳定、规范有序的制度化平台,使民主党派在选举投票后能够通过政治协商和民主监督继续参与政治运作,有利于保障人民选举权与政治生活参与权的有机统一。[4] 有学者从比较政党制度的视角分析了新型政党制度之"新",提出中国共产党领导的多党合作和政治协商制度才最适合中国国情。[5] 有学者从人民政协的视角切入,提出新型政党制度蕴含着真实的代表性、有效的动员性、高度的整合性以及巨大的包容性等优势。[6] 有学者认为新型政党制度是理论科学性与实践有效性的统一,实现了对西方政党制度的理论超越和实践超越。[7] 此外,也有新型政党制度相关的论文集出版,研究内容涉及新型政党制度的历史形成、鲜明特色、内涵阐释、独特优势以及未来发展等内容。[8]

参政党研究不断深入。综合性研究成果方面,有学者结合中国参政党的历史和现实,对参政党产生和发展的历史过程和规律,参政党组织结构、制度设置、运行机制,参政党在国家政治体制和国家政治过程中的地位和作用以及未来发展的趋势和走向等重大问题进行系统研究和阐述。[9]

---

[1] 李胜、谢忠文:《"新型政党制度论"对马克思主义政党理论的继承和发展》,《学校党建与思想教育》2019年第15期。

[2] 王天海、王彩玲:《中国新型政党制度的内涵、发展逻辑与文明价值》,《当代世界社会主义问题》2020年第1期。

[3] 杨彬彬:《"新型政党制度":概念、内涵与特点》,《新视野》2019年第3期。

[4] 蔡宇宏:《论我国新型政党制度的制度优势与治理效能》,《社会主义研究》2020年第2期。

[5] 杨德山:《试论新型政党制度之"新":比较政党制度视角下的分析》,《教学与研究》2019年第3期。

[6] 罗峰:《新型政党制度的优势及其发挥——人民政协视角的分析》,《马克思主义与现实》2020年第1期。

[7] 龚少情:《中国新型政党制度对西方政党制度的双重超越及其类型学意义》,《马克思主义研究》2019年7月。

[8] 中央社会主义学院中国政党制度研究中心编:《新型政党制度研究》,九州出版社2019年版;河北省社会主义学院编:《"五一口号"与中国新型政党制度》,河北人民出版社2019年版。

[9] 隗斌贤主编:《中国参政党论》,中共中央党校出版社2018年版。

参政党建设方面，有学者论述民主党派建设与民主政治建设的问题，探讨了中国政党协商的协商主体及其关系，梳理了中国政党协商的制度化探索，最后提出了政党协商视野下参政党建设的具体对策。① 有的学者提出新时代下参政党自身建设的路径需要优化，并提出了加强教育与研习，提高参政党政治思想共识等提升参政党能力水平的路径。② 参政党监督方面，有学者认为当前参政党在民主监督方面仍然存在认知困境、主体困境、客体困境、实效困境等问题，并提出了破解困境的对策。③ 此外，还有很多参政党理论研究的论文集出版。④

政协制度方面的研究成果丰富。在政协制度的综合性研究方面，有的学者认为人民政协是中国政治体系的平衡器与优化器，并探讨了人民政协与立法协商、人民政协制度功能、人民政协界别设置与调整、人民政协协商民主实效、人民政协与民主监督、人民政协与界别建设等各方面内容。⑤ 有学者从人民政协基础理论、基本理论、应用理论三个维度，系统阐述了人民政协理论的内涵、思想内容、理论的发展与演进，系统归纳了人民政协的性质、地位、作用、任务、主题。⑥ 有学者根据习近平总书记关于加强和改进人民政协工作的重要论述，从理论、工作和制度层面深入研究和探讨如何更好地坚持党的全面领导，让党的领导覆盖人民政协各领域、贯穿人民政协工作全过程。⑦ 有学者认为人民政协是马克思列宁主义统一战线理论、政党理论、民主政治理论同中国实际相结合的伟大成果，并分析了人民政协的制度优势和治理效能。⑧ 制度化建设方面，有学者着眼于人民政协提案工作制度，对提案工作制度的内涵、特点、性质、作用和历史演变等进行了理论研究，对提案办理协商这一重要的协商民主形式和

---

① 黄利鸣等著：《政党协商与参政党建设》，湖北人民出版社 2016 年版。
② 高拴平：《新时代参政党自身建设路径研究》，《当代世界社会主义问题》2020 年第 1 期。
③ 刘菊香：《参政党民主监督困境及破解调查研究》，《领导科学》2020 年第 6 期。
④ 参见黄利鸣主编《参政党理论研究论文集》第 10 辑，湖北人民出版社 2016 年版；黄利鸣主编《参政党理论研究论文集》第 11 辑，湖北人民出版社 2017 年版；黄利鸣主编《参政党理论研究论文集》第 12 辑，湖北人民出版社 2018 年版；胡仲军、江礼平主编《参政党理论研究论文集》第 13 辑，湖北人民出版社 2019 年版。
⑤ 肖存良：《平衡与优化：人民政协与政治体系研究》，上海人民出版社 2017 年版。
⑥ 张平夫、陈煦主编：《人民政协理论体系初探》，中央文献出版社 2016 年版。
⑦ 赵连稳、章林：《人民政协若干理论问题探索》，中国民主法治出版社 2019 年版。
⑧ 佟德志：《人民政协的制度优势与治理效能》，《人民论坛·学术前沿》2020 年第 1 期。

影响力进行了实证研究。① 有学者基于实证调研进行学理提炼、提升，讨论中国人民团体参与协商民主之制度环境的基本特征、存在的突出问题及其根本症结、变迁路径。② 有学者探讨了人民政协参与立法协商的法理与机制，认为应当通过制度建设实现立法协商的规范化、多元化、常态化。③

诸多政治学者从协商民主的角度切入研究。有学者探讨了中国协商民主制度平台建设的基本内涵与机制的完善问题，阐明了协商民主的重要性和必要性，分析了中国推进协商民主建设的有利条件和目前面临的挑战，思考了推进中国协商民主建设的渠道和方式。④ 有学者阐述了人民政协协商民主的基本内涵、理论基础、基本经验，研究了人民政协协商民主运行的主要形式和原则，探讨了人民政协协商民主的优越性及价值功能，分析了人民政协协商民主存在的问题以及发展对策。⑤ 有学者从社会主义民主政治与协商民主、统一战线与多党合作、人民政协理论三个方面对协商民主与人民政协理论进行了深入探究。⑥ 有学者将人民政协视为协商民主的制度化产物，认为推进人民政协协商民主制度化就是要把协商民主贯穿政治协商、民主监督和参政议政全过程。⑦ 有学者认为人民政协是社会主义协商民主在国家层面运行的主要渠道和专门协商机构，对整个国家协商治理的深入发展具有重要的示范引领作用。⑧

统一战线研究成果也很丰富。有学者对习近平总书记关于加强统一战线工作重要论述进行了深入发掘，探讨了统一战线的本质、战略、策略、工作重点、方法论等内容。⑨ 有学者以中央统战部为中心，分别从理论创

---

① 林宏彬：《人民政协提案工作制度研究》，人民日报出版社2017年版。
② 康晓强：《人民团体参与协商民主建设制度化研究》，中国社会科学出版社2018年版。
③ 江国华、肖妮娜：《人民政协参与立法协商的法理与机制》，《湖南大学学报》（社会科学版）2019年第2期。
④ 徐行主编：《当代中国协商民主的制度化建设》，南开大学出版社2017年版。
⑤ 刘秀玲：《人民政协协商民主研究》，吉林大学出版社2018年版。
⑥ 张峰：《协商民主与人民政协理论研究》，人民出版社2018年版。
⑦ 杨东曙、刘学军：《人民政协协商民主制度化的基本依据——基于人民政协职能演变的思考》，《科学社会主义》2018年第2期。
⑧ 李建、宋连胜：《人民政协协商民主推进国家治理现代化发展路径探析》，《理论学刊》2017年第2期。
⑨ 莫岳云：《习近平总书记关于加强统一战线工作重要论述的精髓要义》，《马克思主义研究》2019年第12期。

新，统战部门自我建设与统战对象范围变化三个方面考察改革开放以来统一战线的演化进程。[①] 有的学者从统一战线的新理念、新任务、新路径三个方面探讨了新时代统一战线理论的新发展。[②] 有学者着眼于基层，认为统一战线在基层协商民主中发挥的作用不足，并提出了应当建立和完善的相应机制。[③] 统一战线相关的研究论文集比较丰富，有的论文集内容涉及统一战线基础理论、多党合作、参政党建设、协商民主、社会新阶层、海外统战工作等多个方面。[④]

4. 民族区域自治制度

进入新时代，民族区域自治制度被学术界关注，研究成果丰富。

其一，对制度发展完善的宏观研究。[⑤] 有学者指出马克思主义是中国民族区域自治的理论基础，它的传播促进了民族区域自治的建构。[⑥] 有学者梳理了新中国成立以来的中国特色民族理论，认为民族区域自治制度从理论层面回应了两个基本问题，即"什么是民族"和"什么是民族问题"；在实践层面回应了两个核心问题，即"如何促进民族发展"和"如何协调民族关系"。通过梳理新中国成立前后党的民族政策的历史脉络，有学者指出作为统一的多民族国家，中国的社会总问题必然包含民族问题，民族区域自治制度对维护国家统一、领土完整具有重要意义。[⑦] 有学者认为，党的领导通过政治理念、组织体系以及干部队伍等三重逻辑嵌入民族区域自治制度；同时，三重逻辑支撑了中国共产党治理与民族区域自

---

[①] 廖幸谬、景跃进：《改革开放以来的中共统一战线工作——理论与实践的新探索》，《浙江社会科学》2018年第9期。

[②] 冯霞、张多：《新时代统一战线理论的新发展》，《理论探索》2018年第5期。

[③] 汤玉权、徐勇：《建立健全统一战线在基层协商民主中发挥作用的协商机制》，《广西大学学报》（哲学社会科学版）2018年第4期。

[④] 参见北京社会主义学院编《统一战线理论研究·2015》，学苑出版社2016年版；北京社会主义学院编《统一战线理论研究·2016》，学苑出版社2017年版；北京社会主义学院编《统一战线理论研究·2017》，学苑出版社2018年版；北京社会主义学院编《统一战线理论研究·2018》，学苑出版社2019年版。

[⑤] 金炳镐：《新中国成立70周年中国特色民族理论政策发展》，《中央民族大学学报》（哲学社会科学版）2019年第5期。

[⑥] 杨军：《马克思主义是中国民族区域自治的理论基础——广西民族区域自治60年历史经验研究系列论文之一》，《北方民族大学学报》（哲学社会科学版）2019年第1期。

[⑦] 陈建樾：《重构统一多民族国家：新中国成立前后中华民族共同体建设的历史脉络》，《西北民族研究》2019年第2期。

第十一章　中国政治制度研究的发展　　307

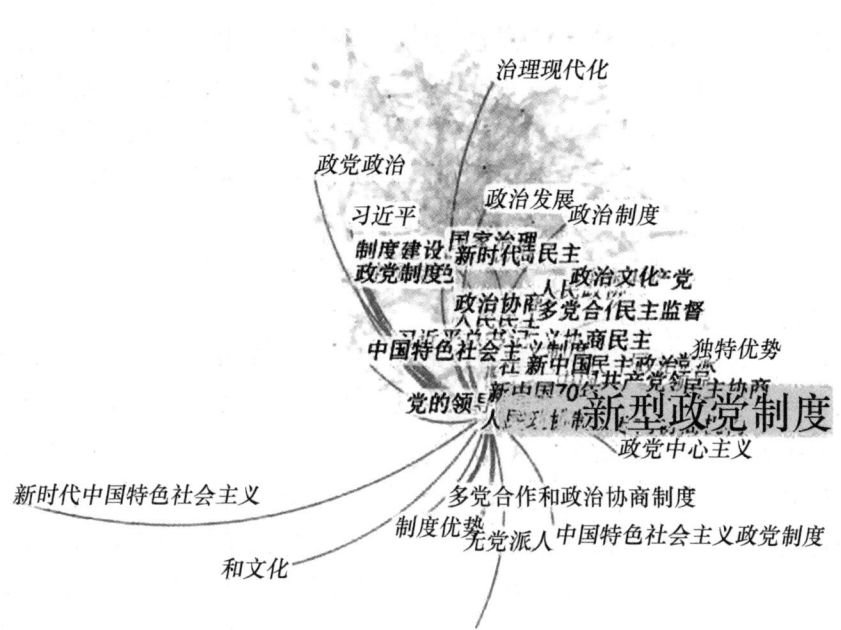

**图 11-11　2012—2020 年当代中国政治制度研究新型政党制度子领域关键词图谱**

治的良性互动,是回应新情况、推进民族区域自治制度发展完善的重要保证。① 在关于民族认同的研究中也有学者认为,维护国家统一与稳定需将政党认同纳入其中,民族区域自治的认同整合功能可以促进国家、民族、政党三维认同整合。②

基于对民族区域自治制度建立和发展历史的梳理,有学者揭示了该制度的内在逻辑:民族区域自治制度涉及两个根本性关系的问题,即国家统一和民族区域自治的关系,以及民族自治地方实行自治的民族与区域内其他民族的关系,坚持完善民族区域自治制度应处理好这两对基本关系。③ 有学者梳理了改革开放以来民族区域自治制度的发展,认为理论深化的表现主要是党的基本民族政策的形成,国家基本政治制度的成型,国家统一

---

① 任勇:《中国民族区域自治制度创建与发展:基于中国共产党治理的研究》,《民族研究》2019 年第 1 期。
② 彭谦、张岳嵩:《民族区域自治制度与国家、民族、政党三维认同之探析》,《黑龙江民族丛刊》2018 年第 5 期。
③ 周平:《民族区域自治制度的内在逻辑》,《学术界》2019 年第 6 期。

与民族自治格局的建立,法治思维的树立与巩固以及中华民族共同体意识的铸造;实践硕果主要有民族事务治理体系的构建、法治建设实践基础的夯实、少数民族贫困地区的精准脱贫以及新型城镇化下民族地区的现代化发展。① 其中,乡村振兴与新型城镇化是新时期民族区域自治制度需要适应的发展背景之一。在民族区域自治制度中,民族乡制度设计是一项子制度,有学者认为完善这项制度能够更好地保障散居的少数民族权益,振兴民族乡村经济。②

其二,对民族事务治理的研究。有学者认为,在国家治理现代化改革的轨道中,民族区域自治制度逐渐走向成熟和完善,逐渐体现出制度优势与政治张力。③ 有学者认为,在新时代背景下应在充分认识民族区域自治制度优势,将制度优势转化为治理效能,提升民族地区治理体系和治理能力现代化水平。④ 基于系统论视角,有学者指出民族事务治理的体系是规则程序系统、组织协调框架以及资源和价值的集合,治理能力是系统与环境持续互动的结果,防止治理走向失败应当警惕基层利益集团产生、协调主体目标分歧与利益分歧。⑤ 有学者指出提升民族事务治理现代化水平要以建构多维认知体系提升治理科学化水平,要以民族事务治理领导体制和共享共治的治理机制提升治理制度化水平,要以民族事务治理法治体系提升治理法治化水平。⑥ 同时,有学者认为制度建设对于促进边疆民族地区的社会稳定也具有重要作用,通过制度建设,不仅能有效化解社会矛盾,还能从根本上形塑社会秩序基本样貌,应当通过制度创新激发、凝聚民族自治区域的经济活力和政治信任。⑦

---

① 宋才发:《民族区域自治制度的实践回眸及未来走势——纪念中国改革开放 40 周年》,《学术论坛》2018 年第 2 期。

② 陈永亮:《乡村振兴视域下新时代民族乡发展路径探析》,《西南民族大学学报》(人文社科版) 2020 年第 3 期。

③ 高永久、崔晨涛:《中国特色民族事务治理的道路创新与道路自信》,《中南民族大学学报》(人文社会科学版) 2020 年第 1 期。

④ 陈亚联:《把民族区域自治制度优势转化为治理效能》,《前线》2020 年第 1 期。

⑤ 高永久、郝龙:《系统论视角下民族事务治理现代化的逻辑》,《广西民族大学学报》(哲学社会科学版) 2018 年第 1 期。

⑥ 蔡诗敏、张胥:《新时代我国民族事务治理现代化水平的提升》,《贵州民族研究》2020 年第 4 期。

⑦ 李慧勇、王翔、高猛:《制度建设何以促进边疆民族地区社会稳定——从价值功用到建构逻辑》,《西北民族大学学报》(哲学社会科学版) 2020 年第 1 期。

其三，对国家统一与民族自治之间的关系的研究。通过考察现代国家政权建设的逻辑理路以及多民族群体现实背景之间的悖论，有学者指出后发国家政权建设中多民族群体问题的困境，认为现代国家构建不仅涉及国家政权建设和民族建设问题，还涉及两者的统一问题。[①] 有学者认为，坚持和完善民族区域自治制度应以法律为基石，坚持统一和自治相结合、民族因素和区域因素相结合，保障民族团结与交流，铸牢中华民族共同体意识。[②] 有学者从民族认同角度阐释了国家统一与民族自治之间的关系，指出国家结构理念与国民整合理念有待进一步"协调统一"，在建构民族认同与爱国主义协调统一关系的过程中，需要加强国家认同和爱国主义的教育、实践。[③] 民族区域自治制度的核心在于民族区域自治权及其相关问题。通过法理分析，有学者认为"少数民族管理本民族内部事务权利"具有法律原则与权利的双重属性。除自治权外，还有学者指出，民族自治地方享受上级国家机关帮助和优惠，应从发展权角度阐释。[④]

其四，对民族区域相关问题的研究。有学者认为，随着民族区域自治制度的不断发展与演变，该制度的主要任务不再局限于处理"维护国家统一"与"实现少数民族政治权利"的关系，还要处理好区域自治民族与该区域内其他民族之间的权利关系。[⑤] 有学者提出，适当调整行政区划是处理好民族区域内各民族关系的路径之一，是民族区域自治制度得以落实的重要保证；涉及民族区域自治问题的行政区划调整需要以维护社会稳定、实现民族自治需求为目的。[⑥] 此外还有学者认为，省直管自治县契合三级管理体制，能够保障自治权的落实，加快民族自治地区的城镇化进程，应从省级层面总体考量、强化对改革的具体指导，以法治为基石规划自治县

---

① 高永久、左宏愿：《论现代国家构建中的民族政治整合》，《社会科学文摘》2018年第3期。
② 陈蒙：《民族区域自治法序言中"少数民族管理本民族内部事务权利"的法理分析》，《青海社会科学》2019年第1期。
③ 青觉、都日晨：《我国民族认同与爱国主义协调统一政治理论建构》，《黑龙江民族丛刊》2018年第4期。
④ 梁洪霞：《民族自治地方发展权的理论确立与实践探索》，《政治与法律》2019年第11期。
⑤ 周平：《民族区域自治制度的内在逻辑》，《学术界》2019年第6期。
⑥ 龙小峰：《民族地区政区调整与民族区域自治的实现路径——以20世纪50年代广西都安瑶族自治县设置为中心的探讨》，《中国历史地理论丛》2020年第2期。

改革方案、优化自治县定位。①

其五，对民族区域自治法制建设的研究。通过梳理新中国成立以来的民族政策法治化进程，有学者认为民族政策法治化主要体现在民族政策内容法治化、民族政策机构法治化、民族政策执行法治化等方面，民族法律法规体系充分保障了少数民族平等权益，为民族地区发展提供了支持。②通过回顾新中国成立以来民族区域自治制度的法治实践，有学者提出民族区域自治制度的法治推进主要包括构建民族地区贫困治理体系，构建民族地区社会治理体系，构建民族地区公共服务体系以及构建民族地区社会诚信体系。③有学者指出，改革开放40年来民族区域自治法制化主要体现在，法律体系基本形成、执行体制机制逐步完善、制度运行的监督机制受

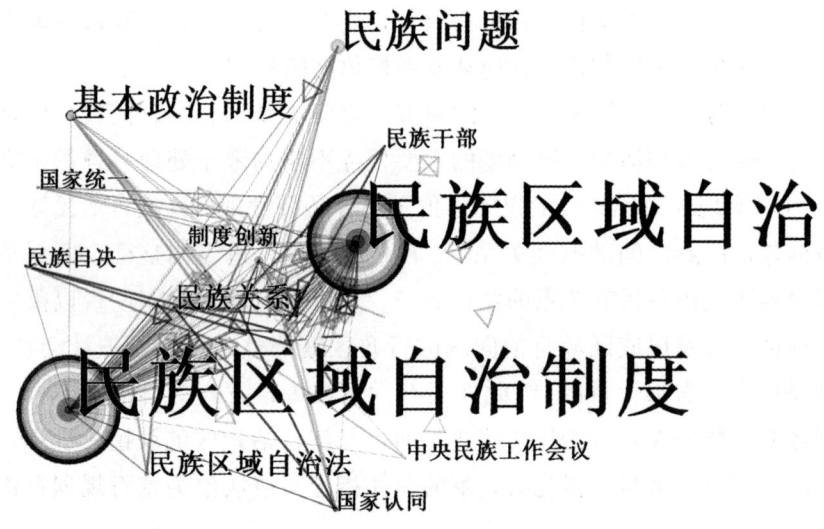

图11-12　2012—2020年当代中国政治制度研究民族区域
自治制度子领域关键词图谱

---

① 李雷：《省直管自治县：完善民族区域自治制度的新路径》，《贵州民族研究》2019年第4期。
② 龚志祥：《新中国民族政策法治化进程70年》，《中南民族大学学报》（人文社会科学版）2020年第1期。
③ 宋才发、郝海燕：《民族区域自治制度的法治实践——庆祝中华人民共和国成立70周年》，《黑龙江民族丛刊》2019年第4期。

第十一章 中国政治制度研究的发展　311

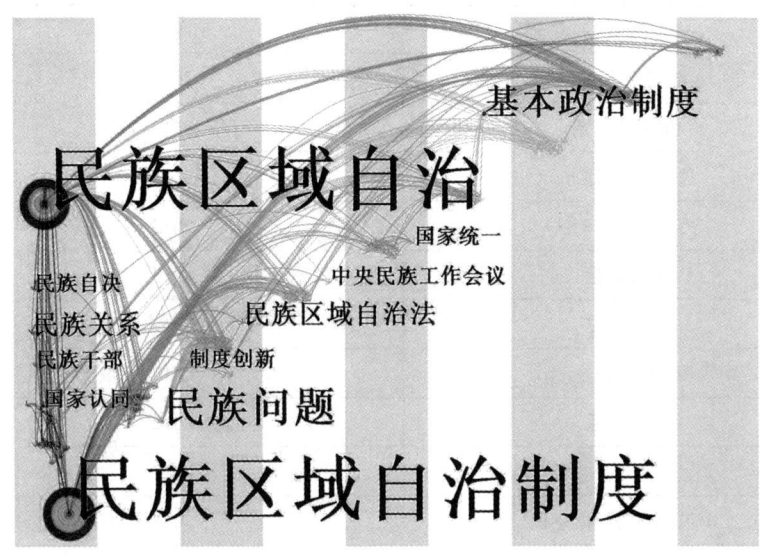

**图 11-13　2012—2020 年当代中国政治制度研究民族区域自治制度子领域关键词时区图谱**

到重视。① 此外，还有学者提出协商民主对民族区域自治法的完善具有重要价值，当前相关法律规范初步实现了重要协商问题制度化，法律规范间互动，政策与法律手段配合初具雏形。②

表 11-3　　　2012—2020 年当代中国政治制度研究民族
区域自治制度主题初现年份

| 主题词 | 初现年份 |
| --- | --- |
| 民族区域自治制度 | 2012 |
| 民族区域自治 | 2012 |
| 民族问题 | 2013 |

---

① 雷振扬、王明龙：《改革开放 40 年民族区域自治制度的发展与完善》，《中南民族大学学报》（人文社会科学版）2018 年第 5 期。

② 郑毅：《协商民主视野下的民族区域自治——规范、困惑与超越》，《当代中国政治研究报告》，社会科学文献出版社 2017 年版。

续表

| 主题词 | 初现年份 |
| --- | --- |
| 民族政策 | 2013 |
| 中国共产党 | 2012 |
| 民族自治地方 | 2012 |
| 民族区域自治法 | 2014 |
| 制度自信 | 2013 |
| 民族团结 | 2012 |
| 自治权 | 2012 |
| 民族关系 | 2012 |
| 民族理论 | 2012 |
| 中华民族共同体意识 | 2018 |
| 完善 | 2014 |
| 民族平等 | 2012 |
| 国家认同 | 2013 |
| 中国特色 | 2012 |
| 人民代表大会制度 | 2016 |

5. 基层群众自治制度

新时代，基层群众自治制度研究在"农村村民自治""城市社区自治"和"职代会制度"等三个分支领域都取得了新的进展。

在农村村民自治研究方面，新的进展主要分为两个方向，一是围绕"自治单元"进行经验探索。有学者从历史和理论角度，分析中国农村村民自治基本单元选择的历史经验与理论建构。[①] 有学者从现实角度，分析了"单元下沉"或"单元上移"对村民自治的影响，探索不同情况下村民

---

① 参见邓大才《中国农村村民自治基本单元的选择：历史经验与理论建构》，《学习与探索》2016年第4期；杨嬛《他治与自治互动下村民自治基本单元的变迁以及启示》，《中国农村研究》2017年第1期；李增元《农村基层治理单元的历史变迁及当代选择》，《华中师范大学学报》（人文社会科学版）2018年第2期；李华胤《乡村振兴视野下的单元有效与自治有效：历史变迁与当代选择》，《南京农业大学学报》（社会科学版）2019年第3期。

自治的有效实现基础,提出农村基层组织单元的划分标准。① 有学者从"微自治"这个概念入手说明自治单元选择与基层民主治理的关系。② 有学者从具体因素考虑,分析不同因素对村民自治单元选择的影响。③ 也有学者从微观案例入手,分析了小组自治、自然村自治的具体形态和实践困境。④ 二是围绕"党建引领"进行模式分析,有学者分析了新世纪以来中国乡村治理正在经历的历史性变化,认为国家权力通过财政和党建两种路径全面进入乡村社会,改变了乡村治理基本格局。⑤ 有些学者分析了"党建+"在村民自治层面的实现形式,包括"党建+扶贫""第一书记+合

---

① 参见唐鸣、陈荣卓《论探索不同情况下村民自治的有效实现形式》,《当代世界社会主义问题》2014年第2期;张茜、李华胤《村民自治有效实现单元的讨论与研究》,《中国农业大学学报》(社会科学版)2014年第4期;陈明《村民自治:"单元下沉"抑或"单元上移"》,《探索与争鸣》2014年第12期;郝亚光、徐勇《让自治落地:厘清农村基层组织单元的划分标准》,《探索与争鸣》2015年第5期。

② 参见赵秀玲《"微自治"与中国基层民主治理》,《政治学研究》2014年第5期;刘成良《微自治:乡村治理转型的实践与反思》,《学习与实践》2016年第3期;李晓广《乡村"微自治":价值、困境及化解路径》,《探索》2018年第6期;王扩建《乡村振兴中的微自治:历史、空间和现实的三重逻辑》,《上海大学学报》(社会科学版)2019年第3期;徐琴《"微交往"与"微自治":现代乡村社会治理的空间延展及其效应》,《华中农业大学学报》(社会科学版)2020年第3期。

③ 相关研究参考:邓大才《利益相关:村民自治有效实现形式的产权基础》,《华中师范大学学报》(人文社会科学版)2014年第4期;胡平江《地域相近:村民自治有效实现形式的空间基础》,《华中师范大学学报》(人文社会科学版)2014年第4期;白雪娇《规模适度:居民自治有效实现形式的组织基础》,《华中师范大学学报》(人文社会科学版)2014年第4期;邓大才《村民自治有效实现的条件研究——从村民自治的社会基础视角来考察》,《政治学研究》2014年第6期;李华胤《政策落地:探索村民自治基本单元的现实因素》,《西北农林科技大学学报》(社会科学版)2016年第3期;李松有《群众参与:探索村民自治基本单元的主体基础》,《山西农业大学学报》(社会科学版)2016年第4期;李松有《资源集中:探索村民自治基本单元的功能基础》,《山东社会科学》2016年第7期;白雪娇《规则自觉:探索村民自治基本单元的制度基础》,《山东社会科学》2016年第7期;侣传振、李华胤《家户联结:探索村民自治基本单元的社会因素》,《广西大学学报》(哲学社会科学版)2017年第6期;李鹏飞《社会联结:探索村民自治基本单元的关系基础》,《求实》2017年第9期。

④ 相关研究参考:黄兰芳《农村自治重心下移改革生效了吗——以广东清远为考察对象》,《甘肃行政学院学报》2016年第6期;黄振华、张会芬《农村产权单元与自治单元的关联性及其治理效能——基于全国25个省(区、市)296个村庄的实证分析》,《宁夏社会科学》2018年第1期;项继权、王明为《村民小组自治的实践及其限度——对广东清远村民自治下沉的调查与思考》,《江汉论坛》2019年第3期;唐鸣《从试点看以村民小组或自然村为基本单元的村民自治——对国家层面24个试点单位调研的报告》,《中国农村观察》2020年第1期。

⑤ 参见景跃进《中国农村基层治理的逻辑转换——国家与乡村社会关系的再思考》,《治理研究》2018年第1期;杜鹏《迈向治理的基层党建创新:路径与机制》,《社会主义研究》2019年第5期。

作社"等。① 有学者从党建和自治的关系入手，分析党建单元和自治单元的互动模式，认为提升村民自治单元的有效性，要综合考虑党建单元设置的条件和因素，探索构建区间和位置相一致的党建单元和自治单元。② 也有学者以微观案例为基础，分析党建引领与基层自治之间的关系，指出，在基层实践中，以党建嵌入自治的形式激发了村民自治活力，从而实现了党建单元与自治单元的双重下沉，也实现村民自治在基本单元层面的重构。③

在城市社区自治方面的研究主要围绕"政—社关系""社—社关系"两个维度展开。在"政—社关系"维度上，有学者认为，中国社区是国家体制延伸的一部分，中国的社区治理表现为高度的政治化与行政化的特征，呈现出了"强国家—弱社会"的关系模式。④ 但也有学者认为日渐兴起的城市社区协商创新，对新形势下的政社关系提出了更多新的要求，为重塑政府与社会关系提供了新的历史契机。⑤ 在"社—社关系"维度上，沿着"社区治理社会化""社会治理社会化"的概念，学者分析了社区自治转型的发展趋势，认为，现阶段的社区自治亟须寻找社区行政化的替代性方案，从社区行政化转向社区治理社会化阶段。⑥ 对此，也有学者从两

---

① 参见陶正付、李芳云《"第一书记"助农村党建民生双提升——山东省"第一书记"制度建设实践探析》，《中国特色社会主义研究》2016 年第 5 期；徐明强、许汉泽《新耦合治理：精准扶贫与基层党建的双重推进》，《西北农林科技大学学报》（社会科学版）2018 年第 3 期。

② 韦少雄：《村域党建单元设置优化与村民自治单元有效性探索》，《理论导刊》2017 年第 9 期。

③ 参见韦广雄《村域基层社会治理的创新与村民自治的有效实现》，《求实》2015 年第 2 期；韦少雄《村域基层党建创新与村民自治有效实现——基于广西河池市"党群共治"模式的分析》，《求实》2016 年第 8 期；沈锦浩《党建嵌入自治：村民自治的基本单元重构——基于上海市 X 村的个案研究》，《山东农业大学学报》（社会科学版）2020 年第 1 期。

④ 参见汪锦军《嵌入与自治：社会治理中的政社关系再平衡》，《中国行政管理》2016 年第 2 期；周庆智《论中国社区治理——从威权式治理到参与式治理的转型》，《学习与探索》2016 年第 6 期；王妮丽《国家与社会关系视角下我国社区治理模式思考》，《云南师范大学学报》（哲学社会科学版）2019 年第 1 期；何绍辉《政策演进与城市社区治理 70 年（1949—2019）》，《求索》2019 年第 3 期。

⑤ 陈荣卓、李梦兰：《政社互动视角下城市社区协商实践创新的差异性和趋势性研究——基于 2013—2015 年度"中国社区治理十大创新成果"的案例分析》，《中共中央党校学报》2017 年第 3 期。

⑥ 参见陈伟东、张继军《社区治理社会化：多元要素协同、共生》，《社会科学家》2016 年第 8 期；陈伟东、许宝君《社区治理社会化：一个分析框架》，《华中师范大学学报》（人文社会科学版）2017 年第 3 期；吴晓林《"社会治理社会化"论纲——超越技术逻辑的政治发展战略》，《行政论坛》2018 年第 6 期。

个角度阐释了这个问题,一方面,政府要改变传统的"分类控制"思路,通过政策、资金"嵌入引导"的方式,扩大社会组织的自治空间;另一方面,社会组织也要从对政府的"绝对依赖"转向"最小化依赖",不断提高自身的自治能力。① 在这个思路基础上,有学者分析了社会化媒体对构建和谐政社关系的作用。② 也有学者分析了市场化的公共服务供给方式对城市社区自治带来的影响。③

相对而言,当前学界对"职代会制度"的研究比较少。有学者从民主政治的视角,分析了工会组织在基层民主建设方面的作用以及面临的困难。④ 有学者认为,工业民主不仅是保障工人参与和工人权益的制度,也是工作场所权力的一种分配。西方各国都在不同程度上进行了工业民主实践,中国也有自己形式的工业民主实践,如工会、职工代表大会、职工董事会、集体合同、工资集体协商以及各种企业民主管理形式等等。⑤ 从更加具体的角度,有学者分析了企业民主管理制度的实践空间与技术路径。⑥ 有学者分析了"鞍钢宪法"在企业民主中的作用,认为重塑组织主人翁精神,保障员工的主人翁地位和激发员工的主人翁行为,是"鞍钢宪法"对于重建当代企业民主的重要启示,在当下市场经济改革阶段,需要重新发掘出"鞍钢宪法"的价值,重建企业民主。⑦ 有学者则以个案研究为基础,分析了职工代表大会在不同的历史时期呈现出的明显的差异性特征,并从新制度主义视角解释职代会变迁,提出了合法性逻辑与效率逻辑之间的张

---

① 参见马立、曹锦清《社会组织参与社会治理:自治困境与优化路径——来自上海的城市社区治理经验》,《哈尔滨工业大学学报》(社会科学版)2017年第2期;谢志强、周平《社区建设中的社会组织作用研究——以上海为例》,《北京师范大学学报》(社会科学版)2017年第3期。

② 参见吴青熹《社会化媒体与社区治理难题的破解——基于社区共同体的分析视角》,《南京大学学报》(哲学·人文科学·社会科学)2017年第4期;吴青熹《社会化媒体与大数据视野下的城市社区治理》,《华东师范大学学报》(哲学社会科学版)2017年第6期。

③ 参见李杰《顾客导向理念嵌入基层社区组织公共服务供给模式研究——以上海市S社区为例》,《哈尔滨商业大学学报》(社会科学版)2017年第3期;陈锋、侯同佳《政府购买社会服务的悖论——对社会组织参与社区治理的观察》,《文化纵横》2020年第1期。

④ 梁丽萍、王彦平:《民主政治建设中的工会组织:职能发挥、存在问题及思考》,《经济社会体制比较》2014年第1期。

⑤ 陆海燕:《工业民主理论与实践及其在中国的运用》,《浙江学刊》2014年第3期。

⑥ 汪仕凯、刘乐明:《企业民主管理制度的中国方案:实践空间与技术路径》,《行政论坛》2020年第2期。

⑦ 胡国栋、王晓杰:《企业民主的缺失与重建:从"鞍钢宪法"到组织主人翁行为》,《马克思主义研究》2016年第1期。

力是导致国有企业职代会制度实践变化的观点。[①]

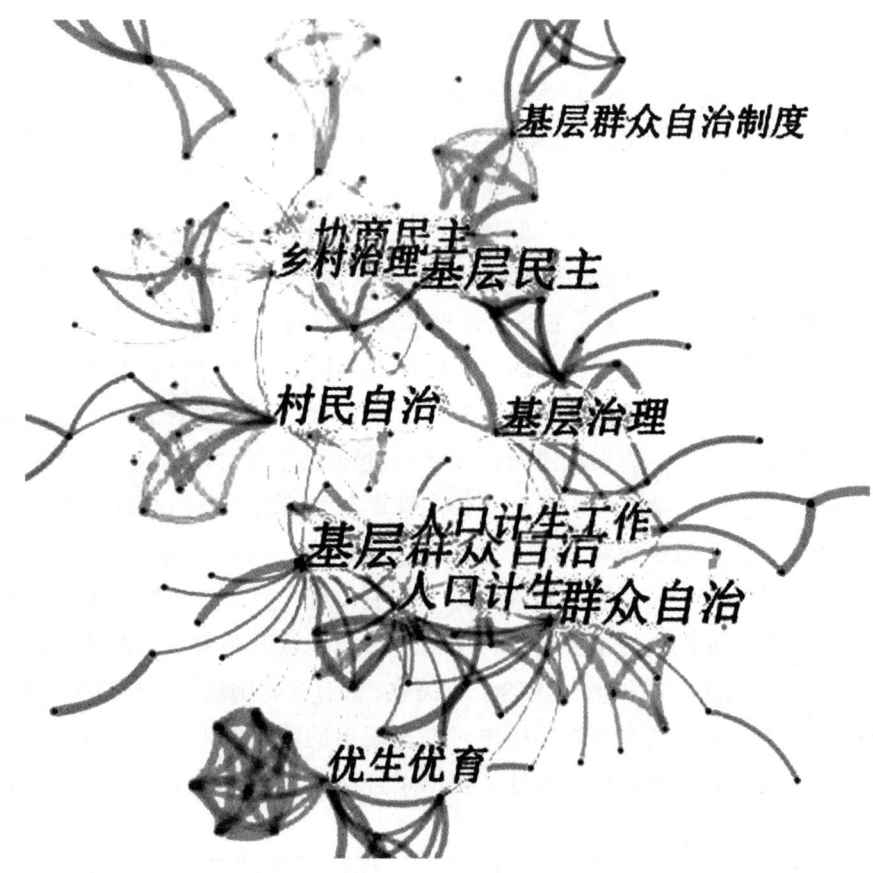

图 11-14　2012—2020 年当代中国政治制度研究基层群众自治制度子领域关键词图谱

### 6. 行政制度

新时代以来，有关中国行政制度的研究，主要是从横向、纵向两个维度分析政府间关系，以及对地方行政制度进行研究，成果日渐丰富，其中，对央地关系、地方政府间竞合关系的探讨成为这一时期学界的研究热点。在有关中国横向与纵向政府间关系的成果中，有学者选择了美国、英

---

[①] 蔡禾、李晚莲：《国有企业职工代表大会制度实践研究——一个案例厂的六十年变迁》，《开放时代》2014 年第 5 期。

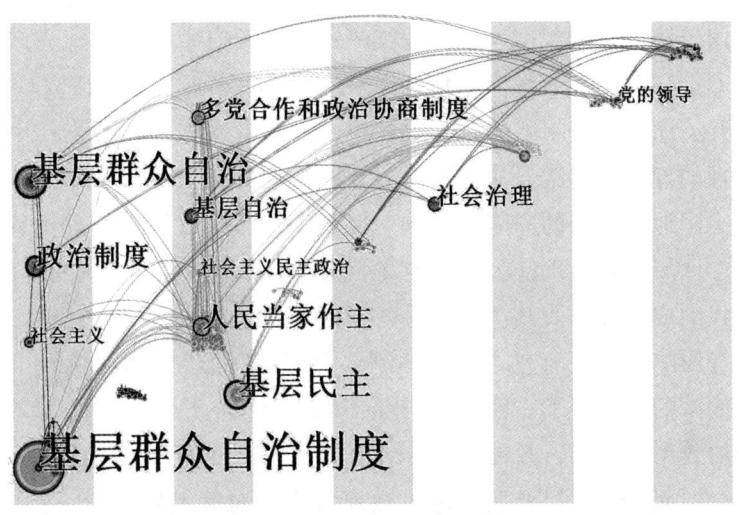

图 11-15　2012—2020 年当代中国政治制度研究基层群众
自治制度子领域关键词时区图谱

国、德国等国家作为样本，研究了各国中央与地方事权划分的法律规定、基本依据、实际划分、典型案例、历史发展和基本趋势，对其个性与共性进行了分析，并探讨了其对于我国中央与地方事权进一步合理划分的相关启示。① 有学者以政府间分权的比较制度分析为基础，着重从理论上阐释了使政府间分权制度化的必要性和建构制度化的分权规则，并根据相关理论文献提炼出政治集权和财政分权这两个基本的分析维度，以此来解读当代中国中央与省级政府之间以及省以下政府之间的关系。② 有学者通过对多个案例进行深入的实地调研以及对我国地方政府合作的政治、经济、社会环境的分析，尝试构建了地方政府合作生成的分析框架。③ 也有学者通过对不同层次地方政府间合作、合作的各种类型阶段等问题的研究，探讨在不同领域以及各类社会问题上，地方政府合作的可行性和必要性。④ 一

---

① 王浦劬等：《中央与地方事权划分的国别研究及启示》，人民出版社 2016 年版。
② 刘承礼：《以政府间分权看待政府间关系：理论阐释与中国实践》，中央编译出版社 2016 年版。
③ 潘小娟等：《地方政府合作研究》，人民出版社 2016 年版。
④ 杨龙：《中国城市化加速背景下的地方合作》，南开大学出版社 2018 年版。

些学者从中央政府—地方政府治理的制度视角对中国经济增长作出解释，提出中国经济增长的制度性解释框架——中央政府主导下的地方政府竞争机制，然后从公平和效率两个角度来对该制度框架展开深入研究。[①]

在有关地方行政制度的研究成果中，有学者系统阐述了当代中国地方政府管理的理论与实践，从中国地方政府管理的历史沿革谈起，依次论述了当代中国地方政府的职能与机构、区划管理、财政管理、危机管理、绩效管理、区域公共管理、公民参与等问题。[②] 有学者从地方政府自主性在改革时代的成长脉络及其逻辑着手，探讨了人事控制、组织纪律、财政体制变革等影响地方政府自主性的体制要素。[③] 有的研究团队梳理了提高地方政府效率的实践经验，测度、分析了我国31个省级政府及292个地级市政府的效率及特点，开展了地方政府效率满意度调查，从宏观、中观及微观三个层面论证了提升我国地方政府效率的对策及建议。[④] 有学者对地方服务型政府建构路径进行了结构性分析，从宏观、中观、微观层面探索结构性调整的必由之路。[⑤] 还有学者在著述中以专题的形式对全面深化改革对地方政府职能的影响、地方治理现代化、府际关系、地方政府规模、地方行政区划、地方财政能力、地方应急管理、地方电子政务、地方政府绩效评估等问题进行了系统分析和研究，对地方政府发展的可持续路径进行了探索。[⑥]

行政体制改革研究一直是学界关注的重点，随着新时代机构改革和行政体制改革实践的不断深入，研究成果颇丰。这部分内容，可见之于本书的新时代的中国政治学学术发展分论之"公共行政研究的发展"。

7. 司法制度

在新时代，有关司法制度的学术研究也取得了新的进展：

一是关于司法体制改革主要方向和总体原则的研究。有学者认为，超越地方主义和去行政化是司法体制改革的两大目标，具体而言，即需要在

---

[①] 朱浩、傅强：《基于公平和效率视角的地方政府竞争机制研究》，科学出版社2019年版。
[②] 陈瑞莲、张紧跟：《地方政府管理》，中国人民大学出版社2016年版。
[③] 李剑：《制度变迁中的地方政府自主性》，中国社会科学出版社2016年版。
[④] 北京师范大学政府研究院、江西师范大学管理决策评价研究中心：《2016中国地方政府效率研究报告》，科学出版社2016年版。
[⑤] 沈荣华：《地方服务型政府建构路径研究》，中国社会科学出版社2017年版。
[⑥] 李尧远、任宗哲等：《当代中国地方政府研究》，中国社会科学出版社2018年版。

弱化地方主义的同时强化省级以下审判机关的内部统制。① 有学者认为，解决司法体制中存在的地方化与行政化倾向，最重要的是司法独立和司法公开。要加大对司法活动的监督，应着重发挥当事人的代理律师对司法的监督，要在人事制度上推行专业化、精英化路线。只有这样才能切实树立法官的权威，从而树立法制的权威。② 从更抽象的角度讲，有学者认为，当前我国的司法体制改革，应当重视三个配套问题，即改革的合法性、司法行政管理的民主性以及权力运作的受制性。对此，应该修改《宪法》等法律，严格区分司法行政事务与司法事务，提倡司法行政的民主化。③ 也有学者认为，推进司法体制改革亟待破解的重要命题就是在宪制框架内正确处理与司法体制相关联的多重关系，亦即外部与执政党、权力机关、行政机关和公民的关系，内部的权力配置、监督制约和人事管理等关系。④

二是关于司法体制改革具体内容的研究。在司法责任制改革上，有学者分析了司法责任制的基本内涵，认为司法责任制的主要内容包括法官依法独立行使职权，以及对错误裁判的问责。⑤ 同时司法责任制又不同于一般的责任追究制度，司法责任制的价值目标不是进行事后追责，更在于培养与遴选好的法官，走法官职业化之路。⑥ 有学者提出，司法责任制的建构，应当在司法独立和司法责任之间寻求适当的平衡，明确哪些行为不属于追责情形，正确理解"终身"的相对性，防止司法责任制的扩大化和任意化。⑦ 在员额制改革上，有学者分析了法官员额制改革的方向，认为法官员额制所要破除的应当是法官职业"行政化"的制度情境。⑧ 有学者分析了检察人员"分类管理"，认为检察人员分类管理改革的重点是落实

---

① 张建伟：《超越地方主义和去行政化——司法体制改革的两大目标和实现途径》，《法学杂志》2014年第3期。
② 季卫东：《司法体制改革的关键》，《东方法学》2014年第5期。
③ 陈卫东：《合法性、民主性与受制性：司法改革应当关注的三个"关键词"》，《法学杂志》2014年第10期。
④ 秦前红、苏绍龙：《深化司法体制改革需要正确处理的多重关系——以十八届四中全会〈决定〉为框架》，《法律科学》（西北政法大学学报）2015年第1期。
⑤ 张文显：《论司法责任制》，《中州学刊》2017年第1期。
⑥ 金泽刚：《司法改革背景下的司法责任制》，《东方法学》2015年第6期。
⑦ 陈光中、王迎龙：《司法责任制若干问题之探讨》，《中国政法大学学报》2016年第2期。
⑧ 丰霏：《法官员额制的改革目标与策略》，《当代法学》2015年第5期。

"员额制"和针对不同类别人员制定配套管理模式。[①] 也有学者从比较法的角度,分析了不同国家司法人员的数量,提出我国有必要适当提高法官、检察官员额制改革的比例;区分不同地区、类型、级别的法院,确定不同的员额比例;强化配套制度的建设,扩大司法辅助人员队伍。[②]

值得注意的是,以"司法大数据"为代表的实证法学为司法制度研究提供了新的思路。在人工智能的时代背景下,中国司法系统获得了某种后发优势,借助信息技术、互联网、大数据、云计算以及人工智能提高办案效率和透明度,使审理流程发生了广泛而深刻的质变和突变。[③] 与此同时,基于数据的法律实证研究已经在法学研究格局中开始崛起并扮演一定角色,其所具备的独特优势也必将为其赢得更大的致用空间[④]。在具体适用上,有学者以"裁判文书网"公开的非诉行政执行案件为研究对象,运用大数据方法对全国非诉行政执行制度的实施状况进行了全景式分析,考察了非诉行政执行制度设计及实施的制度逻辑。[⑤] 有学者以 76 万份以上的法院调解大数据为基础进行建模和拟合分析,提出化解法院调解悖论的司法改革路线,主要应落脚于将证据充分性纳入调解案件分流识别指标,并在调解时强化两造真实促进义务和法官释明义务,同时引入分阶段调解技术。[⑥] 有学者以中国裁判文书网 2008 年至 2016 年裁判文书上网状况为基础,分析了权威、市场化水平和公众信任三个外部因素对代表司法公开程度的上网率高低的影响。[⑦]

8. "一国两制"与特别行政区制度

在新时代的政治学研究中,有关"一国两制"和特别行政区制度的总体性研究成果相当丰富。有学者围绕港澳的主权问题展开研究,主要探讨

---

① 黄维智、王沿琰:《检察人员分类管理改革研究——兼论"员额制"的落实》,《四川大学学报》(哲学社会科学版)2016 年第 1 期。
② 陈永生、白冰:《法官、检察官员额制改革的限度》,《比较法研究》2016 年第 2 期。
③ 季卫东:《人工智能时代的司法权之变》,《东方法学》2018 年第 1 期。
④ 左卫民:《一场新的范式革命?——解读中国法律实证研究》,《清华法学》2017 年第 3 期。
⑤ 孟天广、王翔:《国家社会关系视角下的非诉行政执行制度:基于司法大数据的分析》,《治理研究》2019 年第 6 期。
⑥ 陈慰星:《法院调解悖论及其化解——一种历时性大数据的分析进路》,《法律科学》(西北政法大学学报)2018 年第 2 期。
⑦ 唐应茂:《司法公开及其决定因素:基于中国裁判文书网的数据分析》,《清华法学》2018 年第 4 期。

了主权、"'一国两制'、'港人治港'、'澳人治澳'与高度自治"、单一制与特别行政区、行政长官制,以及港澳政治发展中的其他问题,认为恢复行使主权是建立特别行政区,实行"一国两制"、高度自治的逻辑起点;[1] 有学者认为港澳回归后,国家统一和主权问题基本解决,面临更多的是治理问题,"一国两制"在香港、澳门的落实应从国家统一理论逐步向国家治理理论转化。同时,提出了"一国两制"台湾模式的理论创新,以此推动"一国两制"全面落实与国家完全统一;[2] 有学者以"一国两制"下的中央管制权为研究对象,集中讨论了中央管治权的若干基础问题,中央管治中的主权、管治权和自治权的关系,以及中央管治权中极为重要的几项中央权力和特区在落实中央管治权中的几个现实问题等。[3] 有学者专注于"一国两制"的国家制度统合研究,认为国家制度统合所涵盖的具体制度包括但不限于现行宪法作为国家法的国家标志制度、宪法宣誓制度,以及确立国家国民教育体系等。[4] 有学者针对一些"台独""港独"分子质疑"一国两制"的合法性问题,借助"后民族结构"的理论视域,强力论证"一国两制"的合法性溯源。[5] 有学者立足政治哲学向度,深入研究"一国两制"的生成逻辑与创造性特质,指出唯物史观是"一国两制"的本体论逻辑,综合国力是"一国两制"的现实基础,总体性创新是"一国两制"的社会形态特质。[6] 有学者对特别行政区制度的基本内涵、制度实践、法理依据、重要意义,以及其在中国特色社会主义整体制度体系中的地位进行了探讨,指出特别行政区制度是"一国两制"构想的实现形式和制度保障,是一项具有鲜明中国特色的制度建构。[7] 有学者通过重述单一制与联邦制的根本区别和一系列其他层面的重要区别,指出特别行政区制度在上述诸方面均符合单一制国家的宪法安排,仍然是我国单一制国家结构之

---

[1] 王禹:《论恢复行使主权》,人民出版社2016年版。
[2] 严安林、张哲馨:《"一国两制"理论的实践与创新研究》,九州出版社2017年版。
[3] 骆伟建、周挺、张强:《一国两制下的中央管治权研究》,社会科学文献出版社2018年版。
[4] 魏健馨:《"一国两制"基本原则与国家制度统合》,《华南师范大学学报》(社会科学版)2018年第3期。
[5] 杨晗旭、徐海波、田启波:《"一国两制"的"后民族结构"合法性溯源——基于政治哲学的考察与辨析》,《福建师范大学学报》(哲学社会科学版)2017年第4期。
[6] 王福民、吴雪君:《政治哲学语境下的"一国两制"》,《学术研究》2017年第5期。
[7] 肖贵清、王然:《特别行政区制度:一项具有鲜明中国特色的制度建构》,《科学社会主义》2017年第1期。

下的一种宪制;① 有学者分析了港澳政治体制的总体特点,比较了港澳政治体制与内地省级政治体制,以及港澳政治体制与西方政治体制的差异。② 同时,以"一国两制"和特别行政区制度实施 20 周年为契机,许多学者专注于对 20 年来"一国两制"和特别行政区制度在港澳的实施情况及其经验进行总结。③ 此外,学界对于香港、澳门和台湾政治体制和政治发展也展开了多方面研究。

9. 党和国家监督体系

在新时代,党和国家监督体系建设取得显著进展和重大突破,在国家改革背景下,学界对党和国家监督体系进行了研究与探讨。有学者围绕监察机构改革的必要性进行了探讨,认为,监察体制改革前,纪检监察职能过于分散,党的纪检机关、政府的行政监察机关和预防腐败机关、各级检察机关反贪反渎职机关分属不同系统、各自为政,边界不清、职能重叠;从整体视角看,由于执法方式和执法标准差异,缺乏统一指挥,三者难以形成稳定、高效的衔接机制,监察合力难聚、反腐实效难成,反致"部分之和小于整体"。④ 有学者梳理了改革开放之后到十八大之前的历次监察体制改革,并认为机构职能重复交叉,监督力量分散,出现九龙治水而水不治的现象,只有数量的增加而没有运作机制的转变和制度有效性的释放。⑤ 另有学者关注地方纪检监察机关可能面临同级党委政府掣肘的"同体监督"困境,认为长期以来反腐监督缺乏独立性,这也是系统性腐败、区域性腐败、塌方式腐败、家族式腐败出现的重要原因。⑥

作为一项重大的政治改革,大量学者的目光聚焦于初生的监察机关。

---

① 刘桂新、江国华:《特别行政区制度与我国国家结构形式的关系》,《湖北社会科学》2016 年第 4 期。

② 王英津:《比较视野中的港澳政治体制:特色与评价》,《学海》2016 年第 1 期。

③ 参见齐鹏飞《香港回归 20 年来"一国两制"的民主政治建设探索》,《中州学刊》2017 年第 5 期;林冈、白玉《"一国两制"的理论与实践研究》,《台湾研究》2019 年第 6 期;郭永虎、闫立光《1997—2017 香港"一国两制"问题研究回顾与前瞻》,《深圳大学学报》(人文社会科学版) 2017 年第 4 期;陈章喜《澳门"一国两制"的主要实践》,《人民论坛·学术前沿》2018 年第 11 期。

④ 秦前红:《困境、改革与出路:从"三驾马车"到国家监察——我国监察体系的宪制思考》,《中国法律评论》2017 年第 1 期。

⑤ 蒋来用:《国家监察体制改革的史鉴与对策》,《国家行政学院学报》2017 年第 2 期。

⑥ 吴建雄、李春阳:《健全国家监察组织架构研究》,《湘潭大学学报》(哲学社会科学版) 2017 年第 1 期。

有学者认为，监察体制改革既传承了中国古代监察治吏的传统，又借鉴了域外有益经验，是我国政治体制事关全局的重大改革。[①] 从问题角度，有学者认为，国家监督权的分散配置是当前监察体制诸多弊病之根源，监察体制改革所欲达致的目标即为实现机构与职能的整合，以期优化监督权的配置模式。[②] 国家监察体制改革之关键是宪法设计，一些学者对国家监察的若干问题与正在建设的国家监察制度展开理论探究、实践透视和制度构想，指出同体监督、资源分散、党纪断层的当前监察困境，并提出中国宪制与特色监察的未来出路。[③] 有学者指出进行国家监察体制改革，建立国家监察委员会，可以整合反腐败资源力量，形成集中统一、高效的反腐败体制，有利于形成严密的法治监督体系，从而实现全面推进依法治国的目标。[④] 一些研究者从细数我国监察体制改革的重大举措着手，具体阐述了健全党和国家监督体系的内在要求，纪检机关专责监督作用，自下而上的民主监督，对权力运行的制约和监督，监督执纪的"四种形态"，巡视巡察监督网络的建设，加强党内监督和党外监督的意义和方式方法等内容。[⑤] 有学者重点研究了监察制度改革背景与试点评判、监察制度的变迁与体制改革、监察制度改革与监察法争议述评等内容，针对正当程序保障被调查人的合法权利和防止监察权力滥用程序控制问题进行了特别论述。[⑥] 有学者以权力监察思想研究为切入点，主要针对监察体制机制、监察职能及其行使方式、监察干部队伍进行了探讨。[⑦] 还有学者通过对地方政府的腐败治理等方面的问卷调查和访谈，对如何建构一个有效的监督体制机制，我国监督体系的局限性，当代中国的行政监察在国际比较视野中处于什么样的地位等问题予以了回应。[⑧] 在具体的制度设计层面，有学者分析了监察和司法之间的衔接问题，认为监察委与司法机关协调衔接的实质，是与国

---

[①] 马怀德：《国家监察体制改革的重要意义和主要任务》，《国家行政学院学报》2016年第6期；陈光中、邵俊：《我国监察体制改革若干问题思考》，《中国法学》2017年第4期。
[②] 秦前红：《监察体制改革的逻辑与方法》，《环球法律评论》2017年第2期。
[③] 秦前红、叶海波：《国家监察制度改革研究》，法律出版社2018年版。
[④] 姚文胜：《国家监察体制改革研究》，中国社会科学出版社2019年版。
[⑤] 杨德山、蔡文华、张冬冬：《健全党和国家监督体系》，中共党史出版社2018年版。
[⑥] 郭华：《监察制度改革与监察调查权的界限》，经济科学出版社2019年版。
[⑦] 尤光付：《监察的理论和体制机制研究》，中国社会科学出版社2019年版。
[⑧] 何增科：《廉洁政治与国家治理》，中央编译出版社2017年版。

家刑事诉讼程序制度的协调和衔接。职能管辖应当清晰,级别管辖应设基础规范,并案管辖应符合规律,地域管辖宜做出规定并反映案件特点。① 也有学者提出,依据调查案件性质的不同,监察委员会"调查权"可分为两个部分:一是针对违反党纪和行政法规的一般调查;二是针对职务犯罪的刑事调查。②

还有学者从中国历史长河中寻求国家监督体系的借鉴策略。一些学者对传统中国监察制度史进行了概要而又系统的总结和梳理,对每一阶段权力监督制度演变的原因,监察机构设置、官员职权范围、监察法规、权力监督方式程序、监察官选任考核奖惩,权力监督效用以及利弊得失评价等进行了研究。③ 有学者沿历史轴线,回溯了国家监察体制的演变,阐述了对监察法治的理论审思,从改革的合宪性到监察法的规范构造,从监察法实施重点难点再到监察法学的基本原理都进行了探讨。④ 有学者对中国监察制度的历史作了系统的梳理和阐释,并提出言谏监察和御史监察两个系列构成了中国古代监察体系,至现当代,言谏监察逐渐为国会、议会和人民代表大会所代替,御史机关的司法监察,也分离出由检察机关所行使。⑤ 一些学者则从监察权的性质入手,对我国古代监察制度进行了历史梳理,对其他国家和地区的监察制度进行了比较分析,并对我们党和国家监察体制的演变作了系统回顾。⑥ 有学者从纵向上考察了我国监察制度的历史发展脉络,归纳了不同历史时期中国古代监察制度的共性;在横向上借鉴国内外不同类型监察制度的成功经验,对不同国家、地区廉政监察的领导体制、机构设置、权力范围等进行了比较,在比较的基础上揭示中国当代监察制度的基本特点与未来路径。⑦ 有学者分析了中国国家监察体制 70 年的历史与变革,从早期的华北人民监察院到肇始、发展、重建,至转型的国家监察委员会,并讨论了国家监察制度改革的宪法基础与逻辑以及开放型

---

① 龙宗智:《监察与司法协调衔接的法规范分析》,《政治与法律》2018 年第 1 期。
② 汪海燕:《监察制度与〈刑事诉讼法〉的衔接》,《政法论坛》2017 年第 6 期。
③ 广东省纪检监察学会:《中国古代监督史览》,人民出版社 2020 年版。
④ 秦前红:《监察改革中的法治工程》,译林出版社 2020 年版。
⑤ 彭勃、龚飞:《中国监察制度史》,人民出版社 2020 年版。
⑥ 郝建臻:《法治监察研究》,法律出版社 2020 年版。
⑦ 李智伟、蓝彬洋、蔡毅达:《国家监察体制改革理论和实践探索》,群众出版社 2019 年版。

监察体制中的公民权利调适。① 还有学者从历史、理论和实践三个维度对国家监察委员会的文化传承、制度实践、理论建构、体系建设和改革展望等内容进行了系统梳理，解读了构建"不能腐、不敢腐、不想腐"的权力监督机制。②

国家监察体制改革的理论研究指向的是推进改革深化的实践领域。基于整体性视域对监察制度的规划，有学者指出在国家监察体制改革过程中，各项制度的设计与创新要组织多方力量、广泛征求意见、动员专家学者建言献策，让相关各方参与进改革的决策与法律法规的制定中，增强改革措施的可推行性，减少改革阻力。③ 另有学者建议科学合理地配置国家监察委员会的各项职权，适当增加设置腐败预防的职权与机构，使国家监察委员会具有调查、处置、监督、预防四项职能。④ 建立统一高效的监察体制需要整合力量，主要有两个方面的内容：一方面，把党内的纪检监督力量聚集到监督执纪上，增设纪检监察室，组建组织部、宣传部、纪检监察干部监督室，省级纪委也要做出相应的机构人员调整，集中增强监督执纪力量。⑤ 有学者指出，在增设纪检监察室的同时，探索执纪监督与执纪审查分离，建立健全内部协调制约机制，并且将党内"巡视"等行之有效的工作方式引入监察委员会，增强力量。⑥ 另一方面，探索完善监察委员会的体制机制，实现既有机构与职能的整合。职能整合表现为新机构的设立和旧机构的撤销，"其中所谓的新机构即为专门行使监察权的监察委员会，旧机构则为此前行使监察监督性质职权的机构。"⑦ 还有学者提出，监察委员会整合现有各级检察机关反贪污贿赂部门、渎职侵权查处部门、职

---

① 薛小建：《中国国家监察体制的历史与变革法律》，人民日报出版社 2020 年版。
② 秦强、王兆雷：《监督权力——国家监察委员会的文化传承与制度创新》，人民日报出版社 2017 年版。
③ 吴建雄：《论国家监察体制改革的价值基础与制度构建》，《中共中央党校学报》2017 年第 2 期。
④ 彭新林：《国家监察体制改革：动因、要义与方略》，《学术界》2018 年第 10 期。
⑤ 王岐山：《推动全面从严治党向纵深发展以优异成绩迎接党的十九大召开——在中国共产党第十八届中央纪律检查委员会第七次全体会议上的工作报告》，《中国纪检监察》2017 年第 2 期。
⑥ 颜新文：《探索执纪监督和执纪审查部门分设——建立健全内部协调制约机制》，《中国纪检监察》2017 年第 12 期。
⑦ 秦前红：《监察体制改革的逻辑与方法》，《环球法律评论》2017 年第 2 期。

务犯罪预防部门,以及原来隶属于各级政府的行政监察部门、预防腐败部门,变"三驾马车"模式为"一马当先"。①

党内监督体系是整个监督体系的重要环节。有学者从党内监督的基本理论分析入手,阐释了中国共产党党内监督的历史经验,并提出完善党内监督制度机制的改革方案和加强党内监督的有效方式。② 一些学者利用结构功能分析方法阐述了派驻机构在权力监督体系中的比较优势和功能定位,对派驻制度的历史演进进行了系统的回顾与反思,在抽样调查的基础上,对影响派驻机构制度绩效的关键性因素进行了分析并提出了制度创新的基本方案。③ 一些学者根据《中国共产党巡视工作条例》的精神,对巡视工作的重大意义、总则、组织基础、范围和内容、方式和权限、程序、纪律与责任等问题进行了论述。④ 有学者选取各类权威报刊的重要理论、言论文章,围绕把握政治巡视的定位、要求、重点、目标、作用等方面进行深入阐释,可作为广大党员领导干部的重要学习参考。⑤ 有研究者以二十五史等正史、中国方志库及其他历史文献为依据,对上自秦汉下至明清时期的中国古代巡视制度作了较为全面的介绍,揭示了各个历史时期巡视制度的发展规律和主要特点,为今日的巡视制度提供了历史借鉴。⑥ 一些学者指出,新时代党中央对巡视监督的积极意义、工作任务、方式方法、成果落地以及巡视人员能力建设等进行了全面探索,使巡视制度更加健全和完善。⑦ 一些专家认为巡视制度的功能具有明显的递进式的特点,不仅是"反腐利剑",更是"党之利剑"和"国之利器"。⑧ 有学者指出党内巡视制度作为一种行政制度,是综合了我国古代巡视的有益因素,并且将民主革命时期以及改革开放时期的有益经验进行继承与弘扬,而形成的党内

---

① 秦前红:《困境、改革与出路:从"三驾马车"到国家监察——我国监察体系的宪制思考》,《中国法律评论》2017 年第 1 期。
② 赵褚生、王士龙:《健全党和国家监督体系:新时代党内监督九讲》,中国方正出版社 2018 年版。
③ 陈宏彩:《地方纪检监察派驻机构制度创新研究》,中国社会科学出版社 2016 年版。
④ 于建荣、何芹:《中国共产党巡视工作程序与规范》,红旗出版社 2016 年版。
⑤ 任仲文:《坚定不移深化政治巡视——〈中国共产党巡视工作条例〉党员干部读本》,人民日报出版社 2017 年版。
⑥ 贺清龙:《古代巡视制度史话》,中国方正出版社 2016 年版。
⑦ 董世明:《十八大以来党对巡视制度的探索》,《江汉论坛》2016 年第 2 期。
⑧ 周淑真、蒋利华:《党的十八大以来巡视制度功能探析》,《新视野》2018 年第 2 期。

监督的基本形式之一。①

10. 干部人事制度与公务员制度

在新时代，干部人事制度与公务员制度研究的领域，大致可以划分为"干部制度及其改革""人事制度及其改革"和"公务员制度及其改革"三个分支领域。

有关干部制度及其改革的研究成果中，有学者详细回顾了 20 世纪 80 年代初以邓小平为核心的党中央第二代领导集体以废除领导干部终身制为突破口，推行干部"四化"政策，开启我国干部制度改革的历程，认为干部制度改革既是改革开放顶层设计的迫切需要，同时也体现出顶层设计中目标设定、实施路径及风险控制等基本要素，是改革开放初期顶层设计的一个成功案例。② 也有学者将改革开放 40 年来我国干部制度改革分为三个历史阶段：改革起步、理性推进和全面深化。并总结干部制度改革取得的主要成就和经验，包括废除干部职务终身制，实行干部分级分类管理，建立推行公务员制度，开展竞争性选拔工作，建立领导干部"能上能下"机制；坚持党管干部原则，严格干部选用标准，先试点、后推广、再完善，坚持公平竞争、民主法治原则，统筹兼顾、平衡各方利益等等。③ 还有学者考察了中华民族传统选贤任能思想与选贤任能制度，从选贤任能干部制度的管理效能、政治效能和社会效能三个方面评价了选贤任能干部制度效能，并提出选贤任能干部制度效能的实现机理，即选贤任能干部制度所体现的现代性精神、制度体系的科学性、制度所内蕴的动力机制以及制度机制与时俱进的改革，为选贤任能干部制度效能的持续、充分发挥提供了内在保障。④

在有关人事制度及其改革的研究中，有的学者将干部人事制度改革置于国家治理体系改革的视野之下，结合改革开放以来我国经济体制、政治体制、文化体制、社会体制等方面改革的总体进程对干部人事制度改革进

---

① 唐勤：《党内巡视制度的历史演进》，《理论探讨》2016 年第 3 期。
② 沈冰清：《中国共产党二十世纪八十年代初的干部制度改革：顶层设计的成功案例》，《湖湘论坛》2017 年第 6 期。
③ 余绪鹏、聂平平：《干部制度改革：历史回顾、主要成就与基本经验》，《中州学刊》2018 年第 11 期。
④ 陈辉：《选贤任能干部制度效能及其实现机理解析》，《行政论坛》2020 年第 2 期。

行了全景式分析。① 有学者全面回顾了1978年至2018年人事制度改革的40年历程,总结了人事制度改革取得的成就与不足,阐述了人事制度改革与人才队伍建设的基本经验。② 有的学者从魏晋南北朝以来的"官吏分途"古代官僚制度特色出发,比较审视当代中国官员的空间流动状况,提出了以"官吏相对谱系"为特点的"层级分流"模式。这是通过借用史学研究和社会科学理论来认识和解释人事制度安排与国家治理逻辑之间的关系。③

在关于公务员制度及其改革的研究方面,有学者比较全面地考察了中国公务员制度的法律基础、制度体系和实际运作过程,④⑤ 也有学者引入公共人事系统的"环境—价值—制度"三维分析范式,并基于这一逻辑主线对英国、美国、法国、德国、日本、新兴现代化国家、发展中国家、中国大陆、中国港澳台地区的公务员制度进行了考察,对各个国家和地区的生态环境、历史发展、价值演变、制度特征和发展趋势进行了阐释,揭示了公务员制度发展的一些基本规律,对进一步完善中国公务员制度提出了一些新的思考。⑥ 有的学者通过回溯公务员法实施的十年历程,指出公务员制度建设呈现出渐进、平衡与创新并行的脉络,即以多个单项制度"探索—试点—评估—再决策"的方式实现公务员制度的渐进式发展,以动态调整实现公务员制度"平衡性"运作的机理,以创新性举措实现对传统干部人事制度弊端的突破,并对未来公务员制度的改革与完善提出了对策建议。⑦ 也有一些学者尝试从党的干部制度、现代公务员制度、韦伯官僚制、人力资源开发、新公共管理改革等多个角度分析研判公务员制度的实践进程。⑧

---

① 薛立强:《干部人事制度改革研究:分类管理"三化"目标》,天津人民出版社2019年版。
② 余兴安、唐志敏等:《人事制度改革与人才队伍建设(1978—2018)》,中国社会科学出版社2019年版。
③ 周雪光:《从"官吏分途"到"层级分流":帝国逻辑下的中国官僚人事制度》,《社会》2016年第1期。
④ 王琦主编:《公务员制度》,西南师范大学出版社2016年版。
⑤ 周伟:《中国公务员制度概论》,中国科学技术大学出版社2017年版。
⑥ 张雅勤、熊莉萍主编:《公务员制度理论与实践》,高等教育出版社2018年版。
⑦ 谢炜:《公务员制度发展的渐进特征、平衡机理与创新路径——基于公务员法实施十年的回溯与思考》,《社会科学》2016年第5期。
⑧ 白智立、杨沛龙:《试论中国公务员制度建构特征与改革分析视角》,《国家行政学院学报》2018年第6期。

近年，在干部人事制度和公务员制度的研究领域内，干部的选拔、任用引起了学界的持续关注并成为这一时期的研究热点。有学者指出构建科学有效的选人用人机制，是对新时期干部人事制度改革的方向、目标和思路的新定位，是进一步深化干部人事制度改革，把党和人民需要的好干部选用起来的重要保障。① 有的学者指出要大力推进干部人事制度的价值理念创新和制度伦理创新，就必须使党员群众在干部选拔任用的关键环节和关键部位上发挥主导作用。唯其如此，才能有效增强领导干部对人民群众的道德责任感。② 一些学者聚焦少数民族干部培养选拔问题，搜集并整理了西部 G 省 L 自治州 2012 年至今在任的 226 名县处级正职领导干部的简历，结合访谈与座谈的方式，从个人基本特征、从政经历和关系网络三个维度对影响少数民族地区基层公务员晋升的相关因素做了多元线性回归分析，剖析了少数民族地区基层公务员的晋升特点及规律，并提出了相关完善基层公务员晋升机制与干部人事制度改革的政策建议。③ 有的学者通过对《党政领导干部选拔任用工作条例》文本演变的历史考察，发现干部选拔任用制度在适应性调整中不断寻求制度设计优化、选拔程序细化和选任纪律监督强化，执政党不断推动该制度朝着科学化、民主化和法治化的方向演进。而不断优化干部选拔的民主机制和制度体系，积极推进干部选任制度与现代民主法治的对接与耦合，探索民主选拔与民主选举的有机统一和深度融合，则是我国干部选任制度调适与优化的基本趋向和优化路径。④ 一些学者关注考察竞争性选拔干部方式，通过采取历时性与现时性相结合、理论与实践相结合、反思与提炼相结合的方法，从全景叙述、实践考量、认知述评、学理诠释、外部借鉴、对策建议等维度，对竞争性选拔干部的方式进行了多视角的系统研究。⑤ 也有学者在系统梳理各地各部门有代表性的竞争性选拔方式、程序、特点的基础上，提炼出竞争性选拔方式分类的三个基准，将纷繁复杂的竞争性选拔方式划分为四类，并分别对其

---

① 林学启：《构建科学有效的选人用人机制》，《中国党政干部论坛》2016 年第 3 期。
② 靳凤林：《对我党干部选拔任用制的道德考量》，《理论视野》2016 年第 4 期。
③ 马秀玲、饶帅：《少数民族地区基层公务员晋升的影响因素研究——基于县处级正职领导干部的履历分析》，《西北民族大学学报》（哲学社会科学版）2016 年第 4 期。
④ 唐皇凤、赵吉：《我国党政领导干部选拔制度的调适与优化》，《中共福建省委党校学报》2016 年第 8 期。
⑤ 吴志华、廖志豪等：《竞争性选拔干部方式》，社会科学文献出版社 2019 年版。

定义、适用范围、基本程序等问题进行了系统阐述。① 还有学者指出竞争性干部选拔方式作为当前干部选任的重要形式，在优化干部队伍结构、提升组织选才用才质量方面发挥着积极效能，古代科举制积淀了 1300 多年考试选官经验，如科举永制、铨选制度、法律制度体系、分科举人、策问考试、注重监督等工具化设计对今天完善干部的竞争性选拔方式具有一定借鉴价值。②

11. 国家安全制度

新时代，有关国家安全制度（总体国家安全观）的总体性研究主要有：有学者以国家意识形态安全治理为视角，系统分析了国家安全治理体系的现代化要求，国家意识形态安全治理的现代化镜像，以及我国国家安全治理体系中的治理观念现代化、治理结构现代化和治理模式现代化与法治化等问题。在此基础上，从观念和制度两个维度，提出了实现国家安全治理体系现代化的路径；③ 有学者首先分别论述了党的领导与从严治党，宪法权威与依宪治国在维护政治安全中的地位，以及二者各自可能面临的安全挑战。在此基础上，以国家治理为分析工具，针对多个领域潜在的制度安全风险，探讨破解制度安全风险的系列干预手段。④ 有学者深入探析了习近平总体国家安全观提出的时代背景、若干主要内容及其整合性特征，并对总体国家安全观下的国家安全维护提出政策建议。⑤ 有学者从国家安全观的时代嬗变出发，在分析新时代国家安全观的新诉求基础上，以安全共识、均衡发展、制度革新为视角，创造性地探讨了国际社会实现可持续安全的新思路。⑥ 此外，还有学者研究总体国家安全观在新时代国家治理中的地位、⑦ 总体国家安全观思想对情报方法研究的影响，⑧ 以及为什

---

① 陈曦、方振邦：《领导干部竞争性选拔方式分类研究》，《中国行政管理》2017 年第 1 期。
② 李莉：《科举制对完善竞争性干部选拔方式的借鉴价值》，《陕西师范大学学报》（哲学社会科学版）2019 年第 3 期。
③ 傅丽、梁丽萍：《国家安全治理体系现代化的观念与制度分析——以国家意识形态安全治理为视角》，《甘肃政法学院学报》2018 年第 6 期。
④ 樊鹏：《国家治理与制度安全新视野》，中国社会科学出版社 2018 年版。
⑤ 鞠丽华：《习近平总体国家安全观探析》，《山东社会科学》2018 年第 9 期。
⑥ 郭锐、廖仁郎：《国家安全观的时代嬗变与可持续安全》，《湖南师范大学社会科学学报》2019 年第 6 期。
⑦ 郑旭涛：《总体国家安全观：新时代中国国家治理的重要指导思想》，《学习与探索》2020 年第 1 期。
⑧ 杨建林：《"总体国家安全观"思想对情报方法研究的影响》，《现代情报》2020 年第 3 期。

么提出总体国家安全观[①]等问题。

国家安全制度体系是由国家经济安全制度、政治安全制度、军事安全制度、信息安全制度、生态安全制度等11种安全制度构建的完整制度体系。在新时代，学界围绕国家安全制度体系中的各个子安全制度展开了大量研究，并形成了丰富的研究成果。就国家经济安全制度而言，主要研究有：有学者在描述各国国家安全审查制度的最新进展概况基础上，分析了安全审查制度国内立法的差异性，在此基础上提出了国家安全审查的国际协调建议。[②] 有学者以国家安全审查决定的司法审查为研究主题，通过分析安全审查决定的三种司法审查立法模式、安全审查决定的司法审查规则与晚近实践发展，以及安全审查决定的司法审查价值取向，提出我国的安全审查决定的司法审查应该赋予投资者必要的救济权利、安全审查决定可享有行政复议豁免和安审决定的司法审查仅限于程序救济并应遵循保密例外等建议，以此平衡国家安全与投资者保护。[③] 有学者以审计的基本理论为基础，采用理论分析、规范研究与实证研究并重的方法，着重研究基于保障国家经济安全的审计制度建设问题；[④] 有学者系统阐述了外国投资国家安全审查制度的必要性、基本原理和本质特征，并对澳、加、德、俄、英等国的国家安全审查制度作了相对全面的比较研究和本土研究，最后对我国建立完善的外资国家安全审查制度提出了一系列建议。[⑤] 就国家政治安全制度而言，主要研究有：有学者在描述中国安全形势，归纳中国安全宪法体制的变迁及其构成的基础上，借鉴美国安全宪法体制的启示，着重探讨中国安全宪法体制的重构问题，并认为当前中国以"总体国家安全观"为核心理念的安全宪法体制正在逐步形成。[⑥] 就国家军事安全制度而言，主要研究有：有学者认为根据国家对自身在一对竞争关系中的态势感

---

[①] 熊光清:《为什么要提出总体国家安全观》，《人民论坛》2017年第21期。
[②] 项安安:《国家安全审查制度立法的差异性及其国际协调》，《中国海洋大学学报》（社会科学版）2018年第1期。
[③] 漆彤:《论外商投资国家安全审查决定的司法审查》，《武汉大学学报》（哲学社会科学版）2020年第3期。
[④] 徐向真:《基于国家经济安全的政府审计制度建设研究》，中国财政经济出版社2019年版。
[⑤] 王东光:《外国投资国家安全审查制度研究》，北京大学出版社2018年版。
[⑥] 周刚志、冯理:《安全宪法：历史变迁与制度重构》，《湖南师范大学社会科学学报》2019年第1期。

知，国际安全竞争可以被分为四类，它们会分别诱使国家做出不同的战略反应，引发国内制度进行不同的调适，甚至是能够抑制军事化，以及增强文官对军事部门的控制等。① 就国家信息安全制度而言，主要研究有：有学者对俄罗斯国家情报工作制度的法治基础、机构保障、主要内容和主要特点进行了系统梳理，并对健全和优化我国国家情报工作制度进行了反思。② 有学者通过考察美国情报监听法制的演进，分析了美国情报监听制度的基本内容，并归纳了美国情报监听制度对构建社会主义法治国家情报监听制度的经验与启示，以此推动我国国家安全制度建设等。③

### （三）中国政治制度研究的主要方法与视角

新时代的中国政治制度研究，体现了传统研究方法和现代政治学研究方法共生相长的特点，制度分析仍然广泛应用，新的方法也在不断被尝试，同时研究视角也在不断丰富。

1. 中国政治制度的研究方法日益多样化。在比较长的时间内，有关中国政治制度研究主要是描述性的，从方法上可以归结为传统的制度研究，即通过文本分析、经验总结等途径，说清楚制度本身是什么，再进一步通过比较等方法，总结制度的特点。新时代的中国政治制度研究成果中，还是有大量采用这种传统的研究方法。不过，新的解释性的研究也日益增多。受实证主义的影响，一些研究者倾向于探讨中国政治制度的现实状况。这又可以区分为几种形式：一是通过调查研究呈现中国政治制度的实际运行状况，即所谓现实的制度是怎样的；二是通过抽样调查、案例分析等方法探讨影响政治制度运行或者说制度绩效的因素；三是通过定性比较分析等方法，对中外政治制度或中国不同地区的同一种制度进行深度比较分析，探讨制度改进的途径。此外，受新制度主义的影响，历史制度主义受到部分研究者的关注，力图通过对政治制度发展和演变过程的分析，总结各种制度演变的影响因素和内在逻辑，尝试提出理解中国政治制度变迁

---

① 肖河：《国际安全竞争必定导向国内军事化？——竞争态势、战略反应与制度调适》，《当代亚太》2019年第4期。
② 贺延辉：《俄罗斯国家情报工作制度研究》，《图书与情报》2018年第6期。
③ 吴常青：《国家安全与公民隐私权的平衡：美国情报监听制度及其启示》，《情报杂志》2016年第4期。

的理论范式。

2. 中国政治制度研究的视角和内容更加丰富。新时代，中国政治制度研究视角，呈现出多元复合的态势：既有静态的制度分析，也有动态的过程分析；既有宏观的整体性分析，也有微观的具体制度分析；既有结构功能分析，也有新制度主义的分析。从学科的角度看，中国政治制度研究不仅限于政治学，也包括马克思主义理论、历史学、法学，乃至哲学、经济学等诸多学科。研究视角的丰富除了带来丰硕的研究成果，也拓展了中国政治制度研究的内容。在新时代，党的领导制度成为中国政治制度研究的重要内容。不同于以往将党的领导融入政党制度、政治协商制度等之中，学术界日益认识到党的领导是中国特色社会主义最本质的特征，党的领导制度是中国特色社会主义制度体系的核心，相关研究也日益丰富。与此相一致，党和国家监督制度、党内法规等研究也受到重视。为了适应国际交流和国际竞争的需要，有关中国政治制度话语体系和话语权的研究也在这一时期获得较快发展。

3. 中国政治制度研究注重突出中国特色和制度优势。早在2013年，习近平总书记就提出要讲好中国故事。讲好中国故事是时代使命，同时政治制度也是制度自信的重要组成，因此，新时代中国政治制度研究的一个主线就是围绕讲好中国故事这一使命，向中国人民和国际社会准确、充分呈现中国特色社会主义政治制度，不仅要呈现制度是什么，还要呈现制度的显著优势，体现在研究成果中，就是产生一批关于党的领导制度、行政体制、人民代表大会制度、新型政党制度等各方面的优秀成果，并有部分成果以外文形式出版。

## 二 中国政治制度研究发展的着力点

进入新时代，中国政治制度研究有了显著进步，与此同时，这一研究领域也存在一些薄弱环节。

### （一）古代、近代和民国时期中国政治制度研究的不足

可以说，当代以前的政治制度研究取得了较大进步，不但对自古代至民国时期的政治制度进行了总体的把握，而且对政治制度的各个分支均进

行了较深入的研究。但现有的研究仍然存在一些问题，制约着研究的进一步发展。

1. 加强研究对象的针对性

政治制度作为上层建筑中的一个重要部分，具有自身的表现特征和变迁脉络，将其作为一个专门的对象展开针对性研究具有可行性和必要性。目前，学界对于"政治制度"这一要素的关注度总体较高，但不少是将其作为组成部分或影响因素之一，纳入更为宽泛的"政治研究""制度概要""通史考察"或服务于某些社会问题分析的范畴。相较而言，明确地将"中国政治制度"作为专门研究对象的成果还不够丰硕。在实际研究过程中，仍然面临着如何保持政治制度内在逻辑的相对独立性，同时协调好政治制度与政治社会生态中其他要素之间的互动性和交叉性等相关问题。

2. 加强研究视域的政治性

随着中国政治制度史相关研究成果的数量增多，对于史实的还原愈发完善，相当数量的专著在直观性、完整性、全面性和严谨性上已经能够发挥出经典参考文献和专业教材的作用，这固然离不开学者们对于历史学研究方法的借鉴和应用。但与此同时，对政治制度具体内容的阐述及其变迁历程的梳理仅仅是政治制度史研究的基础，部分相关研究成果的政治性特征还不够突出。近年来从政治学视角探讨政治制度内部的运作逻辑和系统特征，以及思考政治制度与政治思想、政治秩序、权力配置、政社关系、政民关系等方面已经有了一定的研究成果，对于研究视域的拓宽具有启发性意义，但还未形成完备的系列研究。运用政治性的学科思维和研究方式，围绕政治学相关议题进行拓展思考的成果亟待丰富。

3. 加强研究内容的系统性

近年来，学界对于中国政治制度的研究体现出一定的细化趋势。通过专题性与断代史的结合对研究对象进行具体化，如对于特定族群、区域政治制度的深入，或对于广义政治制度中某一方面的侧重，亦有在新制度主义视角下对非正式规则的考察等，以及一些原本受关注度较低的特殊性制度也被入视野。这些局部性的制度研究成果就其本身而言，结构完整、史料丰富、论述全面，一定程度上都是对中国政治制度史研究宝库的有益补充。但从总体上看显得较为分散且不均衡，缺少与总括性政治制度史研究的有力衔接。部分成果还体现出研究对象选取过于微观而研究主题过于宏大的失衡问题，需要进一步完善逻辑链条以增强论证说服力，使研究内容形成横纵交错的网络体系。另外，近年来有一定数量的学者对某些经典专著进行了新解读，但对于大量零散的专题性和断代性的研究成果还缺乏系统性和集中性的综述，对于经典著作的再版以及对于文献注释的修订等不够及时，对于论文集、会议录、报告等收纳的相关成果以及传记、地方志当中相关记载的集中性整理和二次研究不足。

4. 加强研究思路的创新性

目前，部分研究成果通过特定框架、理论、概念的引入或构建，一定程度上在宏观和微观的跨度之间发挥了平台和纽带作用，但此类视角还需要进一步多样化，研究思路的丰富度和层次性还需提升。部分研究成果则采用跨学科的视角增强研究的综合性，或通过比较政治的视野增强研究的宏观性，一定程度上都属于创新性的尝试，但总体上还不够成熟。同时，在政治制度史的梳理过程中，采用问题探究式分析结构的成果较少，大多遵循传统的直述型分析思路。如何防止陷入思维定式的瓶颈，在对史实本身保持价值中立研究态度的前提下，更好地以论统史、寓论于史，形成认识历史的多样化方式，积极展现学者个人的鲜明观点和逻辑特色，还有很大的创新空间。

5. 加强研究方式的科学性

第一，在史料援引方面还相对单一和片面。目前的研究成果大多直接以相对便于获得的官方公文、政府公报、法律法规等为根据，针对研究问题进行民间资料搜集从而形成夯实史料基础的研究成果仍为少数。对于第一手史料的主动挖掘和引证仍需增强，对于新发现史料的专业化解读也需要及时跟进。第二，在史料运用方面仍然较为传统。从数据的提取、统计和分析上拓展定量与定性相结合的研究新视角，或与时俱进地运用网络化、技术性手段使资料处理更为高效和科学的研究经验还较为缺乏。

6. 加强制度研究的现实性

目前的研究成果基本都能够将政治制度置于特定的历史时期和环境条件下进行客观分析，但将历史研究与现实需求有机结合的能力还需提升。一方面，历史与现今的互动不够充分。在评价特定政治制度的影响时，多数是基于后续的既成史实而进行简单的客观归纳。能够更深远地分析该历史制度对于当代政治建设的启示，或运用新时代的新理念来反观历史经验、寻找历史根基的成果相对较少。另一方面，理论与实践的互动不够充分。多数研究成果的意义停留于理论界，较少将这种以史为鉴的研究价值转化为对策思考从而更加直接地服务于当前政治建设的实践。反之，与时俱进地将某个具体的现实问题作为出发点，通过理论研究针对性地回应实践需求、提供思路参考的研究成果也有待丰富。

### （二）当代中国政治制度研究的不足

第一，当代中国政治制度研究的方法论有待进一步完善。

长期以来，当代中国政治制度的研究主要采用传统制度分析方法，即通过文本分析、经验总结等途径，说清楚制度本身是什么，再进一步通过比较等方法，总结制度的特点，总体上更接近于宪法法理学和比较宪法学的研究取向。近年来，受新制度主义等世界政治学研究范式的影响，更多的学者探索将正式制度诠释与非正式制度分析结合，将制度研究与经验研究、案例研究结合，甚至有学者开始尝试利用定量和实证分析方法丰富制度研究并取得了可喜的研究成果。有关当代中国政治的著作题名也越来越多地采用《中国政府与政治》，都显示出传统制度研究的不断拓展与进步。

另一方面，也应看到，目前国内当代中国政治制度研究的方法论还处于摸索和完善过程之中，文本解读和法律诠释还是制度研究的主流，经验研究与案例分析有待提升到理论层面，实证和计量方法的应用还处于探索过程中，系统、成熟的方法论和理论范式还在酝酿，有待学界更为深入和扎实的研究工作来推动形成。

第二，中外政治制度比较有待进一步加强。

在政治学的一级学科之下，中外政治制度比较是二级学科和专业，但该学科一直没有成熟起来，一直是当代中国政治制度研究者集中关注中国的事情，外国政治制度研究者专门考察外国特别是欧美几个发达国家的政治制度，非欧美国家的政治制度研究长期处于较少被关注的状态，而中外比较研究则更少一些。近年，国内若干大学的相关学院已经开始组建比较政治学系，将中国政治与比较政治（外国政治）两个领域区别开来，是有合理性的。

受上述学科设置的影响，比较政治制度研究在国内一直是以关注和考察欧美发达国家政治制度为主，自觉开展中外政治制度比较的系统研究成果较少。与此相对，当代中国政治研究领域也往往是只集中考察国内政治，而较少做明确的中外比较研究工作。从学科建设角度看，未来推进中国政治（含中国政治制度）和比较政治（含外国政治）二级学科分设可能是一个较为合理的改革方向。

## 三 中国政治制度研究发展的重点领域

### （一）古代、近代和民国时期中国政治制度的重点研究领域

中国政治制度学术发展和研究将主要集中在如下几个方面：

第一，总结中国在农业时代的国家治理体系的基本构成和经验。中央集权、文官体制、乡土自治、行政区划等构成了传统汉族农耕地区的国家科层治理体系，并在传统中国时期取得了卓有成效的治理效果。习近平总书记强调，要治理好今天的中国，需要对中国历史和传统文化有深入了解，也需要对中国古代治国理政的探索和智慧进行积极总结。政治制度是处理各种重要政治关系的稳定性规范。通过探究中国传统时期对央地关系、汉族与少数民族关系、对于基层政府与社会关系以及官民关系等重要关系的处理，可以加深对历史上的中国政治制度的理解，并为中国治理体系和治理能力现代化提供有益借鉴。

第二，关注中国古代、近代和民国时期的监察制度和监察体系。监察制度自古就是中国政治制度的一项重要组成部分。随着国家监察体制改革的推进，学者的目光将投向中国古代的监察制度和监察体系。中国是最早建立监察制度，并将其置于主要典制地位的国家之一。中国历史上稳中有变的传统监察制度形成了自己的发展逻辑。民国时期更是将监察权与立法权、行政权、司法权、考试权并立，以此形成国民政府的政权组织形式。中国监察制度的发展史留下的不仅是简单的制度变迁史，梳理监察制度的产生、发展、变化的逻辑，汲取监察制度的传统资源，对当代监察体制改革具有重要意义。

第三，关注北方游牧地区、东部海洋地区和民间江湖社会的"流动社会"的治理经验。虽然北方游牧地区、东部海洋地区和民间江湖社会的"流动社会"，属于支流、补充和边缘地位，但是，游牧民族是流动性很高的一个群体，他们的管理经验对今天治理流动社会有着借鉴意义。例如，

对于以盟旗制度作为主要管理制度依托的北部边疆游牧生活，汉族学者和群众往往将其生产生活方式想象成无拘无束的"自由流动"，这其实是一种深深的误解和农耕文明的偏见，无论游牧还是渔业的流动，都是"有序流动"，而且这种有序流动的优点和方式很可能是我们未来治理流动社会时最基本的思路和传统治理遗产。基于此，学者将其学术考察转向了北方游牧地区、东部海洋地区和民间江湖社会等"流动社会"的治理经验。

第四，在研究对象上，内在制度与外在制度并重。古代中国政治制度的运作往往是被各种集团所左右，集团有时候会窃取皇权以替代皇帝，而成为权力的核心和政治舞台上的主角。集团的形成、构成及其行动，本身又构成了制度背后的制度。因此，只看皇帝制度、宰相制度是不够的，因为这些制度充其量是制度经济学中所说的"外在制度"，而依托集团而形成的规则，则构成了内在制度。内在制度有时候比外在制度还要厉害，因为外在制度是表象，内在制度才是实质。因此，学界摆脱了单一的外在制度研究，将其学术旨趣投向了内在制度。既有国家正式制定的典章制度，也有在政治运行过程中起到规范作用和调节作用的传统习惯、政治规则。

第五，在研究方法上，用中国化的分析视角研究古代政治制度。历史上的中国政治制度是世界文化遗产，有必要将之纳入世界范围进行评价。过去学界从现代化的视角来看中国政治制度史，从中看到中国政治制度史所面临的一些问题。但是，中国历史研究如何向世界表达"中国视角"是学者需要进一步理论阐述的重要问题。近年来，学界开始尝试借助内外、轻重、礼法、文武、上下、名实、体用、干枝、高低、强弱等概念来分析中国古代政治制度。用中国化的分析视角，有助于加深对于中国古代政治制度的理解，也有助于形成制度自信。制度是有生命的，中国古代政治制度的背后是延绵不绝、因袭传承的中华文明，当代的政治制度许多都能从传统政治制度中找到影子。

### （二）当代中国政治制度的重点研究领域

第一，党的领导、人民当家作主与依法治国有机统一。

未来，这一问题必将仍然是中国政治制度研究的核心命题：

（1）党的领导制度在理论和实践中进一步完善。在现有研究的基础上，进一步阐明"党是领导一切的"的重要性和必要性，党的领导与中国特色社会主义的内在联系，充分体现党的领导作为最本质特征的定位。实践中，比如围绕机构改革，从体系架构上理顺党与其他国家机构之间的关系；加强党自身建设，特别是党的基层组织建设，充分发挥战斗堡垒作用。

（2）进一步科学阐明党的领导、人民当家作主、依法治国的内在关系。在对党的领导、人民当家作主、依法治国各自的内涵、定位和发展方向有充分论述的基础上，要从社会主义民主政治建设的高度来理解三者的内在关系。社会主义民主政治作为最高形态的民主，需要在吸收现有民主政治发展成果的基础上，超越现有西方的民主政治形态，将发挥党的统领作用、人民群众的参与以及法治保障这些积极因素统一起来。

（3）三者有机统一的实践应用。党的领导、人民当家作主、依法治国的有机统一需要体现在具体实践中，比如宪法修改、人大代表选举等。对这些具体问题的研究需要有意识地从三者有机统一的高度切入，在把具体问题讲清楚的基础上，寻求理论上的解释和突破。

第二，国家监察制度的发展与完善。

随着各级国家监察机关的整体组建和监察制度的全面运作，深入探究和总结中国特色监察制度将成为未来一段时间中国政治制度研究领域的重要内容。

（1）研究内容有待进一步深化。在坚持党中央集中统一领导下，探索如何根据权力制约和正当程序原则改造传统的监察监督模式，建立独立、权威、专业和负责的现代监察监督制度。国家监察体制改革确立了监察委员会作为国家监察机关的合法地位，监察机关被赋予了较之改革前更大更强的权力。但是，一切权力都有被滥用的可能，对监察机关相应的监督和制约机制需要随着监察权的增强而强化，实现监督与被监督的同步性。如何适当地对监察权的行使加以监督和制约，如何伴随监察职权的强化而相应地增强监督也将成为重点的研究方向。

（2）国家监察制度的政治学研究成果有待加强。现有研究大多集中于中国共产党的学说领域，充分说明了党的领导与国家监察体制改革密不可分的内在逻辑关联，但政治学等相关领域的研究成果尚不充分。因此未来政治学学者应强化对国家监察制度的多角度研究，加强对监察权性质与内涵的理论建构。

（3）坚持理论与问题相结合，强化中微观领域的具体分析。党的十九大报告明确指出："深化国家监察体制改革，要将试点工作在全国推开，组建国家、省、市、县监察委员会。"组建市、县级监察委员会是新时代推进国家监察体制改革向纵深发展的重要战略举措，因此在理论研究的过程中，可以适当将研究视角转向地方层面，将国家监察体制改革的宏观战略、理论与制度设计融入到地方改革实践的具体问题中加以考察。

（4）加强监察制度的政治文化层面的研究。当前学界对监督执纪的研究更多地侧重于制度、机制等"硬约束"方面，部分学者虽已注意到考察中国古代监察制度变迁来丰富当代中国监察体制改革理论，但相对忽视了对监察制度存续的深层次政治文化内涵的分析。在未来的研究中，一方面可以增强对国家监察体制改革政治文化意蕴的挖掘；另一方面，可以立足社会文化背景探索改革实践中可能面临的问题，并提出具体的解决问题的对策。

第三，国家治理体系和治理能力现代化。

关于推进国家治理体系和治理能力现代化研究，主要的内容是：

（1）总结中国之治的经验。在新时代，中国在防范化解重大风险、精准脱贫、污染防治的三大攻坚战上取得重要成就，经受住了复杂国情和多变国际局势的一次次挑战。未来，国家治理研究要侧重通过回顾重大治理实践，总结归纳我国的体制优越性，持续保持制度优势，以经验教训反哺制度和治理体系、治理能力建设，总结中国之治，明确该"坚持和巩固什么"。

（2）探索进一步将制度优势转化为治理效能。在国家治理中，我国在制度建设方面取得了显著成就，不过，在细节性制度上依然存在薄弱环节，需要进一步深化改革，将宏观层面的制度优势进一步在治理实践中转化为治理效能，最大化制度优势。应探索如何将制度优势发挥到具体领域的治理体系构建中，应对转型社会和风险社会的挑战，做好"发展和完善什么"。

（3）进一步转变国家治理的理念。治理理念的转变是实现治理现代化的关键，在我国理顺政府与市场、社会关系、推进"放管服"改革、建设服务型政府等制度层面取得重要成果的同时，要进一步探索适应于高效应对各治理领域具体问题的治理理念，讲求创新驱动，树立领导干部的服务意识，构建政府与社会协同发展的治理文化等。

第四，人民代表大会制度的发展与完善。

围绕坚持和完善人民代表大会制度，学界在未来几年需要加强以下两个方面的研究：

（1）人大对"一府一委两院"监督问题的研究。随着国家监察委员会的建立和监察制度的普遍实施，在传统的人大与"一府两院"关系架构基础上，形成了新的人大与"一府一委两院"的新格局，在宪法和国家监察法的规范下，人大与监察委的法理关系已经确立，而人大与监察委在工作实践中如何有效互动，人大如何更好统筹监督和支持"一府一委两院"工作，以确保党的领导、人民当家作主和依法治国的有机统一，尚有很多具体制度安排有待健全与完善，未来需要学界对此进行深入研讨。

（2）重大突发事件背景下人大工作制度的健全与完善。2020年，因新冠肺炎疫情的发生，全国"两会"在几十年后首次推迟召开，部分地方"两会"开会时间也发生调整，各级"两会"开会方式也进行了改革。虽然疫情造成"两会"时间延后，但各级人大因应疫情对工作进行了及时调整和改革，并为全国的战"疫"防"疫"工作及时提供了法制保障，充分显示出人大制度的调适能力与灵活弹性。学界应积极跟踪疫情以来的人大工作的改革与调整实践，深入探讨和研究重大突发事件背景下人大工作制度如何进一步健全和完善。

第五，国家行政体制的发展与完善。

党的十九届四中全会《决定》指出，"国家行政管理承担着按照党和国家决策部署推动经济社会发展、管理社会事务、服务人民群众的重大职责"。[①] 政府职责的有力承担在社会主义现代化建设过程中发挥了重要作用，同时，行政体制的不断发展完善要求政府职能进行不断优化和逐步规范。在

---

① 《中共中央关于坚持和完善中国特色社会主义制度、推进国家治理体系和治理能力现代化若干重大问题的决定》，人民出版社2019年版。

新时代，学界对于中国行政制度的研究关注的问题在完善国家行政体制方面不断走向深化，未来，持续深化国家行政体制改革，推进国家治理现代化仍是重点关注的课题。具体而言，应重点关注的问题包括：

（1）构建权责明确、依法行政的政府治理体系研究。探索政府职责体系和组织结构的优化路径。研究如何优化政府组织结构，推进国家机构职能优化协同高效，从中央到地方权责问题如何摆布，一些领域的权责配置如何调整和完善，从制度入手解决纵向政府间在事权划分上的混乱问题和职责履行中的掣肘问题等。

（2）深化行政改革，推进政府治理现代化研究。实现国家治理现代化首先要实现政府治理现代化，因此下一步这一方面的研究重心在于以政府治理为核心推进国家治理体系和治理能力现代化。总结我国行政体制改革经验优势的基础上，研究把握我国现代化发展进程和基本国情的阶段性特征，准确判断我国不同发展阶段上国家制度和治理的结构与运行状态。探索如何进一步深化行政体制改革，锚定政府治理现代化目标，提升政府治理现代化水平。

（3）创新政府管理和服务方式，提升政府治理效能研究。将行政制度优势转化为政府治理效能，促进政府管理和服务高效，注重总结政府管理和服务创新的本土化经验，在管理方式上由粗放转向精细，研究如何在过程和手段方面进行创新。探索政府智慧治理，研究新时代政府技术治理的基本逻辑及其赋能手段。研究如何补齐行政制度短板和能力短板等问题。

第六，新型政党制度与协商民主制度的发展与完善。

新型政党制度与协商民主制度也是中国政治制度领域研究的重要课题之一：

（1）进一步深化新型政党制度的理论研究。在现有研究基础上，进一步厘清新型政党制度的理论渊源，深入发掘和阐释新型政党制度的内涵与特点，从纵向的历史演进和横向的国别对比等多个维度探究新型政党制度的优越性，思考如何在新时代进一步坚持、发展和完善中国特色社会主义新型政党制度，发挥新型政党的制度优势。

（2）将新型政党制度与国家治理联系起来。在推进国家治理体系与治理能力现代化的大背景下，从新型政党制度的制度优势出发，进一步思考如何将新型政党制度的制度优势转化为国家治理效能。一方面要加强理论建构，阐发新型政党制度与国家治理现代化的内在逻辑关系；另一方面要探索现实路径，从中观和微观的层面思考如何将新型政党制度更好地运用于国家治理实践中。

（3）从协商民主的角度深化政协制度研究。首先，要进一步深化协商民主的理论研究。应当立足中国国情，挖掘协商民主理论的底蕴，构建协商民主理论的话语体系。其次，从协商民主的角度研究政协制度的制度特色、功能优势、发展路径等内容，探索如何更好地发挥政协制度在协商民主中的作用。最后，要深化和细化政协制度在执行和操作层面的研究，探索政协制度的实际运行机制，丰富和发展政协制度研究的整体性框架。

第七，司法政治研究的发展。

在司法政治领域，政治学可以从以下几个方向进行拓展：

（1）在事实层面，进一步拓展中国司法机关的组织模式与运作机制等研究。当前司法政治学研究还比较薄弱，多数学者尚无法充分地进入现场，对司法机关的研究还存在很多事实层面的不足——在组织问题上，监察机关、审判机关、检察机关的组织模式、具体的运作机制，这些事实层面的问题依然是"黑箱"；在人员问题上，司法责任制、员额制的具体运行模式，改革取得的成效和面临的新问题，司法人员和行政官僚之间行为方式的类型比较，同样存在很大的薄弱之处；在运行问题上，不同司法部门之间的权责划分，不同运行逻辑之间的匹配与协调，也值得进一步的分析。

（2）在方法层面，需要纳入更多的社会科学研究方法。当前有关司法制度的研究大多立足法学思维，在研究方法上以规范解释为主，即使存在少部分政治学视角的司法政治学，也多数是采取数据法学的思路，通过分析大量的司法判例获得因果解释。但司法制度研究作为制度研究的一个分支领域，还需要采取其他的社会科学研究方法，例如案例研究、比较案例研究、历史分析、比较历史分析等，这些研究方法可能更加匹配制度研究的基本规范。

（3）在理论层面，需要分析党政体制下司法机关的职权和运作。当前立足法学研究的司法政治研究大多带有一定程度的西化色彩，对中国司法体制的研究也大多带着批判视角，采取病理学的思维方式。这种取向有一定的价值，但难以解释中国司法体制的基本逻辑。事实上，对于党政体制下，党的领导、人民民主、司法独立之间的关系，当前依然缺少有学理深度的分析。在这个问题上，可以纳入"比较司法政治"的视角，分析不同政治体制下司法部门的职权和运作模式，通过比较分析，更清晰地认识党政体制下司法机关的职权和运作。

第八，基层群众自治制度的发展与完善。

在"农村村民自治""城市社区自治"和"职代会制度"的研究方面，有以下发展：

（1）探究"党建引领"与"基层自治"之间的关系。在理论分析上，如何更准确理解"党建引领"和"基层自治"之间的关系，两者之间应该如何协调，这种发展趋势和以往的群众自治行政化又存在怎样的区别。在实践层面，各地依据实际情况进行了各种类型的自治探索，对于这些基层群众自治形式，该如何从学理上进行分析，如何从类型学上建立清晰的类型。这些问题都需要开展进一步的研究。

（2）分析基层群众自治和社会组织之间的关系。当前中国基层治理面临"强政府、弱社会"的基本特征。从这个角度讲，完善基层群众自治制度，关键在于通过制度设计，提高群众组织和社会组织的自主性。但是现有研究这个问题上的分析依然存在一定程度的不足，例如：群众组织和社会组织自主性不足的原因何在，是内在的还是外生的？在不同案例中自主性不足是否存在不同的程度？采取哪些措施可以提升群众组织和社会组织的自主性？这些问题依然有很大的模糊空间，有必要开展更深入的理论研究和实证研究。

（3）处理自治制度和治理技术之间的关系。随着治理体系与治理能力现代化的推进，各种新的技术手段进入到了基层治理当中。对于这些技术手段的应用，有学者认为"技术消解自治"，在农村社会仍需要依靠村民自治方式进行治理的情况下，须对现代技术治理体制向农村的推广和运用有所警惕，防止出现村民自治体系的瓦解。[①] 这种观点尽管有一定的道理，

---

① 杜姣：《技术消解自治——基于技术下乡背景下村级治理困境的考察》，《南京农业大学学报》（社会科学版）2020 年第 3 期。

但现在并未得到普遍的认可。实际上，在自治制度与技术手段之间依然存在一定的模糊之处，技术是否消解了自治空间或者促进了自治？在微观机制上，技术以怎样的形式消解/促进了自治？这些问题都需要开展更进一步研究。

# 第十二章　西方政治制度研究的发展

政治制度是指国家政权的组织形式及其制度体系。自古希腊罗马以来，西方国家形成了丰富多样的政治制度，其中蕴含着人类对政治现象的认识、对政治实践和经验的总结以及对政治发展规律的探索，是人类政治文明的重要成果。

在我国政治学研究和教学中，作为学科的"西方政治制度"，是指以马克思主义为指导，研究西方国家政治制度的产生、发展、体系、类型、运作的学科。它是政治学科的重要分支，是政治学进行比较政治研究的重要研究基础。西方政治制度的研究既可以提升我们对西方国家政治历史与现实的认识，理解西方国家政治制度的特性和实质，又可以为我国政治制度的改革与发展提供帮助和借鉴，推进新时代中国特色社会主义事业的建设与发展。

进入新时代，我国政治学界坚持以习近平新时代中国特色社会主义思想为指导，贯彻落实党的十八大、十九大及其历次全会精神，贯彻落实习近平总书记关于哲学社会科学工作的重要讲话，在西方政治制度研究领域积极展开研究，使得这一领域的学术研究获得了长足发展，研究队伍不断壮大，学科建设得到进一步完善，研究内容进一步深化，形成了丰硕的研究成果，推动了政治学科的总体发展。

## 一　西方政治制度学术研究的基本进展

### （一）研究进展综述

进入新时代，围绕着西方政治制度的研究，高等学校和研究机构组织多次学术交流活动，获得了多项国家科研项目立项，出现了丰硕的研究成果。

1. 在学术活动方面，围绕西方政治制度领域的研究，在加强自身学科建设的同时，高等院校和科研机构积极开展科研活动和学术活动。对西方国家政治制度问题的探讨构成政治学科各种学术和科研研讨活动所围绕的核心主题之一。自2016年到2020年，华南师范大学、西北政法大学、东北师范大学、中国社会科学院大学分别承办了每年一届的中国青年政治学论坛。在论坛研讨中，若干学者以西方政治制度的研究视角为切入点，围绕论坛设定的"政治发展与政治文明""国家、政党与政府改革""面向未来的中外政治比较研究"等主题，展开了深入讨论，推动了西方政治制度的学术研究。

2. 在科研项目方面，西方政治制度的相关研究项目得到了国家社科基金项目与教育部人文社科项目的资助。在国家社科基金项目方面，共有5项研究课题获得资助。[1] 在教育部人文社科基金项目方面，共有5项研究课题获得资助。[2]

3. 西方政治制度研究的主要成果是学者发表的著作和论文。5年来，学者们围绕着西方政治制度的研究，共发表著作56部，译著35部，论文近2000篇，其中CSSCI期刊论文214篇。这些著作和论文基于先前的科研成果，进一步推进和深化了学界对西方政治制度的研究。

以中国知网中2016—2020年间有关学术期刊和学术论文（北大核心和南大核心）作为研究对象，利用CiteSpace软件对本领域研究的关键词、关键词时区等进行统计和梳理。

---

[1] 中国社会科学院张炜的《17世纪英国社会舆论与政治制度发展演进研究》获得2016年一般项目；河南大学孙银钢的《盎格鲁—撒克逊制度史研究》获得2016年青年项目；复旦大学王志强的《秦汉与罗马的司马制度和政治结构研究》获得2017年重点项目；上海交通大学陈尧的《全球民主回潮背景下后发展国家民主制度多样性研究》获得2018年一般项目；暨南大学蔺志强的《中古英国区域自治制度研究》获得2019年一般项目。

[2] 吉林大学郭军伟的《近代早期苏格兰议会研究》获得2017年青年项目；白城师范学院李大维的《罗马帝国巡察机制与行省管理》获得2017年青年项目；南京大学祁玲玲的《衡量美国选举制度的民主性及其局限研究：基于历次大选的定量分析（1789—2016）》获得2018年青年项目；淮北师范大学陈素娟的《加洛林王朝后期（843—987）领地大公国研究》获得2019年青年项目；上海外国语大学郭小雨的《17—19世纪英帝国的统一与分裂研究》获得2020年青年项目。

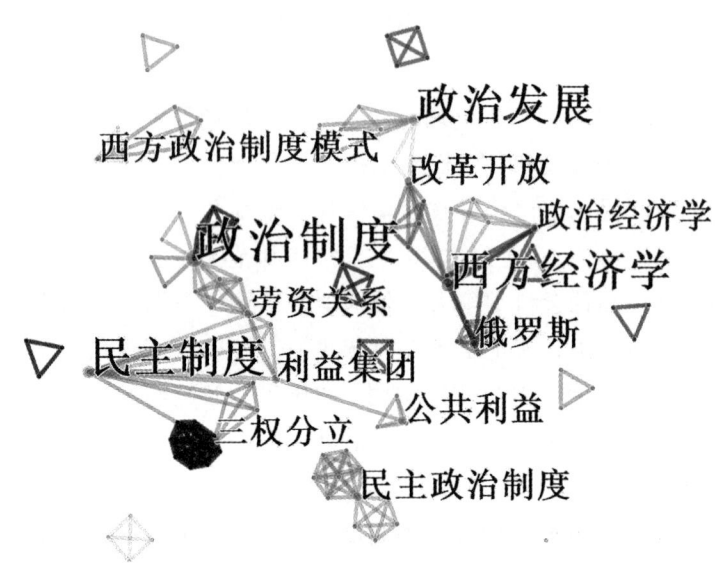

图 12-1 2016—2020 年西方政治制度关键词聚类图谱

由 2016—2020 年西方政治制度关键词时区图谱和关键词初现年份（图 12-2、表 12-1）可见，不同子研究领域在不同年份具有不同的研究热度，例如关于美国总统的研究在 2016 年迅速成为热点。

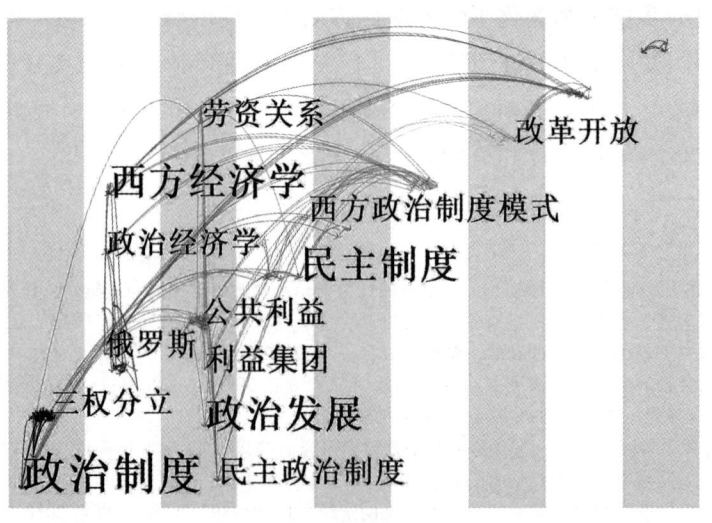

图 12-2 2016—2020 年西方政治制度研究关键词时区图谱

表 12-1　　　　　2016—2020 年西方政治制度关键词主题初现

| 主题词 | 年份 |
| --- | --- |
| 美国政治 | 2016 |
| 政党政治 | 2016 |
| 特朗普 | 2016 |
| 政治发展 | 2016 |
| 政治制度 | 2017 |
| 新自由主义 | 2016 |
| 印度 | 2016 |
| 福利国家 | 2016 |
| 腐败 | 2016 |
| 缅甸 | 2016 |
| 民粹主义 | 2017 |
| 印度尼西亚 | 2017 |
| 民主 | 2017 |
| 不平等 | 2016 |
| 韩国 | 2018 |
| 泰国 | 2016 |
| 利益集团 | 2017 |
| 土耳其 | 2018 |
| 两党制 | 2016 |
| 日本 | 2019 |
| 墨西哥 | 2016 |

**（二）重点研究领域及特征**

梳理西方政治制度研究成果，可以发现，进入新时代，我国政治学界的研究主要围绕着特定的重点研究领域展开，研究领域和主题比较集中，体现出国别研究和专题研究的双重特征。

1. 对西方政治制度的总体研究、历史研究与国别研究相结合，更为注重国别研究

有学者将西方政治制度视作为一个整体，进行总体性研究。有学者介绍了西方国家政治制度的主要内容，并着重围绕西方国家的议会制度、选举制度、政党制度、行政制度、司法制度等进行分析比较。全书通过对各

国政治制度产生和发展、基本内容、主要特色、发展趋势进行纵向和横向比较,探讨了西方国家政治制度的共性和个性。[①] 有学者选取了当代世界上政治制度具有代表性和鲜明特色的英国、美国、法国、德国、日本、瑞士、南非、新加坡、印度等国家进行研究,比较清晰地展示了各国政治制度的构成和特色,充分说明了各国政治体系的运作原理与运作过程。[②] 有学者从宏观的历史角度入手,指出西方政治制度的评价标准经历了从理念与形式上的合法性向实际政治实践有效性转变的过程。我国对政治制度判断标准的认识也大致经历了类似的转变过程。[③] 此外,有学者进行了一种知识史的考察,梳理了清末民初《万国公报》中对于西方政治制度的介绍与评价。[④] 这些对西方政治制度的总体性研究,将西方政治制度视作区别于我国政治制度的独特整体来进行探讨,为我们认清西方政治制度的特征,辨识我国与西方政治制度的根本差异,借鉴西方政治文明推进我国的政治文明建设提供了帮助。在这一时期,还有一些重要的外国著作被翻译为中文,推动了国内学者对西方政治制度的总体性认识。[⑤]

相对于这些总体性研究,新时代的西方政治制度研究着力于对西方古希腊、古罗马、中世纪政治制度的历史研究,以及国家政治制度的国别研究。相比之前,政治学者对古希腊政治制度的研究继续强化,对古罗马政治制度的研究亮点不多,对中世纪政治制度的研究有所进步。对近代西方政治制度的演变缺乏总体性研究,基本分散在国别研究当中。在国别研究中,大多数的学者都选取西方某一国家的特定制度作为自己的研究主题。国别的对象主要是美国、英国、法国、德国及日本等发达国家的政治制度。

(1) 古希腊政治制度研究

学者对古希腊政治制度的关注主要集中在城邦制度方面。有学者从文明史的角度研究了古希腊的政治制度,重点分析了城邦的形成以及古希腊

---

① 郑克岭等编著:《西方政治制度比较概论》,黑龙江人民出版社2016年版。
② 于玉宏等编著:《当代外国政治制度》,北京时代华文书局2016年版。
③ 扈琼琳:《西方政治制度评价标准的历史演变及启示》,《新乡学院学报》2017年第7期。
④ 谢丹:《〈万国公报〉对西方政治制度的介绍述评》,《人文论坛》2017年第1期。
⑤ 其中有代表性的包括:[英] 柏特利:《欧美政制史》,邓公玄译,河南人民出版社2016年版;[英] 芬利:《古代世界的政治》,晏绍祥译,商务印书馆2016年版。

特有的僭主政治。① 有学者从整体上考察了古希腊的政治史，主要叙述古风到古典时代希腊城邦的兴衰，深入比较了斯巴达与雅典两种代表性的城邦制度。② 有学者以古希腊妇女的地位以及婚姻习俗为切入点，分析了城邦制度所塑造的独特的政治文化。③ 有学者研究了雅典城邦的将军制度以及将军参与政治的情况，主要质疑了学术界过去的流行观点，认为古典时期雅典将军职务的作用和地位在公元前5世纪到4世纪没有发生显著的变化。④ 有学者结合柏拉图的《法义》，考察了监察官在城邦政治生活中的重要地位。⑤ 有学者注意到古希腊的神话思想与城邦政治制度的影响，比较了古希腊神人关系的三个阶段中城邦政治的不同特点。⑥

古希腊民主制是学者持续关注的另一热点。有学者对古代希腊民主政治的兴起、发展、一般特征和历史影响做综合性研究，并且分别讨论了斯巴达城邦政治与社会生活中的民主因素，雅典民主政治的发展和运作，以及阿尔哥斯、比奥提亚、叙拉古和阿凯亚同盟等城邦与城邦联盟政治中的民主政治及其特征。⑦ 有学者从雅典的步兵方阵构成为切入点，研究了雅典民主与公民的军事义务之间的密切关系。⑧ 有学者分析了学界关于雅典民主政治起源的几种新看法，认为这些看法体现了史料基础的扩大与社会科学理论和方法的影响，但其背后也隐藏了学者个人的政治观念与时代变迁。⑨ 此外，这一时期有多部古希腊政治制度的经典作品被翻译成中文，为我国学者进行相关研究提供了便利。⑩

（2）古罗马政治制度研究

学者对古罗马政治制度的研究，涉及古罗马共和时期与帝制时期的诸

---

① 易宁、祝宏俊、王大庆等：《古代希腊文明》，北京师范大学出版社2016年版。
② 晏绍祥：《古代希腊》，北京师范大学出版社2018年版。
③ 孙晶晶：《古希腊的社会文化与城邦同盟》，上海三联书店2016年版。
④ 张岩、晏绍祥：《"沉默的"将军：古典时期雅典将军参政情况研究》，《首都师范大学学报》2020年第2期。
⑤ 曹义孙、娄曲：《柏拉图〈法义〉中的监察官制度探究》，《山东社会科学》2017年第12期。
⑥ 魏钟毓、杨朝燕：《论古希腊神人关系与城邦政制法律的演变》，《沈阳农业大学学报》2017年第5期。
⑦ 晏绍祥：《古希腊民主政治》，商务印书馆2019年版。
⑧ 赵雅丹：《从"步兵"方阵看希腊民主》，《世界博览》2018年第22期。
⑨ 晏绍祥：《雅典民主发端之论争》，《武汉大学学报》（哲学社会科学版）2019年第1期。
⑩ 其中有代表性的包括：[古希腊]亚里士多德：《雅典政制》，郝际陶译，高等教育出版社2017年版；[古希腊]色诺芬：《斯巴达政制》，陈戎女译，华东师范大学出版社2019年版。

常"发展的主要障碍；相反，中世纪德意志既是帝国，也是王国，还是诸侯领地政府组成的松散联合体，应该基于这种多元权力结构并存的格局来把握中世纪德意志政治。① 有学者以神圣罗马帝国《选举让步协议》为切入点，认为在1711年卡尔六世的选举之后，神圣罗马帝国完成了从"政治共识"到"共识政治"的制度化转变，从具有一定"偶然性"的"政治契约"发展成内容较为完善的"帝国基本法"，成为神圣罗马帝国宪法制度的重要方面。② 此外，还有学者研究了中世纪俄罗斯帝国权力的形成过程，指出俄罗斯与日耳曼体系的王权的发展进路截然不同，作为后发型文明，俄罗斯王权结合了拜占庭王权与东方王权，各种新思维、新观点结合面临的具体政治事务将所有的法理概念都混杂在了一起。③

(4) 美国政治制度研究

对美国政治制度的研究，一直是我国学界西方政治制度研究的重要领域。在新时代，学者们对于美国政治制度的研究趋向深化，产生了较多成果。其中既有使用新材料、新方法与经典问题的再解释，也有对新领域、新问题的开拓。有学者运用历史制度主义的理论，从司法、财政和行政三个方面，追溯了美国联邦制纵向权力关系的历史演变和发展脉络。④ 有学者从司法、立法、行政、协定、民权和经贸六个方面论述了美国横向联邦制的演变，并分析了这种演变与纵向联邦制调整之间的互动关系。⑤ 有学者回顾了美国建国初期著名的"麦迪逊问题"，认为美国在制宪时期的任务不仅是要建立一个统一的现代民族国家，还要形成多个具有主权性质的"邦"之间的联合，这种"国家"与"联邦"的复合属性深远地影响了美国基本政治制度的形成、运行方式及19世纪初美国的扩张。⑥ 有学者通过回顾威尔逊1885年发表的《国会政体》，梳理了威尔逊对当时美国联邦政

---

① 侯树栋：《对中古德意志政治道路"问题"的思考》，《北京师范大学学报》（社会科学版）2016年第1期。
② 王银宏：《从"政治共识"到"共识政治"：神圣罗马帝国〈选举让步协议〉的制度意涵及其宪法意义》，《学术月刊》2019年第5期。
③ 李立：《西方帝国语境下多元王权合法性的阐释——以俄罗斯帝国的军事权力介入为切入点》，《研究生法学》2017年第4期。
④ 游腾飞：《美国联邦制纵向权力关系研究》，上海人民出版社2016年版。
⑤ 杨成良：《美国横向联邦制的演进》，人民出版社2017年版。
⑥ 郭小雨：《"麦迪逊问题"中的"何为美国"》，《美国研究》2019年第5期。

府运作出现的国会一权独大、立法混乱、领袖缺失、权责脱钩等弊病的批判，及其对于美国现代政府体制的深远影响，进而分析了威尔逊所提出的增强行政部门权威、改革美国宪制的理由。①

有学者回顾了美国建国初期关于两种行政领导模式的辩论，认为美国宪法第二条有关总统行政权的规定过于简约，为建国初期对行政领导模式的解释与建构提供了两种可能性，最终华盛顿模式战胜了汉密尔顿模式，奠定了今天行政领导权的基础。② 有学者指出，"单一行政官"理论，即认为任何对总统掌控行政部门进行限制的企图都被视为违宪，这是美国总统不断扩展其行政权力的理论依据。③ 有学者回应了学界因为特朗普当选总统带来的所谓"现代总统"与"后现代总统"的争论，认为美国总统制并没有发生根本性变化，所谓的后现代总统仅仅是总统问政风格的变化，并不会动摇美国总统制的根本。④ 有学者围绕2020年美国国会对特朗普总统的弹劾行动，梳理了弹劾制度的产生与发展变化。⑤ 有学者以"通俄门"调查为切入点，分析了当代美国政府的权力制衡，认为特别检察官在当今美国分权体制的功能性作用已被削弱，政府与国会间的政治纷争愈演愈烈，体制制衡的正面作用逐渐演变为政治制衡的负面掣肘。⑥ 有学者指出美国司法独立原则的最终确立有赖于最高法院的自我定位和法官的自我谦抑。⑦ 有学者研究了美国最高大法官的提名制度，分析从大法官席位的产生、到总统的提名、再到参议院对总统提名确认的整个过程中，总统和参议院在其中所发挥的职能及扮演的角色，揭示了美国三权分立制度下行政机关和立法机关对最高法院进行的制约。⑧

---

① 王希：《威尔逊与美国政府体制——〈国会政体〉的写作与意义》，《美国研究》2019年第4期。
② 霍晓立：《美国建国初期两种行政领导模式之争》，《美国研究》2018年第2期。
③ 高海龙：《"单一行政官"理论与美国总统权力的扩张》，《美国研究》2020年第1期。
④ 赵可金：《现代总统制中的后现代总统——美国总统权力的扩张及其制度制约》，《美国研究》2016年第6期。
⑤ 袁征：《美国总统弹劾：历史与现实》，《人民论坛》2020年2月下。
⑥ 石庆环、刘博然：《论当代美国政府权力制衡——以"通俄门"调查为视角》，《吉林大学社会科学学报》2020年第1期。
⑦ 郭巧华：《分权思想与权力博弈的互动——论美国建国初期司法独立原则的确立》，《史学理论研究》2018年第2期。
⑧ 施蕾：《美国最高法院大法官提名制度研究》，中国政法大学出版社2017年版。

美国的选举制度，尤其是独特的选举人制度，吸引了许多学者的讨论。有学者研究了1952年以后美国总统选举政治的历史演变脉络。[①] 有学者从制度规则、政治产出和社会评价三个方面，全方位分析了美国选举人团制度不民主性的表现与逻辑。[②] 有学者认为美国现行的选举制度导致了选民的政党投票与政党在国会席位分配之间形成的结构性差异，即选举制度的"非比例代表性"问题。[③] 有学者从历史角度，研究了美国总统候选人提名制度的演进以及相关的争论，认为现行的美国总统候选人提名制度可被视为是由各州、各政党在不同历史时期多次渐进改革成果叠加而成的产物。[④] 还有学者回顾了美国两党建立初选制度的过程，认为美国两党今天激进的直接初选模式，以将决定候选人归属的政党核心权力下放给选民为主要特征，贯彻了抑制政党的理念。[⑤] 有学者综述了美国政党政治的发展历程，认为自建国之初的党派分歧开始，美国就沿着两党制的轨道稳定发展，而两党之间的差异与分歧也随着选举政治的发展越加明显。[⑥] 有学者对美国的官员财产申报制度的历史沿革、申报主体、申报内容、受理与审查、公示与处罚等各个方面进行了考察。[⑦] 有学者比较了中美两国的反腐败机制，认为独立权威高效廉洁协作，是反腐败机构建设的基本标准；科学完备的反腐法规制度体系是腐败治理的根本保证；信息公开透明是推动民众监督政府预防腐败的有效方法。[⑧] 有学者研究了美国反腐败制度的宪法基础，比较了中美两国的廉政文化。[⑨]

在新时代，学者开拓了一些新的研究领域和主题。有学者研究了美国建国早期的邦联国会，重点梳理了1781—1789年间美国邦联国会，从诞

---

[①] 林宏宇：《美国总统选举政治研究》，天津人民出版社2017年版。
[②] 聂露：《美国选举人团制度的不民主性分析》，《教学与研究》2019年第7期。
[③] 祁玲玲：《理解美国大选的"非比例代表性"》，《政治学研究》2019年第2期。
[④] 刁大明：《美国总统候选人提名制度的演进及争论》，《美国研究》2016年第2期。
[⑤] 李少文：《美国两党建立初选制度的原因、过程与效果》，《当代世界与社会主义》2018年第1期。
[⑥] 王建新：《美国政党政治发展述评》，《比较政治学前沿》2017年第1期。
[⑦] 彭成义、张宇燕：《美国的官员财产申报与公示制度》，《美国研究》2017年第6期。
[⑧] 任建芬：《中美反腐败机制比较研究及启示——兼论中国国家监察体制改革》，《社会科学》2019年第8期。
[⑨] 杨富斌：《美国廉政制度与文化研究》，中国法制出版社2016年版。

第十二章　西方政治制度研究的发展　　357

生到最后被联邦国会取代的过程。① 有学者以纽约州政治人物的文集与手稿、纽约州的主要报纸和纽约州重要的会议记录及小册子为原始资料,深入细致地论述了纽约州政党政治的变化,探讨纽约州政党政治的变化对全国政党政治发展的影响。② 有学者专门研究了美国的茶党,阐述了当代美国茶党及其运动的深厚文化传统和历史渊源,指出茶党的实质是具有民粹主义色彩的美国右翼社会运动。③ 有学者研究了美国的文官制度,认为它在 20 世纪逐渐演变为美国联邦政府立法、行政和司法之外的"第四部门",并且对美国政治权力结构产生了明显的影响。④ 有学者研究了美国地方政府的自治改革运动,认为地方政府确实获得了一系列的自治权,尤其是在结构自治和功能自治方面,但是在财政自治和人事自治方面还受到州政府的一定干预。⑤ 有学者研究了美国宪制中的军政关系问题,指出当代美国军队的政治性加强,突破了军政关系的传统结构而更多地发挥政治影响。⑥ 有学者研究了近些年来美国国会的立法程序发生的变化,认为美国国会频繁利用程序中的灰色地带,为一揽子立法等非正统立法手段大开方便之门,使得大量议案绕过传统立法程序的关键环节,不经充分审议和辩论便获得法的身份。⑦ 此外,也有一系列研究美国政府与政治制度的经典著作被译介到国内,极大地推动了国内学者对美国政治制度的认识。⑧

---

① 雷芳:《邦联国会与美国早期国家构建》,湖南师范大学出版社 2017 年版。
② 杨钊:《纽约州政党政治与美国第二政党体制的起源》,中国社会科学出版社 2019 年版。
③ 房广顺:《美国茶党研究》,中国社会科学出版社 2016 年版。
④ 石庆欢:《20 世纪美国文官制度发展对政治权力结构的影响》,《史学理论研究》2018 年第 2 期。
⑤ 孙群郎:《美国地方政府的自治改革运动》,《美国研究》2016 年第 4 期。
⑥ 李晟:《美国宪制中的军政关系:传统与现实》,《学术月刊》2018 年 12 月。
⑦ 王怡:《民选的议会与不民主的立法:当代美国非正统立法程序考察》,《中南大学学报》(社会科学版)2018 年 7 月。
⑧ 其中有代表性的包括:[美]罗杰·H. 戴维森:《美国国会:代议政治与议员行为》,刁大明译,社会科学文献出版社 2016 年版;[美]布鲁斯·阿克曼:《美利坚共和国的衰落》,田雷译,中国政法大学出版社 2016 年版;[美]谢茨施耐德:《政党政府》,姚尚建、沈洁莹译,天津人民出版社 2016 年版;[美]L. 桑迪·梅塞尔:《美国政党与选举》,陆赟译,译林出版社 2017 年版;[美]唐纳德·A. 里奇:《美国国会》,孙晨旭译,译林出版社 2018 年版;[美]弗格斯·M. 博德维奇:《首届国会:美国政府的创造,1789—1791》,濮阳荣译,上海社会科学院出版社 2018 年版;[美]詹姆斯·P. 菲夫纳、罗杰·H. 戴维森:《美国总统是怎么工作的:解读美国总统制》,王向华译,上海社会科学院出版社 2019 年版;[美]威廉·J. 基夫、莫里斯·S. 奥古尔:《美国立法过程:从国会到州议会》,姚志奋译,法律出版社 2019 年版。

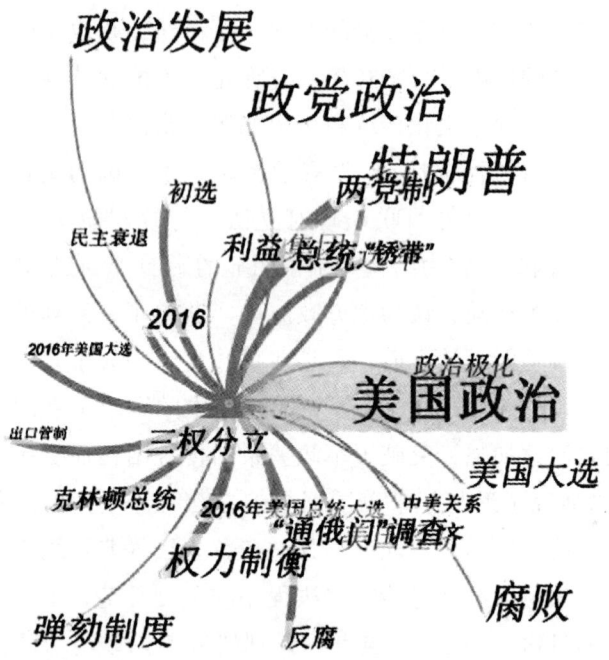

图 12-3  2016—2020 年西方政治制度研究子领域

(5) 英国政治制度研究

英国政治制度一直是学者关注的重点,新时代以来,有多部外文经典作品翻译过来,[①] 国内学者也围绕一些经典议题进行了研究。有学者以历史为线索,分析了英国现代的有限政府逐步形成的过程,强调绝对产权制消解了人身依附关系,从而造成封建制的提前退场;普通法则促成了司法至上传统,让有限政府和多元社会成为可能。[②] 有学者运用充分的文献资料,考察了 13 至 15 世纪英国王权的发展变迁,对西方史学界"辉格模式"的宪政主义观点进行了辨析和质疑,进而提出将"思想中的政治"、

---

[①]  其中有代表性的包括:[英] 菲利普·诺顿:《英国议会政治》,严行健译,法律出版社 2016 年版;[英] 安东尼·塞尔登:《内阁办公厅》,李钢、万泰雷、杨柳译,中信出版集团股份有限公司 2019 年版。

[②]  刘为:《为什么是英国? 有限政府的起源》,浙江大学出版社 2019 年版。

"制度中的政治"与"实际发生的政治"结合起来作系统、辩证的研究。①

在对英国政治制度的具体研究方面,议会制度、政党制度、选举制度、地方制度等问题是学者们关注的重点。有学者研究了英国议会在国家建构中的作用,认为英国议会自始即作为一元化机构而存在,这对于英国发端于中世纪的现代国家建构起了重要的作用,议会不仅成为民族政治体的观念表征和制度形态,而且促使发源于王权的地域性治理机构成为王国的公共政治建构,并有力推动了行政理性化的发展进程。② 有学者研究了英国历史上的议会请愿制度,认为在爱德华一世统治时期,议会请愿获得了初步发展,成为议会制度的重要组成部分,议会请愿的起源深受英国君臣之间实力对比的影响。③ 有学者分析了英国历史上宗教改革所催生的政治派别如何转变为现代政党制度。④ 有学者研究 19 世纪英国三次议会改革与英国工人运动改良主义之间的互动,重点分析了政治权利对阶级意识的影响。⑤ 有学者通过对 1832 年至 1867 年英国议会改革的研究发现,单纯旨在扩大选民群体的议会改革并没有使民主有效地落实,反而使得民主走向了越来越形式化的道路。⑥ 有学者研究了当代英国政治治理模式的变化,认为随着 2000 年英国《政党、选举及全民公投法》的全面实施,英国开始推行政党公共选举活动法制化,对政党进行"法律择要规范",同时保留政党内部自治传统。⑦ 有学者从意识形态、选举绩效与组织化程度三个方面,综述了过去三十年英国政党政治的发展与变迁。⑧ 有学者研究了英

---

① 孟广林:《英国"宪政王权"论稿:从〈大宪章〉到"玫瑰战争"》,人民出版社 2017 年版。
② 杨利敏:《英国议会作为一元化机构在国家建构中的功能及其起源》,《学习与探索》2020 年第 3 期。
③ 刘鹏:《英国议会请愿的起源》,《世界历史》2020 年第 1 期。
④ 高岩松:《英国现代政党的起源与发展》,吉林大学出版社 2017 年版。
⑤ 王可园、郝宇青:《政治权利与阶级意识——19 世纪英国议会改革对工人运动改良主义的影响》,《当代世界与社会主义》2016 年第 6 期。
⑥ 崔寒玉:《协商:走出议会制民主现实化的困境——以 1832 年至 1867 年英国议会改革为例》,《学术界》2017 年第 12 期。
⑦ 刘红凛:《当代英国政治治理模式变迁——从"政党自治"到"法律择要规范"》,《政治学研究》2017 年第 4 期。
⑧ 蔡鑫:《英国政党政治 30 年综述:意识形态、选举绩效与组织化》,《比较政治学前沿》2017 年第 1 期。

国近些年来围绕选举制度改革的相关争论，认为政党政治结构以及国民的政治心态等因素，决定了英国选举制度改革的前景在短期内比较黯淡。① 有学者以英国 2019 年大选为切入点，认为英国的政党政治格局正在回归和趋稳，政党党纲再度向中间路线靠拢，这些特征表明了英国政治的制度韧性。② 有学者从选举市场的理论框架出发，从需求因素和供给因素两方面分析了英国独立党崛起的原因。③ 此外，有学者对比了英美两国政府的内部控制及行政督察制度。④ 有学者用新制度主义视角考察英美两国地方自治制度的发展历程与具体制度设计，比较了两国地方自治制度的特点与异同。⑤ 有学者梳理了英国近二十年的福利制度改革，分析英国如何从"福利国家"发展成为"后福利国家"，即通过福利制度改革，将政治制度、经济制度和法律制度等社会子系统融合起来，打破了这些系统之间的界限，采取了一种全新的、综合的、交互的综合治理方式。⑥ 有学者关注英国对殖民地的管理制度，在应用大量一手英文资料的基础上重点分析了英国殖民地公职机构简史。⑦

英国脱欧是近年来的热门问题，有不少学者从政治制度的角度对此进行了研究。有学者认为，英国脱欧背后的结构性问题是政党本身聚合社会分歧的功能的下降，这导致英国政党无法凝聚选民共识而产生悬浮议会。⑧ 有学者以利普哈特的威斯敏斯特经典模式为视角，考察了脱欧过程中英国政府、议会和政党三者行为模式和权力关系的变化，认为在脱欧后随着恢复议会立法权的完整性，有可能逆转"入欧"带来的政府与议会相对权力

---

① 李济时、韩荣卿：《当前英国的选举制度改革：根由、进程与争议》，《当代世界社会主义问题》2018 年第 5 期。

② 孔新峰、何婧祎：《从 2019 年大选看英国政治的制度韧性》，《当代世界社会主义问题》2020 年第 1 期。

③ 玄理、孙晨光：《选举市场理论视域下英国独立党的崛起探析》，《国际论坛》2017 年第 1 期。

④ 余楠、黄忠怀：《英美两国政府内部控制暨行政督察制度研究——政治学与行政学的视角》，《中国行政管理》2016 年第 11 期。

⑤ 龚文婧：《英美地方自治制度比较研究》，人民出版社 2017 年版。

⑥ 王永茜：《英国福利制度改革："社会关怀"还是"社会控制"？》，《国外理论动态》2019 年第 1 期。

⑦ 张顺洪：《英国殖民地公职机构简史》，中国社会科学出版社 2018 年版。

⑧ 周淑真、孙润南：《悬浮议会、全民公投和政党政治结构性问题——英国脱欧背后的政治逻辑》，《政治学研究》2019 年第 4 期。

的变化，甚至有可能削弱两党制，使权力向议会和小党派倾斜。[1] 有学者认为，脱欧进程已经造成了第三党势力的兴起，未来可能会改变英国现有的两党制格局，甚至有可能出现政党的分化组合。[2] 还有学者认为脱欧进程对英国权力下放的宪法安排和国家统一产生了深刻影响，英国从欧盟"收回权力"的努力难免会对英国中央与地方、各地区内部关系形成调整与重构的压力。[3]

（6）法国政治制度研究

对法国政治制度的研究主要围绕共和制度、司法制度、地方制度、政教关系等主题展开。有学者认为，第三共和国开启了法国政制理论的一个新时代，强调立法机关与执行机关的平衡，这也成为了第四共和国和第五共和国政制的基调。[4] 有学者研究了第五共和国的半总统制，认为戴高乐之后第五共和国产生和发展的历史条件已发生了根本性变化，制度设计中的结构性问题不断显现，与法国政治现实之间的距离和落差持续拉大。[5] 有学者研究了法国绝对君主制时期司法界的买官制问题，认为司法界的买官制使绝对君主制具有了更稳固的根基，同时它又赋予穿袍贵族一定独立性，从而制约了绝对王权的发展。[6] 有学者以巴黎高等法院的注册和谏诤制度为切入点，研究了法国历史上独特的政治性宪法审查，认为政治性宪法审查必将导致宪法虚无主义，需要向法律性的宪法审查过渡。[7] 关于高等法院是否导致了旧制度的崩溃，学界一直有不同的看法。有学者梳理了相关的学术史，并指出各种政治潮流以不同的方式裹挟着法国学者，在一定程度上影响了其判断的客观性。[8] 有学者研究了法国2008年以后新增加

---

[1] 何韵、史志钦：《脱欧背景下的英国政府、议会和政党关系的变化——以威斯敏斯特模式为视角》，《欧洲研究》2019年第4期。

[2] 李靖堃：《英国政党政治的演变与重构：以脱欧为背景》，《欧洲研究》2019年第4期。

[3] 王展鹏、张茜：《脱欧背景下英国权力下放的演变及其影响》，《欧洲研究》2019年第4期。

[4] 韩伟华：《从混合政制到代议制政府：近代法国对最佳政制之探索》，《学海》2019年第3期。

[5] 李旦：《戴高乐主义与第五共和政体——法国政治"不能承受的轻和重"》，《欧洲研究》2019年第4期。

[6] 庞冠群：《法国绝对君主制下的司法界买官制问题再探讨》，《求是学刊》2018年第1期。

[7] 王建学：《政治性宪法审查批判——以巴黎高等法院的注册和谏诤为中心》，《中外法学》2017年第2期。

[8] 庞冠群：《高等法院是否导致了法国旧制度的崩溃——一个学术史的分析》，《浙江学刊》2019年第2期。

的合宪性先决机制，认为该制度的引入使宪法委员会维护宪法秩序的机制更为多元，也在客观上更好地实现了对公民基本权利的保护。① 有学者比较了中法两国的司法行政事务管理体系，认为我国应该借鉴法国，建立起现代的司法行政事务管理理念与制度，提高司法效率与质量。② 有学者研究了 20 世纪 80 年代以后法国的地方分权改革，从中得出一些对中国的有益启示。③ 有学者研究了法国大革命对地方制度模式的冲击，认为大革命的空间改造一度致力于与传统政治的决裂，打破旧制度的区划结构，但是在划分领土和央地关系整合的实践中又延续了中央集权的治理理念，进而促成了单一制国家结构的巩固与自由的保护。④ 有学者研究了法国独特的政教关系模式，认为法国政府通过各种立法措施以降低天主教会的政治影响力，并在此基础上同时巩固了共和政权、保护了个人相对于教会的自由。⑤ 有学者研究了法国旧制度末期的税收制度与特权制度，认为绝对主义王权在开征全民普遍税时遇到的阻力，其中既有心态观念上的，也有社会结构和制度设置等方面的原因。⑥ 有学者综述了二战以后法国政党体制的演进历程，并且重点分析了法国历史上出现的三次"左右共治"背后的制度因素。⑦

围绕法国近年来热门的黄背心运动，有学者认为，这背后反映了福利国家制度的困境，随着经济增长放缓、财政紧缩和社会结构变化，福利资源不断收紧，社会分配冲突日益加剧，法式福利国家陷入福利的"永续失衡"，面临重新校准、成本控制和再商品化的改革挑战。⑧ 也有学者认为，1982 年的地方分权改革的过度分权埋下了后来社会动荡的诱因。⑨ 此外，

---

① 林淡秋：《守护宪法的新模式：法国的合宪性先决机制》，《华东政法大学学报》2018 年第 6 期。
② 施鹏鹏：《司法行政事务管理与司法权的独立运行——法国模式及其批判性思考》，《江苏社会科学》2016 年第 5 期。
③ 桂朦：《法国地方制度改革及启示》，《理论视野》2016 年 3 月。
④ 于京东：《空间的旧制度与区划的大革命——近代法国领土治理中的央地关系与结构转型》，《江苏社会科学》2020 年第 2 期。
⑤ 朱明哲：《论法国"世俗性"原则的斗争性面向》，《欧洲研究》2016 年第 6 期。
⑥ 黄艳秋：《法国旧制度末期的税收、特权与政治》，社会科学文献出版社 2016 年版。
⑦ 陈建林：《法国战后政党及政党体制的演进》，《比较政治学前沿》2017 年第 1 期。
⑧ 刘涛、王滢琪：《数字化时代的社会冲突——法国"黄背心运动"背后的税收与福利对决》，《欧洲研究》2019 年第 4 期。
⑨ 武贤芳：《制度痼疾与认知偏差：法国治理困境研究》，《当代世界与社会主义》2020 年第 1 期。

"十三五"期间还有一些研究法国政治制度的重要著作被翻译为中文，丰富了学界的视野。①

（7）德国政治制度研究

关于德国政治制度的研究主要集中在政党制度、联邦制度等方面。有学者基于二战以后德国政党政治的变迁，对德国主要政党的组织化程度进行了考察，概括了它们主要的意识形态与政策主张。② 有学者用演进制度主义的视角，分析了德国社会民主党在二战以后的变迁，认为这些制度演进的原因可被解释为制度模因系统的内部选择和小环境外部选择的结果。③ 有学者研究了卡特尔政党模式在德国的兴起，认为选民代际更替和新社会运动对政党功能的部分替代是德国政党卡特尔化的结构性原因。④ 有学者研究了近年来德国政党结构的变化，认为德国全民政党的绝对优势不复存在，而右翼民粹政党——选择党以及建制派小党的选票不断增多，德国政党格局碎片化趋势加剧。⑤ 关于这种碎片化趋势，有学者在分析相关原因的基础上，从民主参与、德国政治的稳定性以及未来德国外交政策的侧重点等角度分析了碎片化政党格局带来的影响。⑥ 有学者综合分析了德国联邦议会内外的各种"小党"，认为两大"人民党"在处理一系列国内外重大社会政治经济问题上所表现出来的无能以及由此而导致的二者选举业绩的日渐衰微，为各"小党"腾出了借以填补的特殊政治真空。⑦ 有学者研究了德国政党与联邦宪法法院之间的互动关系，认为联邦宪法法院成功的部分来自于联邦德国特殊的历史和政治背景，它使得联邦德国的法律和政治精英高度重视基本法的实施，法院也充分利用了其作为一个司法机构所具有而政治机构所缺乏的优势。⑧ 有学者研究了德国联邦议院的选举审查

---

① 其中有代表性的包括：［法］皮埃尔·罗桑瓦龙：《成为公民：法国普选史》，吕一民译，文汇出版社2017年版；［法］伊波利特·泰纳：《现代法国的起源：旧制度》，黄艳红译，吉林出版集团股份有限公司2018年版。
② 张佳威：《战后德国政党政治变迁：历史、绩效与组织》，《比较政治学前沿》2017年第1期。
③ 薛松、柏兴伟：《演进制度主义下的德国社会民主党变迁》，《德国研究》2016年第2期。
④ 高琦琦、张佳威：《卡特尔政党模式在德国的兴起及其动因分析》，《德国研究》2016年第1期。
⑤ 黄萌萌：《"政治环境"视角下德国政党格局的新变化》，《欧洲研究》2018年第6期。
⑥ 杨解朴：《德国碎片化政党格局的表现、成因及影响》，《德国研究》2019年第3期。
⑦ 王军：《联邦德国的"小党"：类型、特征与功能》，《德国研究》2019年第1期。
⑧ 程迈：《政党与德国联邦宪法法院：创建、博弈与双赢》，《政治学研究》2016年第3期。

制度，认为德国采取的是由联邦议院自行审查，联邦宪法法院享有终审权的混合审查模式；该模式运行的六十多年间，就联邦层面而言，数以千计的"选举异议"与二百多宗"选举审查诉愿"，无一例成功挑战选举结果而导致问题选区重选。① 有学者从整体上探讨了德国的政党与宪法的关系，重点分析了作为规则的适用对象与规则的创造者这两种身份。② 有学者在德国双重联邦制原则的框架下，研究了州宪法对联邦与各州的权力分工以及州事权的边界规定等问题。③ 有学者研究20世纪90年代末以来德国治理机制的变迁，梳理了从合作联邦制的协商到单一灵活的等级制的线索。④ 有学者以历史主义与制度主义为主线，对德国政府间财政关系所呈现出的"财政纠缠"与德国联邦制之间的关系加以系统梳理，阐释了德国联邦制对其府际财政关系所施加的效应。⑤

此外，还有学者研究了德国的部长问责制，认为部长问责制所表现出的特殊性与该制度在德国历史上的发展直接相关，很多具体的问责规定是在历史制度的基础上形成的。⑥ 有学者研究德国的廉政机制，全面分析德国廉政建设的历史与文化背景、德国廉政建设的教育基础、德国廉政的公务员制度、德国廉政的监督机制、德国廉政的惩治制度、德国廉政建设中的反腐工作等问题。⑦

（8）日本政治制度研究

在新时代，对日本政治制度的研究产生了大量成果，内容涵盖天皇制度、政党制度、官僚制度、选举制度、议会制度、地方制度等方面。有学者研究了从王政复古政变到明治初期的日本皇室改革，指出岩仓具视等人的改革举措使天皇及皇权在新体制中被置于核心地位，为后来诸多围绕皇权的政治及意识形态问题的产生埋下了伏笔。⑧ 有学者认为，天皇是明治

---

① 秦静：《德国联邦议院选举审查制度考察——一项议会存续优先保障的制度设计》，《德国研究》2018年第2期。
② 程迈：《西方政党与法治：以德国为例》，社会科学文献出版社2018年版。
③ 祝捷、向雪宁：《论联邦制原则视阈下的德国州宪法》，《德国研究》2016年第4期。
④ 德特勒夫·萨克：《德国国家治理模式的变迁——从合作联邦制的协商到单一灵活的等级制》，《德国研究》2017年第3期。
⑤ 罗湘衡：《德国联邦制下府际财政关系研究》，人民出版社2018年版。
⑥ 展鹏贺：《德国部长问责制的构成及其实现方式》，《行政法学研究》2017年第3期。
⑦ 马进甫等：《德国廉政制度与文化研究》，中国法制出版社2017年版。
⑧ 张艳茹：《王政复古政变至明治初期的日本皇室改革》，《世界历史》2019年第3期。

维新的最大赢家，皇权是日本走向近代的重要支撑点。① 有学者系统研究了明治维新以来日本近代天皇制的发展与变迁，认为"天皇亲政"的具体状态并不是一成不变的，它与各政治势力间的关系变化密切相关，还与天皇本身的精神状态与判断力有关。② 有学者比较了平成时代与昭和时代以及令和时代天皇制的区别，认为《日本国宪法》中所规定的天皇"象征"作用在平成时代被赋予了全新内涵。③ 有学者以2019年的明仁天皇退位事件为切入点，探究了日本古代诸多天皇退位的原因和近代以来天皇退位机制的建立。④

有学者把日本政党政治置于日本现代化历史大背景下来考察和研究，从历史和现实的两大层面探讨了自明治维新以来的现代化历程中，日本政党政治的形成、发展及其与现代化发展之间的互动关系。⑤ 有学者研究了1955年到2014年之间，日本政党政治的发展变迁。⑥ 有学者从整体上研究了日本平成时代的政党政治，认为其演进脉络在政治制度与政治生态层面都有内在逻辑性，也面临着是否完全体现"政治民主"的挑战。⑦ 有学者研究了日本第48届众议院大选，认为各政党优先考虑政局而非民意，竞选政策鲜有亮点，这些问题凸显了日本近代民主制重形式而不重实质的工具主义色彩。⑧ 有学者研究了日本投票法的制度设计，认为存在缺少对有偿广告的规制、未导入最低投票率制度等问题，可能导致宪法修改国民投票不能公正、充分地反映国民意志。⑨ 有学者研究了1996年以来日本的选举制度改革，认为从有效议会政党数来看，日本政党体制更可能走向两党体制，而非一党独大体制。⑩ 有学者以日本宪法解释中的"统治行为论"为视角，研究了司法权与行政权二者的互动关系，认为日本司法机关高度

---

① 杨栋梁：《皇权与明治维新》，《日本学科》2018年第6期。
② 周颂伦、张东：《天皇制与日本近代政治》，世界图书出版广东有限公司2016年版。
③ 田庆立：《平成时代象征天皇制的赓续及革新》，《日本学刊》2019年第3期。
④ 李卓：《天皇退位的历史与现实》，《日本学刊》2019年第2期。
⑤ 林尚立：《日本政党政治》，上海人民出版社2016年版。
⑥ 王子帅：《日本政党体制的转型与发展：1955—2014》，《比较政治学前沿》2017年第1期。
⑦ 徐万胜：《论日本平成时代政党政治：改革、竞争与独大》，《日本学刊》2019年第2期。
⑧ 杨久成、方珂：《日本众议院大选与未来政局走向》，《日本学刊》2018年第1期。
⑨ 陈阵：《日本国民投票法的制定及其问题》，《社会科学战线》2019年第3期。
⑩ 周建勇：《日本混合选举制改革以来的政党体制变迁及其可能走向》，《中共浙江省委党校学报》2016年第4期。

"行政化"等结构性问题,导致了司法审查权的自我限制,也导致日本宪法秩序在面临国内外压力时出现崩解的迹象。① 有学者研究了二战后日本首相更迭频繁的现象,认为众议院选举、参议院选举及执政党党首选举是促发首相更迭的制度性因素。② 有学者以日本选举政治中的政治家后援会为切入点,系统研究了日本的选举制度与政治文化。③ 有学者研究了二战以后日本议会内阁制的变迁,认为日本通过废除中选举区制,实施小选举区和比例代表并立制,以"简单多数决定型"议会内阁制取代"合意型"议会内阁制。④

有学者研究了20世纪90年代以来日本的地方分权改革,认为分权改革的方向是推动中央地方关系从"上下、主从"向相对"对等、协力"转变,继续压缩中央对地方的干预,扩充地方政府的行政、财政、立法权限,调整中央地方关系,以适应经济社会发展。⑤ 有学者以行政事权的划分制度为切入点,指出日本根据"职能分担原则"形成了以行政事权划分为主体、立法权与财权分配制度独立成形又相互关联的制度体系,为我国分权改革提供了一种新的思路。⑥ 有学者从代表性官僚制的理论出发,梳理了日本官僚制概况,认为从消极、被动的代表性和积极的人事行政政策角度看,虽然日本近年来改进公务员代表性的政策卓有成效,但仍存在着学校出身、所学专业、国籍等层面的代表性问题。⑦

近年来,学者也开拓了一些新的研究主题。有学者研究了近年来日本防卫决策制度的变化,指出随着政治大国化进程加速以及"用兵"需求日趋突出,日本逐渐确立了"文武均衡"的新制度框架,与之相应,日本防卫决策过程中军人地位明显上升,政治家的管控能力则相对下降。⑧ 还有

---

① 李立丰:《司法权的"自制"与司法权的"暴走"——以日本宪法解释中的"统治行为论"为视角》,《山东警察学院学报》2017年11月。
② 徐万胜:《日本首相更迭的政治学研究》,《日本学刊》2017年第4期。
③ 朱晓琦:《日本政治文化与选举制度》,社会科学文献出版社2018年版。
④ 何晓松:《试析安倍首相"一强"政治格局"——日本议会内阁制的变革》,《世界经济与政治论坛》2017年第5期。
⑤ 干保柱、刘笑非:《日本地方分权改革与中央地方关系调适》,《世界经济与政治论坛》2017年5月。
⑥ 汝思思:《央地政府间事权划分的法治建构方法——以日本行政事权划分制度为中心的探讨》,《法学家》2019年第3期。
⑦ 白智立、邹昀瑾:《论代表性官僚制在日本的应用实践》,《日本学刊》2019年第3期。
⑧ 徐万胜、刘雅楠:《论日本防卫决策制度的嬗变:由"文官统制"至"文武均衡"》,《国际论坛》2017年第5期。

学者研究了日本的行政相谈制度，认为它与评价监督制度以及苦情救济推进会议共同形成了日本独特的苦情救济体系。① 此外，也有一些重要的著作被翻译为中文。②

（9）其他国家政治制度研究

这一时期，学者还涉猎了其他一些国家的政治制度。有学者研究了加拿大的政治体制，认为自 1993 年魁北克集团在众议院大选中一举夺得 54 席后，加拿大政治中的离心势力被释放了出来，加拿大政党的传统历史格局发生了转变。③ 有学者研究了意大利的民粹主义政党五星运动，认为它是一种行走于"左右"之上的混合民粹主义，通过互联网直接民主的供给，用技术手段来解决政治理念上的差异，从而把左右选民都聚拢在一起。④ 有学者研究了奥地利"二战"以后的联邦决策机制，认为奥地利通过"社会伙伴关系""大联盟政府""集权式"联邦体制等一系列"合作式"制度安排，有效地在联邦决策中协调、整合不同地区和不同社会利益群体的诉求，实现了"兼顾"国际经济竞争力提升与社会和谐稳定发展的目标。⑤ 有学者研究了瑞典议会的监察专员制度，认为监察专员的权威性与独立性保障了相关人员对于其案件处理结果的高接受度。⑥ 有学者了研究近现代希腊政治制度的变迁，梳理了希腊独立至今由君主制缓慢转型为现代民主制国家的曲折过程，包括先后借鉴比利时、丹麦、法国、德国的法律条款来管理希腊社会；1974 年之后，希腊共和国议会制度逐步完善，行政管理渐趋规范，制度建设卓见成效，希腊的民主化道路有着与其他国

---

① 陈丰、栾孟馨：《日本行政相谈制度的法制化建设及其启示》，《北京行政学院学报》2017 年第 5 期。

② 其中有代表性的包括：[日] 金川晃：《日本地方自治的基本原则》，俞祖成、周石丹译，《政治学研究》2016 年第 1 期；[日] 辻清明：《日本官僚制研究》，王仲涛译，商务印书馆 2017 年版；[日] 山口二郎：《日本内阁制度》，吕耀东、谢若初、王惠波译，社会科学文献出版社 2017 年版。

③ 任海燕：《加拿大政党及政治发展变迁体制、选举与组织化建设》，《比较政治学前沿》2017 年第 1 期。

④ 田野、李存娜：《全球化冲击、互联网民主与混合民粹主义的生成——解释意大利五星运动的兴起》，《欧洲研究》2019 年第 1 期。

⑤ 唐虹、王卓群：《社会团结与竞争力的制度安排——二战后奥地利"合作式"联邦决策机制初探》，《欧洲研究》2016 年第 5 期。

⑥ 潘若喆：《瑞典议会监察专员制度运行机制及其借鉴》，《广东开放大学学报》2018 年第 5 期。

家不一样的特征。①

2. 对西方政治制度的专题性研究

除了以上所归纳的对西方政治制度的总体研究、历史研究以及国别研究之外，在新时代，我国政治学者还围绕西方政治制度的某些专题进行研究，而且大多使用了多国比较的研究方法。其中重要的专题包括西方政党制度、议会制度、民主制度与选举制度等。

（1）西方政党制度与政党政治研究

对西方政党制度的研究这一时期成果比较丰富的领域。有学者以二十个最具有代表性国家和地区的政党为范本，研究了当代世界政党制度的类型与特征。② 有学者通过近十年主要国家的议会选举和国家大选的数据，梳理了欧洲主要国家的政党与政党体制。③ 有学者研究了混合选举制度对政党体系的影响，基于对德国和日本的比较分析发现，选举制对政党体系的影响取决于选举比例性。④ 有学者运用宪法工程理论，比较西方政党初选机制的民主效果，展示了初选选拔和培育政治人才、实验民主、分配权力、塑成政党内部民主以及作用于政治体制的复合政治功能。⑤ 有学者研究了"二战"后西欧左翼政党联盟的起源、动因、发展历程、结盟形式、制约条件、未来走向，阐释了选举制度、社会结构和政党体制与政党联盟乃至政治发展之间错综复杂的关联。⑥ 有学者研究了"二战"以后西欧社会民主党的执政历程，⑦ 还有学者专门研究当代欧洲社会民主党的组织变革，用结构功能主义分析方法分析欧洲社会民主党组织变革的相关内容，强调欧洲社会民主党在"冷战"后的内部结构影响了其功能的发挥。⑧ 有学者关注拉美国家的政党政治，选取墨西哥、阿根廷、巴西、智利、玻利维亚等国家的主要政党进行了案例式研究，着重分析这些政党的政治立场、理论倾向与执政理念，应对政治经济和社会难题的主要对策，以及党

---

① 徐松岩、王三义：《近现代希腊政治制度的嬗变及其特征》，《清华大学学报》（哲学社会科学版）2020年第1期。
② 周延胜：《借鉴与超越：世界政党制度的类型与特征》，世界知识出版社2016年版。
③ 周建勇：《欧洲主要国家的政党与政党体制》，江西人民出版社2017年版。
④ 张鑫：《混合选举制度对政党体系之影响》，天津人民出版社2018年版。
⑤ 李少文：《西方政党初选机制比较研究》，上海三联书店2018年版。
⑥ 张耀军：《二战后西欧左翼政党联盟研究》，社会科学文献出版社2018年版。
⑦ 谭鹏：《西欧社会民主党执政管理经验与启示》，九州出版社2018年版。
⑧ 葛丽：《当代欧洲社会民主党的组织变革》，山东大学出版社2016年版。

的思想和组织建设的基本做法。①

民粹主义政党的兴起,是近年来的重要政治现象,学者围绕这个问题进行了诸多研究。有学者全面整理了欧洲各国五十个激进右翼政党的选举表现,认为激进右翼政党的选民支持状况在各国千差万别,以反移民和反欧盟一体化视角将各国激进右翼政党政治一概而论是重大误读,激进右翼政治的发展与各国的特殊社会、经济和制度背景紧密相关、无法割裂。② 有学者以意大利、德国、法国和英国为例,比较了不同制度下民粹主义政党的影响与局限,认为从极端的多党制(意)、温和的多党制(德、法)到相对的两党制(英),随着政党力量分布的集中和政治共识的增加,上述国家民粹主义政党的活动空间递减,并由此采取了不同的政治策略。③ 有学者对欧洲政党的最新演化进行了类型学分析,梳理出新兴民粹主义政党快速崛起、老牌民粹主义政党强势复兴、传统主流政党相应调适这三种类型。④ 有学者通过研究民粹政党,测量了过去二十年欧洲民粹主义的发展与变化,其中的指标包括民粹主义政党数量、选举结果以及民众的支持度,研究结果显示,采用不同的测量方式,会得到不一致的结果。⑤ 有学者从政党政治的角度研究认为,主流政党疏离社会、融入国家,由代表组织转变为统治机构,导致政治回应性的弱化,主流政党代表功能的萎缩,促使社会成员转向民粹主义的替代模式。⑥

有学者研究了欧洲政党的党内纪律监督机制,认为其缺陷在于运用政治纪律追求政治一致性的过程中存在政治风险,其中或隐或显的政党腐败问题与人们对政党作为民主制度的要素的一些追求或期望并不吻合。⑦ 有学者研究了政党体制与国家能力之间的关联性,归纳出一党独大制与强国

---

① 袁东振、杨建民:《拉美国家政党执政的经验与教训研究》,中国社会科学出版社 2016 年版。

② 祁玲玲:《欧洲激进右翼政党选举格局论析》,《世界经济与政治》2019 年第 2 期。

③ 钟准:《不同政党制度下民粹主义政党的影响与局限——以意大利、德国、法国和英国为例》,《当代世界与社会主义》2020 年第 1 期。

④ 张小劲、王海东:《欧洲政党最新演化的类型学分析》,《当代世界与社会主义》2017 年第 2 期。

⑤ 韩冬临、张渝西:《欧洲民粹主义的发展与变化(2000—2019 年)——基于民粹主义政党的测量》,《欧洲研究》2020 年第 1 期。

⑥ 高春芽:《政党代表性危机与西方国家民粹主义的兴起》,《政治学研究》2020 年第 1 期。

⑦ 林德山:《欧洲政党党内纪律监督制度探析》,《国外理论动态》2017 年第 3 期。

家能力、弱政党体制与弱国家能力、执政联盟与强国家能力几种类型。① 有学者比较研究了西方国家政党遴选议员的制度,认为英、美、日在政党遴选方面各具特色:英国注重发挥核准名单的把关作用,美国实行多种形式的政党初选,日本的派系协商根深蒂固。② 有学者归纳了西欧国家政党政治面临的多个两难困境,例如代表各种社会群体的功能与追求选票的两难困境,议题设置功能与追求选战胜利的两难困境,政党确保政府负责功能与满足选民诉求的两难困境等。③ 有学者研究了欧洲债务危机爆发之后南欧激进左翼政党的变化,认为政治意识形态、组织历史遗产和政党竞争的不同发展态势对南欧各国激进左翼政党在危机中的政治回应和适应性变革产生明显的锁定效应。④

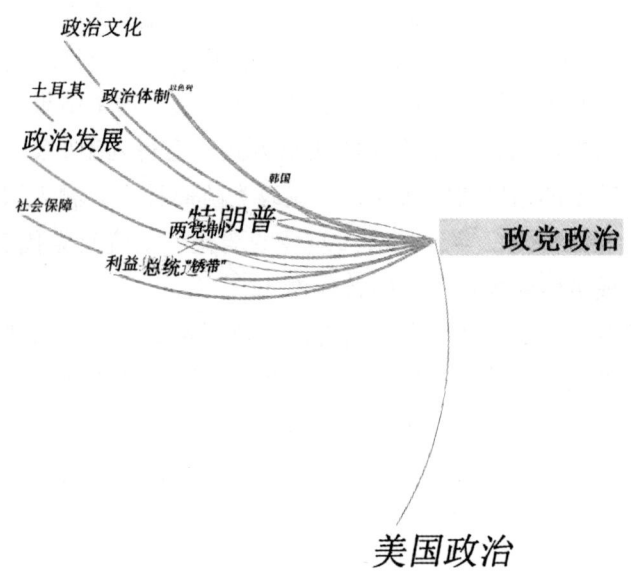

**图 12-4 2016—2020 年西方政治制度研究子领域**

---

① 戴辉礼:《政党体制与国家能力的关联性研究》,湖南人民出版社 2018 年版。
② 张君:《西方政党遴选的政治学:民主化进程中的政党与议员候选人遴选》,中国社会科学出版社 2019 年版。
③ 史志钦、赖雪仪:《西欧国家政党政治的多重两难困境》,《当代世界与社会主义》2017 年第 2 期。
④ 王聪聪:《债务危机之后南欧激进左翼政党的政治革新和发展》,《欧洲研究》2019 年第 6 期。

## （2）西方议会制度的研究

对西方议会制度的研究，构成了西方政治制度研究的主要专题之一。有学者研究西方议会的立法权，比较分析了中国和西方主要发达资本主义国家的立法主体、立法权限、立法程序、立法技术、立法解释、立法监督等具体制度，探讨了立法与政党、行政及司法的关系。① 关于司法审查权，传统观点认为其具有反民主的属性，无法与议会主权体制共存，但学者研究发现，事实上，自20世纪80年代起，部分英联邦国家尝试将两者融合，通过制定宪章或权利法案，建立起"弱司法审查制度"。② 有学者研究西方议会的监督机制，分析了议会监督权的起源、议会监督权的内容、议会监督权的运作机制以及议会监督的环境分析等问题。③ 有学者从整体上研究了代议制度，考察代议制度产生和发展的社会历史条件，总结代议制度产生、发展及其运行的规律。④

有学者研究多党制国家的议会斗争模式，梳理出冗长辩论、缺席点名、"牛步战术"和议会暴力四种类型，认为这些模式充分反映出多党制导致决策效率低下的内在机理。⑤ 有学者基于政治录用视角的博弈模型，分析了弱势群体为何难以进入西式议会，认为在与弱势群体相关的社会规范与制度的约束下，弱势群体潜在申请者与政党守门人的博弈在很大程度上会落在弱势群体潜在申请者不申请、政党守门人对其歧视这一最坏的均衡点上。⑥ 有学者研究了2019年欧洲议会选举的结果，认为从党团格局看，传统中左翼和中右翼政党的议席继续缩减，绿党党团和自由民主党党团的力量有所上升，民粹政党尤其是右翼民粹力量在欧洲议会获得了更多的议席，欧洲议会党团格局更加"碎片化"，大党团和小党团之间的差距有所缩小。⑦

---

① 曹海晶：《中外立法制度比较》，商务印书馆2019年版。
② 朱学磊：《议会主权体制下的司法审查权及其限度——以英联邦国家为分析对象》，《比较法研究》2019年第5期。
③ 王书君：《论西方议会监督制度》，中国社会科学出版社2017年版。
④ 周叶中：《代议制度比较研究》，商务印书馆2018年版。
⑤ 程同顺：《多党制国家议会斗争四种形式》，《人民论坛》2017年6月。
⑥ 钟本章：《弱势群体为何难以进入西式议会——一个基于政治录用视角的博弈模型》，《国外理论动态》2019年第2期。
⑦ 张磊：《2019年欧洲议会选举及其影响——基于"次等选举""欧洲议题"和民粹政党三重视角的分析》，《欧洲研究》2019年第4期。

### (3) 西方选举制度及民主制度的研究

有学者从选举的基本概念入手，阐述了当代选举制度的普遍原则、平等原则、直接选举原则和秘密投票原则等四项基本原则，梳理了多数决制、比例代表制和混合制等不同类型的当选规则，分析了设立选举机构、划分选区、选民登记、确定候选人、开展竞选、投票、计票以及选举诉讼等诸多选举工作环节和阶段。[1] 有学者梳理了第三波民主化国家的选举制度，认为虽然比例代表制是在第三波民主化国家分布最广的选举制度，但是没有普遍地导致极化多党制，这是因为采用比例代表制的大多数第三波民主化国家选择的是复合型的比例代表制，即通过缩减选区规模与设置政党当选门槛，来降低选举制度的比例代表性程度，从而避免政党体制的碎片化。[2] 有学者从整体上梳理了西方代议制的历史渊源、理论预设与制度形态，认为人民主权、普选原则、分权与制衡、少数服从多数是代议制的主要理论预设，议会、议员、选举、政党是代议制的制度表现形态。[3]

有学者回顾了西方民主制度的产生与发展历程，在充分肯定政党对现代民主政体运作意义的基础上，对当今世界上不同类型民主的深刻变革进行了比较和梳理。[4] 有学者对中西方的协商民主制度进行了比较研究，挖掘了西方协商民主制度建构和实践技术中的一些积极因素，同时提炼了中国特色的协商民主制度的比较优势。[5] 有学者通过对英国、法国、中国三国的比较研究民主发展的逻辑，认为理想型的民主发展，应当实现身份解放和机制建设的结合与匹配，优先完成核心民主机制建设的政治体，有机会通过相对和缓的改革逐步实现身份平等，从而构成"机制建设引领型的民主发展"；缺乏核心民主机制的政治体则需要经过相对迅速的革命过程以完成身份解放，而后才有机会逐步进行机制建设，从而构成"身份解放

---

[1] 屠振宇：《选举制度》，江苏人民出版社2019年版。

[2] 包刚升：《选举制度的复合化：基于第三波民主化国家的实证研究》，《政治学研究》2019年第4期。

[3] 刘宝辉：《论西方代议制的历史渊源、理论预设与制度形态》，《社会科学论坛》2016年第11期。

[4] 柴尚金：《政党与民主新论：西方民主制度的发展历程与弊端》，中国民主法制出版社2018年版。

[5] 罗维：《中西协商民主制度与实践比较》，法律出版社2016年版。

引领型的民主发展"。① 有学者通过对 37 个发展中民主转型国家的实证研究认为，制度的选择对于民主转型和巩固，以及民主国家的治理绩效非常重要，民主转型与制度选择没有一条固定的道路，各个国家应选择适合自己国情的民主制度模式。② 有学者认为国家极化现象是当代欧美民主发展的最新趋势，是理解当前欧美政治危机的症结所在，西方国家在经济获益失衡、多元文化主义受挫、公民价值观念扭转、政治传播转型以及政治版图洗牌与选民阵营重组等诸多因素的强势推动下，国家极化不断升级、愈演愈烈。③

在新时代，还有多部关于民主制度与选举制度的重要研究被翻译为中文，深化了学界对相关问题的认识。④

除了上述三个专题之外，有学者选择了当今世界具有代表性的美国、俄罗斯、德国、英国、法国和日本作为典型样本，采用法律制度与法律实践相结合的研究方法，对于这些国家央地事权划分的法律规定、基本依据、实际划分进行梳理和阐发，由此归纳这些国家中央与地方事权的主要共相，进而阐述其对于我国央地事权关系划分的启示。⑤ 有学者研究了古代的专制制度，通过对罗马帝国、中世纪西欧、俄罗斯和古代中国在君主权力、法律制度、财政税收、军事制度、工商业发展、社会阶层等多方面的系统考察和比较，批驳了以古代西方为民主渊薮、以古代中国为专制统治的东方主义思维。⑥ 有学者从当代西方福利国家遭遇的困境为切入点，分析认为福利国家因诸多制度和机制的强化，不断弱化了西方传统政治制度架构及其制度能力，福利政治凸显了西方选举民主制度的困境，福

---

① 汪仲启：《民主发展的逻辑：身份解放与机制建设——基于对英、法、中三国的比较研究》，《经济社会体制比较》2019 年第 4 期。

② 卢春龙、张华：《制度选择对民主转型结果的影响》，《政治学研究》2017 年第 1 期。

③ 庞金友：《国家极化与当代欧美民主政治危机》，《政治学研究》2019 年第 3 期。

④ 其中有代表性的包括：[美] 阿伦·利普哈特：《选举制度与政党制度：1945—1990 年 27 个国家的实证研究》，谢岳译，上海人民出版社 2016 年版；[比利时] 达维德·范雷布鲁克：《反对选举》，甘欢译，社会科学文献出版社 2018 年版；[美] 史蒂文·李维茨基、丹尼尔·齐布拉特：《民主国家如何死亡》，李建兴译，时代文化出版企业股份有限公司 2019 年版。

⑤ 王浦劬：《中央与地方事权划分的国别经验及其启示——基于六个国家经验的分析》，《政治学研究》2016 年第 5 期。

⑥ 马克垚：《古代专制制度考察》，北京大学出版社 2017 年版。

利政治加速政党制度的衰弱、福利国家推动产生了大而无能的政府。①有学者研究了西方的监察专员制度，认为监察专员制度虽与我国监察体制存在制度差异，但该制度对争端解决、法治精神和人权保护的实践，对我国监察体制改革的价值取向、监察制度的顶层设计等具有重要启示，有助于推进具有我国特色的监察体制的建立。

## 二 当前西方政治制度研究发展的着力点

新时代以来，我国政治学界在该领域取得了很大发展。与此同时，由于多方面原因的影响，西方政治制度的研究仍然存在着缺陷和不足。这些不足也构成了西方政治制度研究需要强化的着力点，其主要表现在以下方面：

### （一）研究方法相对陈旧

当前关于西方政治制度的研究在方法的使用上，以旧制度主义的描述性研究为主，利用现代政治学新方法的研究相对较少。

旧制度主义也称传统制度主义，是相对于近年来流行的新制度主义而言的。作为一种研究方法，旧制度主义主要从正式制度入手，关注一个国家的宪法、法律和各种制度规定，通过对文本资料的解读与比较，研究该国的政治制度。这种方法的不足之处在于，忽略了诸多非正式制度和半正式制度在政治生活中的影响，其过于强调文本解读的做法，也可能导致忽视文本的规定与现实政治运行之间的巨大差异的后果。现代政治学在反思与批判旧制度主义的基础上，吸收行为主义与理性选择主义的新成果，发展出了新制度主义研究方法。新制度主义一般分为历史制度主义、理性选择制度主义与社会学制度主义三大流派。新制度主义强调政治运行中非正式制度的重要作用，因而有助于对政治制度的运作过程进行更为细致和全面的解析，也有利于对政治制度展开历时性与共识性的多重比较。国内政治学界对新制度主义研究方法的重视程度不够，大部分研究停留在旧制度主义，对西方政治制度的研究主观性色彩较浓，不仅缺乏实证数据与材料

---

① 陈兆旺：《当代西方福利国家与政治制度的衰朽》，《比较政治学研究》2017年第2期。

的支撑，而且缺乏对制度动态变迁的把握与认识。

### （二）研究主题较为狭窄

当前关于西方政治制度的研究在主题的选择上，局限于特定的国家和专题，问题意识偏重于西方视角。

西方政治制度研究主要以西方国家的政治制度为研究对象，由于特定国家政治制度所具有的代表性，西方政治制度研究无需处理所有的西方国家，注重对特定国家的国别研究是西方政治制度研究领域的正常现象。但是，从上述对研究状况的梳理中可以发现，当前的研究过于集中在对英国、美国、德国、日本、法国等国家的研究，其中又以美国和日本的研究数量最多，相比之下，对西班牙、意大利、荷兰、瑞士等欧洲国家的研究较少，对东欧国家、俄罗斯、澳大利亚、加拿大等研究则更少。此外，当前的研究又过度集中于对政党制度、议会制度、选举制度等专题的研究，对政治制度的其他层面则少有涉及。

学术研究的这种状况是由多种原因造成的。西方政治制度研究是近代中国从西方国家引进的一门学科，学科建设的积累时间较短，缺乏体系性与连贯性，对西方政治制度的历史演变脉络和宏观内在共性还缺乏深入的研究。现有的问题意识，更多是对西方学界的一种模仿和借鉴，忽略了中西方因为政治文化与发展阶段的区别，所导致的研究视角的差异。西方学界优先考虑的问题并非一定是对中国学者重要的问题，反之亦然。未来，中国学者需要对研究的主题与视野进一步地拓宽，立足中国，回应影响国家发展的重大问题、对现实有重大意义的问题。

### （三）研究范式比较单一

当前关于西方政治制度的研究在范式的采用上，以横向的现实研究为主，缺乏纵向的历史研究，一些比较研究流于形式。

对西方政治制度的研究既需要研究西方政治制度的现状，也需要追溯相关制度的历史形成过程。只有通过历史研究与现实研究的相互结合，才能形成对相应制度的建构及运行原则的全面认识。在当前对西方政治制度的研究中，历史脉络的纵向研究还比较缺乏，对制度的来龙去脉、复杂演化常常一笔带过。从整体上对西方政治制度的生成过程与历史演进的宏观研究较少，学者们大多选择从横向的层面对某个国家、某种类型政治制度的运行现状进行描述和阐释。与此同时，越来越多的学者采取了比较研究的方法，通过对多个不同国家案例的比较，确实可以提供对不同国家政治制度的更为深入细致的认识。然而，也有一些比较研究存在流于形式的问题。比较的前提是对象要有可比性，而非为比较而比较。比较研究不能停留在对事实的铺陈和列举，而是应该先有明确的问题意识与清晰的比较框架，然后结合求同法、求异法和共变法等确定因果逻辑。

当前研究中缺乏历史维度探讨和比较研究流于形式这些问题，主要是由于当前西方政治制度还局限在传统的研究思路上，同政治学科的政治理论研究、方法论研究、政治思想研究等分支领域相互割裂、缺乏互动的结果。

### （四）研究规范比较薄弱

在学术研究的规范性上，当前西方政治制度研究的学科规范性程度不足，研究成果缺乏创新性，话语体系不够统一，学术共同体建设不完善，缺乏本学科的创新性评价标准，致使大多数学者对以往的研究成果不加重视。这些问题也导致西方政治制度研究从方法的使用、问题的选取到观点的提出，缺乏创新性，研究成果存在着低水平重复的问题，妨碍了学科知识增量的积累，限制了学科的进一步发展。

## 三　西方政治制度学术研究发展趋势

在新时代，进一步推进我国的西方政治制度研究，需要进一步明确西方政治制度研究的学科定位，研判西方政治制度研究的学术前沿和发展趋势，把握西方政治制度研究需要深化的重要领域。

### （一）西方政治制度研究的学科定位

西方政治制度学科的发展要继续明确学科的自身定位，在此基础上，通过多方面的努力深化对西方政治制度的研究，最终从整个政治学科协调发展的层面，推进西方政治制度研究与其他学科以及政治学科其他分支领域的交流互动。

1. 继续明确西方政治制度研究的学科定位，处理好"本土化"与"科学化"之间的关系，理顺本学科与比较政治研究之间的关系

西方政治制度研究的基本概念、研究主题与研究方法虽然最早都是从西方引进的。但是，中国学界的研究立足点一直是中国自身，最终目的是要服务于中国的发展和建设，深化对我国社会主义政治制度的认识。我们在学习西方政治学一般理论与方法的基础上，应该处理好"本土化"与"科学化"之间的关系，避免简单套用西方学界的概念、理论、方法与问题意识进行研究，加快构建中国特色的西方政治制度研究的学科体系、学术体系、话语体系，优先研究与中国政治发展密切相关的重大问题。

近年来，西方政治制度研究与比较政治研究两个学科之间的关系引起了学界的很多讨论。两个学科之间在研究主题与研究方法上确实有很多重叠之处，但是，它们在研究取向上也存在一些明显的区别。西方政治制度研究通常以具体制度为出发点，如议会制度、政党制度、选举制度等，进而扩展到相关的各种政治问题；比较政治研究往往以特定议题为出发点，如政治现代化、政治发展、政治转型与民主化、国家—社会关系等，试图提炼出政治规律。随着越来越多在海外学习比较政治的学者回到国内，以及美国等国家比较政治的话语优势，很多原来研究西方政治制度的学者转为比较政治学，也有很多学者建议在学科体系中用比较政治学取代西方政治制度研究。这就涉及理顺两个学科之间的关系问题。需要注意的是，西方的比较政治研究，以美国为例，它是将美国的政治制度作为基准参照物，来对世界上其他国家的政治制度进行分类和比较，问题意识也是主要立足于美国自身。此外，美国等西方国家的政治学界也出现了比较政治学研究对地区研究的贬低和挤压。相比之下，国别与区域研究一直是我国学者对西方政治制度研究的重要组成部分。因此，无论是用比较政治取代西方政治制度，还是继续保留两个独立的学科分支，都必须跳出西方政治学的价值预设与问题意识，继承和发扬已有的学术积累与学术传统，立足中国、参照世界，推动中国政治学研究的整体进步。

2. 从更新研究方法、转换研究思路、拓宽研究主题、加强本学科规范性与学术共同体建设等角度入手，提升本学科领域的研究水平

在明确学科定位的基础上，西方政治制度研究的进一步发展，需要着

眼于当前研究所存在的不足之处，弥补研究中的薄弱环节。推进西方政治制度的研究，首先需要引进新的研究方法，强化对西方政治制度的动态研究和实证研究，借鉴新兴的大数据研究方法，通过方法创新带动学术创新；其次需要转换研究思路，立足中国，优先研究有重大现实意义的问题；再次需要拓宽研究主题，重视对宏观问题的研究，填补空白点。与此同时，西方政治制度研究的学科规范需要进一步加强，学术交流活动需要进一步加强，形成健康、活跃的学术共同体。

3. 加强与相关学科以及政治学科其他分支领域的交流互动，推进政治学科的整体发展

西方政治制度研究的发展离不开其他学科的支援，法学、历史学、经济学等邻近学科都有涉及政治制度的内容，而且也使用了一些新的理论视角与方法论。西方政治制度研究在保持学科自主性的前提下，应该与其他学科加强交流，顺应交叉研究的新潮流。与此同时，西方政治制度研究需要加强与政治学科内部其他分支领域的交流与互动。政治学基本理论与方法论研究、比较政治研究、中国政治制度研究、西方政治思想史等学科分支，都与西方政治制度研究存在着紧密的关联。西方政治制度研究的进一步发展需要及时掌握政治学科其他分支领域的最新研究方向，广泛开展交叉研究、比较研究，服务政治学科的整体发展。

### （二）西方政治制度研究的主要领域

未来我国西方政治制度研究应该根据我国社会主义政治建设实践发展的需要，为实现国家治理体系、国家治理能力的现代化做出贡献。研究应该结合我国当前政治发展的实际需要，把握西方政治制度研究的前沿趋势，对西方政治制度研究的重要领域和课题建议为：

1. 从整体上对西方政治制度的通史性研究，或者对具体制度的产生与演变的纵向、长时段的研究。

2. 对新兴的政治制度研究方法论的系统性研究，包括但不限于历史制度主义、理性选择制度主义等课题。

3. 与国家治理体系现代化、治理能力现代化相关的重要西方国家政治制度的研究，包括政党制度研究、服务型政府机制研究、单一制与联邦制的比较研究、中央与地方的事权划分研究、基层政府研究等等课题。

4. 对"一带一路"沿线西方国家的政治制度研究，尤其是对中东欧国家、大洋洲国家以及拉美国家的研究。

5. 全球化与逆全球化相互冲突的背景下，西方政治制度面临的挑战研究。

6. 对西方国家监察制度的研究，结合我国监察体制改革的重要背景，对西方国家的监察制度进行比较研究。

7. 公共卫生与公共安全事件频发的背景下，对紧急状态制度的研究。

8. 西方国家民粹主义政治兴起背景下代议制民主制度面临的挑战研究。

9. 新兴的技术变革对传统政治制度所产生影响的研究，以及管理这些新兴技术所需要的新政治制度的研究。这些新的技术变革具体包括5G网络、人工智能、大数据、基因科技等。

10. 新政治问题对传统政治制度的挑战研究，这些新政治问题包括身份认同政治、极化政治、性别政治等。

11. 西方国家的政教关系比较研究。

12. 对俄罗斯和东欧国家政治制度转型的研究。

# 第十三章 比较政治学研究的发展

比较政治学是政治学的一个分支学科，是指对中国以外的其他国家和地区的政治机构、政治行为、政治文化、政治发展等开展比较研究，中外政治的比较研究也属比较政治学的范畴。本报告简要回顾新时代以来我国比较政治学的发展历程，从总体状况、代表性人物和成果以及存在的问题等方面，对我国比较政治学的发展进行分析和描述。最后，本报告将根据当前研究的成绩和不足，提出需进一步深化和拓展的重点研究领域。

## 一 总体状况

整体而言，比较政治学的充分发展和进一步精细化，是新时代政治学科发展的鲜明特点。各个高校和科研机构在科研和教学方面都加强了对比较政治学的投入，逐渐补齐了此前学科发展的短板，并且呈现出精细化的局面。比较政治学的教学和研究机构纷纷设立，各种比较政治学的研究成果涌现，比较政治学的研究队伍不断壮大，都是这一时期比较政治学发展取得的成就。

### （一）比较政治学的教学和研究机构设立

在新时代，我国的高校和研究机构陆续组建和成立了比较政治学的机构。如北京大学和上海交通大学，专门成立比较政治学系，如复旦大学陈树渠比较政治学发展研究中心、中国人民大学比较政治学研究所、上海师范大学比较政治学研究中心等。同时，随着"一带一路"倡议的实施，中国各高校和研究机构新成立了上百个区域和国别研究机构，其中获批为教育部区域和国别研究培育基地的有37个。

## (二) 比较政治学的各类成果涌现

第一，比较政治学的基金项目增加。从 2012 年到 2019 年，国家哲学社会科学基金资助的比较政治学选题不断增多。图 13-1 显示的是基金资助数目的变化，从 2012 年 9 项到 2019 年的 39 项，数目上有了明显的增加。① 就选题的范围而言，其涵盖了比较政治学的学科发展、民粹主义、民主转型、民族主义、国家治理、政党政治等一系列概念和理论。从学科角度进行细分，其涉及民族政治学、政治心理学、农村政治学、地缘政治学、网络政治学、政治经济学、政治社会学、政治文化学、发展政治学、选举政治学、环境政治学、移民政治学、警察政治学等许多新兴的学科领域。

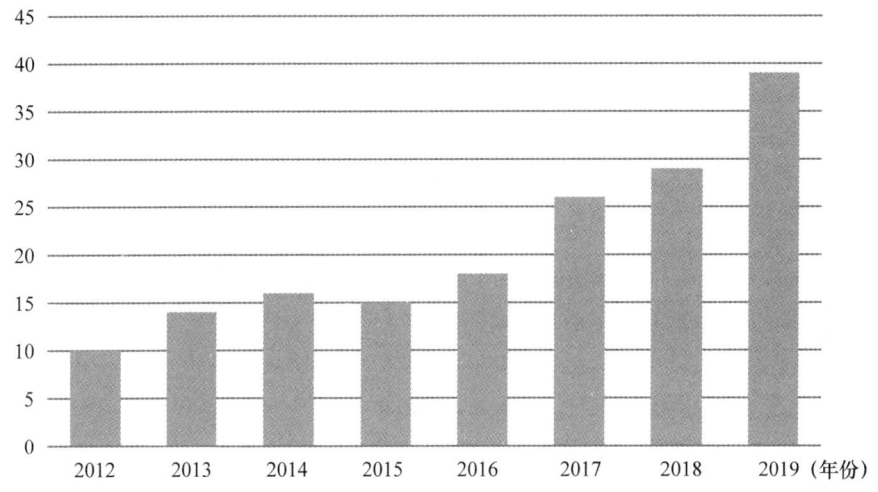

**图 13-1　国家哲学社会科学基金比较政治学领域立项数**

---

① 由于国家社科基金并没有明确显示是否为比较政治学的议题，具体判断方法为带有中外比较，外国政治，或者概念分析的，都判定为比较政治学的选题，但是排除题目中明确为中国政治的议题，或者政治哲学的选题。其中，2012 年重大项目 1 项、一般项目 4 项、青年项目 5 项；2013 年一般项目 6 项、青年项目 5 项、西部项目 1 项、后期资助 2 项；2014 年重大项目 1 项、一般项目 7 项、青年项目 7 项，西部项目 1 项；2015 年重大项目 1 项、一般项目 7 项、青年项目 3 项，西部项目 1 项、后期资助 1 项、中华学术外译项目 2 项；2016 年一般项目 9 项、青年项目 6 项、西部项目 1 项、后期资助 2 项；2017 年重点项目 1 项、一般项目 16 项、青年项目 6 项、西部项目 2 项、后期资助项 1 项；2018 年一般项目 16 项、青年项目 11 项、西部项目 2 项；2019 年重点项目 4 项、一般项目 29 项、青年项目 6 项。

第二，期刊论文的数量增加。图 13-2 显示的是中国学术期刊网全文数据库中，以"比较政治学"为主题的论文发表数目，其中 2011 年为 3 篇，2013 年为 337 篇，2016 年为 310 篇，2019 年为 199 篇，整体呈现出先上升后下降的趋势。关于数目和下降趋势，一方面是由于该图只是大致地描绘了比较政治学的论文数量和趋势，而大量的区域和国别的论文并不以"比较政治学"为关键词，因而在数量统计时存在疏漏；另一方面，比较政治学研究越来越精细化，许多讨论比较政治学具体问题的论文也不以"比较政治学"为关键词。因此比较政治学类论文的真实数量应该远超过该数目。

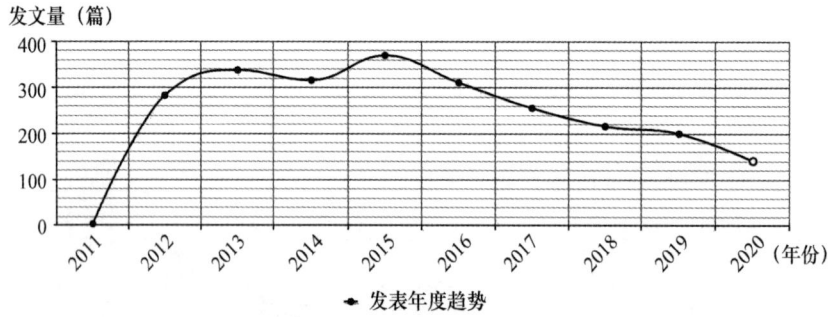

**图 13-2　"比较政治学"为主题的期刊论文发表量（2012—2020）**
数据来源：中国知网。

接下来，以中国知网中 2012—2020 年共计 9 年间有关学术期刊和学术论文（北大核心和南大核心）作为论文的研究对象，利用 CiteSpace 软件对本领域研究的关键词、关键词时区等进行统计和梳理。

由 CiteSpace 生成的关键词聚类图谱来看，本领域的研究主题比较丰富多样，研究深度逐步加强，形成了内部聚合的多个子研究领域，且多领域之间相互影响的研究格局（图 13-3）。由 2012—2020 年西方政治思想史关键词时区图谱和关键词突显图谱（图 13-4）可见，不同子研究领域具在不同年份具有不同的研究热度，例如子研究领域 1 从 2012—2019 年成果丰富。

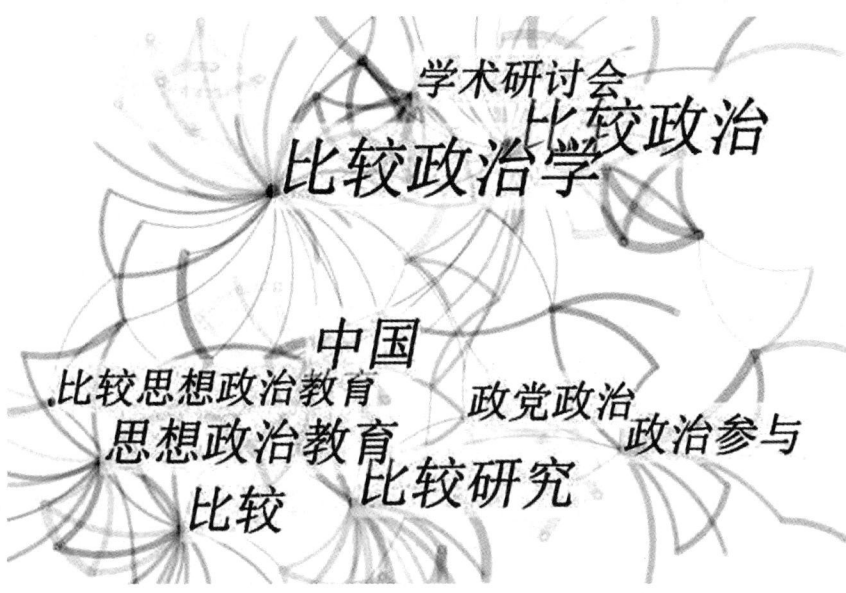

图 13-3　2012—2020 年比较政治学关键词聚类图谱

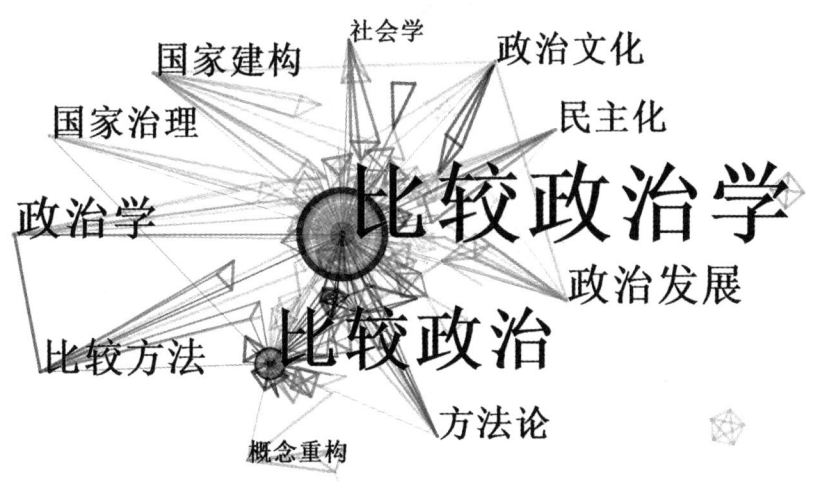

图 13-4　2012—2020 年比较政治学关键词聚类图谱

第三，经典作品翻译增加。比较政治学的发展也体现为更多国外比较政治学的经典著作得到了翻译。其中，最知名的是美国罗伯特·E. 戈定主编的《牛津比较政治学手册（上下册）》，《牛津政治行为研究手册（上下册）》，中译本由人民出版社出版。此外，其他的经典著作包括，[澳]约翰·基恩著《生死民主（上下卷）》，中译本由中央编译出版社出版；[美]佩里·安德森著《绝对主义国家的系谱》中译本由上海人民出版社出版；[英]拉斯基著《国家的理论与实际》中译本由上海社会科学院出版社出版。这些国外经典著作的翻译和出版，推动了比较政治学的发展。

第四，长期以来，比较政治学缺少专门的期刊，因此研究机构通过集刊的方式进行发表。2016年，中国人民大学的《比较政治评论》（中国社会科学出版社，一年两辑）出版；《比较政治评论》于2018年更名为《世界政治研究》（中国人民大学国际关系学院主办，一年两辑，2020年改为季刊），倡导以"大政治学"的视角推动世界政治学和比较政治学的研究。另有李路曲主编的《比较政治学研究》（一年两辑，社会科学文献出版社，已被中国社会科学引文索引即CSSCI作为来源集刊收录）和华东政法大学的以收录编译论文为主的《比较政治学前沿》（中央编译出版社，每年一辑）。此外，还有越来越多的学术期刊愿意为"比较政治学"开设专栏，充分体现出了比较政治学研究如今所受的重视。

第五，比较政治学主题会议增多。各个学术机构开始举办比较政治学的专题研讨会。例如，《比较政治学研究》编辑部在2016年到2019年分别举办了第六届至第九届"比较政治学论坛"。2019年，中国人民大学比较国际政治经济研究所举办了"全球化与民粹主义"比较政治学经济圆桌会议；《世界政治研究》编辑部在2018年和2019年举办了"金融危机十年来的世界政治变革"和"跨国人口流动与世界政治变迁"前沿对话。此外，政治学的大型学术会议，也越来越多出现比较政治学议题的专题研讨。这些比较政治学的学术会议，有力地推动了比较政治学研究的发展。

### （三）比较政治学领域研究队伍

新时代以来，比较政治学研究的队伍不断扩大，特别是加入比较政治学研究队伍的年轻学者人数也逐年增多。比较政治学术共同体已渐渐成形，且规模仍在继续扩大：除了北大、人大和复旦等高校，其他地方的高校也加入了比较政治学的研究队伍中；科研院所中，除了中国社科院系统和地方社科院系统，其他部委的研究机构也加入了比较政治学的研究队伍中。表13-1显示的是根据各个高校研究生招生的网站，统计的各个高校的中外政治制度专业的导师数目。其中复旦大学的教授数目最多，达到了14名，覆盖国际关系与公共事务学院、社会科学高等研究院、国际问题研究院，以及中国研究院；其次为北京大学，覆盖了政府管理学院和国际关系学院。整体而言，全国高校中的从事中外政治制度专业的教授和副教授总人数超过100人。

表13-1　　　　　　　　中外政治制度专业导师数量，2020

|  | 教授 | 副教授 |
| --- | --- | --- |
| 北京大学 | 8 | 7 |
| 清华大学 | 6 | 4 |
| 中国人民大学 | 7 | 5 |
| 外交学院 | 3 |  |
| 复旦大学 | 14 | 7 |
| 华中师范大学 | 5 | 1 |
| 南开大学 | 2 | 3 |
| 天津师范大学 | 4 | 2 |
| 吉林大学 | 3 |  |
| 山东大学 | 7 | 2 |
| 南京大学 | 3 | 4 |
| 上海交通大学 | 7 | 5 |
| 华东师范大学 | 2 | 1 |
| 武汉大学 | 3 | 1 |
| 云南大学 | 2 | 4[1] |
| 总计 | 76 | 46 |

注1：为政治学系副教授总人数。

然而，比较政治学的人才培养统计较为困难，一般而言，大部分高校以政治学大类进行招生，并不公布比较政治学的具体名额。由于比较政治学专业并没有在教育部的研究生招生目录中，有的高校将其作为研究方向，挂靠在不同的二级学科下。例如，南京大学和山东大学将其设置在政治学理论二级学科下。在具体名额上，只有极少数高校明确说明了比较政治学的招生名额，有的高校则以"小政治学"（政治学理论、中外政治制度、中共党史）为单位标注招收学生的名额，因此统计起来存在困难。表

13-2显示的是比较政治学的大致统计数目。从表2看，每年明确招生为比较政治学（中外政治制度）专业的硕士生大约是119人，博士生为34人。当然，由于各个高校招生的差异性较大，数据记录存在缺失，因此比较政治学方向培养的人才数量应该大大超过表内的统计结果。

表13-2　　　　2020年比较政治学硕士博士研究生招生计划

|  | 比较政治学 |  | 政治学大类 |  |
| --- | --- | --- | --- | --- |
|  | 硕士 | 博士 | 硕士 | 博士 |
| 北京大学 | 9 | 5 | 65 | 32 |
| 清华大学 |  |  | 10 |  |
| 中国人民大学 | 5 |  | 128 |  |
| 外交学院 | 22[1] |  | 139 | 14 |
| 复旦大学 | 19[1] | 17[1] | 43 | 46 |
| 华中师范大学 | 17 |  | 204 | 40 |
| 南开大学 |  |  | 216[2] | 105[2] |
| 天津师范大学 | 6 |  | 45 | 16 |
| 吉林大学 | 5 | 9[1] | 95 | 23 |
| 山东大学 | 9[1] |  | 47 | 29[2] |
| 南京大学 | 16[1] |  | 67 | 23[2] |
| 上海交通大学 |  | 0 | 11 | 0 |
| 华东师范大学 | 6[1] |  | 55 |  |
| 武汉大学 |  |  | 178[2] | 34[2] |
| 云南大学 | 5 | 3 | 60 | 21 |
| 合计 | 119 | 34 | 1363 | 383 |

注：1. 数据为包含比较政治学方向的专业的招生总人数。
2. 数据为包含政治学大类的学院的招生总人数。
3. 山东大学的硕士相关的招生人数均不含推免生。

## 二　主要成果和观点

进入新时代，我国的比较政治学领域出现了重要的研究成果，本部分将以比较政治学的议题为线索，分析这些成果和观点。

### （一）比较政治学的发展方向

有学者一直以来都强调中国的比较政治学所应具有的中国视野，及其对于中国政治学学科发展的重要意义。近年来在研究现代国家建设治理方面时，也指出要找回中国现代化国家的迷失，必须从认知观念上有所改变，至少应该像我们的一些西方学者的同行们那样，增强我们对变化中的世界的了解，更贴近和重视中国的经验，提出我们对中国乃至对世界人文关怀的"有意义的"现实问题。①

有学者认为，探索现代政治发展与政治运行的规律，需要建立在对一个国家政治的来龙去脉和内在结构进行深入分析的基础之上。而通过对西方政治学的特点与不足的认识和思考，可以更好地建构自己的学术体系。②

有学者认为，作为知识增长点的中国比较政治学研究尚无生产能力，主要原因在于，中国比较政治学兴起的时候，正赶上了所谓"第三波民主化浪潮"，中国的比较政治学研究因此跟随美国一道变成了比较民主化研究，一开始就丧失了学科自主性，而不是研究比较政治学最根本的问题——国家建设，而国家建设中的诸多问题显然不只是政体转型问题。如果说国家建设是比较政治学的总体性躯体，政体则是骨骼，国家治理则是流动的血脉，由此而构成的比较政治学研究的逻辑链条才是坚实的、可信的，而如今仅仅关注政体转型的中国比较政治学研究既缺少历史性，又没有"人民性"。③ 有学者呼吁将"求变"的制度转型学研究转变为"求治"的国家治理研究。④

有学者认为，制定比较政治学的划分标准和确定其学科范畴要将"方法论"与"本体论"统一在一起，它作为一门单一性学问是方法论的，但作为一门复合性学问或学科的核心内容是比较方法、主要内容是由比较性议题所构成的。因此，比较政治学的划分标准可以这样表述：以比较政治学方法为核心（包括比较的基本方法和比较政治学的各种理论范式），以"外国政治"的某些研究领域为主要内涵。⑤

---

① 徐湘林：《中国认识世界：把迷失的国家找回来》，《探索与争鸣》2016 年第 8 期。
② 杨谧：《林尚立：以中国情怀研究中国政治》，《光明日报》2016 年 1 月 14 日第 16 版。
③ 杨光斌：《论政治学理论的学科资源——中国政治学汲取了什么、贡献了什么？》，《政治学研究》2019 年第 1 期。
④ 杨光斌：《政治学研究范式的转型：从"求变"到"求治"——政治学学科史的视角》，《中国政治学》2018 年第 1 期。
⑤ 李路曲：《比较政治学的基本特质与学科划分标准》，《当代世界与社会主义》2019 年第 1 期。

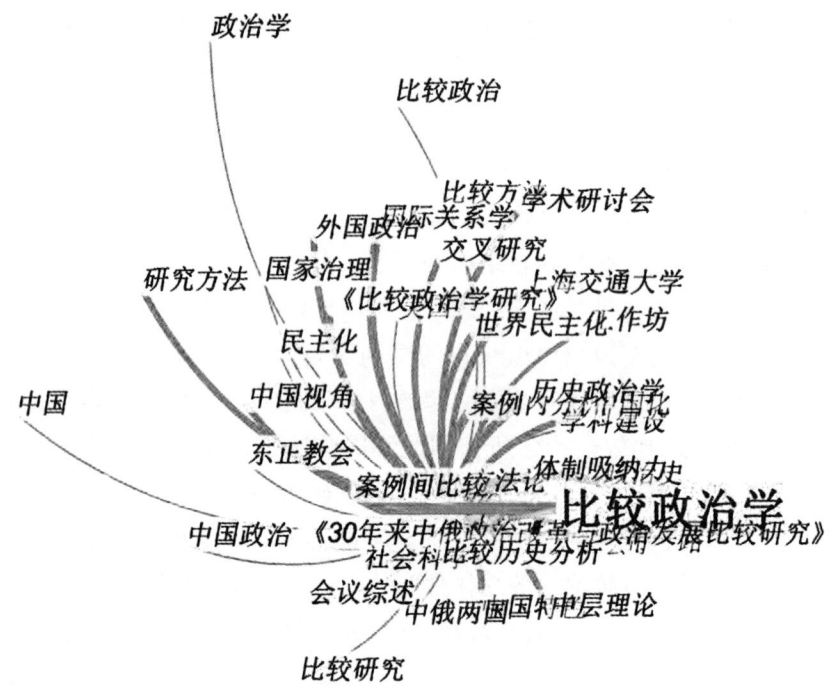

图 13-5　2012—2020 年比较政治学研究子领域

## （二）比较政治学研究方法

有学者关注比较政治学研究新范式的生成，认为社会科学的价值在于对时代性问题的回应和解决，但在意识形态操纵下产生的所谓的"时代主题"往往是被"制造"出来的。这些"时代主题"以及由此产生的研究范式，如比较政治学中研究现代化主题的结构功能主义范式和研究民主化主题的转型学范式，可能是有违世界真相的、会对思想界乃至国家政治发展造成误导。鉴于转型范式的失败，西方提出的种种作为补救的治理理论却始终没有脱离原有范式的窠臼，它们依然是西方国家自己的内在需要而非发展中国家的实际需要，因此比较政治学迫切需要替代性的新主题和新范式。① 有学者主张范式转型，从"求变"的制度转型研究（比较政治学

---

① 杨光斌：《关于国家治理能力的一般理论——探索世界政治（比较政治）研究的新范式》，《教学与研究》2017 年第 1 期。

制度）转变为"求治"的国家治理研究；有学者提出以历史政治学的研究路径而研究国家治理。①

有学者通过比较政治学著作的对比研究，来展现时空规制的优势，并提出了将时空规制加入研究设计选择的具体操作方法。这种变量选择方法的优势在于减少了在过大的样本中选取案例的困扰，通过动态比较增强理论的内部和外部有效性，同时也通过对理论适用范围更为精确的分析进一步增加了机制的推广性。②

如何进行"比较"，中国学者正在形成以中国为中心的方法论。比较政治学赋予了学者长时段的分析思维，进而将新中国70年来的发展历程作为一个整体加以看待。海外有学者依据新中国前30年的发展经验对新古典经济学的经典理论提出了质疑。因为新中国前30年在工业制造能力、大规模农田水利设施和现代交通运输网络的建设，以及基础教育和公共卫生等方面所取得的成就，无法以现代经济增长研究者所习用的"人均国民生产总值"加以衡量。这一时期中国工业企业和农业集体组织的微观管理和生产效率问题，也不能简单地以缺乏激励和监督机制来加以解释。③ 有学者通过对世界各类文明的比较，以两个前提下的三大标尺去解释和衡量社会形态的先进与落后。两个前提是：先进基础设施的密集程度和国防的强大程度；三大标尺是：维护公共财产及其使用秩序的程度、精算公权使用成本与收益的程度，以及劳动者再生产的社会化、均等化程度。④ 虽然该研究并没有着重强调中国的经验，但其构建的评价体系却与中国实践有着密切联系。

### （三）国家治理的比较研究

进入新时代，国家治理也成为我国比较政治学研究的重要议题之一。

---

① 杨光斌：《什么是历史政治学》，《中国政治学》2019年第2期；姚中秋：《历史政治学的中国议题》，《中国政治学》2019年第2期；杨光斌、释启鹏：《历史政治学的功能分析》，《政治学研究》2020年第1期。

② 叶成城、黄振乾、唐世平：《社会科学中的时空与案例选择》，《经济社会体制比较》2018年第3期。

③ 李怀印：《历史地认识新中国前30年的经济发展战略——与"比较优势"论者商榷》，《开放时代》2019年第5期。

④ 潘维：《论社会进步的标准》，《开放时代》2020年第1期。

有学者选择美国、俄罗斯、德国、英国、法国和日本作为典型案例,以事性定权属、以事项配事权的分析进路,分析提炼出公共事务的政治、经济、社会、自然和发展战略等属性对央地事权划分的意义,阐发了宪法和法律为主、其他为辅的划分途径;并在此基础上,分析了相关国家央地事权划分的事务、权力类型和权力关系;最后,还针对我国相关症结问题,阐述了相关国家的经验对于我国优化央地事权划分的启示。① 北京大学研究团队承担的"中国和俄罗斯(苏联)央地事权关系比较研究",着力比较分析了中俄两国国家结构形式,提出优化我国中央与地方关系的对策,得到财政部的采用和表扬。

有学者从国家治理目标——"善治"入手,指出善治是国家治理现代化的一种理想状态,在其著作《走向善治》中参考世界现代化的历史经验,分析说明了善治的内涵及实现方法;在考察中国学者视角下的俄罗斯民主时,指出"每个国家的政治进步,既离不开自己的历史文化传统,也离不开学习借鉴其他国家政治文明的合理成分。"②

如何比较各国的治理能力,是一个重要议题。有学者提出衡量"国家治理能力的一般理论",将抽象的国家治理能力概念分解为可量化的分析性概念:体制吸纳力—制度整合力—政策执行力。体制吸纳力是指社会对体制的认同度以及国家—社会的合作能力;制度整合力是指对复杂权力关系的组织化能力;政策执行力是指公务员队伍的素养以及贯彻政策的能力。作者强调不同的国家在不同层面各有长短,均面临不同层面的治理危机,不存在包治百病的对所有国家都适用的总体性"解决方案"。③

### (四) 政党政治的比较研究

与之前相比,新时代以来的比较政党政治论著不仅数量更多,而且视角更宽广、分析更深入。有学者提出的"政党中心主义",被认为是国内

---

① 王浦劬:《中央与地方事权划分的国别经验及其启示——基于六个国家经验的分析》,《政治学研究》2016 年第 5 期。
② 俞可平:《走向善治》,中国文史出版社 2016 年版;俞可平:《俄罗斯民主:中国学者的视角》,《国际政治研究》2016 年第 2 期。
③ 杨光斌:《关于国家治理能力的一般理论——探索世界政治(比较政治)研究的新范式》,《教学与研究》2017 年第 1 期。

政党理论研究的一个新概念。有学者认为，社会科学理论体系根源于政治发展的经验，英美经验产生了社会中心主义，德国经验产生了国家中心主义，而这两个概念都不能解释俄国、中国的国家建设，因为这些国家是依靠政党组织起来的，因此应该有一个相对于社会中心主义和国家中心主义的政党中心主义概念。[①]

有学者分析了政党的起源，世界各国政党政治的特点，提出了关于在党的建设方面进行政党间比较、借鉴的一系列重大课题，论证了开展世界政党比较研究对于加强和改进中国共产党建设的巨大潜在价值。有学者在分析现代政党的产生和类别的基础上，通过对比世界上的重要执政党，区分了"人民主权"和"议会主权"，以及对应的"全民党"和"社会代表党"，认为人民的权力与人民的权益及人民的福祉不是一回事。中国共产党是立足于中国社会传统产生的，不是西方意义上的"党"，而是中国传统执政集团的延续。[②] 有学者则对美国、德国等国的政党政治进行国别研究，指出现阶段西方国家政党政治环境的重大变化和所面临的困境：西方政党的竞争方式和竞争手段、新旧政权交替的方式、传统的左、右翼政党发展态势，政党政治的运行机制都产生了变化；而旧的政党体系衰落导致传统的左、右翼政党一蹶不振，执政党脱离现实社会和下层民众，政党之间的对立对抗导致政治衰败，是当今西方国家政党政治发生重大变化的原因和内在逻辑。[③] 中央编译出版社出版《世界各国主要政党规章制度文献》丛书于2015—2017年陆续出版，一共20卷，中间收录了当今世界绝大多数重要政党的代表性规章制度，反映了世界各政党的领导制度、组织体系、决策制度、监督制度等。《比较政治学前沿》在2017年编辑了《比较政党政治的新进展》专辑，包括11篇国外学者的编译文章以及8篇国内学者的政党述评文章。书中主要涵盖政党组织、政党意识形态、政党制度化以及政治极化等议题。他们的研究给国人更全面和生动地理解国外政党的基层活动提供了指引。

---

① 杨光斌：《比较政治学：理论与方法》，北京大学出版社2016年版。
② 潘维：《中外执政党比较》，《中央社会主义学院学报》2019年第1期。
③ 周淑真：《从美国现状看西方国家政党政治的新变化、新特点》，《当代世界与社会主义》2017年第2期；周淑真、孙润南：《德国2017年大选后组阁困境分析》，《当代世界与社会主义》2018年第4期。

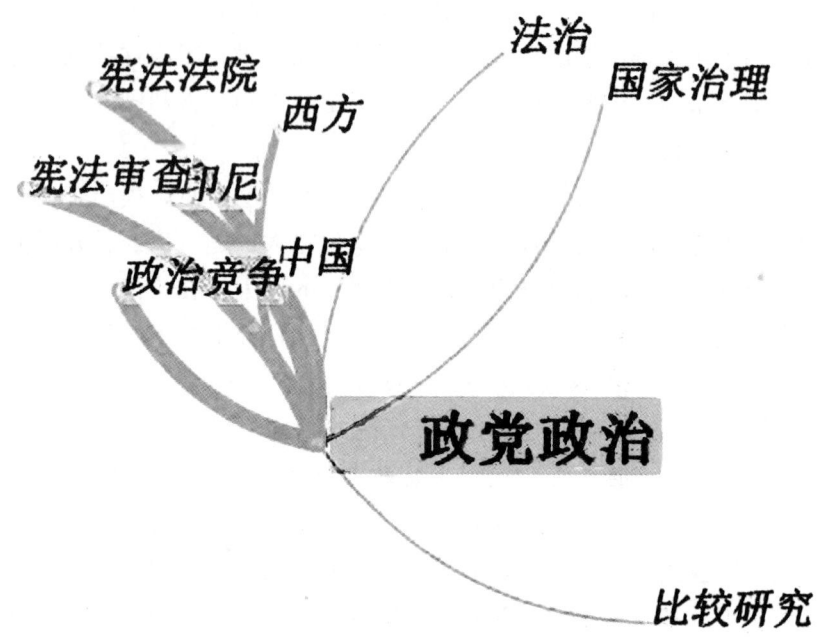

图 13-6　2012—2020 年比较政治学研究子领域

（五）族群冲突的比较研究

族群冲突是冷战后数量最多的"热战"形式，过去 40 年来，关于族群冲突的研究呈现爆发式增长。新时代以来，族群冲突逐渐成为比较政治学热门议题之一。研究者围绕族群冲突的原因、族群冲突的控制和管理、族群冲突与选举政治的关系等进行了深入探讨。在族群冲突原因方面，有学者提供了安全困境机制（理论）来分析族群冲突，认为该理论不仅能够整合无政府状态下的相互恐惧，而且可以将资源、地理、历史、国家制度安排、政府政策以及政治精英的角色等因素，通过四个作为行为驱动力的心理学桥梁（利益、恐惧、尊严、仇恨），融入进一个整合的"机制＋因素"解释框架。这样的安全困境"机制＋因素"分析框架——将各种调节因素通过驱动力联系到安全困境机制，并且扭转族群冲突研究领域"碎片化"的趋势，进而整合所有和族群冲突有关的因素，形成一个有机整体，从而构建一个广义的族群冲突理论。① 在族群冲突的控制和管理方面，有学者质疑了常见的一种看法，即非洲国家选举失利者不接受选举结果是因其自身的族群矛盾或冲突。他们通过定量研究和对尼日利亚、刚果、科特迪瓦的定性研究，表明西方国家的外部介入是这种输家政治的重要诱因，并指出非洲国家民主化应更多立足于自身的内生性发展，实现自身经济、政治、社会的全面现代化，而不能一味寄希望于外部支持。② 此外，还有一些学者针对特定国家的族群冲突进行了研究。

### （六）民主转型的比较研究

民主化和民主转型进程的比较研究一直是比较政治学研究的焦点问题。进入新时代，不少学者对此进行了探索。例如，有学者关注第一波民主化，说明第一波民主化是以民主运动与社会主义运动的交织亦即工人阶级的社会抗争和遏制资本主义为特点的，而第三波民主化注重市场化、自由化和空头选举形式却带来了很多恶果，因此在追求民主的过程中应该重申民主与社会主义的相关性。③ 有学者则对第三波民主化进行了评估，他使用了多种数据，指出就治理绩效来说，"第三波民主化国家的全球治理指数略低于世界平均水平"，"民主巩固国家的全球治理指标大大优于转型中国家和民主受挫国家"，"与世界平均水平相比，第三波民主化国家GDP增长率更高""但同时通货膨胀率和失业率也更高"。④

### （七）民粹主义的比较研究

民粹主义是世界政治发展中重要的议题。21世纪以来，欧洲民粹主义政党的选举胜利，2016年英国脱欧公投中留欧派的失败，以及美国总统大选特朗普的胜出，都体现了现实政治中民粹主义势力的增长。学术界民粹

---

① Tang, Shiping, Yihan Xiong, and Hui Li, "Does Oil Cause Ethnic War? Comparing Evidence from Process-tracing with Quantitative Results", *Security Studies* 26, 3 (2017), pp. 359–390；唐世平、王凯：《族群冲突研究：历程、现状与趋势》，《欧洲研究》2018年第36卷第1期。
② 张春、蔺陆洲：《输家政治：非洲选举与族群冲突研究》，《国际安全研究》2016年第1期。
③ 张飞岸：《民主与社会主义的相关性：比较的视野——以第一波民主化进程为例》，《学海》2017年第3期。
④ 包刚升：《第三波民主化国家的政体转型与治理绩效（1974—2013）》，《开放时代》2017年第1期。

主义的研究重新成为研究的热点问题。在这些研究中，包括对民粹主义的概念界定和测量，例如，有学者概括了比较政治学者所使用的三种类型的民粹主义概念，并最终将民粹主义的基本内涵和特征概括为：强调人民大众的地位和价值，奉行人民至上；崇尚直接民主和大众参与，排斥间接民主，否定代议制；在对平等的追求上，要求绝对平等，反对一切等级关系，坚持反精英、反体制和反权威的社会批判立场；在政治参与上通常采用非制度化的和较为激进的参与方式，诉诸情感而非理性。[1] 有学者从总体和国别的不同角度、通过基于不同指标和维度的测量对欧洲民粹主义发展状况进行了具体考察。[2] 这些研究有助于人们更好地理解民粹主义的内涵和外延。其次是对民粹主义的历史发展趋势进行归纳，例如有学者将历史上的民粹主义运动划分为三次浪潮，而21世纪全球化背景下兴起的民粹主义形成了第四波浪潮。[3] 也有学者使用"崛起"或"复兴"等词汇来描述近年来发生在世界各国的民粹主义现象，认为进入21世纪后，世界政治出现民粹主义力量呈现出了政治复兴并普遍扩张的势头，逐渐占据了政治社会的主流。[4] 第三是在区域或者国别基础上对各种民粹主义现象进行分析，包括欧洲和亚非拉国家的民粹主义研究。有学者认为欧洲民粹主义政党的崛起会冲击既有的政党权力结构、影响传统的政党结构性平衡关系，同时也促进了一种欧洲政治的向右转、助长了欧美政治生活中的极化现象。[5] 有学者研究了拉丁美洲的民粹主义，分析了该地区民粹主义的历史和文化根源，梳理了近百年来它的四次高潮，同时揭示了民粹主义与民主的复杂和矛盾的关系。[6] 有学者研究了东南亚的民粹主义，并将其形态概括为三个方面，即强调分配正义的福利导向、突显阶级政治的左翼色

---

[1] 程同顺、杨倩：《当前中国的民粹主义》，《江苏社会科学》2016年第3期。
[2] 韩冬临、张渝西：《欧洲民粹主义的发展与变化（2000—2019年）——基于民粹主义政党的测量》，《欧洲研究》2020年第1期。
[3] 林红：《当代民粹主义的两极化趋势及其制度根源》，《国际政治研究》2017年第1期。
[4] 例如房宁、涂锋：《当前西方民粹主义辨析：兴起、影响与实质》，《探索》2018年第6期；冯仲平：《关于西方困境的思考》，《现代国际关系》2017年第10期；周穗明：《21世纪民粹主义的崛起与威胁》，《国外理论动态》2016年第10期。
[5] 林德山：《民粹主义政党崛起对欧美政党政治的结构性变化的影响》，《党政研究》2017年第6期。
[6] 董经胜：《拉丁美洲的民粹主义：理论与实证探讨》，《拉丁美洲研究》2017年第4期。

彩、基于政治竞争与生存安全的策略选择。①

整体而言，在新时代，比较政治学研究在中国已经取得了巨大的进步，各类成果不断涌现。这些成就的取得，一方面是中国的比较政治学者对该领域的孜孜以求展开的不断探索的结果，另一方面也是整个中国政治不断发展前进、改革开放不断深入带来的成果。

## 三 比较政治学学术研究发展的着力点

总体来看，比较政治学仍然存在进一步的着力点：

首先，比较政治学的学科属性仍然不明确。在教育部的学科序列中，将政治学划分为政治学理论、中外政治制度、科学社会主义与共产主义运动、中共党史、国际政治、国际关系和外交学 7 个二级学科，比较政治学并没有作为二级学科单独出现。在现实的研究中，比较政治学往往出现在"中外政治制度"或国别研究当中，也有的出现在"政治学理论"下面。即使到了 2020 年，比较政治学仍然没有作为官方颁布的学科目录中独立的二级学科出现，这一状况，制约了比较政治学的研究和教学的发展。

其次，正如之前所说，比较政治学仍然缺少专业的期刊。虽然专业领域有辑刊的形式出版发表论文，但是由于不是专业的期刊，尤其缺少核心期刊，因此往往不得不发表在其他国际关系等领域的期刊上。国别和区域方面的研究也存在类似的困难，由于研究获得的国家关注较少，缺少相应的期刊进行发表，从而增加了从事该研究领域的学者发表学术成果的难度。发表难度的加大，反过来影响了学者研究的兴趣和热情。

第三，虽然比较政治学的研究对国外的理论和方法一直持批判接受的立场，但另一方面，在比较政治学的研究中，对中国经验的总结、基于中国政治实践而提炼的概念和理论仍然不足，与现实中丰富的政治发展存在差距。通过特定经验以检验和生成理论，是比较政治学研究的通行做法，许多经典概念，如"依附论"与"发展型国家"就是对区域国别经验的总结。这其实与比较政治学本质特征有关，即基于"'本国中心主义'的国

---

① 林红：《东南亚民粹主义的形态分析：躁动的民主》，《南洋问题研究》2017 年第 4 期。

别经验'比较'而得出一般性概念和理论"①。然而就目前国内研究现状而言，学者在企图阐述中国这一个案的典型意义或理论意义方面还缺乏深入而广泛的比较研究。② 但即便如此，那些立足比较政治学视野的中国研究却无疑能够更具普遍性与说服力的结论。

如果从比较政治学中独创的概念来看，除了"差序政府信任""依法抗争"等少数几个概念在国际政治学界得到认可，其他的概念和理论提炼还处于探索之中。换而言之，现有的比较政治学研究，在破除西方政治学"迷思"中，做了大量的努力，但是在建立中国特色的比较政治学概念和理论体系上，还有大量的提升空间。

最后，比较政治学的研究方法也存在不足。目前国内大部分涉及研究方法的论文、著作以引介、评述为多，真正研究方法的成果并不多。国内不乏大量的综述性文章，推动了新知识的传播，但如果仅仅停留在学术搬运的层面，这对知识积累并无太大作用。况且，方法论本身的意义就在于应用。更进一步的，对研究方法的理解和使用仍然有较大的提升空间。一方面，研究方法要求进行审慎严谨的研究设计，并且需要实现实证研究要求的"可复制"。③ 然而很多研究并没有达到这一要求。即便是在案例研究中，也需要严格的方法论培训和实践，绝非许多人想象的那么随意。另一方面，也存在研究方法的滥用，例如有的通过数据倒推出"故事"，裁剪数据、漠视或忽视事件背景，让数据服务于故事；有的通过各种数据或方法，得出各种似是而非的结论。④ 因此，从整体来看，比较政治学的研究议题和研究方法仍然需要不断的提升。

## 四 比较政治学学术发展趋势与重点领域

第一，"世界政治学"概念成为比较政治学研究的新方向。有学者认为，世界政治学是政治思潮诱发的国内政治变迁所塑造的国际关系与世界

---

① 杨光斌：《比较政治学：理论与方法》，北京大学出版社2016年版，第1页。
② 李路曲：《中国特色比较政治学话语体系的建构及其面临的问题》，《学海》2018年第1期。
③ 魏姝、严强：《知易行难："十一五"期间政治学研究方法的进展与反思》，《江海学刊》2011年第2期。
④ 蔡永顺：《政治学与中国研究》，《学海》2018年第1期。

秩序，因而是以比较政治学研究为基础的国际关系研究，是比较政治学与国际关系学的统合。其中知识结构包括国别政治研究、信仰政治研究、地区政治研究和作为世界政治学科的知识基础的世界政治史。[①] 从改革开放初期至今，中国的比较政治学研究一直是由多学科学者共同承担的。在未来，这种跨学科性会表现得更加突出，而各学科学者的合作也将成为趋势。特别是伴随着国内政治与国际政治关联度的加深，比较政治学者与国际关系学者的互动交流也将增加。因此，从学科发展而言，多学科融合发展是比较政治学的新趋势。同时，需要加强对比较政治学的基础概念、基础理论的研究，从而能够提出影响世界的中国比较政治学话语体系和学科理论。

全球抗击新冠肺炎疫情，也许是推动世界政治学的一个契机，因为所有国家的国内治理都受到考验或冲击并由此而塑造新型世界秩序。

第二，研究范式的转型。长期以来，比较政治学的研究范式为美国政治学所主导，不是现代化研究就是民主化研究，都属于"制度转型""国家转型"研究。然而，此次疫情根本性地检验了不同制度体系下的国家治理能力问题，因此国家治理能力比较研究应该成为中国比较政治学研究的最重要的主题或研究范式，"求变"的政治学应该转型为"求治"的研究范式。[②]

第三，对服务于国家对外战略需要的区域和国别政治研究的需求进一步加强和深化。随着"一带一路"倡议的持续推进，区域和国别研究需要继续加强和深化。虽然区域和国别研究在中国有较长的研究历史，并且建立了大量相关的研究中心，但是仍然与中国越来越成为世界舞台中心的角色要求不相匹配。特别是在"一带一路"倡议牵涉的国家主要是发展中国家的情况下，现有的区域国别研究关注点主要在美欧国家，而针对广大的亚非拉国家的研究力量严重不足，无法满足现实的需求。因此我们尤其需要东南亚、中东和拉美等地区的国别研究。

第四，伴随着信息化的发展，数据科学，特别是大数据正在引发整个社会科学研究方法的变革，并且成为政治科学研究的新趋势。从数据科学

---

① 杨光斌：《关于建设世界政治学科的初步思考》，《世界政治研究》2018 年第 1 期。
② 杨光斌：《政治学研究范式的转型：从"求变"到"求治"——政治学学科史的视角》，《中国政治学》2018 年第 1 期。

的角度看，大数据具有常见的 4 个特征，即容量大、类型多、时效性高、准确性高。这类数据超越了普通定量研究的数据量，从而产生了新的大数据分析技术，而包括人工智能、社会计算、网络分析在内的一系列与信息科学发展密切相关的技术也在研究中投入使用。

大数据的兴起，为当代政治学研究方法的发展提供了新的工具。大数据在社会科学研究领域的应用使社会科学研究正在经历从定性研究、定量研究、仿真研究向大数据研究的第四研究范式转型，突破了传统社会科学研究目标弱化、学科学派对立、有限数据质量和统计偏误等的局限性，重建了社会科学预测的可能性。[1] 例如，随着人工智能的发展，计算机能够从大量的数据中学习到相关的规律和逻辑，然后利用学习来的规律来进行预测。如此一来，比较政治学研究关注的抗争、冲突、战争等一些未知的风险都可以通过海量数据的分析展开预测，从而实现未雨绸缪。[2] 对国家治理而言，大数据驱动了政府治理能力的提升。[3] 对公众而言，大数据技术使得结构化参与、半结构化参与和非结构化参与成为可能，并使之有效，民主参与的充分性得以体现。[4]

然而，既有的比较政治学研究中采用大数据方法进行的并不多。现有的大数据分析主要是基于舆情的大数据分析，包括分析政府的回应性、微博的网络结构，以及意识形态的区分等议题。因此大数据时代的比较政治学发展既要强化学科建设和基础理论研究，更要从国家层面将政治大数据上升为国家战略，实现中国政治发展与政治学学科发展之间的良性互动。[5]

第五，各国国家治理经验和启示。2013 年 11 月，党的十八届三中全会提出，"全面深化改革的总目标是完善和发展中国特色社会主义制度，推进国家治理体系和治理能力现代化"。此后，"国家治理"便成为中国政

---

[1] 米加宁、李大宇、林涛：《第四研究范式：大数据驱动的社会科学研究转型》，《学海》2018 年第 2 期。

[2] 杨阳、林鸿飞、杨亮、任巨伟：《大数据时代的计算政治学研究》，《中文信息学报》2017 年第 3 期。

[3] 孟天广、张小劲：《大数据驱动与政府治理能力提升——理论框架与模式创新》，《北京航空航天大学学报》（社会科学版）2018 年第 1 期。

[4] 徐圣龙：《大数据与民主实践的新范式》，《探索》2018 年第 1 期。

[5] 唐皇凤、谢德胜：《大数据时代中国政治学的机遇与挑战》，《新疆师范大学学报》（哲学社会科学版）2016 年第 1 期。

治学的热点研究课题和重点研究领域,大量的学术研究,均聚焦"国家治理"或"国家治理现代化"。国家治理包含的内容极其广泛,除了政府治理外,还包括全球治理、经济治理、社会治理、环境治理、文化治理、教育治理等等。从研究内容看,比较政治学研究的重点是政府治理、社会治理和全球治理。对此,比较政治学研究者应该加强对世界各国治理经验和教训的梳理,既包括各个国家治理的成功经验,也包括各种失败和教训,从而为中国国家治理能力和治理体系的现代化提供源源不断的方案以解决相应问题。特别是新冠肺炎疫情暴发,凸显了中国既有的国家治理体系和治理能力的短板,这就需要比较政治学的研究者通过研究提供建设性建议。

第六,注重全球化发展的新动向。欧美各国民粹主义盛行对全球化的发展提出了挑战,新冠肺炎疫情爆发给全球化的未来带来了阴影,甚至有"逆全球化""反全球化"的声音出现。因此,对全球化的理论和现实需要展开进一步的研究,包括研究全球化对国家治理的影响,以及不同国家和不同体制的政府在全球化中的作用。

第七,加强政治思潮研究。近代世界政治史的一个主要线索或者说研究单元就是政治思潮,政治思潮推动世界政治的走向乃至全球化的兴衰。2020年新冠肺炎疫情之后的政治思潮更值得密切关注。

## 五　结论

展望未来,全球新冠肺炎疫情、中国政治的发展以及技术革命,毫无疑问还会对比较政治学的理论、方法和议题产生重大影响。从研究议题来看,传统的议题仍然会保持其热度,但是可以预期会有新的研究方向和新范式、有更多新议题、群体和研究路径将进入研究视野。从研究的方法看,既有的方法仍然会被广泛采用,基于历史分析的定性研究依然会是主流,但是随着新的技术和方法的产生,特别是人工智能和大数据的发展,方法层面的革命将被有力推动,进而推动整个领域的进一步发展。

从整体上看,中国现实政治的发展,是推动比较政治学研究向前的最重要的影响因素。中国政治的发展主导了整个政治学研究的发展,比较政治学的研究也不例外。比较政治学研究的立足点是为了中国本国的政治发展，一方面比较政治学的研究推动了中国现实政治的发展和国家治理体系的现代化；另一方面，中国政治发展又为比较政治学的研究提供了大量的现实问题，要求比较政治学研究予以回应。因此，未来，我国政治学者仍然需要进行更多扎实的比较政治学研究，为中华民族伟大复兴提供智力支持。

# 第十四章　中国共产党和当代中国政治发展研究

习近平总书记在党的十九大政治报告中指出："中国特色社会主义最本质的特征是中国共产党领导，中国特色社会主义制度的最大优势是中国共产党领导，党是最高政治领导力量。"[①] 以中国共产党领导制度为支撑的中国特色社会主义政治制度和中国共产党全面领导的政治过程是当代中国政治生活的主要内容，理所当然也应该成为中国政治学研究的主题。本章以政党、国家与社会关系为主线，梳理和讨论目前学界关于中国共产党领导制度及党政体制发展的研究现状，试图提供一个理解中国共产党与当代中国政治发展逻辑的视角。

## 一　中国政治研究范式的变迁

改革开放以来的中国政治学研究，在20世纪八九十年代的学科恢复重建中，先后深受西方"政治系统论"和"国家回归学派"的影响，经由结构功能主义和新制度主义方法论的动员，逐渐形成研究中国政治的"国家中心主义"取向。它关注的主要议题是党和国家领导制度的改革，在研究对象上包括政党、立法机关、行政机关、司法机关和利益集团等改革主体，在研究领域上涉及党政关系、央地关系、政府间关系、政府职能转变、政府决策体制和干部人事制度等多个方面。[②] 同期出现了相当数量的

---

[①] 习近平：《决胜全面建成小康社会，夺取新时代中国特色社会主义伟大胜利》，《党的十九大报告辅导读本》，人民出版社2017年版，第19—20页。
[②] 俞可平：《论政府创新的若干基本问题》，《文史哲》2005年第4期；俞可平：《中国政治发展三十年》，《河北学刊》2008年第5期；徐湘林：《以政治稳定为基础的中国渐进政治改革》，《战略与管理》2000年第5期；王邦佐：《中国政治体制改革的成就和发展路径》，《政治学研究》2003年第2期；郭定平：《政党中心的国家治理：中国的经验》，《政治学研究》2019年第3期。

以国家建设为主题的论文和著作，既有宏观上对中国现代国家建设历史的考察，对中国作为不发达国家进入现代世界面临的体制性障碍的分析，[①] 也有中微观上对技术官僚制和政府政策执行问题的探讨，对人大代表履职、干部绩效考核、基层政权结构，乃至公司化政府和土地财政的研究。[②] 国家中心主义取向扬弃了政治系统论的抽象和非历史的方法论特点，聚焦于政治选择背后的制度强制或制度诱致，注意到国家自主性的逻辑，但是仍然忽略了掩藏在正式层面之下的许多其他认识。

1992 年以后，在邓小平南方谈话的激励下，中国的市场化改革蓬勃兴起，中国的社会组织、社会力量快速成长，这使得政治学界的注意力开始落到国家和市民社会关系上，讨论的重心从国家转移到社会，政治学中具有悠久传统的"社会中心主义"研究取向由此复兴。它主要关注公民社会、民主化、市场化与社会结构变迁等议题，其中，农村村民选举、基层城市社会治理、社会运动理论和实践成为热门话题。这个时期的研究，有学者探讨了中国的"公民社会建构";[③] 有学者研究中国农村的村民自治和农村基层民主建设，[④] 也有学者讨论中国的基层抗争政治，[⑤] 研究中国的基层社会的问责机制。[⑥] "社会中心主义"在方法论上有深厚的积累，但在理论上主要反映的是英美公民社会的独特经验，和中国的政治现实有相当的距离，所以有学者称其为"被掩蔽的经验，待建构的理论"。[⑦]

就现代中国政治发展的历程而言，"国家中心取向"和"社会中心取向"都不能有效解释作为后发国家政治现代化的历程。中国并不存在欧美

---

[①] 罗荣渠：《现代化新论》（第五编），商务印书馆 2006 年版；王邦佐：《政治学与当代中国政治研究》，上海人民出版社 2005 年版，第 366—374 页。

[②] 欧博文：《人大代表的作用：代理人与进谏者》，《复旦政治学评论》第 6 辑，上海人民出版社 2008 年版，等。

[③] 俞可平：《社会主义市民社会：一个新的研究课题》，《天津社会科学》1993 年第 4 期；邓正来：《国家与社会：回顾中国市民社会研究》，《中国社会科学季刊》1996 年夏季卷。

[④] 徐勇：《中国农村村民自治》，华中师范大学出版社 1997 年版；Kevin O'Brien & Li Lianjiang, *Rightful Resistance in Rural China*, Cambridge University Press, 2006.

[⑤] 应星：《大河移民上访的故事：从"讨个说法"到"摆平理顺"》，生活·读书·新知三联书店 2001 年版；于建嵘：《抗争性政治：中国政治学的基本问题》，人民出版社 2010 年版。

[⑥] Lily Tsai, *Accountability Without Democracy: Solidary Groups and Public Goods Provision in Rural China*, Cambridge University Press, 2007.

[⑦] 杨光斌：《政治学方法论反思：被掩蔽的经验、待建构的理论——社会中心主义的经验与理论检视》，《社会科学研究》2011 年第 1 期。

式的"国家—公民"或"政党—选民"政治结构,而是"国家—人民"、"政党—群众"重叠融合的政治结构,政党也不是作为社会"部分"的利益表达组织,而是作为社会整体的"三个代表"。有学者认为,在当代中国政治背景下,国家意志、人民意志与执政党意志在本质上高度统一,中国共产党的本质属性和执政地位,在法理意义上决定了中国共产党必然代表人民执掌政权、运行治权,并由此决定了执政党组织与其层级对应的政府体系必然融合而成"党政体制",进而现实地体现为当代中国治理的党政结构和路径,使得中国共产党不仅是人民意志的引领和代表主体,也是国家意志的实施和运行主体。[1] 所以在中国,中国共产党不仅是国家政治生活的领导核心,而且是社会生活的组织核心。[2] 有学者根据中国共产党在社会政治中的地位,认为对国家与社会关系分析范畴进行必要的调适,将政党"带回来"是一个合乎逻辑的结论。[3] 因此,无论是结构性的制度形态,还是功能性的政治过程,中国共产党的领导地位和领导原则,以及由此决定的党与国家、社会的关系,都是当代中国政治发展最为重要的影响全局的支配性因素。研究中国政治,必须研究中国共产党及其领导制度。

其实在20世纪50、60和70年代早期,对中国共产党的研究曾占据着西方学界中国研究的核心位置。只不过改革开放后,随着市场化催动的社会结构发生变迁,学界的研究视角逐渐转向了国家与社会。但即使如此,国内仍有不少学者,在他们编撰的论著和教材中,一直明确地把中国共产党的领导作用或中国共产党的领导制度作为解读中国政治的逻辑起点。[4]

2002年,丹麦哥本哈根商学院举行了一场题为"把中国共产党找回来:中国是如何治理的"的国际学术研讨会,呼吁将中国共产党带回到

---

[1] 王浦劬、汤彬:《当代中国治理的党政结构与功能机制分析》,《中国社会科学》2019年第9期。

[2] 林尚立:《集权与分权:党、国家与社会权力关系及其变化》,《复旦政治学评论》第1辑,上海辞书出版社2002年版,第152—153页。

[3] 景跃进:《将政党带进来——国家与社会关系范畴的反思与重构》,《探索与争鸣》2018年第8期。

[4] 王浦劬:《政治学基础》,北京大学出版社2006年版;朱光磊:《当代中国政府过程》,天津人民出版社2008年版;杨光斌:《中国政府与政治导论》,中国人民大学出版社2003年版。

中国政治的研究之中。国内一些学者从中国的实际政治出发回应了这一呼吁。有学者指出，许多后发国家的现代化由政党组织主导，是一种有别于"国家中心论"和"社会中心论"的现代化模式，在中国这一特征更加明显，他据此提出了"政党中心主义"的研究范式。① 有学者认为，中国的发展需要一个非同寻常的现代政党，即能够成为中国社会发展的核心力量和支撑力量的政党，这是中国发展的逻辑决定的，是中国在现代化潮流中得以生存、延续和复兴的内在要求。② 许多学者都同意，中国共产党的存在与领导，在面对外部强制和内部危机的情况下，不仅在制度上成功地维护了国家主权独立、领土完整和国内人民与各民族的团结，在实践中也提供了解决权力的集中统一与监督问责问题的经验。如有学者认为中国已经形成一种基于民主法治的政党与国家相互嵌入、以政党为中心的国家治理新模式。③ 部分学者研究表明，作为统一战线产物的多党合作与人民政协制度体现了"政党中心主义"的特征，在制度结构、主体行为、功能特征和行为结果等方面构成了当代中国政治制度的独特优势。④

因此，中国政治学研究范式应该转移到"政党中心主义"，中国共产党在构建现代国家过程中形成"党政体制"形态，既是现代中国政治发展的现实基础，也是中国政治学研究的核心内容。

## 二 当代中国党政体制的历史逻辑和现实路径

学界对于中国党政体制的界定，就狭义的政党和政府权力关系而言，认为主要有三重特征：一是权力中心的唯一性，党中央是最高的决策中心，只有一个"政治设计院"；二是权力结构的集中性，政府所有主要和重要事项均须请示中央，并经过中央讨论批准后始得执行；三是权力形态

---

① 杨光斌：《制度变迁中的政党中心主义》，《西华大学学报》（哲学社会科学版）2010年第2期。
② 林尚立：《当代中国政治：基础与发展》，中国大百科全书出版社2017年版，第108页。
③ 郭定平：《政党中心的国家治理：中国的经验》，《政治学研究》2019年第3期。
④ 黄天柱：《统一战线与政党关系》，《统一战线理论与实践前沿》，复旦大学出版社2017年版；丁长艳：《"政党中心主义"的逻辑——以人民政协为考察对象》，《当代中国政治研究报告》2013年第1期。

的统合性，政府不仅受其内部党组领导，而且受其外部同级党委领导。就广义的政党和国家政治关系而言，是一种融动员型政治、整合型政治和全控型政治于一体的政治形态，在这种政治形态中，政党是国家和社会政治运行和变革的发动机；政党的各级组织机构遍布国中，按照中央制定的路线方针政策，自上而下将地方机构、社会团体和政治人口"整编"纳入既定的政治框架中；政党控制全部的暴力资源和大部分人力、组织资源，主导国家的政治方向，规定国家的政治过程，是国家和社会政治体系的核心结构。①

当代中国党政体制的发生和发展的认识，大致有三个视角：首先是历史的视角，即把这种体制看作是特定历史条件下中国现代国家建设的必然选择。有学者认为，中国是从帝国解体、社会分裂、民众分散的基础上开启现代国家建设历程的。中国现代国家建设的根本任务是：以重组社会的方式重建中央集权，实现国家的一体化，在此基础上建设中国的现代化、民主化，实现中华民族的伟大复兴。"中国历史发展的逻辑"表明，只有能够重聚社会与国家的政治力量才能担当起中国的现代化和民主化建设，中国共产党就是这样的力量。② 有学者在审视诸如政治危机论、经济决定论、精英主导论、社会政治化论的基础上，提出一种"结构约束+中观视角"的比较社会历史理论的解释，通过这样的中观视角来使宏观历史场景成为一个有理论假设和经验事实支持的"具体的宏观和具体的抽象"，即在一个进入资本主义全球化扩张的国际环境，国内"低度组织化"的社会结构无法聚集力量支撑中国的现代国家建设，因而不得不依靠强大的政治力量来完成社会组织的重构。重构的过程就是"党政体制"的形成过程。③在这个过程中，中国共产党在革命阶段所积累的各种资源，为革命后政党—国家的形成提供了重要的基础，尤其是党在革命中深入中国社会底层而形成超强的政治动员能力，使政党—国家体系的渗透性、辐射性、内聚

---

① 景跃进、陈明明、肖滨：《当代中国政府与政治》，中国人民大学出版社2016年版，第14页。

② 林尚立：《〈统一战线与协商民主〉导论》，陈明明、肖存良：《统一战线与协商民主》，复旦大学出版社2017年版，第21页。

③ 景跃进、陈明明、肖滨：《当代中国政府与政治》，中国人民大学出版社2015年版，第15—16页。

性和整合性远在其政治对手之上。① 这就是中国政治过程中的党政体制的历史规定性。

其次是治理需求的视角。这种视角把"党政体制"看作是解决超大国家治理能力的产物。中国是一个走向现代化的超大国家，超大国家规模和人均资源贫弱构成国家发展的长期制约。在快速和复杂的现代化过程中，要维护超大规模的多民族共同体，有效解决问题和应对危机，客观上要求实行集中权力，拥有一个强有力的中央权威。② 换句话说，中国需要有一个可以应对国家和民众承受的巨大生存和发展压力的集中统一的政治制度。中国政治制度的集中统一的合理性与必要性在于能够满足和契合一个超大国家的治理需求。包括孙中山在内的中国革命先行者开始并未认识到这个问题，他们曾试图用西方的体制形式来解决中国的现代化困境，但后来认识到在一个不存在市民社会和议会民主条件的多民族超大国家，西式体制（如国家结构的联邦制、政治结构的多党制）是无法满足中国的现代化要求的。要解决资源总量贫弱和人口规模巨大的难题，就要有一个权力高度集中的政府体制，亦称"党国体制"。有学者认为，"共产党后来建立的体制，就是一个党国体制。这个党国体制你认可也罢，不认可也罢，它确实解决了中国的第一个问题，就是治国能力"③。中国共产党担当了这个政府体制的"纲"，纲举目张，党对国家的领导地位，具体表现为它对国家各个方面的政治领导、组织领导和思想领导。为确保党的全面领导的实现，党的组织存在于广泛的社会政治生活中，不论是构成政治权力中枢的中央政治机关，还是基层的乡村管理机构、街道办事处和企事业单位及群众团体，都有党的组织，由此形成了当代中国政治关系中最根本的"党政关系"。④

第三个视角是制度规范。中国的制度被认为是一种双重性的代表制结构，第一重结构是"国家—人民"结构，在这个结构中，国家政治生活的

---

① 刘建军、周建勇、严海兵：《创新与修复：政治发展的制度逻辑》，中国大百科全书出版社 2011 年版，第 75—76 页。
② 王沪宁：《现代化进程中政治领导方式分析》，《复旦学报》1988 年第 2 期；《革命后社会政治发展的比较分析》，《复旦学报》1987 年第 4 期。
③ 王绍光：《中国政道》，中国人民大学出版社 2014 年版，第 94 页。
④ 杨光斌：《中国政府与政治导论》，中国人民大学出版社 2003 年版，第 23—24 页。

主体不是西方意义上由个体构成的"公民",而是作为公共人格的"人民",根本的原因在于国家建构的逻辑并非来自西方国家转型中"社会契约""天赋权利"的设定。在中国的制度结构中,公民分散多元利益隐含的内在冲突只有整合为集中统一的人民利益才能克服,公民法律上的权利平等只有通过人民政治上经济上的权利平等才能实现,公民的阶级地位和政治态度只有经过政治性的甄别而纳入人民范畴才能转化为新政治的基础。在国家—人民的结构中,基于人民主权的委托代理理论,代表制并不排斥选举,而是需要和运用选举——以定期选举来完成授权,以随时罢免来进行问责。第二重结构是"政党—群众"结构,政党与群众构成了中国政治最重要的因素。"政党—群众"代表制结构的主要运转要件是:(1)作为社会动员整合机制的"统一战线";(2)作为利益表达综合机制的"政治协商";(3)作为社会主义民主特有形式和独特优势的"协商民主";(4)作为国家治理机制的"群众路线"。在第二重结构中,代表关系不需要引入选举,而是基于"三个代表"理论。"先进生产力的发展要求""先进文化的前进方向""最广大人民的根本利益"三者实际上构成了中国社会的整体利益,政党要代表社会的整体利益,注定它的组成和取向不能局限于某个阶级、阶层或团体的诉求,而必须是社会整体的荟萃和社会意志的集中。政党和人民群众的这种关系要求前者必须对后者承担无限的责任,即对人民的福祉负责,对国家的兴衰负责,反映在政府原理上,政党不仅是国家的有机组成部分,而且是国家的"根本"组成部分,所以党政体制是国家政治制度的内核。[①]

## 三 新时代党政体制研究的主要议题

党的十八届三中全会提出了"国家治理体系和治理能力的现代化"的目标,指明了新时代党政体制建设进入新的阶段。这个阶段的任务主要表现为党和国家组织体系、制度体系和工作机制的科学合理构设、中央对地方的政治控制、政府与市场关系的厘定、政府对市场的宏观调控和国家对

---

[①] 景跃进:《代表理论与中国政治》,《社会科学研究》2007年第3期;陈明明:《发展逻辑与政治学的再阐释:当代中国政府原理》,《政治学研究》2019年第2期。

社会的分类管理，其基本取向是改善优化政治结构及其统治能力。这个阶段明确提出党是国家"最高政治领导力量"，"国家治理体系和治理能力的现代化"的目标要在党的"集中统一"和"全面领导"的党政体制框架内予以积极妥善的筹划。如有学者指出，在中国政治逻辑和政治语境中，"国家治理、政府治理和社会治理在本质上具有一致性，这就是中国共产党领导人民进行的治国理政"①。中国共产党对国家和社会的领导是政治上、思想上和组织上的全面领导，在各国家机关和社会组织中，同级党委居于轴心地位，总揽全局，协调各方，这是中国共产党领导的党政体制的基本框架和基本要求。

党的十八大以来，学界有关党政体制改革的研究因应新形势的一些变化，对党与国家、党与社会、党与民主党派关系等方面的研究有了新的进展。

1. 党与国家的关系，首先是党与人大的关系。人民代表大会制度是当代中国的根本政治制度，国家机关的组成、权力的分配和政府的组织运作都是在人民代表大会制度的框架内依照宪法和法律进行的。党对人大的领导最重要的途径，一是通过人大的立法程序把党的路线方针政策转变为国家的法律，人大是党的意志转换为国家意志的制度平台；二是通过人大的制度安排，按照法定程序使党推荐的重要干部成为国家政权的领导人。这个过程包括人大的选举、决定、罢免和其他方式，实际上体现了党对出任国家公职的合适人选的荐举权同人大及其常委会的人事任免权的相互结合。其次是党和政府的关系。在中央层面，党政体制是包括政治领导、功能协调、人事管理、内部控制以及外部监督"五位一体"的综合体系，在地方层面，则主要表现为党通过对社会经济事务的管理以及其自身的组织制度，来保证地方政府的决策权集中于同级党委，执行权向同级人大和上级政府负责，从而实现党的政治领导权与政府的行政权的集中与统一。第三是党和司法的关系。党对司法的领导主要表现在党为司法工作原则和司法制度改革确定方向、制定方针和提出实施方案。实际上，党通过领导国家的立法过程已经决定和影响了司法活动的基本方向，只要党通过人大立

---

① 王浦劬：《国家治理、政府治理和社会治理的含义及其相互关系》，《国家行政学院学报》2014 年第 3 期。

法形成了基本的法律规范，检察权和审判权就具有了一切行为的依据和准则，司法活动行使的范围就被确定下来。党领导司法工作的重要职能机构是党委政法委员会（政法委）。党的十八届四中全会通过的《关于全面推进依法治国若干重大问题的决定》提出，政法委是党委领导政法工作的组织形式，必须长期坚持。各级党委政法委员会要把工作着力点放在把握政治方向、协调各方职能、统筹政法工作、建设政法队伍、督促依法履职、创造公正司法环境上，带头依法办事，保障宪法法律正确统一实施。[1] 第四是党和监察的关系。2018 年 3 月，十三届全国人大一次会议审议通过的宪法修正案中专门增写了监察委员会一节，确立监察委员会作为国家机构的法律地位，同时审议通过了国务院机构改革方案，将中华人民共和国监察部和中华人民共和国国家预防腐败局并入国家监察委员会。各级国家监察委由同级人大产生，对本级人大及其常委会和上一级监察委负责，受本级地方人大常委会和上一级监察委员会监督。监察委是在党的直接领导下，依托纪检、拓展监察、衔接司法，代表党和国家对所有行使公权力的公职人员进行监督的政治机关。

2. 党与社会的关系，包括党与社会团体及群众和媒体的关系。党与社会团体及群众的关系建立在两个方面的相互结合：一方面是党通过党的组织体系对广大党员的直接领导，主要依靠党的纪律约束，要求个人服从组织，全党服从中央；另一方面是通过建立在社会团体中的党组织来领导群众进而领导整个社会，主要方式是在社会团体中巩固和健全党的核心组织、物色和培养党的干部、抓好党的思想作风建设、发挥党员的模范作用和密切党和群众的关系。在这些社会团体当中，中华全国总工会及其属下的各级工会组织、中国共产主义青年团及其属下的地方基层团组织和中华妇女联合会及其属下的各级妇联组织（通称"工青妇"）作为中国共产党联系人民群众的"传动装置"，是中国社会中三个高度政治化和组织化的社会团体（亦称"人民团体"）。这三个人民团体和其他社会团体的不同之处，在于它们具有鲜明的国家和社团的"双重属性"，即一方面既要代表国家整合社会、联系群众，另一方面又要代表群众利益、反映群众需

---

[1] 十八届四中全会《关于全面推进依法治国若干重大问题的决定》，《人民日报》2014 年 10 月 28 日。

求。它们的根本任务是接受和服从中国共产党的领导,服务于中国共产党社会整合和政治动员的国家目标。

3. 党与民主党派的关系。中国政党制度的实行基于两个根本的政治前提:一个是中国共产党采取与各民主党派长期合作的方针,承认各民主党派参加政权、参与政治的权利;另一个是各民主党派认同和接受共产党的领导,把共产党作为执政党,自身作为参政党。八个民主党派各自在自己的政治纲领当中明确表示接受中国共产党的领导,这是中国民主党派区别于一般政党组织的显著特征。中国人民政治协商会议作为中国共产党领导的统一战线的组织、多党合作和政治协商的机构、人民民主的重要实现形式,发挥着社会主义协商民主的渠道功能和专门协商作用,是具有中国特色的制度安排。人民政协不是国家机关,不行使任何政府权力;它的章程也不具备法律性,对社会成员没有普遍的约束力,但宪法明确规定了人民政协在中国政治体制中的法律地位和政治地位,人民政协构成了国家治理体系的重要组成部分。

党政体制涉及的这些关系中,和改革开放前期不同,最明显的变化是中国共产党的全方位的集中统一的领导重新得到了强调。关于政治体制改革的"滞后论"(政治改革落后于经济改革)渐淡出讨论的视野,"协同论"(各方面系统综合配套改革)、"寓于论"(寓政治改革于经济改革之中)、"结合论"(政治与经济、民主与法制、党内与党外、选举与协商等方面改革的结合)、"调适论"(理性渐进改革模式)、"政党推动论"(党领导改革、党成为改革主体)等主张纷呈迭出,[①] 反映了中国政治的发展脉络,构成了前述第二个阶段"革命党—执政党"分析框架的内容。这个分析框架的价值是注意到中国共产党历史地位和战略目标的变化,以及和世界政党政治发展规律的联系,但缺陷是忽视了中国共产党的政党使命、性质和中国现代化的独特逻辑。共产党的社会改造理想仍然是党存续的基础和条件,共产党的执政仍然需要继承其革命遗产,共产党为保持其先进性仍然需要思想和组织上的自我革命,这决定了在实现中华民族伟大复兴的中国梦的过程中,共产党不会采取西方政党政治的方式来治国理政。所

---

① 陈文:《当代中国政治研究》,俞可平:《中国政治学四十年》,商务印书馆2019年版,第360—362页。

以这个分析框架随着十八大的召开也淡出了讨论的空间。"统揽全局，协调各方"是中国共产党领导的党政体制的行动逻辑，也是十八大以来党政体制改革的指导原则。

## 四 未来中国共产党与中国政治研究仍须关注的议题

以下这些议题在过去20余年的讨论中均有涉及，亦多有阐述，不过，在观察的方法、问题的聚焦、重心的移转、意义的发现诸多方面，仍有常议常新的价值，本质上是因为中国政治发展的变化并未脱离大历史规定的语境。在这个意义上，它们仍然构成关于中国共产党与中国政治研究的重要议题。

1. 关于长期执政。谋求长期执政是中国共产党的首要战略。长期执政涉及政党的制度化问题、[1] 政党自主性问题、[2] 学习型政党建设问题、[3] 先锋队政党建设[4]问题等，这些问题都离不开对党政体制形态的探讨。有学者指出："在具体的观察、研究和实践中，人们往往习惯于从党的执政如何契合中国经济与社会发展要求的角度来思考中国共产党的执政体系，强调要用经济与社会发展的新逻辑、新的制度设计来安排和规划其执政体系的形态与运行方式。这种努力是有意义的，但不能因此忽视党的历史、社会主义制度以及中国深层次的历史、社会与文化对党的执政体系建设和发展所具有的规定性。"[5] "历史—社会—文化"的规定性意味着，党的长期执政不仅仅取决于政党和国家及其制度的契合，而且取决于政党组织

---

[1] 罗干：《政党制度化与国家治理：后发展国家政治发展的理论观察》，《江苏社会科学》2016年第3期；周光辉、赵学兵：《政党会期制度化：推进国家治理体系现代化的有效路径》，《政治学研究》2019年第2期；郭为桂：《"再组织化"：全面从严治党的战略抉择及其制度化导向》，《经济社会体制比较》2019年第1期。

[2] 蒋永甫：《政党自主性：当代中国执政党建设的重要命题》，《湖北行政学院学报》2017年第2期；陈家喜：《中国情境下政党研究的话语建构》，《国外社会科学》2019年第5期。

[3] 王绍光：《学习机制、适应能力与中国模式》，《开放时代》2009年第7期。

[4] 汪仕凯：《先锋队政党的治理逻辑：全面从严治的理论透视》，《政治学研究》2017年第1期；陈明明、程文侠：《先锋队政党的构建：从意识形态到组织形态——关于列宁建党学说的一个讨论》，《江苏社会科学》2018年第4期。

[5] 林尚立：《当代中国政治：基础与发展》，中国大百科全书出版社2017年版，第129—130页。

和社会生活与民众的有机关联。党的执政无疑是正式的法律行为，体现在党依法对国家机构的控制和主导上，但党的长期执政却有赖于党能否成功地植根于社会并取得社会的支持。执政党需要"动员民意"，党对民意的动员是以准确把握民心向背、注意吸纳社会诉求、广泛社会协商、提高社会治理中的均衡性和政策包容性为内容的，这要求党应重视运用政党的逻辑而不是官僚的逻辑去推进党的基层组织建设，厚植党的社会基础，增强党的群众观念，密切党和群众的联系，融党的群众路线于政治参与的实践之中。显然，在体制的"刚性特征"（法律行政制度）约束下，体制的另一面即体制的"柔性特征"（回应性、可转换性）——后者正是党的群众路线传统构成的文化政治资源——能否在支持党的长期执政战略"真正走出一条属于自己的路",[①]是中国共产党和中国政治研究的一个重要问题。

2. 关于反腐败。在探索腐败的因果机制和反腐败的制度途径方面，已有大量的研究文献，如从宏观层面分析中国产生腐败的结构因素、性质类型和文化特点,[②]从中观层面运用寻租理论、委托代理理论、相对剥夺理论，及至采用多样化的量化工具和个案分析方法，研究腐败的制度性成因和腐败治理。[③] 在实践中，党和国家出台了一系列反腐倡廉的文件、政策和法规，特别是十八大以来采取和形成了重大的组织手段和制度机构，实行严厉的打击腐败的行动，取得了令人瞩目的成果。反腐败的成功在于建立健全惩治性权力和预防性权力有效结合的体系化监督约束机制。在中国的党政体制中，体系化的权力监督约束制度长期以来更多的是作为一个政治问题来认识和落实，主要表现为依靠政党行为来惩治和预防腐败（如运

---

① 林尚立：《"中国模式建构与政治发展"学术研讨会记录》，《复旦政治学评论》第11辑，上海人民出版社2012年版，第240、245页。

② 王沪宁：《反腐败：中国的实验》，三环出版社1989年版；俞可平：《政治腐败概念探微》，《社会科学》1991年第2期；李景鹏：《社会变迁与政治腐败》，《江苏行政学院学报》2001年第2期；何增科：《中国转型期腐败和反腐败问题研究》，《经济社会体制比较》2003年第1期（上）、第2期（下）；胡伟：《腐败的文化透视——理论假说及对中国问题的探析》，《浙江社会科学》2006年第3期。

③ 倪星：《论寻租腐败》，《政治学研究》1997年第4期；陈国权：《论民主的监督机理及对腐败的遏制作用》，《国家行政学院学报》2004年第1期；公婷、王世茹：《腐败"零容忍"的政治文化——以香港为例》，《复旦公共行政评论》2012年第2期；李辉、孟天广：《腐败经历与腐败感知：基于调查实验与直接提问的双重检验》，《社会》2017年第6期。

动式反腐），但是，体系化监督约束机制不仅仅是个政治问题，而且是个法律问题，反腐败不仅仅是党的组织纪律和意识形态的要求，也是现代国家建设及其法律制度的要求，国家监察委的建立体现了这个方向。但到目前为止，体系化的监督约束制度仍然是以政党为中心，党的领导、党的组织、党的纪律、党的纪律机构仍然是反腐败和体系化监督的要件和保证，这也是党政体制的题中应有之义。不过，在以党的领导为中轴，以党的组织和纪律监督体系为内核的前提下，按照国家公权力和公共生活的基本原则，实现党内权力监督和国家权力监督的有机协调和联合，实现权力监督主体的政治责任和法律责任的共同担当，实现权力监督的重心从惩治性权力监督向预防性权力监督的转移，无论在理论上还是实践上都有待进一步的研究、发展和完善。

3. 关于国家治理效能。治理理论 20 世纪末传入中国，一直是学界关注的热点。十八届三中全会提出推进国家治理体系和治理能力的现代化后，很多学者注意到，在中国的语境中，国家治理在价值取向、治理方式和治理目标上都与西方的治理理论有显著差异。[①] 有学者指出，理解当代中国的国家治理结构必须看到"党政结构"，执政党经由"党政结构"而融入行政过程，通过将法治政府建设的基本原则和目标任务纳入国家治理现代化的任务，推动治理体制机制的调适与完善，就是推进国家治理制度化建设的基本思路和核心要义。在党政复合结构和运行机制的前提下，合理界分党和政府的权能，并以党内法规和国家法律体系的形式予以确认。通过法理层面的制度设计和权力安排，以权力制约权力、权利约束权力的双重途径界定权力的限度，为国家治理的制度化发展奠定法治基础。[②] 这是国家治理制度化的积极意义，它所创造的制度优势使中国改革开放在克服各种困难、危机和风险中前进。中共十九大以来，在全球化不确定性因素增加的情况下，国家治理体系和能力面临着"风险社会"的新考验，制度和治理是风险社会的核心问题之一。十九届四中全会再度对推进国家治

---

[①] 王浦劬：《国家治理、政府治理和社会治理的基本含义及其相互关系辨析》，《社会学评论》2014 年第 3 期；王浦劬、李风华：《中国治理模式导言》，《湖南师范大学社会科学学报》2005 年第 5 期。

[②] 王浦劬、汤彬：《当代中国治理的党政结构与功能机制分析》，《中国社会科学》2019 年第 9 期。

理体系和治理能力现代化等重大问题作出决定，指出当今世界正经历百年未有之大变局，我国正处于实现中华民族伟大复兴关键时期，要战胜前进道路上的各种风险挑战，必须在坚持和完善中国特色社会主义制度，推进国家治理体系和治理能力现代化上下更大功夫。① 这个决定第一次明确提出要善于把中国制度的优势转化为国家治理效能，实际上是提出了风险社会与国家治理之间的内在联系和问题意识，在当下新冠肺炎疫情造成的全球危机中，其特殊重要的现实和理论意义不难想见。

4. 关于协商民主。在中共中央 2006 年 2 月《关于加强人民政协工作的意见》中，中国社会主义民主被表述为选举民主和协商民主两种形式。② 选举民主（或票决民主）诉诸多数决定，是组织公共权力的不可或缺的形式，也是政治生活中的必要的决策方式。协商民主诉诸平等对话基础上形成的共识，不仅要保护多数人的利益，也要尊重少数人的权利，不仅要节制选举民主可能发生的对抗和改善决策的品质，而且要通过全体成员协商处理公共事务的形式建立起真正平等的社会关系。党的十八大报告首次提出："社会主义协商民主是我国人民民主的重要形式。"③ 党的十九大报告更进一步指出："协商民主是实现党的领导的重要方式，是我国社会主义民主政治的特有形式和独特优势。"④ 协商民主在中国民主生活中何以具有如此特别的地位，根本原因在于它的组织和运行的方式相当契合党的领导、国家的组织和运行以及人民管理国家事务的基本原则，对于中国这样规模巨大、结构多样的社会，实现国家治理体系和治理能力现代化，能够发挥全方位的支撑和推动作用。⑤ 协商民主把"有事好商量，众人的事情由众人商量"视为"人民民主的真谛"，⑥ 把党领导的政府看作

---

① 《〈中共中央关于坚持和完善中国特色社会主义制度、推进国家治理体系和治理能力现代化若干重大问题的决定〉辅导读本》，人民出版社 2019 年版，第 4—5 页。

② 《中共中央关于加强人民政协工作的意见（摘要）》，2006 年 2 月 8 日，中国政协新闻网，http://cppcc.people.com.cn/GB/34952/4155357.html。

③ 胡锦涛：《坚定不移沿着中国特色社会主义道路前进，为全面建成小康社会而奋斗》，《人民日报》2012 年 11 月 18 日。

④ 习近平：《决胜全面建成小康社会，夺取新时代中国特色社会主义伟大胜利》，《党的十九大报告辅导读本》，人民出版社 2017 年版，第 37 页。

⑤ 林尚立：《协商民主是我国民主政治的特有形式和独特优势》，《求是》2014 年第 6 期。

⑥ 习近平：《决胜全面建成小康社会，夺取新时代中国特色社会主义伟大胜利》，《党的十九大报告辅导读本》，人民出版社 2017 年版，第 37 页。

"商量政府",[1] 经过商量的对话的协调的方式,使不同意见、反对意见"内部化"、合理化和共识化,以形成强大的治理效能,最终体现出协商民主的独特优势——和竞争性的选举民主不同,以平等合作为取向的协商民主过程没有失败者,协商民主的不同主体都是共识的参与者、贡献者,因而是协商产品即公共政策的受惠者。这一点在中国民主政治的讨论中,无论是"学院派"或"实务派",[2] 仍然有一个理论上是否予以认同和深化认识,实践中如何落地生根的问题。

5. 统一战线。在某种意义上,统一战线是中国共产党的政治学,其主旨就是团结一切可以团结的力量,优化政治结构,在革命年代组成优势联盟,"强我弱敌",在执政年代整合社会、协调利益,促进国家统一、人民团结和民主秩序,这本身又是中国政治学的根本使命,因而统一战线也是中国政治学研究的重要内容。长期以来,统一战线更多的是马克思列宁主义阶级分析、联合阵线的革命运动的理论呈现,对于它和中国传统文化逻辑的内在根脉、现代国家的整体性治理思维、人类命运共同体的共生共荣哲学等方面的关联缺乏深入的研究。改革开放以后,随着中国社会分层结构的分化、多元利益格局的形成和与此相关的社会制度的成长,客观上就需要有一种政治机制对此予以调整、平衡与引导,统一战线的组织、机构和行动方式正好充当这种政治机制。这种政治机制保留了它的变不利因素为有利因素的传统内核,但又引入和吸收了新的时代特征和内容,更加富有包容性和整合性,正是在这个意义上,统一战线不仅仅是一种单纯的基于结盟博弈的策略工具和战略方针,而且是一种探寻国家政通人和长治久安的治道。作为治道的统一战线,它的价值理念是"大团结大联合",为中华民族的伟大复兴寻求最大公约数和同心圆。它的组织体制是在中国共产党领导的多党合作和政治协商制度中,以人民政协作为人民民主的重要平台和专门协商机构,协调和整合包括政党关系、民族关系、宗教关系、阶层关系、海内外同胞关系在内的社会政治关系。它的行动方略是以民主

---

[1] 转引自中共中央宣传部《习近平新时代中国特色社会主义思想三十讲》,学习出版社2018年版,第175页。

[2] 此处借用谈火生、杨婕的说法,见由谈、杨合撰的《中国政治学的重要概念》,俞可平:《中国政治学四十年》,商务印书馆2019年版,第83—84页。

团结为旗帜，以协商民主为方式，吸收和容纳各种社会力量对中国特色社会主义事业的参与，解决国家治理中的参政议政、民主监督、资源分配、利益调整、民意表达、民智集中等问题，是价值理念、组织体制和行动方略的有机结合。① 把统一战线视为中国共产党的政治学，不是单纯学科意义上的理解，而是从政治本质上对有序优良的公共生活的追求，本身也是中国政治学研究的重要议题。

综上所述，中国共产党在中国革命、建设和改革，以及未来的中国政治演变中，始终扮演着最为重要的作用。中国共产党深刻改变了中国人民和中华民族的前途和命运，也深刻改变了世界发展的趋势和格局。随着中国经济持续腾飞，在国际上的影响力与日俱增，世界对中国的关注也会越来越多。学界深入研究中国共产党及其党政体制，挖掘中国政治中潜藏的历史—社会—文化资源，对认识中国政治的历史逻辑、理论逻辑和实践逻辑无疑具有重要的现实意义。

---

① 陈明明：《现代国家建设视域下统一战线的三重面相：策略、战略与治道》，《统一战线学研究》2019 年第 6 期。

# 第十五章 公共行政学研究的发展

公共行政学是关于国家行政管理和政府治理、公共治理的科学。新时代以来，中国公共行政学研究围绕党和国家中心工作，按照政治学和公共行政学科发展规律，深入研究改革开放中的重大现实问题、国家行政管理体制改革和政府管理创新等领域中的系统性、关键性问题，阐述中国行政管理的道理、学理、哲理、法理和机理，形成一大批有分量、有影响的高水平成果。与此同时，在学术发展中，也存在一些短板和不足，需要今后进一步加强。

本报告对公共行政学科发展状况进行梳理，总结新时代以来公共行政学研究取得的进展，提出存在问题和薄弱环节，研判未来的学术前沿和发展趋势，明确进一步深化和拓展的重点研究领域、方向和范围，并且提出未来重点研究领域。

## 一 公共行政学科发展的基本状况

公共行政学的研究是我国政府治理实践的重要思想参考，它以学术性、规范化的方式，发现我国政府治理领域的问题，并探究解决问题的可能路径。中国公共行政学自20世纪80年代初恢复重建以来，一直保持着旺盛的发展态势，立足中国，面向世界，不断取得重要的进展，至今，学科体系基本形成、研究成果丰硕、研究力量迅速扩大、人才培养和队伍建设步伐加快。

### （一）专业建设快速发展，学科体系基本形成

公共行政学作为一门独立学科是在清末民初时期从西方引入的，新中

国成立后，该学科曾一度废止。改革开放以来，随着经济和行政体制的改革、国家公务员制度的建立，20世纪80年代，公共行政恢复重建。此后，公共行政学术研究得到学术界积极关注，学者围绕学科内涵、学术思想、学术体系开展研究，推动理论认同和学科框架初步建立，及至20世纪90年代末和21世纪初，由于公共事务管理发展及全球治理和国家治理的发展，公共行政学快速成长，研究力量不断扩大。目前，从事公共行政教学、科研、智库研究的专职人员已达13300多人，人员的学历和年龄结构较为合理，学科发展后劲较大。就目前的学科和学术发展状况来看，公共行政学科的学科体系基本形成，公共行政学科的中国特色、中国风格、中国气派初步凸显。

### （二）教育体系创新发展，学术研究成果丰硕

公共行政学人才培养体系已趋完整。全国现有1300多所高等院校设立有行政管理院系，公共行政教学涵盖博士、硕士、大学本科和大专等各个层次。在世纪之交，北京大学、复旦大学、中山大学、中国人民大学、武汉大学等高校陆续设置了公共管理博士后流动站。公共管理专业硕士教育（MPA）从2002年起步时的首批24所高等院校试点，迅猛发展至现在的238所高校设立学位点，每年培养一万余名具有公共管理理论知识与实践能力的专业人才。公务员和事业单位干部每年参加各类在职培训班接受公共行政课程培训的人次都在1200万以上，参加培训的时间不少于每人每年18学时。[①]

### （三）国际知名期刊发文增加，研究成果国际影响力增强

在Web of Science数据库中对我国学者在2013—2020年间发表于国外政治学（Political Science）及公共管理学（Public Administration）领域排名前50的期刊（以Journal Citation Reports（JCR）的2018年度期刊影响因子排名为参考标准）的文献信息梳理可见，我国学者共计发文245篇。其中，于2013、2014年以及2015年分别发表了30、

---

① 根据中共中央印发的《2018—2022年全国干部教育培训规划》中的相关指标规定，结合笔者对中共中央党校有关负责人的访谈，计算而得。

12、24 篇文章,从 2016 年起,发文数量逐渐呈现稳步增长,从 2016 年的 18 篇,逐渐增长到 2019 年的 57 篇,且 2020 年上半年的发文数量便已达到了 29 篇。因此,总体上看,中国学者在发文数量方面增长幅度很大。(见图 15-1)。

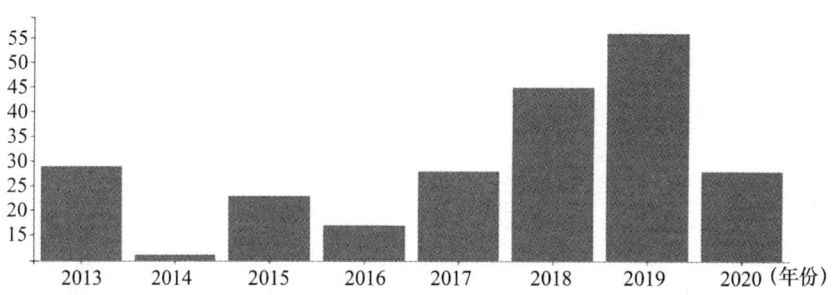

图 15-1　中国学者在 2013—2020 年间发表于国外公共行政学领域排名前 50 的期刊的文章数量趋势变化图

同时,对于文章被引频次的统计可见,自 2013 年起截至 2019 年,我国学者于国外期刊发文的被引频次从 16 次增加到了 741 次,而在 2020 年初至年中,我国学者发文被引频次已达到了 452 次。总体上实现了 50 余倍的增长,且每年都实现了成倍或是近倍的增长比率,由此表明,我国公共行政学者在国际上的学术生产力和影响力有较为可观的提升,并且呈现不断扩展的趋势(图 15-2)。同时,对发文热点领域及关键词热度的统计分析可见,热度最高的研究关键词当属中国(China),其他高热度的关键词还有绩效(Performance)、治理(Governance)、管理(Management)等(见图 15-3)。从关键词分布的整体情况来看,近年来,我国学者在国外期刊上所发文章,基本涵盖了当代政治学和公共管理学科中绝大部分热门研究话题。除上述高热度关键词外,还有长期以来都颇受关注的制度(Institution)、改革(Reform)、经济(Economy)、威权主义(Authoritarianism),以及市场(Market)、地缘政治(Geopolitics)和公共服务(Public Service)等热题。需要指出的是,由于环境治理问题逐渐成为公共管理的重点之一,因此,关于环境气候政策方面的关键词也逐渐成为了热点研究的议题(图 15-3)。同时,在基于对和中国(China)主题相关的主要关键词的分析中可以看到,政治经济学（Political Economy）、治理、管理、政策、国家、绩效、合作、融合、贸易和环境等关键词都和对于中国的主题研究有着较显著的关联度（见图15-4）。

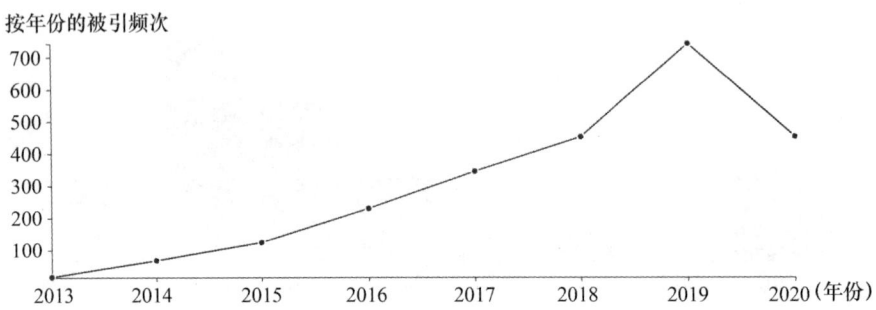

图15-2　中国学者在2013—2020年间发表于国外公共行政学领域排名前50的期刊的文章被引频次趋势变化图

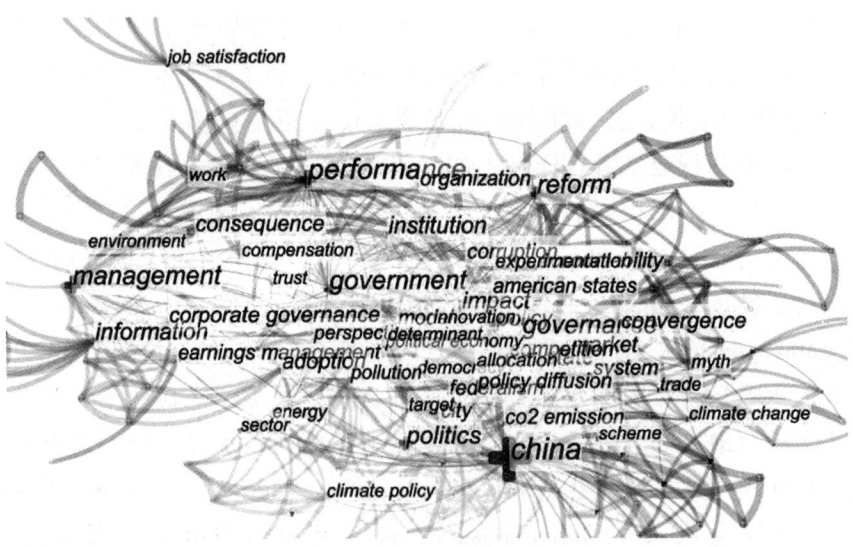

图15-3　中国学者2013—2020年间在国外公共行政学领域排名前50的期刊上所发文章的关键词热点共现图

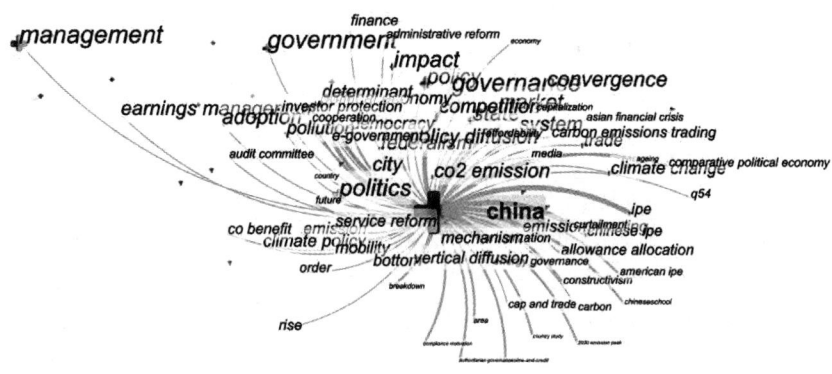

图 15-4 中国学者 2013—2020 年在国外公共行政学领域排名
前 50 的期刊上发表的文章关键词的相关性

**(四) 研究平台不断拓展,智库建设成效显著**

1988 年,中国行政管理学会成立,2004 年,中国机构编制管理研究会成立,2010 年中国行政体制改革研究会成立,2014 年中国应急管理学会成立。全国各省、自治区、直辖市均建立了公共行政学研究团体。1985 年,中国行政管理学会筹备组创办《中国行政管理》杂志,此后,一批公共行政研究期刊先后创办,如《行政论坛》(黑龙江行政学院)、《公共管理学报》(哈尔滨工业大学)、《中国应急管理》(国家应急管理部)、《公共行政评论》(中山大学)、《中国机构改革与管理》(中央编办)、《公共管理与政策评论》(中国人民大学)、《公共管理评论》(清华大学)、《领导科学论坛》(武汉大学)。《中国社会科学》《政治学研究》《管理世界》等刊物则辟有公共行政研究栏目。《秘书》《学海》《甘肃行政学院学报》《广州大学学报》(哲学社会科学版) 等大批综合性学术期刊将公共行政研究作为主打栏目 (表 15-1)。还有众多的"以书代刊"连续出版物,都发挥了学术论文发表和学术思想交流的作用。

表 15-1　　公共行政学领域部分期刊信息

| 期刊名字 | 创刊年份（年） | 发表周期 | 总发文量（篇） |
| --- | --- | --- | --- |
| 《秘书》 | 1983 | 双月 | 8231 |
| 《中国行政管理》 | 1985 | 月刊 | 10141 |
| 《政治学研究》 | 1985 | 双月 | 2423 |
| 《管理世界》 | 1985 | 月刊 | 8723 |
| 《学海》 | 1990 | 双月 | 5972 |
| 《甘肃行政学院学报》 | 1992 | 双月 | 2201 |
| 《行政论坛》（黑龙江行政学院） | 1994 | 月刊 | 4034 |
| 《公共管理学报》（哈尔滨工业大学） | 2003 | 季刊 | 982 |
| 《公共管理评论》（清华大学） | 2004 | 季刊 | 484 |
| 《中国应急管理》（国家应急管理部） | 2007 | 月刊 | 4696 |
| 《公共行政评论》（中山大学） | 2008 | 双月 | 1002 |
| 《中国机构改革与管理》（中央编办） | 2011 | 月刊 | 2767 |
| 《公共管理与政策评论》（中国人民大学） | 2016 | 双月 | 426 |

资料来源：中国知网统计。

公共行政学是一门应用性很强的学科，改善和优化政府行政管理和行政服务，是这一学科的基本目标和任务。近年来，我国公共行政学科的中国特色新型智库特色也得到加强。中国行政管理学会、中国行政体制改革研究会、中国机构编制管理研究会、北京大学国家治理研究院、中国人民大学行政治理与公共绩效中心、清华大学国家治理研究院、上海交通大学中国城市治理研究院、南京大学社会风险与公共危机管理研究中心、兰州大学中国政府绩效评价中心、复旦大学公共绩效与信息化研究中心、浙江大学公共政策研究院、中山大学国家治理研究院等，都以公共行政学者为主体、以行政体制改革和政府治理创新为研究对象，为党和国家改革，特别是为政府科学决策和行政体制改革，提供了大量富有应用价值的建言，得到了中央和各级党政领导的重视，发挥了学术为社会服务的应有作用。

## 二　公共行政学研究的进展

新时代以来，我国公共行政学领域的学术成果不断涌现，以中国知网

（www.cnki.net）中 2012—2020 年共计 9 年间的公共行政领域的有关学术期刊和学术论文（北大核心和南大核心）作为论文的研究对象，利用 CiteSpace 软件对我国的公共行政学领域研究的关键词、关键词时区、主要研究机构等进行统计和梳理，可见一幅描述我国公共行政学研究现状和进展的清晰图景。

由词频统计可得，2012—2020 年间，我国公共行政学研究论文中出现频次最高的关键词排名前十分别是：电子政务（964 次）、服务型政府（335 次）、依法行政（276 次）、公共服务（229 次）、公共行政（218 次）、地方治理（213 次）、法治政府（186 次）、社会治理（151 次）、地方政府（129 次）、大数据（120 次）。总体上看，我国公共行政学领域的研究主题比较丰富多样，研究深度逐步加强，形成了以电子政务为中心，依法行政、服务型政府、公共服务、公共行政、地方政府治理等多重研究领域并存的研究格局（表 15-2、图 15-5）。

表 15-2　　2012—2020 年公共行政学研究关键词词频统计

| 关键词 | 频次（次） | 年份（年） |
| --- | --- | --- |
| 电子政务 | 964 | 2012 |
| 服务型政府 | 335 | 2012 |
| 依法行政 | 276 | 2012 |
| 公共服务 | 229 | 2012 |
| 公共行政 | 218 | 2012 |
| 地方治理 | 213 | 2012 |
| 法治政府 | 186 | 2012 |
| 社会治理 | 151 | 2014 |
| 地方政府 | 129 | 2012 |
| 大数据 | 120 | 2013 |

由 2012—2020 年公共行政学研究关键词时区图谱和关键词突显图谱（图 15-6、图 15-7）可见，以电子政务为中心的研究主要集中在 2012—2014 年，其中，服务型政府、依法治国、国家治理体系、政民互动、社会管理、信息社会等关键词的突现强度较高，即为研究热点。多达 30 余个的突现关键词说明，这些领域已形成丰富的研究子领域，整体研究比较成

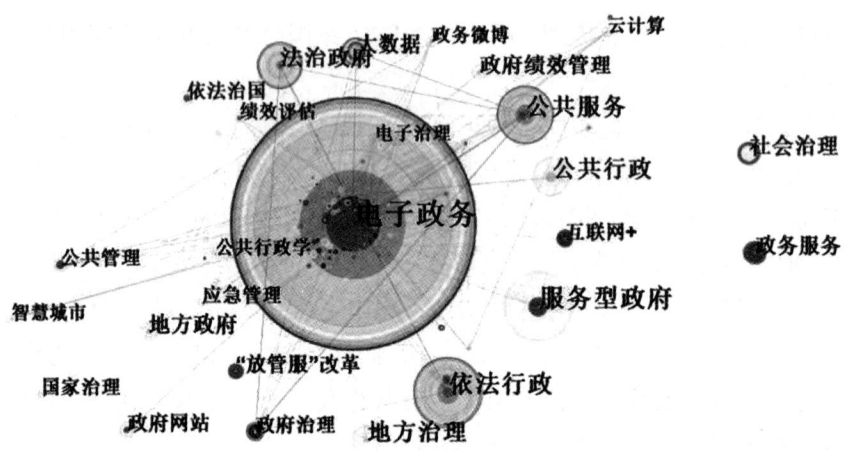

图 15-5　2012—2020 年公共行政学关键词聚类图谱

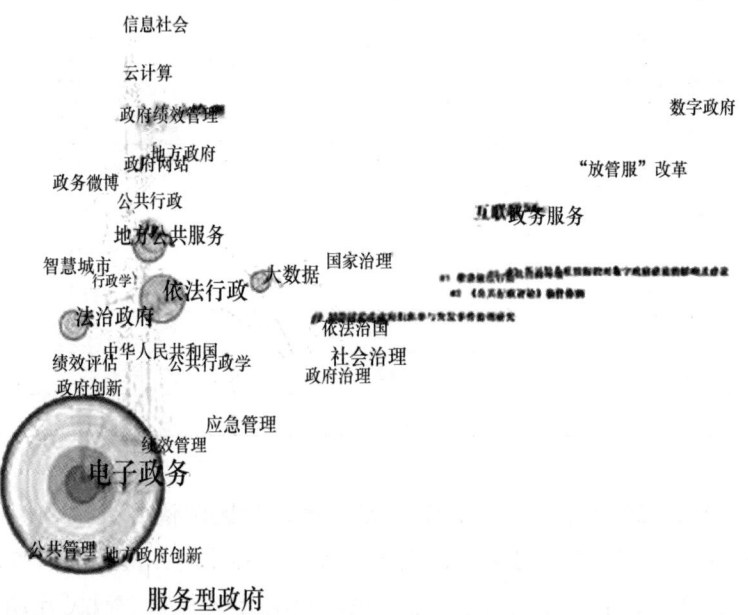

图 15-6　2012—2020 年公共行政学关键词时区图谱

| 关键词 | 年份 | 强度 | 起始年份 | 终止年份 | 2012—2020 |
|---|---|---|---|---|---|
| 信息社会 | 2012 | 7.8064 | 2012 | 2013 | |
| 公共管理 | 2012 | 3.2494 | 2012 | 2014 | |
| 政务公开 | 2012 | 2.6347 | 2012 | 2013 | |
| 绩效评估 | 2012 | 5.7847 | 2012 | 2013 | |
| 电子政务 | 2012 | 19.1791 | 2012 | 2013 | |
| 社会管理创新 | 2012 | 5.2914 | 2012 | 2013 | |
| 信息化 | 2012 | 5.2919 | 2012 | 2013 | |
| 人口计生工作 | 2012 | 5.0588 | 2012 | 2013 | |
| 信息服务 | 2012 | 2.3505 | 2012 | 2013 | |
| 网络舆情 | 2012 | 5.7041 | 2012 | 2013 | |
| 政民互动 | 2012 | 2.5018 | 2012 | 2014 | |
| 信息资源 | 2012 | 6.5056 | 2012 | 2013 | |
| 服务型政府 | 2012 | 16.1001 | 2012 | 2013 | |
| 信息资源共享 | 2012 | 2.9188 | 2012 | 2013 | |
| 政府信息资源 | 2012 | 2.6347 | 2012 | 2013 | |
| 突发事件 | 2012 | 2.5067 | 2012 | 2013 | |
| 人口计生 | 2012 | 5.7538 | 2012 | 2013 | |
| 政府网站 | 2012 | 3.9266 | 2012 | 2013 | |
| 行政管理体制改革 | 2012 | 4.4664 | 2012 | 2013 | |
| 社会管理 | 2012 | 8.2681 | 2012 | 2013 | |
| 顶层设计 | 2012 | 4.4731 | 2013 | 2014 | |
| 信息共享 | 2012 | 5.866 | 2013 | 2014 | |
| 依法治国 | 2012 | 12.2307 | 2014 | 2015 | |
| 国家治理体系 | 2012 | 8.446 | 2014 | 2015 | |
| 依法执政 | 2012 | 4.4179 | 2014 | 2015 | |

图 15 - 7  2012—2020 年公共行政学高引用突现关键词

熟。经过多年的发展，我国公共行政学界形成了一大批领军人才群体和代表性人物。[①] 从聚类网络的连线复杂程度来看，公共行政学学者之间连线较为稠密，说明此领域的学者之间存在较为密切的合作网络。

发表文章机构最高的前十位是中国人民大学公共管理学院（86篇）、华中科技大学公共管理学院（71篇）、兰州大学管理学院（63篇）、清华大学公共管理学院（57篇）、上海交通大学国际与公共事务学院（49篇）、吉林大学行政学院（49篇）、北京大学政府管理学院（49篇）、武汉大学信息管理学院（47篇）、复旦大学国际关系与公共事务学院（46篇）、南京大学信息管理学院（44篇）。其中，从聚类网络的连线复杂程度可见，业已形成以华中科技大学公共管理学院、中国人民大学公共管理学院、北京大学政府管理学院、清华大学公共管理学院等机构为中心的研究平台；从节点大小和连线密集程度来看，发文数量较高的机构之间合作较多，发文数量较低的机构之间合作较少（图15-8）。

新时代，是我国公共行政学研究发展的重要时期，也是学者积极进取、学术内聚开放、学问日益精进、学风严谨求实、学科逐渐成熟的时期。我国公共行政学者在多个领域中取得重要研究进展：

---

[①] 在新时代，我国公共行政学领域的代表性学者主要有：中山大学夏书章、中国行政管理学会高小平、清华大学薛澜、中国人民大学张康之、中国人民大学张成福、北京大学王浦劬、周志忍、中山大学马骏、何艳玲、南京大学孔繁斌、复旦大学竺乾威、厦门大学陈振明、清华大学蓝志勇、上海交通大学吴建南、西安交通大学朱正威、兰州大学包国宪、武汉大学丁煌等。此外，石亚军（中国政法大学）、薄贵利（中共中央党校/国家行政学院、宁波大学）、贠杰（中国社会科学院）在行政体制改革领域，包国宪（兰州大学）、彭国甫（湘潭大学）、杨开峰（中国人民大学）、胡税根（浙江大学）、范柏乃（浙江大学）在政府绩效管理领域，王满传（中共中央党校/国家行政学院）、胡象明（北京航空航天大学）在政策研究和评估领域，朱正威（西安交通大学）、张海波（南京大学）在应急管理领域，朱光磊（南开大学）、孔繁斌（南京大学）在政府组织理论，汪玉凯（中央党校/国家行政学院）、徐晓林（华中科技大学）、孟庆国（清华大学）在电子政务领域，郁建兴（浙江大学）、沈荣华（苏州大学）在地方治理领域，姜晓萍（四川大学）在社会治理、公共服务领域，吴江（中国人事科学研究院）、萧鸣政（北京大学）、余兴安（中国人事科学研究院）、魏姝（南京大学）在组织人事行政领域，陈国权（浙江大学）、应松年（中国政法大学）在行政监督与法治领域，丁煌（武汉大学）、潘小娟（中国政法大学）在比较行政研究领域，马骏（中山大学）、黄恒学（北京大学）、郑方辉（华南理工大学）在公共预算和公共财政领域，何颖（黑龙江大学）、颜佳华（湘潭大学）、陈进华（苏州大学）在行政哲学与伦理领域，娄成武（东北大学）、何艳玲（中山大学/中国人民大学）在公共行政学科建设领域、严洁（北京大学）、孟天广（清华大学）、臧雷振（中国农业大学）、李锋（中共中央党校）在计算行政和治理方面，都有突出的学术贡献。

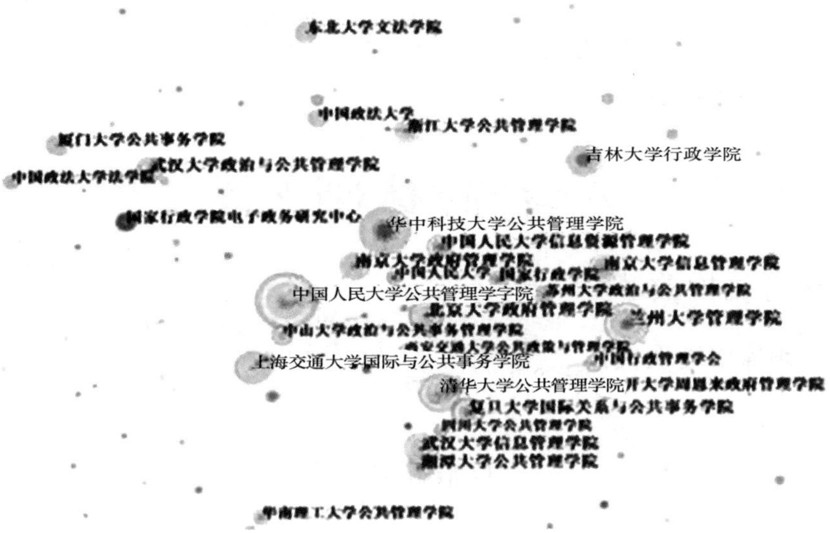

第十五章　公共行政学研究的发展　427

图 15-8　2012—2020 年公共行政学发文机构统计

## （一）新时代公共行政学思想理论研究

1. 习近平新时代中国特色社会主义思想和关于行政管理体系建设的系列重要讲话精神研究

进入新时代，我国公共行政学界认真学习、系统研究和深入阐述了习近平新时代中国特色社会主义行政管理体系建设思想的时代背景、基本内容和思想特点，进一步明确了新时代中国特色社会主义行政管理体系建设的指导思想和根本遵循。由图可知，对于习近平新时代中国特色社会主义思想和关于行政管理体系建设重要论述的研究，形成了众多研究方向，如行政管理体系、目标管理、行政管理、安全管理、行政管理专业实践教学体系、学术创新等内容。各方向之内连线密切，说明各方向研究内部发展态势良好，形成了规范成熟的发展范式；而各方向之间连线松散，说明各研究方向之间需要进一步加强交流和合作，进一步推动习近平新时代中国特色社会主义思想和关于行政管理体系建设。（图 15-9、图 15-10）。[①]

---

[①] 中国行政管理学会课题组王浦劬、鲍静、孙响：《习近平新时代中国特色社会主义行政管理体系建设思想研究》，《中国行政管理》2018 年第 6 期。

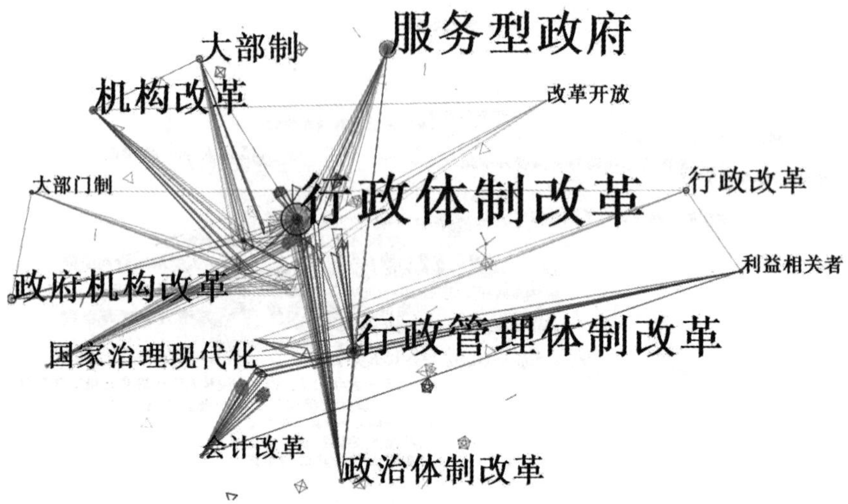

428　◇◇　第二编　新时代的中国政治学学术发展分论

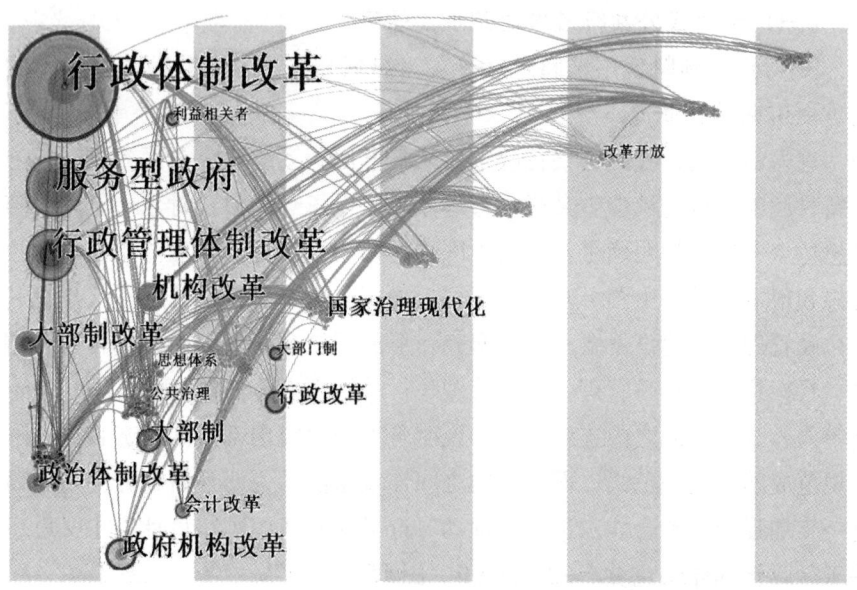

图 15 - 9　2012—2020 年公共行政学思想理论关键词聚类图谱

图 15 - 10　2012—2020 年公共行政学思想理论关键词时区图谱

2. 公共行政学科建设和基础理论研究

学术研究水平的提高离不开学科体系的完善与发展，也离不开关键性基础理论的突破与超越。新时代，我国行政学学术研究的重点领域是学科体系建设和公共管理方法论创新。有学者围绕国民经济、社会发展，以及公共治理面临的重大问题，对我国公共管理学科发展的社会需求与研究供给进行了深入分析，对学科发展提出了战略性、指导性意见。[1] 有学者按照国家行政管理发展与学术研究的最新成果，进一步完善和创新了公共行政理论体系。[2] 有学者认为，公共行政学科发展出现了拓展性与聚合性等多方面特征，在公共行政学基础理论体系、实践理论体系、行政管理方法与技术体系不断拓展的条件下，产生了很多新的分支专业，在国家行政制度变迁和政府治理现代化进程中新学科又出现聚合现象。我国公共行政领域不仅产生了方法论研究专著，填补了相关领域的空白，[3] 具体研究也经由案例研究、定量研究、循证研究、混合研究的广泛应用而实现了方法论创新。[4]

3. 公共行政学理论创新研究

有学者提出了"政府信任"概念，并将其划分为制度信任和个体信任、感性信任和理性信任、绩效信任和过程信任，认为政府信任具有合法性功能、秩序建构功能、治理简化功能和民主发展功能。重建政府信任既是回应政府信任下降与信任危机的策略选择，也是主动构建政府与公民良好互动关系的核心内容。影响公民与政府信任关系的因素分为政府价值、治理结构、政府行为、政府能力、政府过程、政府绩效与交往关系七个方面。[5] 此外，我国公共行政学者还提出了"责任政府""公共精神""行政价值"等原创性概念和相关论述。

---

[1] 薛澜等编著：《公共管理学科发展战略——暨公共管理十三五优先资助领域研究》，科学出版社2018年版。

[2] 夏书章主编：《行政管理学》，高等教育出版社2018年第六版。

[3] 吴建南：《公共管理研究方法导论》，清华大学出版社2006年版。

[4] 高小平：《论中国行政管理学研究的拓展性与聚合性——兼谈行政管理学科定位》，《学海》2020年第1期。

[5] 参见马子博、张成福《论非政府组织与政府认同型信任的构建——基于资源依赖的视阈》，《学术界》2016年第12期；张成福《开放政府论》，《中国人民大学学报》2014年第3期；张成福、边晓慧《论政府信任的结构与功能》，《教学与研究》2013年第10期；张成福、边晓慧《重建政府信任》，《中国行政管理》2013年第9期。

#### 4. 比较视域下的学术研究

在新时代，学者们秉持科学的比较方法，立足中国，面向世界，研究议题不断拓展，在推介国际经验的同时，呈现了一批反思国外公共管理理论与实践不足的研究成果。同时，不断增强本土公共行政理论研究的国际对话意识。[①] 如图所示，在内容上，公共行政学比较研究的重点方向有：转型国家、经济社会体制、政府改革、行政效率、公共政策研究、政府角色、公共治理前沿理论等内容。在研究方法上，公共行政学比较研究有对定性比较分析的探讨、对相关因果关系、价值取向等的探讨。在时间分布上，此方面内容在 2013 年和 2017—2019 年的分布较多，2013 年的研究重点主要是公共行政学的研究方法、行政模式、前沿论题等内容；2017—2019 年的研究重点是国际公共行政、比较公共行政、公共治理、政策公平、政府改革、因果关系等内容。整体研究呈现比较连续的趋势，从行政模式这类框架性问题逐渐地过渡到公共治理、政府改革等细分内容。（图 15 - 11、图 15 - 12）。

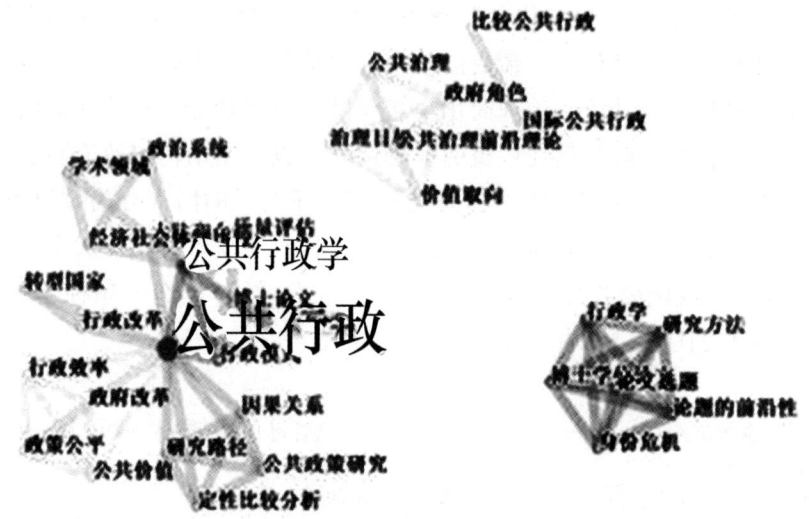

**图 15 - 11　2012—2020 年公共行政学比较研究关键词聚类图谱**

---

① 丁煌：《中西政府治理价值研究的历史嬗变》，《"21 世纪的公共管理：机遇与挑战"第六届国际学术研讨会论文集》（会议时间：2014 年 10 月 16 日）。

## 第十五章 公共行政学研究的发展 431

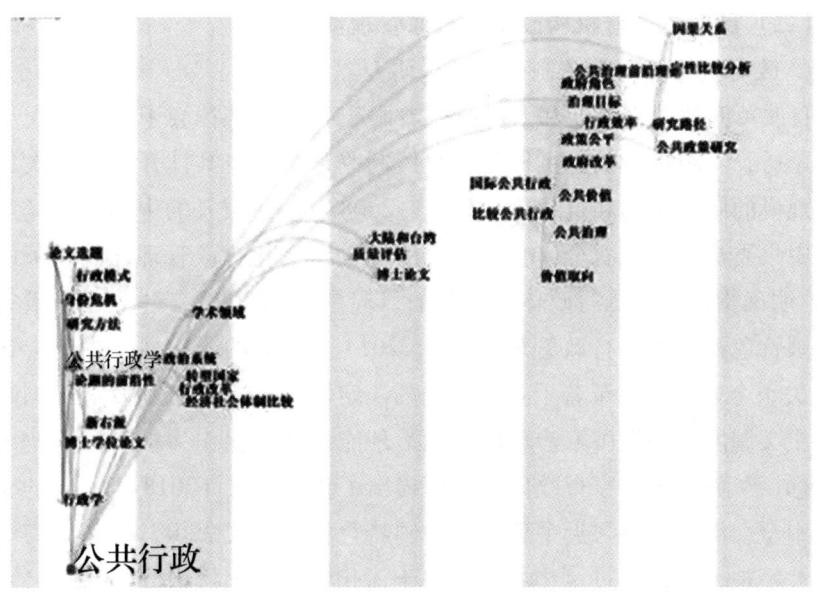

图 15-12 2012—2020 年公共行政学比较研究关键词聚类时区图谱

具体研究上,有学者认为,总体来看,西方行政理论的本土转化、遵循着实践性与价值创造性统一的逻辑,使本土行政学对西方理论的借鉴既做到了符合行政实践发展的需要、又规避了价值上的冲突,并促进了公共行政学研究的知识增量。① 有学者系统梳理了公共行政学科发展、公共管理改革实践与创新以及政府管理具体领域的一些政策和问题,试图在此基础上通过对中美公共管理的比较分析,阐释中国公共行政理论创新与实践发展内在关系与一般规律。② 有学者将当代中国公共行政的改革、创新和治理体系现代化的分析与对西方国家公共行政的讨论相参照,从而探究行政体制改革的制度与政策过程、政府组织的变革与发展、国家—社会—市场关系,以及公共行政现代化面临的新挑战。③

---

① 王升平:《西方行政理论本土化的形态与逻辑探析——以公共行政主流理论的交融与转化为例》,《治理研究》2019 年第 6 期。
② 蓝志勇:《现代公共管理的理性思考》,北京大学出版社 2014 年版。
③ 竺乾威:《公共行政的改革、创新与现代化》,复旦大学出版社 2018 年版。

### (二) 新时代政府机构改革与行政管理创新研究

1. 政府机构和行政体制改革理论研究

自改革开放以来，党和人民政府着眼于我国经济社会中面临的突出问题和矛盾，不断进行政府机构和行政体制改革，至今共计开展了八次集中的大规模的政府机构和行政体制改革。2008年2月召开的中国共产党第十七届中央委员会第二次全体会议通过的《关于深化行政管理体制改革的意见》，明确指出，我国行政体制改革的目标是"到2020年建立起比较完善的中国特色社会主义行政管理体制"。2013年，党的十八届三中全会通过的《关于全面深化改革若干重大问题的决定》中，把完善和发展中国特色社会主义制度，推进国家治理体系和治理能力现代化作为全面深化改革的总目标，从而对于国家行政体制改革提出了新的要求。2018年，党的十九届三中全会深入贯彻习近平新时代中国特色社会主义思想，全面贯彻党的十九大精神，审议通过《中共中央关于深化党和国家机构改革的决定》和《深化党和国家机构改革方案》，明确提出，深化党和国家机构改革，目标是构建系统完备、科学规范、运行高效的党和国家机构职能体系。2019年10月，党的十九届四中全会通过的《中共中央关于坚持和完善中国特色社会主义制度、推进国家治理体系和治理能力现代化若干重大问题的决定》，明确提出"深化司法体制综合配套改革，完善审判制度、检察制度……""深化行政执法体制改革，最大限度减少不必要的行政执法事项""深入推进简政放权、放管结合、优化服务，深化行政审批制度改革，改善营商环境，激发各类市场主体活力"等等。中央的战略部署和治国理政的要求，为新时代政府机构和行政体制改革提出了新任务、新课题，得到我国政治学者的热烈响应。

从关键词聚类上看，2012—2020年形成了以行政体制改革、行政管理体制改革、服务型政府、机构改革为中心的研究领域，具体包含政府机构改革、大部制改革、政治体制改革、国家治理现代化、治理理论等内容。其中，主要研究内容集中在2012—2015年，从时区图中可以看出有关机构改革研究的演进路径：2012年以行政体制改革为中心，以行政管理体制改革、服务型政府、政治体制改革为重要内容，属于框架性、纲领性内容；2013年的过渡到政府机构改革和经济体制改革，属于具体操作性的内容；

2014年则具体到政府职能及相关治理理论的内容，进一步细化改革中机构的职能，并讨论指导机构改革的治理理论（图15-13、图15-14）。

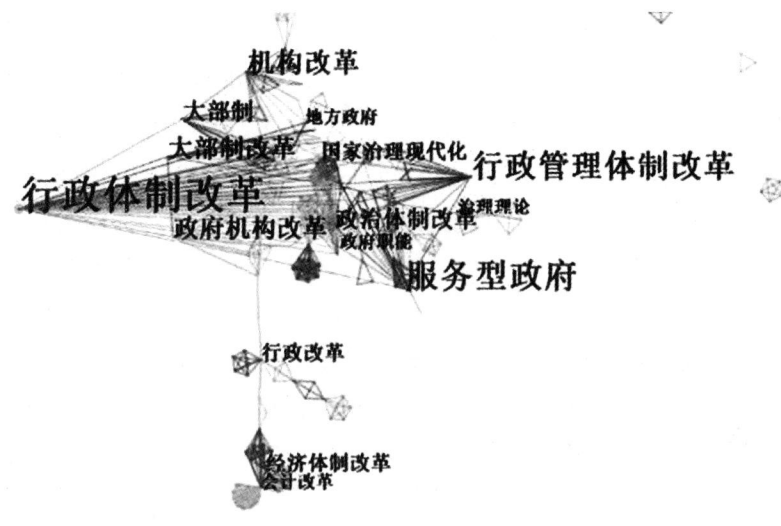

图15-13　2012—2020年公共行政学政府机构改革与行政管理创新研究关键词聚类图谱

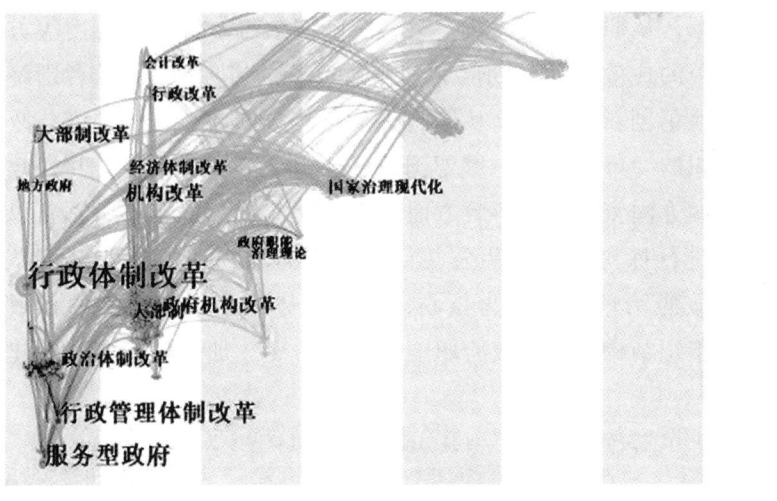

图15-14　2012—2020年公共行政学政府机构改革与行政管理创新研究关键词时区图谱

在研究内容方面，行政体制改革研究一直是学界关注的重点，随着机构改革和行政体制改革实践的不断深入，在新时代，研究成果颇丰，根据国家治理现代化的目标，研究更多关注提升行政制度效能，使行政体制改革更好地与治理现代化要求相适应。

有学者认为，自1982年以来，中国政府分别进行了8次较大规模的机构改革，不断推动行政管理体制适应政治、经济、社会发展的需要，建设现代化治理体系。① 有学者以中国特色社会主义理论发展的脉络为线索和视角，研究改革开放以来政府机构改革的阶段性特征，将机构改革分成四个阶段，即邓小平理论指导下的政府机构改革阶段、"三个代表"重要思想指导下的政府机构改革阶段、科学发展观指导下的政府机构改革阶段、习近平新时代中国特色社会主义思想指导下的政府机构改革阶段。研究认为，我国政府机构改革的理性历程是重构、再造与继承、接续的统一，是阶段性、跨越性与稳定性、连续性的统一，是中国特色社会主义理论不断发展的理性进程的重要体现。② 有学者在新一轮机构改革背景下总结了改革开放40年以来所进行的8次机构改革的显著成效，也分析了需要进一步解决的问题。③

有学者选择典型案例，通过访谈、问卷调查等方式收集第一手资料，并利用统计数据，从职能转变、机构整合、政府效率、民众满意度等方面探讨大部制改革的成效，存在的问题和今后改革的方向。④ 有学者围绕中国公共行政的改革创新与发展，从体制改革与政府创新、官僚制度与政策过程、政府组织的变革与发展、重塑国家—社会—市场关系、公共行政现代化的挑战、西方国家的公共行政方面对中国公共行政的改革、创新以及现代化的实践进行探讨，对一些公共行政改革的问题和现象进行解释。⑤ 有学者以推进政府治理现代化为核心，从新形势下中央与地方的权限划分、优化政府组织结构、实现政府职能的根本转变、加强服务型政府建设

---

① 宋世明：《中国行政体制改革70年回顾与反思》，《行政管理改革》2019年第9期。
② 高小平、陈宝胜：《改革开放以来政府机构改革的理性历程——基于政府机构改革阶段性特征的研究》，《学海》2018年第3期。
③ 许耀桐：《中国政府机构改革40年来的发展》，《行政论坛》2018年第6期。
④ 陈天祥、吴海燕等：《中国地方政府大部制改革模式研究：来自珠三角的调查》，社会科学文献出版社2017年版。
⑤ 竺乾威：《公共行政的改革、创新与现代化》，复旦大学出版社2018年版。

等方面阐述了实现政府治理现代化亟待解决的主要问题。① 有学者聚焦于地方政府改革，探讨了地方政府转型与善政发展逻辑、地方政府创新与政府创新管理、地方政府公共服务的改革创新、地方府际关系与县政的改革创新、地方政府绩效管理的改革创新、地方政府改革创新的温州实践②。还有些学者做了部分梳理和总结工作，例如，有的学者梳理了中国行政体制改革 70 年来不同阶段的改革历程，其总结与反思的观点认为改革开放前数次行政体制改革巩固了国家政权和计划经济体制，改革开放之后的数次行政体制改革适应并推动了市场经济体制的建立完善，而 2018 年之后的行政体制改革汇入了推进国家治理体系和治理能力现代化的历史进程。③

总起来看，在新时代，公共行政学界关于行政管理体制改革的研究，在三大领域上取得进展：一是对改革目标，建立比较完善的中国特色社会主义行政体制，有了更加清晰的理论定位。④ 具体而言，明确了将建设人民满意的服务型政府作为改革的方向，重点就是要把公共服务作为政府的主要职能，提高行政效能，推动政府为创造良好发展环境和维护社会公平正义服务。二是对改革中的重点理论问题有了更深的把握。学界关注国家治理、大部制组织体系、政府职能转变、简政放权等方面的改革，提出充分发挥市场在资源配置中的决定性作用和更好发挥政府作用等具体建议，对政府提高改革系统性和管理科学化水平起到了积极的推动作用。⑤ 有学者从推进国家治理体系和治理能力现代化的高度破解我国进一步深化行政体制改革的难点，创新提出了政府职能的转变要与国家治理现代化相一致的改革逻辑。⑥ 有学者认为政府治理体系和治理能力现代化的关键在于政府职能的现代化，实现政府职能现代化的重要途径是政府职能转变，其关

---

① 薄贵利：《深化行政改革　推进政府治理创新》，人民出版社 2018 年版。
② 陈国权、曹伟等：《地方政府改革创新论》，浙江大学出版社 2018 年版。
③ 宋世明：《中国行政体制改革 70 年回顾与反思》，《行政管理改革》2019 年第 9 期。
④ 魏礼群：《加快建立中国特色社会主义行政体制》，《中国智库经济观察》2013 年第 1 辑；高小平：《建设中国特色社会主义行政管理体制》，中国行政管理研究网，http：//www.cpasonline.org.cn/gb/readarticle/readarticle.asp? articleid =552；李建华：《深化改革　加快建立中国特色社会主义行政体制》，《领导科学》2013 年第 3 期。
⑤ 竺乾威：《政府职能的三次转变：以权力为中心的改革回归》，《江苏行政学院学报》2017 年第 6 期；翟富珍：《我国行政体制改革知识图谱的量化分析》，《法制与社会》2019 年第 19 期。
⑥ 薛澜、李宇环：《走向国家治理现代化的政府职能转变：系统思维与改革取向》，《政治学研究》2014 年第 5 期。

键在于政策创新。① 三是对改革规律的研究不断深化。很多学者从如何破解改革中的"精简—膨胀—再精简—再膨胀"的怪圈入手，聚焦政府与市场、政府与社会、中央与地方的关系，研究新时代政府机构和行政体制改革的逻辑和规律。② 有学者依托"战略—结构—绩效"的分析框架，认为提升治理效率、效能和绩效是党和国家机构改革的逻辑主线，在机构改革中树立绩效意识是新时代使命和发展的必然要求，是在全面加强党的领导下，整体、系统、协同推进党和国家机构改革的必然要求。③

2. "放管服"改革研究

2015 年 5 月，国务院召开全国推进简政放权放管结合职能转变工作电视电话会议，首次提出"放管服"改革，"放管服"改革即"简政放权、放管结合、优化服务改革"的简称，我国的"放管服"改革是推进我国政府职能转变、激发社会主义市场经济活力、进一步解放和发展生产力的战略举措，对于促进国家治理体系和治理能力现代化、推动我国经济社会持续稳定健康发展具有重要意义。④ 习近平总书记在党的十九大报告中再次强调"转变政府职能，深化简政放权，创新监管方式，增强政府公信力和执行力，建设人民满意的服务型政府"，为我国"放管服"指明了进一步深化改革的方向。

从关键词聚类图谱看，"放管服"改革这一研究中心周围围绕了较为紧密的几个研究方向，涉及到营商环境、简政放权、政府职能、政务服务、政府职能转变、行政审批等内容。从时区图谱看，这些研究内容主要集中在 2016—2020 年，其中，2017 年的研究中心是"放管服"改革，2018 年的研究重点是营商环境（图 15 – 15、图 15 – 16）。

有学者将我国改革开放后的"放管服"改革大致分为三个阶段，第一阶段是 20 世纪 70 年代末至 20 世纪 90 年代末的"面向市场经济转型阶段"，第二阶段是 21 世纪初期至 2012 年的"市场经济体制不断完善阶段"，

---

① 贾凌民、胡象明、解亚红等：《政府职能现代化视角下当前政策创新的重点及建议》，《中国行政管理》2014 年第 3 期。

② 周志忍：《机构改革的回顾与展望》，《公共管理与政策评论》2018 年第 5 期。

③ 鲍静、曹堂哲：《党和国家机构改革中的绩效问题——基于"战略—结构—绩效"（SSP）范式的分析》，《国家行政学院学报》2018 年第 6 期。

④ 李克强：《在全国深化"放管服"改革 转变政府职能电视电话会议上的讲话》，《中国行政管理》2018 年第 8 期。

第十五章 公共行政学研究的发展 437

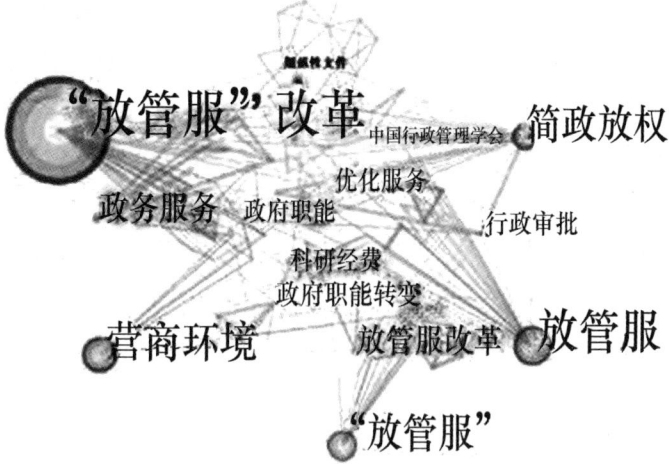

图 15－15 2012—2020 年公共行政学"放管服"改革研究关键词聚类图谱

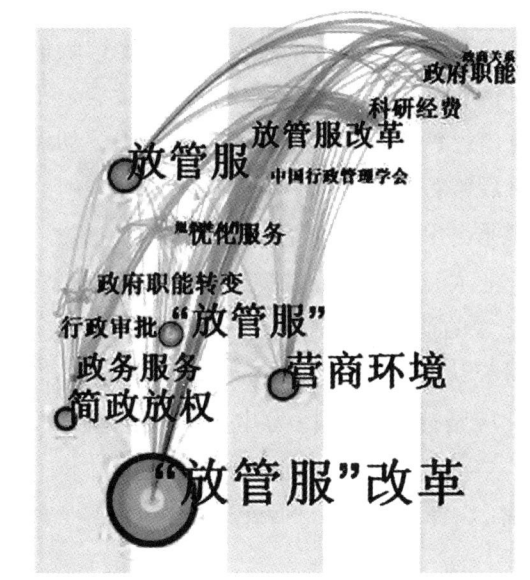

图 15－16 2012—2020 年公共行政学"放管服"改革研究关键词时区图谱

第三阶段是2012年底至今的"市场决定性作用阶段"。① 自改革开放以来40多年的发展，有学者总结我国"放管服"改革的经验包括围绕政府效能的提高，以政府职能转变为"放管服"改革的发展主线；围绕市场决定性作用的发挥，以市场化为"放管服"改革的导向；围绕改革系统性、整体性、协同性要求，以系统为核心的"放管服"改革的科学方法论；围绕创新驱动发展，以制度创新为"放管服"改革的推动力。② 为了深入推进我国的"放管服"改革，有学者提出以下四个问题需要深入研究：改革进入深水区之后的瓶颈如何突破的问题，政府改革中国的"碎片化"整体性治理如何推进的问题，改革如何实现从数量向质量和效益转变的问题和改革如何借助"互联网＋"进一步推进的问题。③ 在新时代，行政体制改革和政府管理创新实践的发展，一个主要特征是"三管齐下"，将简政放权、放管结合、优化服务三个方面改革打通，增强行政改革的整体性、系统性、协同性。学界抓住热点和难点问题，重点研究通过"放"明确政府角色定位，通过"管"理顺政府权力关系，通过"服"实现政府责任落实，全面优化营商环境。④ 有学者认为深化行政审批制度改革应统筹兼顾"减""放""改""管"，即继续下决心砍掉一批行政审批项目，把不需要由国务院部门审批的事项尽快下放市场、下放社会、下放地方，对保留的行政审批项目改内容、改程序、改流程、改时限，切实履行好对已保留审批事项的事中事后监管。⑤

3. 公共服务和服务型政府研究

中共十七大正式提出，要"建设服务型政府和公共服务体系"，自此，国内学者的研究投向了服务型政府和公共服务体系建设的实践领域。学者研究认为，我国的服务型政府和公共服务体系建设是一个系统性的工程，应坚持"以人民为中心"的原则，发挥国家、政府、社会、

---

① 李军鹏：《改革开放40年：我国放管服改革的进程、经验与趋势》，《学习与实践》2018年第2期。
② 张占斌、孙飞：《改革开放40年：中国"放管服"改革的理论逻辑与实践探索》，《中国行政管理》2019年第8期。
③ 张定安：《关于深化"放管服"改革工作的几点思考》，《行政管理改革》2016年第7期。
④ 张定安：《关于深化"放管服"改革工作的几点思考》，《行政管理改革》2016年第7期。
⑤ 王澜明：《深化行政审批制度改革应"减""放""改""管"一起做——对国务院部门深化行政审批制度改革的一点看法和建议》，《中国行政管理》2014年第1期。

市场和公民多方的力量作用,不断推进政府职能转变、提高公共服务的均等性。①

我国公共行政学界对公共服务、公共产品、基本公共服务、公共服务均等化等均有大量的研究。从关键词聚类图谱看,以服务型政府为核心,形成了公共服务、电子政府、政府职能、绩效评估、公共服务型政府、行政改革、社会组织等具体的研究方向。从时区图看,以上研究内容集中在2012—2014年,其中2012年是服务型政府和公共服务研究的重要年份(图15-17、图15-18)。

党的十九大报告指出:"到2035年,基本公共服务均等化基本实现",有学者围绕充分性问题和均衡性问题,对于我国的基本公共服务均等化的标准、绩效考核等方面存在的问题进行了重新的审视,在此基础上,指出我国基本公共服务均等化由"缩小地区间财力差距"向"提升人民群众获得感"的目标转变的必要性。为实现这一目标需要构建以"资金投入—公共服务结果产出—充分性获得感"和"政策执行—基本公共服务差距—均衡性获得感"为内外环主线的3E绩效管理体系,进一步解决绩效管理指标体系设计、大数据获取等有关技术难题。② 有学者以个案研究为例,基

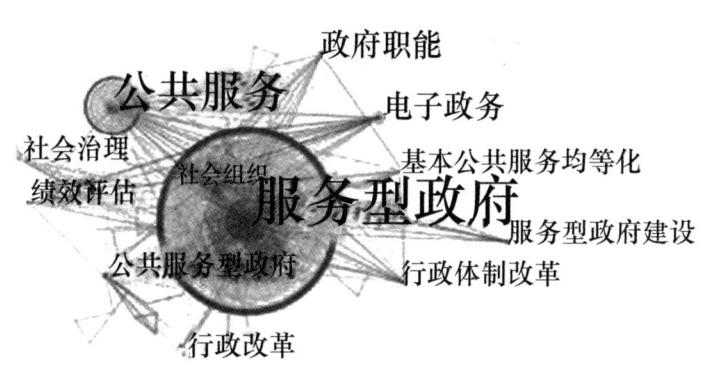

图15-17  2012—2020年公共行政学公共服务和服务型政府研究关键词聚类图谱

---

① 张立荣、姜庆志:《国内外服务型政府和公共服务体系建设研究述评》,《政治学研究》2013年第1期。
② 缪小林、张蓉、于洋航:《基本公共服务均等化治理:从"缩小地区间财力差距"到"提升人民群众获得感"》,《中国行政管理》2020年第2期。

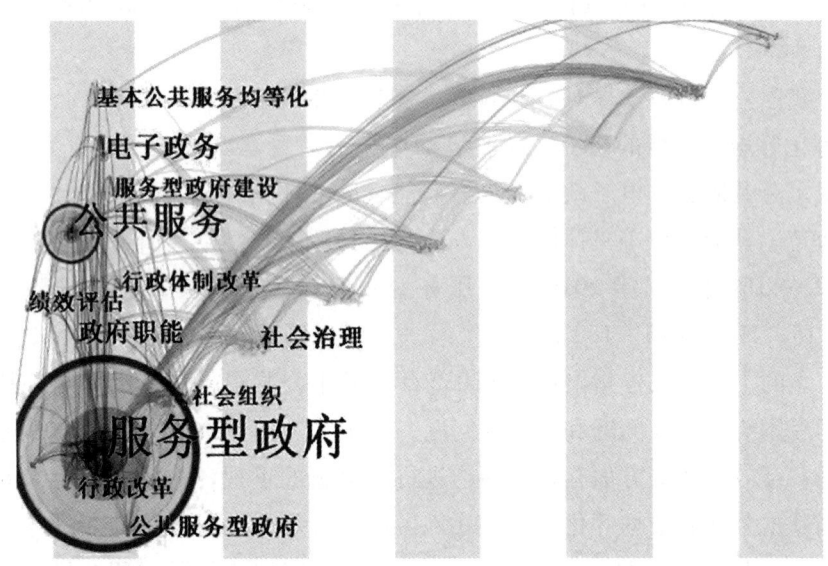

图 15-18 2012—2020 年公共行政学公共服务和服务型政府研究关键词时区图谱

于当地政府购买服务项目的各种文献材料、有关人员的访谈资料，总结我国社会组织参与政府购买公共服务在目标、过程和能力三个层面存在的困境，从制度场域下的资源扩散机制视角剖析困境的主要原因，并提出应该从加强多元主体之间的协商共治来破解社会组织参与政府购买公共服务的困境问题。① 有学者回顾了我国政府购买公共服务的发展历程，分为起步探索阶段（1995—2002 年）、试点推进阶段（2003—2011 年）和全面推行阶段（2012 年至今）。结合英国、美国和日本等发达国家的先进工作经验，提出应从法律法规的健全、管理体制的明晰、运行机制的规范、社会组织的培育和绩效监管的加强等几个维度推进我国政府购买公共服务的工作进程。② 有学者构建了政府向社会力量购买公共服务的评估指标体系。③

---

① 张汝立、刘帅顺、包变：《社会组织参与政府购买公共服务的困境与优化——基于制度场域框架的分析》，《中国行政管理》2020 年第 2 期。

② 李一宁、金世斌、吴国玖：《推进政府购买公共服务的路径选择》，《中国行政管理》2015 年第 2 期。

③ 范炜烽、许燕：《政府向社会力量购买公共服务评估指标体系构建研究》，《科学决策》2020 年第 5 期。

在政府和社会组织公共服务生产机制、供给机制的理念、政策、情况和案例方面，有学者在总结政府向社会组织购买公共服务的总体情况和实际案例的基础上，通过将中国问题与改革对策相结合，推动国内外研究成果相互借鉴，分析了在公共服务供给方面，政府机制、市场机制和社会机制有机结合的特点，针对性地提出了政府向社会组织购买公共服务的理念、政策和方案，创新了公共服务理论，对于我国政府改进公共服务供给机制，实现政府管理和服务创新，促进我国公共事业单位体制机制改革、城乡基本公共服务均等化有重要的参考。① 有学者在公共服务质量管理的系统、过程和方法，公共服务标准化，公共服务质量评价和奖励机制，公共服务质量改进的战略、策略、框架方面，提炼出了公共服务质量管理的学科范式、理论前沿与实践进展。② 对服务型政府的研究已由一般性概念和体系研究，发展到学科范式层面的系统性思考，产出了一批对于我国行政管理体制机制改革、城乡社会服务体系创新都有重要参考价值的前沿成果。③

4. 法治政府建设和依法行政研究

自新中国成立以来，我国的依法行政稳步推进，法治政府建设也取得突破性的成就。同样，在公共行政学术界，有关法治政府建设和依法行政研究也是硕果累累。

在关键词聚类图谱中，节点连线较为密集，依法行政是最大的节点，其次是法治政府和依法治国，还有一些具体的研究内容，说明在法治政府建设和依法行政的研究领域内，正在形成发展较为良好的研究网络，以依法行政为核心，依法治国、法治政府为重要内容，并以法治政府建设、服务型政府、法治思维、法治社会、行政诉讼、行政执法等细节方向为具体研究内容。从时区看，以上研究内容主要集中在2012—2014年，2015—2020年的研究较为分散，并未形成明显的聚类，因此该领域

---

① 王浦劬等：《政府向社会组织购买公共服务研究——中国与全球经验分析》，北京大学出版社2010年版。
② 陈振明：《公共服务质量管理——理论、方法与应用》，科学出版社2017年版。
③ 姜晓萍：《基本公共服务均等化：知识图谱与研究热点述评》，中国人民大学出版社2016年版。

的研究需要进一步加强，保持较高的连续性，有助于该领域研究进一步发展（图 15-19、图 15-20）。

学术界较为系统地研究了适应中国特色社会主义新时代要求的法治政府建设和依法行政的指导思想、重要特征、主要标志、重点任务和实施要求。在政府机构和职能法定，便民高效服务，行政立法科学化、民主化、规范化，行政决策法治化，行政执法规范化，政府信息公开、监督和问责法治化，守法诚信等方面，均有大量研究成果，为建设职责明确、依法行政的政府治理体系，健全依法行政的制度体系，深化行政执法体制改革，提供了学理支持。① 公共行政学与行政法学在两重维度中交集，某些课题在研究中出现了积极的融合态势。②

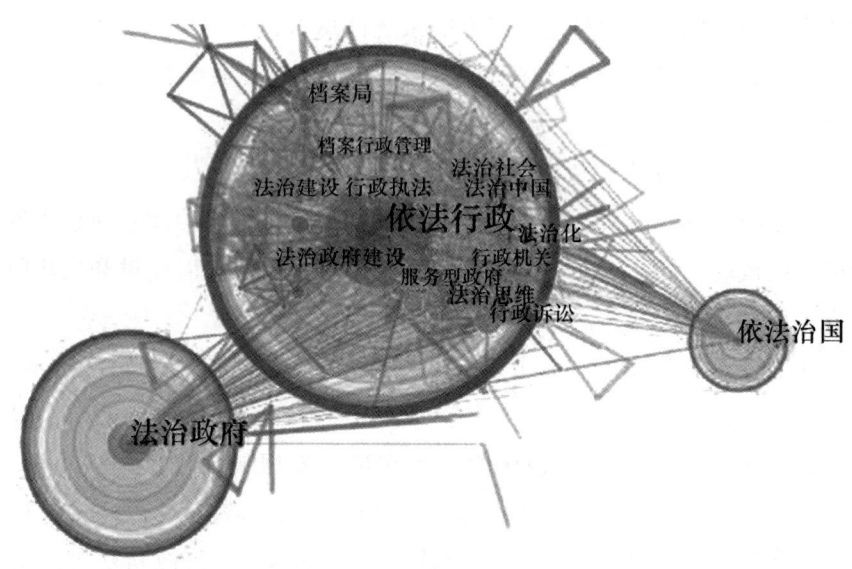

图 15-19　2012—2020 年公共行政学法治政府建设和依法行政研究关键词聚类图谱

---

① 马怀德：《新时代法治政府建设的意义与要求》，《中国高校社会科学》2018 年第 5 期；袁曙宏：《建设职责明确、依法行政的政府治理体系》，《中国司法》2018 年第 5 期。
② 刘艺：《封闭与开放：论行政与行政法关系的两重维度》，《南京社会科学》2013 年第 5 期。

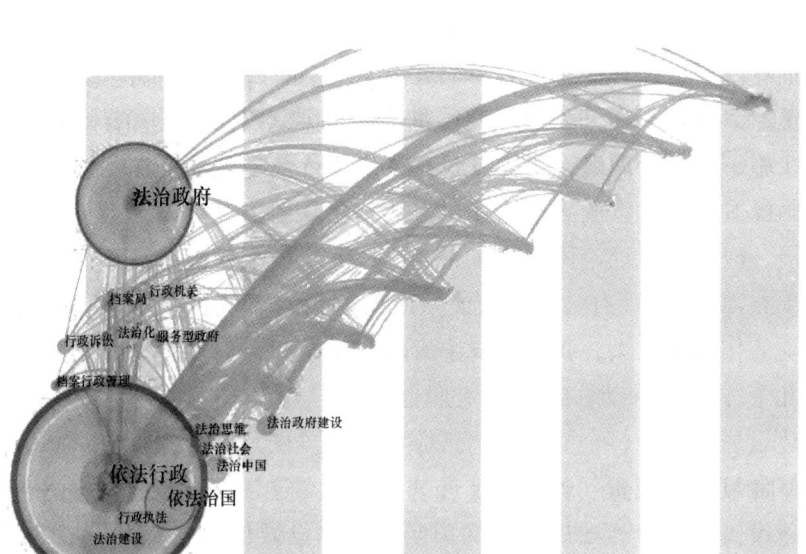

**图 15 - 20　2012—2020 年公共行政学法治政府建设和依法行政
研究关键词时区图谱**

有学者对我国的法治政府建设历程进行了梳理,从 1949—1978 年的步履维艰到 1978—1992 年的勃然兴起,从 1992—2012 年的扎实推进再到 2012 年之后的全面推进,我国的法治政府建设历程曲折,但也取得了丰硕的成果。在理论层面,形成了具有中国特色的社会主义法治政府建设和依法行政理论体系。在实践层面,我国的政府立法逐步完善,法制机构建设不断加强,依法行政更趋规范,行政复议更加健全。[①] 而对于我国法治政府和依法行政建设的未来发展,有学者从理论发展、行政立法、行政执法、行政监督和目标实现几个方面提出展望。[②] 有学者指出法治政府建设和依法行政之间的关系,依法行政是指国家、政府等行使职权要有相应的法律依据来源,而法治政府建设是我国推进依法行政的目标。[③] 有学者认

---

① 宋振威、熊文钊:《新中国法治政府建设的回顾与展望》,《行政管理改革》2019 年第 7 期。
② 郭济:《建设法治政府:中国近十年来依法行政回顾和展望》,《中国行政管理》2006 年第 1 期。
③ 任进:《法治政府建设的实践发展和理论创新》,《行政管理改革》2017 年第 10 期。

为,虽然对于法治政府的表述各有不同,但是核心内涵主要有三个方面,即建设有限、责任和服务政府。对于法治政府的评价工作我国开展较晚、动作迅速,但是存在问题也较多,如考评目标不明确、评价体系不完善、考评实施不顺畅等问题,所以以政府绩效评价推进我国的法治政府建设成为我国民主法治建设的必然选择。为了实现我国法治政府绩效评价的飞跃式发展,应从评价理论体系、多元主体、评价模型、配套法制和绩效文化等几个方面着手。① 有学者认为法治政府建设对于我国营商环境的改善具有重要的作用和意义,我国围绕法治政府建设和营商环境改善主要进行了以下几个方面的行动:完成政府职能转变,建设有限政府;政务信息公开,建设透明政府;全面推进"三张清单"(权力清单、责任清单、负面清单)制度,建设责任政府;推进电子政务,建设高效政府;推进公众参与,建设民主政府;推进信赖保护制度,建设诚信政府;推进廉政建设,建设廉洁政府;坚持以人民为中心,建设服务政府。② 有学者重新审视依法行政的功能和价值,在于依法行政坚持保证人民当家作主,在最大程度上促进公民的广泛政治参与。③

5. 政府行政管理方式创新研究

在我国公共行政学研究恢复之初,行政管理方式是研究重点之一。随着行政体制改革的深入,更多学者转向对组织体制、结构功能方面的研究,一度对行政管理方式的研究有所减少。在新时代,这方面研究有了明显增加,对政府管理创新特别是新的管理方式、运行机制、业务流程、技术手段的研究越来越多。这些研究突出的特点是把管理与服务结合起来,坚持问题导向,研究行政的动机与效果、目标与流程,推动政府管理由单纯行政性的方式向综合运用经济、行政、法制、技术多种手段转变,由直接干预、微观管理为主向间接调控、宏观管理方式为主转变,适应现代公共治理模式变革需要。④ 研究还向纵向和横向延伸,从政府管理方式改革

---

① 郑方辉、尚虎平:《中国法治政府建设进程中的政府绩效评价》,《中国社会科学》2016 年第 1 期。
② 姜明安:《新时代法治政府建设与营商环境改善》,《中共中央党校(国家行政学院)学报》2019 年第 5 期。
③ 姜海雯、李利军:《依法行政若干问题的思考》,《中国行政管理》2011 年第 11 期。
④ 中国行政管理学会、南京大学、江苏省行政管理学会联合课题组、高小平、孔繁斌:《政府履行职能方式的改革和创新》,《中国行政管理》2012 年第 7 期。

的阶段性与改革开放步伐以及市场经济秩序的相关性中发现管理方式改革的规律。①

从关键词聚类图谱看,地方政府创新、政府创新、地方政府的节点较大,公共治理、电子政务、公共服务、政策扩散、政策创新、政府治理等关键词的节点较小。可见已经形成了地方政府创新、政府创新、地方政府为中心的研究内容,而公共治理、电子政务、公共服务、政策扩散、政策创新、政府治理等内容则是其具体的分内容。从节点分布的松散程度和连线的紧密程度上看,该主题之下有加大发展空间,如数字治理、基层治理、公共服务创新等研究方向的发文较少,但正在逐步发展,未来的发展空间和方向交叉也值得期待。从时区图看,上述研究主要集中在2012—2015年,2016—2019年的研究虽较少,但处于不断发展上升的状态(图15-21、图15-22)。

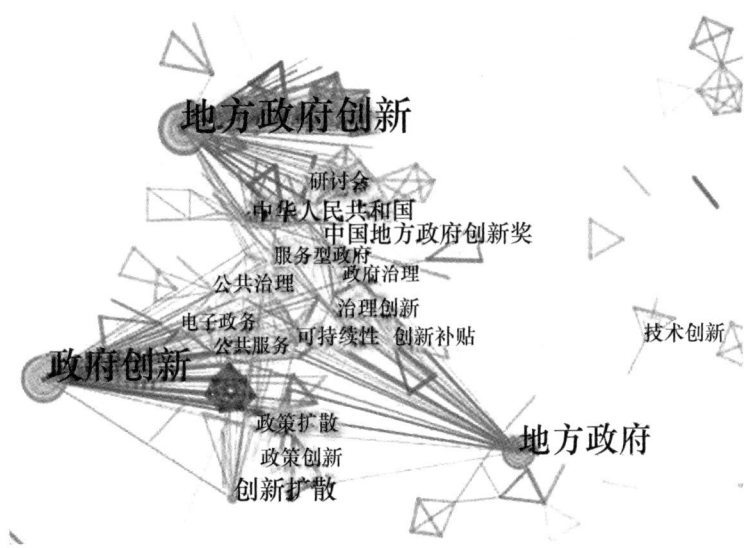

图15-21　2012—2020年公共行政学政府行政管理方式创新研究关键词聚类图谱

---

① 徐国冲、黄丽妹:《省级政府履职方式探析——基于X省五年规划文本分析》,《治理现代化研究》2019年第6期。

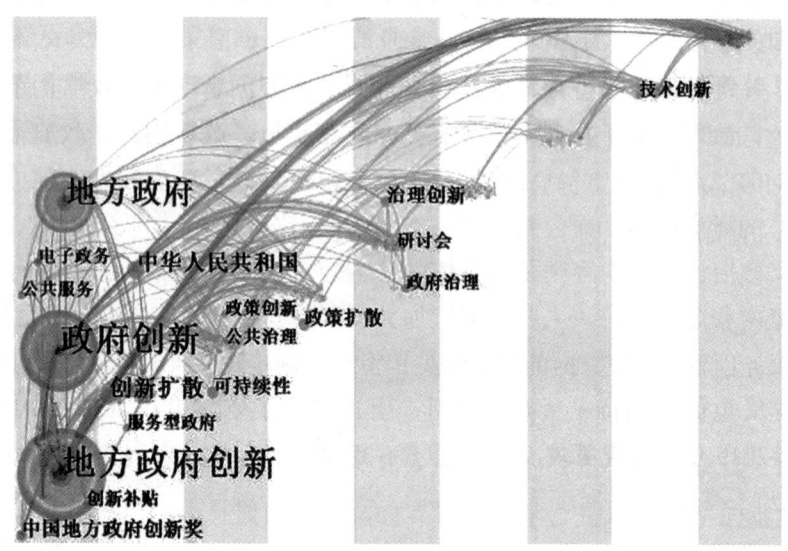

图15-22　2012—2020年公共行政学政府行政管理方式
创新研究关键词时区图谱

尤其是随着信息技术的扩散和互联网在全球范围内的普及，互联网+给政府部门带来了巨大的机遇，同样也给政府行政管理方式带来了挑战。学术界对于互联网下的政府行政管理方式的创新更加关注，一致认为传统的政府管理方式已经不能完全适应现代社会和政府治理的现实需要，利用互联网技术深化政府行政体制改革，创新政府行政管理方式，提高政府行政管理的质量和效率，成为当务之急，这部分的内容具体会在第七方面详细展开。

6. 政府绩效管理研究

政府绩效管理是一种重要的组织管理理念和工具，是通过构建一套标准化的、科学性和技术性的指标和程序，对政府机关的管理工作多个维度的绩效进行评价，从而不断提高政府绩效、促进政府结构创新的一系列工作。[①]

---

① 白皓、易荪欣怡：《构建政府绩效管理体系实践路径分析》，《中国行政管理》2017年第11期。

从关键词聚类图谱来看，节点越大说明节点所代表的研究内容越重要，连线越复杂说明研究内容之间的交叉和合作越多。不难看出，本领域已经形成了以政府绩效管理为核心，以绩效管理、政府绩效、政府绩效评估、绩效评估、地方政府为次中心的研究结构，在更具体的方向上有公共价值、公共参与、指标体系、政府治理等内容。从时区图上看，其核心内容主要集中在2012—2013年（图15-23、图15-24）。

在学术研究中，有学者基于PV-GPG模型对改革开放以来的我国政府绩效管理的发展历程进行了四大阶段的划分，分别是政府绩效管理效率型价值的崛起时期（1978—1993年）、政府绩效管理效率型价值主导与民主价值的萌生时期（1994—1999年）、政府绩效管理效率型价值与民主价值

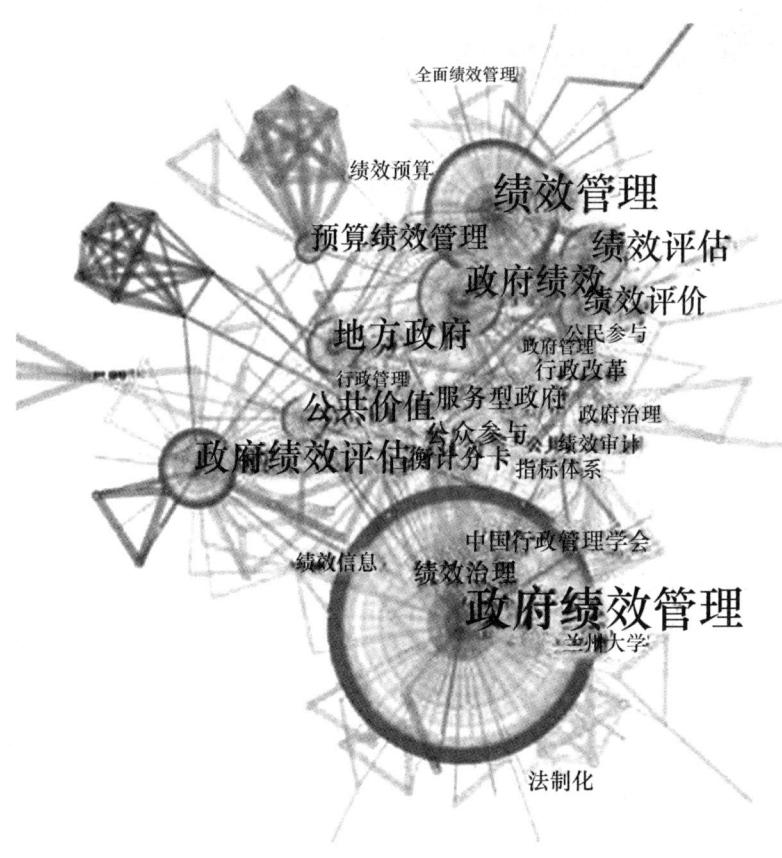

**图15-23　2012—2020年公共行政学政府绩效管理研究关键词聚类图谱**

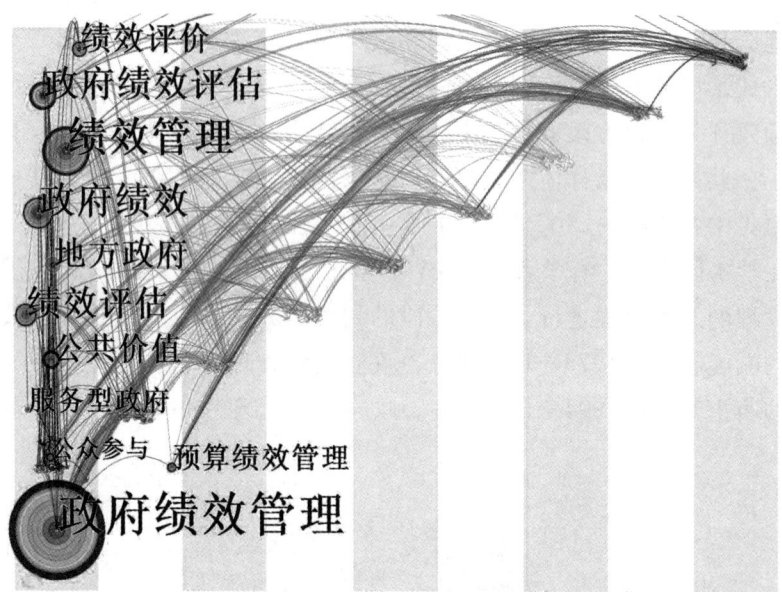

**图 15-24　2012—2020 年公共行政学政府绩效管理研究关键词时区图谱**

逐鹿中原时期（2000—2003 年）和政府绩效管理多元价值的冲突与共存时期（2004 年后）。① 虽然自改革开放以来，伴随着我国行政体制改革进程，我国已经初步形成了一条具有中国特色的政府绩效管理的路径——以自主创新为发展驱动力、以问题和实践需求为导向、"政府本位" 和 "社会本位" 评估协同发展。② 但是有学者认为我国的政府绩效管理在理念、机制和方法上与当前的经济社会发展已经逐步产生了较大的不适应，政府绩效管理需要进一步发展、创新和转型。③ 创新和完善我国的政府绩效管理，不断推进我国政府绩效管理体系的优化升级，有学者认为应该坚持人民至上，不断强化政府绩效管理制度、评价、参与体系中以人民为中心的主体地位；④ 有学者认为推进我国政府绩效管理的法治建设，是实现政府

---

　　① 孙斐：《改革开放 40 年中国政府绩效管理的演化路径与动力分析——基于 PV-GPG 模型的诠释》，《行政论坛》2018 年第 25 卷第 2 期。
　　② 负杰：《中国政府绩效管理 40 年：路径、模式与趋势》，《重庆社会科学》2018 年第 6 期。
　　③ 孙洪敏：《创新政府绩效管理的重点难点及其实现路径》，《学习与探索》2018 年第 7 期。
　　④ 胡税根、王汇宇：《以人民为中心的政府绩效管理研究》，《兰州大学学报》（社会科学版）2018 年第 46 卷第 4 期。

绩效管理突破的关键;① 有学者还提出了尽快在全国开展服务型政府绩效管理的试点工作的对策建议。②

我国政府绩效管理研究经历了"舶来品"社会服务承诺制到本土探索性绩效评估再到试点推广绩效考评以及到今天与政府治理现代化相适应的绩效治理的发展阶段，学术性研究对实践过程产生了直接的影响。有学者第一次在系统分析我国政府运行的基本理论的框架下分析了行政成本问题，创造性地提出了降低行政成本的原理，一定程度上填补了该领域研究的空白。③ 有学者研究了外部责任原则对绩效评估的要求，创新性地提出用绩效评估强化问责，走出一条政府责任机制建设的根本性变革路径。④ 绩效管理工具对政府多方面工作绩效都有一定的影响，如应用于财政和税收管理的绩效评价，⑤ 廉政建设的绩效评价，⑥ 社会稳定风险评估⑦等等，都促进了决策质量的提高和行政绩效的改善。

7. 数字政府与信息技术应用研究

从这一主题的词频统计表上看，电子政务以961次的频次占据压倒性优势，其次是公共服务131次、大数据102次。从关键词聚类图谱上看，围绕电子政务这一中心散发出的延伸主题有数字政府、智慧城市、云计算、信息社会、政务微博、政府网站等内容。从时区图看，电子政务的研究以2012年为盛，其延伸主题和方向大部分也集中在2012年。从关键词突现看，突现强度较高的关键词是：数据共享、智慧政府、互联网+、互联网+政务服务、政府治理、政务新媒体、信息惠民、开放政府数据等（表15-3、图15-25、图15-26、图15-27）。

---

① 盛明科、闫胜跃：《加快推进政府绩效管理法治建设的对策建议》，《中国行政管理》2016年第9期。
② 卢海燕：《论政府绩效管理转型》，《中国行政管理》2014年第12期。
③ 夏书章主编：《行政成本概论》，中山大学出版社2009年版。
④ 周志忍：《政府绩效评估中的公民参与》，人民出版社2015年版。
⑤ 郑方辉、费睿：《财政收入绩效评价：兑现减税降费政策目标的价值工具》，《中国社会科学》2019年第6期。
⑥ 郑崇明：《网民眼中的政府反腐败——基于网络爬虫和结构主题模型的分析（2012—2017）》，《广州大学学报》（社会科学版）2020年第2期。
⑦ 朱正威、胡向南、石佳：《社会稳定风险评估机制的实践进展、现实问题与完善策略——基于社会稳定风险评估报告的内容分析》，《南京社会科学》2019年第11期。

表 15 - 3　　　　2012—2020 年公共行政学数字政府与
　　　　　　　　信息技术应用研究关键词频次表

| 关键词 | 频次（次） | 年份（年） |
| --- | --- | --- |
| 电子政务 | 961 | 2012 |
| 公共服务 | 131 | 2012 |
| 大数据 | 102 | 2013 |
| 政务服务 | 96 | 2014 |
| 政府网站 | 91 | 2012 |
| 互联网 + | 69 | 2015 |
| 电子治理 | 68 | 2012 |
| 政务微博 | 67 | 2012 |
| 智慧城市 | 63 | 2012 |
| 云计算 | 62 | 2012 |

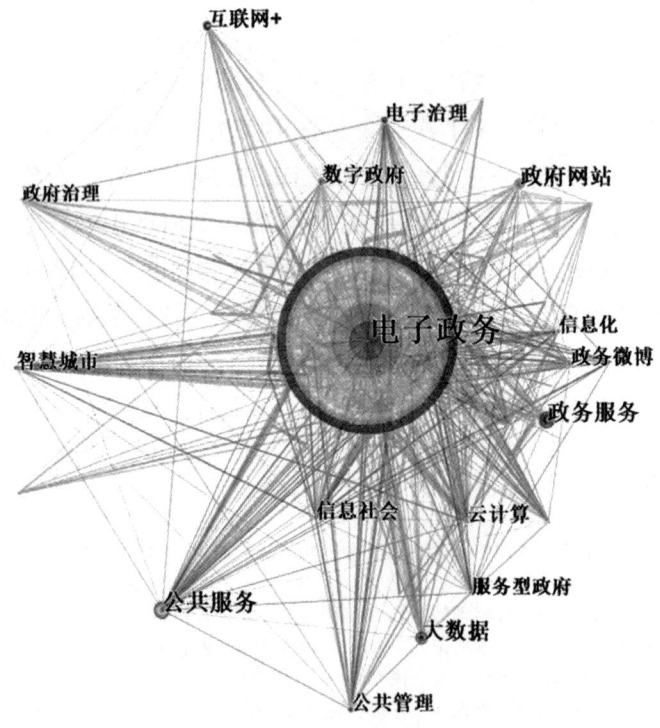

图 15 - 25　2012—2020 年公共行政学数字政府与信息
技术应用研究关键词聚类图谱

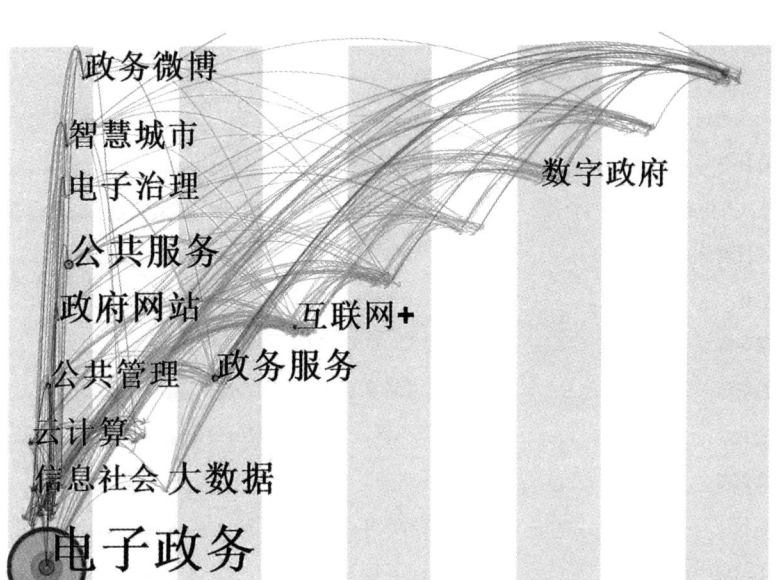

图 15-26　2012—2020 年公共行政学数字政府与信息技术
应用研究关键词时区图谱

互联网、大数据、区块链、人工智能等新技术的发展和运用,使数字政府、智慧政府等新型态应运而生,公共行政实践和理论研究进入"技术革命时代"。新时代以来,这方面的成果大量涌现,研究表明,新技术的快速发展和应用,在加剧了公共管理治理复杂性的同时,更为改革和完善治理体系、提高治理能力提供了契机。政府大力推动"互联网+政务服务""互联网+监管"等融合化发展的创新导向,进一步加速了学术研究的进程。[①]

**(三) 新时代公共治理体系和治理能力建设研究**

1. 社会治理体系和治理能力研究

这一领域内的关键词聚类图谱连线密集、节点大小层次分明,不难看出,该领域已经形成了以社会治理为核心、以社会治理能力、社会治理创

---

① 鲍静、贾开:《数字治理体系和治理能力现代化研究:原则、框架与要素》,《政治学研究》2019 年第 3 期。

| 关键词 | 年份 | 强度 | 起始年份 | 终止年份 | 2012—2020 |
|---|---|---|---|---|---|
| 信息社会 | 2012 | 4.4922 | 2012 | 2013 | |
| 电子文件中心 | 2012 | 3.4614 | 2012 | 2013 | |
| 国家行政学院 | 2012 | 2.4393 | 2012 | 2014 | |
| 信息化 | 2012 | 3.0832 | 2012 | 2013 | |
| 网络舆情 | 2012 | 3.8038 | 2012 | 2013 | |
| 信息资源 | 2012 | 4.5008 | 2012 | 2013 | |
| 信息共享 | 2012 | 5.182 | 2013 | 2014 | |
| 公共管理 | 2012 | 4.232 | 2013 | 2014 | |
| 顶层设计 | 2012 | 3.6589 | 2013 | 2014 | |
| 电子治理 | 2012 | 6.7742 | 2014 | 2015 | |
| 数据共享 | 2012 | 2.9404 | 2015 | 2020 | |
| 政府信任 | 2012 | 2.4246 | 2015 | 2017 | |
| 开放政府 | 2012 | 3.3813 | 2015 | 2017 | |
| 政务信息资源 | 2012 | 3.513 | 2015 | 2017 | |
| 智慧政府 | 2012 | 4.7704 | 2015 | 2020 | |
| 电子档案 | 2012 | 3.5847 | 2015 | 2016 | |
| 开放政府数据 | 2012 | 3.6859 | 2015 | 2017 | |
| 政府数据开放 | 2012 | 2.6174 | 2015 | 2016 | |
| 大数据 | 2012 | 2.5436 | 2015 | 2018 | |
| 互联网+ | 2012 | 20.7495 | 2016 | 2020 | |
| 信息惠民 | 2012 | 2.5061 | 2016 | 2018 | |
| 政府治理 | 2012 | 5.7202 | 2016 | 2020 | |
| 互联网+政务服务 | 2012 | 4.9702 | 2016 | 2020 | |
| 新媒体 | 2012 | 2.7939 | 2016 | 2017 | |
| 政务新媒体 | 2012 | 3.0988 | 2016 | 2020 | |

图 15-27　2012—2020 年公共行政学数字政府与信息技术应用研究关键词

新、治理能力现代化、国家治理体系、治理能力等为重要内容的研究结构。从时区图看，上述重要内容集中在 2012—2016 年，其中，2014 年是社会治理领域研究的一个高潮（图 15 – 28、图 15 – 29）。

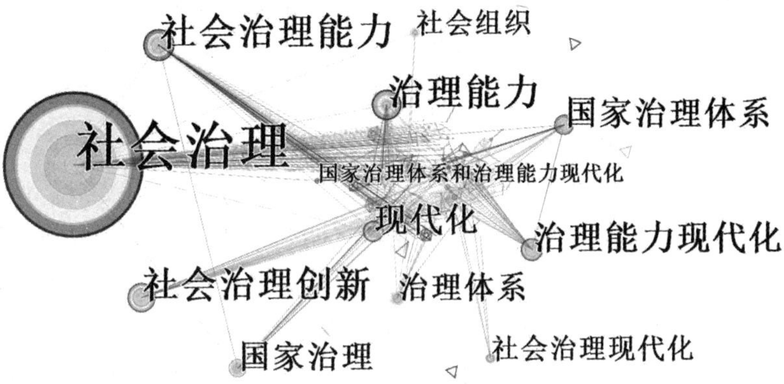

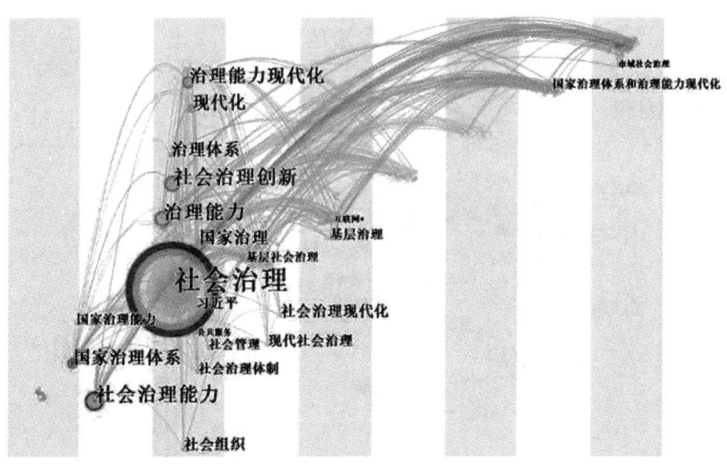

图 15 – 28　2012—2020 年公共行政学现代社会治理体系和治理能力研究关键词聚类图谱

图 15 – 29　2012—2020 年公共行政学现代社会治理体系和治理能力研究关键词时区图谱

有学者立足于全球化、后工业化的历史背景，探讨高度复杂性和高度不确定性对国家治理、政府治理、社会治理所构成的挑战,分析了"全球风险社会"以及危机事件频发的原因,揭示了工业社会的竞争和协作行为模式即将为合作行为模式所取代的必然性,同时,还把党的国家治理现代化思想具体化为政府与社会的合作治理的理念,应用于对国际社会、中国社会的考察中,分析了全球化对国内外关系造成的影响,阐释人类命运共同体、全球合作治理等思想,规划性、前瞻性地提出合作社会治理体系、制度建构的理论方案。①

2. 地方治理创新研究

从关键词聚类谱图可以看出,该主题下已经形成了以地方治理为核心的研究网络,在具体方向上没有形成节点明显的汇聚,但研究内容丰富,有治理体系、国家治理、压力型体制等内容。此外,聚类图谱的连线较为分散,说明此领域研究内容之间需要加强联系和交流。从时区上看,以地方治理为核心的研究内容较为均匀地分散在2012—2020年中,整体发展态势良好(图15-30、图15-31)。

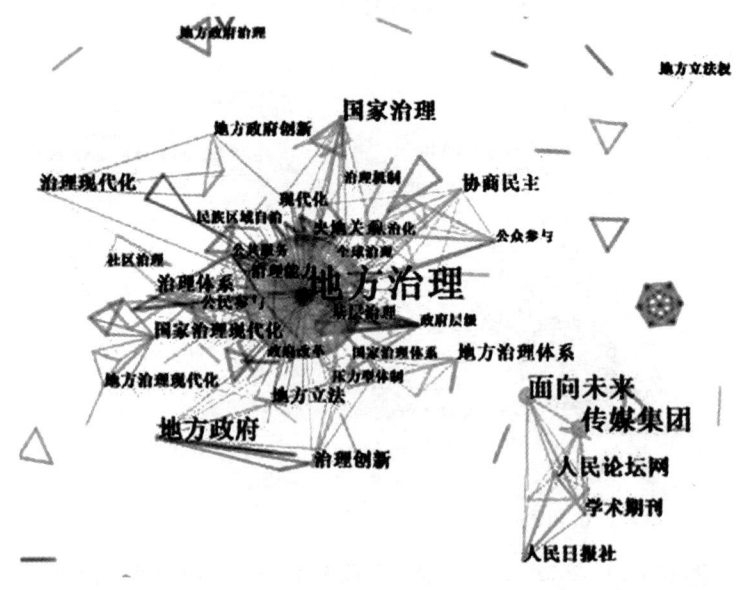

图15-30 2012—2020年公共行政学地方治理创新研究关键词聚类图谱

---

① 张康之:《为了人的共生共在》,人民出版社2016年版;张康之:《合作的社会及其治理》,上海人民出版社2014年版。

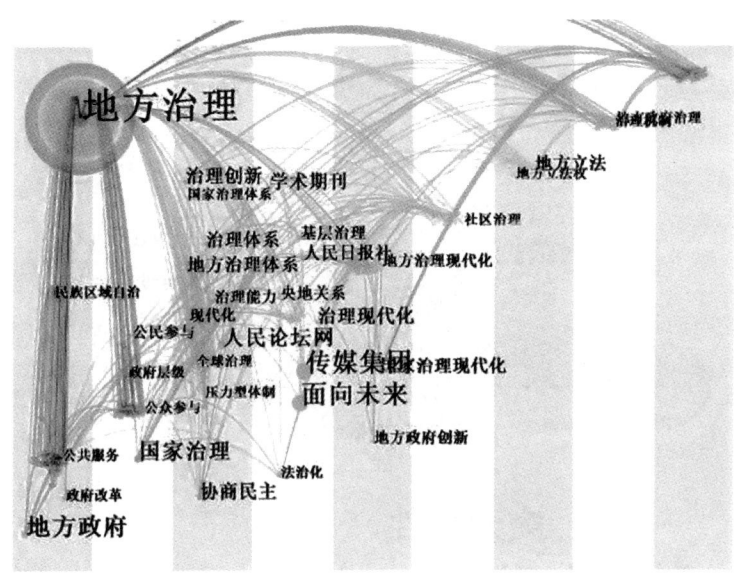

**图 15 – 31　2012—2020 年公共行政学地方治理创新研究关键词时区图谱**

地方政府创新是解释中国经济社会发展的关键变量，也是遏制部分地方官员不作为的有力举措。因而成为新时代中国公共行政研究的重要议题。学者们从我国地方治理创新实践样本中提取出制度竞争、制度互补和制度学习等创新型态，深入研究中央与地方治权划分、制度创新与法治保障、集中规制与分片调适、局域治理与区域协同治理等关系，分析和提炼中国治理现代化的历史逻辑和现实路径。①

3. 公共安全与应急管理研究

从文献数量上看，此领域仅有 124 条文献，亟待发展。从关键词聚类图谱上看，应急管理、公共安全和突发事件是研究重点。从时区上看，主要研究内容贯穿全部 2012 到 2020 年，呈现了较好的连续性（图 15 – 32、图 15 – 33）。

学术界在总体国家安全观的指引下，对公共安全与应急管理的研究越来越深入。新时代，学界研究的重点是国内外公共安全形势、传统危机与

---

①　陈世香、唐玉珍：《中央—地方政府间职责结构的历史变迁与优化——基于地方政府行动策略的视角》，《行政论坛》2020 年第 2 期。

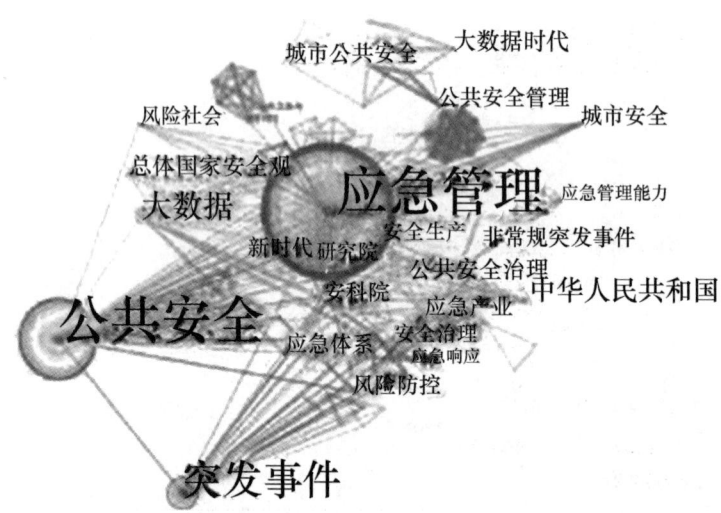

图 15-32　2012—2020 年公共行政学公共安全与应急管理研究关键词聚类图谱

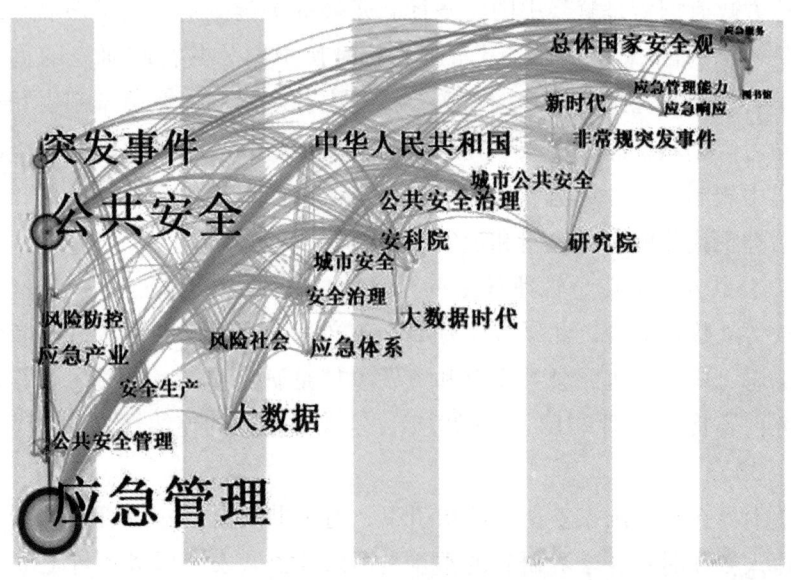

图 15-33　2012—2020 年公共行政学公共安全与应急管理研究关键词时区图谱

非传统安全、社会风险治理、应急管理体制、公共卫生应急管理、基层风险管控等。这方面的研究出现了精细化、专业化、学科交叉化的发展态势。① 有学者认为当前中国所面临的最根本的问题是风险，而非突发事件，只有涵盖风险管理、应急（灾害）管理、危机管理于一身的全过程应对体系才能根治风险，摆脱危机。在此理念指导下，构建了与国家治理结构优化同步的"三位一体"整体框架和治理策略，开辟了多学科研究国家应急管理的新路径。②

## 三 公共行政学研究进一步发展的着力点

新时代以来，我国的公共行政学学术研究虽然取得了很大的成绩，理论创新、知识生产、学术积累和人才建设等各方面优势和劣势、强项和弱项并存，特别是由于学科恢复研究时间比较短，学科的规范性和成熟度尚有待提升，从总体性、学科性问题到具体领域研究中的问题，都还存在着一些"短板"，与中央"五位一体"的总体布局和"四个全面"的战略布局的要求相比，与国家治理体系和治理能现代化的要求相比，与经济政治社会文化生态文明发展的要求相比，还不尽适应。

### （一）总体性问题

总的来说，党的十八大以来，我国公共行政学研究快速发展，逐渐建立了基本研究范畴和学科框架，形成了相对成熟的教学、科研体系，培养了大量专门人才，推出了一批有重要价值的理论研究和对策研究成果，学术影响力和辐射力不断扩大。同时也应看到，与不断发展的改革实践相比，公共行政学研究滞后于实践需要的问题仍然较为突出，学科思维方式的时代性体现不足，马克思主义中国化、西方行政管理学本土化的张力未得到充分释放，中国特色公共行政学学科体系、学术体系、话语体系建设尚有待加强。

---

① 童星：《中国转型期社会风险与治理》，《中国党政干部论坛》2017 年第 5 期。
② 童星：《中国应急管理：理论、实践、政策》，社会科学文献出版社 2012 年版（该书入选了国家哲学社会科学成果文库）。

## （二）具体问题

1. 学科名称不统一。"名不正则言不顺"。关于学科的中文名有十多种，如公共行政学、行政学、行政管理学、公共行政管理学、行政科学、国家行政管理等，都有广泛的使用，还有不少是混用，虽然绝大多数学者都认为不管用哪个名称，都是同一个指向，但在具体定名上一直没有形成共识。[①] 今后需要在知行合一、历史认可、国际通行这三点基础上思考讨论，寻找最大公约数，尽快凝聚共识，定于一名。

2. 学术创新能力仍需提升。对一些重大课题研究的原创性成果和突破性进展不够突出。对学科的核心科学问题研究以及创新性研究能力严重不足。集体氛围的创新能力不足，学派意识不强，满足于建立师承关系学术共同体，不善于在争鸣中打造有竞争力的学术流派。部分研究存在着过于注重西方理论，用西方理论和方法框定中国现实的倾向。

3. 理论研究成果转化率有待提高。为实践服务的学术自觉、学术自主、学术自信需要进一步增强，成果形态、转化方式、智库路径需要拓展。可借鉴"转化医学"的思路，搭建集成型转化平台，在中国行政管理学理论研究转化为应用对策方面形成机制，将行政研究成果更快更科学地转化为行动，全面实现理论与实际的有机结合。

4. 学科的基础研究仍然比较薄弱。行政管理学不仅要从学科来源的角度深入研究政治学、法学、社会学、经济学、行为学、哲学、伦理学等基础学科，还要从这些学科的有关理论对行政问题的解决可以发挥什么样的作用这个角度进行研究，以便拓宽行政管理学的研究视域，真正实现跨学科的融合。[②] 同时，公共行政学要强化自主性，挖掘学术源头，清理传承脉络，延展"公共性"与"效率"相平衡为导向的研究范式。

5. 研究方法不甚成熟。研究方法比较单一、落后，静态的分析多，在行政环境和行政现象中进行动态分析的少。[③] 从现实中国与西方的差异中

---

① 余兴安、苗月霞、刘晔：《中国行政学的外延式扩张与"学术正脉"回归》，《公共管理与政策评论》2018年第3期；高小平：《论中国行政管理学研究的拓展性与聚合性——兼谈行政管理学科定位》，《学海》2020年第1期。

② 夏志强、谭毅：《公共性：中国公共行政学的建构基础》，《中国社会科学》2018年第8期。

③ 唐晓阳、代凯：《加快构建中国特色公共行政学》，《岭南学刊》2016年第4期。

研究公共行政学科的方法运用得较少。质性研究与量化研究方法常常出现彼此否定、从一个极端走向另一个极端的现象。本学科是否有独特的研究方法，如果有，如何去探索和开发，这些问题亟待深化认知。①

6. 人才培养质量有待提高。公共行政相关的行政管理、公共管理等一级学科博士点、硕士点数量偏少，人才培养体系不完善，标准不健全，监督考核能力不高，师资力量还有待充实提升，专业人才培养数量、质量，以及本科、硕士、博士梯队结构都有待进一步改善。

## 四　公共行政学研究深化和拓展的领域

"十四五"时期，是我国改革发展的关键阶段，也是推动中国公共行政学进一步提高和深化发展的关键时期。在未来五年以及更长期的发展中，公共行政学应按照党和国家对哲学社会科学发展的总体要求，把握公共行政学科学术发展的趋势，规划好研究的重点、实现的目标和关键性研究领域。

### （一）总体任务

公共行政学是哲学社会科学、特别是政治学的重要组成部分，是直接为行政体制改革和政府治理体系和治理能力现代化服务的应用性学科。进入新时代以来，公共行政学研究必须坚持以习近平新时代中国特色社会主义理论为指导，坚持理论联系实际的原则和以人民为中心的价值取向，坚持百花齐放、百家争鸣的方针，坚持古为今用，洋为中用，学习借鉴古今中外公共行政研究的一切积极成果，紧密结合中国特色社会主义伟大实践和公共行政改革进行创造性转换和创新性发展，不断推进公共行政研究的知识创新、理论创新和方法创新，为加快构建和发展中国特色公共行政学而努力奋斗。

我国公共行政学研究，必须融入国家治理现代化进程和行政管理体制改革重大实践中，深入研究新时代支撑中国特色社会主义制度的根本制

---

① 郭小聪、肖生福：《中国行政学学科建设：困境与出路》，《中国人民大学学报》2006年第6期。

度、基本制度、重要制度的行政制度和行政组织理论，深入研究符合科学、民主、法治规律的职责明确、依法行政的现代政府治理体系和行政治理理论，深入研究共建共治共享的社会治理制度、公共安全应急管理制度和行政运行理论，深入研究适应社会主义民主政治、适应社会主义市场经济的行政保障制度和行政发展理论，将这些方面的重大问题置于国家经济、政治、文化、社会、生态文明建设的大背景下进行研究。同时加强行政管理改革中深层次问题的理论研究和公共行政学基础理论、行政哲学的研究。认真借鉴其他国家和地区公共行政学的概念、范畴与理论，及时吸取他们最新前沿研究成果营养。注意对中国古代行政思想的研究，深化行政学说史挖掘，描绘东方行政理论发展的"清明上河图"。进一步加强学术研究的拓展与聚合的统一，加快公共行政学与其他人文和社会科学学科以及自然科学学科的融合、整合。

我国公共行政学研究要坚持强优势、补短板、摒劣势、去弱项，紧跟社会实践发展步伐，在马克思主义中国化中获得学科发展动力，推动西方公共行政学本土化，推进中国特色公共行政学思维方式、学科体系、学术体系、话语体系建设，增强学科的时代性、历史感、规范化和成熟度。

公共行政学研究要增强创新能力。对一些重大理论问题实行集中力量攻关，对学科核心科学问题、研究范式、学科定名、基础理论、方法论等问题建立以"问题为导向"的团队研究机制和跨学科跨单位的联合研究机制。提高理论成果转化率，加强行政研究智库建设。促进公共行政学研究人才培养体系建设，进一步改善科研人员结构，调动科研人员积极性和创造性。

（二）研究领域

在习近平新时代中国特色社会主义思想指导下，基于坚持和完善中国特色社会主义制度、推进国家治理体系和治理能力现代化的战略，我国的公共行政研究可从以下若干方面（领域、方向和范围）着力深化：

1. 马克思列宁主义、毛泽东思想、邓小平理论、"三个代表"重要思想、科学发展观、习近平新时代中国特色社会主义思想中行政管理思想体系研究。重点研究新时代中国特色行政体制基本建成与接续深化改革的战略性问题，新时代我国社会主要矛盾转化与政府管理形态创新原理，以及国家治理现代化中政府体制机制的整体性、系统性、协同性建设问题。

2. 发挥制度优势与提高政府治理效能研究。重点研究国家根本制度、基本制度、重要制度中行政管理制度的基本类型和优势特征，行政管理制度体系理论和制度执行力理论，政府绩效管理与预算管理，行政效能与成本，现代治理理论与公共行政理论的嵌入性等问题。

3. 服务型政府建设中深化职能转变研究。重点研究"放管服"改革与优化营商环境，政务服务、公共服务、社会服务体制机制，深化党和国家机构改革研究，法治政府建设，以及公共财政制度中央与地方关系创新等问题。

4. 科学高效处置重大危机与突发公共卫生事件应急管理体系研究。重点是研究统一指挥、专常兼备、反应灵敏、上下联动的应急管理体制机制和风险治理、灾害管理能力。多学科配合，攻克应急管理中在风险识别、灾害评估、社会"韧性"建设、常态与应急相结合的综合型治理体系等方面的科学问题和技术性难题。

5. 协同治理与公共行政制度创新研究。重点研究区域、流域、地域协同治理，行政区划调整，行政程序与政府运行流程创新，政务公开与政府信息公开法治化建设，社会治理体制创新中的行政权力和义务，以及公共行政"信息化技术革命"和数字政府制度建设。

6. 公共行政改革国际比较与古今借鉴研究。重点研究国际范围及港澳台地区的公共行政改革理论发展、实践经验和教训，全球治理体系、人类命运共同体建设与中国行政部门的职责创新，以及国际组织中的行政管理与我国公共关系。对于中国古代及东方古国行政历史的研究、行政思想史的研究，也急需加强。

7. 中国公共行政学的理论与话语体系建构研究。对公共行政现象的研究，既是政治学的任务，又是管理学、法学等学科的任务，需要建立多学科、跨学科协同研究的思维和体制。公共行政学研究要吸纳公共管理学、行政法学的研究成果，加强基础理论研究，深入研究公共行政学科知识体系、学科建设和方法论。

这些研究，需要从改革创新实践需求出发，把问题导向与目标导向统一起来，坚持突破与坚守并重，不断推进理论创新，概括出符合规律性的实践经验，提炼出学理性强、有可操作性的学术精品，不断提升为党和国家决策及政府治理服务的能力，促进学科研究方法优化和研究范式转型，不断提升理论创新水平。同时，有必要进一步完善学科人才培养体系，加强学科人才培养质量监控，提升学科人才培养质量。

# 第十六章 政策科学研究的发展

政策科学是政治学的重要学科分支,也是一个跨学科、交叉学科、综合性和应用性的研究领域。本章将在文献计量分析——统计核心作者、主要发文机构、高被引文献和研究热点主题的基础上,总结新时代以来我国政策科学研究的进展以及有代表性的理论成果和研究团队,分析存在问题与薄弱环节,研判未来学科发展的态势及学术前沿,提出需要深化和拓展的主题领域或研究方向,并列出若干重点研究课题。

## 一 文献计量分析

本研究选取 CSSCI 来源期刊作为期刊研究范围,以"政策科学"、"公共政策"和"政策理论"等作为主题词进行检索,学科范围限定为政治学和公共管理,发文时间范围限定于 2013 年 1 月到 2020 年 4 月,经过筛选总共得到有效样本 882 篇。

### (一) 核心作者分布

从统计结果来看,近年来,发文量排前十位的是:向玉琼(23 篇)、魏淑艳(13 篇)、李文钊(11 篇)、钟裕民(11 篇)、王洛忠(11 篇)、朱旭峰(10 篇)、熊烨(10 篇)、杨志军(10 篇)、陈振明(9 篇)、王春城(9 篇)。从作者的发表情况来看,多数论文为独立作者,合作撰写数量不多。这也说明当前我国公共政策研究的团队合作规模化程度不高,学术联系还相对松散。

表 16-1　　　　　　　　核心作者发文数量统计

| | | | |
|---|---|---|---|
| 向玉琼 | 23 | 朱亚鹏 | 7 |
| 魏淑艳 | 13 | 王礼鑫 | 7 |
| 李文钊 | 11 | 傅雨飞 | 7 |
| 钟裕民 | 11 | 黄扬 | 7 |
| 王洛忠 | 11 | 薛澜 | 6 |
| 朱旭峰 | 10 | 曲纵翔 | 6 |
| 熊烨 | 10 | 曾润喜 | 6 |
| 杨志军 | 10 | 毛寿龙 | 6 |
| 陈振明 | 9 | 赵德余 | 5 |
| 王春城 | 9 | 唐贤兴 | 5 |
| 杨宏山 | 8 | 魏姝 | 5 |
| 周建国 | 8 | 胡鞍钢 | 5 |
| 郑石明 | 7 | 张海柱 | 5 |

### （二）发文机构分布

从发文机构分布来看，中国人民大学公共管理学院发文量最多，累计达到 51 篇；紧随其后的是清华大学公共管理学院（44 篇），南京大学政府管理学院（39 篇），中山大学政治与公共事务管理学院（37 篇），南京农业大学公共管理学院（27 篇）。东北大学文法学院、北京大学政府管理学院、南开大学周恩来政府管理学院、上海交通大学国际与公共事务学院、复旦大学国际关系与公共事务学院、厦门大学公共事务学院与公共政策研究院发文数量也相对较多。可以说，当前国内公共政策研究团队主要来自这些机构。

### （三）高被引文献

十八大以来国内公共政策领域研究的高被引文献（排名前十）如下表所示。其主题广泛涉及智库、政策执行、政策评估、政策扩散等，主要集中于对前沿理论和方法的探索及中国特色公共政策理论的建构。

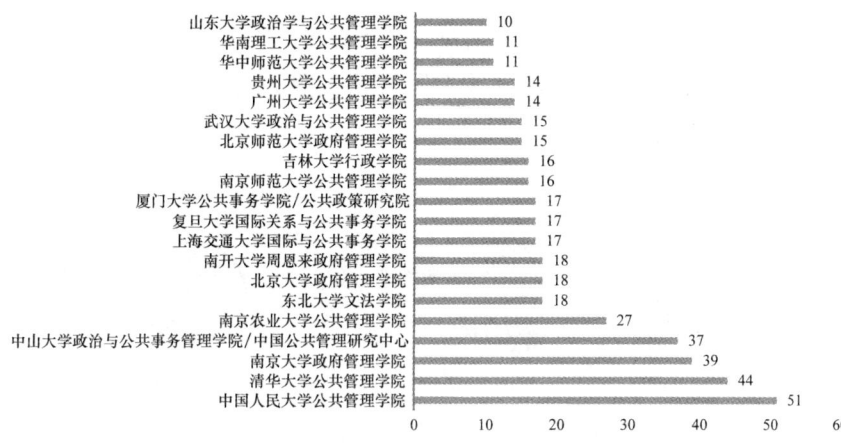

图 16-1　发文机构分布（数量前 20）

表 16-2　　　　　高被引文献信息表（被引数量前 10）

| 作者 | 标题 |
| --- | --- |
| 薛澜 | 智库热的冷思考：破解中国特色智库发展之道 |
| 黄萃、任弢、张剑 | 政策文献量化研究：公共政策研究的新方向 |
| 朱旭峰 | 构建中国特色新型智库研究的理论框架 |
| 陈家建、边慧敏、邓湘树 | 科层结构与政策执行 |
| 王浦劬、赖先进 | 中国公共政策扩散的模式与机制分析 |
| 陈家建、张琼文 | 政策执行波动与基层治理问题 |
| 中国行政管理学会课题组、贾凌民 | 政府公共政策绩效评估研究 |
| 黄璜 | 互联网＋、国家治理与公共政策 |
| 胡业飞、崔杨杨 | 模糊政策的政策执行研究——以中国社会化养老政策为例 |
| 朱旭峰、赵慧 | 政府间关系视角下的社会政策扩散——以城市低保制度为例（1993—1999） |

（四）研究主题分析

从研究主题分布来看，近年来公共政策最主要的研究主题包括公共决策、政策过程、政策执行、政策网络、地方政府等。其中，中心度是测度节点在网络中重要性的一个指标，关键词的中心度越大，说明其影响程度越大。"政策网络"的中心度最高为 0.74，除了"公共政策""政策制定"

"政策扩散""政策变迁"之外，中心度比较靠前的还有"多源流理论""网络舆情""国家治理""基层治理""新媒体""大数据""政策试点""央地关系""公民参与""府际关系"等，这些关键词都代表了当前公共政策研究领域的热点话题。

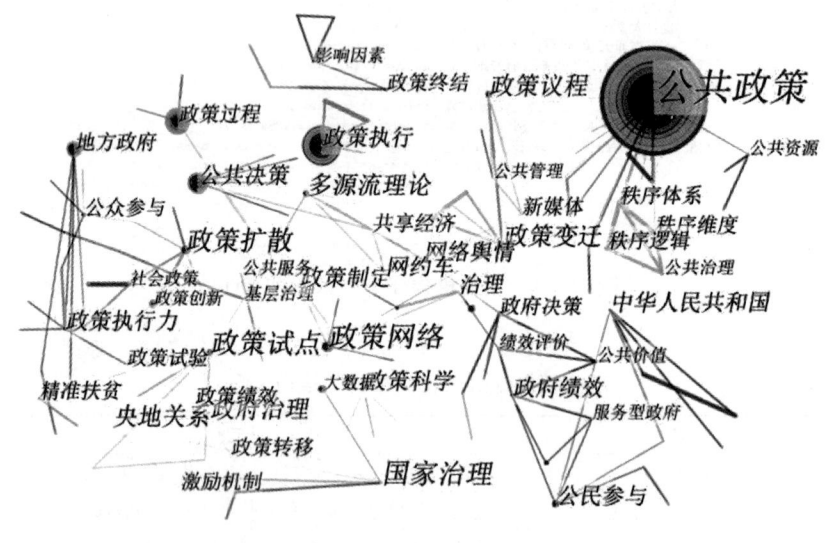

图 16 - 2　研究主题可视化分布图

从文献内容的梳理中可以发现，近年来国内公共政策研究大致可分为三类：一是主要围绕国外发展起来的政策科学基本主题的理论研究、实证及案例检验、修正与拓展的研究；二是立足国情，突出问题导向，注重对中国政策实践及其经验总结分析与中国特色政策科学理论的建构（这一类是下面第二部分所要侧重介绍的内容）；三是对国外政策科学发展趋势及其前沿的跟踪研究。

## 二　政策科学研究进展

（一）代表性理论成果

1. 中国政策科学的话语、理论和学科体系探索

近年来，厦门大学的研究团队重视总结提炼中国政策实践经验、政策

话语与政策思想，力求从基本概念、基本命题入手努力实现公共政策实践与理论的对接，探索公共政策实践——公共政策话语——公共政策理论——公共政策学科的学术发展规律，构建中国公共政策的话语、理论和学科体系。①

2. 中国公共决策模式的研究

有学者以五年计划编制为例，认为中央政府决策模式经历内部集体决策模式、"一言堂"决策模式、内部集体决策模式、咨询决策模式、集思广益决策模式五个阶段的演变，认为中国经过长期探索形成的集思广益型决策模式是一种民主、科学的决策模式。② 有学者提出了"决策删简—执行协商"的决策模式，认为这种模式适应于现阶段的中国公共政策治理环境，有助于推进部分领域的政策改革。③ 有学者提出中国决策过程体现为共识民主模式，实现共识民主的制度基础是民主集中制，而协商民主则是实现共识民主的主要形式。④

3. 中国特色新型智库的研究

中国特色新型智库建设是近年来政策科学界的一大研究热点。有学者认为，中国特色新型智库在推动公共政策科学化民主化的过程中充当着政府理性决策外脑、多元政策参与渠道、决策冲突的更改辨析平台。⑤ 有学者认为，"智库是政策科学成长的摇篮，政策科学是智库建设的支撑学科"；⑥ 而专业化是智库的本质特征，必须从加强数据中心与实践室建设等硬件平台上推进智库专业化发展。⑦ 有学者提出了中国特色新型智库研究

---

① 这方面的代表性成果如陈振明近年的相关论著《中国政策科学的话语指向》、《党中央治国理政政策思想与中国特色政策科学理论构建》、《中国政策科学的学科建构》、《中国公共政策的话语指向及其演化》、《加强政策科学话语体系建设，推进决策的科学化民主化》、《公共政策研究的行为途径》、《国内政策工具研究新进展》、《政策科学与智库建设》、《推进地方新型智库建设的思考》、《智库专业化建设与公共决策科学化》等系列论文以及编写的全国 MPA 核心课程大纲及配套教材《公共政策分析导论》（中国人民大学出版社）和国家级精品共享课程配套教材《政策科学教程》（科学出版社）等。

② 鄢一龙、王绍光、胡鞍钢：《中国中央政府决策模式演变——以五年计划编制为例》，《清华大学学报》（哲学社会科学版）2013 年第 3 期。

③ 薛澜、赵静：《转型期公共政策过程的适应性改革及局限》，《中国社会科学》2017 年第 9 期。

④ 杨光斌：《中国决策过程中的共识民主模式》，《社会科学研究》2017 年第 2 期。

⑤ 薛澜：《智库热的冷思考：破解中国特色智库发展之道》，《中国行政管理》2014 年第 5 期。

⑥ 陈振明：《政策科学与智库建设》，《中国行政管理》2014 年第 5 期。

⑦ 陈振明、黄元灿：《智库专业化建设与公共决策科学化——当代公共政策发展的新趋势及其启示》，《公共行政评论》2019 年第 3 期。

的"制度—模式—行动"理论框架。① 关于如何建设中国特色新型智库，有学者认为需要处理好多方面的关系，包括官办性和民间性、政治性与独立性、单一性与多元性等关系。②

4. 中国政策执行经验的研究

有学者通过识别政策路径的明晰性和部际协同的需求强度两个变量区分我国政策执行的四种行动逻辑：部门主导模式、高位驱动模式、政策试验模式和观望等待模式。③ 有学者提出作为一种中国式政策执行核心机制的"示范机制"。④ 有学者提出中国基层政策执行呈现"调适性社会动员"的特征。⑤ 有学者提出中国基层政策执行体现为"共识式变通"过程，即一个上下级之间就"如何执行政策"达成"执行共识"的结果。⑥ 有学者提出中国政策执行的动力源于"政治势能"，并指出"政治势能"是对中国公共政策"高位推动"的学术表达。⑦ 有学者通过政策路径的明晰度和自上而下的激励强度两个维度建构中国地方政府政策执行模式选择的理论框架，指出地方政府就会采取象征性与变通性的行动策略源于政策路径不明晰与激励度较低。⑧ 有学者提出"软政策执行"的概念解释中国政策执行偏差。⑨ 有学者提出"专项治理"是中国公共政策实践中非常态化治理手段和政策工具。⑩

---

① 朱旭峰：《构建中国特色新型智库研究的理论框架》，《中国行政管理》2014 年第 5 期。

② 李国强：《对"加强中国特色新型智库建设"的认识和探索》，《中国行政管理》2014 年第 5 期。

③ 杨宏山：《情境与模式：中国政策执行的行动逻辑》，《学海》2016 年第 3 期。

④ 叶敏、熊万胜：《"示范"：中国式政策执行的一种核心机制——以 XZ 区的新农村建设过程为例》，《公共管理学报》2013 年第 4 期。

⑤ 王诗宗、杨帆：《基层政策执行中的调适性社会动员：行政控制与多元参与》，《中国社会科学》2018 年第 11 期。

⑥ 张翔：《基层政策执行的"共识式变通"：一个组织学解释——基于市场监管系统上下级互动过程的观察》，《公共管理学报》2019 年第 4 期。

⑦ 贺东航、孔繁斌：《中国公共政策执行中的政治势能——基于近 20 年农村林改政策的分析》，《中国社会科学》2019 年第 4 期。

⑧ 杨宏山：《政策执行的路径—激励分析框架：以住房保障政策为例》，《政治学研究》2014 年第 1 期。

⑨ 陈家建、张琼文：《政策执行波动与基层治理问题》，《社会学研究》2015 年第 3 期。

⑩ 臧雷振、徐湘林：《理解"专项治理"：中国特色公共政策实践工具》，《清华大学学报》（哲学社会科学版）2014 年第 6 期。

5. 中国政策变迁过程的研究

有学者认为，政策变迁的过程实质是多元行动主体逻辑在政策场域约束下复合或冲突的过程，其结果是带来诱致政策发生改变的"回应式困境"。① 关于政策实验或政策试点，有学者将政策试点的触发机制分为争取、制定、追认、自发四种类型。② 关于政策创新，有学者认为"双轨制政策试验"是中国进行政策创新的重要方式。③ 有学者认为政策企业家是影响政策创新的重要主体和力量，中国政策企业家具有"政策首次创新的推动者"和"政策持续创新的主导者"的复合身份。④ 关于政策扩散，有学者认为，中国公共政策扩散可以概括为四种基本模式——自上而下的层级扩散模式，自下而上的政策采纳和推广模式，区域和部门之间的扩散模式，政策先进地区向政策跟进地区的扩散模式。有学者通过案例研究发现，政策扩散过程中，地方政府并非被动地移植政策原型，而是将其作为知识起点进行选择性的吸收与改造。⑤

## （二）代表性研究团队

清华大学公共管理学院。该研究团队重点关注中国公共决策模式、政策过程理论、新型智库建设、政策行为、政策评估、政策创新与扩散、大数据与公共政策以及科技、产业和环境政策等主题领域。例如，有学者对中国公共政策过程的理论解释和本土化理论建构方面取得了一系列研究成果。⑥ 有学者围绕智库建设、政策创新、政策扩散等主题在国内外顶级期刊发表多篇论文，讲述公共政策的中国故事。

---

① 吴磊、俞祖成：《多重逻辑、回应式困境与政策变迁——以中国社会组织政策为例》，《江苏社会科学》2018 年第 3 期。

② 周望：《如何"先试先行"？——央地互动视角下的政策试点启动机制》，《北京行政学院学报》2013 年第 5 期。

③ 杨宏山：《双轨制政策试验：政策创新的中国经验》，《中国行政管理》2013 年第 6 期。

④ 陈天祥、李仁杰、王国颖：《政策企业家如何影响政策创新：政策过程的视角》，《江苏行政学院学报》2018 年第 4 期。

⑤ 林雪霏：《政府间组织学习与政策再生产：政策扩散的微观机制——以"城市网格化管理"政策为例》，《公共管理学报》2015 年第 1 期。

⑥ 这方面的代表作包括薛澜、赵静的《回应式议程设置模式——基于中国公共政策转型一类案例的分析》、《转型期公共政策过程的适应性改革及局限》、《旧瓶新酒：对"2015 年股灾"成因的公共政策过程解释》等。

厦门大学公共政策研究院。厦门大学的公共政策学科是一个有特色、优势和影响的研究领域。作为国内较早开展政策科学领域教学研究的几所高校之一，1991年，在政治学与行政学系本科生专业中设立"政策科学"主干课程；1993年，在国内率先在行政学硕士点中设立政策分析的研究方向；2006年通过自审，率先使公共政策成为一个独立的二级学科博士点。2011年底，成立跨学科的"厦门大学公共政策研究院"。研究团队在政策科学的基本理论和方法，中国特色政策科学的话语和理论体系及教材建设，中国特色新型智库发展，公共政策的行为、模拟、实验和预测研究，政策过程与政策变迁，公共政策量化评估等方面的研究在国内具备优势和影响力。另外，近年厦门大学与中国科学院合作，设立了由国家自然科学基金资助的国家级基础科学中心——"计量建模与经济政策研究中心"，致力于公共政策量化评估与分析等方面的研究。

北京大学政府管理学院。北京大学政府管理学院下设公共政策系，以兼具社会科学与自然科学的研究背景、通晓公共政策前沿成果、长期从事公共政策规范或实证研究的人员作为基本师资力量，同时聘请校外具有丰富实践经验的政府官员或专家兼职任教。现设有公共政策的基本理论与方法研究、中国公共政策实证研究、战略管理和公共政策研究、公共政策模拟等四个教学和研究方向；在硕士生和博士生培养中均拥有公共政策专业。在研究成果中，《中国公共政策扩散的模式与机制分析》位列近年公共政策研究高被引文的第4；《公共政策分析》（北京大学出版社）是国内有代表性的教材之一；有学者在政策科学范式、大数据与公共政策方面发表有《政策科学再思考》、《互联网＋、国家治理与公共政策》、《大数据与公共政策研究》。

中国人民大学公共管理学院。国内较早开展政策科学领域教学研究的几所高校之一，中国人民大学公共管理学院下设公共财政与公共政策研究所，拥有公共政策研究方向教授5人，副教授4人，讲师2人。拥有公共财政与公共政策专业博士点、硕士点，设有公共政策理论、比较公共政策等研究方向。近年来有学者致力于发展公共政策的秩序维度理论，并取得重要理论成果；有团队致力于政策科学研究范式、政策过程理论等方面研究；有团队在探讨中国特色政策执行、政策创新、政策扩散、议程设置等方面的研究。

中山大学政治与公共事务管理学院。中山大学政治与公共事务管理学院设有社会保障与社会政策研究所。在最新的 QS 学科领域排行榜中，中山大学"社会政策与行政"进入全球前 50 名。有团队在社会政策方面取得了一系列研究成果，包括《走向新社会政策》《中国社会政策的扩展与"社会中国"的前景》《低保政策执行中的"标提量减"》《行为社会政策》《新中国社会政策 70 年的演进、成效与挑战》等。有团队在政策扩散、政策创新、政策执行等方面也取得较为丰富的成果。

华南理工大学公共政策研究院。华南理工大学公共政策研究院（IPP）是一个独立、非营利性、知识创新与公共政策研究平台。下设体制政策研究中心、社会政策研究中心、中国话语权与国际关系研究中心、教育政策研究中心、公共政策调研中心。近几年，该研究团队致力于知识创新和专业的政策研究，提出切实有效的政策建议和解决方案，提高公共决策水平和公共政策质量。出版《公共政策研究内参》、《公共政策研究季刊》、《IPP 文库》，包括聚焦中国的 IPP 公共政策丛书和放眼世界的 IPP 公共政策译丛。同时还举办了"贫困治理与公共政策"等主题的一系列学术会议，在国内学界产生了较大影响。

### （三）新时代政策科学研究进一步发展的着力点

进入新时代，我国的政策科学的研究取得了显著进展。不过，政策科学发展中长期存在一些问题，还没有完全解决，表现为中国特色政策科学的话语、理论和学科构建的水平不高，政策科学的学科与知识体系不完整，学术创新及原创性成果不突出，成果转化及决策咨询能力不够强等。[①]

一是在理论构建与知识增长方面，中国政策科学的总体研究水平不高，学科的基础不牢，成熟的研究范式尚未真正形成；公共政策领域的学科定位难以确定，其跨学科整合研究的特性并未得到充分体现；学科分化程度较低，公共政策学科分支领域并未建立起来；公共政策的许多基本理论问题尚未得到深入的探讨，学术研究存在定量少的倾向；中国本土化理论的研究也刚刚起步，中国特色政策科学的话语、理论和学科体系还不成

---

① 参见陈振明《中国政策科学的学科建构：改革开放四十年公共政策学科发展的回顾与展望》，《东南学术》2018 年第 4 期（《高等学校文科学术文摘》2018 年第 5 期转载）。

熟，政策科学的学术创新与理论建构任重道远。

二是在政策科学的全球视野与前沿跟踪方面，对国内外公共政策理论与实践的发展趋势与学术前沿的跟踪研究不深，尤其是对国外政策研究与政策分析范式与政策实践模式转变的关注不够，对前沿科学如数据科学、人工智能、脑科学、认知科学、神经心理学、计算社会科学、复杂性科学、控制论、信息论、系统动力学、知识工程等学科的理论和方法对公共政策研究的影响缺乏充分了解，对国外公共政策研究成果批判、消化与吸收的工作仍有待加强。

三是在学科建设及人才培养方面，成规模的、相对独立运作的公共政策的教学与研究机构的数量有限，公共政策专业人才培养的定位不清，政治学或公共管理中设立公共政策专业的院校数量不足，政策分析的人才培养与公共政策的实践发展有些脱节，还不能真正满足日益增长的公共政策实践需求。

四是在成果转化及决策咨询实践方面，服务于国家重大战略与政策需求的及时性和有效性还有待提高，理论研究滞后于实践研究，成果转化的体制机制不健全；政策科学学科在国家治理现代化以及公共决策科学化和新型智库建设中的实践价值尚未充分体现出来，公共政策思想市场有待进一步培育；学界与政界的制度化联系及沟通渠道需要拓展，作为学界与政界联系桥梁的中国特色新型智库的发育还不成熟，专业化程度不高。

## 三 政策科学研究发展的方向

### (一) 学科发展态势及学术前沿

政策科学或政策分析学科已经走过了近70年的历程。从方法论的角度看，可以说政策科学的发展经历了三个阶段，依次出现三次转折或范式变化，形成三代政策科学——从实证主义政策分析（第一代政策科学，20世纪50—70年代）到后实证主义或后现代主义公共政策（第二代政策科学，20世纪80—90年代），再到今天的行为主义与数据驱动的公共政策知识增长（第三代政策科学，世纪之交开始）。伴随新科技革命及新工业革命的展开尤其是网络化、数据化、智能化和量子化技术的驱动，新世纪全球公共政策的理论与实践已发生了一系列新变化与新趋势，第三代政策科学正在兴起。数据驱动、行为实验、模拟仿真、趋势预测、循证检验以及虚拟现实等日益成为公共决策链条必不可少的环节与政策科学研究的基本路径。随着人工智能、社会计算、大数据等新技术的发展以及科学研究的"第四范式"——"数据驱动的知识增长"的出现，基于综合应用大数据分析、行为实验和政策仿真技术，公共决策开始突破人类的认知、计算和预测能力的局限性，进一步增强公共决策的科学性与合理性。而心理学、认知科学、神经科学、脑科学等学科的迅速发展，为理解人类行为过程奠定了科学基础，拓展了政策科学的学科视野，开辟了"行为公共政策"的新途径，行为实验、模拟仿真和预测等政策分析研究方法的应用日益广泛。[①]

而从实践上看，新时代中国特色社会主义的发展以及现代化建设事业面临着新形势和新挑战，提出了政治、经济、社会和文化以及科技、教育、卫生、人口、环境等各个政策领域一系列新问题；"百年未有之大变局"以及全球化的新态势也提出了全球治理与国际发展的一系列重大战略与政策问题。这次新冠疫情的发生与防控更表明了全球高风险社会与不确定性时代的来临，凸显了逆境中的政策制定、公共决策中的风险识别与管理、危机预警与应急决策以及公共卫生、经济增长、民生改善与就业等具体政策领域的重大而紧迫的实践需求。

中国政策科学的研究和学术发展，必须把握好时代脉搏与发展趋势，适应新时代中国特色社会主义建设的国家重大战略与政策实践需求，把握科学技术发展趋势以及政策科学自身发展的内在规律，推动中国特色政策科学取得进一步突破，以适应新时代迅速变化着的中国与世界公共政策实践发展的需要。

### （二）拓展与深化研究的领域

1. 中国公共政策的历史传统、创新经验与实践风格研究。"政策和策略是党的生命"。在长期革命与建设实践中，中国共产党人积累了丰

---

① 参见陈振明、黄元灿《智库专业化建设与公共决策科学化：当代公共政策发展的新趋势及其启示》，《公共行政评论》2019年第3期；李德国、陈振明《公共政策的行为途径：通向一个"心理国家"》，《江苏行政学院学报》2018年第5期。

富的政策实践经验。以习近平同志为核心的新一届党中央进行了一系列的重大政策实践创新，创造了大量新的经验，形成了鲜明的政策实践风格。要对中国公共政策的历史传统、中国共产党成立 100 年、新中国成立 70 年、改革开放 40 年，尤其是十八大以来中国公共政策的创新实践经验与实践风格加以总结提炼，并作为中国特色政策科学的指导思想和理论基础。

2. 中国特色政策科学的话语、理论和学科体系研究。以"立足本土，挖掘传统，展望世界"为原则，总结提炼中国政策实践经验、政策话语与政策思想，从基本概念、基本命题入手努力实现公共政策实践与理论的对接，探索公共政策实践—公共政策话语—公共政策理论—公共政策学科的学术发展规律，构建中国公共政策的话语、理论和学科体系。

3. 公共政策的行为、模拟、实验和预测研究。立足学科交叉融合，关注国际公共政策的理论和方法前沿，探讨行为研究、实验研究、预测研究、模拟仿真、数据挖掘等方法和技术，探讨中国与世界的公共政策系统及其运行的机制和方式，检验政策方案、评估政策执行效果，创新政策科学理论，提升政策分析水平。

4. 公共政策知识的开发与应用研究。研究如何更好发挥政策科学在政策实践中的指导作用，拓展政策知识应用的范围、深度与广度，增强中国政策科学的现实性和生命力；研究如何以智库为载体，促进公共政策相关知识的增长与积累，强化这种知识的开发与应用的力度；探索中国特色新型智库的组织和管理方式，创新政策知识应用的体制机制，充分发挥智库作为沟通学界、政界及社会联系桥梁和纽带作用。

5. 实践中的公共政策研究。面向国家及地方重大战略需求，对国家与地方的政治、经济、社会、文化、教育、科技、卫生、人口、环境、外交与国防等领域的政策变迁、政策内容与政策创新进行实证研究，在中国特色的制度与文化背景下讲述公共政策领域的"中国故事"。突出逆境中的政策制定，公共决策中的风险识别与管理，危机预警与应急决策，全球公共政策以及经济增长、民生改善、公共卫生等实质性政策领域的研究。

总之，在新时代，我国学界需要顺应当代中国与世界公共政策理论与实践发展的新趋势，拓展中国政策科学研究的视野，推动中国政策科学的转型、重构与知识增长，夯实学科的科学基础并凸显中国特色，加强新型智库的专业化建设，更好服务于国家及地方的战略与政策需求，推进国家治理体系与治理能力的现代化以及公共决策的科学化民主化。

# 第十七章　政治学新兴和交叉学科的发展

交叉学科的形成和发展，是相当长时间内政治学学科发展的特点之一。进入新时代，政治学交叉学科的研究在深度和广度方面都有明显的进展，政治学交叉学科将更加成熟，并取得更具原创性的研究成果。不过，学科发展不平衡的现象在政治学交叉学科中也存在。本报告在对政治学交叉学科的研究进行系统梳理的基础上，对政治学学科及学术活跃度和研究成果都较为明显的交叉学科进行概述。

## 一　政治学新兴和交叉学科研究的进展

### （一）政治哲学

近年来，政治哲学发生了从中国经验和问题出发，构建中国特色的政治哲学知识体系的重要转变。主要进展体现在三个方面：一是对于古典政治哲学与当代西方政治哲学进行了深刻反思和重新审视，特别是对一些基础性政治哲学概念和命题做出了新的界定与判断。二是马克思主义政治哲学的研究越来越受到重视，逐渐成为政治哲学研究的一个热点，所形成的成果和得出的结论，在一些方面超出了既有的研究范围和认知水平。三是许多研究透过政治哲学特有的问题意识、思辨意识，捕捉和阐释了中国国家发展中出现的一系列理论和现实问题，为国家治理和国家发展提供了有价值的哲学思考。[1]

---

[1] 代表性成果如刘玮、韩东辉、周濂主编：《西方政治哲学史》，中国人民大学出版社2017年版；彭永捷、干春松、梁涛主编《中国政治哲学史》，中国人民大学出版社2017年版。

其中的研究重点和创新之处主要集中于：一是"平等"、"公平"和"正义"之辨。有学者认为，"'平等'是人类最基本的权利，'公平'是社会制度的首要原则，而'正义'则是人类社会之首善。"① 二是"公共"的政治哲学展示的理论导向与实践品格的宏观分析。有学者认为，"当代人们在一定政治体之内实践的基本行动模式，都内涵着公共政治哲学的理论资源，也同时蕴含着改进私人—公共行为模式的现实动力。"② 三是中国政治哲学的建构方向。有学者认为，"对于政治哲学所涉及的问题，我们应从当今中国社会面临的重大现实问题的特殊性出发，给出我们基于理性的创新性的回答。"③ 四是，马克思与正义问题。有学者认为，"马克思是在总体性视域内，是在批判私有财产制度和资本主义生产关系的前提下，是在阐发市民社会与人类社会辩证关系的维度中，介入正义论题并厘定正义思想的。"④

### （二）政治社会学

政治社会学研究的主要进展包括：一是超越了既有的"国家—社会"二元化的传统分析框架，对于国家与社会的关系进行多个维度、多个层次的阐释。二是面对中国由传统社会向现代社会转型过程不断涌现的社会政治问题，政治社会学进行了比较全面和深入的研究，产生了具有影响力的成果。三是透过政治社会学视角，对中国的现代化过程和现代化道路做了新的描述、分析和预判，并提出了一批新的概念、新的观点。四是政治社会学的研究向着"宏观"和"微观"两个方向延伸和发展，涉及对国家崛起、国际政治的社会文明分析，基层社会治理、地方政府行为等诸多议题。

其中的创新性观点在于：一是明确了政府和市场在国家发展中应该扮演的角色。有学者认为，中国特色的发展道路，是一条政府主导、发挥市场配置资源功能的渐进式改革之路。⑤ 二是中国各级政府内部权威关系的

---

① 俞可平：《重新思考平等、公平和正义》，《学术月刊》2017年第4期。
② 任剑涛：《"公共"的政治哲学：理论导向与实践品格》，《哲学研究》2010年第7期。
③ 段忠桥：《古典政治哲学与现代政治哲学》，《四川大学学报》（哲学社会科学版）2015年第4期。
④ 李佃来：《马克思正义思想的三重意蕴》，《中国社会科学》2014年第3期。
⑤ 周飞舟：《政府行为与中国社会发展——社会学的研究发现及范式演变》，《中国社会科学》2019年第3期。

理论模型。有学者认为，控制权在中央政府、中间政府、基层政府间的不同分配方式，导致了迥然不同的政府治理模式。① 三是中国社会变革的动力和稳定性问题。有学者认为，"中国社会变革渐进转型的巨大动力和稳定性来源于调动传统资源、整合社会力量、运用非正式规则，而主要不是等待正式制度的主动变革。"② 四是中国政治社会转型中的"陷阱"问题。有学者认为，"中国现在需要警惕的不是所谓'中等收入陷阱'，而是'转型陷阱'"。③

### （三）农村政治学

有学者首次对农村政治学给出了明确的定义，即农村政治学，也称乡村政治学，是研究农村政治关系及其发展规律的政治学分支学科。新中国成立以来尤其是改革开放以来兴起的农村政治学，是从政治学的维度，从国家与农民关系的结构视角、农村与城市相对的空间范畴，围绕农村变革，以集体化、基层政权、村民自治和乡村治理等为主线，主要运用田野调查或实证分析的方法，对农村农业农民问题进行研究的一门政治科学，并对新中国成立70年来的农村政治学的研究历程、主要议题和研究等进行了全面总结。④ 有学者对近些年的成果进行了梳理，发现在研究视角上，广泛采用结构主义、制度主义、符号话语分析等不同视角；在研究范式上，大致包括结构功能主义、国家与社会、"过程—事件"故事化以及本土化的尝试；在研究方法上，应用历史分析、过程—事件、问卷调查、实地调查等研究方法。有学者认为农村政治学的未来研究方向是后现代研究范式转向、向解析式范式转换以及超越本土化。⑤

---

① 周雪光：《中国政府的治理模式：一个"控制权"理论》，《社会学研究》2012年第5期。
② 张静：《社会变革与政治社会学——中国经验为转型理论提供了什么》，《浙江社会科学》2018年第9期。
③ 孙立平：《"中等收入陷阱"还是"转型陷阱"？》，《开放时代》2012年第3期。
④ 张大维：《新中国农村政治学研究70年》，房宁编：《新中国政治学研究70年》，中国社会科学出版社2019年版。
⑤ 贺东航：《困境与挑战：农村政治学的研究方法演化与范式转换》，《政治学研究》2019年第4期；杨嵘均：《政治体系的网络化与网络政治学的发展》，《南京大学学报》（哲学·人文科学·社会科学）2017年第1期。

### (四) 历史政治学

有学者将历史政治学置于学科视野之中，与历史社会学、政治史、比较政治学等进行了比照。[1] 有学者认为历史政治学可以弥补基于理性人假设的"政治科学"的不足，[2] 并且对历史政治学的功能进行分析，认为历史政治学既可以作为政治学知识来源，又能防止历史研究的碎片化倾向，还有追求善治的政治功能。[3] 还有学者从历史政治学的关系叠加的角度理解中国的国家成长，认为中国的国家成长是在其赖以存在的历史条件下内生演化出来的，是血缘关系与地域关系的叠加的结果。[4]

### (五) 法律政治学

法律政治学为从政治学角度研究法律现象和法律问题的交叉学科，近年来取得的进展包括：一是基本上确立了法律政治学作为新兴交叉学科的地位。二是加深了法律与政治之间关系的研究。三是进一步深化了对于法律政治内在逻辑的认识。四是从东西方的法制史演变中整理并发掘了支持今天法律政治建设的历史文化资源。五是拓展了法律政治学的研究领域，特别是加强了对中国法律政治现实问题的研究。

其中的创新性成果包括：一是法律与政治具有内在的共生性关系。有学者认为，人类生活的社会环境以及自然环境对于人类生活的适应性，是由法律和政治共同构筑的。[5] 二是法治政党与依法治国的关系。有学者认为，"建设法治政党，需要抓好党员干部法治思维的培育，抓好法治政党组织建设的强化，抓好法规党纪的法制化，抓好预防权力滥用的基础性工作，抓好作风建设的制度化。"[6] 三是推动党内法规与国家法律的有机衔接与协调。有学者认为，"中国特色社会主义的宪制体制与政党制度以及交

---

[1] 姚中秋：《学科视野中的历史政治学：以历史社会学、政治史、比较政治学为参照》，《政治学研究》2020 年第 1 期。

[2] 杨光斌：《历史政治学视野下的当代中国政治发展》，《政治学研究》2019 年第 5 期。

[3] 杨光斌、释启鹏：《历史政治学的功能分析》，《政治学研究》2020 年第 1 期。

[4] 徐勇：《中国的国家成长"早熟论"辨析——以关系叠加为视角》，《政治学研究》2020 年第 1 期；《关系中的国家》(第一卷)，社会科学文献出版社 2019 年版。

[5] 姚建宗：《论法律与政治的共生：法律政治学导论》，《学习与探索》2010 年第 4 期。

[6] 曾明：《法治政党建设路径探析》，《湖南师范大学社会科学学报》2018 年第 2 期。

涉其间的政治制度与法律制度的交融，构成了理解党内法规与国家法律关系的实践场域和理论背景。在'法治中国'语境下，只有党内法规与国家法律实现了有机衔接与协调一致，才能保障依规治党与依法治国的有机统一。"① 此外，这一领域的研究还涉及其他一些学术主题。②

### （六）民族政治学

政治学的民族议题，就是对历史演进中的民族机制、民族国家制度体系及其相关问题，基于政治学的学术立场和研究路径而进行的观察、思考和讨论所形成的问题领域。③ 作为代表性的政治学交叉学科，民族政治学取得的研究进展包括：一是从民族政治学角度对现代国家理论作出了新的阐释，揭示了中华现代国家的内涵和本质。二是系统研究了民族国家和国族理论，将国族研究和国民研究进行有机结合。三是聚焦于中华民族研究，从国族、国民共同体的角度对中华民族问题进行深刻阐释。四是在多民族国家族际政治整合、国家认同等多个重大问题研究方面，取得了突破性进展。五是，对于西方族群政治理论、多元文化主义做了深刻反思。六是对"铸牢中华民族共同体意识"、"坚持和完善民族区域自治制度"等社会政治问题，做了新颖分析。

这方面的创新性观点包括：一是民族国家是现代国家的基本形态。有学者认为，蕴涵着一系列社会政治机制的民族，是解释现代国家和现代文明的一个重要角度。④ 二是国族是一个国家的国民共同体。有学者认为，国族蕴涵着以人口国民化、国民整体化为基本内容的一系列机制。⑤ 三是中华民族是中华现代国家的基石，具有基础性的社会政治资源价值。有学

---

① 王立峰：《法政治学视域下党内法规和国家法律的衔接与协调》，《吉林大学社会科学学报》2019年第3期。
② 这方面的代表性学者及其成果主要有卓泽渊：《法政治学研究》，法律出版社2011年版；周祖成：《法律与政治：共生中的超越和博弈》，《现代法学》2012年第6期；姚建宗：《法律的政治逻辑阐释》，《政治学研究》2010年第2期；姚建宗、王旭伟：《法治政党若干重大问题初论》，《马克思主义与现实》2014年第6期。
③ 周平：《政治学中的民族议题》，《政治学研究》2020年第1期；《民族政治学知识体系的构建、特点及取向》，《政治学研究》2019年第1期。
④ 周平：《政治学中的民族议题》，《政治学研究》2020年第1期。
⑤ 周平：《现代国家基础性的社会政治机制——基于国族的分析视角》，《中国社会科学》2020年第3期。

者认为，中华民族"对古老中国向现代文明转型所必须的现代国家制度、社会结构等的建立，提供了基础性的支撑。"① 四是民族区域自治的发展必须坚持"两个结合"。有学者认为，统一与自治、民族与区域，是民族区域自治的两对基本关系。② 五是理性对待西方民族理论。有学者认为，面对西方族群政治理论，中国应做出理性而审慎的选择。③

此外，还有学者对中国民族政治学研究的历史脉络进行了回顾，并对中国民族政治学未来发展趋势做了预测。④ 有学者提出建设民族政治学的重大议题与议程，并且明确了民族政治学的特点与学科取向。⑤ 同时他提出了构建民族国家认同的重大议题、逻辑以及两种模式。⑥ 还有学者研究了现代国家构建中的民族政治整合问题，他认为在多族群国家的民族构建进程中，会出现民族政治整合与多族群的现实境况之间的张力，需要建构一种具有包容性的国民身份予以纾解。⑦

### （七）政治传播学

政治传播学是政治学与传播学的交叉学科，主要研究进展包括：一是政治传播的基本理论研究得到推进。关于政治传播范畴、政治传播框架、政治传播机制、政治宣传、政治沟通、政治营销等核心概念和研究议题的界定，获得了学术共识，相关研究也逐步加深。二是对于当前中国政治传播实践的研究大大加强，特别是针对我国传统政治传播面临的新挑战，提出了增强党和政府政治传播能力的政策路径。三是拓展和深化了新媒体时代政治传播的研究，在新媒体政治传播的功能、模式、效果和规制等方面，取得了比较丰富的研究成果。

这一领域的创新性观点主要集中于：一是要建构中国特色的政治传播

---

① 周平：《中国何以必须要一个国族？》，《思想战线》2020 年第 1 期。
② 周平：《民族区域自治制度的内在逻辑》，《学术界》2019 年第 6 期。
③ 周平：《族际政治：中国该如何选择？》，《政治学研究》2018 年第 2 期。
④ 青觉：《回顾与展望：中国民族政治学研究述评》，《中央民族大学学报》（哲学社会科学版）2016 年第 1 期。
⑤ 周平：《民族政治学知识体系的构建、特点及取向》，《政治学研究》2019 年第 1 期。
⑥ 周平：《民族国家认同构建的逻辑》，《政治学研究》2017 年第 2 期。
⑦ 高永久、左宏愿：《论现代国家构建中的民族政治整合》，《南开学报》（哲学社会科学版）2018 年第 1 期。

理论体系。有学者认为,要"针对中国政治传播研究所面临的理论实际与党和国家政治传播工作的现实需要,努力建构中国特色政治传播的理论体系,在思想框架、知识产品、话语体系方面积极推动更高层次的学术生产"。① 二是研究的借鉴与出路。有学者认为,"中国学界需要借鉴和学习国外已有的研究成果,展开更多的以实证为基础的政治传播研究"。② 三是新媒体的政治传播。有学者认为,"中国政治传播需要适应新媒体的传播发展逻辑,把握好有效的建设着力点,以回应新时代国家对政治传播效力提升的需求。"③

### (八) 环境资源政治学

目前,中国的环境资源政治学研究正在由引介西方研究成果阶段,转向一个自主性研究为主的新阶段,突出表现在更为清晰的中国问题意识,更加自觉的中国立场以及所使用的中国话语和表达方式,④ 在环境政治理论、环境政党与运动、政府环境政策、绿色治理、国际环境治理与合作等方面取得了明显进展。

这方面的研究包括:一是提出在文明转型视野下开展环境政治学研究。有学者认为,需要着眼于一种文明转型的宽阔视野,创建一种更具综合性目标追求和路径方法的环境政治。对于中国而言,最值得期望的环境政治,是如何推动一种全球视野下的发展与现代化的可持续转型,或者说对一种新型生态文明的自觉追求。⑤ 二是要均衡使用各种政策工具开展气候变化问题治理。有学者认为,要均衡使用各种政策工具,提升生态环境领域政策工具在应对气候变化问题中的作用。⑥ 三是提出"绿色治理"的

---

① 荆学民、苏颖:《中国政治传播研究的学术路径与现实维度》,《中国社会科学》2014年第2期。

② 马得勇:《政治传播中的框架效应——国外研究现状及其对中国的启示》,《政治学研究》2016年第4期。

③ 谢进川:《新媒体语境中政治传播的实践形态与效力提升途径分析》,《现代传播》2019年第8期。

④ 郇庆治:《2010年以来的中国环境政治学研究论评》,《南京工业大学学报》(社会科学版)2018年第1期。

⑤ 郇庆治:《文明转型视野下的环境政治》,北京大学出版社2018年版。

⑥ 郑石明等:《中国气候变化政策工具类型及其作用——基于中央层面政策文本的分析》,《中国行政管理》2019年第12期。

概念。有学者认为，绿色治理就是"基于互信互赖和共建共治共享原则，以绿色价值理念为引导，对公共事务进行合作共治，以实现经济—政治—社会—文化—生态和谐持续发展的治理活动或活动过程"。①

此外，还有学者梳理了2010年以来我国的环境政治研究，发现集中在四大议题领域，即环境政治理论、环境政党与运动、政府环境政策、国际环境治理与合作。② 有学者运用文献计量及其可视化方法对其研究路径进行梳理可透视出我国环境治理政策的演变规律，该团队发现：环境治理政策的研究路径归纳为工具范式和过程范式两种类型；环境治理政策演化规律概括为三个方面，即政策变革同步于环境治理模式的转型，政策评估同步于环境治理的成效，政策主体同步于环境治理的参与主体。③ 环境政治学运用定量研究方法较为常见，如基于30个省市政府工作报告（2006—2015）文本分析研究地方政府生态环境治理注意力，通过2003—2011年109个环保重点城市市委书记（市长）和城市的匹配数据分析了官员垂直交流对环境质量的影响。④

### （九）边疆政治学

长期以来，边疆问题属于边疆史地学科的研究领域。近年来云南大学研究团队，开始从国家政治地理空间的角度研究我国的边疆问题，开拓了边疆治理研究领域，并推动边疆政治学的构建。基于政治学规范所开展的边疆问题研究，为日益融入世界的中国从疆域角度认知边疆提供了框架；从国家治理的地理空间角度研究边疆治理，构建了边疆治理的知识体系；提出的"边疆治理"学术概念得到广泛运用，并被写入党的十九届四中全会的决定；提出的国家治理的"核心—边缘"双向互动模式、边疆治理由

---

① 史云贵等：《绿色治理：概念内涵、研究现状与未来展望》，《兰州大学学报》（社会科学版）2019年第3期。

② 郇庆治：《2010年以来的中国环境政治学研究论评》，《南京工业大学学报》（社会科版）2018年第1期。

③ 叶娟丽、韩瑞波、王亚茹：《我国环境治理政策的研究路径与演变规律分析——基于CNKI论文的文献计量分析》，《吉首大学学报》（社会科学版）2018年第5期。

④ 王印红、李萌竹：《地方政府生态环境治理注意力研究——基于30个省市政府工作报告（2006—2015）文本分析》，《中国人口·资源与环境》2017年第2期；张楠、卢洪友：《官员垂直交流与环境治理——来自中国109个城市市委书记（市长）的经验证据》，《公共管理学报》2016年第1期。

"族际主义"转向"区域主义"等理论,为我国边疆治理的认知和谋划贡献了分析框架。①

这方面的创新性研究包括:一是提出国家政治地理空间理论。有学者认为,国家是一个政治地理空间单位,由国家占据或控制的一定地理范围就是国家的疆域。疆域的形态不是一成不变的,而是表现为一种变动着的存在。② 二是立足国家视角对边疆概念的全新界定。有学者认为,边疆乃国家疆域的边缘性部分,是国家根据治理需要构建起来的。③ 三是中国边疆治理的转型与发展。有学者认为,陆疆治理应从"族际主义"转向"区域主义",并形成"核心—边缘"的互动模式④。四是加强新形态边疆的构建和治理。有学者认为,要自觉构建中国的利益边疆和战略边疆,将其作为国家边疆治理的重要内容,同时加强太空边疆治理,构建完整的边疆体系和边疆战略。⑤

### (十) 网络政治学

网络政治学除了将网络技术与政治的互相关系、权力结构、交互形式与后果及作用机制作为研究对象外,还以中国的网络技术管理方式对政治的影响和中国的政治实体对网络社会治理为主要研究内容,通常包括网络政治文化、网络政治运作、网络政治权力三个方面。⑥ 有学者基于社会网络分析视角,发现当前网络政治生态研究尚处在起步阶段,研究内容分

---

① 主要的代表性人物包括云南大学的周平教授、方盛举教授,中央民族大学的吴楚克教授,四川大学的罗中枢教授。《国家社会科学基金年度报告(2016)》指出,《中国边疆政治学》(周平主编,中央编译出版社 2015 年版)"构建了一个完整的边疆政治学体系,对推动中国边疆政治学及中国政治学新兴学科的繁荣发展具有重要意义"。美国《边疆研究季刊》刊发了系统介绍《中国边疆政治学》的书评,称赞这部教材是"中国边疆研究史上的里程碑"。方盛举主编的《当代中国陆地边疆治理研究》(中央编译出版社 2017 年版)先后获得云南省第二十二次哲学社会科学优秀成果奖一等奖、第八届教育部高等学校科学研究优秀成果奖三等奖。
② 周平:《国家的疆域:性质、特点及形态》,《四川大学学报》(哲学社会科学版) 2015 年第 1 期。
③ 周平:《如何认识我国的边疆》,《理论与改革》2018 年第 1 期。
④ 周平:《陆疆治理:从"族际主义"转向"区域主义"》,《国家行政学院学报》2015 年第 6 期。
⑤ 周平:《中国边疆观的挑战与创新》,《云南师范大学学报》(哲学社会科学版) 2014 年第 2 期。
⑥ 赵中源、陈蒙蒙:《新时代中国特色政治实践发展的理论跟踪与回应》,《社会科学动态》2019 年第 10 期。

散,多以网络的政治功能、电子政府建设、网络政治问题为中心,对网络政治生态系统构成、各要素间的相互关系和运行机制,以及"互联网+"时代政府治理创新的研究略显不足。① 还有学者研究了网络政治的发展趋势,主要体现在以下几个方面:一是网络空间政治意识与政治心理对公民政治生活的重塑,二是网络空间政治发展的解意识形态化与政治文化发展的多元化,三是网络空间政治发展的去权威化与去中心化,四是网络空间政治发展的草根民主化与去阶层化,五是网络空间政治体系的去封闭性以及治理体系的国际化发展。②

总体而言,网络政治学研究的主要进展包括:一是在借鉴和吸收国外网络政治问题研究的理论和方法的基础上,中国的网络政治学研究的自主性和自觉性不断提高。二是关于网络政治学的基础概念的界定越来越明晰和准确,相关的研究方法也越来越多样化。三是网络政治学的研究议题得到了较大拓展,尤其关注中国的网络社会治理、网络主权、网络安全、网络反腐、网络政治参与等现实问题,由此丰富了网络政治学的内涵和范畴。四是网络政治学扩展到国际政治学,构建了互联网国际政治学的理论,分析了其作用机理,并且针对性地分析了互联网国际政治学的实践问题。③

在学术观点方面,我国网络社会学研究,一是提出"网络空间国家主权"概念。有学者认为,影响网络空间国家主权合法性的主要因素是网络虚拟社群的无政府主义和自由主义思潮。④ 二是涉及到网络空间治理体系与治理能力现代化。有学者认为,人类生存环境已不再局限于现实的物理空间,因此对于国家治理现代化的理解,必须延伸到网络空间。⑤ 三是明确了网络政治安全已成为一种新的政治安全形态。有学者认为,网络政治安全是经由虚拟政治与现实政治有机互动而形成的一种政治安全形态。⑥

---

① 孙萍、赵海艳:《我国网络政治生态研究:基于社会网络分析视角》,《深圳大学学报》(人文社会科学版)2017年第4期。
② 杨嵘均:《政治体系的网络化与网络政治学的发展》,《南京大学学报》2017年第1期。
③ 余丽:《互联网国际政治学》,中国社会科学出版社2017年版。
④ 杨嵘均:《论网络空间国家主权存在的正当性、影响因素与治理策略》,《政治学研究》2016年第3期。
⑤ 杨嵘均:《论网络空间治理体系与治理能力的现代性制度供给》,《行政论坛》2019年第2期。
⑥ 刘远亮:《网络政治安全内涵探析》,《中南大学学报》(社会科学版)2016年第6期。

四是提出"网络地缘政治"的概念。有学者认为,网络空间的组成架构、活动主体及国家在网络空间建立的权力,共同构建了网络空间的地缘政治属性。①

### (十一) 政治人类学

政治人类学学者在乡村田野等等这些地区进行初始的探索与试探,产生了具有中国特色的成绩,继承并发扬了政治人类学的研究成果,使得政治人类学的发展逐步趋向于本土化。有学者提出了"新政治人类学"这一研究范式,其研究内容主要体现在"三四"学术框架上,即"学科基质"的"三化"过程(政治学科学化、人类学政治化、民族志写文化),与"有序元素"的"四要素"组合(权力要素、田野要素、民族志要素、扎根理论要素)的辩证统一上。② 有学者回顾了政治人类学领域对乡村治理的研究视角,认为存在从宗族到差序格局的结构性路径,社会、政治及延伸个案的过程性分析,文化与历史的多维度阐释,权力文化网络的后结构主义以及"事实"与"实体理性"的司法正义等五大视角。③ 此外个案研究一向是政治人类学采用较多的研究方法,如有学者研究了黔东南南江河流域侗族"款组织"的"再组织",④ 还有学者通过对云南省普洱市孟连县芒旧新寨的个案研究,剖析了哈尼族阿卡人的"措卡"治理制度。⑤

### (十二) 政治心理学

政治心理学是政治过程与心理过程交互作用的产物,是研究不同层次主体的政治心理现象与政治心理规律的一门交叉性学科。⑥ 政治心理学的基础性问题是明晰传统中国与现代中国、政治心理学的中西方研究以及政

---

① 蔡翠红:《网络地缘政治:中美关系分析的新视角》,《国际政治研究》2018年第1期。
② 陶庆、陈津京:《新政治人类学:一种跨学科的理解范式》,《学术月刊》2017年第2期。
③ 管前程、熊坤新:《政治人类学视角下的乡村治理研究路径回顾》,《黑龙江民族丛刊》2016年第5期。
④ 孙旭:《谁来填平沟壑?——黔东南南江河流域侗族"款组织"的"再组织"》,《中央民族大学学报》(哲学社会科学版)2017年第5期。
⑤ 张小军、李茜:《哈尼族阿卡人的"措卡"治理制度——普洱市孟连县芒旧新寨个案研究》,《民族研究》2016年第2期。
⑥ 该领域主要的代表性人物有南开大学的季乃礼教授、中国社会科学院的史卫民研究员等。

治文化与政治心理三对关系；其核心议题是沿着传统中国与现代中国两条纵向线索，"政治的心理"和"心理的政治"两种横向路径，围绕个体、群体、组织和国家四个层次展开政治心理学的中国研究。① 近年来中国政治心理学的研究多集中于政治认同、政治信任和政治态度等概念上，研究对象多侧重于大学生和农民，田野调查、抽样问卷和实证分析等得到广泛运用。如有学者基于政治心态的检审，研究转型期农民维权的行为逻辑，发现农民维权形式的选择与农民社会政治心态的变化休戚相关，很大程度上政治心态的情势决定着农民维权行为的性质和方向。② 还有学者基于PX百度词条修改的实地调研，研究青年群体"微政治心理"的过程、表征与风险传播。③ 也有学者基于在线调查数据，描绘了当代中国公民的网络政治参与行为及其政治心理状况，并探寻政治心理因素作用于网络政治参与的机制。④

总的来看，新时代，我国的政治心理学研究进入了一个"平稳发展"的阶段，⑤ 具体体现为几个方面：一是引入新的方法来研究政治认同、政治信任和政治参与等传统问题。二是加强了政治人格与政治行为的关系、现代犬儒主义、民族认同与国家认同、政治信任的本土机制等新问题和新领域的研究。三是基于政治心理的视角，逐渐形成了对中国政治实践、政治发展新的阐释路径。

政治心理学研究的创新之处在于，一是推进政治心理学研究的中国化。有学者认为，"中国政治心理学的发展要结合国情，这是政治心理学在中国发展的最终出路。"⑥ 二是明确了政治心理学研究的取向和研究者的角色定位。有学者认为，政治心理学既是一门学科，又是一种资源，"政

---

① 李蓉蓉、段萌琦：《政治心理学的中国研究：价值、基础与议题》，《山西大学学报》（哲学社会科学版）2019年第1期。
② 李俊：《转型期农民维权的行为逻辑——基于政治心态的检审》，《政治学研究》2016年第3期。
③ 李春雷、李巍霞：《青年群体"微政治心理"的过程、表征与风险传播研究——基于PX百度词条修改的实地调研》，《国际新闻界》2019年第7期。
④ 韩晓宁、王军：《网络政治参与的心理因素及其影响机制探究》，《新闻大学》2018年第2期。
⑤ 刘伟、王柏秀：《政治心理学的学科发展与前沿议题——"政治心理与行为"研讨会（2019）会议综述》，《政治学研究》2019年第5期。
⑥ 季乃礼：《"政治心理学研究的中国化"专题》，《深圳大学学报》（人文社会科学版）2013年第4期。

治心理学研究需要区分事实判断与价值主张"。① 三是强调要理解政治生活中的情绪。有学者认为,"关注和认识情绪,有助于发现尚未被充分关注与认识的社会问题,理解复杂的社会现象,拓展政治审议的公共空间,探索社会问题的务实解决方案。"② 四是明确指出要警惕"超群体"（即三个或以上的多个群体形成的共同群体）制造的政策执行"局部空转"所产生的法不责众、规避监督的心理特征。③

### （十三）计算政治学

计算政治学的研究,主要涉及的方面包括在线政治博客挖掘、人与人之间的社网分析、组与组间的社网分析、互联网对现实世界的影响及如何在互联网改进政治等。④ 有学者认为,通过人工智能与计算社会科学的"携手",我们能更清晰地描述人与人之间的信息互动过程和模式,更合理地解释社会现象及其发生机制,更准确地预言人的日常行为和社会系统的发展趋势。⑤ 有学者认为,计算政治学数据驱动和算法驱动的特点,可以采取不同融合方式实现"问题解决性、应用导向"的多元化进路,进而推动社会科学范式转换。⑥

### （十四）教育政治学

教育政治学即研究教育与政治的关系及其变化发展规律的学科,以探讨教育的政治功能及政治对教育的影响等命题为根本使命,其作为现代社会政治发展和教育发展相互需要的产物,本身既是政治科学的组成部分,也是现代教育科学的重要分支。改革开放40年来,我国教育政治学研究围绕基础理论、教育与国家、教育与民主、教育与公正、教育与权利、教

---

① 王丽萍：《中国政治心理学发展趋向》，《人民日报》2015年6月15日。
② 王丽萍：《情绪与政治：理解政治生活中的情绪》，《清华大学学报》（哲学社会科学版）2014年第2期。
③ 季乃礼：《把脉"局部空转"中群体违规心理特征》，《人民论坛》2019年第36期。
④ 杨阳、林鸿飞、杨亮、任巨伟：《大数据时代的计算政治学研究》，《中文信息学报》2017年第3期。
⑤ 郦全民：《当人工智能"遇见"计算社会科学》，《人民论坛·学术前沿》2019年第20期。
⑥ 张小劲、孟天广：《论计算社会科学的缘起、发展与创新范式》，《理论探索》2017年第6期。

育与权力和教育与国际关系等主题。[1] 还有学者尝试运用教育政治学视角，分析我国高校学生自治程度，发现学生自治在"应然"层面受到广泛关注，但在"实然"层面依然遭遇"提倡容易落实难"的行动困境，他认为这种困境的根源在于学生自治始终被遮蔽在"高度政治"的假象中，而长期受到教育管理者的制约和束缚。[2]

## 二 政治学交叉学科研究的基本状况

### （一）研究的总体态势

相当长时间内，交叉学科的形成和发展已经成为政治学学科发展的重要方面。新时代以来，尤其是"十三五"期间，政治学交叉学科以习近平总书记《在哲学社会科学工作座谈会上的讲话》为指导，积极回应中国改革和发展中出现的突出问题，努力取得创新性成果，在构建中国特色哲学社会科学的进程中呈现出稳定、持续和有活力发展的态势，既促进了学科自身的发展，又服务于国家治理的实践，充分彰显了自身的价值。

1. 科学研究发展迅速

新时代以来，政治学交叉学科的研究，呈现出一种迅速发展的态势。中国特色社会主义进入新时期以来，国家治理和国家发展加速推进，政治生活领域内的新现象和新问题不断出现，其中相当多的问题都超出了传统政治学研究的范畴，需要具有交叉学科特征的新兴学科来进行回应。与此同时，在党和国家加快构建中国特色哲学社会科学的背景下，政治学学科建设和发展的力度明显加大。在此背景下，政治学交叉学科加强了自身的建设和对面临问题的研究，整个研究呈现出深度广度皆得到增强的态势，产生了大量的创新性成果，其中的一些成果还产生了较大的影响。

2. 交叉学科优势凸显

政治学所有交叉学科，皆是政治学与其他一个或多个学科结合而生成的新兴学科，既具有政治学及与之结合学科的特点，而且还在学科"交

---

[1] 胡洪彬：《改革开放 40 年来我国教育政治学研究的历程、主题与新时代展望》，《湖北社会科学》2019 年第 1 期。

[2] 黄坤琦、姚小玲：《"高度政治"还是"低度政治"：我国高校学生自治的教育政治学审视》，《高教探索》2017 年第 10 期。

叉"中生成了新的学术视野、认知方式和研究理路，因而能够对新出现的政治问题进行有效的解释，也能够对传统的政治问题做出新的阐释。这样一种因学科交叉而产生的优势，在最近几年的研究中得到了凸显：一方面，对我国乃至全球发展中出现的新问题做出了自己的解释；另一方面，又聚焦一些传统的政治问题，从新的角度进行了理论阐释。这样的研究及其成果，拓展了政治学的认知范围，促进了政治学的知识增量发展，开拓了政治学发展的新增长点。

3. 研究工作紧贴现实

政治学交叉学科中的大多数学科都有一定年头了，但从近来的发展来看，其中的大多数学科的研究，皆紧贴现实而展开，具有积极回应现实挑战的显著特征。在中国经济总量居于全球第二位后，国家治理和国家发展呈现出许多新的特点，改革开放也在更高层次上展开。在此背景下，不断出现的新问题呈现出量大、面广的特征，前所未见的问题也不少；国家决策层在国家治理中推出的新方略、新政策也日渐增多。与此同时，在构建中国特色社会主义社会科学的号召下，政治学交叉学科的学者在回应现实挑战中取得新成果、创建新知识的自觉性也逐渐增强，学术自信达到了相当高的程度，于是结合现实问题而进行研究的风气日盛，取得了一大批创新成果。

4. 科研成果价值彰显

在新时代，政治学交叉学科紧贴现实而开展研究，持续释放了自身的功能，充分彰显了自身的价值。一是，随着政治学各个交叉学科研究的推进并取得成果，尤其是以新的认知方式对新问题和新矛盾的研究，有效地拓展了政治学的认知视野；二是，政治学交叉学科研究在深度和广度方向发展中取得了大批成果，创新了新的知识，在政治学知识总量增加方面发挥了积极作用；三是，一些学术研究成果和政策建议，以不同的方式直接服务于国家决策，边疆政治学研究中创建的"边疆治理"概念，就被《中共中央关于坚持和完善中国特色社会主义制度 推进国家治理体系和治理能力现代化若干重大问题的决定》采纳；四是，一些创新性成果对新问题的解释，纠正了传统认知的偏见，对公众发挥了释疑解惑的作用。

5. 影响政治学的面貌

新时代政治学交叉学科研究的发展，也给政治学学科本身带来了重要的影响，在塑造政治学新面貌中发挥了积极作用：一是，政治学交叉学科研究的发展，将许多政治议题纳入政治学范畴，拓展了政治学的知识边界；二是，政治学交叉学科研究涉及到历史进程中出现的诸多新问题，突破了政治学传统的知识框架，拓展了政治学与社会生活接触的面积，增强了政治学对社会现实回应的范围；三是，随着上述影响的形成，也增强了政治学与普通社会生活的关系，进一步突出了政治学的亲民形象；四是，为日益增多的政治学教学和研究机制形成特色提供了可能，拓展了政治学的范围和内涵。

**（二）政治学交叉学科进一步发展的着力点**

在发展中，政治学交叉学科也存在若干的问题，体现出新兴学科的发展和演进的特点。

1. 学科研究的规范问题

政治学交叉学科由多个学科交叉而形成，但又以一个学科的形态存在，体现为一个完整的知识体系。因此，一个学科的研究就必须按照其知识体系内在逻辑进行，从而体现该学科的规范和特点。但从近期政治学交叉学科的研究来看，虽然研究的发展十分迅速，但许多研究缺乏对学科规范的遵循，因而未能体现特定学科的特点，甚至出现有的研究完全无法纳入到有关学科的问题。

2. 学术研究的取向问题

进入新时代以来，政治学交叉学科在各自的领域进行了系统而广泛的研究，对现实凸显出来的问题进行了及时的回应。但从目前的情况来看，学术研究中偏向现实中的具体问题，注重经验事实描述，以事实来证明某种理论或政策判断的问题较为突出。一些研究只是划定一个论域谈看法，或者进行思辨的讨论。因此，研究的学理性程度、理论提炼程度都有待提高，从而凸显了知识有效供给的能力和程度与学科的扩张不对称的问题。

3. 科学研究的创新问题

政治学交叉学科面临着一系列的新问题，甚至是前所未见的问题，需要给出合理的学理性解释或科学的回答，从而形成原创的研究成果。但是，照搬国外的分析工具或概念工具，甚至套用国外的现成理论，以及研究中思想僵化，固守传统的思维方式、研究范式和传统结论的现象，在政治学交叉学科研究中具有一定的普遍性，从而影响了研究的创新性。有的研究花了很大力气，发表了不少成果，虽然也说得头头是道，但真正的原创性成果不多。

4. 知识生产的能力问题

我国政治学交叉学科的研究总体态势良好，但由于存在应时性、应景性的研究，以现实注解理论或政策的现象，以及研究中原创性不足的问题，使得知识生产能力偏弱的现象未能避免。其中，最为突出的便是概念化的能力不足，不能有效地提炼或形成有效概念，因而影响到新的学术判断和学术推理的形成，也就不能在此基础上提炼或概括出知识，不能实现有效的知识供给，从而削弱了政治学交叉学科研究的价值。

5. 学科发展的稳定问题

政治学交叉学科研究的发展，既展现了交叉学科的内涵，也推进了交叉学科自身的发展。但从目前的情况来看，在政治学的诸多交叉学科发展中，学科融合度或一体程度不高，不同学科之间发展不平衡，尚未形成自己特定的研究方法，基本的学术概念的统一性缺乏，学科知识的内在逻辑性不强，学科在学术讨论或争鸣基础上形成共识的机制缺失等问题还不同程度地存在，从而影响了交叉学科持续稳定发展的能力。

## 三　政治学交叉学科研究的发展趋势

新时代政治学交叉学科研究的发展，也促进了交叉学科自身的发展，学科的基础更加扎实，从事研究的学者有了大幅增加，研究的议题更加广泛，所取得的成果也超过了以往的时期。这种良好的发展态势为政治学交叉学科本身和相关研究的进一步发展积蓄了强大的势能。

在今后的发展中，国际格局乃至整个人类的发展出现新问题和新矛盾的趋势更加明显，我国的国家治理和国家发展也在应对各种挑战中稳步推进，构建中国特色社会主义政治学将取得重大进展。在这样的条件下，政治学交叉学科的研究，将在持续发展的基础上展现更加强劲的发展势头，形成更加旺盛的知识生产能力，取得更多和更有价值的创新性成果，体现出促进政治学知识增长和服务国家治理的更大价值，在进一步发展交叉学科自身的学科体系的同时，为整个政治学学科的发展做出更大的贡献。

未来我国政治学交叉学科研究的发展，将会出现这样几个特点：一是，对国家经济社会发展中出现的许多新问题进行全面回应，研究议题将会有较大的拓展和增加；二是，研究将主要聚焦于我国国家治理和国家发展中的重大问题，对其做出深入的研究，并产生更多的创新成果；三是，随着交叉学科自身的发展，对重要议题的学理性研究将会持续增强，进而促进研究品质的持续提升；四是，有效知识供给的能力将会持续增强，通过创新性成果在质和量两个方面的提升，为政治学学科贡献更多的有效知识；五是，各个交叉学科发展的不平衡性将会进一步拉大，与国家经济社会发展结合度高、形成强有力领军学者的学科，将会以更快的速度发展。

# 第十八章　公共管理与公共治理研究的发展

进入新时代，我国公共管理学科取得了积极进步，学科建设和学术研究呈现繁荣发展的局面。新时代公共管理和公共治理学术研究的主要发展集中体现为：研究议题趋于多元化，理论与实证研究得以同步深化细化，学科交叉研究向纵深发展，学科主流期刊英文学术论文发表数量与质量同步提升，国际期刊对话平台建设初见成效，讲好"中国故事"、诠释"中国之治"的意识与能力进一步彰显，服务国家战略与地方社会经济发展的能力明显增强。这些进展为中国特色公共管理理论体系和话语体系建设奠定了良好的基础。以下将主要着眼于行政管理、社会保障、公共政策三个方面，围绕学术研究概况、代表性成果、薄弱环节与前沿领域，予以描述、分析和阐发。

## 一　公共管理与公共治理研究基本状况

为了系统概括公共管理与公共治理领域在新时代的研究进展，笔者选取2015年1月1日至2020年6月3日时间范围内，《中国社会科学》《政治学研究》《公共行政评论》《公共管理学报》《中国行政管理》《公共管理与政策评论》六本代表性期刊中公共管理类的文章共计3073篇，对其进行内容和趋势分析；然后再对新时代主要中文期刊中的研究热点进行深入考察和剖析；最后再对我国公共管理学科新时代主要英文发表情况进行概述，并简要介绍我国在国际学术平台构建方面所取得的进展。

## （一）研究热点趋于多样化

从主要期刊的关键词共现知识图谱可以看出（图18-1），新时代以来，我国公共管理学科的主要热点包括"地方政府""公共服务""国家治理""大数据""社会组织""社会治理""政务服务""基层治理"和"精准扶贫"等。而根据对频次变化率最高的突现词（Burst Terms）的分析（图18-2），已有研究中"精准扶贫""预算绩效管理""街头官僚""基层社会治理""治理现代化"和"基层治理"是研究热度持续增高的六个关键词。与此同时，也有一些研究虽然仍然是研究重点，但热度逐渐有所降低，例如"城镇化""社会资本""审批制度改革""项目制"等。

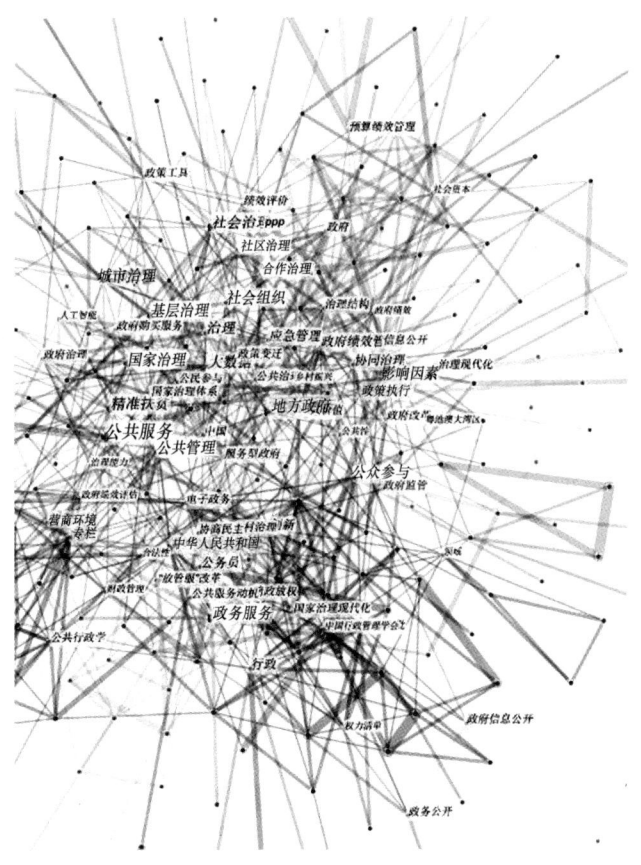

图18-1 2015—2020年公共管理与公共治理关键词共现图谱

| 排名 | 关键词 | 排名 | 关键词 |
| --- | --- | --- | --- |
| 1 | 地方政府 | 16 | 公务员 |
| 2 | 公共服务 | 17 | 公众参与 |
| 3 | 国家治理 | 18 | 公共政策 |
| 4 | 公共管理 | 19 | 创新 |
| 5 | 大数据 | 20 | 影响因素 |
| 6 | 社会组织 | 21 | 城市治理 |
| 7 | 社会治理 | 22 | 合作治理 |
| 8 | 政务服务 | 23 | 政府绩效管理 |
| 9 | 基层治理 | 24 | 政务公开 |
| 10 | 精准扶贫 | 25 | 政策工具 |
| 11 | 政策执行 | 26 | 行政学 |
| 12 | 应急管理 | 27 | 乡村治理 |
| 13 | 社区治理 | 28 | 公共治理 |
| 14 | 协同治理 | 29 | 服务型政府 |
| 15 | 公共行政 | 30 | 公共价值 |

从研究文献中也可以发现，关于精准扶贫的研究从 2016 年开始热度持续增加。在已有研究中，关于"精准扶贫"的相关研究是热度持续增加且处于研究中心的内容，文献库中纳入了 39 篇研究，内容涵盖了贫困治理中的大数据、乡贤治理、权力嵌入、社会动员等内容。[1]

预算绩效管理是政府绩效管理的重要组成部分。2018 年 9 月份，中共中央、国务院印发《关于全面实施预算绩效管理的意见》，更是提出要加快建成全方位、全过程、全覆盖的预算绩效管理体系。在已有研究中可发现，关于"预算绩效管理"的研究自 2018 年开始成为热点，且热度持续增加。[2] 从目标设定来看，我国将用 3 至 5 年基本建成预算绩效管理体系，

---

[1] 陈升、潘虹、陆静《精准扶贫绩效及其影响因素：基于东中西部的案例研究》（《中国行政管理》2016 年第 9 期）有 203 次被引、10469 次下载。

[2] 王泽彩的《预算绩效管理：新时代全面实施绩效管理的实现路径》（《中国行政管理》2018 年第 4 期）42 次被引、1992 次下载，成为文献库中预算绩效管理研究的中心文献，此外，郑方辉和费睿的《财政收入绩效评价：兑现减税降费政策目标的价值工具》（《中国社会科学》2019 年第 6 期），同样从财税政策角度探讨了落实预算绩效管理的相关内容。

## 第十八章 公共管理与公共治理研究的发展　497

| 关键词 | 年份 | 强度 | 起始年份 | 终止年份 | 2015—2020 |
|---|---|---|---|---|---|
| 精准扶贫 | 2015 | 6.1759 | 2017 | 2020 | |
| 绩效评价 | 2015 | 2.2086 | 2016 | 2018 | |
| 预算绩效管理 | 2015 | 5.3659 | 2018 | 2020 | |
| 街头官僚 | 2015 | 3.0609 | 2018 | 2020 | |
| 基层社会治理 | 2015 | 2.6769 | 2018 | 2020 | |
| 治理现代化 | 2015 | 2.5799 | 2018 | 2020 | |
| 基层治理 | 2015 | 2.4961 | 2018 | 2020 | |
| 权力清单 | 2015 | 2.5411 | 2015 | 2016 | |
| 公共政策 | 2015 | 2.4428 | 2015 | 2016 | |
| 新型城镇化 | 2015 | 2.2859 | 2015 | 2016 | |
| 城镇化 | 2015 | 2.2859 | 2015 | 2016 | |
| 问责 | 2015 | 2.0309 | 2015 | 2016 | |
| 社会资本 | 2015 | 3.0391 | 2016 | 2017 | |
| 财政管理 | 2015 | 3.0391 | 2016 | 2017 | |
| 公共行政 | 2015 | 2.5633 | 2016 | 2017 | |
| 企业 | 2015 | 2.4289 | 2016 | 2017 | |
| 顶层设计 | 2015 | 2.1242 | 2016 | 2017 | |
| 邻避冲突 | 2015 | 3.1488 | 2017 | 2018 | |
| 城市治理 | 2015 | 2.8395 | 2017 | 2018 | |
| 行政审批制度改革 | 2015 | 2.4466 | 2017 | 2018 | |
| 项目制 | 2015 | 2.4466 | 2017 | 2018 | |

图 18-2　2015—2020 年公共管理与公共治理热点关键词中突现词排序

随着这一项工作的持续深入推进，仍可为学者提供丰富的现实资料和研究问题。

党的十九届四中全会《决定》提出"健全充满活力的基层群众自治制度"、"构建基层社会治理新格局"。基层社会治理是国家治理体系和治理能力建设的重要组成部分。推进基层社会治理创新是一项综合系统工程，涉及各个方面、各个领域的利益调整，这也是公共管理研究的重点内容。我国公共管理学者们探讨了"联镇包村"第一书记、城市政府基层社会治理、民族地区基层社会治理、地方创新等内容。[①] 在"人人有责、人人尽责、人人享有"的社会治理共同体中，基层社会治理总体上仍有较大研究空间。

治理现代化既是一种追求现代性的过程，更是一种理性的过程。中国治理现代化的一个核心逻辑就是在党的统一领导下，通过政府主动放权，培育和激发多元主体共同参与治理活动。有学者认为，政府的治理能力包括价值塑造能力、资源集聚能力、网络构建能力、流程创新能力和问题回应能力，治理能力的现代化，是指治理能力具有现代性特征并符合现代社会治理要求的一种状态。[②] 在党的十九届四中全会审议通过的《决定》指引下，坚持和完善中国特色社会主义制度，推进国家治理体系和治理能力现代化，仍是重要的研究热点。

作为党和国家公共政策执行落实的"最后一公里"和服务人民群众的前端窗口，基层处于重要位置。在已有文献库中关于基层治理的研究中，包含的话题相较于基层社会治理更为多元，例如农村公共事务的治理问题、政策执行、社会工作、城市治理以及基层政府的相关问题。[③]

当前，基层政府在抗击新冠肺炎疫情中经历了全面考验，此次疫情所呈现的高度复杂性和不确定性增加了基层治理的难度，也对基层治理能力和治理水平提出了挑战，对于此的探讨也会成为基层治理的研究重点。

### (二) 参与国际学术竞争

进入新时代，我国公共管理学者在国际发表方面取得了长足的进步，数量与质量同步提升。我国公共管理学者已不满足于早期对中国国情的介

---

① 杨宝发表的《政社合作与国家能力建设——基层社会管理创新的实践考察》(《公共管理学报》2014 年第 2 期) 59 次被引，2906 次下载，为文献库中基层社会治理研究的中心文献。

② 李文彬、陈晓运的《政府治理能力现代化的评估框架》(《中国行政管理》2015 年第 5 期) 是文献库中治理现代化的中心研究，被引 74 次、3609 次下载。

③ 这方面比较有代表性的文献包括：汪锦军发表的论文《嵌入与自治：社会治理中的政社关系再平衡》被引 56 次，下载 3011 次；叶敏《城市基层治理的条块协调：正式政治与非正式政治——来自上海的城市管理经验》被引 53 次、下载 4299 次。

绍或是利用中国数据验证国外理论，而是逐步进入深水区，运用严谨的研究方法分析大规模的实证数据，积极参与国际主流的学术对话，使用科学的语言讲好中国故事和中国经验。可以说，经过学术研究的迅速发展，我国公共管理学科已经逐渐跻身于国际前列，取得了越来越多的学术话语权，为打造既符合国际学术规范又具有中国特色的公共管理理论体系奠定了坚实的基础。

从国际发表的数量上来看，我国公共管理学者在国外重要专业学术期刊上发表的外文文章数量快速增多，其中SSCI检索的文章数量上升尤为迅速。比如，从2016至2018年，美国的《公共管理评论》（*Public Administration Review*）上共发表了来自中国大陆学者的文章17篇，位居世界第六[1]；美国的《公共管理研究与理论杂志》（*Journal of Public Administration Research and Theory*）共发表7篇，位居世界第五；美国的《政策分析与管理杂志》（*Journal of Policy Analysis and Management*）共发表3篇，位居世界第三；英国的《治理》（*Governance*）共发表10篇，位居世界第四。不仅如此，我国学者国际发表的覆盖范围也大大增加。在目前47本公共管理类的SSCI检索刊物中，除了一些非英文刊物外，我国学者在绝大多数刊物上均有建树。另外，如果考虑到公共管理学者在政治学、管理学、社会学等其他相关领域的发表，覆盖范围还要更广。

从国际发表的质量来看，我国公共管理学科的进步则更为明显。本世纪初，我国学者发表的国际刊物级别普遍不高，其中还有相当一部分发表属于专刊、特刊或非研究类的书评、评论等。进入新时代，尤其是"十三五"期间，随着国内高校水平的普遍提高和国际学术交流的深入发展，中国公共管理学者已经开始向更高的目标攀登，并逐渐在国际最顶级的公共管理学刊物上崭露头角。2016—2018年，我国学者在五种国际顶级公共管理刊物[2]上均有发表，文章总数为43篇，位居世界第四，亚洲第一。尤其是，这些论文全部属于经过严格同行评议的研究性论文，在研究质量上已

---

[1] 数据来自Clarivate的JCR报告。
[2] 根据清华大学和中国人民大学英文刊物目录，这五种杂志为《公共管理评论》（*Public Administration Review*）、《公共管理研究与理论杂志》（*Journal of Public Administration Research and Theory*）、《政策分析与管理杂志》（*Journal of Policy Analysis and Management*）、《治理》（*Governance*）和《公共管理》（*Public Administration*）。

经与国际同行并驾齐驱。另外,我国学者在公共管理的各个专业领域顶级刊物上的发表也取得了长足的进步。例如,在非盈利组织管理的代表刊物《非盈利和志愿部门季刊》(*Nonprofit and Voluntary Sector Quarterly*)上,中国学者共发表文章 7 篇;在公共人力资源管理的顶级刊物《公共人力管理评论》(*Review of Public Personnel Administration*)发表文章 1 篇。

在立足于提高国际发表的数量和质量的基础上,我国公共管理学者还积极将中国故事和中国经验融入到国际学术的话语中去,初步打造出了一批具有独特中国智慧的公共管理学名片。中国人民大学研究团队从分析比较各国经验出发,深入阐释了绩效管理在中国特殊的政治体制下对公民满意度、行政改革以及公共服务提升等诸多方面的影响;[①] 清华大学研究团队充分运用现有的政治学和管理学理论,对中国特有的政策制定和政策扩散过程进行了深入的实证分析,不仅为世界政策研究提供了一个中国样本,而且丰富了政策扩散的相关理论;[②] 中山大学研究团队紧跟世界发展潮流,广泛收集并分析了我国各个地方政府对新兴技术的运用和创新,将我国的智慧城市、移动政务和数字治理经验呈现给世界读者;[③] 大连理工大学研究团队从公共管理的视角出发,探讨了政府与市场合作过程中行动者的价值取向、合作行为和制度设计,为地方政府从宏观层面把握公私合作的发展方向提供了政策建议,并拓展了世界学术界相关研究的涵盖范围。[④]

### (三)国际学术对话平台建设初见成效

更为可喜的是,中国公共管理学界已经不再满足于简单地参与国际学术对话,而是积极主动地寻求国际学术的话语权和主动权。2016 年,浙江

---

[①] 如 Ma, Liang. 2017. Performance Management and Citizen Satisfaction with the Government: Evidence from Chinese Municipalities. Public Administration, 95 (1), pp. 39 – 59.

[②] 如 Zhu, Xufeng & Youlang Zhang. 2019. Diffusion of Marketization Innovation with Administrative Centralization in a Multi-Level System: Evidence from China. Journal of Public Administration Research and Theory, 26 (3), pp. 535 – 551.

[③] 如 Hu, Qian & Yueping Zheng. 2020. Smart City Initiatives: A Comparative Study of American and Chinese Cities. Journal of Urban Affairs, (forthcoming).

[④] 如 Wang, Huanming, Wei Xiong, Guangdong Wu, & Dajian Zhu. 2018. Public-private Partnership in Public Administration Discipline: A Literature Review. Public Management Review, 20 (2), pp. 293 – 316.

大学公共管理学院创办了全英文刊物 *Journal of Chinese Governance*（JCG），由国际著名出版社 Routledge 正式出版发行，并于 2017 年底被 *Emerging Sources Citation Index*（ESCI）收录。清华大学非政府管理（NGO）研究所与 Brill 出版社合作出版的英文期刊 *The China Nonprofit Review* 已经连续出版了 16 期，得到了国内外各方面的广泛支持与好评。中国人民大学公共管理学院参与主编了公共管理学 SSCI 期刊 *Public Performance & Management Review*，其学术影响力和影响因子在"十三五"期间也得到了长足的进步。

整体而言，进入新时代，我国公共管理学界走出了建设国际学术对话平台的第一步，开始构建属于自己的英文学术发表阵地，逐渐从对西方学术界的模仿与跟随过渡到创新和引领，初步开启了中国公共管理话语体系的探索。不过，从目前的发展情况来看，我国公共管理学在平台建设方面还处于起步阶段，国际期刊数量很少，质量也不是很高，和科研大国的地位仍然不匹配，需要在"十四五"期间进一步努力提高。

## 二　公共管理和公共治理主要进展和重要成果

### （一）行政管理方向

1. 绩效管理研究

该领域较有代表性的为中国人民大学、北京大学和兰州大学。中国人民大学研究团队长期从事公共部门绩效管理相关研究，关注公共绩效管理前沿理论与争鸣、绩效预算、绩效管理与公共问责、公共服务绩效与公民信任、绩效评估与公民参与、电子政务与绩效管理、公共部门绩效管理赋能等，并相继提出面向实践的公共绩效管理战略与指南、"结果导向"的绩效管理框架、政府绩效评估的中层理论模型等系列研究成果。[①]

北京大学研究团队在绩效管理方面的研究主题及成果主要包括：（1）政府绩效评估；（2）绩效管理理论与实践；（3）绩效评估中的博弈

---

① 团队主持人为杨开峰教授，美国国家行政科学院院士，曾任美国公共行政协会绩效管理分会会长，Public Performance & Management Review（SSCI）执行主编，在 JPART、PAR、PPMR、IJPA、ARPA 等国际核心期刊发表论文 30 余篇。

行为;(4)绩效评估中的公民参与及公民满意度等。[1]

兰州大学研究团队提出以公共价值为基础的政府绩效治理理论(PV-GPG 理论)。政府绩效评估的核心功能是导向功能,"评价什么就会得到什么"。传统的以效率为核心的政府绩效评估和管理具有典型的工具主义倾向,虽然在促进政府效率提升、公民满意度提高和政府责任落实等方面发挥了重要作用,但新公共管理背景下发展起来的政府绩效管理具有明显的管理主义特征,它可以不受价值和文化差异的约束,应用到政府管理过程中来,然而,也正是这一工具性特征给政府绩效管理实践带来了"唯 GDP"主义等一系列问题。反思传统政府绩效管理的"公共性"、"合作生产"和"可持续性"等特征,通过中国的实践考察,从制度变迁和公共行政学术史两个层面的质性研究认为,政府绩效是一种社会价值建构,公共价值对政府绩效具有本质规定性。

这一理论提出了结果主导和共识主导的公共价值的概念,形成了公共价值偏好的结构和测量模型,形成了公共价值冲突解决方案;构建了包含社会价值建构、组织管理和协同领导系统的 PV-GPG 理论模型和包含社会价值建构体系、组织管理体系、政府战略体系、政府绩效治理的部门体系和协同领导体系在内的政府绩效治理体系;提出了政府绩效损失的概念,将其定义为绩效生产过程中由于管理不善、价值偏离或冲突而引起的绩效减少,并在公共项目领域开展了实证分析,针对不同类型的绩效损失,提出了治理策略;构建了包含价值领导、愿景领导和效率领导的政府绩效领导体系,认为绩效领导是以管理绩效治理过程中的公共价值冲突、减少绩效损失的机制。以上述研究为基础,围绕公共服务、乡村绩效治理、环境

---

[1] 团队负责人为周志忍教授,主要成果包括:周志忍:《为政府绩效评估中的"结果导向"原则正名》,《学海》2017 年第 2 期;周志忍:《论政府绩效评估中主观客观指标的合理平衡》,《行政论坛》2015 年第 3 期;周志忍:《政府管理的行与知》,北京大学出版社 2008 年版;周志忍、徐艳晴:《政府绩效管理的推进机制:中美比较的启示》,《中国行政管理》2016 年第 4 期;周志忍:《政府绩效管理研究:问题、责任与方向》,《中国行政管理》2006 年第 1 期;周志忍、徐艳晴:《政府绩效评估中博弈行为的防范之道:理论与国际经验》,《中国行政管理》2015 年第 6 期;周志忍、徐艳晴:《绩效评估中的博弈行为及其致因研究:国际文献综述》,《中国行政管理》2014 年第 11 期;周志忍:《政府绩效评估中的公民参与(中国地方政府的实践与经验)》,人民出版社 2015 年版;周志忍:《政府绩效评估中的公民参与:我国的实践历程与前景》,《中国行政管理》2008 年第 1 期;徐艳晴、周志忍:《公民满意度数据失真现象考察:信任赤字、博弈策略、理论意涵》,《公共行政评论》2014 年第 6 期。

绩效治理、医院改革、绩效预算管理等领域开展了 PV-GPG 理论的应用研究。承担了世界银行贷款项目评估系列研究课题，向世界银行提交了系列评价研究报告，并获得高度评价。目前，团队历时十年研究开发的中国县级政府绩效指数已经完成。

2. 地方治理探索

中国地方政府在面临日新月异快速发展的经济社会压力下如何保持灵活的应对和层出不穷的政策创新？浙江大学以"最多跑一次"为案例进行了深入细致的研究。中山大学对广东省地方治理机制进行了扎实的分析。

"最多跑一次"是一场"以人民为中心"的公共管理改革。"最多跑一次"改革以公共服务组织与民众的平等关系作为认知基础，突出公共服务组织与民众之间的协作；以民众参与作为改革的必要条件；以公共服务使用者的体验作为评价改革成效的标准，强调在公共服务使用过程中创造公共价值。"最多跑一次"改革属于自上而下的政府改革项目，它以事项为载体撬动了政府跨部门的流程再造，倒逼各部门简政放权，显现出推动经济社会体制全面深化改革的撬动效应。

"最多跑一次"改革是"互联网＋政务服务"的整体性政府改革。其本质是利用政府承诺来倒逼整体性政府的建设，以缓解政府职能碎片化和公共事务综合性之间的矛盾。在这里，整体性政府强调政府部门之间的在线协作和数据共享。

浙江大学公共管理学院"最多跑一次"改革研究团队围绕该主题在《政治学研究》等期刊及媒体上发表大量科研成果及专题评论，提出了系列政策研究报告。其中，《"最多跑一次"改革：浙江经验，中国方案》一书取得了广泛的社会影响。

3. 乡村振兴研究[①]

这一领域的主要研究包括：第一，分析和评估中国减贫的各项政策安排，分析政策的制定、执行和效果；第二，分析和研究中国贫困治理结构和体系；第三，分析和研究中国贫困问题的变化和演变，探索贫困研究的理论问题；第四，研究中国减贫经验的国际化分析，结合发展中国家的发

---

[①] 相关代表性团队有华中师范大学中国农村研究中心徐勇教授团队、中国农业大学李晓云教授团队、西安交通大学李树茁教授团队以及浙江大学张蔚文教授团队等。

展现实,探索分享中国减贫经验的路径;第五,开展中国贫困治理和乡村振兴的实践,在国内选择一些典型的区域,采取行动研究的方式,探索中国贫困治理和乡村振兴的道路,例如张蔚文教授关于特色小镇的研究。

改革开放以来,中国在全国范围内开展有组织有计划的大规模开发式扶贫,使7亿多贫困人口摆脱了绝对贫困,创造了人类减贫史上的奇迹。到2020年底,中国将彻底消除现行标准下的绝对贫困人口,将提前10年实现联合国可持续发展目标中的减贫目标。上述研究表明,中国的减贫与乡村发展是中国发展经验的重要组成部分,对其他发展中国家的减贫与发展有着重要的借鉴意义。中国减贫与乡村发展经验是中国提供对外援助和支持国际发展合作的理论基础,将中国减贫与乡村发展和联合国可持续发展目标有机结合起来。中国的减贫与乡村发展的成就来自于中国的制度和政策创新,中国的村集体经济和治理体系的形成,贫困县、贫困村和贫困人口等三位一体的贫困瞄准体系的构建以及电商、资产、产业、社会参与等多元扶贫实践路径等都具有创新性。

### 4. 数字治理研究

数字治理方向的团队在各学校成长较快,包括:中山大学政治与公共事务管理学院研究团队围绕移动政务、新技术与政务热线转型、数据治理与政务智能化建设、政务大数据隐私风险、大数据与人工智能政策等方向展开系统研究,多维度深入分析我国移动政务发展的现状、问题与路径、政务客户端使用状况及其影响因素,并构建了以政务热线发展评估分析框架为切入点的数据治理分析模式,建立了电子政务用户隐私保护评估体系,进一步拓宽了移动政务研究的边界与深度。该团队相继在全国范围内开展"互联网+政务"调查、政务热线调查,并连续两年发布移动政务服务报告和政务热线发展研究报告等系列研究报告,致力于积累和分享电子政务领域可持续更新的、长期利用的基础数据库,进一步推动形成学术共同体。

复旦大学国际关系与公共事务管理学院研究团队着眼于大数据背景下政府数据开放的研究议题,围绕政府数据开放概念与意义、开放现状、关键因素及互动关系等展开系统前沿研究,并相继提出开放政府数据准备度与发展水平评估、数据开放策略及整体规划、政务数据资源共享与开放管理办法、公共数据开放的潜在风险评估与防范机制等研究成果。与此同时，该团队围绕政府社会化媒体应用、在线与移动公共服务、数字治理与电子政务等发布一系列研究报告，为中国政府数据治理提供理论和方向指引。

清华大学公共管理学院研究团队致力于推进电子政务与政府信息化战略、政务服务与绩效评估、公共大数据分析与政策信息学、电子政务采纳与信息技术扩散等方向的研究。该团队持续系统地梳理了国际电子政务研究的主题与趋势，关注信息技术应用中的政府运作机制，拓宽了大数据背景下技术与组织关系、政府部门间关系研究，并有效推进了大数据时代电子政务与公共政策学科交叉研究、政策信息学融合研究等。

华中科技大学公共管理学院的研究团队关注大数据背景下的非传统安全、社交媒体运作、电子参与与政务数据共享等研究议题。在此基础上，该团队提出非传统安全话语变迁与国家安全治理体系，关注信息技术下的电子决策过程与方法，并致力于推进网络舆情与网络社会治理研究，尝试构建互联网发展背景下的国家战略公共传播体系与信息安全共享机制。

电子科技大学公共管理学院研究团队关注大数据与公共服务供给、健康信息共享交换、网络公共情绪的模式识别与预警、电子政务与网络安全、电子政务公众使用意愿和社交媒体运作等议题，并提出我国"互联网＋政务服务"数据生态协同平台、健康医疗大数据发展与信息共享治理框架、全国可互操作的卫生信息系统等研究成果，为公共服务电子化的政策分析进一步提供理论框架与知识积累，推动公共服务的回应治理研究。

**（二）社会保障方向**

1. 新时代社会保障研究的代表性团队

进入新时代以来，随着我国社会保障制度的不断发展与定型完善，社会保障学科得到了快速发展，开设社会保障专业和研究方向的高等院校不断增加，从事社会保障教学研究的人才队伍不断扩大，科研成果不断丰富，社会服务的力度不断加强，涌现了一批标志性研究团队。

中国人民大学研究团队主持开展的"社会保障与经济发展关系"研究以及"社会保障与国家治理关系"研究。前者力图回应当今世界对全球社会保障与经济发展关系的认识问题，厘清两者之间的辩证关系，展示中国经济与社会保障共同发展的典型案例，为各国促进社会保障与经济共同发展提供有益的政策建议。研究成果体现在《全球社会保障与经济发展关系：回顾与展望》一书中①。为配合国家治理现代化的推进，该团队还在 2017 年组织开展了社会保障与国家治理关系的研究。这方面的成果发表在《社会保障评论》中。自 2016 年以来，该团队还编写了《中国社会保障发展报告》。②

南京大学研究团队主持开展了"社会服务国家"研究。该研究通过研究发达国家"社会服务社会化"，社会服务对社会保险现金给付的替代作用，提出以社会服务为基础，新型"服务+保险"框架。该研究试图解决社会保险现金给付刚性上涨所带来的福利病等问题，用社会服务国家超越社会保险国家，并建构中国特色社会保障理论。团队在《公共行政评论》等杂志发表了 29 篇学术论文，2020 年出版学术专著《走向社会服务国家：全球视野与中国改革》。2018 年 3 月在国内发起成立"中国社会服务 30 人论坛"，在学界引领社会服务的研究。

中山大学研究团队开展的"中国福利国家"和"中国公众福利态度"研究。基于其主持的国家社科基金重大课题"中国特色现代社会福利制度框架设计研究"，积极推动"中国福利国家"和"公众福利态度"研究，并且得到了学术界的关注。自 2016 年以来，团队进行了三轮"中国公众福利态度"调查，举行了三次新闻发布会，取得了很好的社会影响。根据调查数据，该团队在《公共行政评论》、《学术研究》、《社会保障研究》、*Social Indicators Research* 等中英文期刊发表六篇高质量的论文，同时还在《公共行政评论》组织了一期福利态度与美好生活的专栏。

其他代表性的研究还有：中山大学在"大健康格局和健康中国建设"方面的研究；浙江大学在"医疗卫生政策和制度改革"领域的研究；华中科技大学在完善"中国社会保障制度体系"方面的研究；中国社会科学院在"民族地区社会保障反贫困"领域的研究；③ 中国农业大学在"精准扶

---

① 郑功成、沃夫冈·舒尔茨：《全球社会保障与经济发展关系：回顾与展望》，中国劳动社会保障出版社 2019 年版。

② 郑功成主编：《中国社会保障发展报告》，中国劳动社会保障出版社 2018 年版。

③ 王延中主编，单大圣、龙玉其副主编：《社会保障绿皮书》，社会科学文献出版社 2019 年版。

贫"领域的研究。此外,新时代社会保障研究领域还产出了一批以著作和论文为形式的研究成果。①

2. 新时代社会服务研究代表性案例

自 2015 年成立以来,中国社会保障学会积极开展社会保障领域的政策研究和立法倡导,在通过研究成果为党和政府提供智力和理论支持的同时,积极推动社会保障学科的教学改革和创新。中国社会保障学会接受了多项由中共中央财经委员会办公室、中共中央农村工作委员会办公室委托的政策研究项目,全国哲学社会科学规划办公室委托的中国社会法系列研究项目,以及民政部、人力资源社会保障部、国家发展与改革委员会、退役军人事务部、国家医疗保障局等委托的重要政策研究项目等;学会一批会员获得并开展了国家社科基金重大项目、教育部哲学社会科学研究重大课题攻关项目等。

在开展社保课题研究的同时,学会积极推动和参与社会保障立法。2016年,中国社会保障学会成员参与起草《慈善法》。《慈善法》的制定对我国慈善氛围的形成和慈善事业的发展形成有力的推动作用。2019 年,中国社会保障学会成员开展《社会救助暂行办法》评估,组织起草《社会救助法》(专家稿),并为社会救助立法提供咨询。过去五年,中国社会保障学会为全国人大社会建设委员会提供了 19 篇有关社会法、社会保险法的专题报告。

2019 年 7 月,全国社科专家学者国情调研组赴四川省调研凉山州脱贫攻坚情况,并撰写了"关于巩固扩大四川凉山彝区脱贫攻坚成果的建议"

---

① 这方面的代表性成果主要有:在著作方面,包括郑功成、舒尔茨主编:《全球社会保障与经济发展关系:回顾与展望》,中国劳动社会保障出版社 2019 年版;宋晓梧主编:《新中国社会保障和民生发展 70 年》,人民出版社 2019 年版;韩克庆:《中国社会保障学 40 年》,中国社会科学出版社 2018 年版;张浩淼:《发展型社会救助研究:国际经验与中国道路》,商务印书馆 2017 年版。在论文方面,主要包括:岳经纶:《中国正在走向福利国家吗——国家意图、政策能力、社会压力三维分析》,《探索与争鸣》2016 年第 6 期;关信平:《当前我国社会政策的目标及总体福利水平分析》,《中国社会科学》2017 年第 6 期;李迎生等:《福利治理、政策执行与社会政策目标定位——基于 N 村低保的考察》,《社会学研究》2017 年第 6 期;郑功成:《习近平民生思想:时代背景与理论特质》,《社会保障评论》2018 年第 3 期;何文炯:《社会保障与国家治理》,《中国社会保障》2018 年第 2 期;岳经纶、范昕:《中国儿童照顾政策体系——回顾、反思与重构》,《中国社会科学》2018 年第 9 期;韩克庆:《兜底,统一,还是倒挂——农村低保标准与扶贫标准的关系》,《探索与争鸣》2018 年第 12 期;顾昕:《"健康中国"战略中基本卫生保健的治理创新》,《中国社会科学》2019 年第 12 期;申曙光等:《我们需要什么样的分级诊疗》,《社会保障评论》2019 年第 4 期。

的专题调研报告，获得中央领导批示。

抗击在新冠肺炎疫情期间，中国社会保障学会发挥智力优势，及时组织 50 多位专家学者提交了书面发言，会议观点经整理连续六期在光明网—理论频道发布，并通过《民生专报》报送中央，引起高度重视；多位学会成员在《人民日报》《光明日报》《社会科学报》等多种报刊发表理论文章，接受中央电视台、新华社、《光明日报》、中国新闻社等多家媒体采访，向有关部门与地方党委、政府提供应对疫情的建议等，为抗击疫情发挥了有益的作用。此外，中国人民大学的"残疾人福利研究"也取得了显著成效和良好的社会影响。①

**（三）公共政策方向**

1. 政策分析：学术研究与智库建设并进

中国公共政策是伴随改革开放成长起来的特殊学科。在新时代，经过学界与实务界的共同努力，中国公共政策研究在知识增长、学科建设、人才培养、对外学术交流等方面取得实质的发展。公共政策学科成为人才培养及干部培训的一个重要的学科专业领域，相关教学、研究与咨询机构大量涌现。许多高校将公共政策学科作为重点建设发展的研究领域。

2013 年 4 月，习近平总书记提出要推进中国特色新型智库建设，我国的智库发展进入了新的繁荣期，官方或民间的政策研究机构不断涌现，公共政策学者和专家在推进中国公共决策的科学化民主化方面起着越来越重要的作用。2016 年中共中央办公厅印发了《关于加强中国特色新型智库建设的意见》，25 家机构入选首批国家高端智库建设试点单位名单。公共政策学或政策分析作为咨询业的学科基础和人才培训基础的作用开始为人们所认识。②

---

① 杨立雄教授长期从事残疾人福利研究，他于 2017 年主持的国家哲学社会科学基金重大项目"中国残疾人家庭与社会支持机制建构及案例库建设"（17ZDA116）是社科基金首次设立的残疾人理论研究重大课题。同年，受中宣部和中国残联委托，杨立雄教授还承担了"残疾人权益保障研究"课题，在此基础上，带领团队撰写了《平等参与共享：新中国残疾人权益保障 70 年》白皮书。2019 年 7 月 25 日，国务院新闻办向全世界发布了白皮书（翻译成九种语言发布），这是中国历史上首次发布残疾人权益保障白皮书。杨立雄教授因此受到中宣部表彰。

② 陈振明：《寻求政策科学发展的新突破——中国公共政策学研究三十年的回顾与展望》，《中国行政管理》2012 年第 4 期。

政策分析或政策科学的职业化从侧面反映了该学科的发展演化及其广阔的发展前景。政策分析日益成为一个热门的职业，而政府、智库、咨询公司、大学及科研院所是政策分析者云集的几种主要的机构。随着新时代的来临以及政策思想市场的形成特别是中国特色新型智库的发育成熟及咨询业的发展，政策分析必将成为一种体面且有吸引力的工作。越来越多的论著作者标注自己的研究领域为公共政策或政策分析。①

2. 公共政策研究的代表性团队与平台

在政策科学研究方法与政策过程方面最有代表性的是清华大学公共政策研究团队。该团队围绕着政策创新的两个核心问题，即政府为何采纳一项新政策以及一项新政策如何在政府间扩散，深入分析了地方创新、扩散网络、政策扩散、创新与绩效、政策企业家、跨国政策转移和创新案例库等诸多问题在中西方不同制度环境下的具体表现。在此基础上，该团队又总结了中国目前的政策创新实践主要从政府间关系、干部制度等角度来进行，并提出未来中国的相关政策研究应该从政府间关系的综合影响、干部制度的设计、创新扩散的特点和创新扩散的全球机制等方面来深入开展。②此外，清华大学研究团队还从行政审批、社会政策、智库建设等几个方面探讨了当前建立中国特色的政策科学可能实现的途径。中国新型行政审批制度的广泛传播代表了中国政府在改革开放时代新的政策创新和治理理念。在中国特定的背景下，审批制度的创新与扩散不止受到内部辖区条件以及外部扩散条件的影响，还会受到中国政府间关系、官员认识以及官员政治流动意愿的影响。国家智库或思想库的建设是一条以政策过程为中心的改革之路。现阶段，中国的智库具有三大社会职能，即理性决策外脑、边缘利益代言以及社会监督。中国智库的这些社会职能在"政策分析市场"还存在相当大的发展空间，它的充分发展可以提供一个在不改变宏观政治体制格局的条件下进行政策系统的渐进调整的行动框架。

华南理工大学在"粤港澳大湾区"战略、智库建设等领域形成特色。该方向依托该校国家级高端智库首批试点单位——公共政策研究院（IPP）

---

① 陈振明：《中国政策科学的学科建构——改革开放40年公共政策学科发展的回顾与展望》，《东南学术》2018年第4期。

② 朱旭峰、赵慧：《政府间关系视角下的社会政策扩散——以城市低保制度为例（1993—1999）》，《中国社会科学》2016年第8期。

和公共政策系，首提"环珠江口湾区"的设想被中央采纳，为"粤港澳大湾区"战略的提出提供了决策依据。2018年以来，该方向共报送政策报告百余篇，被中共中央办公厅、中宣部、教育部等采纳20余篇；获得中央领导同志批示5篇，报告主题涉及"一带一路"、粤港澳大湾区、互联网政策等，为党和国家决策做出积极贡献。

厦门大学自觉地跟踪公共政策分析领域。经过近20年的发展，公共政策分析已成为在国内较有特色的研究领域，建立了福建省公共管理与公共政策研究生教育创新基地和福建省文科重点研究基地——厦门大学公共政策与政府创新研究中心，获批福建省公共政策教学团队，打造了国家级精品课与资源共享课"政策科学"，成立了跨学科的厦门大学公共政策研究院。该团队建立了国内一流的公共政策实验室和福建省高校新型特色智库"厦门大学人才战略研究所"。

南京大学先后成立了公共政策研究院、华智全球治理研究院、一带一路研究院等三个新型智库；依托公共管理学科的"国家信访局信访理论研究（南京）基地"也进入筹建阶段；社会风险与公共危机管理研究中心入选"2017 CTTI-BPA智库最佳实践奖"最佳管理一等奖，智库建设取得重要进展。

此外，湖南大学在老龄化政策和"放管服"政策方面、中国农业大学在土地政策和扶贫政策方面、中国海洋大学在海洋环境与资源政策方面、天津大学在知识产权战略等方面都形成了比较有特色的竞争优势。

## 三　公共管理学术发展的着力点

在新时代，公共管理作为研究政府管理的社会科学学科，聚焦时代问题，揭示发展规律，在坚持和发展中国特色社会主义的进程中发挥了重要作用。总体来看，公共管理学科逐步完善，且在跨领域、跨学科的融合基础上拓展了研究边界。我国公共管理研究本质上是问题导向的，对于实践困惑和理论难题的把握很大程度上决定了公共管理研究的深度和广度。

根据十九届四中全会的《决定》，可描绘出我国公共管理制度建设的未来重要研究方向。

第一，在行政体制完善方面，提出"坚持和完善中国特色社会主义行政体制,构建职责明确、依法行政的政府治理体系",包括了国家行政体制、政府职责体系、政府组织结构、中央和地方两个积极性体制机制;第二,在民生领域方面,提出"坚持和完善统筹城乡的民生保障制度,满足人民日益增长的美好生活需要",包括了高质量就业的促进机制、覆盖全民的社会保障体系、全民终身学习的教育体系、人民健康水平的制度保障;第三,在社会治理方面,提出"坚持和完善共建共治共享的社会治理制度,保持社会稳定、维护国家安全",包括处理人民内部矛盾有效机制、社会治安防控体系、公共安全体制机制、基层社会治理新格局、国家安全体系;第四,在生态环保方面,提出"坚持和完善生态文明制度体系,促进人与自然和谐共生",包括了生态环境保护制度、资源高效利用制度、生态保护和修复制度、生态环境保护责任制度;第五,在党和国家监督体系方面,包括了党和国家监督制度、权力配置和运行制约机制、不敢腐、不能腐、不想腐体制机制。除此之外,还包括了政府与市场、社会关系中的其他研究问题。

通过比较我国未来制度建设选题与当前研究,可见我国公共管理研究仍有诸多方面需要进一步完善:

首先,研究问题的广度需要再扩展。在已有公共管理研究领域,主要聚焦基层治理、公共服务、公共政策、行政组织、行政文化、行政决策、行政伦理、行政生态、政府绩效等具体问题的研究,并且占据了较大研究篇幅。但与此同时,在一些跨学科、跨领域的研究问题上仍显不足,更加关注政府职能转变、政府与市场关系、政府与社会关系等理论和现实问题,通过研究领域的"全覆盖",回应公共管理研究实践中真实存在并且具有重要意义的问题。

其次,需要在理论与实际的互动过程中构建学科体系。虽然公共管理是一个问题导向的学科,但如果停留在现实问题的描述和呈现方面,还不足以支撑整个学科持续性科学发展。这也是为什么需要在回答"是什么"的基础上,通过理论探讨去回答"为什么"以及"怎么办"的问题,当前公共管理研究逐步从"应然性"研究过渡到对现实呈现的研究,但在理论建构方面仍难以解决本土化和普适性的问题。

再次,学科研究范式的转化仍需进一步加强。从学科范式的发展来看,公共管理学科经历了"经验—归纳法"、"理论—演绎法"、"模拟—

数理统计"、"数据密集型科学—数据挖掘"四种范式的转化。但在大数据与人工智能时代，有诸多科学工具可以对以往难以获取资料的选题进行再研究，公共管理研究在相关方法的运用上还有较大的提升空间。

## 四 公共管理学术研究发展的主要领域

未来，公共管理学的发展要把握坚持和完善中国特色社会主义制度，推进国家治理体系与治理能力现代化的时代命题，总结国家和地方治理的先进经验，参与国际主流学术对话。最重要的是要精准把握国家治理矛盾的重要转型，那就是人民日益增长的美好生活需要和不平衡不充分的发展之间的矛盾。未来公共管理和公共治理的研究，应该在"百年未有之大变局"的背景下，回应中国社会的重大现实和理论关切，进而回应全球公共管理的重大理论与实践问题，进一步彰显中国公共管理的身份认同与学科自信。

1. 逆全球化背景下的公共治理

以往公共治理研究大多存有国家合作进一步紧密、全球融合发展的预设。然而最新的国际形势已经严重挑战这一预设。在可见的未来，中美关系将对公共管理与公共治理的方方面面产生深远的影响。未来相当长的时期，学科发展需要充分考虑这一冲击。这一方面的相关参考选题如下：

（1）逆全球化背景下公共行政本土理论建构研究。中美贸易战等逆全球化的典型事件突出了本土理论建构的重要性，公共行政学过于美国化的现状尤其需要改变。

（2）国际治理体系改革研究。中国在全球的影响力日增，对国际合作和治理机制的研究对于我国的长远发展至关重要。具体包括：如区域与全球治理机制、国际发展模式比较、国际政治与国际关系、国际经济与发展、国际组织与国际事务等领域。

（3）中国特色科技体制与创新政策研究。在逆全球化的背景下，我们尤其要关注国家如何为解决"卡脖子"问题提供有效政策体系和激励制度。科学技术进步将直接影响国民经济、居民收入和生活、国家竞争力。为科学技术进步以及成果转化设计切实有效的政策，为国家知识创新提供机制设计方案，建立中国特色的科技创新政策体系，将是公共管理在十四五期间面临的重要课题。

2. 防范化解重大风险与应急管理

进入 21 世纪的第二个十年，随着突发公共事件的频发，尤其这次新冠肺炎疫情防控带来的挑战，公共管理学科迎来了新的机遇和挑战，应急管理二级学科的建立，是对公共管理一级学科的充实和完善，是适应突发公共事件的要求，也是新时代国家治理体系和治理能力现代化的要求。

此次新冠肺炎疫情初期，治理体系经受住了大考，但在跨部门合作方面暴露出深刻问题，随后跟进的有关政策实践也多处于实践先导、理论与制度滞后的情况。重大突发事件的发生往往成为制度变革窗口期，也是应急管理制度变迁的关键节点。总结有关重大突发事件组织合作的得失成败，有助于优化国家应急管理能力体系。应急管理体系与能力现代化建设是朝向理想应急管理状态而不断学习优秀经验、反思改进制度的过程。通过政治—行政体系的调试来解决各类冲突、满足应灾需要可以"转危为安"，而透过危机学习以完善应急管理体系则可"转危为机"。这方面的参考选题如下：

（1）防范化解重大风险的公共管理研究。当前时期，防范化解重大风险已经成为国家高度关注的重要领域，防范化解重大风险是国家治理的重要内容，也应当成为公共管理研究的重要领域。未来时期应当从公共管理学科角度对重大风险及其治理相关问题展开系统性研究，构建中国情境下风险治理的制度体系。

（2）如何建设有中国特色的应急管理体系和管理能力。应急管理体制机制（探究国内外应急管理体制机制的优劣和模式）、应急管理能力（研究应急机构和政府在应急管理各阶段的应对能力）、应急准备（现状、动因与模式）、应急指挥（应急协同的制度优势）、应急问责（应急问责的模式、特征与差异）和灾害恢复（灾害恢复的策略与方法）。

（3）深度不确定性条件下的决策与治理。在由工业社会向风险社会转型的背景下，深度不确定性条件下的决策和治理都是亟待研究的关键问题，目前公共管理主要还是面向常规条件下决策和治理，不能为深度不确定条件下的决策和治理提供知识指引。

3. 信息技术对公共管理的重塑：大数据与计算社会科学

随着大数据时代的全面来临，传统的公共管理量化研究范式也受到了重大挑战，社会科学研究越来越倾向于使用某个现象的全部数据，数据的产生正在以某种流体的形式时刻不停地进行。在此背景下，"计算社会科学"概括了社会科学在大数据时代所呈现出的新发展、新路径和新范式。公共管理学需要借助计算社会科学的浪潮，变革研究方法，真正实现对公共管理现象的全方位研究。

我国的公共管理与公共治理需持续关注大数据、人工智能、区块链等技术对公共治理的影响，包括治理工具、治理方式、治理结构、治理风险等，以推动政府将新技术合理有效地应用在公共治理当中。新时代以来，国内不同地方政府积累了丰富的案例素材和探索经验，未来相当时期，学界将推动这些经验总结和模式探讨，助力创新案例的扩散和中国数字治理模式探讨，加强理论思考和对话，促进中国治理经验的传播和推广，为全球数字治理发展作出贡献。参考选题如下：

（1）大数据、人工智能与公共治理范式的重塑。具体而言，新技术如何改善政府内部管理、公共服务提供、政府监管、决策优化与政策制定等，从而重塑公共治理的范式，带来公共治理的创新和发展。其中，公共管理大数据获取、公共管理大数据开放与共享、公共管理大数据分析与算法、公共管理大数据可视化等问题都是需要通过学科交叉研究来应对的现实问题。

（2）大数据、人工智能的相关产业政策研究。具体而言，政府如何制定和优化大数据、人工智能等产业政策，推动相关产业发展；如何通过政策优化来鼓励公众对新技术的使用，让技术在社会生产生活中更好地发挥作用和价值。

（3）新技术的风险应对与政府监管研究。如何有效应对新技术带来的风险。大数据、人工智能等技术在带来便利的同时，也为政府治理和社会生产生活带来很多风险。例如大数据时代公众的隐私面临泄漏和滥用的风险，政府数据安全也面临挑战，互联网平台上存在多种伦理道德和违规违法问题，需要政府采取有效措施来应对。